U0891367

侵权法报告

Qinquanfa Baogao

侵权法报告（第5卷）

张民安 主编

侵扰他人安宁的隐私侵权

——家庭成员间、工作场所、公共场所、新闻媒体及监所狱警的侵扰侵权

张民安 主　编
宋志斌 副主编

中山大学出版社
·广州·

LAW

版权所有 翻印必究

图书在版编目（CIP）数据

侵扰他人安宁的隐私侵权：家庭成员间、工作场所、公共场所、新闻媒体及监所狱警的侵扰侵权/张民安主编；宋志斌副主编．—广州：中山大学出版社，2012.8
（侵权法报告·第5卷/张民安主编）
ISBN 978－7－306－04252－1

Ⅰ.①侵… Ⅱ.①张… ②宋… Ⅲ.①隐私权－侵权行为－研究 Ⅳ.①D913.04

中国版本图书馆CIP数据核字（2012）第181351号

出 版 人：祁 军
策划编辑：蔡浩然
责任编辑：蔡浩然
封面设计：方楚涓
责任校对：杨文泉
责任技编：何雅涛
出版发行：中山大学出版社
电　　话：编辑部 020－84111996，，84111997，84110779，84113349
发行部 020－84111998，84111981，84111160
地　　址：广州市新港西路135号
邮　　编：510275　　传　真：020－84036565
网　　址：http://www.zsup.com.cn　　E-mail:zdcbs@mail.sysu.edu.cn
印 刷 者：广东佛山市南海印刷厂有限公司
规　　格：787mm×1092mm　1/16　34.125印张　524千字
版次印次：2012年8月第1版　2012年8月第1次印刷
定　　价：59.90元

如发现本书因印装质量影响阅读，请与出版社发行部联系调换

主编特别声明

倡导新理论，援引新资料，提出新观点，解决新问题，推动中国侵权法理论的创新和学术进步，是《侵权法报告》一贯的宗旨，也是《侵权法报告》主编一直追求的目标。

《侵权法报告》凭借主编张民安博士和宋志斌律师良好的专业素质、外语水平和与国内外民商法理论界和民商法实务界的良好关系，从理论和实务、国内和国外两个角度诠释当代侵权法的最新理念，揭示当代侵权法案例中所蕴涵的丰富内涵，提升我国侵权法的理论水准，为我国立法机关科学地制定有关侵权法方面的法律提供理论支撑，为我国司法判例妥当地解决纷繁复杂的侵权案件提供理论指导。

尊敬的读者，如果您在《侵权法报告》中读到任何案例、法官的判词、外国学者的精辟论语和提出的科学学术观点，并在所出版的著作或所撰写的文章时引用，请您遵守最基本的学术规范和尊重作者最基本的权利，加上转引自张民安主编的《侵权法报告》等字样，以体现对《侵权法报告》作者艰辛劳动的尊重。因为，学术虽然是开放的，但是，作者的劳动是应当得到保护的。只有这样，学术才能繁荣，侵权法学才能进步，在学术上倡导新理论、提出新观点的学者才能体现其自身价值。

序　言

在两大法系国家和我国，如果行为人在没有获得他人同意的情况下或者在没有其他正当理由的情况下非法进入他人住所、居所或者其他具有隐居性质的私人场所，或者虽然没有非法进入他人的住所、居所或者其他具有隐居性质的私人场所，但行为人在他人的住所、居所或者其他具有隐居性质的私人场所之外，通过望远镜、长焦距照相机或者其他电子设备，对他人的住所、居所或者其他具有隐居性质的私人场所进行监督、观察、拍照和盯梢，则行为人所实施的此类行为将构成隐私侵权行为，在符合隐私侵权责任构成要件的情况下，行为人应当就其实施的此类隐私侵权行为对他人承担隐私侵权责任。这就是所谓的侵扰他人安宁的隐私侵权责任制度，这种隐私侵权责任制度被简称为侵扰他人安宁的隐私侵权。

所谓侵扰他人安宁的隐私侵权，是指行为人在没有任何正当理由的情况下故意通过物理性的或者其他方式进入他人具有隐私性质的场所或者偷听、偷录和偷拍他人具有隐私性质的谈话、对话和活动，并因此使他人的安宁生活被破坏或者精神遭受打击的侵权行为。根据此种隐私侵权责任制度，如果行为人在没有任何正当理由的情况下进入他人具有隐私性质的场所，或者在没有任何正当理由的情况下偷听、偷录或者偷拍他人具有隐私性质的谈话、对话或者活动，他们应当就其实施的隐私侵权行为引起的损害对他人承担侵权责任。① 近年来，有学者不断对“侵扰侵权”仅存在于“私人场所”的理论提出批判，认为“公共场所无隐私”的理论过于落后，无法适应当今电子技术发展的需要，主张“公共场所有隐私”的理论。这种理论对“公共场所无隐私”的传统隐私侵权理论提出了严峻的挑战。

---

① 张民安、杨彪：《侵权责任法》，高等教育出版社 2011 年版，第 267 页。

一、侵扰他人安宁的隐私侵权在美国侵权法上的地位

在美国，无论是美国联邦宪法还是美国各州的宪法，无论是普通法上的隐私侵权还是美国联邦政府或者州政府所制定的制定法均保护他人对其隐私所享有的利益，认为包括政府机构在内的行为人应当就其侵害他人隐私权的行为对他人承担侵权责任。《美国侵权法复述（第二版）》对美国普通法上的隐私侵权做出了明确规定，其第652A条对隐私侵权的一般原则做出了明确规定。该条规定：一旦行为人侵害他人享有的隐私权，他们应当就其实施的隐私侵权行为引起的损害对他人承担赔偿责任。行为人对他人隐私权的侵害是通过下列方式实施的：

（1）行为人不合理侵扰他人的安宁，就像《美国侵权法复述（第二版）》第652B条所规定的那样。

（2）行为人擅自使用他人的姓名或者肖像，就像《美国侵权法复述（第二版）》第652C条所规定的那样。

（3）行为人不合理公开他人的私人生活，就像《美国侵权法复述（第二版）》第652D条所规定的那样。

（4）行为人公开丑化他人的形象，就像《美国侵权法复述（第二版）》第652E条所规定的那样。

根据《美国侵权法复述（第二版）》第652A条的规定，美国的隐私侵权分为侵扰他人安宁的隐私侵权、擅自使用他人姓名或者肖像的隐私侵权、公开他人私人事务的隐私侵权以及公开丑化他人形象的隐私侵权四种。其中侵扰他人安宁的隐私侵权由《美国侵权法复述（第二版）》第652B条所规定，该条规定：如果行为人故意通过物理方式或者其他方式侵入他人具有隐居性质的住所、居所，或者侵扰他人的私人事务或者他人关切的事务，而且行为人的侵入或者侵扰行为达到了让一个有理性的人高度反感的程度的话，那么，他们应当就其实施的隐私侵权行为对他人承担侵权责任。

在美国，侵扰他人安宁的隐私侵权责任制度源于美国著名侵权法专家Prosser教授的理论。在1960年的《加利福尼亚法律评论》上，Prosser教授发表了影响深远的《论隐私权》一文，在该文中，

Prosser 教授对 19 世纪末期之后至 20 世纪 60 年代之前美国法官所处理的有关隐私侵权方面的案件进行整理、归纳和分类，认为隐私侵权责任可以分为四类：其一，侵扰原告具有隐居性质的住所、居所，或者侵扰原告的私人事务；其二，公开披露有关原告的令人尴尬的私人事实；其三，在公众面前公开丑化原告的形象；其四，为了被告的利益而擅自使用原告的姓名或者肖像。[①] 在《论隐私权》一文当中，Prosser 教授指出，在美国，司法判例往往会责令行为人就其非法进入他人家中的行为对他人承担隐私侵权责任，或者会责令行为人就其进入他人旅馆房间的行为对他人承担隐私侵权责任，或者会责令行为人就其进入妇女在轮船上的包房的行为对他人承担隐私侵权责任，或者会责令行为人就其非法搜查他人购物袋的行为对他人承担隐私侵权责任。此外，此种规则也适用于其他领域。例如，当行为人通过电话搭线或者使用麦克风偷听他人之间的通话时，法官也会责令行为人就其偷听行为对他人承担隐私侵权责任。

除了在《论隐私权》一文中主张侵扰他人安宁的隐私侵权之外，在《侵权行为法（第五版）》当中，Prosser 教授也对侵扰他人安宁的隐私侵权做出了明确说明。他指出："行为人实施的隐私侵权行为的显著特征是，他们以不合理的方式和让人高度反感的方式侵扰他人具有隐居性质的住所或者居所。也就是，行为人故意干预他人对其住所、居所享有的利益，或者故意干预他人对其人身、私人事务或者所关切的事务所享有的利益。首先，某些司法判例认为，行为人实施的此类隐私侵权行为表现在他们非法进入他人的物理性住所或者居所，例如，非法进入他人家中或者其他的居所，或者非法搜查他人的购物袋。其次，某些司法判例认为，行为人实施的此种隐私侵权行为可能表现为通过电话搭线方式或者麦克风方式窃听他人的通话内容。再次，某些司法判例认为，如果行为人透过他人的窗户窥探他人，如果行为人持续不断地违反他人的意愿给他人打电话，行为人所实施的行为也构成侵扰他人安宁的隐私侵权。最后，某些司法判例认为，如果行为人在没有获得他人授权的情况下刺探他人的银行账户，如果行为

① Prosser, Privacy, 48 Calif. L. Rev. 383, p389.

人向他人发出传票并且要求他人提供所有的商事账簿或者有关文件，如果行为人非法要求对他人实施强制性的血液检测，则行为人所实施的行为也构成侵扰他人安宁的隐私侵权。”①

基于 Prosser 教授在美国侵权法上的地位，《美国侵权法复述（第二版）》第652B 条明确规定了此种隐私侵权责任制度。Prosser 教授关于隐私侵权责任的四分法和关于侵扰他人安宁的隐私侵权的理论不仅得到了美国司法判例的广泛遵循，而且也得到了不少学者的广泛支持，成为美国隐私侵权责任制度的重要组成部分。当然，也有不少美国学者对 Prosser 教授的隐私侵权四分法理论和侵扰他人安宁的隐私侵权理论提出批判，认为 Prosser 教授的理论存在这样或者那样的问题。

二、侵扰他人安宁的隐私侵权在英国侵权法上的地位

在英国，无论是制定法还是普通法均不认可隐私权和隐私侵权的独立性，当行为人侵害他人对其隐私享有的利益时，他们无需对他人承担独立的隐私侵权责任。Rogers 对此做出了明确说明，他指出：“在英国，普通法并不承认直接的隐私侵权诉讼，并且被认为这是英国普通法的耻辱。”② 虽然如此，英国侵权法仍然会通过众多的方式对他人享有的隐私利益提供法律保护，诸如通过合同或者暗含的合同理论来保护他人对其隐私享有的利益，通过侵入侵权、滋扰侵权来保护他人对其隐私享有的利益，通过英国衡平法上的违反信任责任来保护他人对其隐私享有的利益，或者通过名誉侵权来保护他人对其隐私享有的利益，甚至还会通过知识产权侵权来保护他人对其隐私享有的利益。当行为人侵害他人享有的隐私利益时，他们应当根据他人隐私利益受到侵害的不同情况，或者对他人承担违约责任，或者对他人承担侵入侵权责任、滋扰侵权责任，或者对他人承担英国衡平法上的信任违反责任，或者对他人承担名誉侵权责任，甚至会对他人承担知识产权侵权责任。因为这样的原因，英国侵权法上既没有美国侵权法上

① W. Page Keeton, Prosser and Keeton on Torts, fifth edition, West Publishing, pp854 - 855.

② W. V. H. Rogers, Winfield & Jolowicz on Tort, 15th ed, Sweet & Maxwell, p464.

的所谓公开他人私人事务的隐私侵权，也没有美国侵权法上的所谓侵扰他人安宁的隐私侵权；既没有美国侵权法上的擅自使用他人姓名或者肖像的隐私侵权，也没有美国侵权法上的公开丑化他人形象的隐私侵权。

在英国，他人是否对其私人生活享有不受侵扰的隐私利益？如果他人对其私人生活享有不受侵扰的隐私利益，当行为人侵害他人享有的此种隐私利益时，他们应当对他人承担什么性质的侵权责任？在英国，虽然侵权法并不认可隐私侵权的独立性，虽然英国侵权法根本就承认在美国侵权法上的侵扰他人安宁的隐私侵权；但是，英国也像美国那样保护他人对其私人生活享有的不受侵扰的权利，认为当行为人侵扰他人的私人生活时，他们也应当对他人承担侵权责任。根据英国侵权法的规定，行为人就其侵扰他人私人生活的行为对他人承担的侵权责任或者是侵入侵权责任，或者是滋扰侵权责任，或者是违反信任责任。Markesinis 和 Deakin 对这样的规则做出了清晰的说明，他们指出："不动产权人对其不动产享有排他性的权利，因此，从很早以来，侵入侵权和骚扰侵权就成为行为人就其实施的侵扰他人安宁的行为对他人承担侵权责任的根据，无论侵权法这样做是基于什么样的考虑。"①

所谓侵入侵权责任，是指当行为人在未经他人同意或者在没有其他正当理由的情况下非法进入他人住所、居所或者其他具有隐居性质的场所时，他们的进入行为就构成英国侵权法上的侵入行为，在符合侵入行为侵权责任构成要件的情况下，行为人应当就其实施的非法进入行为对他人承担侵权责任。Rogers 对这样的规则做出了明确说明，他指出："如果行为人现实地进入他人不动产之上或者不动产之内，或者如果行为人以极不合理的低高度进入他人不动产之上的领空，则行为人所实施的行为将构成侵入侵权行为。"② Markesinis 和 Deakin 也对这样的规则做出了清晰地说明，他们指出："的确，当行为人侵入

① S. F. Deakin, Angus Johnston and B. S. Markesinis, Markesinis and Deakin's Tort Law, fifth edition, Clarendon Press Oxford, p701.

② W. V. H. Rogers, Winfield & Jolowicz on Tort, 15th ed, Sweet & Maxwell, p465.

他人不动产之内或者不动产之上时，侵入侵权对不动产权人提供的保护使那些隐私遭受侵害的人在无需证明自己遭受任何损害的情况下就能够成功提起侵权之诉，并且在适当的案件当中，他们还能够因此获得惩罚性损害赔偿金。”①

所谓骚扰侵权责任，是指行为人对他人予以持续性监控、监督或者打电话骚扰时，他们所实施的此类持续性行为将构成英国侵权法上的骚扰行为，在符合骚扰侵权责任构成要件的情况下，他们应当对他人承担骚扰侵权责任。Rogers 对此规则做出了明确说明，他指出：“即便行为人没有进入他人住所、居所，如果他们对他人进行持续不断的监督或者侵袭，则行为人所实施的此类行为将构成骚扰行为。同样，如果行为人对他人进行持续不断的电话骚扰，则行为人所实施的此种行为也将构成骚扰行为。”② Markesinis 和 Deakin 也对这样的规则做出了清晰的说明，他们指出：“如果行为人在他人不动产之外对他人实施侵害其隐私利益的行为，他人也能够通过骚扰侵权来保护自己的隐私利益。例如，在 Walker v. Brewster 一案③中，作为原告邻居的被告准备在与原告相邻的场地上举办露天游玩会。原告认为，被告即将举行的游玩会会吸引太多的人并因此侵害其隐私。为此，原告向法院申请禁止令，要求法官禁止被告举行游玩会。在现代英国，行为人对他人进行持续性的空中监督被认为是对他人隐私的严重侵犯。因此，在适当的情况下，他人能够向法院起诉，要求法官责令行为人就其实施的空中监督行为对其承担骚扰侵权责任。”④

在英国，无论是通过侵入侵权还是通过骚扰侵权对他人不受侵扰的隐私利益提供保护均存在这样或者那样的问题，使英国侵权法在保护他人隐私利益不受侵扰方面存在致命的法律漏洞，无法为他人的隐私利益提供有效保护。因为，一方面，根据英国侵入侵权制度，只有

① S. F. Deakin, Angus Johnston and B. S. Markesinis, Markesinis and Deakin' s Tort Law, fifth edition, Clarendon Press Oxford, p701.

② W. V. H. Rogers, Winfield & Jolowicz on Tort, 15th ed, Sweet & Maxwell, p465.

③ (1876) LR5Eq. 25, 26.

④ S. F. Deakin, Angus Johnston and B. S. Markesinis, Markesinis and Deakin' s Tort Law, fifth edition, Clarendon Press Oxford, p702.

在行为人非法进入他人不动产之上或者不动产之内时，他人才能够要求行为人就其实施的侵扰行为对自己承担侵权责任，如果行为人没有现实地或者物理性地进入他人不动产之上或者不动产之内，则他们无法要求行为人根据侵入侵权对其承担侵扰侵权责任。例如，如果行为人仅在他人住所之外监督、观察他人，那么，行为人的监督或者观察行为虽然侵扰了他人的生活安宁，但是他人无法对行为人提起侵入侵权之诉，因为行为人并没有现实地或者物理性地侵入他人住所之内。另一方面，根据英国的骚扰侵权制度，仅在被骚扰的不动产权人知道行为人在对其不动产进行不合理的干预时，行为人才有可能对他人承担骚扰侵权责任，如果被骚扰的不动产权人不知道行为人在对其不动产进行不合理的干预，则他们无法要求行为人对其承担骚扰侵权责任。而在行为人对他人实施侵扰行为的时候，他人可能根本就不知道行为人在对其住所、居所进行监督、观察，因为行为人在很多情况下仅对他人的住所、居所实施秘密监督、观察。此时，他们无法要求行为人对其承担骚扰侵权责任。

Rogers 对这些问题做出了明确说明，他指出："侵入侵权虽然能够有效地保护不动产权人免受行为人侵入行为的损害，并且在经过短暂的盲目扩张之后，骚扰侵权也成为保护他人不动产免受行为人侵扰行为影响的法律根据，但是，无论是侵入侵权还是骚扰侵权均无法有效保护不动产权人免受现代电子监控或者视觉监控所引起的侵扰，因为行为人可以在距离他人不动产很远的地方对他人实施电子监控或者视觉监控。行为人在他人不动产之外对他人进行监督或者窃听的时候并没有进入他人不动产之上或者不动产之内，因此，他们并没有对不动产权人实施侵入侵权；并且在此种情况下，骚扰侵权很难予以适用，因为在行为人对不动产权人实施电子监控或者视觉监控的时候，被监控的不动产权人可能完全不知道行为人在对其实施监控，不符合骚扰侵权责任的构成要件。"①

为了解决行为人在他人不动产之外对他人进行远距离的监控或者观察所引起的隐私侵权纠纷，英国司法判例在某些案件当中认为，即

① W. V. H. Rogers, Winfield & Jolowicz on Tort, 15th ed, Sweet & Maxwell, p466.

便行为人在他人不动产之外通过电话搭线方式窃听他人的电话通话，法官也不会认定行为人所实施的电话搭线行为构成侵权行为。因为，法官认为，他人并不对其电话通话享有“电话隐私”；或者在某些案件当中适用英国衡平法上的违反信任责任来责令行为人对他人承担侵权责任。例如，在 Metropolitan Police Commissioner 一案①当中，法官就采取了前一种理论，而在 Hellwell v. Chief Constable of Derbyshire 一案②当中，法官则采取后一种理论。在 Metropolitan 一案当中，被告基于国务大臣的授权对原告的电话通话予以窃听，原告向法院起诉，要求法官宣告被告窃听其电话的行为违法。法官驳回了原告的诉讼请求。法官认为，原告并不享有“电话通话隐私权”。在 Hellwell 一案当中，被告在没有获得原告授权的情况下在原告人住所外面使用长焦距照相机偷拍原告在家中从事私人活动的照片，并且将所偷拍的照片予以公开。原告向法院起诉，要求法官责令被告对其承担侵权责任。法官认为，被告在此种情况下应当根据英国衡平法上的违反信任责任对原告承担侵权责任。法官指出：“一旦行为人在没有获得他人授权的情况下在他人住所之外使用长焦距照相机偷拍他人在家中从事私人活动的照片，并且在事后将他们将所偷拍的照片予以公开，则行为人所实施的行为等同于英国衡平法上的信任违反行为，就像他们发现或者盗窃他人的信函或者日记一样。”

三、侵扰他人安宁的隐私侵权在法国侵权法上的地位

在法国，在 1970 年的法律颁布之前，法国侵权法对他人隐私权的保护主要通过《法国民法典》第 1382 条来进行，根据该条的规定，一旦行为人基于过错侵害他人享有的隐私权，他们就应当对他人遭受的损害承担侵权责任。在 1970 年，法国立法机关根据法国最高法院的建议制定了 1970 年 7 月 17 日颁布的法律，对他人的隐私权提供明确保护。此法被编入《法国民法典》中，这就是《法国民法典》第 9 条。该条第 1 款规定，任何自然人均享有其私人生活受尊重的权

---

① ［1979］Ch. 344.

② ［1995］4All ER，473，475.

利。该条第2款规定，在不影响受害人所应得的损害赔偿的情况下，法官有权采取任何措施以便避免或者结束行为人对他人亲密生活的侵犯，诸如扣押有关侵犯他人隐私的材料，没收有关侵犯他人隐私的材料或者其他措施；如情况紧急，可以由法院的独任法官决定采取这些措施。根据《法国民法典》第9条第1款的规定，隐私权为任何法国人均享有，无论他们的年龄多大，性别是什么，身体状况如何。因为，根据《法国民法典》第9条的规定，任何人均享有其私人生活受尊重的权利，在这里，法律没有对享有隐私权的主体范围做出限制。

问题在于，《法国民法典》第9条所规定的隐私权和隐私侵权是否包含侵扰他人安宁的隐私侵权？对此问题，法国民法或者侵权法学者少有说明，因为他们在对《法国民法典》第9条所规定的隐私权做出说明时往往将隐私权的范围限制在公开他人私人生活的领域，很少讨论隐私权的范围是否包括对他人住所、居所或者其他具有隐居性质的场所实施的监控、观察、侵入等内容。例如，Raymond在对《法国民法典》第9条所规定的隐私权做出说明时指出，在法国，虽然《法国民法典》第9条对他人私人生活受尊重的权利做出了明确规定，但是，该条既然没有对“私人生活”进行法律上的界定，也没有对“尊重”进行法律上的界定，因此，究竟什么是《法国民法典》第9条所规定的“私人生活受尊重的权利”，需要考虑法国法官在这方面做出的判例。[①] Raymond认为，在法国，根据司法判例的说明，《法国民法典》第9条所规定的“私人生活”所指的范围是：家庭生活、感情生活、亲密的肉体关系、财产生活、具有私人性质的回忆录以及宗教生活等。[②] 在这里，Raymond仅将《法国民法典》第9条所规定的“私人生活受尊重的权利”的范围限定在公开他人私人事务的隐私侵权所保护的“私人生活”方面，根本就没有论及行为人对他人住所、居所或者其他具有隐居性质的场所实施的侵扰问题。同样，Buffelan - Lanore教授和Larribau - Terneyre教授在对《法国民

① Guy Raymond, Droit Civil, 2e édition, Litec, p87.

② Guy Raymond, Droit Civil, 2e édition, Litec, pp88 - 90.

法典》第9条所规定的隐私权做出说明时也仅将隐私权的范围限定在公开他人私人信息的范围内。因为他们在讨论“私人生活理论”时指出:“所有人均对其私人生活享有权利。法律并没有对他人私人生活的范围做出界定,因此,很难界定他人私人生活的范围,因为不同的人可以有不同的私人生活。虽然如此,家庭生活、男女关系尤其是情人关系或者性关系、宗教活动、健康以及在住所或者居所内的家庭生活甚至职业生活等都属于私人生活。”①

不过,在法国,仍然有少数学者对他人私人生活不得被侵扰的隐私侵权问题做出了明确的说明,其中尤其包括 Carbonnier 教授和 Kayser 教授等。在《民法总论和人》一书当中,Carbonnier 教授对不得侵扰他人私人生活安宁的问题做出了说明,他指出:“对他人私人生活的尊重最基本的表现形式就是行为人要对他人承担不作为义务——行为人应当让他人过着安宁的生活。让他人过着安宁的生活,实际上就是要保护他人对其精神或者心理享有的价值,其表现形式多种多样:让他人的住所不为别人所知悉,不窥视或者监视他人,不跟踪他人,不会让别人注意他人,不打听他人,不描写他人,不会让他人的姓名公开出现,不会泄露他人的传记或者家谱,不会公开披露他人的家产或者债务,等等。”② 在这里,Carbonnier 教授认为,《法国民法典》第9条所规定的“他人私人生活受尊重的权利”既包括他人私人生活不被侵扰的权利,也包括他人私人信息不被公开披露的权利。根据前一种隐私权,行为人不得窥视、监视他人,不得跟踪他人,否则,行为人的行为会破坏他人精神上或者心理的安宁并因此构成隐私侵权行为,应当对他人承担侵权责任。而根据后一种隐私权,一旦行为人掌握了他人的某些私人生活信息,他们不得擅自公开披露他人的私人生活信息,否则,行为人的行为将构成隐私侵权行为,应当承担隐私侵权责任。在《隐私的保护》一书当中,Kayser 也对侵扰他人安宁的隐私侵权问题做出了明确说明,他指出,《法国民法典》第9

① Yvaine Buffelan – Lanore Virginie Larribau – Terneyre, Droit civil, Introduction , Biens, Personnes , Famille, 17 e édition , Dalloz, pp287 – 288.

② Jean Carbonnier, Droit Civil, 1/Introduction, Les Personnes, Presses Universitaires De France, p310.

条之所以保护他人对其私生活享有的隐私权，一个重要的原因在于，就像某些动物需要安宁一样，他人有时也需要安宁；为了他人的某些重要的功能得以有效发挥，为了使商人能够安心养病，他人尤其需要生活在安宁的环境当中，不希望行为人或者其他人对其进行侵扰。此外，为了进行智力活动或者精神活动，他人也需要生活在安宁环境当中，不希望行为人对其进行侵扰。①

无论法国学者是否认可侵扰他人安宁的隐私侵权，法国司法判例在众多的案件当中认为，如果行为人通过“让人无法容忍的侵扰手段”进入他人具有隐秘性质的场所，他们应当就其实施的隐私侵权行为对他人承担侵权责任，他人能够要求法官对其提供各种法律救济手段。在 1965 年的 Gerard Philipe affair 一案②中，法官对这样的规则做出了明确说明。在该案中，一个年仅 9 岁的小孩 Olivie Philip 在医院住院时，被告的几个记者未经原告同意就擅自闯进 Olivie Philip 在医院的病房，对 Olivie Philip 提出各种问题并给他照相。Olivie 是法国已故著名戏剧演员 Gerard Philip 的儿子。被告准备在即将出版的期刊中发表其记者拍摄的照片，附上 Philip 一家的相片，并且对 Olivie 的疾病和治疗措施等细节进行详细的说明。被告在报摊上发布广告，将即将出版的期刊中有关 Gerard Philip 和其儿子在一起的相片刊登了出来。为了阻止被告在其即将出版的期刊中公开自己死去的丈夫和其儿子的照片，Gerard 的妻子向法院起诉，要求法院在被告将其期刊发送给各个报摊出卖之前采取强制措施，没收并且销毁被告载有其丈夫和儿子相片的期刊。法国最高法院认为，法官应当采取这些强制措施，没收并且销毁被告载有原告丈夫和儿子相片的期刊，因为法律认为，一旦被告的行为构成对他人私生活无法容忍的侵扰，则法官有权采取临时措施没收被告的期刊，以防止被告公开发行的期刊给原告造成潜在的损害，这就是该案所确立的“对他人私生活实施了让人无法容忍的侵扰”理论。

① Pierre Kayser, la protection de La vie privée, pp9 - 13.

② July 12, 1966, Cass. civ. 2e, 1967 D. S. Jur. 181 (Fr.).

在1987年的Nobel一案①中，法国法官也对这样的规则做出了明确说明。在该案中，被告法国周刊V. S. D使用长焦距镜头的照相机偷偷拍摄了作为原告法国女演员Chantal Nobel从一家医院的房顶登上一架私人直升飞机的照片并且公开了所偷拍的照片。原告向法院起诉，要求法官责令被告根据《法国民法典》第9条的规定对其承担侵权责任。法官认为，被告的行为既侵害了他人享有的隐私权，也侵害了他人享有的肖像权，应当对他人承担侵权责任。应该强调的是，在法国，如果行为人侵扰他人私人生活的安宁，他们可能要承担刑事责任。例如，在1991年的一个案件当中，被告就因为在他人住所之外偷拍他人的相片而遭受刑事处罚。在该案中，一位记者在未经原告同意的情况下藏在隐秘的位置秘密拍摄了原告儿子的照片并予以公开披露，该名记者因为其实施的故意侵犯原告私人生活的行为而遭到刑事指控。②

在法国，民法或者侵权法学者之所以不将《法国民法典》第9条所规定的隐私权像美国侵权法那样区分为公开他人私人事务的隐私侵权和侵扰他人安宁的隐私侵权，一个重要原因在于，法国隐私权理论和隐私权概念是统一的，不像美国隐私权那样不统一。

四、侵扰他人安宁的隐私侵权在我国侵权法上的地位

（一）侵扰他人安宁的隐私侵权在《中华人民共和国民法通则》、最高法院的司法解释以及《中华人民国和国侵权责任法》当中的非独立性地位

在我国，《中华人民共和国民法通则》没有明确规定隐私权和隐私侵权责任制度，因此，隐私权是否包含他人私人生活不被侵扰的权利，隐私侵权责任制度是否包含侵扰他人安宁的隐私侵权，《中华人民共和国民法通则》（以下简称《民法通则》）根本没有做出任何说明。为了弥补《民法通则》没有规定隐私权和隐私侵权责任制度这

① June 10, 1987, Cass. civ. 1re.

② Judgment of Jan. 15, 1991, Cass. crim., LEXIS Pourvoi No. 90-81. 780.

一法律漏洞，最高法院分别在1988年的《关于贯彻执行 < 中华人民共和国民法通则 > 若干问题的意见（试行）》和1993年的《关于审理名誉权案件若干问题的解答》当中，对隐私利益的保护问题做出了司法解释。其中，《关于贯彻执行 < 中华人民共和国民法通则 > 若干问题的意见（试行）》第140条第1款规定：以书面、口头等形式宣扬他人的隐私，或者捏造事实公然丑化他人人格，以及用侮辱、诽谤等方式损害他人名誉，造成一定影响的，应当认定为侵害公民名誉权的行为。而《关于审理名誉权案件若干问题的解答》第7条规定：对未经他人同意，擅自公布他人的隐私材料或者以书面、口头形式宣扬他人隐私，致他人名誉受到损害的，按照侵害他人名誉权处理。根据这两个司法解释，他人对其隐私享有的利益仅被看做名誉权的组成部分，当行为人侵害他人隐私利益时，他们应当按照《中华人民共和国民法通则》第101条和第120条关于名誉权和名誉侵权的规定对他人承担侵权责任。

问题在于，这两个司法解释所规定的隐私利益所包含的内容是什么？是否包含了他人私人生活不被侵扰的利益？实际上，最高法院的这两个司法解释所规定的隐私利益并不包含他人对其私人生活享有的不被侵扰的利益，而仅包含他人对其私人信息所享有的不被公开披露的利益，因为最高法院在这两个司法解释中所规定的“擅自公布他人的隐私材料或者以书面、口头形式宣扬他人隐私”的行为显然是指行为人擅自公开他人的私人信息、私人事务或者私人生活的行为，既不包括行为人通过偷拍、偷听或者偷录等方式侵扰他人的私人生活的行为，也不包括行为人通过跟踪、监视或者盯梢等方式侵扰他人的生活安宁的行为，还不包括行为人偷偷潜入他人住所、居所或者其他具有隐居性质的场所对他人私人生活予以侵扰的行为。

在2001年最高法院颁布的《关于确定民事侵权精神损害赔偿责任若干问题的解释》中，最高法院认为，当行为人侵害他人隐私利益时，他们应当对他人承担精神损害赔偿责任。《关于确定民事侵权精神损害赔偿责任若干问题的解释》第1条规定：“自然人因下列人格权遭受非法侵害，向人民法院起诉请求赔偿精神损害的，人民法院应当依法予以受理：（一）生命权、健康权、身体权；（二）姓名权、肖像权、名誉权、荣誉权；（三）人格尊严权、人身自由权。违反社会公共利益、社会公德侵害他人隐私或者其他人格利益，受害人以侵权为由向人民法院起诉请求赔偿精神损害的，人民法院应当依法予以受理。”在这里，最高法院虽然认可了他人隐私利益的独立性，认为行为人应当就其侵害他人隐私利益的行为对他人承担侵权责任，但是，最高法院并没有将他人对其隐私享有的利益看做像名誉权或者肖像权一样的权利。问题在于，此种司法解释所规定的“他人隐私利益”究竟包括哪些内容？最高法院并没有做出明确的说明。虽然如此，可以认为最高法院在此种司法解释当中所规定的“他人隐私利益”的范围仅指他人对其私人信息、私人事务或者私人生活享有的不被公开披露的利益，不包括他人对其私人生活享有的不被侵扰的利益，因为最高法院在此处就隐私利益做出的说明应当被看做其对前两次关于隐私利益所做说明的继续，虽然最高法院在此种司法解释当中放弃了它在前两次司法解释当中将隐私利益看做名誉权组成部分的做法。

在 2009 年的《中华人民共和国侵权责任法》（简称《侵权责任法》）当中，我国立法机关第一次正式在民法还是侵权法上认可了隐私权和隐私侵权的独立性。《侵权责任法》第 2 条明确规定：侵害包括他人隐私权在内的民事权益的，应当对他人承担侵权责任。《侵权责任法》第 22 条规定：侵害包括他人隐私权在内的人身权益并因此造成严重的精神损害时，行为人应当对他人承担精神损害赔偿责任。问题在于，我国《侵权责任法》第 2 条和第 22 条所规定的隐私权和隐私侵权究竟是指什么？是指他人对其私人信息、私人事务或者私人生活享有的不被公开披露的隐私权还是指他人对其私人生活享有的不被侵扰的权利？或者同时包括这两种性质的权利？侵权责任法并没有做出明确的说明，因此存在模糊不清的问题。

（二）我国民法或者侵权法学者对待侵扰他人安宁的隐私侵权的非独立性态度

在我国，无论最高法院还是侵权责任法的立法者对隐私权所包含的内容做出怎样的理解，我国民法或者侵权法学者均认为，在我国，隐私权所包含的内容既包括他人对其私人信息、私人事务或者私人生活所享有的不被公开披露的隐私权，也包括他人对其私人生活所享有的不受侵扰的隐私权。

我国民法学者认为，我国民法或者侵权法上的隐私权同时包含他人私人信息不被公开的内容和他人私人生活不被侵扰的内容。例如，魏振瀛教授指出，隐私权属于《侵权责任法》第 2 条第 2 款所列举的权益类型。一般认为，常见的侵害隐私权的行为包括：其一，采用非法手段刺探、监视他人隐私，如采用监听、监视、跟踪以及其他技术手段刺探他人身体资料、过往经历、两性生活、私人通讯、网络资料、银行账户等。其二，擅自披露他人隐私，如不当披露他人的私人电话号码、电子邮件地址、身体资料、家庭生活以及不当披露艾滋病等性病病情等。[①] 同样，江平教授也指出，自然人享有的隐私权既包括自然人享有的保守其姓名、肖像、住址、住宅、电话等秘密的权利，未经其许可，不得加以刺探、公开或者传播；也包括自然人的个人活动，尤其是在住宅内的活动不受监视、监听、窥视的权利，自然人的住宅不受非法侵入、窥视和骚扰的权利，等等。[②]

我国侵权法学者也认为，我国民法或者侵权法上的隐私权同时包含他人的私人信息不被公开的内容和他人的私人生活不被侵扰的内容。例如，张新宝教授认为，隐私权是指他人的私人生活安宁不受非法干扰和私人信息保密不受非法收集、刺探或者公开的权利。因此，隐私权既包括他人私人信息不被非法公开的权利，也包括他人私人生活不被非法干扰的权利。例如，自然人得保有姓名、肖像、住址、住宅电话、身体肌肤状态（尤其是性器官）的秘密，未经其许可，不得加以刺探、公开或者传播；自然人的个人活动，尤其是在住宅内的活动不受监视、监听、窥视摄影、录像，自然人的住宅不受非法侵入、窥视和骚扰等。[③] 同样，杨立新教授也认为，隐私包括私人信息、私人活动、私人空间以及个人生活安宁，采取披露、宣扬、窥

① 魏振瀛主编：《民法》（第四版），北京大学出版社 2011 年版，第 670 页。
② 江平主编：《民法学》，中国政法大学出版社 2011 年版，第 509 页。
③ 张新宝：《侵权责任法原理》，中国人民大学出版社 2005 年版，第 192 - 193 页。

视、窃听、偷拍等方式，侵害他人隐私领域，侵害他人私人活动或者侵害他人私人信息的行为，就构成隐私侵权行为。[①]

（三）侵扰他人安宁的隐私侵权责任的构成要件

在我国，民法或者侵权法学者的上述理论存在共同点，这就是无论是民法学者还是侵权法学者既不会明确区分隐私权，将他人享有的隐私权区分为他人对其私人信息享有的不被公开披露的权利和他人对其私人生活享有的不被侵扰的权利；也不会明确区分隐私侵权，不会将隐私侵权区分为公开他人私人事务的隐私侵权和侵扰他人安宁的隐私侵权。因为他们认为，我国民法或者侵权法上的隐私权和隐私侵权具有统一性：统一的的隐私权既包括他人对其私人信息享有的不被公开披露的权利，也包含了他人对其私人生活享有的不被侵扰的权利，而统一的隐私侵权既包含了公开他人私人事务的隐私侵权，也包含了侵扰他人安宁的隐私侵权。在我国，民法或者侵权法学者均认为，我国隐私权和隐侵权均仅具有唯一性，我们既无需对隐私权予以分类，也无需对隐私侵权予以分类。因为这样的原因，我国侵权法学者往往认为，无论是公开他人私人事务的隐私侵权还是侵扰他人安宁的隐私侵权的责任构成要件都是相同的。例如，张新宝教授在其《侵权责任法原理》当中对隐私侵权责任的构成要件做出了明确说明，他指出，行为人对他人承担隐私侵权责任应当具备四个构成要件：其一，行为人实施了侵害他人隐私权的侵权行为。所谓侵害他人隐私权的行为是指侵入侵扰、监听监视、窥探、刺探、搜查、干扰、披露、公开或宣扬等。其二，损害后果，侵害他人隐私权所导致的后果主要是精神损害。其三，因果关系。其四，过错。侵害他人隐私权的行为应当是一般过错侵权行为。[②] 同样，杨立新教授也在《侵权法论》当中对隐私侵权责任的构成要件做出了清楚的说明，他指出，侵害隐私权责任的构成，必须具备侵权责任的一般要件，即须具备违法行为、损害事实、因果关系和主观过错四个要件。其中的所谓损害事实表现为他

---

① 杨立新：《侵权法论》（第三版），人民法院出版社 2005 年版，第 352 页。

② 张新宝：《侵权责任法原理》，中国人民大学出版社 2005 年版，第 193－194 页。

人的隐私被刺探、私人活动被监视、私人空间被侵入、私人资讯被公布、私生活被搅扰、行为被干预等。①

在我国，侵权法学者对隐私侵权责任构成要件的上述说明存在严重的问题，主要表现在：

（1）虽然损害往往是行为人对他人承担隐私侵权责任的构成要件，但是，行为人对他人承担隐私侵权责任有时并不要求具备我国学者所谓的损害的构成要件。在侵权法上，行为人对他人承担隐私侵权责任是否一定要具备我国侵权法学者所谓的损害的构成要件？答案是否定的。无论是在法国还是在英、美国家，一旦行为人实施或者准备实施隐私侵权行为，即便他们所实施的或者准备实施的隐私侵权行为还没有导致他人遭受损害，他们也应当对他人承担隐私侵权责任，因为两大法系国家的侵权法均认为，在此种情况下，他人有权向法院提出申请，要求法官颁发临时性禁止令或者采取其他有效措施，防止行为人实施或者继续实施隐私侵权行为。法官往往也会颁发禁止令，禁止行为人实施或者继续实施隐私侵权行为。在我国，行为人侵害他人依照《侵权责任法》第 2 条所规定的隐私权是否一定要具备我国民法或者侵权法学者所谓的损害的构成要件？答案同样是否定的。在我国，如果行为人正在对他人实施某种隐私侵权行为，或者如果行为人正准备对他人实施某种隐私侵权行为，他人也有权向法院提出申请，要求法官根据我国《侵权责任法》第 15 条的规定责令行为人对他人承担停止侵害的侵权责任，也就是要求法官责令行为人停止其已经实施的或者正准备实施的隐私侵权行为。在符合颁发临时性禁止令的条件下，法官当然要颁发禁止令，暂时禁止行为人实施或者继续实施隐私侵权行为。此时，行为人对他人承担停止侵害的侵权责任当然无需具备我国学者所谓的损害的构成要件。

（2）行为人对他人承担隐私侵权责任除了应当具备一般过错侵权责任的构成要件之外，还应当具备隐私侵权责任的特殊构成要件。在我国，隐私侵权责任在性质上当然属于过错侵权责任。因此，行为人对他人承担隐私侵权责任当然应当具备一般过错侵权责任的构成要

① 杨立新：《侵权法论》（第三版），人民法院出版社 2005 年版，第 353 页。

件。这就是为什么我国侵权法学者认为行为人对他人承担隐私侵权责任应当具备上述四个构成要件的理由。问题在于，在侵权法上，行为人仅具备一般过错侵权责任的构成要件是否足以让他们对他人承担隐私侵权责任？答案是否定的。因为在侵权法上，行为人仅具备一般过错侵权责任的构成要件还不足以让他们对他人承担隐私侵权责任，行为人要对他人承担隐私侵权责任，除了应当具备一般过错侵权责任的构成要件之外，还应当具备隐私侵权责任的特殊构成要件。例如，如果行为人要就其公开他人私人信息的行为对他人承担隐私侵权责任，至少必须具备四个特殊的构成要件：其一，被行为人公开的信息必须是他人的私人信息而非公共信息；其二，他人的私人信息被行为人予以公开披露而非私下披露；其三，所公开披露的信息是让一个有理性的人高度反感的信息；其四，社会公众对他人私人信息不享有合法利益。如果不具备这些特殊的构成要件，行为人当然也不会对他人承担隐私侵权责任。[①] 同样，如果行为人要就其侵扰他人安宁的隐私侵权行为对他人承担隐私侵权责任，他们也应当具备隐私侵权责任的特殊构成要件：一是行为人所侵扰的场所或者事务是他人的私人场所或者私人事务；二是行为人对这些私人场所或者私人事务实施了侵扰行为；三是行为人故意实施侵扰行为；四是行为人实施的侵扰行为是让一个有理性的人高度反感的侵权行为。[②] 如果不具备这四个构成要件，行为人就不承担隐私侵权责任。

（3）行为人对他人承担隐私侵权责任的构成要件存在差异而无法统一。在我国，虽然民法或者侵权法学者同时认为隐私侵权行为既包括非法公开他人私人信息的行为也包括非法侵扰他人生活安宁的行为。但是，他们仍然认为行为人无论是就其实施的非法公开他人私人信息的行为对他人承担的隐私侵权责任还是就其实施的非法侵扰他人安宁的隐私侵权行为对他人承担的隐私侵权责任，他们对他人承担隐私侵权责任所具备的责任构成要件是完全一致的，不存在差异。实际上，这种观点是错误的。在侵权法上，行为人就其实施的公开他人私

① 张民安、杨彪：《侵权责任法》，高等教育出版社 2011 年版，第 267 页。
② 张民安、杨彪：《侵权责任法》，高等教育出版社 2011 年版，第 269 页。

人事务的隐私侵权行为对他人承担隐私侵权责任的构成要件，在某些方面同行为人就其实施的侵扰他人安宁的隐私侵权行为对他人承担隐私侵权责任的构成要件是相同的，例如，它们均需具备“让一个有理性的人高度反感”的构成要件，或者均需具备“私人事务”的构成要件。但是，行为人就其实施的公开他人私人事务的隐私侵权行为对他人承担隐私侵权责任的构成要件在某些方面同行为人就其实施的侵扰他人安宁的隐私侵权行为对他人承担隐私侵权责任的构成要件存在重大差异，例如，公开他人私人事务的隐私侵权需要具备“公开披露”的构成要件，而侵扰他人安宁的隐私侵权则无需具备“公开披露”的构成要件；侵扰他人安宁的隐私侵权需要具备“故意”的构成要件，而公开他人私人事务的隐私侵权则仅需具备“过失”的构成要件等。

（四）侵扰他人安宁的隐私侵权责任的独立性

在我国，侵权法应当明确区分侵扰他人安宁的隐私侵权责任和公开他人私人事务的隐私侵权责任，认为侵扰他人安宁的隐私侵权责任是公开他人私人事务的隐私侵权责任之外的一种独立隐私侵权责任，我国侵权法不应当像我国民法或者侵权法学者所主张的那样将这两种独立的隐私侵权责任合并在一起，形成所谓的一般隐私侵权责任。

在我国，侵权法之所以明确区分侵扰他人安宁的隐私侵权责任和公开他人私人事务的隐私侵权责任，是因为它们是两种性质不同、目的不同、侵权责任构成要件不同以及抗辩事由不同的隐私侵权责任。侵扰他人安宁的隐私侵权在性质上不同于公开他人私人事务的隐私侵权。在侵权法上，侵扰他人安宁的隐私侵权在性质上属于对他人所享有的自治性隐私权（autonomy privacy）的侵犯，而公开他人私人事务的隐私侵权在性质上属于对他人所享有的信息性隐私权（information privacy）的侵犯。所谓自治性隐私权，首先是指他人对其私人事务享有的不受包括政府机构在内的所有行为人的非法侵扰的权利，而所谓信息性隐私权，则是指他人对其私人信息所享有的不被非法收集、非法使用或者非法公开披露的权利。其次是指侵扰他人安宁的隐私侵权的目的不同于公开他人私人事务的隐私侵权的目的。在侵权法上，行为人就其实施的侵扰他人安宁的隐私侵权行为对他人承担侵权责任的目的，在于防止行为人在没有获得他人同意或者在没有其他正当理由的情况下进入他人住所、居所或者其他具有隐居性质的场所，或者防止行为人实施其他侵扰他人生活安宁的侵扰行为，以便让他人享有自治性的独处权；而行为人就其实施的公开他人私人事务的隐私侵权行为对他人承担隐私侵权责任的目的，在于防止行为人对他人私人信息的收集、使用或者公开披露。再次是侵扰他人安宁的隐私侵权责任的构成要件不同于公开他人私人事务的隐私侵权责任的构成要件。最后是侵扰他人安宁的隐私侵权责任的抗辩事由不同于公开他人私人事务的隐私侵权责任的抗辩事由。在侵权法上，行为人能够借口社会公众的知情权和行为人的出版自由权而公开他人的某些私人信息，但是他们不得借口社会公众的知情权和行为人的出版自由权而侵扰他人的生活安宁。

五、《侵权法报告》（第5卷）对侵扰他人安宁的隐私侵权的关注

为了全面了解、掌握当今两大法系国家尤其是英美法系国家有关侵扰他人安宁隐私侵权的现状、发展趋势，为了弥补我国侵权法关于侵扰他人安宁的隐私侵权所存在的这样或者那样的问题，也为了推动我国民法或者侵权法学者对侵扰他人安宁的隐私侵权的研究，本书主编在《侵权法报告》（第5卷）当中对当今两大法系国家尤其是美国侵权法当中的侵扰他人安宁的隐私侵权问题做出详细的介绍，包括侵扰他人安宁的隐私侵权责任的一般理论、家庭成员彼此之间所实施的侵扰对方安宁的隐私侵权、雇主在工作场所对其雇员实施的侵扰其安宁的隐私侵权、行为人在公共场所对他人实施的侵扰他人安宁的隐私侵权、新闻媒体在进行新闻采访时对被采访者所实施的侵扰其安宁的隐私侵权，以及监所狱警对其所管教的囚犯所实施的侵扰其安宁的隐私侵权等。

在上述内容当中，最值得关注和说明的是“行为人在公共场所对他人实施的侵扰他人安宁的隐私侵权”，因为，在传统的隐私侵权责任制度当中，侵扰他人安宁的隐私侵权仅存在于私人场所，在公共

场所无所谓侵扰他人安宁的隐私侵权。因此，根据传统隐私侵权法，即便行为人在众目睽睽之下对他人予以监督、观察、跟踪、拍照，他人也不得向法院起诉，要求法官责令行为人对其承担隐私侵权责任。这就是隐私侵权法上所谓的“公共场所无隐私”的一般原则。在英美法系国家，侵权法严格固守“公共场所无隐私”的一般原则，认为行为人在光天化日之下对他人进行监督、观察、跟踪、拍照也不会侵扰他人生活的安宁，无需对他人承担侵扰他人安宁的隐私侵权责任。《美国侵权法复述（第二版）》第652B条明确规定了这一原则，因为该条明确规定，侵扰他人安宁的隐私侵权仅以行为人侵入他人具有隐居性质的住所、居所，或者侵扰他人的私人事务或者他人关切的事务作为必要条件，如果行为人所侵扰的地方是公共场所，则他们的侵扰行为不构成隐私侵权行为，无需对他人承担侵权责任。在美国，“公共场所无隐私”的一般原则来源于美国著名侵权法专家Prosser教授。Prosser教授指出，当他人身处公共街道或者其他公共场所时，他们是不享有隐私期待的，因此，如果行为人在公共街道或者其他公共场所对他人予以跟踪或者拍照，他们的跟踪、拍照行为不构成侵扰他人安宁的隐私侵权，无需对他人承担隐私侵权责任。① Prosser教授之所以主张“公共场所无隐私”的一般原则，其主要理由有两个：其一，自担风险理论。他认为，他人之所以对公共场所没有合理的隐私期待，第一个原因是，当他人从自己的住所、居所或者其他具有隐居性质的私人场所离开并进入公共领域时，他们完全能够预见到自己会面临遭遇别人审视的危险。其二，在公共场所对他人进行拍照同在公共场所对他人进行记录一样，都是对社会公众能够看得见的内容予以记录。Prosser教授指出，他人对公共场所没有合理隐私期待，第二个原因是，“在公共场所对他人进行拍照同样不构成侵犯他人隐私权的行为，因为对他人拍照仅仅是对他人做记录，它在本质上与手写文书没有区别，内容都是在场的公众都可以自由看到的情景。”② 在法国，隐私侵权法也固守“公共场所无隐私”的一般原则。Buffelan

---

① William L. Prosser, Privacy, 48 Cal. L. Rev. 391 (1960).

② William L. Prosser, Privacy, 48 Cal. L. Rev. 391 - 392 (1960).

– Lanore 教授和 Larribau – Terneyre 教授对此作出了明确说明，他们指出："当他人身处公共场所时，他人的隐私就消失了，虽然他们此时仍然会受肖像侵权的保护。应当注意的是，法国最高法院刑事庭认为，如果机动车里面坐着一对情侣，则该机动车仅为私人场所。"① 在美国，虽然司法判例迄今仍然坚守"公共场所无隐私"的一般原则，但是，众多的学者开始对这一基本原则提出批判，认为这一原则并非建立在令人信服的理论基础上，为了保护他人在公共场所不被人监督、观察、跟踪、拍照，侵权法应当认可"公共场所有隐私"的原则。

《侵权法报告》（第 5 卷）之所以能够顺利出版，除了主编和各著译者的努力之外，还得益于中山大学出版社的鼎力支持，在《侵权法报告》（第 5 卷）即将出版之际，本书主编真诚地对他们表示衷心的感谢！

张民安博士

2012 年 3 月 2 日于

广州中山大学法学院

① Yvaine Buffelan – Lanore Virginie Larribau – Terneyre, Droit civil, Introduction , Biens, Personnes , Famille, 17 e édition , Dalloz, p288.

目　录

第一编　侵扰他人安宁的隐私侵权总论

第二编 家庭成员间的侵扰侵权

第三编 工作场所的侵扰侵权

第四编 公共场所的侵扰侵权

第五编 新闻媒体的侵扰侵权

第六编　监所狱警的侵扰侵权

第一编　侵扰他人安宁的隐私侵权总论

侵扰他人安宁的隐私侵权责任的构成要件

张民安[①]

目　次

一、导论

在当今两大法系国家，有关隐私的界定有两种方式，这就是狭义的隐私概念和广义的隐私概念。所谓狭义的隐私，是指他人对其家庭生活、感情生活、性生活和财产状况等单纯私人利益享有的利益。所谓广义的隐私，是指除了包括狭义的隐私内容之外，隐私还包括他人对其姓名、肖像、声音、形象或者其他人格享有的利益。其中，狭义的隐私理论为法国侵权法和我国侵权法所采取，因为，根据法国和我国的隐私侵权责任制度，他人的隐私仅仅是指他人对其家庭生活、感情生活、性生活和财产状况等私人生活享有的利益，不包括他人对其姓名、肖像、声音或者形象等人格特征享有的利益。而广义的隐私理

① 张民安，法学博士，中山大学法学院教授，博士生导师。

论则为美国侵权法所采取，因为，根据美国隐私侵权责任制度，隐私利益除了包括他人对其家庭生活、感情生活、性生活和财产状况等私人生活享有的利益之外，还包括他人对其姓名、肖像、声音或者形象等人格特征享有的利益。所谓隐私侵权，是指行为人基于故意或者过失公开他人的私人生活，或者侵扰他人的安宁并因此使他人遭受财产损害或者精神损害的行为。一旦行为人实施了隐私侵权行为并因此导致他人遭受损害，他们就应当对他人承担隐私侵权责任。

在法国立法机关于1970年7月17日制定的法律之前，法国司法机关在处理隐私侵权纠纷时所适用的法律是《法国民法典》第1382条规定的过错侵权责任原则。到了1970年7月17日之后，由于法国立法机关颁布了1970年7月17日的法律，法国司法机关对他人隐私权的保护不再建立在《法国民法典》第1382条的基础上，而是建立在《法国民法典》第9条的基础上。因为，法国立法机关制定的1970年7月17日的法律被编入《法国民法典》，这就是《法国民法典》第9条。该条第1款规定，任何自然人均享有其私人生活受尊重的权利。该条第2款规定，在不影响对他人给予损害赔偿的情况下，法官有权采取任何措施以便避免或者结束对他人亲密生活的侵犯，诸如扣押侵犯他人隐私的材料、没收侵犯他人隐私的材料或者其他措施，如情况紧急，可以由法院的独任法官颁布采取这些措施的命令。①

为了克服英美法系国家普通法在保护他人隐私利益方面存在的问题，为他人隐私利益提供更好的保护，美国 Warren 和 Brandeis 在1890年第4期的《哈佛大学法律评论》上发表了著名的《隐私权》一文，明确要求英美法系国家承认隐私权的独立性和隐私侵权责任制度的独立性。② Warren 和 Brandeis 的《隐私权》一文不仅对美国的司法判例产生了重要影响，而且还对美国的制定法和学说产生了重要影响。在今天，不仅美国的主流学说完全认可隐私侵权责任制度的独立性，而且美国的司法判例和制定法均认可隐私侵权责任制度的独立性。不过，美国的隐私侵权不是一种单独的侵权行为，而是一种复合

① 张民安、杨彪：《侵权责任法》，高等教育出版社2011年版，第265页。

② Louis D. Brandeis, Samuel D. Warren, Right to Privacy, (1890) 4 Harv. L. Rev. 193.

的侵权行为，它包括四种类型的侵权行为：擅自使用他人姓名、肖像甚至其他人格特征的侵权行为（appropriation）、不合理地侵扰他人安宁的侵权行为（unreasonnable intrusion）、不合理地公开他人私人生活的侵权行为（unreasonnable publicity of private life）以及在公众面前丑化他人形象的侵权行为（Placing another in false light）。[①]

在我国，《中华人民共和国民法通则》（以下简称《民法通则》）没有规定隐私侵权责任制度，当行为人侵害他人的隐私利益时，法官会责令行为人根据《民法通则》第 120 条规定的名誉侵权责任制度对他人承担侵权责任，因此，隐私侵权责任制度仅仅是名誉侵权责任制度的组成部分，不具有独立地位。最高人民法院《关于贯彻执行<中华人民共和国民法通则>若干问题的意见（试行）》第 140（1）条对这样的规则作出了规定，该条规定：以书面、口头等形式宣扬他人的隐私，或者捏造事实公然丑化他人人格，以及用侮辱、诽谤等方式损害他人名誉，造成一定影响的，应当认定为侵害公民名誉权的行为。最高人民法院在《关于审理名誉权案件若干问题的解释》当中仍然坚持这样的规则，其第 7 条规定，对未经他人同意，擅自公布他人的隐私材料或者以书面、口头形式宣扬他人隐私，致他人名誉受到损害的，按照侵害他人名誉权处理。在 2001 年，最高人民法院在《关于确定民事侵权精神损害赔偿责任若干问题的解释》当中首次认可隐私利益和隐私侵权的独立性，将隐私侵权看做名誉侵权之外的独立形式。其第 1 条规定：违反社会公共利益、社会公德侵害他人隐私或者其他人格利益，他人以侵权为由向人民法院起诉请求赔偿精神损害的，人民法院应当依法予以受理。到了 2009 年，我国立法机关在其制定的侵权责任法当中明确认可了隐私权和隐私侵权责任制度的独立性，因为，《中华人民共和国侵权责任法》（以下简称《侵权责任法》）第 2 条明确规定：隐私权像名誉权一样受到侵权法的保护。当行为人侵害《侵权责任法》第 2 条规定的隐私权时，他们应当按照《侵权责任法》第 20 条或者第 22 条的规定对他人承担财产损害赔偿责任或者精神损害赔偿责任。我国《侵权责任法》虽然明确认可了隐私权和隐私侵权责任的独立性，但是它既没有对隐私侵权的类型做

① 张民安 、杨彪：《侵权责任法》，高等教育出版社 2011 年版，第 266 页。

出说明，也没有对各种隐私侵权责任的构成要件做出明确规定。因此，我国《侵权责任法》关于隐私侵权责任的规定仍然是高度原则、十分抽象而难以适用的。

二、侵扰他人安宁的隐私侵权的性质

（一）侵扰他人安宁隐私侵权的界定

在美国，侵权法完全认可侵扰他人安宁的隐私侵权责任的独立性，认为侵扰他人安宁的隐私侵权责任是美国四种隐私侵权责任中的一种，具有独立的调整范围和独立的构成要件以及独立的抗辩事由。《美国侵权法复述（第二版）》第652B条对侵扰他人安宁的隐私侵权责任做出了明确说明。该条规定：行为人故意侵入他人具有隐秘性质的住所或者居所，故意侵入他人具有隐私性质的事务，应当就其隐私侵害行为对他人承担侵权责任，如果行为人实施的侵入行为是令一个有理性的人高度反感的行为，无论行为人实施的侵入行为是物理性的还是非物理性的侵入行为。美国学说和司法判例大都根据《美国侵权法复述（第二版）》第652B条对侵扰他人安宁的隐私侵权作出界定。

Barnett指出，在现代美国，隐私侵权包括四种独立的隐私侵权责任：侵扰原告的具有隐秘性质的住所、居所，公开丑化原告的形象，为了商业上的目的使用原告的姓名、肖像，公开原告的私人事务。其中，侵扰他人住所、居所的行为实际上是一种侵权行为。正如《美国侵权法复述（第二版）》第652B条所作出的界定那样，侵扰他人安宁的隐私侵权是指新闻媒体的记者或者私人故意侵入他人具有隐私性质的住所、居所或者侵扰他人私人事务的侵权行为，无论是通过物理性的还是非物理性的方式。[①] Lidsky指出，在美国，侵扰他人安宁的隐私侵权责任是美国特别对隐私侵权行为进行救济的四种隐私侵权责任之一，同其他三种隐私侵权责任不同的是，侵扰他人安宁的隐私侵权责任并非针对行为人公开他人具有隐私性质的信息的行为，相

① Lyrissa C. Barnett, Intrusion and the Investigpive Reporter, (1992) 71 Tex. L. Rev. 433, 435.

反，侵扰他人安宁的隐私侵权责任适用范围广泛，包括了行为人进行的新闻采访行为。侵扰他人安宁的隐私侵权责任的目的是为了保护他人的隐私范围免受行为人实施的令人厌恶、无法容忍的行为的干预，无论他人的隐私范围是空间性质的隐私还是心理性质的隐私。许多法官都采取《美国侵权法复述（第二版）》第652B条对侵扰他人安宁的隐私侵权作出的界定。根据此种界定，无论是作为新闻媒体的被告还是作为非新闻媒体的被告都应当对它们实施的侵扰行为承担隐私侵权责任，如果它们故意侵入他人具有隐私性质的住所或者居所，故意侵入他人具有隐私性质的事务，如果他们实施的侵入行为是一个令有理性的人高度反感的行为，无论他们实施的侵入行为是物理性的还是非物理性的行为。公开行为并不是此种隐私侵权责任的构成要件。①

在法国，侵权法不承认侵扰他人安宁的隐私侵权责任的独立性，它认为侵扰他人安宁的隐私侵权同公开他人私人事务的隐私侵权一样都是独立的隐私侵权责任的具体内容。因此，关于侵扰他人安宁的隐私侵权的概念、构成要件或者抗辩事由是什么，法国侵权法很少做出清楚的说明。法国侵权法之所以不承认侵扰他人安宁的隐私侵权，其主要原因在于，法国侵权法认为隐私权和隐私侵权具有统一性，不存在不同类型的隐私权或者隐私侵权。虽然如此，法国侵权法仍然认为，侵扰他人安宁的行为是隐私侵权行为，仍然会产生隐私侵权责任。Carbonnier 指出，在法国，他人的隐私权能否得到尊重取决于行为人是否履行了他们对他人承担的不作为义务；如果行为人履行了自己承担的不作为义务，则他人的隐私权即得到尊重；如果行为人违反自己承担的不作为义务，则他人隐私权没有得到尊重。因为，隐私权保护的利益是他人生活的安宁和不受侵扰性。此种生活的安宁（tranquillité）被认为是一种受到法律保护的心理价值，它在社会生活中有众多的表现，包括：居住在不为人所知悉的地方，不被人窥视、跟踪、询问或者描述。②

---

① Lyrissa Barnett Libidsky, Prying, Spying, and Lying: Intrusive Newsgphering and Why the Law Should Do About It, (1998) 73 Tul. L. Rev. 173, 189.

② Jean Carbonnier , Droit Civil, 1/Introduction , les Personnes, Presses Universitaires De France, p318.

在我国，《侵权责任法》第2条和第22条虽然规定了隐私权和隐私侵权责任，但并没有像美国侵权法那样明确区分不同类型的隐私权或者隐私侵权，并把隐私权和隐私侵权看做统一的概念。因此，我国《侵权责任法》并没有规定独立的侵扰他人安宁的隐私侵权。同样，在我国，由于学说和侵权法不认可侵扰他人安宁的隐私侵权责任的独立性，因此，学说或者侵权法都没有对侵扰他人安宁的隐私侵权作出界定。笔者认为，我国侵权法应当对隐私侵权予以区分，明确将隐私侵权分为侵扰他人安宁的隐私侵权和公开他人私人事务的隐私侵权。所谓侵扰他人安宁的隐私侵权，是指行为人在没有任何正当理由的情况下通过物理性的或者非物理性的方式进入他人具有隐私性质的场所，或者偷听、偷录、偷拍他人具有隐私性质的谈话和活动，并因此使他人的安宁生活被破坏或者精神遭受打击的侵权行为。所谓公开他人私人事务的隐私侵权（public disclosure of private facts publicity of private affaire），也称公开披露他人令人尴尬的私人事实的隐私侵权（public disclosure of embarrassing private facts），是指行为人在没有获得他人许可或者在没有其他正当理由的情况下，以让人高度反感、让人无法容忍的方式公开披露他人的私人事务、私人事实，并因此使他人遭受精神痛苦或者财产损害的隐私侵权行为。根据此种隐私侵权责任，如果行为人没有正当理由而擅自公开他人私人事务、私人事实，他们应当就其隐私侵权行为引起的精神损害或者财产损害对他人承担侵权责任。

侵扰他人安宁的隐私侵权责任的主要特点有：①侵扰他人安宁的隐私侵权责任所保护的隐私利益范围广泛，主要包括以下方面：一是免受电话侵扰的自由；二是个人通讯免受监听或者窃听的自由；三是住所、居所或者其他个人空间免受物理性的侵入；四是免受不合理的观察、监督的自由；五是免受令人震惊的、令人反感的书面材料侵扰的自由。②侵扰他人安宁的隐私侵权责任防范的侵扰行为广泛。侵扰他人安宁的隐私侵权责任既防范行为人实施的具体、物质性理的侵扰行为，保护他人的住所、居所或者其他具有隐秘性质的空间与场所免受行为人的非法进入行为的影响；也防范行为人实施的非物理性质的侵扰行为，保护他人的心里安静、平和，免受行为人的非法跟踪、偷拍、偷录或者盯梢行为的影响。

（二）侵扰他人安宁的隐私侵权和公开他人私人事务的隐私侵权的区别

在我国，侵权法之所以应当区分侵扰他人安宁的隐私侵权责任和公开他人私人事务的隐私侵权责任，其原因有以下四个：

（1）侵扰他人安宁的隐私侵权的目的不同于公开他人私人事务的隐私侵权的目的。在侵权法上，公开他人私人事务的隐私侵权责任针对的问题是行为人非法公开他人私人生活、私人事实，认为行为人在没有任何正当理由的情况下不得公开他人的私人生活、私人事实；否则，应当对他人因为其公开行为遭受的损害承担隐私侵权责任。换言之，在侵权法上公开他人私人事务的隐私侵权责任防范的对象是行为人的公开行为而非获得他人信息的方式，无论行为人是通过合法方式获得他人的信息还是通过非法方式获得他人的信息，只要行为人在没有任何正当理由的情况下公开他人的信息，行为人的公开行为就构成隐私侵权行为。而侵扰他人安宁的隐私侵权责任不是针对行为人在没有权利公开他人隐私的情况下公开他人隐私的行为，而是针对行为人非法进入他人的住所、居所或者他人隐秘场所的行为，针对行为人非法刺探、打探或者收集他人信息的行为，只要行为人在客观上实施了侵扰他人安宁的侵权行为，即便他们没有获得有关他人的私人生活、私人事实，或者虽然获得了有关他人的私人生活、私人事实而没有公开其非法刺探、打探或者收集的信息，他们也应当对他人遭受的损害承担隐私侵权责任。因为，只要行为人实施了非法进入他人住所、居所或者其他隐秘场所的行为或者实施了非法刺探、打探或者收集他人信息的行为，他人的生活安宁就受到了不利影响，他人的精神就会遭受痛苦。

（2）两种隐私侵权责任的构成要件存在差异。在侵权法上，侵扰他人安宁的隐私侵权责任的构成要件同公开他人私人事务的隐私侵权责任的构成要件存在差异。在侵权法上，公开他人事务的隐私侵权责任应当具备公开他人事务这一构成要件。即行为人将他人的私人事务向第三人公开披露。如果行为人没有公开披露他人的私人事务，那么，他们无需对他人承担隐私侵权责任。在侵权法上，侵扰他人安宁的隐私侵权则无需具备这一构成要件，即使行为人没有公开他人的私人事务，他们也应对他人承担隐私侵权责任。除了是否要求行为人具有公开行为之一要件的差异之外，这两种隐私侵权责任还存在其他差异。根据侵扰他人安宁的隐私侵权责任，即便行为人实施的侵扰行为是为了获得他人的信息，无论他们通过侵扰行为获得的信息是公共性质的信息还是私人性质的信息，行为人都应当对他人承担隐私侵权责任。而根据公开他人私人事务的隐私侵权责任，只有行为人公开的信息是具有私人性质的信息时，他们的公开行为才能够被看做侵权行为，他们也才有可能对他人承担隐私侵权责任；如果行为人公开的信息是具有公共性质的信息，则行为人的公开行为将不被看做侵权行为，他们将不对他人承担隐私侵权责任。Wright 法官对此区别作出了说明并指出，侵权法应当明确区分因为行为人的侵扰行为导致的损害和因为行为人的公开行为而导致的损害。一方面，如果行为人的行为构成隐私侵扰行为，他们应当对他人承担隐私侵权责任，无论他们通过侵扰行为了解的信息是什么。当行为人窃听夫妻在卧室里面的谈话时，他们可能听到的是夫妻之间的亲密谈话内容，也可能听到的是社会公众对其具有合法利益的谈话内容。无论行为人听到的是夫妻之间的亲密谈话内容还是社会公众对其具有合法利益的内容，行为人都应当对他人遭受的损害承担隐私侵权责任，因为侵权法不区分行为人窃听他人谈话的内容究竟是私人性质的还是公共性质的。另一方面，如果原告要求行为人就其公开信息的行为对自己承担隐私侵权责任，法官在决定行为人是否应当对原告承担隐私侵权责任时要考虑的问题是，行为人公开的信息是不是真正的具有私人性质的信息，是不是具有公共性质的性质，他们不会考虑行为人获得所公开信息的方式。①

（3）即便行为人通过侵扰他人安宁的方式获得了他人信息，如果所获得的信息是不具有私人性质的信息，行为人仍然有权公开，其公开行为不构成隐私侵权行为，但是，他们通过侵扰他人安宁的违法方式获得信息的行为仍然构成隐私侵权行为，仍然要对他人承担隐私侵权责任。在侵权法上，行为人侵扰他人安宁的行为总是具有一定的目的性，诸如基于好奇的心理去窥探他人隐私，基于监督他人的目的去窃听他人之间的谈话，基于公开所获得的信息的目的而去偷拍他人

① Pearson v. Dodd 1969, 410 F. 2d 701.

进行的活动。在前两种情况下，行为人仅仅实施了侵扰他人安宁的侵权行为，没有实施公开他人隐私的侵权行为，他们应当就其实施的侵扰行为引起的损害对他人承担隐私侵权责任。而在后一种情况下，行为人当然实施了侵扰他人安宁的侵权行为，应当对他人遭受的损害承担隐私侵权责任。问题在于，如果行为人通过侵扰方式获得的信息是具有公共性质的信息，当他们公开之后，行为人是否要对他人承担隐私侵权责任？笔者认为，由于侵权法认为侵扰他人安宁的隐私侵权责任独立于公开他人私人事务的隐私侵权责任，因此，如果行为人通过侵扰方式获得的信息仅是公共性质的信息，他人只能要求行为人就其侵扰行为引起的损害承担隐私侵权责任，不得要求行为人就其公开具有公共性质的信息的行为承担隐私侵权责任。这在 In re King World Productions, Inc. 一案[①]中得到说明。在该案中，《内部编辑》电视节目的制片人为了获得并且公开原告医师违法行医和违反医师道德行为的故事而伪装成病人进入原告的诊所，偷录了原告对病人进行治疗的活动。被告在准备播放之前，原告向法院起诉，要求法官颁布诉前禁止令，禁止被告在其电视节目中公开其偷录的内容。一审法院认为被告的行为侵害了原告的隐私，应当予以禁止。为此，一审法院颁布禁止令，禁止被告公开其通过伪装方式获得的内容。被告不服，提起上诉。二审法院认为，一审法院不应当颁布禁止令，禁止被告在其电视节目中播放有关内容。二审法院的法官指出，禁止被告在其电视台中播放有关内容违反了《美国联邦宪法第一修正案》的规定，因为，无论被告获得所意图播放的节目的方式有这样或那样不适当，但被告播放其获得的信息的权利是宪法对其提供保护的权利。法官还指出，虽然被告有权在其电视中播放引起纠纷的节目，但是，被告通过违法方式获得信息的行为仍然是隐私侵权行为，仍然要对原告承担隐私侵权责任。

（4）侵扰他人安宁的隐私侵权责任同公开他人私人事务的隐私侵权责任的免责事由存在差异。在侵权法上，侵扰他人安宁的隐私侵权责任同公开他人私人事务的隐私侵权责任的免责事由存在差异，某些适用于公开他人私人事务的隐私侵权责任的抗辩事由并不适用于侵

---

① 898 F. 2d 56 (6th Cir. 1990).

扰他人安宁的隐私侵权责任。这表现在两个方面：一方面，《美国联邦宪法第一修正案》能够作为公开他人私人事务的隐私侵权责任的抗辩事由，但是不得作为侵扰他人安宁的隐私侵权责任的抗辩事由。另一方面，具有新闻价值的事件或者人物能够作为公开他人私人事务的隐私侵权责任的抗辩事由，但是不得作为侵扰他人安宁的隐私侵权责任的抗辩事由。

在美国，司法判例认为，如果行为通过侵扰他人安宁的方式获得他人具有私人性质的信息之后又将所获得的具有私人性质的信息公开，则行为人在对他人承担隐私侵权责任时仅仅承担一个隐私侵权责任而非两个隐私侵权责任。有时，法官倾向于让行为人对他人承担公开他人私人事务的隐私侵权责任。在 Miller v. National Broadcasting Co 一案[①]中，法官认为，当被告公开他们通过侵扰方式获得的隐私信息，他们应当对他人承担侵扰他人安宁的隐私侵权责任。在该案中，被告通过侵扰原告的隐秘场所的方式获得了原告丈夫死亡的准确时间并且在其广播中播出了其丈夫死亡的时间，原告向法院起诉，要求被告承担隐私侵权责任。法官认为，被告的侵权行为构成侵扰他人安宁的隐私侵权行为，应当对原告遭受的精神痛苦承担赔偿责任。有时，法官倾向于让行为人对他人承担侵扰他人安宁的隐私侵权责任。不过，无论他人要求行为人对他们承担侵扰他人安宁的隐私侵权责任还是要求行为人对他们承担公开他人私人事务的隐私侵权责任，法官在责令行为人对原告承担侵扰他人安宁的隐私侵权责任或者公开他人私人事务的隐私侵权责任时，往往会责令行为人赔偿附加的损害赔偿金。在 Dietemann v. Time, Inc 一案[②]中，法官对这样的规则作出了说明。法官指出，当行为人通过侵扰他人安宁的方式获得他人私人性质的信息并且公开时，如果他人要求行为人就其侵扰自己安宁的行为对自己承担隐私侵权责任，那么，法官有权增加原告遭受的损害赔偿金。此种增加的损害赔偿金的支付没有违反《美国联邦宪法第一修正案》，不会妨害行为人享有的表达自由权的行使。

在我国，侵权法应当采取什么样的原则？我国侵权法学说没有说

① 187 Cal. App. 3d 1463, 1488 (1986).

② 449 F. 2d 24, 250 (9th Cir. 1971).

明。笔者认为，如果行为人公开他们通过侵扰他人安宁的方式获得的私人信息，行为人究竟承担侵扰他人安宁的隐私侵权责任还是承担公开他人私人事务的隐私侵权责任，取决于他人的诉讼主张，如果他人要求行为人对其承担侵扰他人安宁的隐私侵权责任，则法官应当责令行为人对他人承担侵扰他人安宁的隐私侵权责任；如果他人要求行为人对其承担公开他人私人事务的隐私侵权责任，则法官应当责令行为人对他们承担公开他人私人事务的隐私侵权责任。但是，无论责令行为人对他人承担什么性质的隐私侵权责任，法官在责令行为人对他人承担隐私侵权责任时都应当加重行为人的侵权责任，增加行为人赔偿金的数额；因为行为人的行为构成了两个不同的隐私侵权行为，应当承担两个隐私侵权责任。

（三）侵扰他人安宁的隐私侵权责任的构成要件

行为人就其实施的侵扰他人安宁的隐私侵权行为对他人承担隐私侵权责任也应当具备一定的条件，如果行为人的侵权不具有所要求的构成要件，他们不对他人承担隐私侵权责任。问题在于，行为人应当具备哪些构成要件。对于这样的问题，我国学说或者司法判例均没有做出明确说明。在美国，学说和司法判例做出的回答并不完全相同。Schwartz 等人认为，侵扰他人安宁的隐私侵权应当具备两个构成要件：行为人的侵扰行为所侵扰的对象应当是他人的私人地点、谈话或者私人事项；行为人的侵扰行为应当是让一个有理性的人高度反感的行为。[①] 美国法官在 Melvin v. Burling 一案[②]中认为，侵扰他人安宁的隐私侵权责任应当具备四个构成要件，包括：①行为人在没有任何正当理由的情况下侵入或者刺探他人住所、居所；②行为人的侵扰行为应当是令一个有理性的人高度反感的行为；③行为人侵扰的事项应当是具有私人性质的事项；④行为人的侵扰行为引起他人痛苦、恼怒。《美国侵权法复述（第二版）》第 652B 条规定，行为人承担隐私侵权责任的构成要件有三：一是行为人实施了故意侵扰行为；二是行为人

---

① Victor E. Schwartz and et, Prosser, Wade and Schwartz's Torts (tenth edition), Foundation Press, p947.

② 490 N. E. 2d 1011 (Ill. App. 1986).

侵扰了他人住所、居所的安宁，侵扰了他人私人事实；三是行为人实施的侵扰行为令一个有理性的人高度反感的行为。

笔者认为，侵扰他人安宁的隐私侵权责任的构成要件有三个：一是行为人实施了侵扰行为；二是行为人实施的侵扰行为或者侵扰了他人的住所、居所或者其他私人场所的安宁，或者侵扰了他人的心里或者精神的安宁；三是行为人实施的侵扰行为是让一个有理性的人高度反感的行为。

除非具备某种正当的抗辩事由，否则，一旦符合这些构成要件，行为人就应当对他人承担隐私侵权责任，包括停止侵扰的侵权责任和赔偿他人损害的侵权责任，其中停止侵扰的侵权责任主要是指受到侵扰的人有权向法院起诉，要求法官颁发禁止令，禁止行为人实施或者继续实施侵扰行为，法官此时可以颁发禁止令，禁止行为人实施下列两种侵扰行为：其一，限制行为人同他人的距离。如果行为人同他人的距离过近，导致其行为对他人构成让人无法容忍的侵扰行为，他人有权向法院起诉，要求法官颁发禁止令，禁止行为人过分接近自己。其二，排除行为人的跟踪、盯梢或者监督行为。如果行为人对他人进行跟踪、盯梢或者监督，无论此种跟踪、盯梢或监督是否对他人人身或者财产构成威胁，他人向法院起诉，要求法官颁发禁止令，禁止行为人继续实施跟踪、盯梢或者监督行为。如果行为人实施的侵扰行为导致他人遭受精神上的损害，行为人应当赔偿他人遭受的精神损失；如果行为人实施的侵扰行为导致他人遭受财产上的损失，他们应当赔偿他人因此遭受的财产损失。如果行为人实施的侵扰行为同时导致他人遭受了精神损害和财产损害，他们应当同时对他人承担精神损害和财产损害。

三、行为人实施的隐私侵扰行为

（一）侵扰行为的种类

行为人就其侵扰他人安宁的行为对他人承担隐私侵权责任的第一个构成要件是行为人实施了侵扰他人安宁的侵扰行为。只有行为人实施了侵扰他人隐私的侵扰行为，他们才会对他人遭受的损害承担隐私侵权责任。如果行为人没有实施侵扰他人安宁的侵扰行为，他们不必对他人承担隐私侵权责任。

在当今社会，行为人实施的侵扰行为种类繁多。在美国，Lidsky对侵扰行为的广泛性做出了说明。他指出，鉴于侵扰他人安宁的隐私侵权责任对他人的安宁权进行了广泛的界定，因此，该种隐私侵权涉及的范围可能包括了新闻媒体现今使用的各种新闻采访方法。判例法至少认为，秘密监督他人的私人事务、意图进入他人家中或者商业场所的私人部分可以构成能够提起隐私侵权诉讼的侵扰行为；新闻媒体持续不断地对他人进行盯梢，尤其是采取可能危及他人人身安全的跟踪方式或者采取高科技窃听手段，其行为也构成能够提起隐私侵权诉讼的侵扰行为；侵扰他人安宁的隐私侵权责任仅仅要求行为人实施了侵扰行为，它没有规定行为人采取的侵扰行为方式。[①] 在我国，学说也对侵扰行为的种类做出了说明。某些学者认为，侵扰他人安宁的侵扰行为既包括非法窥视、监视、跟踪、骚扰他人的行为，也包括非法进入他人私人空间的行为，还包括非法暴露、接触他人身体敏感部位的行为。[②] 某些学者认为，侵扰他人安宁的侵扰行为主要包括侵入侵扰行为、监听监视行为、窥视、刺探、非法搜查、非法干扰他人等。[③]

笔者认为，无论侵扰行为的种类有多少，行为人实施的侵扰行为可以分为两种：物理性质的侵扰行为（physical intrusions）和精神性质的侵扰行为（psychological intrusions）。所谓物理性质的侵扰行为，也称空间性质的侵扰行为，是指行为人侵入他人住所、居所或者其他具有隐秘性质的不动产之内或者之上所实施的侵扰他人安宁生活的侵权行为。所谓精神性质的侵扰行为，也称心理性质的侵扰行为，是指行为人在没有侵入他人住所、居所或者其他具有隐秘性质的不动产之内或者不动产之上的情况下所实施的扰乱他人生活安宁的侵权行为。Prosser教授对此指出，一种明显不同的隐私侵权责任是，行为人以

---

① Lyrissa Barnett Libidsky, Prying, Spying, and Lying: Intrusive Newsgphering and Why the Law Should Do About It, (1998) 73 Tul. L. Rev. 173, 190.

② 王利明：《人格权法研究》，中国人民大学出版社2005年版，第611－614页。

③ 张新宝：《侵权行为法》（第二版），中国社会科学出版社1998年版，第374－375页。

令人高度反感和不合理的方式进入他人具有隐秘性质的住所、居所。行为人以此种方法实施的隐私侵权行为被认为是故意干预他人对其隐秘场所享有的安宁和不被侵扰的利益的行为，无论行为人的侵扰行为是针对他人的人身侵扰还是针对他人的私人事务的侵扰。行为人实施的侵扰行为虽然多种多样，但是，他们所实施的最重要的侵扰方式是，行为人侵入原告具有隐秘性质的住所、居所，诸如非法进入原告的家中，或者非法搜查他人在商店购物的购物袋的行为。此种隐私侵权原则适用的范围已经拓展到行为人实施的物理性质的侵扰行为之外的其他侵扰行为，诸如通过秘密在他人电话线上搭线或者通过麦克风等方式窃听他人谈话等。美国司法判例还认为，此种规则也适用于行为人在他人家外通过窗口窥视他人屋内的行为、适用于行为人持续不断地给他人打电话的行为、适用于行为人非法打探他人银行账户的行为、适用于要求他人提供所有账册的行为及非法强制他人进行验血的行为等。[①]

在著名的 Shulman v. Group W Productions , Inc. , et al. 一案[②]中，法官认为侵扰他人安宁的侵权行为包括两种。法官指出，在 Prosser 教授认定的四种隐私侵权当中，侵扰他人安宁的隐私侵权或者是最典型的隐私侵权行为。该种隐私侵权既包括行为人在没有经过他人同意的情况下侵入他人的家中、医院病房或者其他法律认可的具有隐私性质的地方，也包括行为人在没有权利的情况下实施的感官方面的侵扰行为，诸如偷录、偷听、偷拍或者刺探的行为。

物理性质的侵扰行为同精神性质的侵扰行为虽然都是侵扰行为，都会导致行为人隐私侵权责任的产生，但是，两种侵扰行为仍然存在差异。物理性质的侵扰行为强调行为人非法进入他人具有隐秘性质的不动产之上或者不动产之内实施侵扰行为，这些侵扰行为使他人感觉到恐惧、忧虑和不安。如果行为人没有非法进入他人具有隐秘性质的不动产之上或者不动产之内实施侵扰行为，则行为人的侵扰行为将不构成物理性质的侵扰行为而构成精神性质的侵扰行为。精神性质的侵

① W. Page Keeton, Prosser and Keeton on Torts (fifth edition), West Publishing Co. , pp854 - 855.

② (1998) 18 Cal. 4th 200, 955 F. 2d 469, 74 Cal. Rptr. 2d 843.

扰行为强调的是行为人在他人具有隐秘性质的不动产之外实施的侵扰行为，这些侵扰行为使他人的内心存在焦虑、痛苦和不安。如果行为人非法进入他人具有隐秘性质的不动产之上或者不动产之内实施侵扰行为，则行为人的侵扰行为只能构成物理性质的侵扰行为，不构成精神性质的侵扰行为。侵权法区分物理性质的侵扰行为和精神性质的侵扰行为，其原因不在于这两种侵扰行为对行为人承担的隐私侵权责任产生不同的影响，因为无论是物理性质的侵扰行为还是精神性质的侵扰行为都是侵扰他人生活安宁的行为，都使他人遭受了心理的苦闷、精神上的痛苦和内心的不安。侵权法之所以区分物理性质的侵扰行为和精神性质的侵扰行为的主要原因是历史原因，因为在历史上，由于科技水平的限制，行为人尤其是新闻媒体为了刺探、窥视他人隐私往往只能采取深入他人家中获得他人信息的做法；他们除了采取物理性质的侵扰行为之外，无法采取精神性质的侵扰行为。

在现代社会，由于科技的进步，行为人能够用来刺探、窥探他人隐私的科技手段越来越先进，诸如针孔摄像机、窃听器、微型手提摄像机、摄像遥控小车、机器狗、透视摄像机、网络摄像头、带有摄像功能的手机等，都可能用做偷听、偷窥、偷拍的工具。其中采用针孔摄像机偷拍、采用窃听器偷听或偷录他人之间的谈话是最常见的手段。此时，行为人在无需侵入他人具有隐秘性质的不动产之上或者不动产之内的情况下就能够凭借先进的科技手段刺探、窥探他人隐私。因此，侵权法将传统侵扰行为从物理性质的侵扰行为拓展到精神性质的、心理性质的侵扰行为，加大了行为人承担的隐私侵权的责任范围。

（二）行为人实施的各种具体侵扰行为

1. 行为人非法进入他人住所、居所或者其他具有隐秘性质的场所

侵扰行为最典型、最原始的方式是指，行为人在没有获得他人同意的情况下，或者在没有正当理由的情况下采取秘密方式或者欺诈方式进入他人具有隐秘性质的不动产之上或者不动产之内并因此侵扰他人安宁的生活。

行为人在没有获得他人同意的情况下或者在没有其他正当理由的

情况下潜入他人具有隐秘性质的不动产之上或者不动产之内的行为是侵扰行为，在符合其他构成要件的情况下，行为人应当就其潜入行为对他人遭受的损害承担隐私侵权责任。例如，行为人潜入他人的家中，窥视刚刚新婚的他人在其卧室内实施的亲密行为，偷听他人在其卧室内同其新婚妻子的谈话内容。行为人的潜入行为、窥视行为和偷听行为都构成侵扰行为，应当对原告遭受的损害承担隐私侵权责任。在 Byfield v. Candler 一案①中，法官认定，被告进入原告在游艇上的特等客舱的行为构成侵扰行为，应当对原告承担隐私侵权责任。在 Welsh v. Pritchard 一案②中，法官认为，作为出租人的被告擅自进入作为原告承租人承租的房屋中的行为构成侵扰行为，应当对原告遭受的损害承担隐私侵权责任。在 Hamberger v. Eastman 一案③中，被告将其房屋出租给原告之后潜入原告的承租房中，将微型窃听器安装在原告的卧室之内。原告发现之后向法院起诉，要求法院责令被告承担隐私侵权责任。法官认为，作为被告出租人的行为构成侵扰行为，应当对作为原告的承租人承担隐私侵权责任。

即便行为人进入他人不动产之上或者不动产之内的行为获得了他人的同意，如果行为人是通过欺诈方式进入他人具有隐秘性质的不动产之上或者不动产之内，则行为人的进入行为仍然构成侵扰行为，在符合其他构成要件的情况下，行为人仍要对他人遭受的损害承担隐私侵权责任。在 De May v. Robert 一案④中，法官对这样的规则进行了说明。在该案中，原告是一名即将临盆的孕妇，她雇请被告医师为自己接生。被告医师的一名朋友并不是医师，他因为没有见过女人生孩子而要求被告带他去看原告生孩子。被告医师同意之后就带其朋友来到原告家中，跟原告说其朋友也是医师，是原告的助手。原告同意被告的朋友来到原告生孩子的地方，让其参与接生的工作。事后，原告才知道被告的朋友并非是医师。原告向法院起诉，要求被告就其行为对自己遭受的损害承担侵权责任。法官认为，被告在没有充分披露被

① 33 Ga. App. 275, 125 S. E. 905 (1924).

② 125 Mont. 517, 241 P. 2d 816 (1952).

③ 106 N. H. 107, 206 A. 2d 239 (1964).

④ 46 Mich. 160, 9N. W. 146 (1881).

告朋友的真实身份的情况下获得了原告的同意，允许被告的朋友在那个时候和那种场合进入原告的家中，被告和其朋友的行为都构成欺诈行为，其实施的非法行为使原告在发现被告朋友的真实身份时感觉羞愧、羞辱，被告应当对原告遭受的损害承担侵权责任。在侵权法上通过欺诈方式进入他人具有隐秘性质的场所的行为往往发生在新闻媒体进行新闻采访的过程中。新闻媒体为了获得真实的情况往往不惜采取假冒身份的方式进入他人的家中或者其工作场所，偷拍、偷录他人从事的各种活动并将其公开。新闻媒体通过欺诈方式进入他人具有隐秘性质的场所的行为是否构成侵扰行为及是否应当承担隐私侵权责任，成为侵扰他人安宁的隐私侵权责任的重要问题。

2. 行为人使用连接他人的电话线、安装窃听器或者其他电子设备等方式实施侵扰行为

即便行为人没有具体进入他人的具有隐秘性质的不动产之上或者不动产之内实施侵扰行为，如果他们通过在他人不动产之外的电话线上搭线方式、通过在他人不动产周围安装窃听器或者其他电子设备来窃听他人具有隐私性质的谈话，行为人的窃听行为仍然构成侵扰行为，在符合其他构成要件的情况下，行为人仍然要就其实施的侵扰行为对他人承担隐私侵权责任。

在 Rhodes v. Graham 一案①中，法官认为，被告在原告屋外的电话线上搭线窃听原告与别人之间具有隐秘性质的谈话行为构成隐私侵扰行为，应当对原告承担隐私侵权责任。在该案中，被告为了了解原告同别人之间的通话内容，将电话线接在原告屋外的电话线之上，当原告同别人通话时，被告也能够听到原告同别人之间的谈话内容。原告发现被告的行为之后向法院起诉，要求法官责令被告就其侵扰行为对自己承担隐私侵权责任。法官认为，即便被告在窃听原告同别人的通话时没有具体侵入原告的家中，被告的窃听行为仍然构成侵扰行为，此种侵扰行为是技术上的侵扰行为，应当像物理性质的侵入行为那样产生隐私侵权责任。

Rhodes 一案的规则确立之后，得到 Roach v. Harper 一案②的遵

① 238 Ky 225, 37 S. W. 2d 46 (1931).

② 243 W. Va. 869, 105 S. E. 2d 546 (1958).

循。在该案中，被告为了窃听原告同别人之间的谈话内容而承租了原告的房屋，被告将窃听器安装在所承租的房屋内。当原告与别人通话时，被告就通过其安装的窃听器来偷听原告与别人之间的谈话，包括原告同别人之间具有亲密关系的谈话。原告发现被告的窃听行为之后向法院起诉，要求法官责令被告对其承担隐私侵权责任。法官认为，被告在原告的住所安装窃听器及窃听原告与别人之间的谈话行为构成侵扰行为，应当对原告承担隐私侵权责任。

在美国，除了判例法禁止行为人采取偷听、偷拍、偷录的方式侵扰他人安宁之外，美国某些州的制定法也禁止行为人尤其是新闻媒体采取偷听、偷拍、偷录的方式侵扰他人的安宁，否则，应当承担隐私侵权责任甚至刑事责任。在美国，《加利福尼亚州刑法典》第631（1）条明确规定，一旦行为人在没有获得他人同意的情况下在他人的电话线、电缆上搭线、连线，或者在没有获得通话的当事人同意的情况下故意阅读或者了解传输过程中的任何信息的内容，都应当承担刑事责任。根据《加利福尼亚州刑法典》第637（2）条的规定，一旦行为人违反此种禁止性规定，偷听、偷录或者偷看他人之间的通话内容，将赔偿他人最多3000美元的赔偿金，或者赔偿实际损害赔偿金的三倍。

在Ribas v. Clark一案[①]中，法官对此种规则进行了说明。在该案中，妻子决定同已经疏远了的丈夫打电话，她要求被告使用另外一部电话窃听自己同其丈夫之间的通话。在案件仲裁程序中，被告出庭作证，证明妻子同其丈夫之间的通话内容。丈夫了解到此种情况之后，认为被告窃听其妻子同自己之间的电话通话的行为违反《加利福尼亚州刑法典》的规定，应当对自己承担隐私侵权责任。法官认为，被告的行为构成侵扰行为，应当对原告承担隐私侵权责任，因为，《加利福尼亚州刑法典》第631条禁止的侵扰行为除了包括非法搭线偷听、偷录他人之间的通话内容的侵扰行为之外，也包括在没有获得对方当事人同意的情况下对对方当事人的通话内容进行录音。

3. 电话骚扰行为

如果行为人在不合理的时间、不合理的场合给他人打电话，导致

---

① 696 P. 2d 637（Cal. 1985）.

他人的心理安宁受到影响，行为人的打电话行为可以构成侵扰行为，在符合其他责任构成要件的情况下，应当就其电话骚扰行为对他人承担隐私侵权责任。这在 Donnel v. Lara 一案①中得到说明。在该案中，被告总是在不合理的时间反复给原告打电话，使原告的心理安宁遭受影响。原告向法院起诉，要求法官责令被告承担隐私侵权责任。法官认为，被告的电话骚扰行为构成侵扰行为，应当对原告承担隐私侵权责任。在 Housh v. Peth 一案②中，法官认为，被告为讨债而不断地给原告打电话的行为构成侵扰行为，应当对原告承担隐私侵权责任。在该案中，原告没有及时履行对被告的债务。被告为了逼迫原告偿还债务而昼夜不停地给原告打电话，严重骚扰了原告的生活。原告向法院起诉，要求被告承担隐私侵权责任。法官认为，作为债权人的被告为了讨债而不断骚扰作为债务人的原告的行为构成隐私侵扰行为，应当对原告承担隐私侵权责任。在 Mill v. First Nat' L Credit Bureau 一案③中，法官认为，当债权人为了讨债而在电话中使用粗暴的语言、具有侵犯性质的语言时，债权人的讨债行为也构成侵扰行为，应当对债务人遭受的损害承担隐私侵权责任。

在侵权法上，行为人的电话骚扰行为要构成侵扰行为，应当同时具有以下三个构成要件：

（1）行为人在不合理的时间、不合理的地点给原告打电话。如果行为人在合理的时间、合理的地点给他人打电话，则他们打电话的行为可能看做正常的行为；如果行为人在不合理的时间、不合理的地点给他人打电话，则他们打电话的行为可能会看做骚扰行为。例如，行为人在深更半夜给他人打电话，其打电话的行为可能构成骚扰行为。如果行为人在晚上 8 时给他人打电话，则其打电话的行为可能不会构成骚扰行为。

（2）行为人反复地、经常地、持续不断地给他人打电话。如果行为人仅仅偶尔给他人打电话，则行为人打电话的行为将不构成骚扰行为，只有行为人反复地、经常地、持续不断地给他人打电话，他们

① 703 S. W. 2d 257 (Tex. App. 1985).

② 165 Ohio St. 35, 133 N. E. 2d 340 (1956).

③ 27 Ohio App. 2d 267 192 N. E. 2d 511, 512 (1963).

打电话的行为才构成骚扰行为。

（3）行为人持续不断地打电话的行为遭到他人的反感。即便行为人在不合理的时间、不合理的地点持续不断地给他人打电话，如果他人对行为人打电话的行为不反感，则行为人的行为不构成侵扰行为。只有他人对行为人打电话的行为反感时，行为人的行为才构成侵扰行为。因此，债权人为了要求债务人偿还债务而偶尔打电话给债务人，其行为不构成侵扰行为，因为，根据债法的一般理论，当债务人不及时履行所承担的债务时，债权人有权采取合理措施要求债务人偿还债务，包括打电话要求债务人尽快偿还债务及在电话中讲出某些威胁性的词语。因为，债权人这样做不会让一般人、一个有理性的人高度反感。只有债权人为了逼迫债务人还债而不分昼夜地打电话骚扰债务人，债权人的讨债行为才构成侵扰行为，他们才就其讨债行为对他人承担隐私侵权责任。

电话骚扰行为是否受行为人打电话的内容、目的的影响？笔者认为，无论行为人打电话的目的是什么，无论他们在电话中讨论的内容是什么，只要行为人在不合理的时间、不合理的地点持续不断地给他人打电话，则他们打电话的行为就构成侵扰行为，在符合侵权责任的其他构成要件的情况下，行为人应当对他人承担隐私侵权责任。因此，行为人为了报复他人而持续不断地给他人打电话的行为构成侵扰行为，行为人为了讨债而持续不断地给他人打电话的行为同样构成侵扰行为。行为人用恶毒的、下流的、淫秽的语言持续不断地给他人打电话的行为构成侵扰行为，行为人用温柔的、和气的、文明的语言持续不断地给他人打电话，其行为也构成侵扰行为。

4．持续监督、跟踪和盯梢行为

如果行为人违反他人的意愿，在没有监督、跟踪或者盯梢权利的情况下持续不断地监督、跟踪和盯梢他人的行为，行为人的监督、跟踪或者盯梢行为是否构成能够提起隐私侵权诉讼的侵扰行为？对此问题，美国司法判例存在争议。某些司法判例认为，如果行为人实施的持续不断地监督、跟踪和盯梢行为发生在公开场合，则行为人的监督、跟踪和盯梢行为不构成侵扰行为，只有行为人实施的持续监督、跟踪和盯梢行为发生在私人场所，则其监督、跟踪和盯梢行为将构成侵扰行为。某些司法判例认为，即便行为人实施的持续不断监督、跟踪和盯梢行为发生在公共场所，行为人的监督、跟踪和盯梢行为也构成侵扰行为，行为人应当对他人遭受的损害承担隐私侵权责任。笔者认为，监督、跟踪和盯梢行为要构成隐私侵扰行为，应当具备以下四个构成要件：

（1）行为人在没有监督权利的情况下对他人实施监督、跟踪或者盯梢行为。如果行为人是有权对他人实施监督、跟踪或者盯梢行为的人，则其监督、跟踪或者盯梢行为将不构成侵扰行为。

（2）行为人持续不断地监督、跟踪或者盯梢他人。如果行为人仅仅偶尔对他人实施监督、跟踪或者盯梢行为，则他们的监督、跟踪或者盯梢行为不构成隐私侵权行为，只有行为人反复地、经常地、持续不断地对他人实施监督、跟踪或者盯梢行为，他们的监督、跟踪或者盯梢行为才构成侵扰行为。

（3）行为人监督、跟踪或者盯梢的场所是具有隐秘性质的场所。只有行为人监督、跟踪或者盯梢的场所是具有隐秘性质的场所，行为人的监督、跟踪或者盯梢行为才有可能构成侵扰行为，如果行为人的监督、跟踪或者盯梢场所是公共场所，则行为人的监督、跟踪或者盯梢行为将不构成侵扰行为，无需对他人承担隐私侵权责任。因为隐私侵扰行为的前提是他人的隐私被侵扰，如果被侵扰的内容是不具有隐私性质的内容，被侵扰的场所不是具有隐私性质的场所，则行为人不必对他人承担隐私侵权责任。当然，他人可以根据其他侵权责任要求行为人就其在公开场所实施的监督、跟踪或者盯梢行为对自己承担隐私侵权责任，因为，行为人在公开场所实施的监督、跟踪或者盯梢行为仍然会损害他人的利益，仍然会使他人遭受精神上或心理上的损害。

（4）行为人的监督、跟踪或者盯梢使他人的安全或者其家人的安全遭受威胁。只有行为人实施的监督、跟踪或者盯梢行为可能会使他人或者其家庭成员产生合理的恐惧并因此担心自己或者其家庭成员的人身安全时，行为人才会就其监督、跟踪或者盯梢行为引起的损害对他人承担隐私侵权责任。如果行为人的监督、跟踪或者盯梢行为不会使他人产生合理的恐惧，则行为人的监督、跟踪或者盯梢行为将不构成侵扰行为，无需对他人承担隐私侵权责任。在 Summers v. Bailey

一案[①]中，法官认为，被告的跟踪、盯梢行为构成侵扰行为，应当对原告承担隐私侵权责任。在该案中，被告将其商店出卖给了原告之后又想重新得到所出卖的商店。为此，被告采取不断跟踪、盯梢原告的办法逼迫原告将其购买的商店返还给被告。原告向法院起诉，认为被告的跟踪、盯梢行为已经危及到自己和家人的人身安全，构成骚扰原告的侵扰行为，要求法官责令被告承担侵权责任。法官认为，被告的跟踪、盯梢行为构成侵扰行为，应当对原告承担隐私侵权责任。

5. 其他侵扰行为

除了上述四种典型的侵扰行为之外，诸如通过拆开他人私人信函、偷看他人私人邮件的方式实施的侵扰行为；通过以他人名义订购商品的行为实施的侵扰行为等。在符合侵扰他人安宁的隐私侵权责任的其他构成要件的情况下，行为人应当就其实施的这些侵扰行为对他人承担隐私侵权责任。

（1）私拆信函行为。如果行为人擅自拆开他人私人信函或者偷看他人私人邮件，那么，无论是一般邮件还是电子邮件，行为人的行为将构成侵扰行为，在符合隐私侵权责任的其他构成要件的情况下，行为人应当就其实施的私拆行为、偷看行为对他人承担隐私侵权责任。这在 Vernars v. Young 一案[②]中得到说明。在该案中，原告同被告都是同一家公司的高级管理人员。有人向原告发送了一封邮件，该邮件上注明是私人性质的邮件。被告在没有获得原告同意的情况下拆开该邮件并阅读了邮件的有关内容。原告向法院起诉，认为被告擅自拆阅其私人邮件的行为构成侵扰行为，应当对自己承担隐私侵权责任。法官援引《美国侵权法复述（第二版）》第 652B 条责令被告对原告承担隐私侵权责任。

（2）强行拍照行为。如果行为人违反他人意愿强行给他人拍照，行为人的强行拍照行为将构成隐私侵扰行为，在符合其他构成要件的情况下，行为人应当就其强行拍照行为给他人带来的损害承担隐私侵权责任。这在 Estate of Berthiaume v. Pratt, M. D. 一案[③]中得到说

① 55 F. 3d 1564 (11th Cir. 1995).

② 539 F. 2d 966 (3d Cir. 1976).

③ 365 A. 2d 792 (Me. 1976).

明。在该案中，一名病人在被告所在的医院接受被告之外的医师治疗。当该名病人躺在病床时，被告要求给该病人拍照。该名病人反对被告给其拍照。被告不顾病人的反对仍然给其拍了照。当该名病人死亡之后，其遗产管理人向法院起诉，要求法官责令被告医师就其侵扰行为引起的损害承担侵权责任。被告医师提出抗辩，认为之所以要给病人拍照，是为了将来更好地评估其他病人的疾病的治疗效果。法官认为，被告强行给病人拍照的行为构成隐私侵扰行为，即便被告医师没有公开所拍摄的照片，也应当承担侵权责任；无论病人的相片对医学具有怎样的价值，原告仍然有权控制其肖像是否应当为了别人的利益而予以保留。

（3）故意以原告名义订购商品的行为。如果行为人知道原告没有订购某种商品的意图而仍然假冒他人的名义订购该种商品，导致商品经销商将订购的商品送到他人家中，行为人的行为将构成侵扰行为，在符合其他构成要件的情况下，行为人应当对他人遭受的损害承担隐私侵权责任。这在 Melvin v. Burling 一案①中得到说明。在该案中，被告假冒原告的名义向他人订购了某种商品。原告向法院起诉，认为被告的行为构成侵扰行为，应当对自己承担侵权责任。一审法院认为，被告的行为不构成侵扰行为，无需对原告承担侵权责任。原告不服，上诉到二审法院。二审法院认为，被告的行为符合侵扰他人安宁的隐私侵权责任的构成要件，应当对原告承担隐私侵权责任。

（三）公共官员或者国家有关部门实施的侵扰行为

如果公共官员实施偷录、偷听或者监督他人的行为，公共官员实施的这些行为是否构成隐私侵扰行为？对于这样的问题，两大法系国家的侵权法分两种情况来做出说明。如果公共官员具有合法的监督权，则他们在实施监督行为时可以实施偷录、偷听他人谈话的行为。此时，公共官员的行为不构成侵扰行为，他们不必对他人承担隐私侵权责任。

在法国，刑法规定，在两种情况下，公共官员窃听、截取他人电

① 490 N. E. 2d 1011（Ill. App. 1986）.

话通话内容将不构成隐私的侵权行为：其一，基于法官的命令，公共官员可以窃听、截取他人之间的电话通话内容。它规定，为了获取必要的信息，以便确定其刑事处罚高于或等于两年刑罚的所有刑事犯罪或侵权行为，法官可以颁发命令，以便截取（interception）、录制和翻译他人之间的电话通话内容。其二，基于国家安全的考虑，公共官员可以窃听、截取他人之间的电话通话内容。它规定，当行政机关为了查找有关国家安全的信息，保护法国科技和经济利益或者为了阻止恐怖活动，预防有组织的犯罪活动，防止已被解散的组织死灰复燃，有关行政机关可以窃听、截取他人之间的电话谈话内容。

在美国，侵权法认为，公共官员实施的合法监督行为不构成侵扰行为，不必承担隐私侵权责任。因此，如果警察获得了搜查证，有权对犯罪嫌疑人进行搜查的话，则警察为了搜查的需要而跟踪、监督或者盯梢犯罪嫌疑人时，警察的跟踪、监督或者盯梢行为不构成隐私侵扰行为，警察不必对犯罪嫌疑人承担隐私侵权责任；为了侦破案件的需要，公共官员有权偷听、偷录或者偷拍犯罪嫌疑人的谈话、对话或者行踪。美国 Ohio 州的判例法认为，一旦公共官员享有合法的监督权，他们对被监督者的监督手段可以多种多样，包括使用望远镜监督和观察，使用照相机来给被监督者拍照，甚至可以在树上建立瞭望台，以便获得更好的视野。[①]

如果公共官员在没有合法权利的情况下实施侵扰行为并因此导致他人遭受了损害，公共官员或者公共官员所代表的国家有关部门是否应当对原告承担隐私侵权责任？对此问题，两大法系国家的侵权法基本上都作出了肯定的回答，认为公共官员或者公共官员所代表的国家有关部门应当对受害人承担隐私侵权责任，如果公共官员实施的侵扰行为符合侵扰他人安宁的隐私侵权责任的构成要件的话。

如果公共官员在没有合法权利的情况下对他人实施了物理性质的侵扰行为，那么，公共官员或者公共官员所代表的国家有关部门应当承担隐私侵权责任。这在 Mauri v. Smith 一案[②]中得到说明。在该案中，原告因为同别人发生了口角而要求被告警察进行干预。被告警察

---

① Sustin v. Fee, 69 Ohio St. 2d 143, 146 N. E. 2d 994 (1982).

② 929 P. 2d 307 (Or. 1996).

来到了发生口角的地方对原告同别人之间的纠纷进行了解和调解。之后不久，在没有得到原告允许的情况下，被告警察在同原告发生口角的人的陪同下进入原告居住的公寓。原告向法院起诉，要求法官责令被告警察就其侵扰行为引起的损害对自己承担隐私侵权责任。一审法院认为，被告的进入行为不构成能够提起侵权诉讼的侵扰行为，无需承担隐私侵权责任。原告不服，上诉到二审法院。二审法院认为，被告的进入行为构成隐私侵扰行为，应当对原告承担隐私侵权责任。法官认为，在本案中，原告提供的证据对原告十分有利，因为，原告提供的证据能够证明：被告警察进入原告的住所时没有获得原告的同意或者虽然获得原告的同意，但是原告仅仅基于某一个特定目的同意被告警察进入；被告警察意图实施没有获得授权情况下的侵扰行为。法官指出，当行为人在没有获得他人邀请、允许或者欢迎的情况下进入他人家中，他们的进入行为就构成侵扰行为。如果行为人希望其进入行为会引起他人心里不安的后果或者相信其进入行为实际上会引起他人不安的后果，则行为人的进入行为是故意实施的侵扰行为。

如果公共官员在没有合法权利的情况下采取精神性质的侵扰行为侵扰他人的隐私，诸如窃听、偷听或者偷拍他人具有隐私性质的谈话或者场所，那么，公共官员或者公共官员所代表的国家有关部门也应当对他人遭受的损害承担隐私侵权责任。在法国，侵权法认为，除非公共官员有权窃听、偷听他人之间的谈话，否则，他们采取违法方式侵扰他人私人生活的行为既构成侵权行为，也构成犯罪行为，应当承担隐私侵权责任甚至刑事责任。在美国，主流司法判例认为，当公共官员实施的违法行为构成隐私侵扰行为时，国家有关部门应当就其公共官员实施的侵扰行为对他人承担隐私侵权责任。在 Katz v. United States 一案①中，法官认为，公共官员为了窃听他人的通话内容而在他人的电话线上搭线的行为构成侵扰行为，应当对他人承担隐私侵权责任。在该案中，被告为了窃听原告的通话内容而在公共电话亭的电话线上搭线窃听原告的通话内容。原告向法院起诉，要求被告承担隐私侵权责任。被告提出抗辩，认为其窃听行为应当受到《美国联邦宪法第四修正案》的保护。法官认为，即便被告是为了侦破案件而

① 389 U. S. 347 (1967).

使用窃听手段，其使用的窃听手段仍然存在不合理的地方，应当构成侵扰行为。在 Birnbaum v. United States 一案[①]中，法官也认为，被告联邦调查局偷拆原告信件的行为构成侵扰行为，应当对原告承担隐私侵权责任。在该案中，原告同前苏联有关人员之间有书信来往。被告为了侦察案件擅自偷拆原告同前苏联有关人员之间往来的书信。原告发现之后向法院起诉，要求法官责令被告承担隐私侵权责任。法官认为，被告偷拆美国公民同前苏联有关人员之间往来书信的行为构成侵扰行为，应当承担隐私侵权责任。在美国，少数司法判例认为，即便公共官员采取违法手段窃听、偷录他人之间的谈话内容，被告的行为也不构成侵扰行为，无需对原告遭受的损害承担隐私侵权责任。在 Smith v. Maryland 一案[②]中，法官认为，警察偷录他人之间的电话次数的行为不构成侵扰行为，无需对原告承担隐私侵权责任。在该案中，警察为了记录某一个特定的电话每天打电话的次数和打电话的时间，采取特殊手段来记录原告打电话的次数和时间。原告向法院起诉，要求被告就其警察实施的侵扰行为对自己承担隐私侵权责任。法官认为，由于被告警察没有偷录到原告同他人之间的电话通话内容，因此，被告无需对原告承担隐私侵权责任。

在我国，侵权法应当采取什么样的态度？笔者认为，如果公共官员有权进入他人具有隐秘性质的不动产之上或者不动产之内执行职务，如果公共官员在进入他人不动产之上或者不动产之内执行职务时已经履行了法律规定的严格程序，则即便他们的进入行为遭受到不动产权人的反对，公共官员进入他人不动产之上或者不动产之内的行为不构成隐私侵扰行为，公共官员或者国家有关部门将不必就其进入行为对他人承担隐私侵权责任。例如，警察依法对他人的家中执行搜查任务的行为不构成侵扰行为，即便此种搜查行为使他人遭受精神上的损害，警察也不必对他人遭受的损害承担隐私侵权责任。但是，如果公共官员在没有权利进入他人不动产之上或者不动产之内执行职务的情况下，强制进入他人不动产之上或者不动产之内，公共官员的行为既构成滥用职权的行为，也构成隐私侵扰行为，如果公共官员进入的

① 588 F. 2d 319 (2d Cir. 1978).

② 442 U. S. 735 (1979).

不动产是具有隐私性质的不动产的话，公共官员的进入行为也构成侵扰行为，他们或者所代表的国家有关部门应当对他人承担隐私侵权责任。同时，即便公共官员进入他人不动产之上或者不动产之内，如果公共官员在进入时没有履行制定法规定的程序，那么，公共官员的进入行为同样构成滥用职权的行为和侵扰行为。即便公共官员依法进入他人不动产之上或者不动产之内完全遵守了制定法规定的严格程序，如果他们在执行职务时进入了不应当进入的地方，那么，公共官员的进入行为仍然构成侵扰行为。在符合隐私侵权责任的其他构成要件的情况下，公共官员或者所代表的国家有关部门应当对他人遭受的损害承担隐私侵权责任。即便公共官员没有实施物质性质的侵扰行为，如果他们在履行职责时实施了精神性质的侵扰行为，诸如偷听他人之间的通话内容、偷拆他人之间的往来书信、偷拍他人具有隐私内容的活动，那么，公共官员或者公共官员所代表的国家有关部门也应当对受害人承担隐私侵权责任。

四、被侵扰的场所或者事项是具有隐私性质的场所或者事项

（一）一般原则

行为人就其侵扰他人安宁的行为对他人承担隐私侵权责任的第二个构成要件是，“行为人的侵扰行为侵扰了他人具有私人性质的场所或者具有私人性质的事项”。如果行为人侵扰的不是他人具有私人性质的场所或者事项，则行为人不对他人遭受的损害承担隐私侵权责任，即便行为人实施的侵扰行为是让一个有理性的人高度反感的行为。因此，如果行为人侵扰的地方是公共场所，则行为人的侵扰行为将不必对他人承担隐私侵权责任。

在美国，学说和司法判例均认可这样的规则。Prosser 教授对这样的规则作出了说明。他指出，行为人侵入的地方或者刺探的事项应当是私人性质的地方或者事项。因此，当行为人记录他人审判之前的证词时，他人不得起诉，要求行为人承担隐私侵权责任。当警察在其职责范围内对他人拍照、采集指纹或者采取其他措施时，他人不得要求警察承担隐私侵权责任。当行为人检查、公开披露法律要求公司保

留和供社会公众查阅的公司记录时，他人不得要求行为人对其承担隐私侵权责任。在大街上或者其他公共场所，他人不享有独处的权利，行为人仅仅在这些公共场所跟踪他、监督他时，行为人的行为不构成隐私侵扰行为。当行为人在大街上或者其他公共场所给他人拍照时，行为人的行为不构成侵扰行为，因为，行为人此时的行为实际上就是在做记录，等同于对任何人都能够看到的公共现象进行完全的书面描述。如果他人处于自己家中的隐秘地方，当行为人给他人拍照时，行为人的行为构成侵扰行为，他人有权起诉，要求行为人承担隐私侵权责任。①

《美国侵权法复述（第二版）》第652B条对此规则作出了规定，它指出，当行为人检查公共文件时，行为人不必对他人承担隐私侵权责任；当行为人观察或者拍摄正在高速公路上行走的他人时，行为人无需对他人承担隐私侵权责任。司法判例也在众多的案件中对这样的规则作出了说明。在 Miller v. National Broadcasting Co. 一案②中，法官认为，作为新闻媒体的被告拍摄医师对原告进行紧急抢救的场面的行为构成隐私侵权责任，应当对原告遭受的损害承担隐私侵权责任。因为，法官认为，医师对病人进行紧急抢救的场面属于具有隐私性质的场面，被告的侵扰行为侵扰了他人具有隐秘性质的事项，应当承担隐私侵权责任。在 Aisenson v. American Broadcasting Co. 一案③中，法官认为，当新闻媒体为了新闻采访的目的而在大街上拍摄到他人时，行为人无需对他人承担隐私侵权责任。在该案中，原告正在从其家中走近自己的小汽车，被告赶紧对原告进行拍摄。原告向法院起诉，要求法官责令被告对其承担隐私侵权责任。法官认为，由于被告侵扰的地方是大街，其拍摄行为对原告隐私造成的侵犯非常小，因此，被告无需对原告承担隐私侵权责任。

在 Nader v. General Motors 一案④中，法官认为，被告无需就其在公共场所实施的侵扰行为对原告承担隐私侵权责任。在该案中，原告

---

① W. Page Keeton, Prosser and Keeton on Torts (fifth edition), West Publishing Co., pp855-856.

② 232 Cal. Rptr. 668 (App. 1986).

③ 269 Cal. Rpt. 379 (App. 1990).

④ 25 N. Y. 2d 560, 255 N. E. 2d 765, 307 N. Y2d 647 (1970).

是一名汽车安全方面的专家和作者，他花了几年时间研究美国通用汽车公司生产的汽车的安全问题并且出版了《通用汽车根本就不安全》一书。该书对通用汽车公司生产的汽车进行了研究，认为其生产的汽车存在这样或者那样的质量问题。为了压制原告对被告公司产品质量的批评，阻止原告公开有关通用公司产品质量方面的信息，被告通用汽车公司指使其雇员采取各种方式威胁原告。为此，原告向法院起诉，要求法院责令被告就其侵扰行为对自己承担隐私侵权责任。原告的诉状具体列举了被告公司实施的各种侵扰行为：①访问原告的熟人，询问他们关于原告的政治、社会、种族和宗教的意见，询问他们关于原告的性趋向和个人习惯；②在公共场所对原告进行非常长时间的不合理监督；③为了设置陷阱，被告雇请女人勾引原告，以便让原告同此女人发生不正当的性关系；④对原告不断地打电话，威胁、恐吓和骚扰原告；⑤当原告同他人进行私人谈话时，被告通过机械或者电子设备偷录其通话；⑥对原告进行持续不断的、具有骚扰性质的调查。法官指出，被告仅仅收集特定原告信息的行为不得被看做能够提起侵权诉讼的侵扰行为。只有在被收集的信息是具有隐秘性质的信息和被告的行为是不合理的侵扰行为时，原告的隐私才被侵扰。正如普通法认为当某种材料要件公开时就不存在版权一样，当行为人寻求的信息是已经对社会公众公开的信息或者行为人寻求的信息是他人基于自愿对别人公开的信息时，行为人的行为就不构成隐私侵扰行为。为了提起隐私侵扰侵权诉讼，原告必须证明被告实施的行为是真正的侵扰行为，必须证明被告获得的信息是通过通常调查或者观察无法获得的信息。法官指出，在将此种理论适用到本案时，应当认为，在原告提起诉讼的上述几种行为中，第一种行为、第二种行为、第三种行为和第四种行为都不构成隐私侵扰行为，因此，被告通用汽车公司不必就其实施的这些行为对原告承担隐私侵权责任。法官指出，首先，被告通用汽车公司的雇员访问原告的熟人的行为不构成隐私侵扰行为。虽然被告通用汽车公司的雇员到处访问原告的熟人，询问他们关于原告的各种观点，但是，被告通用汽车公司的雇员实施的询问行为不构成隐私侵扰行为，因为，打探别人已经知道的关于原告的信息对原告而言不构成隐私，原告既然之前就将这些信息告诉了其他人，即便他告诉别人时要求别人保密，原告应当承受别人会将其秘密泄露出去的危险。其次，被告通用汽车公司雇员在公开场所对原告进行监督的行为不构成侵扰行为。即便被告通用汽车公司的雇员在监督原告时同原告的距离很近，甚至跟踪他进入银行，能够看到其账户上的姓名，被告通用汽车公司的监督行为、跟踪行为仍然不构成隐私侵扰行为，因为，在公共场所进行的监督不等于隐私的侵扰。虽然在某些情况下，行为人过分热心的监督行为可能会构成隐私侵扰行为。如果原告采取任何一个人随时都能够看到的方式行为，则侵权法不会认为，行为人对他人监督、跟踪行为是侵扰其私人领域的侵扰行为。最后，被告通用汽车公司雇请女人勾引原告同他发生性关系的行为和被告通用汽车公司雇员反复给其打骚扰、威胁电话的行为也不构成侵扰行为。因为法官认为，虽然被告通用汽车公司的雇员实施的这两种行为是非常让人反感的行为，但是，这两种行为都不是为了收集有关私人性质和亲密性质的信息而实施的侵扰行为。法官认为，只有被告通用汽车公司的雇员实施的后两种行为才构成隐私侵扰行为，因为，一旦被告通用汽车公司的雇员提供机械或者电子手段窃听原告的私人电话，其行为当然构成侵扰行为。原告有权要求被告就其窃听电话的行为对其承担隐私侵权责任。

除了美国学说和司法判例认可这样的规则之外，法国学说和司法判例也认可“公共场所无隐私”的一般原则。例如，Ragmond 对此指出：“原则上，私人生活是指那些不是发生在公共场所的生活。”[①] 法国司法判例也认为，发生在职业场所的事情不构成隐私。[②]

（二）公共场所、私人场所的区分

在隐私侵权法中，法律面临的问题不是法律是否应当坚持行为人仅仅就其侵扰他人私人场所或者私人事项的行为对他人承担隐私侵权责任的问题，因为，隐私侵扰侵权的前提条件是他人的隐私被侵扰，如果行为人侵扰的场所不是具有隐私性质的场所或者如果行为人侵扰的事项不是具有隐私性质的事项，则行为人当然不会对他人承担隐私侵权责任。在隐私侵权法中，法律面临的问题是，行为人侵扰的场

① Guy Ragmond，Droit Croil，2e Edition，P88.

② Crim，14 mars 1984：D. 1985，IR17.

所、事项是不是具有隐私性质的场所、事项。因为，只有行为人侵扰的场所、事项是具有隐私性质的场所、事项，行为人才就其侵扰行为对他人承担隐私侵权责任，如果行为人侵扰的场所、事项不是具有隐私性质的场所、事项，则行为人不对他人承担隐私侵权责任。

在侵权法上，认定行为人侵扰的场所是不是公共场所，有时根本不会发生问题；因为，如果行为人侵扰的场所是最典型的公共场所或者是最典型的私人场所，则法官能够轻易做出是否责令行为人承担隐私侵权责任的判决。因此，如果行为人在广场、电影院、集会场所对他人实施侵扰行为，行为人当然不会对受他人承担隐私侵权责任，因为，广场、电影院、集会场所是最典型的公开场所，任何人都能够自由进出。相反，如果行为人在他人卧室、洗手间实施侵扰行为，行为人当然要对他人承担隐私侵权责任。因为他人的卧室、洗手间是最典型的私人场所，除了他人和他人的家人能够进出之外，任何人都不得随意进出。除了典型的公共场所和典型的私人场所之外，其他的场所究竟是公共场所还是私人场所，往往取决于法官的判断。总的来说，法官认为，行为人有权进入医师的诊所、医院的办公大楼，行为人侵扰这些场所时无需承担隐私侵权责任，即便行为人尤其是作为新闻媒体的行为人通过伪装、欺诈的方式进入这些地方并且偷拍、偷录医师的职业活动，因为医师的诊所、医院的办公大楼属于公共场所。但是，行为人不得进入医院的病房，否则，行为人应当就其侵扰行为对病人承担隐私侵权责任，因为病人的病房被认为是私人性质的场所。行为人尤其是作为新闻媒体的行为人有权进入事故现场，因为事故现场是公共场所。但是，行为人尤其是作为新闻媒体的行为人不得通过救护车、救援性的直升机进出事故现场，因为救护车、救援性的直升机被看做私人场所而非公共场所。

在著名的 Shulman v. Group W. Productions, Inc., et al. 一案①中，法官认为，虽然新闻媒体报道事故现场的行为不构成隐私侵权行为，但是，他们进入参与救助事故受害人的直升机和病人病房的行为构成隐私侵权行为。因为事故现场是公共场所，而直升机和病人的病房则是私人场所。在该案中，原告一家人乘坐的小车翻倒，发生了损

① 18 Cal. 4th 200, 955 P. 2d 469 (1998).

害事故，使原告和其儿子遭受了损害。原告为此打电话报警求助。警察派出直升机到达事故现场参与救助和救援。救援直升机上除了参与救助的护士、医师和其他工作人员之外，还包括被告公司派出的新闻采访人员。该新闻采访人员不仅用摄像机拍摄事故现场，而且还将救助人员同原告之间的通话记录下来。当救助人员将原告和其儿子从事故现场送到医院时，被告的工作人员也随同救护人员一起乘坐直升机到医院，被告不仅将救护人员同原告在直升机上的对话记录了下来，而且从直升机下来之后还随着救护人员一起进入对原告进行抢救的病房。当原告躺在医院的病房之后，原告看到了被告在其电视节目中播出的内容，包括自己同救护人员之间的对话和其他重要内容。原告认为，被告的行为侵扰了自己的隐私，使其遭受了严重的精神上的损害。为此，原告向法院起诉，既要求被告承担侵扰其隐私的侵权责任，也要求被告对其承担非法公开其隐私的侵权责任。法官指出，根据《美国侵权法复述（第二版）》的规定，如果原告要求被告就其实施的侵扰行为对自己承担隐私侵权责任，他们必须证明被告侵入到具有物理性质或者感情性质的隐私环境中去，或者在没有获得允许的情况下进入有关原告的数据库。只有在原告对某一个地方、谈话或者数据库享有客观的合理的隐私期待时，被告对这些地方谈话或者数据库的侵入才构成隐私侵权行为。当事故发生时，被告进入事故现场的行为或者被告对事故现场进行拍摄的行为不得被看做侵扰原告隐私的行为。在本案中，原告对救助发生的地方既不享有财产所有权、财产占有权，也没有实施任何实际控制。原告无权合理期待被告的工作人员不得进入事故现场，或者禁止对事故现场进行拍摄。因为新闻媒体的记者进入事故现场和救助现场是很常见的，是完全能够预料到的。不过，本案中的被告仍然在两个方面侵扰了原告的隐私权。其一，原告对救助直升机的内部空间享有客观合理的隐私期待。被告未经原告许可进入直升机拍摄的行为侵扰了原告的隐私。虽然我们能够合理期待新闻媒体的记者、摄影师进入事故现场拍摄和报道所发生的事故，但是，我们认为，无论是法律还是习惯都不允许新闻媒体的记者或合作摄影师在没有获得病人同意的情况下进入救护车或病人治疗期间的病房是不可的。其二，原告对自己同参与救助的医疗人员之间的谈话享有合理的隐私期待，被告在参与事故救助的直升机里录下参与救助的医疗人员同原告之间的谈话，其行为侵害了原告的隐私权。在著名的Desnick v. American Broadcasting Companies , Inc. 一案[①]中，法官认为，即便新闻媒体或新闻媒体的工作人员采取欺诈手段进入他人的诊所并因此实施偷录、偷拍行为，他们的行为也不构成隐私侵扰行为，无需对他人承担隐私侵权责任。法官认为，行为人侵入的诊所不是私人场所而是公共场所。在该案中，原告是一家眼科中心的医师。被告新闻媒体的两名工作人员进入该眼科中心，要求医师为其进行白内障切除手术。原告同意被告对该手术进行现场拍摄录像，同意被告对其诊所的医护人员进行采访拍摄。与此同时，被告还派出其他工作人员假冒病人进入原告在美国其他地区的眼科中心，用隐藏的摄像机偷拍这些眼科中心医师与其治疗的病人之间的对话。此后不久，被告将其工作人员在美国各个地方偷拍到的镜头在其电视节目中进行播放。原告向法院起诉，认为被告的行为侵扰了自己的隐私，要求法官责令被告对自己承担隐私侵权责任。法官认为，被告的行为不构成隐私侵扰行为，无需对原告承担隐私侵权责任。法官指出，在本案中，被告的行为没有侵犯原告隐私。被告进入原告的眼科中心接受原告医师的眼科检查时，其进入的地方是医师的办公室，该办公室是任何人都能够进入的。被告虽然偷录了医师同其病人之间的谈话，但是，他们偷录的谈话也仅是原告的医师同病人之间专业性质的对话，不涉及具有个人隐私性质的对话；被告虽然公开了所偷拍的内容，但是所公开的内容也是不具有亲密关系的隐私内容。法官还指出，虽然原告在要求被告承担隐私侵权责任时援引了著名的 Dietemanm v. Time, Inc. 一案[②]，认为法官应当遵循该案确立的规则，但是，法官认为，本案同Dietemanm 一案存在差异。虽然本案和 Dietemanm 一案一样都涉及新闻媒体为了新闻采访活动而偷拍医师的执业活动，但在本案中，被告进入的地方是眼科中心医师的办公室，而在 Dietemanm 一案中，被告的工作人员进入的地方是原告的家里。

（三）公共场所的例外

在美国，虽然大多数学者和司法判例都坚持“公共场所无隐私”

---

① 1995 44 F. 3d 1345（7th Cir.）

② 449 F. 2d 245, 247－250（9th Cir. 1971）.

的一般原则，认为行为人在公共场所对他人监督、跟踪、采访或者拍摄的行为不构成侵扰他人安宁的隐私侵权行为。但近年来，美国少数学者和司法判例开始对“公共场所无隐私”的理论提出批评，认为这种理论无法适应当今社会发展变化的需要，应当予以废除；要以“公共场所有隐私”的一般理论加以替代，在美国，麦克拉格教授对“公共场所无隐私”理论提出严厉批判，认为这种理论是完全错误的，因为他人出现在公共场所并不意味着他人不享有合理的隐私期待；当行为人在公共场所监督、跟踪、采访或者拍摄他人时，行为人仍应当就其实施的此类行为对他人承担隐私侵权责任。为此，他建议应对美国侵权法上的侵扰他人安宁的隐私侵权予以重新界定，增加“公共场所侵扰他人安宁的隐私侵权内容，以便保护他人对其在公共场所享有的隐私权。”① 虽然美国大多数司法判例认为，如果行为人侵扰的地方或者事项是公共场所或者具有公开性质的事项，则行为人将无需对他人承担隐私侵权责任。但是，仍然有某些司法判例认为，即便行为人侵扰的地方是公共性质的地方，行为人的侵扰行为仍然构成隐私侵权行为，应当对他人遭受的损害承担隐私侵权责任。这在 Le Mistral Inc. v. Columbia Broadcasting System 一案②中得到说明。在该案中，原告的酒店被认为违反了健康法的规定，所经营餐饮活动存在不安全的地方。为此，被告命令其工作人员扛着摄像机到原告酒楼进行采访。被告的工作人员在原告的酒店营业时间去采访，直接用摄像机对着原告的酒楼大厅摄影；为了拍摄到顾客正在吃饭的情境，被告的工作人员使用了最强烈的灯光；被告的记者大声要求摄像机将正在用餐的顾客的相片拍摄下来。由于被告工作人员的侵扰行为，原告的许多客人在没有结账的情况下离开原告的酒店，某些客人为了躲避被告摄像机的镜头而不得不到外躲藏。原告向法院起诉，认为被告的侵入行为构成侵扰行为，应当对自己承担隐私侵权责任。被告认为，其侵扰行为所侵扰的地方并非是具有隐秘性质的场所，而是公开场所，因此，无需对原告承担隐私侵权责任。法官认为，被告的侵入行

① 安德鲁·杰·麦克拉格：《打开隐私侵权的封闭空间：公共场所隐私侵权理论》，参见张民安主编：《侵权法报告》（第5卷），中山大学出版社 2012 年版，第 273－350 页。

② 61 A. D. 2d 491, 496, 402 N. Y. S. 2d 815, 818 (1978).

为构成侵扰行为，应当对原告遭受的损害承担侵权责任。法官认为，虽然原告的酒店是一个公共场所，但是，被告的工作人员不是为了到原告那里吃饭。因此，被告的工作人员进入的行为构成侵扰行为。在 Daily Times Democrat Co v. Graham 一案①中，法官也认为，被告应当就其在公共场所实施的侵扰行为对原告承担隐私侵权责任。在该案中，原告在“欢乐屋”中参加活动。当原告的衣服被吹翻到原告的头顶时，被告的记者将其拍摄了下来并且在其报纸杂志上公开。

五、侵扰行为是让一个有理性的人高度反感的行为

（一）让人高度反感的构成要件的重要性

行为人就其侵扰他人安宁的行为对他人承担隐私侵权责任的第三个构成要件是，行为人实施的侵扰行为是让一个有理性的人高度反感的行为。在侵权法上，即便行为人实施了侵扰行为，即便行为人的侵扰行为是针对他人具有隐私性质的场所或者事项，如果行为人实施的侵扰行为是一般社会公众能够容忍的行为，行为人仍然无需就其实施的侵扰行为对他人承担隐私侵权责任。只有在行为人实施的侵扰行为是社会公众无法容忍的行为时，行为人才就其实施的侵扰行为对他人承担隐私侵权责任。在侵权法上，行为人的行为是否构成让人无法容忍的侵扰行为，其判断标准仍然是一般理性人的标准，这就是，如果处于他人地位的一个有理性的人能够容忍行为人的侵扰行为，那么，行为人不用就其实施的侵扰行为对他人承担隐私侵权责任；如果处于他人地位的一个有理性的人无法容忍行为人的侵扰行为，处于他人地位的一个有理性的人对行为人实施的侵扰行为高度反感，则行为人将应当就其实施的侵扰行为对他人承担隐私侵权责任。之所以实行这样的规则，其主要原因在于，在社会生活中，每个人都容忍别人对包括自己的私人事务在内的事务进行一定程度的刺探、窥视、打探，否则，个人的生活将无法进行下去。Prosser 教授对此规则作出了说明。他指出，十分清楚的是，行为人实施的侵扰行为应当是让一个有理性的人高度反感的行为。如果行为人实施的侵扰行为不是让一个有理性

① 276 Ala. 380，162，So. 2d 474（1964）.

的人高度反感的行为，则行为人不必对他人承担隐私侵权责任。因此，当出租人在一个星期天早晨出现在承租人的家门口要求承租人缴租金时，出租人的行为不构成隐私侵权行为。[①] 的确，侵权法虽然保护他人的安宁免受行为人侵扰行为的干预，但是，侵权法也认为，他人享有的不受侵扰的安宁权、隐私权也仅是相对性质的权利而绝非绝对性质的权利。侵权法不会将行为人实施的一切侵扰行为都看做能够提起隐私侵权诉讼的侵扰行为。因为，在工业社会和人口密集的社会，每个人的私人生活都可能遭遇到别人的某些侵扰行为的侵扰，这是社会生活中无法避免的现象。因为法律不会对日常生活中发生的每一个侵扰行为引起的损害均提供法律救济。

（二）让人高度反感的侵扰行为的说明

行为人实施的侵扰行为是否让一个有理性的人高度反感的行为，往往取决于法官的自由裁量权。在 Pinkerton National Detective Agency，Inc.，v. Stevens 一案[②]中，法官认为，被告实施的行为是让一个有理性的人高度反感的行为，应当对原告承担隐私侵权责任。在该案中，被告的侦探对原告的住所进行了连续 5 个月的侦察；被告的侦探在原告的围墙上凿开一个猫眼，以便窥视原告室内的情况；被告的侦探偷偷地来到原告的窗户边，通过其窗户窥视原告家中的情况；被告的侦探夜以继日地偷录原告的通话；当原告离开家外出时，被告的侦探就偷偷跟踪她。因为被告的侦探实施的这些侵扰行为，原告逐渐变得焦虑不安，经常做噩梦，无法入睡，最后不得不去医院进行身体和心理治疗。原告向法院起诉，要求法官责令被告就其侵扰行为对自己承担隐私侵权责任。法官认为，一方面，原告应当能够合理预见到被告对其进行合理的调查，如果被告的调查行为是合理的，则其侵扰行为将不会构成隐私侵权行为。另一方面，法官认为，原告陈述的侵扰行为不仅限于被告实施的合理侵扰行为，而且也包括被告实施的不合理的侵扰行为，这些侵扰行为使一般的人会遭受心里的痛苦。因此，被告应当就其实施的让一般人无法容忍的行为对原告承担隐私侵权责

① W. Page Keeton, Prosser and Keeton on Torts（fifth edition）, West Publishing Co, p855.
② 132 S. E. 2d 119（Ga. App. 1963）.

任。在I. C. U. Investigation v. Jones一案[①]中，法官认为被告的调查行为没有达到让一个有理性的人高度反感的程度，被告无需对原告承担隐私侵权责任。在该案中，原告是一名雇员，他在为雇主工作时遭遇电击，从梁上跌落下来，导致错位和骨折。由于原告就损害赔偿的数额问题同其雇主发生争执，原告同其雇主决定就此问题召开听证会。为了准备听证会，原告的雇主聘请私家侦探对原告的日常活动进行调查。为了了解原告的日常活动，被告分四次偷拍了原告在其前院撒尿的行为。当原告了解被告的行为之后，原告向法院起诉，要求法官责令被告就其实施的侵扰行为对自己承担侵权责任。一审法院认为，被告应当就其实施的侵扰行为对原告承担隐私侵权责任。被告不服提起上诉。二审法院指出，在原告同其雇主之间的关系中，最核心的问题是，原告遭受损害的范围。因此，原告应当能够预见到，雇主为了确定原告遭受损害的程度会对原告发生事故之后的真实劳动能力进行合理的调查。在该案中，被告虽然对原告进行了调查，但是，被告在调查时使用的手段并不是让人高度反感或者让人无法容忍的，无需对原告承担隐私侵权责任。在Plaxico v. Michael一案[②]中，法官认为，被告实施的偷拍行为不构成隐私侵权责任，无需对原告承担隐私侵权责任。在该案中，被告在同其前妻离婚之后展开了争夺子女抚养权的斗争。为了获得子女的抚养权，被告用相机拍摄了同其前妻有同性恋关系的原告的相片。该相片是原告坐在床上腰部以上的裸像。被告仅将所拍摄的相片给了自己的律师看，该律师在同被告的前妻进行诉前协商时将相片给了被告的前妻看。当被告的前妻将此事告诉原告时，原告向法院起诉，要求被告就其偷拍行为对自己遭受的损害承担隐私侵权责任。一审法院认为，被告的行为虽然是侵扰行为，但该种侵扰行为还没有达到令人高度反感的程度，无需承担隐私侵权责任。原告不服，上诉到二审法院。二审法院作出了维持原判的决定。法官指出，虽然原告所处的卧室是原告对其享有隐私期待利益的地方，但一个有理性的人不会认为被告偷拍原告在卧室坐立的相片行为是让人高度反感的行为。法官指出，当被告听说其前妻同原告之间存在同性

① 2000 WL 869595 (Ala. 2000).

② 735 So. 2d 1036 (Miss. 1999).

恋关系的谣言时，被告为了证明该种谣言是否真实而拍摄同其前妻保持有同性恋关系的原告的相片，其行为是适当的。由于被告关心其子女的利益，为了保护自己的子女免受其前妻不良行为的影响而拍摄原告的相片，其偷拍行为不得被看做让一个有理性的人高度反感的行为。

（三）决定行为人的侵扰行为是不是让人高度反感的行为时要考虑的因素

在决定行为人的侵扰行为是不是达到了让一个有理性的人高度反感的程度时，法官应当考虑众多的因素，诸如行为人实施侵扰行为的强度、行为人实施侵扰行为的时间和次数、行为人实施侵扰行为的动机和目的、行为人实施侵扰行为的手段和方式，以及其他要素等。在Miller v. National Broadcasting Co. 一案①中，法官认为，在决定行为人实施的侵扰行为是不是让人高度反感的侵扰行为时，应当考虑行为人实施的侵扰行为的各种具体情况，包括行为人实施侵扰行为的强度、行为人实施侵扰行为的背景、行为人实施侵扰行为的动机和目的等。在该案中，被告在没有获得原告同意的情况下用摄像机偷拍下被告在家中对病人实施急救手术的场景。法官认为，被告的行为完全无视普通民众的隐私权，构成让人高度反感的侵扰行为，应当承担隐私侵权责任。

在决定行为人的侵扰行为是不是让人高度反感的侵扰行为时，法官要考虑的第一个因素是行为人实施侵扰行为的强度。总的来说，行为人实施侵扰行为的强度越强，其侵扰行为越有可能构成让一个有理性的人高度反感的行为，行为人也就越有可能被责令对他人承担隐私侵权责任。反之，行为人实施侵扰行为的强度越弱，其侵扰行为越不会构成让一个有理性的人高度反感的行为，行为人也越没有可能被责令对他人承担隐私侵权责任。因此，如果行为人仅仅一次通过望远镜远距离窥视他人卧室，则行为人的窥视行为可能被认为强度不够，没有达到让一个有理性的人高度反感的程度。因此，行为人不必就其窥视行为对他人承担隐私侵权责任。但是，如果行为人偷偷地翻墙入

---

① 232 Cal. Rptr. 668 (App. 1986).

室，在原告的卧室窗外窥视原告的卧室，则行为人的窥视行为被认为强度非常强，达到了让一个有理性的人高度反感的程度，行为人应当就其进入他人住所窥视的行为对他人承担隐私侵权责任。为什么同样是窥视行为，行为人在前一种情况下不必承担隐私侵权责任而在后一种情况下应当承担隐私侵权责任？这是因为，侵权法认为物理性质的侵扰行为在强度方面要超过精神性质的侵扰行为。行为人只要实施了一次物理性质的侵扰行为，侵权法就会认为其侵扰行为是让一个有理性的人高度反感的行为；而行为人仅仅实施一次精神性质的侵扰行为，侵权法会认为其侵扰行为还没有达到让一个有理性的人高度反感的程度。在 McCormick v. Haley 一案[①]中，法官认为，被告仅仅对原告邮寄一次邮件的行为就构成隐私侵权责任，应当对原告承担隐私侵权责任。在该案中，被告为了骚扰原告而给原告邮寄邮件，使原告遭受严重的精神痛苦。原告向法院起诉，要求法官责令被告承担隐私侵权责任。被告认为，即便其邮寄邮件的行为构成侵扰行为，该侵扰行为还没有达到让人高度反感的程度，因此，无需承担隐私侵权责任。法官认为，只要被告是为了骚扰和折磨原告的目的而对其邮寄邮件，当被告采取的方式会引起原告精神痛苦或者是让人无法容忍时，即便被告仅仅实施了一次侵扰行为，被告也应当对原告承担隐私侵权责任。

在决定行为人的侵扰行为是不是让人高度反感的侵扰行为时，法官要考虑的第二个因素是行为人实施侵扰行为的时间和次数。总的来说，行为人实施侵扰行为的时间越长和次数越多，其侵扰行为就越有可能构成让一个有理性的人高度反感的行为，行为人也就越有可能被责令对他人承担隐私侵权责任。反之，行为人实施的侵扰行为时间越短和次数越少，其侵扰行为就越不会构成让一个有理性的人高度反感的行为，行为人也就越没有可能被责令对他人承担隐私侵权责任。因此，如果债权人仅仅一次或者几次打电话给债务人，要求债务人偿还债务，则债权人的行为还没有达到让一个有理性的人高度反感的程度，债权人无需对债务人承担隐私侵权责任，但是，如果债权人为了讨债而反复、持续不断地给债务人打电话，则其侵扰行为达到了让一

① 37 Ohio App. 2d 73, 307 N. E. 2d 34, 35 (1973).

个有理性的人高度反感的程度，债权人应当对债务人承担隐私侵权责任。在 Donnel v. Lara 一案[1]中，法官认为，被告在不合理的时间反复打电话骚扰原告的行为是让人无法容忍的行为，是令人高度反感的侵扰行为，应当对原告承担隐私侵权责任。在 Stephens v. Harmony Loan Corp. 一案[2]中，法官认为，如果债权人对不是债务人的人反复打电话，要求其偿还所谓的债务，那么，债权人的讨债行为也构成令人高度反感的侵扰行为，应当对他人承担隐私侵权责任。

在决定行为人的侵扰行为是不是让人高度反感的侵扰行为时，法官要考虑的第三个因素是行为人实施侵扰行为的动机和目的。总的来说，行为人实施侵扰行为的动机和目的越不合法，他们实施的侵扰行为就越有可能被看做让一个有理性的人高度反感的行为，行为人就越有可能被责令对他人承担隐私侵权责任；反之，行为人实施侵扰行为的动机和目的越合法，他们实施的侵扰行为就越有可能不被看做让一个有理性的人高度反感的行为，行为人就越没有可能被责令对他人承担隐私侵权责任。这在 Tureen v. Equifax Inc.，一案[3]中得到说明。在该案中，法官认为，被告实施的侵扰行为是为了合法的目的，其侵扰行为不构成让人高度反感的行为，无需对原告承担隐私侵权责任。在该案中，原告向保险公司投保健康险，保险公司接受其投保请求之后委托被告对原告进行调查。被告在对原告进行调查之后将其调查报告提交给了保险公司。被告在其调查报告中做出了虚假陈述，说原告在过去多次向保险公司提出过类似的保险申请，因此，原告看上去像个潜在的自杀者。由于被告所提交的报告，保险公司拒绝了原告的保险请求，没有同原告签订保险契约。原告向法院起诉，认为被告的调查行为侵犯了其隐私，应当对其承担隐私侵权责任。一审法院认为，被告对原告进行的调查行为的确构成隐私侵权行为，判决被告赔偿原告 5000 美元的损害赔偿金。被告不服，上诉到二审法院。二审法院认为，被告实施的调查行为目的合法，其调查行为不构成让人高度反感的侵扰行为，无需对原告承担隐私侵权责任。法官指出，在当今社

---

① 703 S. W. 2d 257 (Tex. App. 1985).

② 37 Ohio App. 2d 23, 27 - 28, 306 N. E. 2d 163, 166 (1973).

③ 571 F. 2d 411 416 - 417 (8th Cir. 1978).

会，为了侦破信用申请诈骗和保险申请诈骗，行为人有必要委托调查机构对申请者进行调查，所提交的调查报告是合法的。如果行为人获得这些私人信息是为了某种合法的目的，则行为人的行为将不构成让人高度反感的侵扰行为，无需对原告承担隐私侵权责任。

在决定行为人的侵扰行为是不是让人高度反感的侵扰行为时，法官要考虑的第四个因素是行为人实施侵扰行为的手段和方式。总的来说，行为人实施侵扰行为的手段和方式越不合法，他们实施的侵扰行为就越有可能被看做让一个有理性的人高度反感的行为，行为人就越有可能被责令对他人承担隐私侵权责任。反之，行为人实施侵扰行为的手段和方式越合法，他们实施的侵扰行为越不可能被看做让一个有理性的人高度反感的行为，行为人就越没有可能被责令对他人承担隐私侵权责任。问题在于，如果行为人是为了合法目的而采取非法手段或者非法方式实施侵扰行为，行为人实施的侵扰行为是被看做让一个有理性的人高度反感的行为还是不被看做让一个有理性的人高度反感的行为？在前述 Shulman v. Group W Productions, Inc., et al. 一案[1]中，法官认为，即便行为人是为了合法的目的实施侵扰行为，只要他们实施的手段非法，则行为人实施的侵扰行为仍然被看做让一个有理性的人高度反感的行为，行为人仍然要对他人承担隐私侵权责任。法官指出，在决定新闻媒体的记者侵入他人私人事项或者私人空间的侵扰行为是不是达到了令人高度反感的程度并因此构成能够提起隐私侵权诉讼的侵扰行为时，法官应当考虑行为人实施侵扰行为的强度范围、行为人实施侵扰行为的背景及新闻媒体进行新闻采访时的合法动机。如果新闻媒体进行新闻采访不是为了社会进行所需要的信息，诸如骚扰、勒索钱财或者单纯的好奇等，则他们进行的新闻采访行为可能构成让人高度反感的行为；但是，如果新闻媒体进行新闻采访是为了社会进步或者有政治意义的信息，则他们实施的新闻采访行为可能不会构成令人高度反感的行为。因此，如果债权人为了讨债而持续对债务人进行监督，债权人的持续监督行为可能构成侵权行为。但是，如果新闻媒体的记者基于重要的社会利益而实施持续的监督行为，则他们为了获得有关信息所实施的持续监督行为可能不会构成侵权行

① (1998) 18 Cal. 4th 200, 955 P. 2d 469, 74 Cal. Rptr. 2d 843.

为。如果新闻媒体仅是为了获得某种故事性质的信息而实施侵扰行为，其侵扰行为不具有令人高度反感的行为。行为人实施的侵扰行为是否构成让人高度反感的侵扰行为，也取决于行为人实施侵扰行为所使用的特定手段。一方面，新闻媒体通常采取的新闻报道技巧很少会被看做能够提起侵权诉讼的侵扰行为；另一方面，侵犯社会公众广泛承认的物理性质的或者精神性质的隐私领域的新闻报道行为很可能构成侵权行为。例如，行为人非法进入他人家中进行新闻采访或者通过连接他人电话线偷听他人之间私人谈话的行为，都被认为是让人高度反感的行为，即便行为人获得的信息是社会公众高度关注的信息，《美国联邦宪法》也不保护新闻媒体为了新闻采访而实施的这些行为。除了这两种极端方式之外，新闻媒体使用其他方式进行新闻采访的行为是否构成让人高度反感的行为，要根据案件的具体情况来决定，包括新闻媒体实施侵扰行为的强度、新闻媒体进行新闻采访的地点等。

美国威斯康星州的侵扰他人安宁的隐私侵权研究

利萨·英菲尔德·汉姆[①] 著 黄淑芳[②] 译

目 次

一、导论

在美国曾经发生过这样一些案例：一位旅店老板在其旅店的女卫生间安装了一台摄像机，通过这台摄像机拍下女性上厕所的画面，然后将这些录像展示给入住其旅店的其他客人观看；[③] 在 Sanchez - Scott v. Alza Pharm 一案[④]中，药品推销员 Alza Pharm 在未获得病人 Sanchez - Scott 同意的情况下就观察了病人胸部体检的全过程，该药品推销员还嘲笑病人的胸部扁平；在地铁站排队候车的一名乘客在排队候车的时候居然偷看别人的钱包。

旅店老板、药品推销员以及在地铁里窥视其他乘客的人在某种程

① 利萨·英菲尔德·汉姆（Lisa Infield - Harm），美国威斯康星州法学院博士。
② 黄淑芳，中山大学法学院助教。
③ See Yoeckel v. Samonig, 272 Wis. 430, 431, 75 N. W. 2d 925, 925 (1956).
④ See Sanchez - Scott v. Alza Pharms., 103 Cal. Rptr. 2d 410, 413 (Ct. App. 2001).

度上的确侵犯了他人的隐私权，他们应该为其实施的上述行为对他人承担隐私侵权责任，这一观点，我想任何一个理性人都会同意。在上述案件中，行为人的行为构成了侵扰他人安宁的隐私侵权，受害者受隐私权法所保护的隐私利益受到了侵犯。在上述案件中，受害者受到了两方面的侵害：一是行为人的侵权行为给受害者带来的伤害；在上述案件中，不论是旅店老板、药品推销员还是地铁偷窥者，他们的行为都给受害者带来了心理上的伤害，使得受害者感到羞愧，他们的行为对于一个理性人来说都是极具冒犯性的。[①] 二是行为人的行为侵入了受害者认为安全的空间范围。我们承认，在公共厕所里，一个年轻的妇女当着厕所内其他女性上厕所是一件很平常的事情，因为她知道她身边有多少女性在看着她上厕所。但如果行为人在厕所里安装摄像机，情况就不一样了。因为在这种情况下，该妇女无法预知有哪些人在看她上厕所，此时，厕所相对于该妇女来说就是一个私人的地方，别人观看她上厕所的行为就侵犯了她的隐私权。简单来说，侵扰他人安宁的隐私侵权是指，当行为人做了那样的事情后，绝大多数的人都会说："这太过分了，这些人必须要为他们的行为承担责任。"[②]

构成侵扰他人安宁的隐私侵权的传统要素有：①行为人实施了侵扰他人安宁的隐私侵权行为（即行为人侵扰了他人的私人事务、私人关切的事情、私人地方）；②行为人的侵扰行为对一个理性人来说是极具冒犯性的，这包括我们所能够想象到的大部分人都觉得他们的隐私权受到侵犯的情形。

不幸的是，表面上看起来没什么争议的侵扰他人安宁的隐私侵权制度却被威斯康星州上诉法院所曲解。在 Hillman v. Columbia County 一案中[③]，威斯康星州上诉法院拒绝适用侵扰他人安宁的隐私侵权制度来审理案件。在该案中，法官把关注点放在了对《威斯康星州制定法》第 895. 50 条所规定的"地方"一词的解释上，并对被告行为是否构成《威斯康星州制定法》第 895. 50 条所规定的"地方"的侵

① Privacy has a strong mental element. William L. Prosser, Privacy, 48 Cal. L. Rev. 383, 392 (1960).

② See Yockel v. Samonig, 272 Wis. 430, 431, 75 N. W. 2d 925, 925 (1956).

③ 164 Wis. 2d 376, 474 N. W. 2d 913 (Ct. App. 1991).

扰进行了具体论述。

像美国其他州一样，威斯康星州也承认公民享有隐私权。当公民的隐私权受到侵犯的时候可以向法院起诉，要求行为人承担隐私侵权的责任。隐私侵权的类型包括侵扰他人安宁的隐私侵权，威斯康星州的立法机关将侵扰他人安宁的隐私侵权定义为："行为人在一个理性人看来是私人的地方，做出了对一个理性人来说极具冒犯性的侵扰行为，并且该行为是可诉的，这种行为就叫侵扰他人安宁的隐私侵权。"①

从《威斯康星州制定法》第895.50（2）（a）条有关隐私侵权条文的字面意思来看，威斯康星州公民享有广泛的隐私权。但在Hillman一案中，威斯康星州上诉法院却认为，《威斯康星州制定法》第895.50（2）（a）条所说的"在一个理性人看来是私人的地方"指的仅仅是地理地点。② 在Hillman一案中，囚犯Hillman发现，在他所服刑的监狱中，竟然大多数狱警都知道他是艾滋病病毒的携带者。Hillman认为，狱警们一定偷看了他存放在监狱文件室的个人病历，否则，不可能有那么多狱警知道他是艾滋病病毒的携带者。该案是不是一个侵扰他人安宁的隐私侵权之诉？囚犯的隐私权是不是被狱警以"对一个理性人来说是极具冒犯性"的方式所侵犯？狱警可不可以偷窥囚犯的病历资料？上述问题是本案的核心问题，但威斯康星州上诉法院没有对这些回答作出答复。相反，威斯康星州上诉法院认为，由于《威斯康星州制定法》第895.50条中所说的"地方"一词仅指地理学中的"地方"，因此，无论个人物品被放在哪里，威斯康星州州法有关侵扰他人安宁的法律都不会保护个人物品受到侵犯的情形，个人病历被他人偷看的情形也不例外。

法院在Hillman一案中所做的判决是错误的，但法院在Hillman一案所体现出来的错误思想并不是个案现象。事实上，法院在Hillman一案中对威斯康星州有关隐私权法律的理解代表了大多数法官的意见。美国联邦地区法院威斯康星州地区法院在2002年审理了Fis-

---

① 164 Wis. 2d at 392, 474 N. W. 2d at 919 (citing Wis. Stat. 895.50 (2) (a)).

② 164 Wis. 2d at 392, 474 N. W. 2d at 919 (citing Wis. Stat. 895.50 (2) (a)).

cher v. Mount Olive Lutheran Church 一案[①]，在该案中，法官直接否决了 Hillman 一案的判决理由。原告 Fischer 认为，只要一个理性人私人关切的事情或私人所属物品以物理的方式存在，那么“地方”这个词也包含个人私人关切的事物和私人所属物品。在 Fischer 一案中，法官认为，原告首先要证明的问题就是被告的行为是否构成《威斯康星州制定法》第 895.50 条中所说的侵扰他人安宁的隐私侵权。

美国联邦地区法院在 Fischer 一案中对威斯康星州有关侵扰他人安宁的隐私侵权条文的理解被威斯康星州法官以及其他法律从业人员所采纳，并将美国联邦地区法院在该案中所作的判决理由作为他们审理类似案件的新理由。在 Fischer 一案判决后，法院不再引用威斯康星州上诉法院在 Hillman 一案的判决理由。美国联邦地区法院在 Fischer 一案中对威斯康星州有关侵扰他人安宁的隐私侵权条文的理解只是法院判决的总结意见，它也只有两页纸。因此，无论从哪方面看，它都是不起眼的。而且，Fischer 一案是由美国联邦地区法院判决的，美国联邦地区法院在 Fischer 一案所做的判决理由对威斯康星州法院并不具有强制适用的拘束力，威斯康星州法院有权决定是否采纳美国联邦地区法院的判决理由[②]。然而，威斯康星州最高法院从来没有对 Hillman 一案的判决理由作任何确认。因此，美国联邦地区法院在 Fischer 一案中对威斯康星州有关侵扰他人安宁的隐私侵权条文的理解，自然成为威斯康星州法院审判侵扰他人安宁的隐私侵权案件的参照。在威斯康星州，侵扰他人安宁的隐私侵权包括他人对隐私法中私人事物以及私人关切的侵扰。

Fischer 一案主要关注下面两个具有争议性的话题：其一，被告有没有侵扰他人安宁的隐私侵权的行为；其二，被告的侵扰行为对一个理性人来说是不是极具冒犯性。审理 Fischer 一案的法官注意到了侵扰他人安宁的隐私侵权制度的实质性问题，而不是仅仅讨论像“地方是不是仅仅指地理方位”这样毫无意义的话题。法院通过分析 Hillman 一案和 Fischer 一案的不同观点得出，Fischer 一案对威斯康星

---

① Fischer v. Mount Olive Lutheran Church, 207 F. Supp. 2d 914, 928 (W. D. Wis. 2002).

② See Baldewein Co. v. Tri – Clover, Inc., 2000 WI 20, P 10, 233 Wis. 2d 57, 65, 606 N. W. 2d 145, 148.

州有关侵扰他人安宁的隐私侵权法律的理解才是正确的。而更重要的一点是，法院在 Fischer 一案中的观点代表了威斯康星州的立法趋势。

本文总共分为三部分：第一部分简要介绍 Fischer 一案的案情；第二部分介绍侵扰他人安宁的隐私侵权制度的背景；第三部分对威斯康星州有关隐私权的法律进行了解释，并分析了 Hillman 一案和 Fischer 一案中判决理由的争议之所在。

二、Fischer 一案的案情

Fischer 一案的原告 Randall David Fischer 是威斯康星州维斯顿欧利福山区路德教会负责青年及儿童事务的牧师。Fischer 用他们办公室的电脑在 Hotmail 申请了一个私人邮箱，并在办公时间打开邮箱，收发邮件。

有一天，教会另一名员工拿起办公室的无线电话给家里打电话的时候无意中听到了 Fischer 和另一个男人的对话。让这名员工震惊的是，Fischer 和那个男人谈论的竟然是露骨的性话题。为了确认自己没有听错，这名员工又叫教会的另外一名员工偷听 Fischer 和那个男人的对话，最后证实了自己的猜测。

Fischer 和另一个男人的对话确实让他们感到既恶心又害怕，随后，教会的员工报了警。因为他们担心一旦他们找 Fischer 对质，Fischer 会恼羞成怒并伤害他们。教会员工和高级牧师也担心 Fischer 无法承受自己事业和婚姻的终结而自杀，于是，警方将 Fischer 强制关押在一家保健机构。

根据警方的建议，教会雇佣了一名计算机专家，并要求该专家检查 Fischer 的文件和电子邮箱，看看 Fischer 有没有和未成年人有露骨的性谈话内容。最终，计算机专家成功破译了 Fischer 电子邮箱的密码，进入到 Fischer 的邮箱。随后，计算机专家在 Fischer 的电子邮箱中发现了来自男人的露骨的性内容的电子邮件。这些证据在一次公众大会中被公之于众，考虑到 Fischer 负责的是青少年的事务，Fischer 的行为可能对青少年有不利影响，随后，教会解除了 Fischer 的职务。

Fischer 辩称，他申请的这个邮箱账号只限于私人使用，并不用于工作。至于教会员工所听到的他和别人的电话谈话内容，Fischer 则辩称，当时他只是在向别人咨询一些有关性方面的问题，而教会员工听到的正是他所咨询的内容。

随后，Fischer 向美国联邦地区法院提起了诉讼，要求教会承担金钱损害赔偿的责任。Fischer 诉称，教会员工偷听他和别人的电话谈话以及进入他私人电子邮箱账号的行为侵犯了他的隐私权，构成了威斯康星州法律中所说的侵扰他人安宁的隐私侵权。

被告提出该案可以转入简易程序审理，并引用了 Hillman 一案的判决理由。美国联邦地区法院没有支持被告的提议，该案按照一般程序审理。在美国联邦地区法院驳回教会申请的裁决意见中，法院阐述了具体的理由，这也是本文所要讨论的重点。

审理 Fischer 一案的法官不赞同 Hillman 一案法官对“地方”一词所做的解释。美国联邦地区法院对威斯康星州有关侵扰他人安宁的隐私侵权法条的解读与审理 Hillman 一案法官的解读不同，美国联邦地区法院的法官认为，侵扰他人安宁的隐私侵权的范围并不仅仅局限于对个人身体上的侵害，只要一个理性人认为属于自己私人的东西，并且该物品所放置的地方受到侵犯，这种情况也属于侵扰他人安宁的隐私侵权的一种类型。美国联邦地区法院还认为，对与隐私权有关的制定法的解释应该和普通法的发展保持一致。

审理 Fischer 一案的法官认为，审理 Hillman 一案的法官已经意识到查看他人病历的行为可能构成侵扰他人安宁的隐私侵权。因为该行为可能符合了《美国侵权法复述（第二版）》中所说的“侵入他人私人事务和私人关切”的情况，该行为还可能构成《威斯康星州制定法》第 895.50 条中侵扰他人安宁的隐私侵权的行为。而且，邮箱账号是不是一个理性人认为属于个人私人的地方？进入他人的邮箱账号对一个理性人来说是不是极具冒犯性的？对这两个问题，司法界至今没有一个统一的意见，因此，本案运用简易程序审理不太合适，案件应该按照普通程序审理。

三、美国及威斯康星州关于隐私侵权的法律规定

在分析 Fischer 一案的判决前，我们有必要了解侵扰他人安宁的隐私侵权在普通法以及威斯康星州隐私法中的具体规定。像美国其他州一样，威斯康星州也承认公民享有起诉他人侵扰他人安宁的隐私侵权的权利。当公民的隐私权被不合理侵犯的时候，法律允许公民个人

向法院起诉，要求行为人承担损害赔偿责任，或向法院申请禁止令，禁止行为人的侵扰行为。

Brandeis 和 Warren 在《哈佛法学评论》中发表的《论隐私权》一文中最早提出了具体的隐私权概念，①威斯康星州有关隐私权的制定法与他们提出的隐私权概念大致相同。Brandeis 和 Warren 指出，公民有权提起隐私侵权之诉。② Prosser 教授认为，隐私侵权的类型可以分为四种：①侵扰他人安宁的隐私侵权；②公开他人私人事务的隐私侵权；③公开丑化他人的隐私侵权；④擅自使用他人姓名或肖像的隐私侵权。《威斯康星州制定法》中有关隐私侵权类型中列举的类型与《美国侵权法复述（第二版）》列举的类型大致相同，二者的不同点体现在：威斯康星州州法中隐私侵权的类型不包括公开丑化他人的隐私侵权。③

（一）美国隐私侵权理论的历史

1. Warren 和 Brandeis 的观点

开始时我们对隐私权的理解很简单，隐私权仅仅被定义为“个人独处的权利”。此后，为了更准确地定义隐私权所包含的法律、政策以及哲学意义，历代学者作出了不懈的努力。美国制定法中规定的隐私权主要体现在下列法律中：《美国联邦宪法第一修正案》，《美国联邦宪法第四修正案》，普通法上的隐私权，个人自我决定之隐私，各州宪法上规定的隐私权。④

1890 年，Warren 和 Brandeis 发表了著名的《论隐私权》一文。在该文中，Warren 和 Brandeis 指出，我们应该接受隐私权这个概念，隐私权是可诉的，隐私权应该受到法律的保护。⑤ 而随着社会的进

---

① See Zinda v. La. Pac. Corp., 149 Wis. 2d 913, 928 - 929, 440 N. W. 2d 548, 554 - 555 (1989).

② See Samuel D. Warren & Louis D. Brandeis, The Right to Privacy, 4 Harv. L. Rev. 193, 195 - 196 (1890).

③ See Hillman, 164 Wis. 2d at 391, 474 N. W. 2d at 919 (citing Zinda, 149 Wis. 2d at 928, 440 N. W. 2d at 555).

④ Ken Gormley, One Hundred Years of Privacy, 1992 Wis. L. Rev 1335, 1335 - 1338.

⑤ See, e. g., Diane L. Zimmerman, Musings on a Famous Law Review Article: The Shadow of Substance, 41 Case W. Res. L. Rev. 823, 823 (1991).

步、新的技术的出现，公民所享有的隐私利益的范围也越来越广。19世纪末20世纪初正是技术飞跃进步的时代，便携式照相机、机械设备以及报业开始兴起，个人独处的隐私利益更容易遭到侵犯，因而Warren 和 Brandeis 的文章应运而生。

19 世纪末 20 世纪初的美国法律并不是完全没有保护公民隐私权的内容，如美国普通法以及刑事诉讼法都有保护公民隐私权的内容，但那时的侵权法和宪法都不保护公民的隐私权。Warren 和 Brandeis 认为，当时的普通法已经承认隐私权的存在，只是普通法为受害者提供的救济措施过少。除了合同法外，法律还应该为隐私权受到侵犯的受害者提供其他救济措施。

2. Prosser 的观点和《美国侵权法复述（第二版）》

虽然美国法院和立法机关对隐私权这个话题避而不谈，但到了20 世纪 60 年代，美国法院还是受理了超过 300 例的隐私权案件。Prosser 教授通过对这些案件的调研，最后将这些案例划分为四种类型：①侵扰他人安宁的隐私侵权；②公开他人私人事务的隐私侵权；③公开丑化他人的隐私侵权；④擅自使用他人姓名或肖像的隐私侵权。Prosser 教授关于隐私权的理论已被大多数学者和法律人所接受，有一些学者认为，Prosser 教授对隐私权的分类以及 Prosser 教授得出隐私权四分法结论所依据的案例与 Warren 和 Brandeis 的理论相悖，但 Prosser 教授的隐私权观点还是被划分到了“Warren 和 Brandeis 侵权理论”。[①] 随后，《美国侵权法复述（第二版）》将 Prosser 教授的隐私权观点纳入其中，《美国侵权法复述（第二版）》明文规定，隐私侵权包括以下四种：一是侵扰他人安宁的隐私侵权；二是公开他人私人事务的隐私侵权；三是公开丑化他人的隐私侵权；四是擅自使用他人姓名或肖像的隐私侵权。[②]

（二）通过隐私法保护他人隐私权的正当理由

隐私权需要法律的保护，但规定保护隐私权的法律并不多，侵权

① See, e. g., Daniel J. Solove, The Origins and Growth of Information Privacy Law, in Fourth Annual Institute on Privacy Law: Protecting Your Client in a Security - Conscious World 33, 42 -49 (Francoise Gilbert et al. eds., 2003).

② See Zinda, 149 Wis. 2d at 928, 440 N. W. 2d at 555; Restatement (Second) of Torts.

法填补了其他法律对隐私权保护的不足。有些法律，如禁止电话窃听和偷窥的法律也宣称保护公民的隐私权，但这些法律仅仅在某一方面保护了公民的隐私权，它们对公民隐私权的保护很有限。[①]《美国联邦宪法第四次修正案》也规定保护公民的隐私权，但该法也仅仅保护公民隐私权免受政府公权力入侵的权利。[②] 与《美国联邦宪法第四次修正案》不同的是，美国侵权法还为私权受害者提供救济措施，行为人要为自己侵犯他人隐私权的行为承担赔偿责任。总的来看，侵权法填补了其他法律对隐私权保护的不足。

不过，通过侵权法来保护公民的隐私权并不见得是最可取的途径。Warren 和 Brandeis 最早提出由侵权法保护公民的隐私权，到了 Prosser 的时代，《美国侵权法复述（第二版）》和《美国联邦宪法第四修正案》都将隐私权的保护纳入其中，越来越多的人开始接受他们的观点。不过，还是有许多学者不同意他们的观点，这些学者批评 Warren 和 Brandeis 的理论既不成体系，又很过时。Warren 和 Brandeis 写《论隐私权》一文的目的是为了批评报纸报道黄色新闻这一现象，旨在为名人们创建“个人独处”的隐私权，使其远离“狗仔队”的骚扰。我们生活在一个粗俗的社会，很少有人会认为报道明星早餐吃了什么东西侵犯了名人神圣不可侵犯的住宅隐私。但如果警方在公民房屋内安装热成像设备，通过测量人、动物、植物的温度，侦查公民在屋内的活动，那么，就是对公民住宅权的侵犯。

在隐私权立法过程中，或在普通法为隐私侵权行为创立一个独立的诉由的时候，Alan Westin 对个人隐私的分类原则常常被引用（如威斯康星州联合立法委员会）。根据 Westin 的观点，现代隐私权发挥着保护以下四种心理功能的作用：一是自主权，即个人享有自身秘密免受外人窥探的权利。二是自我释放，而个人享有的放下防备心理，并在自己亲人和朋友之中卸下社会角色扮演重任的包袱，以便在需要的时候能更好地扮演好自己的社会角色。三是自我评估，即个人可以在自己独自思考期间，好好总结自己的经验，然后将自己的经验创造

① See, e. g., Wis. Stat: 968. 31.

② See, e. g., Burdeau v. McDowell, 256 U. S. 465, 475 (1921).

性地运用到工作中去。四是私密对话，作为人类自我保护的一种方式，我们都需要和自己最信任的人谈论一些私密话题，并从他们那里获得支持或意见。[①] 隐私权这些心理学作用，我们每个人都应该很熟悉。

不论是保护隐私权的制定法还是判例法，如果这些法律将隐私权的心理功能保护纳入其中，那么，隐私法将面临一个重大难题，那就是保护个人隐私利益的法定标准是什么？而且，即便我们承认隐私权的心理作用应该受到保护，那也不意味着隐私权的心理作用仅应该受到法律保护，而不是由社会规范或个人行为来规制。[②]

尽管美国学者对隐私权的看法各不相同，但美国绝大多数的学者都认为，隐私权应该受到保护。到目前为止，已经有无数的法律书籍、法学评论以及社会学论文对我们为什么要保护隐私权做了详细的阐述。[③] 我们可以将隐私权理解为公民享有免受政府公权力侵扰、他人能掌控自己生活的权利，或者说隐私权体现了我们的个人人格。Ken Gormley 教授认为，既然大家对通过法律方式保护隐私权这一观点已经达成一致意见，那么，学者就应该摒弃将隐私权视为一个道德或是哲学概念这种观点，并接受隐私权是一个法律概念这一事实。

从法律的角度看，保护隐私权要处理好平衡保护隐私权的成本和收益问题。例如，隐私权和言论自由权、隐私权和安全保障权、隐私权和效率、隐私权和公众对个人信息获取的权利等。这些都是法官或陪审团在审理案件时要考虑的问题。有些州通过普通法保护公民的隐私权，而有些州则通过制定法保护公民的隐私权；但不论是哪种方式，我们对隐私权的解读都应该与普通法中对隐私权的解读保持一致。

侵权法将决定某人行为是否构成隐私侵权的权利赋予了法官和陪审团。将决定某人行为是否构成隐私侵权的权利赋予给陪审团会更合

---

① Wis. Legislative Council Staff, Staff Br. 76 - 4, Privacy of Personal Information 2 (1976) [hereinafter Staff Br. 76 - 4] (citing Professor Alan Westin).

② See Anita L. Allen, Daniel J. Meador Lecture, Privacy Isn't Everything: Accountability as a Personal and Social Good (Feb. 4, 2003), in 54 Ala. L. Rev. 1375 (2003).

③ Tom Gerety, Redefining Privacy, 12 Harv. C. R. - C. L. L. Rev. 233 (1977).

适，因为陪审团可以根据他们自己的经历而不是专业知识来断案。

（三）普通法中侵扰他人安宁的隐私侵权制度

《美国侵权法复述（第二版）》第652B条对普通法中侵扰他人安宁的隐私侵权做了如下定义：如果侵扰行为对一个理性的人来说极具冒犯性，而行为人还故意以物理的或其他方式侵扰他人私人事务或私人关切的事情，行为人就要为其侵扰他人安宁的隐私侵权的行为承担责任。

侵扰他人安宁的隐私侵权中，行为人一旦有侵扰他人安宁的行为即构成侵权，不需要行为人有公开他人私人事务的行为，这一点与其他三种隐私侵权类型不同。Warren 和 Brandeis 主要关注的是新闻出版界对个人隐私权的侵犯，而侵扰他人安宁的隐私侵权并不以行为人实施公布行为为充分条件。因此，Warren 和 Brandeis 可能没有想到，侵扰他人安宁的隐私侵权最终也会被《美国侵权法复述（第二版）》所采纳，并作为普通法隐私权保护的一部分。Prosser 教授意识到侵扰他人安宁的隐私侵权与其他三种类型隐私侵权的不同，不过，他还是将许多案例纳入到侵扰他人安宁的隐私侵权这一类。同样，在威斯康星州，侵扰他人安宁的隐私侵权没有像其他三类隐私侵权一样招来反对意见。

侵扰他人安宁的隐私侵权之诉是保护公民隐私权的一种主要手段：以极具冒犯性的方式侵入他人私人地方，私人事务或私人关切的事情，只要被告有故意侵扰原告独居生活利益的行为，就构成侵扰他人安宁的隐私侵权。侵扰他人安宁的隐私侵权不要求行为人有公开他人私人事务的行为，行为人只要对原告的私人地方或原告收藏自身私人事务的私人场所有侵扰行为就能构成侵扰他人安宁的隐私侵权。例如，私自查看他人邮件，搜查他人的钱包或偷看他人的银行账户就是侵扰他人安宁的隐私侵权的行为。不论被告有无使用机械设备，只要他的行为侵扰了原告的私人事务，该行为就构成侵扰他人安宁的隐私侵权。

隐私法的要义是不要窥探他人私人事务。正如我们前文所讨论的那样，阻止他人侵犯隐私权可以有多种方式①。使用望远镜偷看他人在屋内活动情况的行为，偷拍他人私密照片以及使用伪造的法院命令查看原告的银行记录，这些行为都是侵扰他人安宁的隐私侵权的行为。侵扰他人安宁的隐私侵权也可能发生在公共场所，我们认为，只要是受害人不愿为公众所知的事情而行为人故意去揭露了，行为人的行为就构成侵扰他人安宁的隐私侵权。例如，在公共场合拍下女子衣服被风吹得掀起而露出内衣的照片，此时拍下他人的照片的行为就是侵扰他人安宁的隐私侵权的行为。同样，推销员总是在他人认为不合适的时间推销生意及招徕顾客的行为也可能构成侵扰他人安宁的隐私侵权。虽然侵扰他人安宁的隐私侵权必须有侵扰他人私人地方或私人事务的行为，但事实上，该类隐私权保护的却主要是原告精神上的利益。

对他人身体上的侵扰他人安宁的隐私侵权行为总是与非法侵入他人住宅联系在一起。Prosser 教授注意到，一个妇女正在分娩时而另一个男人突然闯入的案例被认为是侵扰他人安宁的隐私侵权最早的案例之一②，法院在该案中没有阐释该案所依据的法律原理，但最终做出了原告胜诉的判决，并要求被告赔偿原告损失。在那个时候，原告还不能提起一项独立的隐私侵权之诉，原告只能提起故意伤害或是非法侵入他人住宅之诉。法院认为，被告要为非法侵入他人住宅、旅馆房间、船上的特等舱以及在商店搜查女士购物袋的行为承担责任。

简而言之，Warren 和 Brandeis 主要关注新闻出版业对个人隐私权的侵犯，普通法侵扰他人安宁的隐私侵权制度为 Warren 和 Brandeis 没有提及到的隐私权提供了更为广泛的保护。虽然侵扰他人安宁的隐私侵权通常和非法侵入他人住宅等联系在一起，但二者是完全不同的两个概念。本文接下来要讨论的问题是，威斯康星州有关侵扰他人安宁的隐私侵权的制定法是不是规定了和普通法中隐私权一样广泛的权利。

---

① Bisbee v. John C. Conover Agency, 452 A. 2d 689, 691 (N. J. Super. Ct. App. Div. 1982).

② De May v. Roberts, 9 N. W. 146 (Mich. 1881).

（四）威斯康星州对隐私权的保护

1.《威斯康星州制定法》第895.50条

尽管Warren，Brandeis，Prosser以及其他州有超过300个案例都已经承认隐私侵权是一项独立的诉由，除了有立法授权外，威斯康星州最高法院始终不愿承认隐私侵权是一项独立的诉由。直到1977年，当其他36个州都已经承认隐私侵权是普通法或制定法中一项独立的诉由的时候，威斯康星州的立法机关才通过了规定隐私权的《威斯康星州制定法》第895.50条。

威斯康星州承认下列四种行为都是对他人隐私权的侵犯：①以粗鲁的方式拍摄他人照片；②侵扰他人安宁；③擅自使用他人姓名或肖像；④公开他人私人事务。[①] 后面三种行为与Prosser以及《美国侵权法复述（第二版）》的内容大致相同，受害人可以向法院起诉，要求行为人承担下列责任：衡平法上的救济，补偿性赔偿，合理的律师费用。

威斯康星州过去50年间的立法活动表明了威斯康星州保护威斯康星州公民隐私权的决心，除了《威斯康星州制定法》第895.50条之外，威斯康星州立法机关还制定了一系列旨在控制威斯康星州政府使用、收集以及传播公民个人信息的法律。[②] 这些法律保护了公民某些非政府记录的私密性，禁止对公民个人与税收有关信息的披露，保护了雇员的隐私权（尤其是雇员的某些身体检查结果），禁止披露从公民的公司、合作伙伴、银行以及其他储蓄机构获取的公民个人财政信息，赋予专业人员拒绝披露私密谈话内容的权利，宣告侵犯公民隐私权的某些行为为犯罪行为。1976年，有人向威斯康星州立法委员会提议，要求委员会为全体人员编写个人隐私的简历。威斯康星州的上述努力拓展了威斯康星州公民隐私权的广度和深度，也为威斯康星州公民的隐私权提供了更广的保护。

即便如此，依据《威斯康星州制定法》第895.50（2）（a）条

---

① See Wis. Stat. 895.50 (2).

② See, e. g., Wis. Stat. 16. 973 (3); 19. 36 (7) (b); 19. 69 (1).

并不会产生实质性的诉讼。在威斯康星州上诉法院，法官在审理案子的时候很少对《威斯康星州制定法》第895.50条做详细的讨论，而对《威斯康星州制定法》第895.50（2）（a）条做的讨论就更少了。

2.《威斯康星州制定法》第895.50条的立法历史

我们在上文已经介绍过，威斯康星州普通法并没有规定隐私侵权制度。但事实上，威斯康星州制定法中赋予的隐私权包含了普通法中的隐私权。因为《威斯康星州制定法》第895.50条已经在其条文中指出，“要与普通法中隐私权的发展保持一致”①。

虽然威斯康星州最高法院愿意根据合同法原则以及故意造成他人精神困扰原则为诉讼当事人提供救济，但法院再次驳回了诉讼当事人隐私侵权之诉的诉讼请求。② 在1936年，威斯康星州最高法院正式宣布，除非威斯康星州立法机关承认隐私侵权之诉是一项独立的诉由，否则，威斯康星州最高法院不会受理任何隐私侵权之诉。③ 威斯康星州最高法院的上述表态实质上是在提醒威斯康星州立法机关制定隐私权法的紧迫性。④

在1951年的立法会议上，威斯康星州参议员 Warren P. Knowles 首次提出了旨在承认隐私权的立法提案。这项立法提案是对 Judevine 案以及其他案件迟到的回应，威斯康星州的首个隐私权立法提案实质上是对普通法中隐私权的立法认可，提案的内容是：威斯康星州承认隐私权，为了制止隐私侵权行为，立法应该允许受害人向法院提起隐私侵权之诉，并要求行为人承担因其行为给被害人造成的损失责任。⑤

制定隐私权法最大的反对力量来自新闻出版界，新闻出版界主要反对将公开丑化他人的隐私侵权以及公开他人私人事务的隐私侵权纳

---

① See Wis. Stat. 895.50（3）.

② See Slawek v. Stroh, 62 Wis. 2d 295, 314 – 315, 215 N. W. 2d 9, 20（1974）.

③ Judevine v. Benzies – Montanye Fuel & Warehouse Co., 222 Wis. at 527, 269 N. W. at 302.

④ See, e. g., Judith Endejan, The Tort of Misappropriation of Name or Likeness Under Wisconsin's New Privacy Law, 1978 Wis. L. Rev 1029, 1030 n. 3.

⑤ S. B. 215, 1951 – 1952 Leg. Reg. Sess.（Wis. 1951）.

入隐私侵权的范围。威斯康星州首个有关隐私权的立法提案（“普通法中广泛享有的隐私权”）主要受到报纸业的反对，他们提出了三个反对理由：①该立法提案完全不必要，因为侵权法已经为受害人遭受的损失提供了充足的保护；②该提案不要求受害人证明他的实际损失，将会导致潜在损失不受任何限制；③该提案将成为侵犯新闻自由的合法理由。[①]

由于提案遭到新闻出版业的强烈反对，提案不得不做修改。修改后的提案内容中只包括一些特殊情况，并且规定了新闻媒体和收债机构侵犯个人隐私的例外条款，修改后的提案也不再包括侵扰他人安宁的隐私侵权的内容。法案本应该禁止债权人刊登债务人银行账户，以及恶意扮演他人的行为。不过，法案中没有类似的内容。最终，参议院通过了修改后的立法提案，不过众议院否决了该提案。

在这之后的36年间，又有另外三项有关隐私权的立法提案被提交至威斯康星州参议院。在一起恶意侵害他人隐私的案例中，威斯康星州最高法院再次驳回了原告提起的隐私侵权诉讼请求，[②] 威斯康星州最高法院不承认隐私侵权是一项独立的诉由的这一做法遭到了强烈的批评。

在1977年，又有一项新的隐私权立法提案被提交至众议院。该提案为隐私权提供了广泛的普通法上的保护，提案的内容是威斯康星州众议员 Michael Farrell 和 Tommy Thompson 两人观点的妥协，提案最终包含了 Prosser 教授有关隐私权四分法的内容。

该提案有关侵扰他人安宁的隐私侵权的内容是这样的：一旦行为人实施的侵扰他人安宁的隐私侵权触动了正常人的敏感神经，一旦行为人实施的侵入行为侵入他人认为具有私密性质的地方，以及以非法入侵的方式侵扰他人安宁的行为都是可诉的。侵扰他人安宁的方式有很多种，如通过使用有线以及无线窃听、相机偷拍和录音机偷拍等。

而参议院对侵扰他人安宁的隐私侵权的描述是：侵扰他人安宁的

---

① Jeremy C. Shea, Torts —The Right of Privacy in Wisconsin, 1961 Wis. L. Rev. 332, 335.

② Yoeckel, 272 Wis. at 433 – 434, 75 N. W. 2d at 926 – 927. The court cited the failure of the legislature to pass the bill in the 1951 session as support for its conclusion that Wisconsin did not recognize the right of privacy

隐私侵权对一个理性人来说是极具冒犯性的，参议院的隐私侵权提案版本中包括了公开丑化他人的隐私侵权。不过，在最终通过的提案中并不包括公开丑化他人的隐私侵权的内容。侵扰他人安宁的隐私侵权的内容也被修改成现在这样的内容：侵扰他人安宁的隐私侵权是指，以对一个理性人来说极具冒犯性的方式侵入他人私人地方，或者以一种可诉的非法入侵的方式侵入他人私人地方。①

我们不清楚为什么立法机关会将“一个理性人认为是私人的地方”这一句增加在法条的文本中，我们也无法从威斯康星州隐私权立法历史资料中找到立法机关增加“地方”这一词的动机，我们更不清楚为什么立法机关会在后面加上一句“或者以一种可诉的非法入侵的方式侵入他人私人地方”。

在草案记录中记载了一封提交给 Thompson 的信，这封信可能与立法草案的改动有关。这封信中写道：侵扰他人安宁的隐私侵权必须是对一个理性人认为是私人的地方的侵犯②，但我们从该信的内容根本无法判断这句话的落脚点是“地方”还是“对一个理性人来说是私密的”。

我们能找到的其他相关信息是，威斯康星州参议院举办的一次公众听证会中记录的如下信息：侵扰他人安宁的隐私侵权对一个理性人来说是极具冒犯性的。另外一份由立法委员会行政人员准备的法案分析报告也提到了相似内容。有许多人对该立法提案的内容提出了不同的意见，但没有人对侵扰他人安宁的隐私侵权这一内容提出异议。讨论主要是针对公开丑化他人的隐私侵权展开的，他们主要讨论公开丑化他人条款到底有没有必要规定在法案中，以及学校是否要为刊登在学生报上的新闻承担责任这些问题。

接下来，本文将详细分析法案中增加“地方”一词的立法目的和动机。上述这些信息似乎显示，没有人在意是不是在法条中增加“地方”一词。法案的起草者这样做的目的似乎是为了跟普通法中对

---

① Act of Nov. 29, 1977, ch. 176, 5, 1977 Wis. Laws 756 (codified as amended at Wis. Stat. 895.50).

② Letter from Don Gallagher to Representative Tommy G. Thompson, Wisconsin State Assembly (Apr. 5, 1977).

隐私侵权的规定保持一致，避免隐私权被无限扩张，即只有采用对一个理性人来说是极具冒犯性的方式侵犯他人才构成隐私侵权。立法机关希望其通过的制定法与普通法中隐私权的规定不会完全一致。因此，法条中“地方”一词的改动在未经任何通知就被通过了。在经过激烈争辩后，立法机关改变了《美国侵权法复述（第二版）》的内容，删除了有关公开丑化他人的隐私侵权的内容。

四、对《威斯康星州制定法》第895.50(2)(a)条的分析，以及Fischer案和Hillman案对《威斯康星州制定法》第895.50(2)(a)条的不同解释

（一）一个理性人认为是自己私人的地方

1. 立法目的

Fischer和Hillman对该法条的解释是否准确，一定程度上取决于威斯康星州法院对该法条的解读与威斯康星州立法机关的目的是否一致。问题的关键是：威斯康星州立法机构在增加“地方”一词后，希望能在多大程度上限制公民对隐私权的期望？

查看《威斯康星州制定法》第895.50条的立法历史资料，我们发现了两个相互矛盾的观点：

其一，立法者在法条中增加“对一个理性人来说是私人的地方”以及删除了有关“公开丑化他人的隐私侵权”的内容，这一做法显示，立法者希望该法中隐私权的内容能与普通法以及其他州中隐私侵权内容不同。从这个角度看，威斯康星州立法中规定的隐私权比《美国侵权法复述（第二版）》中规定的隐私权的范围要窄。因此，审理Hillman一案的法官认为，通过对“地方”一词的狭义解读来限制公民的隐私权，这种观点与该法的立法历史资料显示的情况似乎是一致的。

其二，该法条中还特别规定“与普通法的发展保持一致”这一内容，这一句话的加入会让我们觉得该法愿意为公民提供更广泛的隐私权保护。新闻出版业曾经反对通过有关规制公开丑化他人以及公开他人私人事务行为的法律，这其中，公开丑化他人的隐私侵权最终没有被纳入《威斯康星州制定法》第895.50条，而公开他人私人事务

的内容则包含在其中。因此，法条中规定“要与普通法的发展保持一致”的真正含义是“为了保护公民的通讯自由以及其他个人隐私免受大众传媒干扰的权利”。这些资料显示，该法是否为公民隐私权提供广义上的保护关键看新闻出版业在社会上影响力的大小，我们应该主要关注新闻出版业的社会影响力大小问题，而不是关注是否对“地方”一词做狭义解释这个问题。

此外，法条中“或者是可诉的非法侵入行为”这一句话的加入又似乎暗示着，“地方”并不仅仅指地理位置。非法侵入行为本身也包括故意对一地理位置的物理入侵，在法条中加入“可诉的非法侵入行为”并不多余，暗含深意。“可诉的非法侵入行为”有许多种，例如，非法侵入他人动产，非法侵入他人动产是指“在无正当理由的情况下，故意破坏他人对动产的占有或是故意破坏他人对其动产占有的物理状态”①。然而，很多人总是从概念上将非法侵入理解为对物理上或地理空间上的入侵。我们认为，法条中同时出现“非法侵入”以及“一个理性人认为是私密的地方”这两组词语反映了立法者在制定该法时对“侵扰他人安宁的隐私侵权”的真实想法，即侵扰他人安宁的隐私侵权包含的范围不仅仅指对公民住宅或土地的入侵，它包含的内容更为广泛。

2. 司法解释

在 Hillman 一案，原告为了主张他享有《威斯康星州制定法》第 895.50(2)(a)条下的权利，提出了如下理由：其一，《威斯康星州制定法》第 895.50(2)(a)条和《美国侵权法复述（第二版）》第 652B 条在一定程度上是有关联的；其二，《威斯康星州制定法》第 895.50(2)(a)条的真正含义与《美国侵权法复述（第二版）》中“他人私人地方、私人事务或个人关切的事情”有关。查看他病历的行为构成了《美国侵权法复述（第二版）》第 652B 条的规定的侵权行为，因此，该行为也符合了《威斯康星州制定法》第 895.50(2)(a)条。所以，原告认为，他已经完成了《威斯康星州制定法》第 895.50(2)(a)条所规定的举证任务，法院应该支持他的诉讼请求。

---

① Wis. Power & Light Co. v. Columbia County, 3 Wis. 2d 1, 8, 87 N. W. 2d 279, 282 (1958).

威斯康星州上诉法院认为，Hillman 可以根据《美国侵权法复述（第二版）》第 652B 条提出诉讼。但《威斯康星州制定法》第 895.50(2)(a)条并没有采用《美国侵权法复述（第二版）》中“他人私人地方、私人事务或个人关切的事情”这样的词语来描述，而是采用了“地方”一词。因此，法院认为《威斯康星州制定法》第 895.50(2)(a)条规定“地方”一词是为了限制隐私权的范围：公民个人不能因为别人查看了他的病历资料就提起隐私侵权之诉，虽然公民个人的病历资料是他个人的私人事务或个人关切的事情，但行为人查看的病历资料不属于法条中“地方”一词的范围。因此，Hillman 不可以根据《威斯康星州制定法》第 895.50(2)(a)条提起诉讼。在法院看来，“地方”一词是个地理概念，不包括个人物品或个人关切的事情。

威斯康星州上诉法院认为，威斯康星州的隐私权制定法并不认可普通法中侵扰他人安宁的隐私侵权制度的内容。而且“地方”一词的真正含义应该根据其在字典中的意思来解释，“地方”一词在字典中的意思是：“无限的地域或空间，一个特定的地域，某一特定部分的表面，特定地点”。

Fischer 一案扩展了《威斯康星州制定法》第 895.50(2)(a)条所规定的“地方”一词的含义范围。有意思的是，联邦法院在 Fischer 一案中也同意“地方”一词是指地理学概念。但 Fischer 案和 Hillman 案这两者的细微差别是：Fischer 一案虽然承认“地方”一词是一个地理概念，但他们对“地方”这一地理概念做了更为广义的解释。法官认为，“地方”这一地理概念也包含个人所属物品以及个人关切的事物这一含义。换言之，虽然审理 Hillman 一案的法院认为“地方”是一个地理概念，但他们认为这一地理概念并不包括那些超出一个人从物理环境或空间上可以立即接触到的事物。而审理 Fischer 一案的法官则认为，只要那些个人关切的事物或个人所属物品有一个物理意义上的存在，那么，“地方”一词也就包括那些个人关切的事物或个人所属物品。

威斯康星州立法机关在制定《威斯康星州制定法》第 895.50(2)条的时候希望该法能与普通法中隐私法的发展保持一致，也正是基于这个原因，审理 Fischer 一案的法官才对“地方”一词做出那样的解释。虽然在《威斯康星州制定法》第895.50(2)条的立法过程中，立法者曾引用了《美国侵权法复述（第二版）》的内容，但审理Fischer一案的法官发现，审理Hillman一案的法官在没有考察任何《威斯康星州制定法》第895.50(2)条的立法历史资料的情况下就驳回了原告的诉讼请求。审理Fischer一案的法官认为，威斯康星州立法机关在制定《威斯康星州制定法》第895.50(2)条的时候本来就希望该法能与普通法中隐私法的发展保持一致，而《美国侵权法复述（第二版）》正是普通法精神的具体体现。因此，威斯康星州侵扰他人安宁的隐私侵权制定中“地方”一词的真正含义应该与《美国侵权法复述（第二版）》所规定的含义一样，“地方”一词的含义一定比Hillman一案中“地方”的含义要广。

威斯康星州的立法机关在制定该法的时候释放出很多模糊性的信息，加大了我们对威斯康星州立法机关立法目的解释的难度，而审理Fischer一案的法官对威斯康星州立法机关立法目的的解释是众多解释中最好的。如果说对制定法中隐私权的解释应该与普通法保持一致，那么，制定法中的限制因素也应该与普通法保持一致。

问题是，审理Fischer一案的法官所说的“地理学”一词有没有其他含义？其中一种解读是，我们可以将它理解为《美国侵权法复述（第二版）》第652B条是解释《威斯康星州制定法》第895.50条的可接受来源。这将意味着，根据Fischer一案法官对“地方”的解释，普通法对制定法中的侵权法的解释起到主要的限制作用。但是，我们对“地方”一词的不同意见与制定法的立法历史资料不符。即便法律条文中明确规定，法庭可以采用普通法去解释制定法，但从立法历史资料中我们发现，通过一般的制定法赋予威斯康星州公民普通法上的权利，还是通过一部专门的法律承认此类行为构成独立的诉由曾引起激烈的争论。因此，要想正确地解释《威斯康星州制定法》第895.50条，就不能仅仅依据普通法。

从另一方面看，审理Fischer一案法官的意见又可以说太狭隘了。审理Fischer一案的法官跟审理Hillman一案法官的意见一致，认为“地方”一词是“地理学”上的概念。虽然审理Hillman一案的法官根据字典中的意思认为“地方”一词是指地理学概念，但事实上我们根本就无法证明法条中“地方”一词指的就是“地理学”上的概念，因此，将“地方”一词解释为地理学上的概念就显得很奇怪。有意思的是，另一部字典中“地方”一词的含义却很广泛。按照该字典中的解释，“地方”一词包含有：“空间；房间；特定地域或地点；某个地区；被人或物占用的部分空间；想象自己可能在别人处所的一种情境或状态；为特定目的而设的建筑物或者空间；一个特定的位置或身体的部分或表面；身份地位，尤其是重要人物（如他的历史地位）；一个人的职业地位”。①因此，跟含义不定的“地方”一词相比，“地理学”这个词的含义太窄了。

根据审理 Hillman 案和 Fischer 案法官的理解，一个人的身体或身上的衣服属不属于“地方”一词的范围呢？虽然人的身体或衣服并不是“地理学”上的东西，但很显然，立法机关在立法的时候一定考虑到了对人身体进行侵犯的情形，并将该种行为视为隐私侵权。审理 Fischer 一案的法官认为“地方”一词的字面含义是地理学上的意思，但我们对“地方”一词的解释必须要比“地方”在“地理学”上的含义要广，而且要比审理 Hillman 一案的法官所解释的意义更广。在 Fischer 一案中，法官认为由于身体占用了一定的物理空间，因此，一个人的身体能被理解为“地方”。基于同样的原因，衣服也占用了一定的物理位置，因此，衣服也可以被认为是“地方”。

佛罗里达州最高法院的法院判决得出了与 Fischer 案不同的结论，佛罗里达州最高法院认为，给“地方”一词作狭义定义的做法是不可思议。在 Allstate Insurance Co. v. Ginsberg 一案中，大多数法官认为，根据佛罗里达州普通法中的隐私侵权法，受害人不可以根据“通过物理的或是电子技术的方式侵扰他人私人地方”这一诉由对行为人不受欢迎的性接触行为提起诉讼。原告认为，侵权法也规定不受欢迎的性接触行为，但法院没有采纳原告的意见。法院认为被告的行为并不带有“侵扰”性，因为侵权法中“侵扰”的含义是指行为人对公民有合理隐私期待的“地方”的侵扰，并不包括对公民身体某个部位的侵扰。

讨论“地方”一词的含义以及佛罗里达州法院不认可人的身体属于“地方”一词的含义范围有积极意义。不过，佛罗里达州并没

① Webster's New World College Dictionary 1099 (Michael Agnes ed., 4th ed. 1999).

有留下多少文献资料，我们也无从得知法院出台上述意见的前因后果，这不利于我们研究佛罗里达州普通法中侵权法的发展历史。显然，法院认为，一般来说，隐私侵权法主要关注公民免受政府公权力监视的权利，不包括其他侵权行为和假想的非法侵害行为。法院得出这一结论也可能是受“住所”（quarters）一词的影响。

持反对意见者认为，不受欢迎的性接触行为侵扰了他人的身体安宁。根据佛罗里达州的法律，受害人可以提起隐私侵权之诉。持反对意见的法官认为，既然不受欢迎的监视行为是侵权法中的侵扰行为，那么，没有理由接触到原告身体最私密部位的行为不是侵权法上的侵扰行为。发生对个人身体进行侵扰的情况，该行为对个人隐私和个人安全侵犯的可能性就越大，性质也更恶劣。

佛罗里达州法院对侵扰他人安宁的隐私侵权法中“地方”一词的解释似乎与我们对隐私权的一般观点相反。佛罗里达州法院和审理 Hillman 一案的法官对“地方”一词的解释近乎荒谬。其主要原因如下：

第一，威斯康星州立法机关并没有指明受害人只能根据侵扰他人安宁的隐私侵权法提起侵扰他人安宁的隐私侵权之诉，而不能根据其他诉由提起其他诉讼。相反，法条中写明根据“某一个地方……或以可诉的非法侵入行为”以及普通法提起诉讼。

第二，威斯康星州隐私侵权的构成要素与诽谤以及故意造成他人精神痛苦这类侵权行为的构成要素相似。如我们上文所说，侵扰他人安宁的隐私侵权甚至包括普通法中非法侵入这一诉由。侵扰他人安宁的隐私侵权还和非法侵害行为有许多共同点，侵扰他人安宁的隐私侵权多了“对一个理性人来说是极具冒犯性”这一因素。非法侵入的本质是对公民个人住宅的侵犯，法律禁止这一行为是为了保护公民的财产权。[①] 非法侵入的行为通常会给受害人带来情感和精神上的伤害，如害怕和觉得受羞辱，这些都与隐私权有关。非法侵害行为的本质是未经他人同意，故意对他人进行人身攻击。非法侵害在很大程度上与“对他人的人身的侵扰”相似，这类侵扰行为通常都会侵犯到他人的人格和个人隐私。

---

① See Samuel H. Hofstadter & George Horwitz, The Right of Privacy, 9. 1, at 95 (1964).

第三，佛罗里达州法院的判决只是一个普通法上的法院判决而不是制定法上的法院判决，因此，我们在讨论佛罗里达州法院的法院决定的时候不用讨论立法目的这一问题。

第四，Ginsberg 提出的反对意见是正确的，因为不受欢迎的身体接触违反了公民“独处的权利”。从本质上来说，Ginsberg 的决定与公众所理解的隐私权的观点相反。

第五，普通法中的隐私权概念包含了侵权法中的多项诉由，并发展为一定的特点。隐私侵权法主要保护公民的个人空间，如公民的住宅，个人生活中的私事以及独居生活利益。毫无疑问，一个人独居生活的权利当然包括个人身体免受不受欢迎的侵扰的自由。

如果我们将“地方”一词仅仅解释为地理学上的某一个地点，除了公民对隐私权有合理期望的个人身体不受隐私法的保护外，还会使得那些既不是公众的也不是私人的地理学中的“地方”得不到隐私权法的保护。我们知道，有些地理学上“地方”既不是公众的也不是私人的“地方”。例如，大学中的学生宿舍是大学的产权，大学将宿舍提供给学生居住但附加了一条规则，要求学生同意学校的工作人员出于无害目的和例行检查、维修的必要时可以进入到学生宿舍。如果“地方”一词的含义仅仅指房间，而不是指放置在房间中的物品（如学生书桌、衣柜或背包里的东西），那么，学生在其宿舍将无任何隐私权可言。隐私权要保护的是学校工作人员进入到宿舍的时候能够看到的地方，还是学生认为应该受隐私权保护的个人所属物品？这两者的差别很大，法律应该注意这两者的区分。

还有一个问题同样值得我们关注。学生对其个人所属物品有没有一个合理的隐私权期待？学校有没有传达这样一项政策，能规定学校工作人员在任何时间都可以搜查学生的衣柜和背包吗？或者说当学校有合理的理由怀疑学生在其衣柜和背包藏有毒品的时候，学校是否保留了搜查该学生上述地方的权利？或者学校有没有颁布一项规定学校工作人员在任何时候都不可以搜查学生上述地方的规定？显然，将“地方”一词解释为地理学上的地点不符合立法目的，而审理 Hillman 一案的法官却还是将“地方”一词解释为地理学上的地点。

审理 Fischer 一案的法官正确地解释了威斯康星州立法机关的立法目的，并拓宽了威斯康星州侵扰他人安宁的隐私侵权制度的范围，也部分回答了《威斯康星州制定法》第895.50(2)(a)条中隐私权的范围是不是比普通法所规定的隐私权的范围要窄这个问题。原告根据《威斯康星州制定法》第895.50(2)(a)条起诉被告进入原告邮箱账号的行为侵犯了原告的隐私权，法院认为，我们要考虑的问题是被告进入原告邮箱账号的行为对一个理性人来说是不是极具冒犯性的，以及个人邮箱是不是“一个理性人认为是个人的私人地方”。联邦法院的法官告诉陪审团，他们要关注的不应该是他人电子邮件是不是储存在电脑中，或者他人办公室中的电脑是不是他人认为是隐私的事物等问题，而应该告知他们关注电子邮件本身以及进入他人邮箱并阅读他人邮件的行为是否侵犯了Fischer的隐私权这些问题。

审理Fischer一案的法官对《威斯康星州制定法》第895.50(2)(a)条做了更为广义的解释，这种解释更为恰当。虽然法院在该案中做了狭义解释，认为“只要他人私人所属物品受到侵扰，那么，他人的所属物品也属于一个理性人认为应该受隐私权保护的事物”。只要符合一个理性人的标准，他人所属物品也将受到隐私权的保护。根据Fischer一案可以得出的观点是，我们应该以普通法的广义标准对《威斯康星州制定法》第895.50(2)(a)条进行解释。

虽然《威斯康星州制定法》第895.50(2)条的立法历史资料没有为我们提供更多其他的资料，但从广义上解释第895.50(2)条才是对该威斯康星州法律的合理解释。审理Fischer一案的法官认为，有许多事物都是存在于物理空间，这个“地方”不是Hillman一案法官所说的“地理学”中的地点。只要该行为满足了《威斯康星州制定法》第895.50(2)(a)条所规定的其他条件，对该“地方”的侵扰也构成隐私侵权。

例如，电子邮件并不是存在于某个模糊不清而虚拟的地方，它被储存在电脑服务器中。通过电子邮箱账号可以查出电脑服务器的位置，服务器可能就被放置于商业机构的机房，如果是像“Hotmail”这样的网页邮箱，其服务器则被放置在微软公司总部所在地加利福尼亚。[①]电子邮件是由一段段数字化的文字和格式组成，文字和格式在

① See United States v. Kimler, 335 F. 3d 1132, 1135 n. 2 (10th Cir. 2003); Fischer, 207 F. Supp. 2d at 917.

世界上有其物理意义上的存在。因此，说电子邮件存在于某一个“地方”而不是存在于某个人的电脑或办公室这一种说法是完全符合实际的，Fischer一案对“地方”一词以及《威斯康星州制定法》895.50(2)(a)条的解读是符合逻辑的，也更贴近现实情况。

（二）“对一个理性人来说是极具冒犯性的”标准和“在一个理性人认为是自己私人的地方”标准

Fischer一案的主要作用是将法庭调查视线从Hillman一案对“地方”一词的解释中移开。有关隐私侵权的其他争议开始引起陪审团的注意，因为像“是不是有侵扰行为”以及“侵扰行为的合理性问题”开始成为现实审判中的难题。由于侵扰行为必须同时满足“对一个理性人来说是极具冒犯性的”和“在一个理性人认为是自己私人的地方”这个两个条件才构成隐私侵权，原告能否胜诉与陪审团对现行社会规范中的隐私权的理解有关。

在实践中，现行社会规范有很大的局限性。Fischer一案对“地方”一词的解释实际上会使许多侵权行为都纳入到隐私侵权之中。不过，威斯康星州法院无须担心采用Fischer一案对《威斯康星州制定法》第895.50(2)(a)条的解释后会过分拓宽威斯康星州公民隐私权的范围。尤其是在涉及雇员、网络以及与安全有关的案件时，“理性人标准”常常成为提起隐私侵权之诉的限制因素。

1.“合理的隐私权期待”标准与“对一个理性人来说是极具冒犯性的”标准和“在一个理性人认为是自己私人的地方”标准

在普通法中，他人能不能对行为人实施的某一侵扰行为提起诉讼，关键看该行为符不符合“对一个理性人来说是极具冒犯性的”这一标准，这一标准也被威斯康星州制定法所采纳。威斯康星州法律规定，当行为人实施的侵扰行为侵犯了公民“合理的隐私期待”的时候，公民可以根据威斯康星州宪法对该行为提起诉讼。[①]“合理的隐私权期待”标准和“对一个理性人来说是极具冒犯性的”标准是完全不同的两个标准。“对隐私权的合理期待”标准又可以细分为下面两点：①个人对隐私权是否享有主观期待；②个人的这种主观期待

① See Katz v. United States, 389 U. S. 347, 361 (1967) (Harlan, J., concurring).

在一般人看来是不是合理的。[1]

法学家发现,“合理的隐私期待”这一标准比“对一个理性人来说是极具冒犯性的”这一标准的要求更高。这是因为,在不同的情况下,公众的反应也不同。例如,公众对已经被自己丢弃的垃圾是不享有“合理的隐私期待”的,因为这些垃圾已经被他们丢弃了,并被置于公众视野之下。但是当行为人将他人的个人的财政状况、杂志封面、药品以及日用杂货这些情况公开将可能使得他人难堪,因此,这种侵扰行为对一个理性人来说却是极具冒犯性的,美国联邦最高法院前任大法官 William Brennan 也认同这个观点。[2] 一个记者搜查了 Henry Kissinger 丢弃的垃圾,并将他在垃圾中得到的信息刊登出来。

Brennan 法官在审理这起案件的时候,谈到了自己对该行为的看法:公众认为该记者的行为违法,这说明公众不仅认为 Henry Kissinger 的反应是合理的,而且认为自己在遇到这样的情况也会作出同样的反应。学者用了“一种令人厌烦的侵犯个人隐私的行为”、“不文明的行为”、“与体面之人与人交往方式相悖的行为”等字眼来评价该记者的行为。

除了设立“对一个理性人来说是极具冒犯性的”这一标准外,威斯康星州还设立了另外一个与威斯康星州宪法中规定的极为相似的标准,即“在一个理性人认为是私人的地方”标准。

“合理的隐私权期待”既是一个法律理论问题,也是一个现实问题。美国某一个上诉法院在其开庭审理的一起针对《美国联邦宪法第四修正案》提出上述的案件中认为,如果某事物已经被置于公众视野,那么,公民对该事物则不再享有“合理的隐私权期待”。[3] 然而,不管是“合理的隐私权期待”标准,还是“在一个理性人认为是私人的地方”标准,在现实中都需要法庭或陪审团去裁定该行为的合理性,并考虑一个普通人在那样的情况下会怎么做。

威斯康星州对“理性人”标准的解释证实了上述观点。值得注

---

① State v. Fillyaw, 104 Wis. 2d 700, 714 - 715, 312 N. W. 2d 795, 802 - 03 (1981) (quoting Smith v. Maryland, 442 U. S. 735, 740 (1979) (quoting Katz, 389 U. S. at 361 (Harlan, J., concurring))).

② See California v. Greenwood, 486 U. S. 35, 46 - 49 (1988) (Brennan, J., dissenting).

③ See, e. g., California v. Acevedo, 500 U. S. 565, 574 (1991).

意的是，威斯康星州并没有制定指导陪审团理解《威斯康星州制定法》第895.50(2)(a)条的指导文件。因为在大多数情况下，《威斯康星州制定法》第895.50(2)(a)条和《威斯康星州制定法》第895.50(2)(b)条的含义是不证自明的。但在威斯康星州为《威斯康星州制定法》第895.50(2)(c)条制定的陪审团指导意见中，谈到了要用“对一个理性的、正常人来说是极具冒犯性的”这一标准界定行为人是否侵犯了公民的隐私权。根据该指导意见，陪审团在审案的时候要考虑案件的时间、地点、邻居以及其他市民的生活习惯这些因素。

“合理的隐私权期待”标准和《威斯康星州制定法》第895.50(2)(a)条所采用的理性人标准都比“对一个理性人来说是极具冒犯性的”标准要求要高。《威斯康星州制定法》第895.50(2)(a)条中的理性人标准的要求介于另外两个标准之间，因为这个标准事实上包含了“对一个理性人来说是极具冒犯性的”标准的内容，只不过《威斯康星州制定法》第895.50(2)(a)条所规定的理性人标准还包含了“在一个理性人认为是私人的地方”这一内容。“合理的隐私权期待”通常被当做一个法律问题来看待，而不是当做一个理性的人对侵权法中隐私权的期待这个问题来看待。

有意思的是，隐私侵权法和《美国联邦宪法第四修正案》的内容都来源于Brandeis的理论。Brandeis既是隐私侵权的创始人，又是一位在美国极具影响力的美国联邦最高法院前任大法官，他将隐私的概念引入刑事诉讼法和宪法当中。学者认为，隐私权的概念既包含了个人免受其他公民干扰的权利，也包含了个人免受政府公权力侵扰的权利。“合理的隐私权期待”这一理论的根基是“对个人精神、感受以及才智的认可”这一观念，而上述两个标准正是对“合理的隐私权期待”这一理论的正确描述。

“合理的隐私期待”这一标准和威斯康星州《威斯康星州制定法》第895.50(2)(a)条中所体现的“对一个理性人来说是极具冒犯性的”、“在一个理性人认为是私人的地方”标准的不同点是，在审理违反《美国联邦宪法第四修正案》的案件中，法院在考虑他人隐私权与行为人其他利益的平衡这个问题时，要考虑的事情与提起侵权之诉要考虑的利益衡平问题不同。在审理涉及违反《美国联邦宪法第四修正案》的案件时，法院会注意在保护个人隐私权利益和执法压力之间的关系。[①]

问题是，“合理的隐私期待”这一理论有什么作用？尤其是，这一理论将给侵扰他人安宁的隐私侵权制度带来什么样的影响？“合理的隐私权期待”和理性人标准可能带来不良后果，法律并没有从他人的角度来考察对他人损害所造成的伤害，而是对他人损害本身进行评估。正如一位学者所说的那样：“如果受害者对隐私权的期待超出了社会上大多数人的标准，那么，其所期待的隐私权将得不到法律的保护。”社会公众对隐私权的期待改变了，“伤害”一词的概念也随之而变。因此，随着公众的期望和社会规范的变化，上述理解将可能使得“理性人”标准为公民隐私权提供保护的范围大大缩小。

由于公众对隐私权的期待很容易发生变化，因此，隐私权受法律保护的程度也很容易随着公众对隐私权的期待的变化而变化，隐私权在很多情况下不得不让位于其他社会价值，如公共安全等。我们可以举一个例子来说明这个问题，大多数人都可能认为自己公文包里装什么东西属于个人隐私，但执法人员通过制定一些成文或不成文的规定很容易就改变公众对自身隐私权的看法。到现在，大家对机场安检人员检查公民公事包的行为已经见怪不怪了，还有人会认为机场安检人员检查公事包的行为侵犯了其隐私权吗？

上面的这个例子体现了 Fischer 一案中的观点。根据审理 Fischer 一案法官的分析意见，根据普通人对隐私权的期待，“地方”一词有几个不同层面的含义。一个理性人会认为，如果公文包是在办公室或自己家里，那么，公文包中的东西就属于个人隐私。但如果把公文包带到机场，那么，公民公文包中有什么东西就不属于个人隐私了。侵扰他人安宁的隐私侵权制度也有规定个人所属物品的内容，“只要个人所属物品所放置的地方是个人认为属于私人的地方”。

侵扰他人安宁的隐私侵权制度应该将“对一个理性人来说是极具冒犯性的”标准作为研究的主要对象，而不是花大力气研究“地方”一词含义这一问题。“对一个理性人来说是极具冒犯性的”这一标准能正确地反映社会大众对公民个人隐私权的态度。一个理性人不会认

① See, e. g., California v. Carney, 471 U. S. 386, 391 (1985).

为机场或他在机场的个人物品属于个人隐私地方，而且他知道，如果自己拒绝机场安检人员对他做例行旅客安检，将给他带来麻烦。一位学者认为，这种侵犯隐私权的行为就是因为“合理的隐私期待”这一标准的不精确引起的。“合理的隐私期待”这一标准是不精确的，因为除了那些大多数人认为应该受到隐私权保护或大多数人认为不应该受到隐私权保护的地带，还有一些地带是处在二者之间的灰色地带，处在这一地带的隐私权既可以受到隐私权的保护，也可以不受隐私权的保护。号召公民挑战这一灰色地带这一做法太冒险了，慢慢改变公民对隐私权的看法是一种更温和的方法。

2. 示例：互联网和工作场所

Fischer 一案集中体现了工作场所中互联网的使用与隐私权的关系，在本案中，邮箱账户是不是一个理性人认为是私人的“地方”这个问题已经由 Fischer 和他的前雇员解决了，陪审团也没有对这个问题作出裁决。虽然如此，涉及雇员隐私权的案件还是值得我们特别关注，因为雇员隐私权的重要性越来越得到重视，解决本案将为威斯康星州今后类似案件的解决提供参考。

在美国，有许多涉及雇员隐私权的案件都是根据侵扰他人安宁的隐私侵权这一诉由提起诉讼的。关于这一点，威斯康星州也不例外。在美国其他州，那些根据侵扰他人安宁的隐私侵权这一诉由指控雇主监控雇员邮件的案件大部分都以原告败诉告终。一般认为，如果雇员使用雇主提供的电子邮件系统收发邮件，那么，雇员对收发邮件的内容不享有隐私权。

在现实生活中，雇主能够很轻易地就摧毁雇员的隐私期待，这也是上述案件中雇员败诉的一个原因。有关这个问题在《计算机和互联网律师期刊》一篇题为《避免工作场所泄密戒令十条》的文章中写得很清楚。[①] 在这篇文章中，作者在第一点就谈到了雇主要制定规制雇员使用电子邮件、上网以及雇主配备的其他电脑设备的规章制度。作者在第二点和第三点的内容有些相似：为了让雇员对这些规章制度印象深刻，要时不时的让雇员抄写这些规章并告知雇员雇主有监

① Frank C. Morris, Jr., The Electronic Platform: Email and Other Privacy Issues in the Workplace, Computer & Internet Law., Aug. 2003, at 1, 7.

控雇员互联网使用的意图，这种做法是理性人标准的直接体现。

在一些法定情况下，雇主侵犯雇员的隐私权而被免责。如因为雇员使用互联网创造的充满敌意的工作环境，并因此使雇主陷入对雇员过失侵权责任的诉讼当中，雇主可以侵犯雇员的隐私。① 此外，由于雇员在入职时已经同意雇主对其进行监管，因此，相对于其他场合，在工作场所中要达到“对一个理性人来说是极具冒犯性的”这一标准会更难。

在大多数与雇员互联网使用有关的侵扰他人安宁的隐私侵权的案件中，法官都用理性人这一标准来断案，这一标准可能将太多的行为纳入侵权的范围内。因此，在工作场所中运用这一标准不太合适，因为公民对工作场所的隐私权并没有那么多的期待。不过，Fischer 一案与其他案件还有一些不同，因为 Fischer 使用的是自己的私人邮箱账号而不是教会提供的邮箱账号。与教会提供的邮箱账号不同，私人邮箱账号当然属于“在一个理性人认为是私人的地方”。如果是教会提供的邮箱，那么，他的服务器应该属于教会财产。但我们在前文提到过，Hotmail 是由微软公司提供的免费邮箱，其服务器在加利福尼亚州。因此，Fischer 对个人私人邮箱享有隐私权。

由于“地方”的不同，雇员对隐私权的期待也不同。如果是在上班时间，雇员用公司的电话机打电话，那么，雇员对雇主监听自己电话的行为是可以理解的。但如果雇员在午餐时间离开工作场所，到写字楼大厅用公用电话机打电话，那么，他就有合理的理由认为自己对这次谈话内容享有隐私权，雇主不得监听他和别人的谈话内容，因为他打电话的地点已经不在雇主的工作场所内。Hotmail 邮箱账号和公用电话的性质是一样的，雇员申请的 Hotmail 邮箱账号并不是由雇主提供的，他申请这个邮箱的目的就是为了与公司邮箱区分开来。有一个学者注意到了 Fischer 一案与其他案件的这一不同点。

五、结语

威斯康星州最高法院在适用《威斯康星州制定法》第895.50(2)

① See Tonianne Florentino, Privacy in the Workplace, in Fourth Annual Institute on Privacy Law: Protecting Your Client in a Security - Conscious World 553, 565 - 566 (2003).

(a)条的时候，应该采纳 Fischer 一案对《威斯康星州制定法》第 895. 50(2)(a)条的解释。虽然常常有诉讼当事人提起侵扰他人安宁的隐私侵权之诉，但侵扰他人安宁的隐私侵权制度并没有引起威斯康星州的足够重视，这可能与 Hillman 一案对“在一个理性人认为是自己私人的地方”的片面理解有关。立法机关制定理性人标准的目的就是为了限制公民个人隐私权的无限扩张，但如果法院不从通常意义上去解释这一标准的话，那么，法律限制隐私权的目的也无法实现。如果对法条作广义解释，那么，该法条就能够与威斯康星州公民对隐私权期待保持一致。

从广义角度理解《威斯康星州制定法》第 895. 50(2)(a)条才是对该法的正确理解。侵扰他人安宁的隐私侵权从本质上来说是一个事实问题，因为它依赖于对“在一个理性人认为是私人的地方”这一标准的理解。而威斯康星州立法机关又倾向于让陪审团来决定这个问题。威斯康星州的立法机关并不想过度限制威斯康星州公民的隐私权，因此，法院在审理案件的时候不能适用那些过度限制公民隐私权的标准，这不符合威斯康星州的立法初衷。更重要的一点是，我们通过翻阅 Fischer 一案对《威斯康星州制定法》第 895. 50(2)(a)条的解释可以发现，威斯康星州立法机关希望法院审判有关隐私侵权案件时把调查的重点放在行为人是否有侵犯他人隐私权这个实质问题上，而不是放在对“地方”一词的解释上。

侵扰他人安宁的隐私侵权理论的新解读
——以电话促销案为例

克里斯托弗·T. 皮肯斯[①] 著　王丽锋[②] 译

目　次

一、导论

假设感恩节当天，你的双胞胎女儿刚从外面赶回来，你和你的妻子也早早地下班准备了她们爱吃的晚餐。你们全家正准备共度美好的晚餐。但是，你们刚坐下来不久，电话铃就响起了："喂！今晚过得怎么样？""很好，谢谢。""我可以和 Jason Smith 说话吗？""我就是。""太好了，Jason，我下面要说的事情绝对能降低你每月的还贷款额，你有没有兴趣听一下？"在你接电话的同时，饭桌上的两个女孩快要哭出来了，她们正在讲述大学第一学期与同学之间的关系不怎么好的事情。当你返回饭桌时，你发现你根本无法参与到她们的谈话中，更无法为女儿提出有益的建议。

上述情形在我们的生活中再平常不过了。每天都会有无数的电话

① 克里斯托弗·T. 皮肯斯（Christopher T. Picken），美国乔治梅森大学法学院博士。
② 王丽锋，中山大学法学院助教。

响起而打断我们的安宁生活。我们根本不知道对方是谁，也没有期望他们打电话给我们。而且，大部分的电话都是有关商业促销的。大部分美国人和很多美国商人，都认为不请自来的电话“侵犯了他们的隐私权”①。对此，议会作出了回应。1991 年，美国国会通过了《电话用户保护法》(*Telephone Consumer Protection Act* (“TCPA”))。根据该法案，美国联邦通讯委员会可以建立全国“拒接来电”登记制度。2003 年该登记制度建立后仅仅 3 个月，就有超过 5000 万的用户进行了登记。在《电话用户保护法》法案中，议会还允许接收到促销电话的用户对违反法案的电话营销商提起私人权利诉讼。“拒接”登记保护的用户数量如此之大，表明电话促销给人们的生活带来了很多的困扰。现在，很多人对议会保护美国家庭不受侵扰的做法非常熟悉。但是，很少有人知道普通法上的隐私权也对侵扰造成的伤害提供了救济，并且受害人依据普通法获得赔偿的可能性更大。

1890 年，山姆利·沃伦（Samuel D. Warren）和路易斯·布伦迪斯（Louis D. Brandeis）在哈佛法律评论上发表了题为《论隐私权》的文章。他们主张普通法应该保护社会个人的隐私权不受新闻媒体的侵犯。几十年后，法院逐渐开始加强普通法对隐私权的保护。1960 年，威廉姆·普若瑟（William Prosser）教授试图对沃伦和布伦斯丁的隐私侵权进行归类。通过对普通法案例进行分析，普若瑟将隐私侵权分为四种形式。第一种侵权形式就是侵扰他人安宁的隐私侵权，这一侵权形式保护他人所享有的“独处、私人事务或者私人关系”不受不必要的干扰。虽然广大消费者都认为促销电话侵扰了他们的隐私权，并且侵扰他人安宁的隐私侵权这一形式保护的就是对个人隐私权不受不必要的干扰，但是，奇怪的是，法院在审理电话促销案时并没有适用侵扰他人安宁的隐私侵权这种形式。这一情况表明普通法上的侵扰他人安宁的隐私侵权已经偏离了它的初衷。

本文认为，虽然侵扰他人安宁的隐私侵权责任制度得到了广泛适用，但是，这一理论实际上已经偏离了沃伦和布伦迪斯所倡导的隐私

① See Telephone Consumer Protection Act of 1991 [hereinafter TCPA], Pub. L. No. 102 – 243, § 2 (1), (5) – (14), 105 Stat. 2394, 2394 – 2395 (1991) (codified at 47 U. S. C. § 227 (2000)).

权理论。为此，笔者在此一基础上提出了一种新的侵扰他人安宁的隐私侵权责任理论。相比《美国侵权法复述（第二版）》的解释，这一新的理论构想更符合沃伦和布伦迪斯提出的隐私权概念。根据新的侵扰他人安宁的隐私侵权理论，如果原告有独处和排除被告干扰的主观愿望，并且如果被告刺探原告隐私生活的行为不符合社会规范，则被告所实施的刺探行为就构成侵扰他人安宁的隐私侵权行为，应当对原告承担损害赔偿责任。本文第二部分对《电话用户保护法》法案进行了分析；第三部分从经济学和哲学方面对保护他人隐私权的正当性作出了解释；第四部分讨论了侵扰他人安宁的隐私侵权责任的立法发展；第五部分针对侵扰他人安宁的隐私侵权提出了一种新的理论构想，这一理论构想比较符合《论隐私权》一文和对隐私权进行保护的传统理由；第六部分根据所提出的新理论证明了行为人所进行的电话促销行为以及其他行为构成侵扰他人安宁的隐私侵权行为，应当对他人承担侵权责任。

二、《电话用户保护法》对电话用户隐私权的保护

随着受到促销电话骚扰的消费者数量越来越多，美国国会通过了《电话用户保护法》对电话用户进行保护。1991 年，作为《电话用户保护法》的一部分，议会允许接收到促销电话的用户对违反法案的电话营销商提起私人权利诉讼。[①]美国国会发现，电话销售这种经营方式成本效益较高，并呈现继续增高的趋势。另外，在很多情况下，州政府无法对州际的促销电话进行限制，因此，电话销售得到快速发展。[②] 很多美国公众对这种“具有侵扰性的妨害行为”非常愤怒，并认为它侵犯了电话用户的隐私。

为了解决这些问题，1991 年，美国国会通过了《电话用户保护法》法案。根据该法案，美国联邦通讯委员会可以建立全国“拒接来电”登记制度。登记机关将对不愿接收促销电话的用户名单进行统计，并根据该名单控制电话营销商的促销行为。另外，议会还允许已登记的用户对违反法案的电话营销商提起诉讼。原告可以向法院申

① 47 U. S. C. § 227 (c) (5) (2000).

② U. S. Const. art. I; TCPA, § 2 (1), (7).

请强制令制止被告的行为，也可以要求被告赔偿其实际损失或按每次违规行为500美元的标准赔偿其损失。这一诉讼也适用于被告多次违反《电话用户保护法》实施促销行为的情形，除非诉讼地的州法律对此作出禁止。《电话用户保护法》也明确表示，当州法律对电话促销作出更加严格的限制时，法院应该适用州法律对案件进行审理。

虽然《电话用户保护法》使美国联邦通讯委员会可以建立全国"拒接"登记制度，但是，直到2003年，这一制度才由美国联邦贸易委员会建立起来。[①] 美国联邦贸易委员会对电话销售规则进行了修正，并在此基础上建立了全国登记制度。它规定电话营销商在用户提出要求后，不得继续给这些用户打促销电话。最早对这一登记制度表示肯定的是美国俄克拉荷马州西部地区法院。[②] 虽然在主流营销服务诉联邦贸易委员会案中这一判决被推翻，但是，美国国会通过了另一项立法，规定联邦贸易委员会建立的登记的效力优先于诉讼结果。然而，联邦贸易委员会对某些企业没有管辖权，所以，联邦贸易委员会的登记制度无法排除不受规制的企业雇员在家给消费者打促销电话。

直到2003年7月25日，美国联邦通讯委员会才在全国建立起"拒接来电"登记制度。[③] 在这之前，联邦通讯委员会试图通过另一种方式执行《电话用户保护法》。这一方式是指让不愿接收促销电话的消费者与特定的销售公司联系，公司必须建立并保存那些不愿接受营销电话的用户名单。并要求公司在用户提出要求后，不得再给这些用户打电话。最初，美国联邦通讯委员会不同意建立全国性的登记，因为它认为全国性的登记成本很高，并且这样的登记也不能保证对全国的电话营销商进行完整的统计。但是，当联邦贸易委员会建立了全国登记后，联邦通讯委员会就改变了态度。联邦通讯委员会通过了一项法规，该法规禁止电话营销商给登记过的电话用户打促销电话。这一规定使联邦贸易委员会无法规制的企业也必须遵守相同的规则，在

---

① Telemarketing Sales Rule, 68 Fed. Reg. 4580 (Jan. 29, 2003) (16 C. F. R. § 310.1).

② U. S. Security v. FTC, 282 F. Supp. 2d 1285, 1290 - 1291 (W. D. Okla. 2003).

③ Rules and Regulations Implementing the Telephone Consumer Protection Act, 68 Fed. Reg. 44, 144 (July 25, 2003) (codified at 47 C. F. R. pts. 64, 68); Gall & Stolar, supra note 25, at 1245.

用户提出要求后，不能给这些用户打促销电话。

虽然上述销售规则与《电话用户保护法》的规定十分相似，但不同的是，《电话用户保护法》可以作为提起诉讼的依据。《电话用户保护法》对电话销售活动规定了很多限制，除了几种例外情况外，这些限制足以禁止电话营销商对明确表示不接受促销电话的消费者实施促销行为，不管消费者是通过登记，还是直接通知特定企业表示自己的意愿。① 虽然如此，《电话用户保护法》仍无法禁止政治团体或免税的非营利团体②的骚扰电话。如果电话推销员与消费者有商业或私人关系，或者推销员取得了消费者的书面同意，那么，《电话用户保护法》也无法限制推销员的行为。但是，这些例外情况一般都有时间限制。任何推销电话，甚至包括上述例外情况，都不能在当地时间早上八时以前，或晚上九时之后骚扰消费者。如果电话营销商或推销员在这两个时间段给消费者打电话，那么，他们的行为同样违反了《电话用户保护法》。不过，《电话用户保护法》中有一项安全条款对电话营销商非常有利。这一条款规定，只要电话营销商实施了特定的内部控制，并证明其违法行为是业务实践中不可避免的错误，那么，它就不需要承担责任。③

所以，《电话用户保护法》绝对禁止清晨和深夜的电话促销行为，以及以营利为目的对明确表示不愿接受促销电话的用户实施的促销行为。

三、隐私侵权法保护他人隐私权的正当理由

隐私的保护有经济学上和哲学上的依据。理查德·波斯纳教授提出了实现社会效用最大化的经济学理论，并将这一理论作为保护隐私的理由。对隐私进行保护是正当的，因为行为人所实施的隐私侵权行为不仅侵犯了他人享有的人格尊严，④ 也阻止了社会有利关系之间的

---

① 16 C. F. R. § 310. 4 (b) (1) (ii) (2006); 47 C. F. R. § 64. 1200 (c) (2), (d) (3) (2006).

② Rules and Regulations Implementing the TCPA, 68 Fed. Reg. at 44, 147.

③ 47 C. F. R. § 64. 1200 (c) (2) (i) (A) – (E) (2006). A more detailed discussion of the safe harbor provision is commenced in Part VI. A. 2.

④ Stanley I. Benn, A Theory of Freedom 276 – 277 (1988).

信息传播。[1] 文章接下来对波斯纳的经济效率理论进行了解释。此外，还介绍了几种以道义为视角的理论。

（一）以经济效率为目的的隐私保护

波斯纳法官主张对他人谈话的侵扰是可诉的，因为这样的行为降低了经济效率。对隐私保护的经济效率分析也证明了《电话用户保护法》的禁止规则是正当的。

1. 波斯纳的经济效率理论

波斯纳认为对隐私保护的经济分析始于隐私的性质。如果将隐私看做一种经济商品的话，那么，隐私是一种拥有工具价值的中间商品还是一种拥有终极价值的最终商品呢？最终商品以实现自己本身的价值为目的，而中间商品只是作为实现终极目的的一种工具出现。[2] 如果我们将隐私看做一种最终商品，那么，对其进行经济分析时，我们不得不讨论人们对隐私的“口味”，如同一般的经济分析对纯粹的消费商品如萝卜或啤酒的分析一样。但是，我们是无法对“口味”进行经济分析的。因此，即使波斯纳没有明确指出，但是就隐私本身来说，我们也必须将隐私作为一种中间商品来进行分析。

从波斯纳的例证中也可以看出，隐私是一种中间商品。波斯纳举例证明人们并不重视或需求信息隐私本身的价值，而是将秘密信息作为实现经济目的或利益目的的工具。波斯纳主张，人们最大限度地寻求对个人信息的保护“并通过有选择的披露关于他们自身的事实来操纵他们周围的世界”[3]。相反，人们不会“任意地、无选择地对他人的事务产生好奇”，[4] 而是只关注那些对他们与邻居或同事的交往有用的信息。布伦迪斯指出：人们有独处的权利，但是波斯纳举例证

① See id. at 282 – 286; see also James Rachels, Why Privacy is Important, 4 Phil. & Pub. Aff. 323, 326 (1975).

② Id.; see also Edward J. Bloustein, Privacy is Dear at Any Price: A Response to Professor Posner's Economic Theory, 12 Ga. L. Rev. 429, 431 (1978).

③ See Richard A. Posner, The Right to Privacy, 12 Ga. L. Rev. 393, 401 – 404 (1978), at 400.

④ See Richard A. Posner, The Right to Privacy, 12 Ga. L. Rev. 393, 401 – 404 (1978), at 396.

明很少人愿意独处，就像在滑雪缆车上和飞机上陌生人之间可以很融洽的交谈一样。这就证明人们并不具有普遍的缄默，因此保护隐私的价值并不在于隐私本身。而是人们希望隐藏不利的信息以利于将来与他人的交往。正如波斯纳所主张的那样，如果将隐私作为一种中间商品的话，那么，它就应该受到保护，这样才能有利于社会效用的实现。①

波斯纳的经济效率理论主张，窃听是一种可诉的侵权行为，因为它降低了电话通讯的效率。如果允许C对A和B之间的谈话进行窃听，那么，A在选择他与B谈话的措辞时，就会考虑C可能反应这一外在影响，就会降低A与B之间谈话的效率。久而久之，C从A和B之间谈话获得的信息就会越来越少，因为A和B将停止使用这一媒介进行对话。因此，允许这样的侵扰的后果是使A和B之间的电话通讯更为低效，而不是使相关的第三人得到更多了解。在窃听侵权案中，很多法院都根据《美国联邦宪法第四修正案》要求窃听者承担侵扰责任。波斯纳的经济学理论也支持了法院的这一做法。

但是，波斯纳的分析并不能使A和B完全远离他人的窃听。在波斯纳的理论中，只有当A和B对他们之间的谈话具有合理的隐私期待时，对隐私的保护才能实现提高经济效率的目的。如果A和B对他们之间的谈话不具有隐私期待，并希望其他人听到他们之间的谈话，那么，别人的窃听对谈话效用就没有什么影响。波斯纳也没有理由去保护这样的谈话。以波斯纳的经济效率理论来说，对这种被窃听的谈话进行保护就不能实现社会效益。

2. 经济效率理论在《电话用户保护法》中的适用

正如波斯纳理论中所说的一样，窃听行为会降低消费者对电话通讯的信赖，从而降低电话通讯的效率。同样，促销电话的流行也会降低消费者对电话通讯的信赖，从而降低电话通讯的效率。大量促销电话的“不请自来”使消费者对使用电话产生不快，甚至是厌恶的情绪。消费者看到来电显示后，可以拒绝接听他们不认可的电话。当消费者不愿意接听电话或接听到骚扰电话时，他们可能采取更彻底的方

① See Richard A. Posner, The Right to Privacy, 12 Ga. L. Rev. 393, 401 - 404 (1978), at 403.

式，如把电话线拔掉或将电话调为静音。① 最后，消费者可能取消固定电话的使用，改用手机或因特网与别人交谈或通讯。

毋庸置疑，这三种方式都会降低电话通讯的效用，因为它们可能使消费者错失有价值的电话，也就错失了很多有价值的有利信息。换句话说，这三种解决方式比“拒接电话登记”的方式更糟。只接收熟悉的电话使消费者错失了不熟知的人打来的有价值的电话或熟悉的人从不知道的地方打来的电话。下列有价值的电话都可能被消费者忽视。例如，丈夫或妻子因为轮胎爆破而在加油站打的求助电话，孩子告诉父母她现在在哪里的电话；再如，雇主录用雇员的通知电话，朋友从酒吧投币电话打来的邀请电话。这些电话的来电显示都是消费者不熟悉的，但是都是消费者愿意接收，并和对方交谈的有价值的电话。

将电话线拔掉或在不合时宜的时间拒接电话，则情况会更糟。因为这样消费者就接不到任何电话，不管是认可的还是不认可的。但这是那些不享有来电显示服务的消费者避免骚扰电话的唯一方法。取消固定电话的服务同样也会降低电话通讯效用，因为手机通讯没有固定电话通讯来的可靠。人们或许觉得手机比固定电话更加方便，并希望通过手机就能接收到对自己有价值的电话。但是，最后消费者会发现手机上显示“不在服务区”，因为手机通讯的信号并不是任何时候都能接收到的。即使科技发展到手机的质量和固定电话一样好，它也不可能达到固定电话的效用，因为这要求接听者每时每刻都要带手机在身上。有时候，在地下室的人就无法听到二楼卧室的手机铃声。但是，固定电话的铃声就能响彻整个房间，不管你呆在哪个房间基本上都能听到。这一区别使使用手机通讯更容易错失有价值的电话。

相对来说，《电话用户保护法》的适用可以使上述情况得到缓解。当人们明确表示他们不想接听促销电话，并且知道他们不会接收到促销电话，那么，他们就可以确定他们将要或正在接听的电话是有用的或有价值的。当然，人们还是会接收到某些他们不愿接听的电

① Rules and Regulations Implementing the Telephone Consumer Protection Act of 1991, 68 Fed. Reg. 44, 144, 44, 145 (July 25, 2003) (codified at 47 C. F. R. pts. 64, 68).

话，比如，拒绝录用的电话或打给车祸受害者家属的电话。虽然这些电话是接收人不愿接听到的，但是它们还是具有社会价值的。事实上，人们安装电话就是为了获得某些重要信息，即使这些信息有时是令人伤心的、沮丧的。但是，促销电话不同，促销电话中的信息对消费者来说根本不重要，因此消费者并不想获得这些信息。

上述讨论表明，“不请自来”的促销电话会降低电话通讯的效率。然而，波斯纳的经济效率理论并没有停留在这一点上。从上文的分析中可以看出，波斯纳的经济效率理论不仅是指窃听行为使 A 和 B 之间的通讯效率降低，还包括 A 和 B 对他们之间谈话内容的调整使 C 无法从 A 和 B 之间的谈话中获益。① 所以，波斯纳的经济分析还要求，促销电话给社会带来的利益不能高于它降低电话通讯效率带来的损失。下面两种评论可以说明促销电话带来的损失高于其带来的社会效益。首先，消费者看不起电话推销员，② 他们指出通过电话推销购买商品往往使他们支出更大的成本。许多消费者以“拒接电话”登记这一实际行动证明了这一点。这就证明促销电话给消费者带来的损失超过了利益。其次，在“拒接电话”登记实施以前，2001 年电话促销的销售额为 2740 亿美元，仅次于网上直销居于第二。这一现象表明电话促销的部分收入，即使不是大部分，并不会流失，而是可以转入网上直销。因此，可以推断出电话促销给社会带来的损失超过了利益。

总而言之，只接收到对社会有益的电话可以增加消费者使用电话通讯的效率。允许促销电话肆无忌惮地侵扰人们的生活只能使消费者选择逃避使用电话的方式。这些方式都是欠妥的，因为它们会降低电话通讯的社会效用。因此，只有排除这些方式的使用，保护消费者免受促销电话的骚扰，才能增加电话通讯的效率。而这一效率的增加带来的社会效益远远超过电话促售带来的社会效益，因此遏制电话促销行为是符合经济效率理论的正当做法。

---

① See supra Part III. A. 1.

② Michael McCarthy & Jayne O' Donnell, FTC Idea Could Get Telemarketers to Stop Calling, USA TODAY, June 5, 2002. (stating that 77% of consumers in one survey indicated that telemarketers were "rude and pushy").

（二）Benn 和 Rachels 的人格尊严理论

除了波斯纳提出的经济效率理论之外，Stanley I. Benn 和 James Rachels 还以道义论为理由对保护他人隐私的正当性进行了论证。[①]哲学家 Stanley I. Benn 在出版的《自由论》一书中指出，对他人隐私的侵犯是对他人具有自治性质的人类尊严的侵犯。如果他人想要对行为人的行为进行限制，他们就必须证明其有足够的理由去干涉行为人所实施的行为。因为行为人都有权利做他们自己喜欢做的事，除非他们的行为干涉到他人权利的行使。Benn 对他人隐私利益的保护理论足以成为限制行为人实施监视行为的正当理由。

那么，为什么对他人隐私利益的保护理论足以证明限制行为人行为的正当性呢？Benn 对此作出了解释。Benn 认为，行为人对他人的监视行为之所以应当受到限制，不管被监视人有没有察觉到，行为人未经他人同意对他人所实施的监视行为都是社会公众所反对的。Benn 还主张，经过他人同意的监视行为是不会遭到社会公众反对的，因此，构成侵权的本质原因并不在于行为人所实施的监视行为本身。

对他人隐私利益进行保护的原因是行为人所实施的监视行为限制了他人的行动自由。被监视的对象选择享受独处的权利，至少远离监视人的目光；但是，监视人不管被监视人的愿望，在未经被监视人同意的情况下对其实施监视，其行为对被监视人构成了侵扰他人安宁的隐私侵权行为。这一侵权行为的关键是，监视人显示出对被监视人“想要按自己的方式生活”[②] 的愿望的漠视，进而对被监视人的生活进行干涉。Benn 还认为，如果被监视人的行动自由是对其隐私权进行保护的原因，那么，行为人在未经他人同意的情况下或在未作出警示的情况下对他人所实施的监视行为更加重了对被监视人的伤害，毕竟，谁也不会尊敬一个为了商业目的而暗中监视自己且迫使自己改变生活方式的人。[③]

---

① Stanley I. Benn, A Theory of Freedom 276 – 277 (1988). see also James Rachels, Why Privacy is Important, 4 Phil. & Pub. Aff. 323, 326 (1975)., at 11; , at 327.

② Stanley I. Benn, A Theory of Freedom 276 – 277 (1988)., at 277.

③ Stanley I. Benn, A Theory of Freedom 276 – 277 (1988)., at 276.

（三）Benn和Rachels的社会关系理论

除此之外，Benn和Rachels和其他学者还认为，隐私利益是他人形成和发展有意义的社会关系的必要条件，因此要对他人的隐私利益进行保护。[①] Benn主张社会生活的复杂性要求他人必须与别人之间形成并保持一定的社会关系，要求他人在社会生活当中扮演不同的角色。例如，他人可以在不同的社会关系中分别扮演父亲、丈夫、儿子、兄弟、教练、银行职员或假日学校的老师等角色。他人的一个笑话在他人的兄弟姐妹之间讲可能很适当，但是跟他人的同事或母亲讲可能就很不适当。因此，他人与不同的人交往的行为方式也不同。只有正确认识到这一点，才能在正确的时间扮演正确的角色。如果对此毫无准备，他人的行为就可能造成角色混乱，也会使别人感到十分尴尬。

James Rachels也主张类似的理论，他认为保护隐私利益的必要性还在于保持社会角色之间的区别并使之发挥应有的功能。Rachels认为，如果人们不能保持社会角色之间的区别，他们就没有办法与别人维持不同的社会关系。举例来说，两个老朋友谈话时，"一个偶然相识并且与他们只是泛泛之交的人"[②] 走过来加入他们的谈话，当第三人加入时，这两个老朋友之间的关系就发生了变化，他们必须停止关于婚姻、母亲的去世、离婚的原因等比较私密的谈话。如果有陌生人或泛泛之交的人在场，那么，这两个老朋友就只有两种选择：他们要么不管第三人继续之前的谈话，就像第三人也是他们的朋友；要么停止谈论较为私密的话题，就像他们之间只是普通的关系。相对应地，他们要么选择老朋友之间的亲密关系，要么选择一般相识人之间的普通关系。

因此，他人必须将自己与别人进行区分，这是个人保持不同社会关系的必要条件，也是保持个人人格尊严的必要条件。这些针对隐私

---

① See also Ferdinand David Schoeman, Privacy and Social Freedom 21 (1992); James Rachels, Why Privacy is Important, 4 Phil. & Pub. Aff. 323, 326 (1975)., at 11; , at 327.

② see James Rachels, Why Privacy is Important, 4 Phil. & Pub. Aff. 323, 326 (1975), at 329.

利益的保护提出的理论，将在有关讨论侵扰他人安宁的隐私侵权当中进行讨论。但是，为了更正确地认识侵扰他人安宁的隐私侵权，有必要对隐私侵权的起源以及侵扰他人安宁的隐私侵权形式是如何形成的问题作深入的了解。

四、侵扰他人安宁的隐私侵权的产生和发展

对隐私侵权的讨论曾持续了很多年。争论的焦点之一是隐私侵权理论保护的是一种什么样的权利。普若瑟（William Prosser）和布雷斯丁（Edward Bloustein）教授对此有不同的看法。下文将对隐私侵权的起源、各派学者之间的争论作出分析，最后得出布雷斯丁的主张更具有说服力的意见。

（一）隐私侵权的历史发展

隐私侵权的确立起源于一篇影响深远的文章，它就是山姆利·沃伦（Samuel D. Warren）和路易斯·布伦迪斯（Louis D. Brandeis）发表在《哈佛法律评论》上的《论隐私权》一文。[①] 这一文章发表的最初原因是波士顿的许多报纸对沃伦夫人主持的社交晚会的细节进行了报道，其中涉及一些令人尴尬的私人细节描写。沃伦事件发生后，沃伦先生震怒了。在《论隐私权》一文中，作者主张隐私权应该受到保护，因为新闻界越来越肆无忌惮地“刺探他人的居住空间”[②]。沃伦和布伦迪斯害怕，不久的将来“人们在密室的谈话都可以在屋顶上听到”[③]。作者指出，普通法上存在对隐私权进行保护的先前判例。根据个人主权原则，每个人都有权控制自己的私密生活，就像版权所有人有权控制自己未出版的书稿一样。最初，隐私侵权并没有被广泛地接受。最早对这一侵权形式作出考虑的案件是 Roberson

① Samuel D. Warren & Louis B. Brandeis, The Right to Privacy, 4 Harv. L. Rev. 193, 206 (1890), at 193.

② Samuel D. Warren & Louis B. Brandeis, The Right to Privacy, 4 Harv. L. Rev. 193, 206 (1890), at 196.

③ Samuel D. Warren & Louis B. Brandeis, The Right to Privacy, 4 Harv. L. Rev. 193, 206 (1890), at 195.

v. Rochester Folding Box Co. 一案，在此案中，法院拒绝承认对隐私权的侵犯可以作为一种独立的侵权形式。[①] 法院主张，“如果法院都运用这一原则对案件作出判决，就会造成大量荒唐的诉讼”[②]。

虽然起初隐私权的承认受到了阻碍，但在20世纪上半叶隐私侵权在普通法判决中最终获得了支持。到1966年，隐私权已经得到了广泛的认可，这时，普若瑟（Prosser）教授通过对判例法进行整理，将隐私侵权分为四种：①侵扰他人安宁的隐私侵权；②擅自使用他人姓名或者肖像的隐私侵权；③擅自公开他人私人事务的隐私侵权；④公开丑化他人形象的隐私侵权。普若瑟教授认为，这四种侵权形式分别保护三种不同的利益：侵扰他人安宁的隐私侵权所保护的利益是他人的精神利益，擅自公开他人私人事务的隐私侵权或公开丑化他人形象的隐私侵权所保护的利益是他人的名誉利益，擅自使用他人姓名或者肖像的隐私侵权所保护的利益是他人对其姓名或者肖像所享有的财产利益。很显然，隐私侵权并不是最近才出现的新的侵权形式。普若瑟教授的分类只是将四种旧的侵权形式纳入隐私权的保护范围内。普若瑟教授还认为，侵扰他人安宁的隐私侵权这一形式适当地“弥补了侵入侵权、妨害侵权或者故意施加精神痛苦的侵权所存在的缺陷”[③]。普若瑟教授的观点已经被吸收进《美国侵权法复述（第二版）》[④] 之中，并对隐私侵权的发展产生了重要影响。

尽管隐私侵权这一形式已经被广泛接受，但是，还是有文章对其提出了批评。Harry Kalven 拒绝认可这一侵权形式，他认为“人们过分关注上流社会的痛苦，这种氛围很奇怪”，[⑤] 并且“没有迹象显示

---

① Roberson v. Rochester Folding Box Co., 64 N. E. 442 (N. Y. 1902) (holding that a woman whose portrait was used without her permission to advertise flour had no cause of action).

② Roberson v. Rochester Folding Box Co., 64 N. E. 442 (N. Y. 1902) (holding that a woman whose portrait was used without her permission to advertise flour had no cause of action), at 443.

③ William L. Prosser, Privacy, 48 Cal. L. Rev. 383, 383 – 384 (1960), at 392.

④ Restatement (Second) of Torts § 652A (1977).

⑤ See, e. g., Harry Kalven, Jr., Privacy in Tort Law – Were Warren and Brandeis Wrong?, 31 Law & Contemp. Probs. 326 (1966), at 329.

上流社会的人或精英人士会运用这种侵权形式寻求救济”[1]。Kalven认为，布伦迪斯提出的隐私权理论的魅力、法律人士对新的侵权形式产生的兴奋心情、学界对隐私权价值的高度评价都使法官和学者失去了正常的批判意识，使他们无法看到这一侵权形式的不足。

Kalven 对隐私权理论的主要批判点在于：沃伦和布伦迪斯没有对侵扰他人安宁的隐私侵权的构成要件、行为人就其实施的侵扰他人安宁的隐私侵权行为对他人承担的侵权责任性质，以及行为人就其实施的侵扰他人安宁的隐私侵权行为对他人承担的损害赔偿责任等问题做出明确的说明。Kalven 对侵扰他人安宁的隐私侵权这一形式不感兴趣，他认为在当时也就是 1966 年这一侵权形式“几乎不存在”。尽管如此，Kalven 提出的上述问题还是需要学者去探究和解决的。本文的第六部分将对侵扰他人安宁的隐私侵权所面临的这些问题进行讨论。

沃伦和布伦迪斯虽然认识到，法律体系应该承认并保护在人们的生活和社会关系中占有重要地位的隐私权，[2] 但除了提出“独处和不受打扰”的权利外，沃伦和布伦迪斯并没有对他们所主张的隐私权做详尽的解释。上文也提到，普若瑟教授将隐私侵权分为四种，并认为这四种侵权形式分别保护了三种不同的利益。几年后，布鲁斯丁（Bloustein）教授指出，沃伦和布伦迪斯支持的隐私权所保护的利益并不是普若瑟教授主张的三种不同的利益，而是同一的人类尊严的利益。[3] 虽然普若瑟和布鲁斯丁的争辩停留在理论层面上，但是当隐私侵权适用于新的社会活动时，并不限于电话促销的活动，两者所主张的理论之间的区别也具有实际价值。[4] 显然，电话促销对消费者造成的伤害更应该属于对人类尊严的侵犯，比较符合布鲁斯丁的理论。

---

① See, e. g., Harry Kalven, Jr., Privacy in Tort Law – Were Warren and Brandeis Wrong?, 31 Law & Contemp. Probs. 326 (1966), at 331.

② Edward J. Bloustein, Privacy as an Aspect of Human Dignity: An Answer to Dean Prosser, 39 N. Y. U. L. Rev. 962, 970 (1964).

③ Edward J. Bloustein, Privacy as an Aspect of Human Dignity: An Answer to Dean Prosser, 39 N. Y. U. L. Rev. 962, 970 (1964)., at 971.

④ Thomas Scanlon, Thomson on Privacy, 4 Phil. & Pub. Aff. 315, 321 – 322 (1975).

下文首先对普若瑟教授的侵扰他人安宁的隐私侵权理论做详尽的解释，并证明这一理论为受到电话促销骚扰的消费者提供了可实现的救济途径。接下来，布鲁斯丁教授对普若瑟教授的解释进行了批判，并宣称自己的解释才是沃伦和布伦迪斯的文章真正想要说明的。

（二）普若瑟教授的侵扰他人安宁的隐私侵权理论

《美国侵权法复述（第二版）》吸收了普若瑟教授的隐私侵权理论，并且法院在审理隐私侵权案件时也经常运用《美国侵权法复述（第二版）》对案件作出判决。《美国侵权法复述（第二版）》对侵扰他人安宁的隐私侵权作了以下定义："一旦行为人故意以物理性或者其他方式侵害他人的独处、安宁，侵害他人私人事务或者所关切的事务，他们就应当就其实施的隐私侵权行为对他人承担侵权责任，如果他们所实施的侵扰行为是让一个有理性的人高度反感的行为的话。"① 因此，侵扰他人安宁的隐私侵权包括两个构成要件：一是被告侵扰了原告的独居生活；二是被告侵扰行为对正常的理性人来说是一种让人高度反感的行为。本部分将对以上两个要件进行分析，并将它们运用于电话促销引起的侵权案中。②

1. 他人的独处

法院对侵扰他人安宁的隐私侵权的第一个构成要件作出的解释是，被告侵入了原告享有客观合理的隐私期待的空间。③ 这一解释与《美国侵权法复述（第二版）》第652条B的表达相一致。《美国侵权法复述（第二版）》第652条B要求被告侵入的是"原告的私人生活、私人事务或私人关系"④。

实际上，在沃伦和布伦迪斯发表《论隐私权》之前，De May v.

① Restatement (Second) of Torts § 652B (1977).

② See Sanders v. Am. Broad. Co., 978 P. 2d 67, 69 (Cal. 1999); PETA v. Bobby Berosini, Ltd., 895 P. 2d 1269, 1279 (Nev. 1995).

③ See, e. g., Med. Lab. Mgmt. Consultants v. Am. Broad. Co., 306 F. 3d 806, 812 (9th Cir. 2002) (applying the Restatement); see also Sanders, 978 P. 2d at 77; PETA, 895 P. 2d at 1279; Shulman v. Group W Prods. Inc., 955 P. 2d 469, 490 (Cal. 1998).

④ Restatement (Second) of Torts § 652B cmt. c (1977).

Roberts 案的法院判决就涉及这一问题。[①] 在 De May 案中，美国密歇根州最高法院认为未婚的男青年观察原告生孩子的过程构成了侵权。在该案中，妇产科医生允许没有受过任何训练的未婚男青年 Scattergood 进入原告家帮助接生，并向原告的丈夫介绍说他是医生助理。原告的丈夫相信了医生的话，并允许 Scattergood 进入他家帮助接生。知道真相后的原告以医生和 Scattergood 为被告向法院提起了诉讼。经过审理，法院认为，虽然被告采用了欺骗的方式，被告的行为是“出于好意和尽职的适当行为”。尽管如此，医生允许一个年轻的、未婚的男青年进入原告的房间观看生育这样的事情，也是十分令人震惊的。法院作出了简单的推理，“在生育的过程中，原告有控制他人进入或不进入自己房间的权利”，并且侵权法允许她行使这种权利。[②] 法院将时间限定在生育的过程中，将地点限定在她的房间里，表明本案中法院保护的是原告具有合理期待的隐私利益。否则，法院的限定就是多余的。

在隐私侵权案件中，法院一般都要求原告具有合理的隐私期待。在 Sanders v. American Broadcasting Co. 一案[③]中，加州最高法院主张谈话者对其谈话内容具有合理的隐私期待，甚至在非私人空间，谈话者对其谈话也享有有限的隐私期待。在 Sanders 案中，被告在一间从事传媒业务的公司上班，在工作期间，被告将他与同事之间的谈话用窃听器录了下来，但是那些同事并不知情。他们的谈话都是在工作间进行的，就像一般的聊天一样，工作间周围的同事也能听见。被告辩称原告对他们之间的谈话不具有合理的隐私期待，因此他的行为不构成侵扰。也就是说，只有确定谈话者是唯一能够听到谈话内容的人，原告才享有合理的隐私期待，这时，侵扰他人安宁的隐私侵权才可能发生。法院对此持不同的意见，法院主张，虽然原告知道他们的谈话会被周围的同事听到，但是，他可以合理地期待他们的谈话不会在电视台播放并在全国传播。将偷录下来的谈话在全国范围内的电视节目

---

① De May v. Roberts, 46 Mich. 160 (1881).

② De May v. Roberts, 46 Mich. 160 (1881), at 165 - 166.

③ Sanders v. Am. Broad. Co., 978 P. 2d 67, 71 (Cal. 1999).

上播放违反了原告的合理期待，侵犯了原告的隐私权。

在 PETA v. Bobby Berosini, Ltd 案[①]中，内华达州最高法院判断侵扰行为是否发生时也对原告的合理隐私期待进行了分析。在该案中原告是拉斯维加斯星尘大赌场的一名动物驯养员，被告是原告的同事。原告向法院提起诉讼，控告被告在未经他同意的情况下将他驯养猩猩的过程偷录下来。原告提出证据证明，他告诉过同事们，在他训练猩猩的时候不要打扰他以免分散猩猩的注意力，因此他享有不受打扰的客观合理的期待。虽然法院认可原告的主张，但是法院主张被告的偷录行为并没有侵犯原告的合理期待。法院指出，按照原告的说法，原告只是期待别人不要分散自己的注意力，而不是完全免受别人观看。既然偷录行为没有对原告训练猩猩产生任何影响，那么，被告的行为就不可能侵犯到原告的隐私期待。

在电话侵扰他人安宁的隐私侵权案件中，法院很少考虑原告的隐私期待。但是在 Lynn v. Allied Corp. 案[②]中，俄亥俄州上诉法院对这一问题进行了分析。该案中，刚做完胆囊手术的原告在病房接到老板打来的电话。在电话中，老板提醒他新实行的自愿退休计划的选择期限只剩 10 天。之后，原告向法院提起了诉讼。原告认为老板的电话侵犯了他的隐私权，因为他在医院需要静养以待康复，但是老板的电话使他不得不担心是否选择退休，十分不利于他的康复。经过审理，法院认为，即使在病房内养病的原告主观上有隐私期待，但它不是客观合理的隐私期待，因为他完全可以像其他病人一样将电话放在病房外。

因此，判断原告的隐私期待是否合理时，应该以客观合理为标准。根据客观合理的隐私期待标准，“不请自来”的促销电话对消费者构成了侵扰。《电话用户保护法》规定，电话营销商在消费者进行“拒接”登记后，不得继续给这些消费者打电话。[③] 只要登记簿上有某一消费者的名字，任何电话营销商或推销员就应该停止向这些消费

① PETA v. Bobby Berosini, Ltd., 895 P. 2d 1269, 1281 (Nev. 1995).

② Lynn v. Allied Corp., 536 N. E. 2d 25, 35 (Ohio App. 1987).

③ 47 U. S. C. § 227 (c) (3) (F) (2000).

者打电话。实际上，这一登记相当于消费者作出的“谢绝推销”的宣示。[①] 根据这一宣示，登记过的消费者可以期待电话营销商或推销员不打电话给他们，并且这一期待是客观的、合理的。所以，违反《电话用户保护法》的规定，向登记过的消费者打电话的行为侵犯了消费者合理的隐私期待。

2. 让人高度反感的行为

普若瑟教授的侵扰他人安宁的隐私侵权理论的第二个构成要件是，被告的行为必须对理性人而言构成了让人高度反感的行为。[②]《美国侵权法复述（第二版）》第652条B对此作出的解释是，被告的行为必须是“具有实质内容的、理性人强烈反对的行为”[③]。根据这一解释，偶尔两三个催债的电话不会给债务人造成侵扰，也没有侵犯债务人的隐私权。更确切地说，在电话侵扰他人安宁的隐私侵权案件中，被告的行为必须达到“持续纠缠原告”[④] 的程度才会构成侵权。与催债电话相同，“不请自来”的促销电话也必须达到“纠缠”或“骚扰”的程度才能构成对原告隐私权的侵犯。因此，在电话侵扰案中，法院要求被告的行为必须对原告造成实际的精神痛苦，只有在这种情况下，被告的行为才构成对原告隐私权的侵犯。

Kelly v. Franco 一案[⑤]是一则关于电话侵扰的案件。该案中，原告声称被告往他家打了很多电话，但是都是铃声刚响起就立即挂掉了，为的是让原告无法追踪到。在这些骚扰电话中，有一次电话是凌晨四时半打的，因此对原告构成了侵扰。但是，美国伊利诺伊州上诉法院经过审查认为，伊利诺斯州法律中不存在侵扰他人安宁的隐私侵权这一形式。并且，即使伊利诺斯州法律承认侵扰他人安宁的隐私侵权这一形式，本案中原告的陈述也很难说服法官。

---

① See, e. g., Bonney v. Canadian Nat'l Ry., 613 F. Supp. 997, 1005 (D. Me. 1985), rev'd on other grounds, 800 F. 2d 274 (2d Cir. 1986).

② See Sanders v. Am. Broad. Co., 978 P. 2d 67, 69 (Cal. 1999); PETA v. Bobby Berosini, Ltd., 895 P. 2d 1269, 1279 (Nev. 1995).

③ Restatement (Second) of Torts § 652B cmt. d (1977).

④ Restatement (Second) of Torts § 652B cmt. d (1977).

⑤ Kelly v. Franco, 391 N. E. 2d 54 (Ill. App. Ct. 1979).

在 Irvine v. Akron Beacon Journal 一案①中，俄亥俄州上诉法院也考虑了侵扰的程度标准问题，并且法院也适用了“纠缠”标准对案件作出了判决。该案中，警察局局长和他的妻子经常接到骚扰电话，这些电话通常都是铃声刚响起就挂断。局长随后提出了刑事指控。为了获得足够的证据，警察机构允许电话公司在原告的电话上安装追踪装置。某天早上，原告接到三次骚扰电话，在剩下的大半天内，原告又多次接到被告打来的电话。经过审理，法院认为被告的行为达到了“纠缠”或“骚扰”原告的标准，并支持了陪审团的裁决，责令被告对原告承担侵权责任。

在促销电话侵扰案中，被告的行为无需满足“纠缠”标准。这是因为《电话用户保护法》已经明确规定，电话营销商在消费者进行“拒接”登记后，不得继续给这些消费者打电话。因此，电话销售商或推销员继续打电话的行为直接违反了《电话用户保护法》的规定。从上文中可以看出，法院主张“纠缠”标准是《美国侵权法复述（第二版)》所要求的，但是，这种主张是不确切的。就拿催债电话来说。根据《美国侵权法复述（第二版)》的字面表达，“催债电话”② 显然不同于促销电话。债权人给债务人打几次电话催债是不需要承担责任的，这是通常的看法。但是，并不能由此推出电话营销商给消费者打电话也是不需要承担责任的。实际上，两者之间的最大差别是债权人和债务人存在一个先前的债权债务关系。③ 对一个理性的债务人来说，接到几次催债电话并没有侵犯他的任何权利。甚至有时候，债务人希望债权人采取一些方式提醒他还债，打电话就是其中的方式之一。但是，《美国侵权法复述（第二版)》并没有对这两种案件作出区分。不管是否存在先前关系，侵扰他人安宁的隐私侵权案件适用的标准都是一致的。虽然如此，但是先前关系对原告的情绪产生的实质影响是不容忽视的，合法正当的先前原因可以降低原告受到困扰的程度。促销电话案亦是如此。

---

① Irvine v. Akron Beacon Journal, 770 N. E. 2d 1105 (Ohio App. 2002).

② Restatement (Second) of Torts § 652B cmt. d (1977).

③ James Rachels, Why Privacy is Important, 4 Phil. & Pub. Aff. 323, 326 (1975)., at 331.

因此，如果在促销电话案中，应该对电话营销商和消费者之间是否存在先前关系进行区分，并依据不同的标准作出判决。那么，是否违反《电话用户保护法》的行为都会使消费者——一个有理性的人高度反感呢？在制定《电话用户保护法》的过程中，议会明确记载“许多消费者对电话营销商打到他们家的促销电话都非常气愤，认为电话销售商侵扰了他们的生活”①。《电话用户保护法》颁布后三个月，全国就有5000万的用户进行了“拒接”登记，② 这也证明了美国公众对促销电话是何等的反感。这些事实都证明大多数美国人都认为打促销电话是让一个有理性的人高度反感的行为。

既然如此，对“不请自来”的促销电话提出反对就是十分合理的。因为“不请自来”的促销电话会使消费者感到反感。经常使用电话的消费者会产生一种巴夫洛夫式的条件反射（Pavlovian response），但是拿起电话时，却发现并不是自己想要接听的，消费者就会产生不快情绪。谈到电话，法国艺术家德加（Degas）风趣地说：“电话铃一响，就立刻跑过去接。”据报道，一个即将自杀的男子听到电话响起后也会立即跑去接电话。③ 这种冲动并不是没有道理的。电话是人们传播有价值的信息的有效途径，是人类生活不可或缺的。例如，当父母担心16岁的女儿现在在哪里时，电话铃声一旦响起，出于本能，父母会立即跑去接。同样，当促销电话打来时，人们也会立即去接，这不是没有道理的。因为理性的人会预见到，家人或朋友可能有紧急情况发生需要跟他们联系，例如，孩子在学校生病了或车胎爆了。

因此，促销电话的响铃，以及伴随而来的消费者私人事务的中断，都对消费者造成了侵犯。一旦消费者拿起电话，他就不得不与推销员谈话。有些人可能会说，消费者接到促销电话时可以将电话线拔掉或立即挂断。但是，将电话线拔掉会使消费者错失重要电话的概率增加。接到后立即挂断也不是让人满意的解决方法，因为这仍要求消

---

① TCPA, Pub. L. No. 102-243, § 2 (6), 105 Stat. 2394 (1991).

② Press Release, Federal Trade Commission, Do Not Call Registrations Exceed 50 Million (Sept. 17, 2003), http://www.ftc.gov/opa/2003/09/ dncnumbers030917.htm [hereinafter FTC]; Rules and Regulations Implementing the TCPA, 68 Fed. Reg. at 44, 144.

③ Mark S. Nadel, Rings of Privacy: Unsolicited Telephone Calls and the Right of Privacy, 4 Yale J. Reg. 99 (1986).

费者停止招待客人，冲出浴室，从床上起来，或停止其他事务的进行，同样打扰了消费者的正常生活。甚至，有来电显示服务的消费者也不能避免这一情况。因为消费者还是要跑到电话旁边看来电显示，或者到来电显示终端设备确认是否是推销电话。因此，消费者要么选择放弃电话服务，要么选择忍受他们的生活不断地被打扰。但是，对任何一个理性人来说，这两种方式都是无法忍受的。

既然这么多的消费者都合理地认为促销电话是“具有侵扰性”的行为，那么，理性人就应该对促销电话提出强烈的反对。法院适用普若瑟的侵权理论时应该认识到，即使是少量的促销电话也会对消费者形成让一个有理性的人高度反感。

（三）布鲁斯丁关于隐私权的观点

布鲁斯丁教授认为，普若瑟教授理论中的四种隐私侵权行为类型实际上保护的是同一种利益，即人的自主和人类尊严的利益。虽然在普通法上，大多数法院判决最后都引用了普若瑟教授的侵扰他人安宁的隐私侵权理论，但也有法院认为布鲁斯丁的理论是更好的选择。普若瑟教授认为隐私权的四种侵权形式保护的是三种不同的利益。但是，对于布鲁斯丁来说，普若瑟教授的这一观点是错误的。布鲁斯丁认为隐私侵权保护的利益是同一的。布鲁斯丁以隐私权的语言表达和有关隐私权的案例为根据来证明了这一点，虽然这些案例也被普若瑟教授拿来证明自己的观点。由于本文主要对侵扰他人安宁的隐私侵权这一形式进行讨论，因此，布鲁斯丁对其他三种侵权形式的看法，本文不进行详细阐述。

普若瑟认为，侵扰他人安宁的隐私侵权所保护的利益是他人的精神利益，但是，布鲁斯丁认为，普若瑟的这一主张与沃伦和布伦迪斯在其《论隐私权》一文中的观点不符。沃伦和布伦迪斯的文章中明确否认隐私权“仅仅保护他人情感免受伤害”①。沃伦和布伦迪斯主张，“虽然我们的法律认为，在只造成受害人情感伤害时，行为人也应该对受害人进行赔偿。但是，如果给受害人造成精神痛苦的被告行

① Samuel D. Warren & Louis B. Brandeis, The Right to Privacy, 4 Harv. L. Rev. 193, 206 (1890). , at 197.

为是合法的，那么，受害人的精神痛苦是得不到赔偿的，即使行为人是肆无忌惮的，甚至是恶意的。”[①] 这一论断对证明普若瑟理论的错误起了决定性的作用。还有一项证据可以证明受害人的精神损害并不是法院对隐私权进行保护的必备要件。这项证据就是布伦迪斯在Olmstead v. United States案中提出的观点。法官布伦迪斯认为,窃听或偷拍的行为违反了《美国联邦宪法第四修正案》的规定,“以一种更深入的方式侵犯了他人的隐私”[②]。布鲁斯丁认为,布伦迪斯的这一观点并不关注受害人是否遭受了精神损害,而是同他以前文章中的隐含之意一样,他更加关注行为人的行为是否对他人的人格造成了侵犯。

除了指出普若瑟的理论和《论隐私权》中的观点表达之间存在冲突外，布雷斯丁还对普若瑟引用的案例提出了批评。布雷斯丁认为这些案例不能对普若瑟的理论提供支持。例如，普若瑟引用的De May v. Roberts一案。普若瑟将其作为第一例侵扰他人安宁的隐私侵权案件。布雷斯丁认为，在De May v. Roberts一案中，原告精神上没有遭受痛苦，而是人格尊严受到侵犯。即使原告遭受了精神痛苦，这一痛苦也是源自被告对其人格尊严的侵犯。并且，普若瑟引用的很多侵扰他人安宁的隐私侵权案件中都不包含精神损害赔偿的诉讼请求，在其中一则案件中，法院明确表示被告人没有承担精神损害赔偿的必要。如果在侵扰他人安宁的隐私侵权案件中，法院认为被告人没有承担精神损害赔偿的必要，那么，侵扰他人安宁的隐私侵权这一形式就不可能只保护精神利益，法院也不可能只对受害人的精神痛苦提供救济。布雷斯丁主张，隐私权实际上保护的是“神圣不可侵犯的人格尊严”[③]。对布雷斯丁来说，保护“神圣不可侵犯的人格尊严”是必要的，刻不容缓的，如果一个人的家他人可以随意出入，谈话可以被他人随意听到，婚姻和家庭的亲密关系可以被他人随意看到，那么，这个人就不是一个完整的人。也正因为这原因，这样的人不可能享有完全的人格尊严，因为他人可以通过各种方式侵扰这个人的生

---

① Samuel D. Warren & Louis B. Brandeis, The Right to Privacy, 4 Harv. L. Rev. 193, 206 (1890).

② Olmstead, 277 U.S. at 473 (Brandeis, J., dissenting).

③ Edward J. Bloustein, Privacy as an Aspect of Human Dignity: An Answer to Dean Prosser, 39 N. Y. U. L. Rev. 962, 970 (1964), at 971.

活，这个人的生活完全被他人掌控。可以说，侵扰实质上就是专制的主要武器。①

虽然我们不可能准确地知道《论隐私权》一文想要保护的是何种利益，因为它的作者很久之前就已经去世。但是，我们可以分辨出布鲁斯丁的解释更接近《论隐私权》一文的主旨。不仅是因为布鲁斯丁的立场更符合《论隐私权》原文的表达，也因为他对普若瑟引用的很多案例进行分析，在此过程中，推翻了普若瑟的观点，建立了自己的观点。并且，布鲁斯丁关于“神圣不可侵犯的人格尊严”的论断与 Benn 和 Rachels 关于保护他人隐私权的哲学分析也非常相似。同沃伦和布伦迪斯一样，Benn 也明确反对隐私权只保护精神利益的观点。相比之下，普若瑟的观点与 Benn 的观点却完全相反。普若瑟的理论被《美国侵权法复述（第二版）》吸收并在以后的法院判决中得到支持是因为普若瑟担任“《美国侵权法复述（第二版）》的起草负责人”。② 其实，可能正是因为“普若瑟个人的名气”③ 而不是其理论本身的法律价值，才使它被公众广泛地接受。

（四）《美国侵权法复述（第二版）》的必要转变

如果侵扰他人安宁的隐私侵权这一形式真正保护的是受害者的人格尊严，那么，《美国侵权法复述（第二版）》就不必要求行为人所实施的侵扰行为都必须达到“让一个有理性的人高度反感的程度”，否则，受害人就很难获得救济。根据布鲁斯丁关于隐私权的观念，受害人的精神损害并不是他们获得赔偿的必要条件。将问题的焦点放在精神痛苦上，就会使很多受到侵扰但是没有遭受精神痛苦的受害人无法获得赔偿。比如，受害人在不知情的情况下被他人观看或监视，如果适用普若瑟的理论，受害人就不大可能获得赔偿。因为受害妇女对别人从窗帘观看自己并不知情，在别人的观看行为发生时妇女并没有

① Edward J. Bloustein, Privacy as an Aspect of Human Dignity: An Answer to Dean Prosser, 39 N. Y. U. L. Rev. 962, 970 (1964), at 973 - 974.

② G. Edward White, Tort Law in America: An Intellectual History 161 (expanded ed. 2003), at 155.

③ See, e. g., Harry Kalven, Jr., Privacy in Tort Law - Were Warren and Brandeis Wrong?, 31 Law & Contemp. Probs. 326 (1966), at 328.

遭受精神痛苦，她继续做着自己的事情。但是，根据 Benn 和布鲁斯丁的理论，这一妇女的隐私权已经被侵犯，因为偷看者漠视妇女想要独处的愿望的行为侵犯了妇女的人格尊严。

有人可能会说，无论上述受害人是精神上遭受痛苦还是人格尊严被侵犯，都没有实质差别，因为如果受害人对别人的监视或观看行为不知情，他就不会提起诉讼。因此，不管根据上述哪一种理论，这种情形下的受害人都无法在侵权法上获得救济。虽然不知情的受害人不可能提起诉讼，或者不知情的受害人只遭受了人格尊严被侵犯的损害而没有任何精神痛苦，但是也存在知情的受害人遭受精神痛苦的情况。受害人发现别人未经自己同意就观看自己或监视自己，精神上遭受了痛苦，于是提起了诉讼。但是，法院经过审理认为，受害人的精神痛苦没有达到《美国侵权法复述（第二版）》要求的程度。例如，前文提到的受害妇女被偷看时并没有从事什么私密的事务，可能只是以一种非常传统的方式为家人准备晚餐。不久后，她发现有人在偷看她，她的反应不太可能非常愤怒或感到被羞辱。因为被别人看到自己正在准备晚餐或做一个尽职的妈妈不会感到被羞辱。但是，她可能感到不安，觉得自己连想要独处的能力都没有，并担心之后的行为是不是也会被偷看。这种不安感虽然不被《美国侵权法复述（第二版）》所保护，却是布雷斯丁的隐私权理论保护的对象，也是 Benn 和 Rachels 证明保护隐私权的正当性的核心。受害妇女可以提起侵扰诉讼以获得救济。因此，至少要抛弃《美国侵权法复述（第二版）》中让一个有理性的人高度反感这一构成要件，才能对隐私权和人格尊严进行适当的保护。

五、侵扰他人安宁的隐私侵权新理论

既然《美国侵权法复述（第二版）》的规定不符合沃伦和布伦迪斯关于隐私权的理念，我们就应该重新界定侵扰他人安宁的隐私侵权制度。Harry Kalven 教授将三个要素结合起来界定侵扰他人安宁的隐私侵权责任。这三个要素分别是：侵扰他人安宁的隐私侵权的构成要件，行为人对他人承担的隐私侵权责任性质，行为人就其实施的侵扰他人安宁的隐私侵权行为对他人承担的损害赔偿责任。① 本部分将以侵扰他人安宁的隐私侵权为例，依次对这三个要素进行分析，并形成一套理论对《论隐私权》一文中沃伦和布伦迪斯想要保护的利益进行保护。这一利益就是布鲁斯丁、Benn 和 Rachels 主张的人类尊严和神圣不可侵犯的人格。

（一）侵扰他人安宁的隐私侵权的构成要件

法院在审理侵扰他人安宁的隐私侵权案件时，不管适用的是哪一种侵扰他人安宁的隐私侵权理论，都要界定这一侵权形式是由哪些因素构成的。在此之前，必须清晰这一侵权形式对何种损害进行救济。正如布鲁斯丁所说，沃伦和布伦迪斯的目的是对受到侵害的隐私利益进行救济。本文前一部分已经对隐私权保护的利益进行了深入讨论，并得出结论，侵扰他人安宁的隐私侵权无需具备“让一个有理性的人高度反感”的构成要件。即使被告的行为没有达到让一个有理性的人高度反感的程度，被告也可能对原告承担侵权责任。事实上，只要满足以下条件，原告就可以向法院提起诉讼：一是根据社会公众普遍认同的标准，原告享有不受被告打扰的独处的权利，也就是独处要件；②二是被告侵入了原告的独处空间，也就是侵扰要件。③

1. 独处

在侵扰他人安宁的隐私侵权案件中，要想获得 Benn 和 Rachels 主张的人格尊严利益的救济，原告必须证明他们具备下列两个条件：①原告有独处的主观愿望；②被告意识到或应该意识到原告想要独处的愿望，并且这种愿望符合普遍认可的社会标准。

（1）原告有独处的主观愿望。虽然 Benn 和 Rachels 的理论存在细微的差别，但是两者有一点是相同的，那就是原告主观上必须有独处的愿望。Benn 主张，每个人都有阻止别人靠近自己的权利，如果别人对原告的这种权利表示漠视，那么，原告的人格尊严就受到了侵犯。④ Rachels 的观点稍微有所不同，他认为个人之所以享有阻止他

---

① See, e. g., Harry Kalven, Jr., Privacy in Tort Law - Were Warren and Brandeis Wrong?, 31 Law & Contemp. Probs. 326 (1966), at 333.

② See infra Part V. A. 1. (a) - (b).

③ See infra Part V. A. 2.

④ Stanley I. Benn, A Theory of Freedom 276-277 (1988)., at 267.

人靠近自己的权利，是为了形成并保持不同的社会关系。[①] 虽然在Benn和Rachels的理论中，阻止别人接近自己的权利带来的利益不同，但是他们都同意隐私利益的保护源于这一权利。如果原告主观上没有独处的愿望，Benn和Rachels想要保护的隐私利益就不可能实现。因此，为了证明被告侵犯了他的隐私权，原告首先必须证明他主观上有独处的愿望。

在这里，“独处”的愿望并不是指原告必须处于一个完全孤立的空间里。当然，“独处”也包括原告出现的地方没有其他人的情形，只是这一情形并不是“独处”的必备要件。“独处”只是一种状态，而不是一种事实。根据侵扰他人安宁的隐私侵权这一形式所保护的利益，“独处”是指原告想要排除其他人干扰的愿望。换句话说，原告需要表达出阻止被告靠近自己的愿望。否则，原告就不能证明被告忽视“他想以自己的方式生活的愿望”，而对他的生活进行干扰。如果原告不能证明这一现象，被告的侵权责任就不可能成立。[②]

很明显，原告主观上独处的愿望是实现Benn理论中隐私利益的必要条件。如果原告缺乏独处的愿望，被告的侵入就不能显示出他对这一愿望的漠视，原告的人格尊严就不可能受到侵犯。同样，Rachels认为社会公众的隐私权应该受到保护，只有这样，才能形成并保持不同的社会关系。[③] 这一利益也要求原告主观上必须具有独处的愿望。虽然这一主观需要在Rachels的理论中并没有那么明显，但是如果缺乏这一愿望，原告形成并保持社会关系的能力就会被抑制。

没有哪一种社会关系可以保证关系双方一直都处于孤立的状态，他们必须与外界的人或事接触。例如，夫妻关系是一种非常亲密的社会关系。丈夫或妻子几乎没有独处的机会。即使他们没有小孩，他们也要招待亲戚或朋友，平常还要去工作。但是，只要他们能在某些时候阻止别人靠近自己，夫妻之间亲密的社会关系就能形成。夫妻关系形成的社会空间是其他人无法进入的。如果他们主观上有独处的愿

---

① James Rachels, Why Privacy is Important, 4 Phil. & Pub. Aff. 323, 326 (1975), at 326.

② Stanley I. Benn, A Theory of Freedom 276 - 277 (1988), at 277; see also Sanders v. Am. Broad. Co., 978 P. 2d 67, 77 (Cal. 1999).

③ James Rachels, Why Privacy is Important, 4 Phil. & Pub. Aff. 323, 326 (1975), at 326. and accompanying text.

望，却不能实现，那么，他们的关系就会进入 Rachels 的悖论中：他们对待彼此就像对待其他人一样，他们之间的关系从十分亲密的夫妻关系转变为一般的社会关系。在这种情况下，形成并保持不同社会关系的利益就不能实现。

(2) 符合社会规范。上文已经讨论过，Benn 和 Rachels 所主张保护的隐私利益要求原告主观上有独处的愿望。但是，如果仅以原告的主观愿望来决定"独处"要件是否具备，实在有欠妥当。并且，这种情况会使隐私权的保护范围无限扩大。因此，为了保证原告是在隐私利益真正受到侵犯时才获得救济，原告想要独处的主观愿望必须符合普遍认可的社会规范。

Benn 的隐私权理论对原告的人格尊严进行保护。这就要求被告的行为显示出对原告独处愿望的漠视。因此，Benn 要求被告主观上知道原告有独处的愿望；否则，被告就不可能对原告的愿望表示漠视。根据 Benn 的理论，只有当被告知道原告有独处和排除别人干扰的愿望时，被告的行为才可能侵犯原告的隐私权。但是，很难找到直接的证据对被告的心理状态进行证明，因此就很难证明被告知道原告有独处的愿望。所以，有必要寻求一种更加客观的标准对被告的心理状态进行证明，而这一标准必须是社会规范普遍认可的。只要原告排除被告干扰的愿望符合一般社会规范，就推定被告知道或应该知道自己的行为是不正当的。

上文也谈到，这种判断被告心理状态的社会规范虽然是非正式的，却是得到社会普遍认可的。个人可以通过自己的行为模式预见到相同情形下他人会如何动作。这些社会规范不必是苛刻的，也不必附带独立的法律制裁。举例来说，在快餐店里，如果 A 看到有几张空桌子，却走过去跟陌生人 B 坐在一起，那么，A 的行为就不符合一般的社会规范。A 的行为也不符合独处要件。学界使用"社会规范"一词，而不是"客观合理"或"理性人标准"是经过深思熟虑的。虽然大多数社会规范都是客观合理的，但是"社会规范"一词还包含另一层含义。"社会规范"蕴涵着得到社会公众普遍理解并认可的可事前预见并遵守的意思。而"客观合理"或"理性人标准"的适用可能导致普遍认可标准的司法变更。[①] 但是，侵扰他人安宁的隐私侵权案件需要的不是一个理想化的标准，而是一个可预见的、可信赖的标准。因此，法院对案件的分析应该是建设性的，而不是基准性的。

虽然在 Rachels 的理论中，侵扰他人安宁的隐私侵权的构成要件不以被告的心理状态为必要条件，但是，原告的主观愿望也应该符合社会规范的要求。如果要形成或保持一定的社会关系，特别是亲密的社会关系，当事人双方都必须相信，某些时候他们想要独处的愿望能够得到其他人的尊重。就拿上文提到的朋友关系来说，假设两个非常亲密的朋友正在谈论比较私密的话题，他们不想被别人打扰。这时，他们发现有一个人正在观察他们，偷听他们的谈话。虽然这个人对他们来说并不是陌生人，但是，只是偶然相识的泛泛之交。如果他们确信了第三人正在偷听他们的谈话，他们一定会换一个不怎么私密的话题。因此，第三人的出现就会对他们亲密的朋友关系产生不利影响。所以，如果他们主观上有独处的愿望，但是周围的环境使他们不得不相信他们受到了干扰，那么，他们之间的关系就会从亲密的朋友关系转变为一般的社会关系。

如上文所说，如果两个朋友之间的亲密关系因为害怕别人偷听而变成了一般的社会关系，那么，第三人的行为就不会对他们产生任何影响，也不会侵犯到他们的隐私权。此时，他们知道他们并不是独处的，还有其他人在场，因此不可能谈论比较私密的话题。所以，根据 Rachels 的理论，只有当原告主观上有独处的愿望，并真实地相信此时他正处于独处的状态时，被告才有可能侵犯原告的隐私权。因此，原告想要独处的主观愿望也必须符合社会规范，因为只有当原告的愿望符合社会规范时，原告才会真实地相信自己是独处的。

并不是只有在侵扰他人安宁的隐私侵权案件中才适用“社会规范”这一要件，在殴打侵权和侵入侵权的案件中，法院适用“社会

① See, e. g., Baltimore & Ohio R. R. v. Goodman, 275 U. S. 66, 70 (1927) (Holmes, J.) See, e. g., Georgia v. Randolph, 126 S. Ct. 1515, 1521.

规范”这一要件已经长达一个多世纪了。在著名的 Vosburg v. Putney 案[①]中，美国威斯康星州最高法院适用“社会规范”标准对殴打儿童的行为作出了判决。在该案中，两个小孩在教室打闹时，被告伤到了原告，虽然原告的伤不易察觉，但后果是十分严重的。法院认为被告在教室里踢原告的行为是“不合法的”。如果原告和被告是在学校的操场，那么，这样的接触就是合法的，就不会构成殴打侵权。该案的关键是被告的行为是否得到了默示的许可。被告在教室里踢原告的行为是得不到许可的，即使被告是无心之过。但是，“在操场上被告的行为就是得到默示许可的”。[②] 也就是说，小朋友在操场上互相踢来踢去是很正常的行为，但是在教室里就是非正常的。所以，被告的行为如果发生操场上就不构成侵权，如果发生在教室里就构成侵权。

另一则适用“社会规范”这一要件的殴打侵权案件是 Hellriegel v. Tholl 一案[③]，该案发生时，原告和他的朋友在华盛顿湖岸玩闹。这时，其中一个朋友说他可以将原告扔进湖里，原告回答道，“你怎么抬都不可能把我扔进湖里。”接着，其他朋友也附和说看谁能将原告扔进湖里去。随后，在扔的过程中，原告的脖子受了伤。经过审理，法院认为原告和他的朋友对“扔”这样的行为达成了共识，他们就是想看谁可以把原告扔进湖里，原告对这样的尝试表示了同意。也就是说，原告对被告与他之间的肢体接触表示了同意。在很多案件中，法院都适用社会规范对这一问题作出了判断。

在侵入侵权案件中，法院也适用相似的标准对被告是否构成侵权进行判断。侵入侵权要求被告在未经原告同意的情况下侵入他人占有的土地。[④] 因此，法院应该判断，原告是否同意被告进入他占有的土地。如果原告明确表示他人不能进入自己占有的土地，那么，法院就很容易作出判断。但是，在原告沉默的情况下，被告的行为是否违反了原告的意愿呢？这时法院就会适用一般的社会规范作出判断。《美国侵权法复述（第二版）》第 892 条规定：默示同意是否成立，应该

---

① Vosburg v. Putney, 50 N. W. 403, 403 -404 (Wis. 1891).

② Vosburg v. Putney, 50 N. W. 403, 403 -404 (Wis. 1891), at 404.

③ Hellriegel v. Tholl, 417 P. 2d 362 (Wash. 1966).

④ See W. Page Keeton et al., Prosser and Keeton on the Law of Torts 70 (1984).

根据社会习俗、社会规范作出判断。[1]

在 Mitchell v. Baltimore Sun 一案[2]中，新闻记者到疗养院采访前国会议员，后来前国会议员就以新闻记者为被告向法院提起了诉讼，称被告进入他的房间的行为构成了侵入侵权。美国马里兰州特别上诉法院认为，被告只是在疗养院的访客簿上进行了登记就进入原告的房间，他并没有获得原告的同意或默示同意。法院指出原告全部时间都呆在疗养院，他的房间就是他的家。因此，没有征得他人同意就进入他人家里的行为不符合社会习俗，违反了社会规范。

在侵入侵权案件中，还存在另外一种社会规范，即通过"非请莫入"的标示牌表达土地占有者的意愿，这一规范可以更好地控制别人的行为。原告可以通过"非请莫入"的标示牌排除别人进入自己土地的默示同意。[3] 在 Bonney v. Canadian National Railway 一案[4]中，被告在铁路桥梁上贴上了"禁止擅自入内"的标示牌，美国缅因州地区法院认为这一标示牌对原告的行为性质产生了影响。虽然这座桥在很长一段时间内都允许社会公众使用，理性人都会认为原告也有使用的权利，但是当被告贴上"禁止擅自入内"的标示牌时，这一假设就被推翻了。这一标示牌表明"被告不再同意社会公众使用"这座桥。[5] 因此，最后法院认为原告的行为构成了侵入侵权。

2. 侵扰

从上文的讨论中我们可以总结出，"独处"要件的构成需要考虑两方面的因素，一是原告主观上有独处的愿望，二是原告的愿望必须符合社会公众普遍认可的社会规范。那么，侵扰要件的构成需要满足哪些条件呢？接下来就对这一问题进行讨论。

---

① Restatement (Second) of Torts § 892 cmt. d (1977).

② Mitchell v. Baltimore Sun Co., 883 A. 2d 1008, 1011 - 1013 (Md. 2005).

③ See, e. g., Bonney v. Canadian Nat'l Ry., 613 F. Supp. 997, 1001 (D. Me. 1985), rev'd on other grounds, 800 F. 2d 274 (1st Cir. 1986); Murphy v. Muskegon County, 162 Mich. App. 609, 618 (1987); O'Brien v. Eugene Chem. Exp., 664 P. 2d 1106, 1109 (Or. Ct. App. 1983). See Oliver v. United States, 466 U. S. 170, 182 n. 13 (1984) see also Washington v. Vonhof, 751 P. 2d 1221, 1225 (Wash. App. 1988)。

④ See, e. g., Bonney v. Canadian Nat'l Ry., 613 F. Supp. 997, 1001 (D. Me. 1985), rev'd on other grounds, 800 F. 2d 274 (1st Cir. 1986).

⑤ See, e. g., Bonney v. Canadian Nat'l Ry., 613 F. Supp. 997, 1001 (D. Me. 1985).

根据 Benn 和 Rachels 的理论，隐私权保护的利益是原告的人格尊严和社会关系。而侵扰是指被告旨在搜集原告信息的刺探行为。不管刺探是否成功，被告最终是否获得了信息，只要被告实施了刺探行为，他就已经对原告构成了侵扰。以下面三种情形为例进行说明：①被告趴在自家的屋顶上，透过邻居的窗帘观看邻居家夫妻间亲密的行为；②被告没有观看到邻居家夫妻间的亲密行为，因为邻居发现了被告正在偷看他们，于是停止了亲密的举动；③被告爬到屋顶上，用立体声收音机很大声地播放音乐，打扰邻居家夫妻间的亲密行为。

上述三种情形都符合独处要件，因为在屋顶上的被告知道自己的行为是违反一般社会规范的，并且被告的邻居主观上有独处的愿望，不然他们也不会从事亲密的行为。但是，当谈到侵扰要件时，情况就不同了。上文列举的三种情形中，前两种符合侵扰要件，第三种不符合。根据 Benn 的人格尊严理论，前两种情形构成了侵扰。因为在前两种情形中，被告漠视邻居主观愿望的行为对邻居的人格尊严构成了侵犯。前两种情形也使邻居形成并保持夫妻关系的活动得不到实现。在第一种情形中，邻居没有意识到被告在偷看他们，并继续着亲密的行为。所以，邻居对待被告就像对待夫妻关系中的第三人一样。显然，此时，邻居与被告之间的关系是非正常的社会关系。在第二种情形中，邻居发现被告在偷看他们，于是停止了亲密的举动。不管是邻居作出何种选择，被告的偷看行为都阻碍了正常社会关系的形成：原本十分亲密的夫妻关系转变为一般的社会关系。所以，被告的行为也侵犯了 Rachels 理论中保护的隐私利益。因此，只要被告实施了刺探他人隐私的行为，不管最后被告是否获得了相关信息，被告都侵犯了 Benn 和 Rachels 理论中保护的隐私利益。

与前两种情形不同，第三种情形中被告实施的不是刺探行为，而是单方面的干扰。被告对其邻居的干扰不具有侵权性，因为这种干扰没有侵犯他人的人格尊严，也没有对社会关系的形成产生影响。在 Benn 的理论中，当被告漠视原告的主观愿望，并干扰原告的生活方式时，被告的行为侵犯了原告的人格尊严，被告的行为就构成了侵扰。但是，第三种情形中高分贝的音乐没有使外界或其他人对他们夫妻的看法发生改变。所以，单方面的干扰不会对他人的人格尊严构成侵犯。

第三种假设情形中被告实施的单方面干扰也没有侵犯 Rachels 理论中保护的隐私利益。Rachels 认为对隐私权进行保护的原因是，确保原告能够与别人形成不同的社会关系。但是，这并不是指原告不能受到任何干扰，而是指原告要远离他人的监视。① 在 Rachels 的假设情形中，第三人的观察或监视会改变两个老朋友之间的亲密关系。如果正在谈话的老朋友意识到有人在监视他们，他们就会改变行为方式，比如停止私密话题的谈论。但是，如果仅仅是一般的干扰，则不会妨碍朋友之间的谈话。例如，当两个朋友坐在公园的长椅上谈话时，旁边有一场摇滚音乐会正好开始。但是，这场音乐会不会对这两个朋友之间的关系产生影响，即使扩音器的噪声很大。虽然这两个朋友的谈话方式可能会有所改变，比如用写字或喊话的方式，但是他们仍然可以继续之前的私密或敏感话题。因此，音乐会的噪声没有阻碍他们形成亲密的朋友关系，当然也就没有侵犯 Rachels 理论中保护的隐私利益。同样，在假设的第三种情形中，被告的邻居可能会因为不能忍受噪音而改变行为方式，但是，这种改变不是被告的行为直接导致的结果。因此，与前例相同，音响的噪声也没有侵犯 Rachels 理论中保护的隐私利益。

虽然前两种情形与第三种情形在侵扰要件上存在差别，但是，这种差别并不是因为扩音器或音响是无生命的物品。假设上文的案例中，坐在旁边的是一个又聋又盲的人，只要那两个朋友知道他们旁边坐的人又聋又盲，他们就不会有所顾忌。除非旁边的人大叫起来，否则，他们不会因为旁边的人停止谈话。如果他们抱着一个 3 个月的小孩，结果也是一样。这两种情形都属于单方面的干扰，它们不会阻碍朋友之间形成不同于小孩或聋盲人的亲密关系。所以，虽然单方面的干扰打断了夫妻间的亲密，但是，它还不足以侵犯 Rachels 理论中保护的隐私利益。

（二）行为人对他人承担的隐私侵权责任性质

上一部分对侵扰他人安宁的隐私侵权的构成要件进行了讨论，这是侵权分析中必不可少的。接下来笔者将讨论行为人就其实施的侵扰

① James Rachels, Why Privacy is Important, 4 Phil. & Pub. Aff. 323, 326 (1975), at 330.

他人安宁的隐私侵权行为对他人承担的侵权责任性质。在隐私侵权法上，某些学者认为，行为人就其实施的侵扰他人安宁的隐私侵权行为对他人承担的侵权责任有三种性质：一是行为人就其实施的侵扰他人安宁的隐私侵权行为对他人承担故意侵权责任，二是行为人就其实施的侵扰他人安宁的隐私侵权行为对他人承担过失侵权责任，三是行为人就其实施的侵扰他人安宁的隐私侵权行为对他人承担严格责任。[①] 不过，根据 Benn 和 Rachels 所提出的上述理论，行为人就其实施的侵扰他人安宁的隐私侵权行为仅对他人承担过失侵权责任。

如果侵扰他人安宁的隐私侵权理论的目的是为了使他人对原告想要独处的主观愿望进行认可，那么，侵扰他人安宁的隐私侵权在性质上适用于故意侵权责任。如果被告在过失的情况下实施了侵扰行为，那么，被告的行为不足以构成侵权，因为被告根本没有漠视原告主观愿望的想法，[②] 对其进行惩罚也无法实现侵扰他人安宁的隐私侵权理论的目的。举例来说，B 和 C 都是 A 的邻居，通常情况下，B 和 C 都是用抛物线反射传声器进行交谈。但是，有一次，由于 B 的过失，他的传声器错将 A 的房子作为目标，于是 B 就接收到 A 与他人之间的谈话。在这种情况下，虽然 A 也有想要独处的主观愿望，但是 B 没有对 A 的愿望表示漠视，因为 B 并没有打算偷听 A 与别人的谈话。既然 B 没有对 A 的主观愿望表示漠视，那么，B 也就不可能冒犯 A 的人格尊严。因此，在 Benn 的理论中，只有当被告故意实施侵扰行为时，被告才可能侵犯原告的隐私利益。Benn 的隐私权理论适用故意侵权责任理论。

虽然如此，Rachels 的侵扰他人安宁的隐私侵权理论也对原告排除别人靠近自己，并形成不同社会关系的利益进行保护。[③] 如果侵扰他人安宁的隐私侵权理论也对这种利益进行保护，那么，在上文假设的情形中，被告对原告构成了侵扰。因为 B 听到了 A 与其他人的谈话，并获得了谈话中的信息。A 与其他人的谈话可能包含一些私密的

---

① Richard A. Epstein, Cases and Materials on Torts 6 n. 1 (8th ed. 2004). , at 7 - 8, 81, 143

② Stanley I. Benn, A Theory of Freedom 276 - 277 (1988). , at 275 - 277.

③ James Rachels, Why Privacy is Important, 4 Phil. & Pub. Aff. 323, 326 (1975),, at 329.

信息，这些信息本应是家人或朋友才能分享的，却被陌生人 B 听到。即使 A 没有察觉到他的谈话被其他人接收，A 的隐私利益也受到了侵犯；并且可以确定的是，如果 A 察觉到 B 正在用传声器接收他与别人的谈话，他一定会改变自己的行为方式，或停止谈话，或变化话题。在上文假设的情形中，A 被迫像对待自己的家人一样对待 B，A 无法与不同的人形成不同的社会关系。因此，B 的行为侵犯了 Rachels 的理论中保护的隐私利益。也就是说，在 Rachels 的理论中，被告因为过失实施的侵扰行为也可能侵犯原告的隐私利益。Rachels 的隐私权理论适用过失侵权责任理论。

前文已经得出结论，侵扰他人安宁的隐私侵权的构成要件中包含"社会规范"要件。根据这一要件，侵扰他人安宁的隐私侵权案件中责任的认定不可能适用严格标准。在侵扰他人安宁的隐私侵权案件中，严格责任不是最佳的选择。如果适用严格责任，即使被告的行为没有侵犯 Benn 和 Rachels 的理论中保护的隐私利益，原告也可能获得救济。在 Benn 的理论中，只有当被告故意实施侵扰行为时，被告才可能侵犯原告的隐私利益。如果适用严格责任，即使被告没有侵犯 Benn 理论中保护的隐私利益，原告也会获得救济。在 Rachels 的理论中，被告因为故意或过失实施的侵扰行为可能侵犯原告的隐私利益。如果适用严格责任，即使被告没有侵犯 Rachels 理论中保护的隐私利益，原告也会获得救济。也就是说，在被告没有过错、被告的行为没有对原告的人格尊严构成侵犯、也没有阻碍原告形成不同社会关系的情况下，被告也可能承担责任。

举例来说，已婚夫妇 X 和 Y 在家发生了激烈的争吵，Z 在大街上听到了 X 和 Y 的争吵，因为他们家的窗户是敞开的。显然，Z 在大街上散步，并经过敞着窗户的房屋听到 X 和 Y 的争吵，对此，Z 并没有过错。但是，Z 确实听到了 X 和 Y 的争吵。如果侵扰他人安宁的隐私侵权案件适用严格标准，那么，Z 就需要承担侵权责任。但是，要求 Z 承担责任是很有问题的。Z 的行为没有侵犯 Rachels 理论中保护的隐私利益。只有当 Z 的行为使 X 和 Y 对待自己的方式发生变化时，Z 才可能侵犯 Rachels 理论中保护的隐私利益。也就是说，X 和 Y 可能会选择像他们之间对待彼此一样对待 Z，例如，把窗户打开或让窗户一直开着。但是，在上文假设的情形中，Z 的行为没有使

X 和 Y 对待自己的方式发生变化，X 和 Y 家的窗户一直都是敞开的。换句话说，X 和 Y 将窗户敞开也就表示，他们愿意像他们之间对待彼此一样对待其他人，当然也包括 Z。所以，Z 的行为没有侵犯 Rachels 理论中保护的隐私利益。在侵扰他人安宁的隐私侵权案件中，如果信息的获得是因为原告不隐藏或公开的行为，那么，被告不存在过错，也没有违犯社会规范，被告就没有侵犯原告的隐私利益。

根据上文的分析，我们可以看出，侵扰他人安宁的隐私侵权案件中应该适用过失侵权责任理论。因为侵扰他人安宁的隐私侵权理论应该对 Benn 和 Rachels 理论中的隐私利益都进行保护。如果适用故意侵权责任理论，那么，Rachels 理论中保护的隐私利益受到侵犯时，原告就无法获得救济。如果适用严格责任，则对被告又过于苛刻。

（三）行为人就其实施的侵扰他人安宁的隐私侵权行为对他人承担的损害赔偿责任

上文已经对侵扰他人安宁的隐私侵权的构成要件和行为人对他人承担的隐私侵权责任性质进行了讨论，下面就应该分析侵扰他人安宁的隐私侵权责任的赔偿机制了。在侵扰他人安宁的隐私侵权案件中，Benn 和 Rachels 理论保护的隐私利益受到侵犯的，都应该获得赔偿。因此，在一般情况下，原告可以获得实际损害赔偿，在某些案件中，原告还可以获得惩罚性赔偿。

实际损害赔偿是对原告受到的伤害提供救济的最直接的方式。但是，在侵扰他人安宁的隐私侵权案件中，原告往往很难证明其实际损害是多少，因为隐私权被侵犯一般不会导致直接的经济损失。在大多数侵扰他人安宁的隐私侵权案件中，法院往往将原告遭受的损害定义为名义上的损害。[①] 这是法院对侵入侵权案件的类推适用。在侵入侵权案件中，大多数法院也用这种方式对原告遭受的损害进行救济。虽然在某些案件中原告能够对自己遭受的精神痛苦进行证明，但是，这种情况只限于非常严重的侵扰，比如 De May 一案[②]中原告受到的侵扰，或者被告将其获得的信息广泛公开。

① See W. Page Keeton et al., Prosser and Keeton on the Law of Torts 70 (1984)., at 75.

② De May v. Roberts, 46 Mich. 160, 161, 165 – 166 (1881).

在一些新型的侵扰他人安宁的隐私侵权案件中，法院还判决原告获得惩罚性损害赔偿。法院认为，《美国侵权法复述（第二版）》赋予原告获得惩罚性赔偿的权利。例如，在 Irvine v. Akron Beacon Journal 一案[①]中，俄亥俄州上诉法院支持陪审团责令被告支付原告 10 万美元的惩罚性损害赔偿金的裁决。同样，在 Sanders v. American Broadcast Co. 一案[②]中，加利福尼亚州上诉法院责令实施偷录行为的被告承担 30 万美元的惩罚性损害赔偿责任，在 Pulla v. Amoco Oil, Co. 案[③]中，衣阿华州南部地区法院支持陪审团责令检查雇员银行私人账户的雇主支付雇员 2 美元的补偿性损害赔偿金和 50 万美元的惩罚性损害赔偿金的裁决。因此，在新型的侵扰他人安宁的隐私侵权下，原告也可以获得惩罚性损害赔偿。

六、侵扰他人安宁的隐私侵权新理论的具体适用

根据前面所提出的理论构想，违反《电话用户保护法》的电话营销商应该承担侵权责任。前面所提出的新的理论构想将电话促销案纳入侵扰他人安宁的隐私侵权责任的适用范围内，也为其他社会活动中遭受损害的原告提供了救济；虽然根据现阶段的《美国侵权法复述（第二版）》，这些社会活动不构成侵扰他人安宁的隐私侵权。下文的第一部分对违反《电话用户保护法》的电话促销行为是否符合新的理论构成进行了分析。第二部分列举了其他符合新理论但需要承担侵权责任的社会活动。

（一）电话促销

根据第五部分提出的理论构想，违反《电话用户保护法》的电话促销行为符合侵扰他人安宁的隐私侵权的要件。但是，在《美国侵权法复述（第二版）》的理论中，违反《电话用户保护法》的电话促销行为并不符合侵扰他人安宁的隐私侵权的要件。正因为如此，才推动了侵扰他人安宁的隐私侵权理论的新改革。下文将对新的侵扰他

---

① Irvine v. Akron Beacon Journal, 147 Ohio App. 3d 428, 435 (2002).

② Sanders, 978 P. 2d at 70 - 71, 80.

③ Pulla v. Amoco Oil Co., 882 F. Supp. 836, 846 (S. D. Iowa 1994).

人安宁的隐私侵权理论下电话营销商为何要承担责任作出解释。

1. 侵扰他人安宁的隐私侵权的构成要件

在新的侵扰他人安宁的隐私侵权理论中，侵扰他人安宁的隐私侵权的构成要件需要满足以下方面：①原告主观上有独处和不受被告打扰的愿望，并且原告也为排除被告的干扰做了尝试；②被告的行为侵扰了原告的独处。下文将对违反《电话用户保护法》的电话促销行为符合侵扰他人安宁的隐私侵权的构成要件的原因作出解释。

（1）独处要件。独处要件要求原告主观上有独处的愿望，并且被告知道或应该知道原告有此愿望，因为原告要求独处的主观愿望符合普遍认可的社会规范。原告将其电话号码登记在“拒接”登记簿上，足以证明原告有独处和排除电话营销商的主观愿望。并且电话营销商通过“拒接”登记簿可以知道原告的意愿，因此违反《电话用户保护法》的电话促销行为满足独处的要件。

消费者可以通过登记表明其独处和排除电话营销商干扰的主观愿望。并且，这种主观愿望是符合社会规范的。

《电话用户保护法》的违反者也应该认识到原告不希望接到促销电话，因为原告已经进行过“拒接”登记。“拒接”登记本身就是消费者作出的“谢绝推销”的宣示。就像侵入侵权案件中原告作出的“禁止擅入”的标示一样。在侵入侵权案件中，法院认为，被告漠视原告作出的“禁止擅入”的标示实施的侵入行为构成侵权，因为原告明确的标示表明他不承认默示同意。在未征得原告明示同意的情况下，被告的侵入当然构成侵权。同样，在电话促销案中，原告作出的“谢绝推销”的宣示明确表明他不同意电话营销商给他打促销电话。因此，当电话营销商被告知他们不受欢迎时，他们就不应该去打扰原告。就像当某人告诉你他不欢迎你时，你就不应该去拜访他。如果原告进行了“拒接”登记，电话营销商仍然给原告打促销电话，那么，营销商的行为就不符合一般社会规范了。[①]《电话用户保护法》的规定，以及社会公众对《电话用户保护法》的支持都表明电话营销商

① See FCC, Consumer Facts: Unwanted Telephone Calls, http: //www. fcc. gov/cgb/consumerfacts/tcpa. html (last visited May. 16, 2007); see also TCPA, Pub. L. No. 102 - 243, § 2 (1) - (15), 105 Stat. 2394 - 2395 (codified at 47 U. S. C. § 227 (2000)) (listing Congressional findings).

的上述行为是不符合社会规范的。既然如此，电话营销商就应该遵循社会规范，停止给作出“谢绝推销”宣示的原告打促销电话。因此，根据一般社会规范，被告应该意识到原告有不受促销电话打扰的主观愿望。

学者注意到，《电话用户保护法》并不要求所有不想接到促销电话的消费者都进行“拒接”登记。消费者还可以单独联系某一家电话营销商，要求他们别再打电话过来。[①] 这一特别通知也符合独处的构成要件。至少，当消费者作出这种特别通知后，电话营销商的促销行为是不符合社会规范的。事实上，收到特别通知的电话营销商的促销行为比忽视原告登记的促销行为更不符合一般社会规范。

（2）侵扰要件。侵扰是指被告旨在搜集原告信息的刺探行为。不管刺探是否成功，被告最终是否获得了信息，只要被告实施了刺探，他就已经对原告构成了侵扰。[②] 抽象地说，几乎所有的电话呼叫都符合这一要件，因为电话机本身就是用来交谈的。因此，安装电话的人大都希望能够双向通话，并获得一些重要信息。当然，也有极少数的例外情况，那就是留言机的使用。使用留言机的人不是为了寻求或获得信息，而是给对方留个口信，因此，这种情况下的电话呼叫不符合侵扰要件。

我们可以很明显地看出，电话营销商的促销电话不属于上述例外情况。电话营销商给消费者打促销电话的目的显然不是为了作公共信息服务，而是招揽生意，说服消费者购买他们的商品或服务。[③] 在此过程中，营销商或推销者会刺探消费者是否购买某一商品或服务的个人信息，因此符合侵扰要件。

上述结论也可以在促销电话和邮寄宣传品的对比中得出。邮寄宣传并没有直接获得消费者的个人信息，而是对消费者作出通知，并希望有意购买商品或服务的邮件接收者主动与发送者联系。[④] 但是，是否与邮件发送者取得联系，消费者有决定权。这就使邮件宣传品对消

---

① 47 C. F. R. § 64. 1200 (d) (3) (2006).

② Restatement (Second) of Torts § 652B cmt. b (1977).

③ See WiseGEEK, What is Telemarketing?, http: //www. wisegeek. com/what – is – telemarketing. htm (last visited May 16, 2007).

④ Privacy Rights Clearinghouse, Fact Sheet 4: Reducing Junk Mail, http: //www. privacyrights. org/fs/fs4 – junk. htm (last visited May 16, 2007).

费者的干扰远远低于监视或偷看，因此，不属于侵扰他人安宁的隐私侵权。实际上，消费者不用采取任何回避措施来应对邮件发送者，因为他们的目的不是为了获得任何信息。从这方面来说，邮件宣传品与扬声器或扩音机十分相似，而促销电话却像一个偷窥者一样想要刺探他人的信息。

2. 行为人对他人承担的隐私侵权责任性质

即使原告进行“拒接”登记后，电话营销商仍然给原告打促销电话，法院也不能适用严格责任对案件作出判决。原告要想获得救济，就必须证明电话营销商存在过错。[①]《电话用户保护法》的规定对被告注意标准的建立十分有益。美国联邦通讯委员会（FCC）指出，违反“拒接”登记实施促销行为的电话营销商，如果符合以下条款，则不需要承担责任。

如果被告能够证明其行为是日常业务实践中难以避免的差错，并满足以下标准：

（1）书面程序。被告已经建立了符合全国登记规则的书面审查程序，并严格按照这一程序执行。

（2）职员培训。被告对其职员进行了培训，并协助职员严格遵守程序办事。

（3）记录。被告建立并保存了那些不愿意接受营销电话的用户名单。

（4）进入全国“拒接”登记的资料库。被告应该在拨打促销电话前31天内，向管理部门拿到全国“拒接来电”登记表，并遵循程序防止不当促销的发生。之后，被告还应该将这一程序记录并保存下来。[②]

根据这一条款，电话营销商应该对自己不需要承担责任进行证明。从普通法的层面上来讲，电话营销商违反《电话用户保护法》的行为存在过失，它应该证明自己为什么不需要承担责任。并且，考虑到原告无法进入电话营销商的电脑程序中，要求原告对电话营销商的过失进行证明非常困难。因此，直接认定违反“拒接”登记的电

① See supra Part V. B.

② 47 C. F. R. § 64. 1200 (c) (2) (i) (A) - (D) (2006).

话营销商存在过失，再由它证明自己不需要承担责任，是比较适当的选择。

为了避免承担责任，电话营销商必须证明自己遵守了上述法规中的程序要求。①这一程序要求包括：为职员提供书面说明，指导他们遵守“拒接来电”登记行事；培训职员按照适当的程序执行业务；至少每31天都要向美国联邦贸易委员会（FTC）购买最新登记的用户名单。虽然每个案例的具体情况不同，但是，如果电话营销商能够证明自己采取了上述措施来避免不当促销的发生，那么，电话营销商就不存在过失。

3. 损害赔偿

同其他类型的侵权案件一样，在侵扰他人安宁的隐私侵权案件中，原告既可以获得补偿性损害赔偿，也可以获得惩罚性损害赔偿。但是，原告根据《电话用户保护法》可以获得的赔偿与根据普通法可以获得的赔偿大不相同。在普通法上，法院允许受到侵扰的原告对名义上的损害赔偿之外的损害进行证明，尽管这一过程对原告来说非常困难。在电话促销案中，原告也可能遭受精神痛苦和损害，② 这种损害比《电话用户保护法》保护的名义上的损害赔偿更加重要。

另外，在比较严重的促销案件中，法院还责令被告承担惩罚性损害赔偿。在以前的案例中，一些法院根据《美国侵权法复述（第二版）》也作出了惩罚性损害赔偿的判决。在 Irvine 一案③中，法院判决原告获得250美元的补偿性损害赔偿金和10万美元的惩罚性损害赔偿金。其他案件中，受到促销电话侵扰的原告也获得了惩罚性损害赔偿金。比如 CBM v. Bemel 一案④，该案中，被告给原告打了70次骚扰电话，阿肯色州最高法院考虑到被告行为的严重性，最后判决原告获得四倍于补偿性赔偿的惩罚性损害赔偿。在另一个促销案中，考虑到被告的行为极其恶劣，马里兰州上诉法院也支持原告获得惩罚性

---

① 47 C. F. R. § 64.1200 (c) (2) (i) (A)-(D).

② See supra Parts V. C and VI; Pulla v. Amoco Oil Co., 882 F. Supp. 836, 846 (S. D. Iowa 1994) (awarding compensatory damages for past and future pain and suffering as well as punitive damages).

③ Irvine v. Akron Beacon Journal, 770 N. E. 2d 1105, 1110 P 17 (Ohio App. 2002).

④ CBM v. Bemel, 623 S. W. 2d 518, 519, 520 (1981).

损害赔偿，因为原告在5个月内接到被告200次促销电话。[1] 法院最后判决原告获得1500美元的补偿性损害赔偿金和7500美元的惩罚性损害赔偿金。但是，放弃《美国侵权法复述（第二版）》的“纠缠”标准后，原告获得惩罚性损害赔偿的案件比例有很大幅度的下降。虽然如此，《电话用户保护法》规定“营销商每违规一次，原告最多可获得1500美元赔偿”。根据这一条款，在电话营销商多次违规的情况下，原告获得惩罚性损害赔偿的概率会大大增加。

虽然适用《电话用户保护法》原告也可以获得相同的救济，但是，法院仍然坚持适用普通法对案件作出判决。当学者主张成文法是普通法变更的结果时，法院保留了自己的看法。美国最高法院指出：“成文法不能被解释为普通法的变更。”[2] 虽然《电话用户保护法》制定时改变了普遍适用的普通法规则（这一改变是指责令某些营销商为其不满足“纠缠”标准的促销行为承担侵扰他人安宁的隐私侵权责任），但是，它不能取代州法律的地位。《电话用户保护法》明确规定，没有任何一项条款或规定可以取代州法律更加严格的要求。州法律禁止使用电话传真机或其他电子设备发布促销广告，使用自动拨号系统，使用人工或预录语音信息或电话邀约的规定。

在上述条款中，州法律对电话营销商提出了更加严格的要求。根据州法律，在电话促销案中，原告可以获得《电话用户保护法》规定的最高值以外的损害赔偿。因此，《电话用户保护法》不能取代州法律。

（二）侵扰他人安宁的隐私侵权理论对电话促销以外的其他社会活动的影响

虽然本文的目的是以电话促销案为例来证明侵扰他人安宁的隐私侵权理论改革的必要性，但是，侵扰这一新的侵权形式也对电话促销

① Summit Loans, Inc. v. Pecola, 288 A. 2d 114, 115 (Md. 1972).

② Shaw v. R. R. Co., 101 U. S. 557, 565 (1879); see also In re Valente, 360 F. 3d 256, 261 (1st Cir. 2004); U. S. v. Prosperi, 201 F. 3d 1335, 1343 (11th Cir. 2000); Hill v. Nicodemus, 979 F. 2d 987, 990 (4th Cir. 1992); The Country Vintner, Inc. v. Louis Latour, Inc., 634 S. E. 2d 745, 751 (Va. 2006); Nelson v. Productive Alternatives, Inc., 715 N. W. 2d 452, 455 (Minn. 2006).

之外的其他社会活动产生了深刻的影响。本部分将以两则案件为例对其中两种社会活动受到的影响进行分析。

第一则案例是发生在哥伦比亚的 Nader v. General Motors Corp. 一案。[①] 在该案中，原告 Ralph Nader 向法院起诉，控告美国通用公司（General Motors）对其构成了侵扰。Nader 声称，由于他针对美国通用公司写了一篇书评，美国通用公司就对他进行了一系列调查，调查项目包括六项：①从他的熟人或朋友那里了解他的个人习惯；②在公共场合对他进行不合理的长时间监视；③派一些女孩和他搭讪，使他陷入非法的关系中；④打电话对他进行威胁或骚扰；⑤窃听他的通话内容；⑥实施长时间的调查等。经过审理，法院认为，只有在公共场合对他进行不合理的长时间监视和窃听他的电话通话内容对原告构成了侵扰他人安宁的隐私侵权。

现以第三项和第四项为例对美国通用公司的行为是否构成侵扰进行分析。依原告的陈述，美国通用公司派一些女孩和原告搭讪，并意图让她们与自己发生性关系。考虑到双方当事人之间的敌对关系，法院认为，被告派出去与原告搭讪的女孩不太可能是“谚语中象征和平的橄榄枝”，被告的目的是为了搜集原告的丑闻并掌握相关证据。基于这一目的，我们可以假设，原告主观上有独处和不受这些女孩打扰的愿望，并且这一愿望符合一般社会规范。所以，被告应该认识到这一点。虽然我们不知道这些女孩采取的具体措施是什么，但是，从“搭讪”一词就可以看出被告的意图。从狭义上来讲，主动接近别人并直接要求与其发生性交的行为是不正常的社会行为。从广义上来讲，美国通用公司的行为是超出社会规范的，可以被看做勒索的行为。因此，美国通用公司搜集勒索信息的行为对 Nader 构成了侵扰。因此，上文中列举的第三项行为侵犯了 Nader 的隐私权。

第二则案例是 Howell v. New York Post 一案[②]。在该案中，《纽约邮报》的摄影师进入一家私立精神病院，对一个声名狼藉的病人进行秘密拍照。但是，摄影师不小心将从旁边经过的原告也拍了进去。

---

① Nader v. Gen. Motors Corp., 25 N. Y. 2d 560 (1970) (applying the law of the District of Columbia).

② Howell v. New York Post, 612 N. E. 2d 699 (N. Y. 1993).

原告也是这家精神病院的病人，并且医生认为保守这一秘密是原告康复的关键。经过审理，纽约上诉法院指出，纽约普通法上不存在隐私权这一独立的权利，并且在侵犯隐私利益方面，制定法也只承认擅用使用他人姓名或者肖像的隐私侵权。法院认为《纽约邮报》的拍照行为不能构成擅自使用他人姓名或者肖像的隐私侵权，因为擅自使用他人姓名或者肖像的隐私侵权要求被告“为了广告或商业目的”而行为，而本案中被告是为了公共兴趣进行拍照的。因此，最后法院判决，被告的行为没有侵犯原告的隐私权。

如果上述案例发生在认可新的侵扰他人安宁的隐私侵权理论的地方，那么，摄影师就要承担责任了。并且，侵扰他人安宁的隐私侵权还可能是原告获得救济的唯一方法。因为原告对医院不享有财产权，被告的行为不符合侵入侵权的构成要件无法提起侵入侵权诉讼。原告又无法证明自己遭受了严重的精神损害，也无法提起故意施加精神痛苦的侵权诉讼。本案中的原告有排除摄影师获得其住院信息的主观愿望，这一秘密的隐秘性成为原告获得救济的依据。本案中的摄影师以违反社会规范的方式偷偷潜入精神病院对原告进行拍照，因此，可以推断出摄影师知道原告的主观愿望。被告为了搜集原告的信息，未经原告许可对原告进行拍照的行为明显构成侵扰。另外，被告获取原告私密信息的行为给原告精神上带来痛苦，并导致康复的延迟。因此，被告可能将承担较大数额的损害赔偿。

七、结语

100 多年前，美国普通法就开始以侵扰这一形式对隐私利益进行保护。虽然很多美国消费者都认为“不请自来”的促销电话侵犯了他们的隐私，但是，普通法上的侵扰他人安宁的隐私侵权理论没有给美国人提供任何救济的方式。这一分歧产生的原因是《美国侵权法复述（第二版）》对侵扰他人安宁的隐私侵权的错误解释，以及法院普遍适用这一解释的行为。

这一解释由威廉姆·普若瑟教授提出，后来被纳入《美国侵权法复述（第二版）》中。普若瑟教授认为，侵扰他人安宁的隐私侵权这一形式保护的是个人的精神利益，为个人遭受的精神痛苦提供救济，因此要求侵扰行为必须达到让一个有理性的人高度反感的程度。

布鲁斯丁和其他以哲学论断为依据的学者对普若瑟的观点提出了批评，他们认为，侵扰他人安宁的隐私侵权不只保护受害人的精神损害。《美国侵权法复述（第二版）》规定的侵扰构成是不正确的，应该予以抛弃。

侵扰他人安宁的隐私侵权的构成应当包括以下三个要件：①原告主观上有独处和排除被告打扰的愿望；②原告的主观愿望符合普遍认可的社会规范；③被告以侵扰的方式对原告的信息进行搜集。这一理论不仅扩展了侵扰他人安宁的隐私侵权的适用范围，还消除了法院和消费者之间的分歧，允许接到促销电话的消费者获得损害救济。并且，相比《电话用户保护法》，这一理论可以使受害人获得更多的损害赔偿。

第二编　家庭成员间的侵扰侵权

家庭成员谈话和通讯隐私的保护

理查德·C. 特金顿[①] 著　骆俊菲[②] 译

目　次

一、导论

在家庭内部发生纠纷时，家庭成员之间、恋爱对象之间、性伴侣之间都有可能会为了保护自己的利益或者出于怨恨和愤怒而秘密地录下对方与自己或其他人通电话时的谈话内容，或者查看对方的电子邮

---

① 理查德·C. 特金顿（Richard C. Turkington），美国维拉诺瓦大学法学院教授。
② 骆俊菲，中山大学法学院助教。

件或语音邮件。行为人未经许可，查看或记录其他家庭成员就家庭纠纷进行谈话的内容的行为，构成了对他人隐私的侵犯行为。本文探讨的是这类型侵犯隐私的行为是否违反法律。

家庭内部成员实施的窃听行为不会是大方公开地进行的，正如一般人都无法察觉到自己与别人的谈话是否被偷听，一个成功的偷听者（无论是家庭内部成员还是其他人）只会秘密实施窃听行为，家庭成员实施窃听行为同样是秘密进行的。即使受害者发现自己与别人的谈话被行为人偷听，其隐私受到行为人侵犯，但因为被窃听的谈话内容可能是令人尴尬的，所以受害者也可能不愿意出面指责行为人。尽管目前还没有学者提出一份针对全美国范围内窃听行为发生的范围和程度大小的调研报告，但是在 1976 年出版的一份有关电子监控相关法律的论文[①]隐晦地提及了家庭纠纷发生后容易出现非法监视行为的严重问题。这篇论文指出，美国联邦调查局（FBI）接到报告的非法有线窃听行为中有 79% 的行为人被确认是配偶、父母或者恋人。许多行为人都是在律师的指引和私人侦探的协助下实施窃听行为的。从该论文的数据中可以看出，配偶之间或者监护人对被监护人实施电子监控，窃听对方与别人的对话是很普遍的现象，法院审理关于家庭内部纠纷中出现的电子窃听行为的案件的增多暗示着这类行为发生的频率很可能正在上升；而且这些相关的案件还显示出，在处理家庭内部的纠纷过程中，配偶之间正越来越多地采用查阅对方的与纠纷有关的电子邮件以及追踪其电脑的使用记录等手段。

行为人对他人的谈话内容实施电子监控以及查阅他人的电子邮件的行为的合法性是一个复杂的问题，涉及多个法律部门。本文主要围绕这类行为涉及的隐私侵权问题进行讨论，其他方面则一笔带过。本文分为七个部分，其中第一部分为导论；第二部分指出了当行为人在处理配偶之间及监护人和被监护人之间的纠纷时使用电子监控手段可能威胁他人的合法权益；第三部分从两个方面的法律规定来分析行为人在处理配偶之间以及监护人和被监护人之间的纠纷时使用电子监控手段的合法性问题，这两方面的法律包括联邦与各州关于有线窃听和

---

① Nat'l Comm'n For The Review of Fed. & State Laws Relating to Wiretapping and Elec. Surveillance [hereinafter National Commission], Elec. Surveillance 160 (1976).

通讯记录保护的相关法律规定，以及普通法上关于侵扰他人安宁的隐私侵权行为的法律规定；第四部分主要根据《通讯记录保护法》讨论行为人从家庭电脑中下载其他家庭成员的电子邮件可能造成的隐私侵权问题；第五部分同样从联邦与各州关于有线窃听和通讯记录保护的相关法律规定，以及普通法上关于侵扰他人安宁的隐私侵权行为的法律规定两方面来分析，行为人通过违反这两类法律规定所获得的证据在有关离婚和监护的民事诉讼程序中是否会被法庭排除采纳；第六部分主要探讨法院是否可能通过颁布保护令和利用其他法律手段，以最大限度地限制合法的电子监控行为可实施的范围，以及防止行为人对家庭内部成员实施谈话或通讯监控行为时侵犯与纠纷无关的当事人隐私以保护非当事人的隐私权；第七部分为结语。

二、对配偶之间、监护人和被监护人之间实施监控可能威胁他人的合法权益

（一）他人的谈话内容中所包含的个人隐私

当行为人秘密记录他人的谈话、通讯内容或者拍摄他人的肖像时可能侵犯多种不同的合法权益。其中，谈话内容所包含的隐私是指他人的信息性隐私和他人的物理性隐私的其中一种重要形式。所谓“信息性隐私”，是指一种情形、一种价值、一种利益或一种权利，表现为信息主体限制其他人接近信息主体的个人事务。所谓“物理性隐私”，是指权利人可以自主决定谁可以进入他的私人的物理性空间或者接近他的身体的一种权利。他人的信息性隐私和他人的物理性隐私的某些部分是重叠的。如果行为人在他人的寝室内偷偷安装录音机，则行为人的行为既侵犯了他人的信息性隐私也侵犯了他人的物理性隐私。①

谈话内容所包含的隐私之所以值得人们重视，原因在于其具有特殊的本质属性与工具属性。一方面，有的学者和法学家认为隐私是一种基本的合法权益，是制定法赋予所有具有人格尊严的人所享有的合法权益，即与人格尊严紧密联系是隐私的本质属性。限制行为人获知

① See Hamberger v. Eastman, 206 A. 2d 239 (1964).

他人的谈话内容是他人享有人格尊严的一种表现。哲学家 Stanley Benn 曾经清楚地阐述了隐私与对他人的尊重之间的关系[①]，他认为行为人之所以实施未经许可而观察他人以致侵犯他人隐私的行为，根本原因在于行为人缺乏对观察对象（他人）的尊重。如果根据 Benn 的观点分析，则行为人秘密获取他人谈话的内容的行为会造成“对他人人格尊严的损害”[②]。另一方面，谈话内容包含的隐私具有工具属性，通过这些隐私可以构成自我人格。人们应当知道，自己与别人的谈话或别人之间的谈话都具有私人性质，不能随意去探听或公开谈话的内容，这对于建立或改变人际关系甚至政治局势都是非常重要的。[③]正如一些法学家所言，“任何人对着录音机讲话的方式与对着别人讲话的方式都是不同的。”[④]换言之，人们会根据说话的对象不同而改变自己的讲话方式，这些改变都是因人而异的、独特的，因而谈话的内容是私人的，不能被随意打听或公开的。而且，谈话内容包含的隐私能引起即时的思想表达和情感宣泄，这些都能帮助别人了解说话者也能帮助说话者了解别人，谈话内容包含的隐私因而被认为是构成自我人格的基本元素。同理，诸如电子邮件这类无须人类的声音进行沟通的方式中所包含的个人隐私也具有与人格尊严紧密联系的本质属性以及构成自我人格的工具属性。

（二）配偶之间及监护人对被监护人实施监控所维护的合法权益

配偶之间及监护人对被监护人实施监控所维护的合法权益，即行为人认为自己有权利对配偶或被监护人实施电子监控，甚至在某程度上侵犯他们的谈话与通讯隐私的理由是，监护人或父母拥有父母对有关抚养子女的各项事务的决定权，监护人或父母是为了孩子的最大利益而实施监控的，而且他们还认为在有关离婚或监护问题的民事诉讼

① See Stanley I. Benn, Privacy, Freedom, and Respect for Persons, in Privacy: Nomos XIII 1 - 26 (J. Roland Pennock & John W. Chapman eds., 1971).

② See Edward J. Bloustein, Privacy as an Aspect of Human Dignity: An Answer to Dean Prosser, 39 N. Y. U. L. Rev. 962, 974 (1964).

③ See United States v. United States Dist. Court for E. D. Mich., 407 U. S. 297 (1972).

④ See Blood, 507 N. E. 2d at 1036 (quoting Holmes v. Burr, 486 F. 2d 55, 72 (9th Cir. 1973) (Hufstedler, J., dissenting)).

中，有必要让法官了解完整的事实真相。

在美国，社会一直很重视父母对于抚养、教育子女的各项事务的决定权。[①] 所谓父母对于抚养、教育子女的各项事务的决定权，是指在子女成年以前，父母有权为子女做大多数的决定，包括决定是否侵犯子女的信息性隐私和物理性隐私。因为在法律上不承认未成年人有做出同意决定的能力，父母甚至可以查阅子女的医疗记录以及同意医生实施对子女有利、但侵犯子女物理性隐私的医疗程序。在一些案例中，尽管父母的决定不是为了子女物理性的隐私或情感的最大利益而做出的，但是法院依然判决支持父母的决定。[②] 不过，为了子女的最大利益，法官也可能作出侵犯父母的信息性隐私或物理性隐私权益的判决。例如，在虐待或性虐待子女的有关案件中，如果需要对涉案的父母进行精神病检查，那么，父母保护个人隐私以及健康信息的权益必须让位于子女的身心健康权益，为了子女的权益，医疗人员必须公开涉案父母的检查结果。

（三）有关配偶之间及父母对子女实施电子监控行为案件的复杂性所在——如何平衡双方的合法权益

配偶之间及父母对子女实施电子监控行为案件所具有的几个特征，使案件的复杂性增加，法官为了平衡双方的权益必须考虑多种因素。

1. 电子监视行为的普遍性

通过有线监听或者安装窃听器来实施电子监控是目前非常普遍的现象。无论行为人通过对电话进行有线监听、安装窃听器来窃听他人的对话，还是下载他人的电子邮件或者语音邮件，只要行为人没有获得说话者或邮件所有人的同意，行为人的行为就侵犯了他们的谈话内容所包含的隐私或通讯隐私。即使行为人有合法正当的理由针对通讯双方的其中一方实施窃听行为，这种行为仍然侵犯了另一方的隐私，则另一方成为日渐泛滥的电子监控技术的无辜受害者。目前，先进的电子监控技术可以使技术的使用者（包括执法者）查阅到甚至超出

① See Meyer v. Nebraska, 262 U. S. 390 (1923); Wisconsin v. Yoder, 406 U. S. 205 (1972).

② See, e. g., State v. Rogers, 20 P. 3d 166, 169 (Okla. Civ. App. 2001).

法律权限公开普通人的具有高度私密性的个人信息。笔者认为，目前关于电子监控行为的相关法律没有充分考虑电子监控行为的普遍性，如果能够充分考虑电子监控行为的这种性质，法官在审理配偶之间及父母对子女实施电子监控行为的案件时就可以较好地平衡双方的权益，保护他人的谈话内容包含的隐私以及通讯隐私免受行为人的侵犯。

2. 父母的决定权与未成年人子女的最大利益之间的博弈

父母有权决定是否运用电子仪器窃听未成年子女与别人的对话或通讯，但是如果这种窃听或监视并不是为了子女的最大利益，或者侵犯了未成年人用于交流的自我决定权，那么，父母的决定权会受到限制。如前文所言，子女的最大利益优先于父母对于抚养子女的决定权和父母对个人信息享有的隐私权。此外，法律制度逐渐将某些传统上只能由父母来决定的问题交由未成年子女自己决定。[①] 一些以实践为基础的研究显示，未成年人在达到传统观念中认定的成年年龄之前已经有能力做出一些很重要的决定，许多学者的评论以及相关法律对未成年人是否能够自己做决定这一问题的探讨都集中以这些研究为基础来展开。[②]有几个州的制定法已经规定了“成熟的未成年人”（mature minors）的概念，规定这类未成年人有权自行决定是否同意医生对自己实施医疗救治以及精神疗法。[③]精神治疗医师认为对于精神疗法的实行，未成年人的知情同意（informed consent）权有助于未成年人的精神健康的治疗。这些州法律的规定具有重要意义，因为过去学者们坚持认为在子女满 18 周岁（或根据某些州法律为 21 周岁）之前，父母对于未曾独立生活的子女的生活拥有决定权，但是现在这种狭隘的观点已经被代之以更为灵活的观点。上述这些州的法律认为，只要

① See Kellie Smidt, “Who Are You To Say What My Best Interest Is?” Minors' Due Process Rights When Admitted by Parents for Inpatient Mental Health Treatment, 71 Wash. L. Rev. 1187 (1996).

② See Richard E. Redding, Due Process Protections for Juveniles in Civil Commitment Proceedings 24 (Elissa C. Lichtenstein et al. eds., 1991).

③ See Tania E. Wright, A Minor's Right to Consent to Medical Care, 25 Howard L. J. 525, 528 - 538 (1982).

未成年人的认知能力达到一定水平，就有权自主决定某些事项而不必事事遵循父母的意见。这种围绕子女的最大利益所发生的法律的革新，改变了未成年人的决定权与父母的决定权各自的范围，法官在审理有关父母对子女实施电子窃听行为的案件时应当将这种情况考虑在内。

三、联邦与各州关于《有线监听法》、《通讯记录保护法》的规定及普通法上侵扰他人安宁的隐私侵权行为的相关法律规定

他人的谈话内容中所包含的个人隐私及他人的通讯隐私都具有重要价值，因此法院在对有关配偶之间及父母对子女实施电子监控行为的案件的审理中，需要适用多种有关的法律规定，其中三种类型的法律规定为：联邦制定的有关有线监听和通讯记录保护的多部法律，州制定的有关有线监听和通讯记录保护的多部法律，以及普通法上侵扰他人安宁的隐私侵权行为的相关法律规定。

（一）《联邦有线监听法》（以下简称《有线监听法》）的立法背景

如果行为人偷录他人的电话通话内容和面对面的对话，或者查阅他人的电子邮件和语音邮件，则其行为首先会受到联邦和州制定的关于有线监听和通讯记录保护的法律规定所制约。联邦制定的关于《有线监听法》由于缺乏清晰性而备受批评。[①]所以，在分析相关法律之前，本文需要首先阐释一些基本的概念，介绍相关的联邦法律的结构以及指出法律规定不清晰之处，为读者更好地理解本文打下基础。

美国联邦最高法院在1928年审理的Olmstead v. United States一案[②]中提出，政府执法人员实施的有线监听行为不构成《美国联邦宪法第四修正案》所规定的搜查行为（search）。审理此案的首席大法官Taft在判决书中说道，执法人员将电子窃听设备安装在原告住所外的电话线上，并没有造成对原告房屋的物理性侵入，因此执法人员的

① See United States v. Smith, 155 F. 3d 1051, 1055 (9th Cir. 1998).

② 277 U. S. 438 (1928).

有线监听行为不构成搜查行为。但是，该案的判决书中同时提到，原告电话通话内容所包含的个人隐私可以通过立法机关的直接立法来加以保护。1934 年，国会对于美国联邦最高法院的这一意见做出了回应，颁布了《美国联邦通讯法》。[①]《美国联邦通讯法》第 604 条从几个具体方面规定禁止行为人实施窃听他人谈话的行为。证明行为人实施的行为违反《美国联邦通讯法》的证据将会被州法院采纳。但是，司法部和 FBI 认为《美国联邦通讯法》第 605 条仅仅限制"泄露"（divulge）窃听内容的有线监听行为。之后，美国联邦最高法院要求严格限制《美国联邦通讯法》第 605 条的适用，认为在行为人实施了通讯监控或者安装窃听器进行窃听的行为但没有实施有线监听行为的案件中，行为人实施电子窃听行为必须同时构成物理性侵入他人住所的行为才能够适用该条法律规定。[②]

在 1967 年，审理 Katz v. United States 一案[③]的法院推翻了 Olmstead 一案的判决，不再以行为人的行为是否构成物理性侵入他人住所的行为作为认定搜查行为的判断标准。[④]在 Katz 一案的判决中，法院提出如果他人对于自己与别人的谈话拥有合理的隐私期待，则政府执法人员使用电子监控手段窃听他人的谈话就构成了搜查行为。法官这种观点的改变，从以行为人的行为是否构成物理性侵入他人住所行为为标准（该标准以《美国联邦宪法第四修正案》定义的搜查行为为基础）到以他人的隐私期待为判断标准，这种改变具有重要意义。Katz 一案的判决开启了现代信息性隐私权立法的新时代。尽管 Katz 一案的判决中提出的以个人隐私期待为认定搜查行为的判断标准的说法存在不少问题，但是这一观点具有重要意义，因为只有在当事人拥有的隐私期待受到法律承认时，我们才有可能探讨如何完善私人领域或者公共领域内的信息性隐私权保护。[⑤]

---

① Federal Communications Act of 1934, ch. 652, 605, 48 Stat. 1103 (1934) (amended by 47 U. S. C. 605 (1968)).

② Compare On Lee v. United States, 343 U. S. 747, 749 - 751 (1952); Silverman v. United States, 365 U. S. 505 (1961).

③ 389 U. S. 347 (1967).

④ 277 U. S. 438 (1928).

⑤ See Shulman v. Group W Productions, Inc., 955 P. 2d 469, 479 (Cal. 1998).

由于《美国联邦通讯法》第605条对个人隐私的保护有限，而且在Katz一案后，各法院纷纷依据《美国联邦宪法》保护人们谈话所享有的隐私权，民众对个人隐私的期待在增加。因此，为了回应人们的隐私期待，国会首次颁布了一部保护范围广泛的联邦制定法——《综合控制犯罪与街道安全法》来规范各种形式的对个人谈话实施的电子监控。这部颁布于1968年的法律的第三编（《有线监听法》）规范了任何形式的、由联邦政府实施的、州政府实施的或者私人实施的对他人谈话的电子监控行为。[①] 国会颁布《有线监听法》的目的有多个，其中一个目的就是针对政府执法部门在调查犯罪行为的过程中实施的有线监听行为设置行动权限和行为标准。这是因为不少立法者认为，为了应对日益增长的有组织犯罪所带来的威胁，法律应当清楚地赋予政府部门实施电子窃听行为的权限。国会颁布《有线监听法》的另外一个目的是保护个人隐私，以免他人的个人隐私在家庭纠纷的处理过程中或者在商务交往中，受到行为人实施的有线监听行为的侵犯。《有线监听法》除了禁止"任何人"窃听他人的谈话之外，还明确规定了他人可以要求行为人给予损害赔偿的最低限额，一条证据排除规则，以及规定他人有权要求行为人承担有诉讼引起的律师费以及诉讼费等，这些规定都反映出《有线监听法》注重保护私人谈话内容所包含的个人隐私。

不过，《有线监听法》的保护范围较小，仅仅适用于保护谈话内容所包含的隐私，因为该法律规定只禁止行为人窃听他人的"有线通讯或口头交流"。所谓的有线通讯，是指通过通讯电缆将人的声音从发出声音的起点传输到接受点的沟通方式，这种沟通方式的典型例子是打电话。而所谓的"口头交流"的典型例子则是面对面的交谈。《有线监听法》所规定的有线监听是一种窃听他人的有线通讯的方式；而该法规定的通过安装录音机或者话筒来窃听他人的对话则是一种窃听他人的口头交流的方式。总体而言，《有线监听法》禁止行为人未获得法庭命令的授权或通讯双方中任何一方的同意的情况下，实

① See generally Jeremiah Courtney, Electronic Eavesdropping, Wiretapping and Your Right to Privacy, 26 Fed. Comm. B. J. 1 (1973); James G. Carr & Patricia L. Bellia, The Law of Electronic Surveillance (West 2001).

施窃听他人的有线通讯或者口头交流的行为。

（二）1986年颁布的《联邦电子通讯隐私法》

在1968年颁布《有线监听法》的时候，国会希望通过该法来应对当时在美国保护隐私的相关法律不足的问题。《有线监听法》的矛头直指当时政府或私人实施的窃听他人通讯的电子监控行为，这些行为主要通过有线监听他人的电话，或者通过在谈话场所内的其他人身上放置小型录音机或者话筒来实现。但是，从《有线监听法》颁布的1968年到1986年这十几年间，通讯技术发展有了质的飞跃。在1986年以前，通讯手段只有电话、面对面交谈和各企业内部自行用语和管理的通讯系统（非公共通讯企业建设的系统），但是在今天，人们可以通过无线电话系统传播的电波信号进行通讯，许多公司通过租用公共通讯企业的通讯系统来建立内部的私人电话系统，而且越来越多人使用电子邮件和传真机等电子技术手段进行通讯，当今的通讯方式与以前的通讯方式已经不可同日而语。

1986年，为了应对科技的发展，国会修改了《有线监听法》，颁布了《联邦电子通讯隐私法》。《联邦电子通讯隐私法》与《有线监听法》最大的区别是适应了新科技的发展，增加了“电子通讯”的概念。[①]总体而言，《联邦电子通讯隐私法》禁止行为人窃听或者未经许可而查阅他人的电子通讯记录。这一规定将行为人对他人的数字通讯、电子邮件、移动电话以及描笔电子记录器实时监控的行为都纳入《联邦电子通讯隐私法》规范的范围内。尽管《联邦电子通讯隐私法》对联邦法律的某些重要方面进行了重构和延伸，但是它同时也使《有线监听法》原有规定的某些部分显得更混乱。《联邦电子通讯隐私法》修改了原有的《有线监听法》。现行的《联邦电子通讯隐私法》分为三个条文，前文所述的有线监听法只是《联邦电子通讯隐私法》的第一编，该条针对的是行为人窃听他人谈话的行为；《联邦电子通讯隐私法》的第二编则规范了行为人查阅他人的电子邮件、传真信件以及语音邮件的行为；《联邦电子通讯隐私法》的第三编主

① See Committee on the Judiciary, The Electronic Communications Privacy Act of 1986, H. R. Rep. No. 99-647, at 2 (1986).

要针对行为人使用来电追踪设备的行为，例如利用来电显示的行为。

（三）《联邦电子通讯隐私法》的适用范围与救济

与本文最为密切相关的是《联邦电子通讯隐私法》的第一编和第二编，本文的以下部分仍然将《联邦电子通讯隐私法》的第一编称为《有线监听法》，而第二编则称为《通讯记录保护法》。

《有线监听法》和《通讯记录保护法》既适用于政府的执法行为，也适用于私人的监控行为。《有线监听法》规定，如果行为人违反该法律规定，故意窃听他人的谈话，他们可能就其窃听行为对他人承担刑事责任或者民事责任。根据《有线监听法》，他人可以要求行为人就其窃听行为造成的实际损害对其承担损害赔偿责任以及给付惩罚性赔偿金，如果法院判决行为人就其窃听行为向他人给付惩罚性赔偿金，行为人给付的赔偿金最低数额为 1 万美元；胜诉的一方还可以要求对方负担律师代理费用和相应的诉讼费。《有线监听法》还规定了一条严格的证据排除规则：禁止法院和行政机构将行为人使用违反《有线监听法》的手段获取的他人的谈话录音采纳为证据。

相比之下，《有线监听法》与《通讯记录保护法》在适用范围和救济手段上有较大差别。二者的相似之处在于，这两条法律规定既适用于政府的执法行为，也适用于私人的监控行为，而且都支持受害人获得实际损害赔偿以及惩罚性赔偿；而二者的区别在于，《通讯记录保护法》规定的最低赔偿数额比《有线监听法》的规定的最低赔偿数额更低，仅为 1000 美元。而且最重要的是，《通讯记录保护法》虽然规范行为人查阅他人的通讯记录的行为，但是并不禁止法院采纳行为人通过实施违反法律规定的手段所获得的他人的通讯记录作为证据。此外，关于哪些类型的监控行为需要获得法庭命令的授权的问题，《有线监听法》的规定比《通讯记录保护法》的规定更为严格。

尽管《有线监听法》和《通讯记录保护法》似乎比各州的法律为私人谈话和电子通讯记录提供更多的安全保障，但实际情况并不尽然。比如，根据《联邦电子通讯隐私法》的第一编（《有线监听法》），通讯双方中的任何一方同意行为人对他们的谈话进行录音，行为人的监听行为就是合法行为。但是，根据佛罗里达州、费城、马里兰州以及加利福尼亚州的有关有线监听行为的法律，行为人必须获得谈话双方的同意才可以对他们的谈话进行录音，否则，该窃听行为构成违法行为。

（四）配偶之间在住所内实施窃听行为是否构成《有线监听法》适用的例外

正如前文所言，《有线监听法》所规定的“有线通讯”的形式包括了打电话。《有线监听法》特别提出禁止“任何人”未经法庭命令的授权或者未获得谈话双方的任何一方的同意，窃听他人的有线通讯。尽管《有线监听法》并没有规定该法不适用于夫妻一方未经另一方同意偷录另一方的谈话的情形，但是有几个法院在一些案例中开创先例，判决在特定情形下，配偶一方在住所里偷录另一方的电话交谈的行为，不会触犯《有线监听法》。有学者将这一类例外情形称为《有线监听法》适用的“配偶窃听”例外规则或者“婚姻/家庭”纠纷例外规则。

1974 年，美国联邦第五巡回上诉法院通过 Simpson v. Simpson 一案[①]的判决，将某些配偶之间对对方实施电子监控的行为排除在联邦《有线监听法》的适用范围之外。在 Simpson 一案的判决中，法院认为该案中的丈夫因为怀疑妻子不忠，而在住所内偷录妻子与别人的电话谈话的行为没有违反《有线监听法》。实际上，《有线监听法》的内容简单，它并没有规定配偶之间相互实施的或家庭纠纷处理过程中家庭成员实施的窃听行为不受《有线监听法》的规范，而且《有线监听法》第 2511 条规定“任何人”（无论行为人是否是他人的配偶或家庭成员）故意实施电话窃听行为都有可能需要对他人承担刑事责任或者民事责任。但是审理 Simpson 一案的法官认为，配偶之间的有线监听行为不适用《有线监听法》，应当是该法所暗示的一个规则，法官的理由是：一方面，国会在通过《有线监听法》时并不希望法院适用该法会造成强行干预当事人的婚姻纠纷的效果或者导致该法与州法律确定的配偶之间实施某些侵权行为可以免责的某些规则相冲突；另一方面，《有线监听法》明确规定，用户正常使用电话分机的行为不构成违法行为，这就说明了配偶之间在住所内实施偷听对方电话的行为不在《有线监听法》的规制范围内。但是，Simpson 一案

---

① 490 F. 2d 803 (5th Cir. 1974).

的判决并没有得到多少人支持，只有美国联邦第二巡回法院在Anonymous v. Anonymous一案①的判决中遵循了第五巡回上诉法院提出的配偶之间实施窃听行为不违反有线监听法的判决。其他大部分的联邦巡回法院在后来的案件审理中都依据《联邦电子通讯隐私法》的规定并不承认配偶一方在住所内对另一方实施有线监听行为不受《联邦电子通讯隐私法》的规制，大部分的法院也不承认《有线监听法》不适用于配偶一方在住所内对另一方实施有线监听行为的情况。②

尽管在Simpson一案和Anonymous一案中，法院判决认为实施窃听行为的配偶一方无需就其行为对另一方承担法律责任，但是协助实施窃听行为的其他人如私人侦探的行为则违反了《有线监听法》。

根据《有线监听法》，面对面交谈属于“口头交流”的一种，因此，行为人在室内或者他人身上放置录音器材（一般称为“窃听器”）用于将他人的面对面交谈记录下来的行为应当受到有线监听法的规制，属于该法规定的窃听口头交流的行为。如果配偶一方在住所内安装录音器材记录另一方与第三人的面对面交谈，那么，这种行为的性质与记录另一方的电话交谈的行为性质完全一样。因此，如果《有线监听法》不适用于配偶一方在住所内对另一方的电话谈话实施的窃听行为，则《有线监听法》也不适用于配偶一方在住所内对另一方与第三人的面对面谈话实施的窃听行为；而如果以上两种行为中，前一种行为应当受到《有线监听法》的规制，后一种行为同样应当受到《有线监听法》的规制。但是，与配偶之间的窃听行为相类似。同样，发生在家庭内部的父母对孩子实施的窃听行为，应当从不同的角度进行分析，下文将对此做详细探讨。

（五）父母对孩子的谈话进行录音行为

当出现监护纠纷时，父母对孩子与第三人（通常是配偶中的另一方）的谈话进行录音是很普遍的现象。③无论是联邦还是州的《有线监听法》的相关法律规定都对这种窃听行为持较为宽容的态度，

---

① See Anonymous v. Anonymous, 558 F. 2d 677 (2d Cir. 1977).

② See Jeremiah Courtney, Electronic Eavesdropping, Wiretapping and Your Right to Privacy, 26 Fed. Comm. B. J. 1 (1973), at 3－172 to 3－173.

③ See Jonathan E. Niemeyer, Note, All in the Family: Interspousal and Parental Wiretapping Under Title III of the Omnibus Crime Act, 81 Ky. L. J. 237, 247 (1993).

因为法院倾向于将这种行为视为正常的电话分机使用行为或者认为由于父母有替代子女表示同意的权利，因此，这种窃听行为可以看做事前经过子女同意的窃听行为。

1. 电话分机的正常使用行为

《有线监听法》明确规定了该法不适用于电话用户使用电话分机来偷听电话主机内正进行的通话的行为，即电话分机的正常使用行为不属于该法规定的窃听行为。通过电话分机进行偷听的行为经常表现为在工作场所内雇主通过电话分机对员工的电话谈话进行录音的行为。某些法院将这一例外原则适用于离婚后拥有子女监护权的父母对子女与别人的谈话进行录音的有关案件中。在众议院司法委员会召开的听证会上，各界人士就《有线监听法》规定的电话分机的正常使用行为的范围展开了讨论，Herman Schwartz 教授代表美国公民自由协会发言时说道："我想没有人会希望将一位父亲偷听自己未成年女儿谈话的行为当做犯罪行为。"[①] Schwartz 教授与某些法官都认为，联邦和州的制定法都应当将父母通过家里的电话分机对子女的电话谈话进行录音的行为作为《有线监听法》适用的例外，而不应当将这种行为作为窃听行为进行规制。[②]

尽管某些法院的判决将由于婚姻纠纷引起的配偶之间相互窃听对方的谈话的行为，以及父母通过电话分机窃听子女的电话谈话的行为排除在《有线监听法》所规制的电子监控行为的范围之外，但是这种排除规则的适用不仅受到严格的限制，而且一直以来备受批评。[③] 从《有线监听法》的措词用语以及其立法史记录来看，很少有学者支持婚姻纠纷例外规则，其他学者甚至严厉批评该例外规则是不具有正当性的规则。大部分的法院都不承认婚姻纠纷例外规则，许多法院也拒绝将行为人通过电话分机对他人的电话谈话进行录音的行为认定为窃听行为的例外。

---

① Hearings on the Anti - Crime Program Before Subcomm. No. 5 of the House Comm. on the Judiciary, 90th Cong., 1st Sess. 901 (1967).

② See Scheib v. Grant, 22 F. 3d 149, 154 (7th Cir. 1994); Newcomb v. Ingle, 944 F. 2d 1534, 1536 n. 5 (10th Cir. 1991); Anonymous, 558 F. 2d at 679.

③ See Jeremiah Courtney, Electronic Eavesdropping, Wiretapping and Your Right to Privacy, 26 Fed. Comm. B. J. 1 (1973), at 3 - 615.

然而，有些法院尽管没有直接承认这两种行为不属于窃听行为，[①] 但是确认为父母拥有替代未成年子女做出同意表示的决定权，如果父母对子女的谈话进行窃听或录音，可以推定该窃听行为在实施前已经获得了谈话双方的其中一方的同意（实施窃听行为的父母替代子女表示同意），符合联邦和州的有关《有线监听法》的规定的要求，因而，父母有权利对子女的电话谈话实施电子窃听行为。

2. 替代同意权

根据《有线监听法》，如果行为人在实施监听行为之前获得了谈话双方中任何一方的同意，则行为人的行为不构成违法行为。这个单方同意原则在大部分的州关于有线监听行为的相关法律规定中都有体现。未成年人的父母或者其他监护人有权利为了未成年人的最大利益代替未成年人做出同意决定。但是，父母拥有对子女的替代同意权是否意味着父母可以代替子女同意其他人偷录子女与第三人之间的谈话？如果某个州的法律规定父母有替代子女决定是否接受某些医疗措施的权利，是不是意味着父母对于别人对其子女实施的、受到《有线监听法》所规制的窃听行为也有同样的替代同意权？如果窃听行为是由父母中的一方实施的，窃听的内容是子女与父母中的另一方的谈话时，实施窃听行为的父母中的一方是否有替代子女表示同意的权利？某些法院的判决对这些问题都给出了肯定的回答，而且法官越来越倾向于承认替代同意权构成免责理由，对子女实施了窃听行为的父母可以替代同意权作为抗辩，主张自己并没有侵犯他人的隐私权。

美国联邦第十巡回上诉法院是承认父母的替代同意权构成《有线监听法》上的抗辩理由的首个美国联邦上诉法院，该法院在 Thompson v. Dulaney 一案[②]的判决中首次提出这一观点。在该案中，被告 Denise Dulaney 与其丈夫原告 Thompson 在分居期间，和自己的未成年子女居住在 Dulaney 的父母家中，被告对她的未成年子女与原告之间的几次对话进行了录音，并且将对话内容转抄成文本，分发给被告的家人、律师以及被告聘请的专家证人。其中，两份文本在

---

① Pollock, 154 F. 3d at 610.

② 970 F. 2d 744 (10th Cir. 1992).

Thomson 与 Dulaney 夫妇就孩子的监护权归属提起的诉讼中被作为专家证人的宣誓证词的一部分，被法庭采纳为证据。Thomson 于是提起诉讼，控告 Dulaney 以及她的父母、律师、她聘请的专家等人违反《有线监听法》，违法录音并泄露 Thompson 与孩子之间的对话内容。

受理 Dulaney 一案的地区法院一审判决认为，被告的行为属于配偶之间实施的窃听行为，其行为没有违反《有线监听法》。原告不服提起上诉。第十巡回法院依照该院在早前的一个案例中的判决拒绝承认《有线监听法》不适用于配偶之间实施的窃听行为，推翻了一审判决，并将 Dulaney 一案发回一审法院重审，而且要求一审法院根据一审法院所在州的法律确认拥有监护权的父母对子女的替代同意权是否构成《有线监听法》上的抗辩理由。在重审中，地区法院认定，根据州法律，被告 Dulaney 作为孩子的监护人有权利为了孩子的最大利益代表孩子做决定。[①]因此，法院认为，根据《有线监听法》，如果被告为了充分履行作为孩子的监护人的职责而“基于善意、客观、合理的理由认为，代表其未成年的孩子同意实施电话录音是必要的”，那么，被告有权利代表孩子对窃听行为做出同意表示。

大多数的联邦法院和州法院在审理有关父母对孩子实施监听行为的案件过程中，都会考虑适用父母替代同意权这一原则来免除父母违反《有线监听法》所需要承担的法律责任，该原则曾经被适用于有关父母中的一方窃听未成年子女与另一方的谈话或者与第三人的谈话的案件中。[②]

（1）替代同意抗辩的限制。替代同意抗辩是否能够免除父母违反《有线监听法》所需要承担的法律责任，应当根据案件的具体情况来决定。法官一般会考虑未成年孩子的年龄以及父母实施监控行为的目的，Pollock v. Pollock 一案[③]便集中反映了法官对于替代同意抗辩的态度。Samuel Pollock（下文简称 Samuel）和他的现任妻子 Laura Pollock（下文简称 Laura）起诉了 Samuel 的前妻 Sandra Pollock（下文

---

① Thompson v. Dulaney, 838 F. Supp. 1535, 1544 (D. Utah 1993).

② See Diaz, 706 A. 2d at 270.

③ 154 F. 3d 601 (6th Cir. 1998).

简称 Sandra）以及 Sandra 的两个律师，他们起诉的理由是，Sandra 及其律师将他们 4 岁的孩子 Courtney Pollock（下文简称 Courtney）与 Samuel 和 Laura 之间的对话进行录音并将录音内容公开。在该案中，Courtney 与 Sandra 共同居住，被偷录的那段电话录音是 Sandra 通过电话分机偷听 Courtney 与 Samuel 夫妻打电话时偷录的。审理该案一审的地区法院适用简易判决程序驳回了原告的诉讼请求。原告不服提起上诉，第六巡回上诉法院在上诉审中，认同了地区法院选择使用替代同意权原则作为认定被告是否需要承担法律责任的判断标准的做法，但同时将案件发回重审并要求地区法院确认 Sandra 实施电话录音行为的目的是否与替代同意权的要求相一致。巡回法院的理由是，一审的法庭记录无法显示出 Sandra 进行录音的动机是否是真诚地为了保护孩子的最大利益。如果 Sandra 进行电话录音的目的是为了“获悉 Courtney 与其代理律师之间的交流的内容”，或者只要在某种意义上不是为了保护孩子的最大利益，Sandra 就不能依据替代同意抗辩主张自己无须承担法律责任。当案件的证据具有争议性时，实施窃听行为的父母的动机就成为一个事实问题，这个问题的答案足以成为法庭驳回被告请求法庭适用简易判决程序的申请的理由。①

（2）父母实施窃听行为的动机的判断标准。正如联邦第六巡回法院在 Pollock 一案的判决书中所暗示的那样，父母对子女与别人的对话实施窃听行为的动机对于判断他们主张的替代同意抗辩是否成立是非常关键的。审理 Pollock 一案的法院以及一些其他法院都认为，父母是否“出于善意的、客观的、合理的理由相信代替子女同意窃听行为的实施对于保护子女的幸福快乐是必要的”可以作为父母实施窃听行为的动机的判断标准。② 但有的法院采取了更为严格的判断标准，例如，阿拉巴马州的法院认为，在上述标准的基础上，父母还必须提供证据证明他们是善意地、客观地、合理地相信“他们的未成年孩子正受到父母中的另一方的虐待、威胁或恐吓”。③

（3）对替代同意抗辩的批判。尽管各法院不愿意认可配偶之间

① See Kroh v. Kroh, 567 S. E. 2d 760, 764 (N. C. Ct. App. 2002).

② Pollock, 154 F. 3d at 610.

③ Silas v. Silas, 680 So. 2d 368, 371 (Ala. Civ. App. 1996).

实施窃听行为不违反《有线监听法》，但是各法院却没有对父母拥有的替代同意权可以成为父母对子女实施窃听行为的免责理由这一原则提出严厉的批评或者进行严格的审查，这是令人吃惊的。笔者认为，根据《有线监听法》，替代同意抗辩根本不能成立，其中影响替代同意抗辩成立的一些问题是：①共同监护问题；②利益的非一致性问题；③窃听对象范围的最小化原则。下文将会详细说明笔者的这一观点。

第一，共同监护问题。法官们支持替代同意抗辩成立的其中一个理由是，根据各州法律，父母对于抚养孩子的方方面面都拥有决定权。因此，只要父母中的任何一方同意行为人对孩子实施窃听行为，就相当于行为人在窃听行为实施前获得了谈话双方的任何一方的同意，行为人的行为因而具有了合法性。换言之，父母的替代同意与孩子的同意具有相同的功能，可以免除实施窃听行为的行为人（如父母中任何一方、律师或者私人侦探）的法律责任，这与前文所提的在联邦和各州的有线监听行为相关法律中明确规定的单方同意原则是相一致的。但是，近几年在大部分州，父母离婚后对子女的共同监护模式有了一些新发展，而上述观点则忽略了共同监护模式的一些新特征。①

在传统的监护模式里，离婚后父母一方，通常是母亲同时拥有对孩子的法定监护权和生活监护权。所谓法定监护权，是指监护人对于抚养孩子的一些重要问题拥有决定权，如上哪所学校和是否接受医药治疗等。所谓生活监护权，是指监护人对于孩子的生活起居问题拥有决定权。这种传统的单方监护模式保证拥有监护权的父母同时拥有了法定监护权和生活监护权，但是没有监护权的另一方父母则只有探视权。

在 1980 年，共同监护模式在加利福尼亚州首次得到采用。共同监护模式改变了父母双方抚养子女责任的分配。在共同监护模式里，通常只有父母的一方拥有生活监护权，但是父母双方共同拥有法定监护权。一位著名学者曾经在其论文中提到，离异父母安排共同监护事

---

① See D. Kelly Weisberg & Susan Frelich Appleton, Modern Family Law: Cases & Materials 844 (2d ed. 2002).

宜的时候，常常共同决定子女的生活起居、教育、宗教信仰、医药治疗以及其他公共福利[①]问题等各项事宜。因此，在实行共同监护模式的前提下，在离异后父母对子女实施窃听行为的案件当中，替代同意抗辩是无法成立的：首先，如果替代同意抗辩成立，则父母中任何一方对于窃听行为单方表示同意即可以使实施窃听行为的行为人免于承担侵犯未成年孩子隐私权的侵权责任，对于未表示同意的父母中另一方而言，共同监护权形同虚设。其次，如果父母双方同时享有替代同意权，则父母双方中任何一方单方作出的同意表示无效。最后，如果父母双方同时享有替代同意权，则根据有关法律，拥有生活监护权的父母一方要想对没有生活监护权的父母一方与子女的谈话进行录音就必须获得没有生活监护权的父母一方的同意，而这明显是不太可能实现的。

目前还没有学者实质性地探讨过州法律规定的共同监护模式对于《有线监听法》上的替代同意抗辩的适用有什么影响。西弗吉尼亚州在 West Virginia ex rel. Wright v. David L. 一案[②]的判决中提出，只有拥有生活监护权的父母一方才有替代同意权。在该案中，被告 David 与他的妻子 Lisa 分居后，Lisa 获得了他们 6 岁的双胞胎女儿 Chelsea 和 Ashley 以及 5 岁的儿子 Joshua 的临时监护权。Lisa 与三个孩子一起居住在她与 David 婚后居住的房子里。但是，在提出离婚前，David 让他的母亲趁着照顾子女的时候，将一个声控录音机放置在孩子们的卧室里并录下了分居期间子女卧室里发生的对话的内容。David 在听过了录音机的录音之后将录音磁带交给了他的律师。之后，律师又将录音磁带交给了一位家庭服务公司的一位精神治疗医师，这位医师同时也是西弗吉尼亚州健康与人力资源部的儿童保护服务社工。随后不久，在审理 Lisa 和 David 的监护权诉讼中，法院采纳了这些录音证据，并判决 David 取得子女们的生活监护权。Lisa 于是向法院起诉 David 侵犯了孩子的隐私权。关于被告的录音行为是否符合西弗吉尼亚州的法律规定的问题，审理 Wright 一案的法院认为，替代同意抗

① See Harold Homer Clark, Jr., The Law of Domestic Relations in the United States, 20. 2, 482 (2d ed. 1988).

② 453 S. E. 2d 646 (W. Va. 1994).

辩符合该州关于窃听的制定法规定，但是没有生活监护权的父母一方不得代替子女同意对有生活监护权的父母一方的家中发生的谈话实施录音行为。因此，案中被告的录音行为违反了《有线监听法》，不得作为监护权诉讼的证据被法院采纳。

当没有生活监护权的父母一方也拥有对抚养未成年子女诸多事宜的共同决定权的时候，法院将决定是否允许行为人侵犯未成年子女隐私权的决定权交给有生活监护权的父母一方似乎是不合理的。在Wright一案中，尽管在临时监护期间，Lisa拥有子女的生活监护权，并且同意了孩子的祖母物理性接近她的孩子，但是Lisa仍然保留着其对谁可以物理性接近孩子这个问题的决定权。也许将Wright一案中父母与子女的对话看做某种形式的生活监护是令人舒服的，但是这种对生活监护权的阐释对于Wright这类案件来说并不明智。因为，没有生活监护权的父母一方也有权利通过电话与孩子交流，因此，Lisa不能根据自己对孩子的临时生活监护权去阻止David通过电话与孩子们交流。在少数案件中，如果法院颁布禁令禁止没有生活监护权的父母一方通过电话与孩子交流，那么，录下孩子与没有生活监护权的父母一方对话的内容可以看做有生活监护权的父母一方的权利。然而，在这种情况下，决定对孩子的谈话实施窃听的权利也应当归属于法院，应当由法院来判断其颁布的禁止没有生活监护权的父母一方与未成年子女交流的禁令是否被违反。既然在离异父母对子女形式共同监护权的案件中，替代同意的概念是如此的费解，法院应当拒绝承认替代同意抗辩的成立。

第二，利益的非一致性问题。即使在完美无缺的家庭中，父母代替子女作出的决定也未必与孩子的最大利益相一致。正如Gdrald P. Koocher所说："替代决定（指一个成年人委托他人作出同意决定）这个概念本身是建立在一系列假设基础上的，这些假设中最为重要的就是这个概念假设父母愿意而且完全有能力依照孩子的最大利益来作出决定"。然而，即使在一个充满爱的、完整的、父母健全的家庭里，父母做出的关于子女的决定并非都能在不面临利益冲突的情况下作出。尽管不能一概而论，但父母常常将自己的需要和偏好强加在子女的利益（或者强加于他们自认为的子女的最大利益）之中。①

David J. Anderman 在他 1993 年发表的一篇论文里也对这个问题进行了探讨，他指出：“然而，在大部分有关父母对子女实施窃听行为的案件中，案中的家庭都是不完整的，甚至家庭关系有恶化的迹象，案中的父母正准备离婚，他们实施窃听行为不是为了保护孩子的利益而是为了解决监护权纠纷。”②

也就是说，父母的替代决定不一定与子女的最大利益相一致，而在那些因为分居、离婚或者监护权纠纷而产生冲突的家庭内，父母的选择更可能与子女的最大利益不一致。如果在家庭内部纠纷不断的情况下，父母中的一方决定窃听子女与父母中的另一方的谈话，那么，这种行为就会体现出孩子的利益与父母的利益非一致性，因为实施窃听行为的父母的动机很可能只是为了保护其个人利益或者出于对配偶的敌意，而不是为了保护子女的最大利益。

如果法院在审理有关父母对子女实施电子监控的案件时以父母是否具有替代同意权为标准，判断父母所实施的窃听行为是否构成侵犯孩子的隐私权，那么，这种做法是否已经充分地考虑或者防止子女的利益与父母的利益非一致性的风险的增加呢？如果考虑到窃听范围的最小化原则，法院的这种做法其实并未充分考虑到父母与子女之间的利益非一致性问题的风险的增加。

第三，窃听对象范围的最小化原则。当行为人通过有线监听手段窃听他人的电话通话时，行为人可以对所有谈话者的对话进行录音。即使行为人有正当理由记录目标谈话者的言辞，但是有线监听手段不能具体限定录音目标的特性使得非目标谈话者的隐私同时受到了行为人的侵犯。行为人对目标谈话者之间的部分对话进行录音的行为不会因为录音内容与窃听行为的法律规定所规制的对象有关而具有合法性。Douglas 法官在谈论有线监听手段对于个人隐私的高度侵犯性时说道：“（有线监听行为）就像一张渔网，无论谈话者是谁，也不管

① See Gerald O. Koocher, Children Under Law: The Paradigm of Consent, in Reforming the Law: Impact of Child Development Research 3, 14 (Gary B. Melton ed., 1987).

② David J. Anderman, Title III At A Crossroads: The Ordinary Course of Business in the Home, The Consent of Children, and Parental Wiretapping 141 U. Penn. L. Rev. 2261, 2290 (1993).

谈话的性质如何，监听者都将所有谈话内容全部搜罗到网内并记录下来。这种行为不仅可能侵犯了那些没有被怀疑为犯罪分子的人的隐私，还可能将他人最为私密的对话也记录下来。”①

美国联邦最高法院根据《有线监听法》责令政府在搜查犯罪行为的证据时，必须将其窃听对象即他人的对话限制在最小范围内。《有线监听法》在规制私人监控行为方面虽然明确规定了一些不受该法规则的例外情形，却缺乏相应的法庭审查程序对行为人窃听的对象范围是否过大，是否需要采取控制措施进行审查。

尽管某些法院认为，在涉及父母对子女实施窃听行为的案件中父母的替代同意抗辩成立，但是法院通常会根据窃听对象范围是否符合最小化原则来判断父母窃听孩子的谈话的行为是否合法。为了限制父母的替代同意权，法院判断行为人的替代同意抗辩是否成立的标准包括行为人的动机是否为了保护孩子的最大利益之外，还包括窃听对象范围是否符合最小化原则。无论从上文提到的狭义的还是广义的合理动机来看，如果父母窃听子女和第三人之间的对话的目的仅仅是为了收集证据来应付将来的或处在诉讼中止阶段的监护权诉讼和离婚诉讼，父母的窃听行为都是违法的。由于法律要求父母实施窃听行为必须具有合理动机，因而父母实施窃听行为也必须满足窃听对象最小化原则才能证明父母是基于合理的理由认为他们实施监控行为能够保护孩子的最大利益。父母提供的能够证明监控行为合法性的证据必须在监控行为实施之前取得，而不能通过再一次的窃听行为来收集证据证明之前的监控行为的合法性。②

然而，为了使得替代同意抗辩成立，实施窃听行为的父母是否需要按照窃听对象最小化原则实施窃听行为，法院对于这个问题并没有作出明确回答。律师或者父母是否必须删除与他们的窃听目标内容无关的对话录音而只能提供窃听目标内容的录音？如果这个问题的答案是肯定的话，那么，实施窃听行为的行为人必须面临的一个问题就是选择何种窃听器材和窃听方式才可以达到这个要求。如果行为人使用声控录音机，并将录音机放置在电话里或者在房间内，则电话里的或

---

① Berger v. New York, 388 U. S. 41, 65 (1967) (Douglas, J., concurring).

② See generally Pollock v. Pollock, 154 F. 3d 601 (6th Cir. 1998).

房间内的所有对话都会被录音；如果行为人仅仅在他或她听到了未成年孩子对父母中的另一方说话时才按下录音机开关，那么，行为人实施窃听行为的时间只能限制在行为人在家的时间内，这是让人难以接受的。也许有人会提议，采取与《有线监听法》的规定相类似的方式，即行为人在录音结束后，将录音中与孩子的最大利益不相关的部分删除，但是很显然一份物理完整性受损的录音的可信度会大打折扣。

上文主要从两个方面讨论了替代同意规则的相关问题：①替代同意规则的适用范围和适用条件；②对替代同意规则的批评。由于替代同意规则不能很好解决上文提出的几个问题（共同监护、利益非一致性以及窃听对象最小化原则）。所以，笔者认为这一规则是不成立的，已经承认该规则成立的法院应当抛弃原有的看法，其他法院将来也不应当认可这一规则。

（六）无声录像监控

根据《有线监听法》的规定，行为人使用没有录音部件的路线监控（无声录像监控）器材实时监控的行为并不构成违反《有线监听法》的行为。因为行为人仅仅获取了监控对象的肖像而没有获取监控对象谈话的内容，其行为不构成窃听他人有线通讯或者口头交谈的行为。而根据《有线监听法》的规定，行为人实施录像监控的行为也不构成对他人的电子通讯的窃听，因为在监控对象的肖像被传输的过程中行为人没有实施窃取肖像的行为，换言之，行为人获取他人肖像的行为并非发生在他人肖像的电子传输过程中。但是，录像带中如果包含了录音部分，则这部分录音的内容属于他人的口头交谈，行为人对他人的口头交谈进行录音的行为就需要受到上文所述的、有关配偶之间实施或者父母对子女实施窃听行为的有关法律规定的规制。这是最近某些法院在审理有关窃听行为的法律规定提起诉讼的过程中，提出将录像带的图像部分和录音部分分别按照不同的标准来分析的新观点。

（七）州法律的角色

如果依据各州有关有线监听行为的立法来判断配偶一方在家中对

另一方的谈话进行录音的行为是否合法，问题会相当的复杂。一方面，联邦《有线监听法》和《通讯记录保护法》仅仅为人们的通讯安全提供基本保障，各州的立法者可以依据联邦《有线监听法》和《通讯记录保护法》制定更为详细的法律来保障人们的谈话内容包含的隐私及其电子邮件和语音邮件（电子通讯记录）的安全。因此，有的州法律规定，联邦《有线监听法》同样适用于配偶之间因为婚姻纠纷而对对方实施的窃听行为。但是，在原告依据州法律提起的民事诉讼中，被告（窃听行为的实施者）可以依据侵权法所赋予配偶的免责特权进行抗辩。

1. 州法律上的配偶窃听例外规则

只有少数几个州的法院曾经探讨过本州有关有线监听行为的立法中是否包含配偶之间实施窃听行为可以免于承担侵权责任的规定。而曾经探讨过这个问题的大部分法院都认为实施窃听行为的配偶一方仍然需要承担侵权责任，这些法院认为，《有线监听法》上不存在配偶免责权。需要注意的是，尽管各州《有线监听法》的规定与联邦《有线监听法》的规定从字面上看基本相同，但是上文所提及的第五巡回法院和第九巡回法院都认为其辖区内各州的有线监听法均承认配偶免责权的合法性，两个巡回法院的这种理解似乎突破了各州《有线监听法》的规定。在 Ransom v. Ransom 一案①中，被告（实施窃听行为的配偶一方）主张佐治亚州的法院在对该州的有线监听行为的相关立法进行阐释时，应当按照第五巡回法院在 Simpson 一案中的判决，承认配偶之间实施窃听行为的行为人拥有配偶免责权，免于对配偶另一方承担侵权责任。然而，佐治亚州最高法院驳回了被告这一主张。该法院的理由是，佐治亚州的有线监听法立法的目的是为了保护每一位公民的隐私权，而且相关法律中并没有包含配偶之间实施窃听行为可以免于承担侵权责任的规定，因而该院认为被告的主张是不成立的。纽约州的情况与佐治亚州类似，纽约州法院同样不承认在《纽约州有线监听法》中包含配偶之间实施窃听行为可以免于承担侵

① 324 S. E. 2d 437 (Ga. 1985).

权责任的规定。[①]

2. 州法律上的配偶侵权免责抗辩

如果法院认为州法律不承认配偶免责权，则在原告控告被告违反州的有线监听法的民事诉讼当中，被告可以主张配偶侵权免责抗辩。这样，在原告依据制定法提起的侵权损害赔偿诉讼中，即使被告的行为违反了州的有关有线监听行为的制定法，被告仍然可以援引普通法规定的配偶侵权免责作为抗辩理由。

在承认配偶侵权免责抗辩的州，在审理涉及配偶之间实施了可能违反州的有线监听法的窃听行为的案件时，法院一般不会承认这种抗辩事由的成立。例如，在 Burgess v. Burgess 一案[②]中，佛罗里达州最高法院推翻了一审法院的判决，它认为，虽然该州法律承认配偶侵权免责抗辩，但是该抗辩不适用于配偶之间实施窃听行为的案件，因为被告的配偶侵权免责抗辩如果成立，法院将会将被告窃听得来的录音采纳为证据，这会影响原告与被告双方婚姻的和谐，尽管其他法院常常以维护当事人的婚姻和谐为由支持被告对配偶免责权的主张，但佛罗里达州最高法院却认为，如果配偶一方对另一方实施侵权行为无需对另一方承担侵权责任，则当事人的婚姻和谐反而会受到损害。特拉华州最高法院在 State v. Jock 一案[③]的判决中也提出了相同的观点。

（八）配偶的电子邮件查阅权与父母对子女电子邮件的查阅权——《联邦电子通讯隐私法》第一编未予讨论的内容

目前只有少数几个上诉法院在判决中探讨了配偶之间的电子邮件查阅权与父母对子女的电子邮件以及语音邮件的查阅权存在与否的问题。法院在审理涉及家庭成员之间实施邮件查阅行为的案件时，可以参考涉及非家庭成员的行为人查阅他人的电子邮件和语音邮件的案

---

① See Pica v. Pica, 417 N. Y. S. 2d 528 (1979).

② 447 So. 2d 220 (Fla. 1984).

③ 404 A. 2d 518 (Del. Super. Ct. 1979).

件。行为人查阅他人的电子邮件和语音邮件的行为主要由《联邦电子通讯隐私法》的第二编（《通讯记录保护法》来规制，该法规制对象为查阅“电子通讯记录”的行为。电子通讯是指仅仅通过电子数据进行交流的通讯方式。最近颁布的《美国爱国者法》关于电子邮件查阅行为的有关规定实际上修改了《联邦电子通讯隐私法》，因为《美国爱国者法》规定语音邮件与电子邮件具有同等法律地位，因此，《联邦电子通讯隐私法》中适用于电子邮件的规定同样适用于语音邮件。[1]

根据各联邦法院判决的案例来看，电子邮件一旦已经被收件人接受并保存在电脑系统里，该文件就只受通讯记录保护法的保护。这已成为法院适用在审理涉及邮件查阅行为的案件时适用的法律原则。换言之，行为人查阅他人已经保存在电脑里的电子邮件的行为不受有线监听法的规制，而仅受通讯记录保护法的规制，其行为不构成有线监听法规定的“窃听”电子通讯的行为，不会违反《有线监听法》，却可能违反《通讯记录保护法》。《美国爱国者法》通过使得语音邮件同样适用这一原则，即行为人查阅他人的语音邮件的行为只受到《通讯记录保护法》的规制。尽管美国联邦最高法院没有对这一原则明确表示肯定，但是有两个联邦巡回法院在判决中暗示了这两个法院承认这一原则。1994 年，第五巡回法院在审理 Steve Jackson Games v. United States Secret Service 一案[2]中首先提出，根据《联邦电子通讯隐私法》、《有线监听法》规定的窃听行为仅仅是指行为人即时获取他人谈话内容的行为。但是，这种观点在 2001 年的 Konop v. Hawaiian Airlines 一案[3]中被第九巡回法院所推翻。审理 Konop 一案的法庭认为，他人的电子邮件不仅可以在他人收到后被别人所窃取，而且行为人查阅和下载他人的电子邮件的行为可能同时违反《有线监听法》和《通讯记录保护法》。然而，在 2002 年，第九巡回法院重新审查这一案件时，却推翻了自己原来的观点，转而认同了第五巡回法院在

① See Uniting and Strengthening America by Providing Appropriate Tools Required to Intercept and Obstruct Terrorism Act, H. R. 3162, 107th Cong. 209 (2001).

② 36 F. 3d 457 (5th Cir. 1994).

③ 236 F. 3d 1035 (9th Cir. 2001), withdrawn by 262 F. 3d 972 (9th Cir. 2001).

Jackson Games 一案中的判决。[①]

第五巡回法院和第九巡回法院的这种观点受到了学者的强烈批评，学者认为这种观点过于狭隘，没有正确理解《联邦电子通讯隐私法》关于保护电子邮件安全规定的范围，对《联邦电子通讯隐私法》的理解既没有说服力也不合理。由于没有一个联邦巡回法院提出相反的意见重新解释联邦制定法，目前，私人领域的雇主一般依据第五和第九巡回法院的上述观点来制定自己的电子邮件处理制度。[②]而且因为没有同类型的美国联邦最高法院的其他判例，所以目前各法院的主流观点与第五巡回法院和第九巡回法院的上述判决相一致，也就是说被收件人接收的电子邮件仅仅受到《通讯记录保护法》的保护。这样一来，配偶一方查阅另一方保存的电子邮件的行为只受到联邦和州有关通讯记录保护的相关法律的规制。

四、《联邦电子通讯隐私法》第二编——《通讯记录保护法》

如果配偶中的一方在家庭电脑中查阅配偶另一方的电子邮件或者父母查阅子女保存在家庭电脑中的电子邮件，这种行为可能违反了《通讯记录保护法》，因为该法的第2701（a）条规定禁止行为人未经邮件的所有人许可，故意查阅或获取他人处于电子记录状态的电子邮件或语音邮件（即获取他人的电子通讯内容）。

（一）单独的电子邮件账户与单独的密码

判断行为人查阅储存在家庭电脑的电子邮件的行为是否构成《通讯记录保护法》所规定的“未经邮件的所有人许可”的查阅行为，其中一个重要判断因素是，配偶双方是否采用了单独的电子邮件账户并且为账户设置了单独的、不共用的密码。如果配偶双方共用一台家用电脑，但是不共用同一个邮箱密码，则双方都没有许可对方查阅自己的受密码保护的电子邮件文件，换言之，当他人没有将自己的

① Konop v. Hawaiian Airlines, Inc., 302 F. 3d 868 (9th Cir. 2002).

② See Turkington & Allen, supra note 6, at 335 - 339.

文件密码告知行为人，则他人许可行为人使用共用硬盘不等于许可行为人查阅受密码保护的他人的文件。配偶双方保持各自独立的密码意味着双方刻意的、避免自己的个人邮件文件受到对方的查阅。然而，有人认为，如果两人共用一台家用电脑的硬盘，即使两人都各自设置了独立的使用账户和密码，他们共用硬盘的行为已经表明双方默示许可对方查阅自己的文件，第五巡回法院在 Trulock, III v. Freeh 一案[①]的判决中对这种观点进行了有力的驳斥。

在审理 Freeh 一案时，第五巡回法院提出，电脑共用者对行为人使用电脑硬盘的许可不包括对行为人查阅受密码保护的文件的许可。在该案中，Linda Conrad 和 Notra Trulock 虽然共同使用公寓里的一台电脑，但是他们都有各自的密码保护自己的文件。被告认为，当政府的执法人员试图查阅 Trulock 的受密码保护的文件时，Conrad 对执法人员的行为表示了同意。法院认为，Conrad 无权许可政府的执法人员对 Trulock 的文件实施《美国联邦宪法第四修正案》所规定的搜查行为，法院的理由是："Trulock 使用密码的行为说明他不允许 Conrad 或者其他人查阅自己的个人文件。而且，由于 Trulock 并没有将自己的密码向 Conrad 公开，我们没有理由认为 Trulock 已经充分估计到 Conrad 会许可别人查阅 Trulock 文件的风险。因此，Trulock 对于自己的受密码保护的电脑文件拥有合理的隐私期待，Conrad 对执法人员查阅 Trulock 的文件的许可无效。"

（二）《通讯记录保护法》的保护对象：个人通讯的"电子信息记录"

《通讯记录保护法》规定其保护的对象为已经成为电子信息记录的电子邮件和语音邮件，这导致在许多家庭纠纷案件中，如果案中被查阅的电子邮件是储存在家庭电脑硬盘中的文件，则该法便不能适用于这类案件。因为正如上文所言，只有行为人未经邮件所有人的许可查阅已经成为"电子信息记录"的电子邮件的行为才受到《通讯记录保护法》的规制，而在《联邦电子通讯隐私法》中，"电子信息记录"的定义为"与电子传输过程中的信息完全一致的临时的、即

① 275 F. 3d 391 (4th Cir. 2001).

时产生的信息记录”或者电子通讯的“后备”记录。在 Fraser v. Nationwide Mutual Insurance Co. 一案[①]的判决中，Brody 法官将许多其他法院所认同的电子邮件传输技术确认为司法认知。

Brody 法官确认为司法认知的电子邮件传输技术的工作原理是这样的。电子邮件从寄送人的电脑发出后并不是直接通过电子通讯系统送达收件人的电脑，这个传输的过程分为三个步骤：第一步，邮件的寄送人通过使用密码登录邮件账户后，被服务器许可使用邮件传输系统中的系统日志发出信息。第二步，在寄送人发出信息（电子邮件）之后，邮件传输系统将信息储存在临时的或即时产生的信息记录当中，同时，系统将信息复制一份储存在独立的记录中用于备份保护，以防止系统在信息传输完成之前崩溃丢失信息，笔者将前一种信息记录称为“即时记录”，将后一种记录称为“备份保护记录”。也就是说，邮件从寄送人传输到收件人的过程中，邮件信息同时经过了即时记录和备份保护记录两个阶段。第三步，当收件人登录邮件传输系统并从即时记录中获取邮件信息之后，邮件传输过程结束。在邮件的预定收件人获取了邮件信息之后，他可能会将邮件复制一份进行记录保存，笔者称之为“传输后记录”。一封邮件可能在传输后记录中保存长达数年。审理 Fraser 一案的法官进一步认为，行为人从他人的电脑中查阅他人的电子邮件的行为不受《通讯记录保护法》的规制，因为“传输后记录”不属于“电子信息记录”。

（三）White v. White 一案[②]

《通讯记录保护法》禁止行为人未经他人许可查阅他人处于“电子信息记录”中的电子通讯（电子邮件）内容。某些州的有线监听行为相关法律规定的条文与联邦《通讯记录保护法》的条文基本一致，例如，《新泽西州有线监听法》。[③]在审理 White v. White 一案[④]时，新泽西州的法院所面对的问题是如何适用联邦和州的相关立法判

① 135 F. Supp. 2d 623 (E. D Pa. 2001).

② 781 A. 2d 85 (N. J. Super Ct. Ch. Div. 2001).

③ See N. J. Stat. Ann. 2A: 156A - 27 (a) (West Supp. 2003).

④ White v. White, 781 A. 2d 85 (2001).

断配偶一方查阅另一方储存在家庭电脑里的电子邮件的行为的合法性。在 White 一案中，White 夫妇已经分居，但是仍然居住在同一间屋子里，丈夫将家里放置了家庭电脑、电视和音响设备的日光室作为自己的起居室，家人如果要前往用于烧烤聚餐的露天平台就必须通过日光室，结果所有的家庭成员总是在日光室进进出出。当妻子发现（据妻子陈述，她仅仅是通过肉眼观察看到丈夫的信件的）电脑里有一封由丈夫写给他的女朋友的信件后，妻子雇佣了一名电脑侦探，并指引这名侦探在未使用丈夫密码的情况下从电脑硬盘上复制了丈夫的多封电子邮件。审理该案的法院认为妻子的行为没有违反《新泽西州有线监听法》，法院的理由有两个：一方面，当妻子雇佣的侦探查阅丈夫的邮件时，丈夫的邮件并不属于“电子信息记录”；另一方面，妻子查阅丈夫的电子邮件的行为不构成《通讯记录保护法》规定的“未经他人许可”而进行查阅的行为。

1. 电子邮件不属于“电子信息记录”

在 White 一案中，法院所采纳的电子邮件传输技术的描述将电子邮件的传输记录分为即时记录、备份保护记录以及传输后记录三种，法院认为，一旦电子邮件已经被收件人接收并保存，邮件就成为了传输后记录，而传输后记录不属于有线监听法规定的“电子信息记录”范围内的信息记录。所以，法院认定，《通讯记录保护法》所保护的电子通讯记录仅仅指“在传输过程中或者备份记录中”的电子通讯记录。该法院对于联邦和州的《通讯记录保护法》的这种理解相当于使窃听行为的相关立法无法规制配偶一方查阅另一方保存在家庭电脑硬盘内电子邮件的行为。

2. “未经他人许可”而进行查阅的行为

在 White 一案中，法院认为，妻子查阅丈夫电子邮件的行为不构成《通讯记录保护法》规定的“未经他人许可”而进行查阅的行为。法院的依据是，《通讯记录保护法》所规定“未经他人许可”的使用行为仅仅指，在他人禁止行为人使用他人的电脑或者未许可行为人使用他人设置密码的情况下，行为人使用他人的电脑或者密码查阅他人的通讯记录的行为。换言之，由于在 White 一案中，丈夫同意了妻子使用电脑，那么，妻子“浏览硬盘上各种文件”的行为就不构成“未经他人许可”查阅他人通讯记录的行为。

(四)配偶窃听例外规则

美国大部分州如新泽西州，都不承认它们州的有关有线监听行为的法律规定包含配偶窃听例外规则。在 White 一案中，法院在阐释《新泽西州有线监听法》对于电子通讯记录的相关规定时也采纳了这种观点，在该案的判决中，尽管法院没有说明配偶免责权的问题，但是法院仍然指出了《新泽西州有线监听法》既没有明确规定，也没有暗示配偶一方查阅另一方保存在家庭电脑里的电子邮件的行为不受该法规制。

(五)侵扰他人安宁的隐私侵权行为

美国大部分州的普通法都承认隐私侵权行为的存在。1890 年，Samuel D. Warren 和 Louis D. Brandeis 在《哈佛法学评论》上发表了一篇著名的文章《论隐私权》，呼吁立法者承认个人隐私权的法律地位。[①]在文章中，两位作者的研究集中在媒体就其公开公众人物私人生活的行为对他人承担侵权责任的问题上。尽管该文章引起了人们对隐私权的关注，但是现行的有关隐私权的普通法的规定却主要受到 Dean William Prossr 教授于 1960 年在《加利福尼亚法学评论》发表的一篇文章《论隐私》的影响。[②]在《论隐私》一文中，Prosser 教授根据有关的先例形成的普通法规定总结出隐私侵权行为的四种主要类型。Prosser 认为，尽管这四种侵权行为都涉及隐私侵权，但是这四种侵权行为的行为人侵犯他人权利使用的手段以及侵权结果是互不相同的。Prosser 教授根据四种不同的隐私利益以及不同的侵权结果将隐私侵权行为区分为四种类型的这种理论被《美国侵权法复述(第二版)》所采纳，在《美国侵权法复述(第二版)》第 652B 条明确规定了隐私侵权行为的四种类型。[③]而《美国侵权法复述(第二版)》的这些规定影响深远并被各法院所支持，法官们将这些规定作为分析

---

① See Samuel D. Warren and Louis D. Brandeis, The Right to Privacy, 4 Harv. L. Rev. 193 (1890).

② See William L. Prosser, Privacy, 48 Cal. L. Rev. 383 (1960).

③ See Restatement (Second) of Torts 652 (1977).

原告的隐私侵权诉讼请求时的基本依据。[①]《美国侵权法复述（第二版）》规定的四种隐私权行为分别是：①侵扰他人安宁的隐私侵权行为；②擅自使用他人姓名或肖像的隐私侵权行为；③公开披露他人的私人事务的隐私侵权行为；④公开丑化他人的隐私侵权行为。[②]在这四种隐私侵权行为当中，侵扰他人安宁的隐私侵权行为是与家庭纠纷中涉及的电子监控行为最为密切相关的；因为侵扰他人安宁的隐私侵权行为主要指行为人通过获取他人私人信息或者物理性侵扰他人的私人空间或者身体，造成侵犯他人的信息性隐私或者物理性隐私的结果的行为。

根据普通法对隐私权的有关规定，如果行为人故意侵扰他人的私人事务、住所或者个人安宁，并且如果行为人的手段是对一个有正常感知能力的人而言是高度反感的话，那么，行为人的行为就构成了侵扰他人安宁的隐私侵权行为。最近加利福尼亚州最高法院提出有关侵扰他人安宁的隐私侵权行为中侵扰对象的重要规定，[③]该法院认为，如果原告提出证据证明被告“进入了某些物理性的隐私领域或者感官性的隐私领域，或者未经原告许可获取了某些有关原告的数据而且原告又对于该地点、对话或者数据源有客观合理的隐私期待”，则被告的行为构成了侵扰他人安宁的隐私侵权行为。《美国侵权法复述（第二版）》罗列的侵扰他人安宁的隐私侵权行为的重要例子包括：①强行进入他人在酒店的房间或住所；②使用双筒望远镜观察他人卧室的私人事务；③私拆他人的私人信件，查阅信件内容；④搜查他人的保险箱、钱包或者私人银行账户；⑤有线监听他人的电话通话。[④]

学界普遍认为，根据侵扰他人安宁的隐私侵权行为理论，认定行为人的行为是否构成侵扰他人安宁的隐私侵权行为，不以行为人是否实施了将侵扰对象的信息或者肖像公之于众或者用于其他任何用途的行为作为判断标准，只要行为人实施了获取他人信息或者侵入他人的

---

① See Jay M. Feinman, Doctrinal Classification and Economic Negligence, 33 San Diego L. Rev. 137, 141 (1996).

② See Restatement (Second) of Torts 652B - 652E (1977).

③ See Shulman v. Group W Productions, Inc., 955 P. 2d 469 (Cal. 1998).

④ Restatement (Second) of Torts 652B cmt. b (1977).

物理性私人空间的行为，其行为就已经构成了侵扰他人安宁的隐私侵权行为。Hamberger v. Eastman 一案①清楚地说明了这种观点。审理该案的新罕布什尔州最高法院认为，被告秘密将一个录音机放置在原告的卧室的行为构成了侵扰他人安宁的隐私侵权行为，即使没有其他人曾经听过被告获取的录音带，被告的行为仍然是可诉的。法院在判决书中写道：无论偷窥狂、包打听和实施电子窃听行为的行为人是否能够在社会价值的金字塔上争得一席之地，他们都不能以牺牲他人的安宁为代价，比如一对已婚夫妇对于自己卧室内的私人事务有绝对的控制权，如果他们从来没有要求别人公开或者以行动表明他们需要将自己与其他人之间的私人交谈或交往活动公之于众，行为人不得窥探他们的私人生活。而且，无论行为人是否公开他人的私人事务、是否造成他人人格的实际损害或者潜在损害，行为人的侵扰行为都损害了他人的感官的平静与舒适，甚至可能造成比单纯的肉体伤害更为严重的痛苦。

在原告要求被告承担侵权损害赔偿责任的有关侵扰他人安宁的隐私侵权行为的案件中，法院往往认为，如果被告实施的侵扰行为本身已经构成对原告人格的公开侮辱，则被告的行为是可诉的行为。在这类案件中，法院不会要求原告提供专家证言，原告的损害赔偿诉讼请求仍然会由陪审团来处理。②《美国侵权法复述（第二版）》第 652H 条的规定支持了这种观点，该条文规定：在有关隐私侵权行为的诉讼当中，原告可以通过提供证据证明以下事项获得侵权损害赔偿：①原告的隐私利益的损失是由被告的侵犯行为所造成的；②如果原告要求被告赔偿自己的精神损害，而且被告的侵犯行为通常会造成精神损害，则原告需要证明自己遭受了精神损害；③法律规定的由该侵犯行为所造成的特殊损害。③

在某些案件中，被告主张法院应当参照故意引起他人精神痛苦的侵权行为理论，要求原告必须提出证据证明原告所受到的精神损失是

---

① 206 A. 2d 239 (N. H. 1964).

② See Fischer v. Hooper, 732 A. 2d 396, 402 (N. H. 1999) (citing Monroe v. Darr, 559 P. 2d 322, 327 (Kan. 1977)).

③ Restatement (Second) of Torts 652H (1977).

极端的精神痛苦，否则，法院不能认定被告的行为构成侵扰他人安宁的隐私侵权行为。但是从《美国侵权法复述（第二版）》的有关规定以及上述的各法院的观点来看，认定被告的行为构成侵扰他人安宁的隐私侵权行为，不以原告是否能够提出证据证明其所遭受的精神损失是极端的精神痛苦为要件。侵扰他人安宁的隐私侵权行为的认定与故意引起他人精神痛苦的侵权行为的认定标准的区别主要在于以下两个方面：[①] 一方面，故意引起他人精神痛苦的侵权行为的认定，要求原告举证证明被告实施的行为是极端的、令人愤怒的和不为现代文明社会所容忍的行为。[②] 对侵扰他人安宁的隐私侵权行为的认定，要求原告提出证据证明被告的行为对于一般人而言是让人高度反感的，而且违反了社会礼仪的标准，不需要证明被告的行为达到了备受社会谴责的程度。另一方面，最重要的是，为了能够使原告的诉讼请求不会在审前程序中被法官驳回，判断被告的行为是否构成故意引起他人精神痛苦的侵权行为，与判断被告的行为是否构成侵扰他人安宁的隐私侵权行为所需要依据的证据的数量是不同的，认定前一种侵权行为所需要的证据数量比认定后一种侵权行为所需要的证据数量要多得多。在有关侵扰他人安宁的隐私侵权行为的案件中，原告只需要提出可信的证据证明被告的侵扰行为造成了原告的精神痛苦，就足以使陪审团裁定责令被告承担侵权损害赔偿责任。例如，原告无需提供专家证言来证明自己遭受的精神痛苦，这足以说明有关侵扰他人安宁的隐私侵权行为的案件所要求的证据数量较少。[③] 但是在有关故意引起他人精神痛苦的侵权行为的案件中，原告需要提供的证据数量要更多，而且原告必须提出证据证明自己所遭受的精神痛苦是“严重的，并且引起了原告的情感功能障碍或认知功能障碍”。通常这种证据需要获得专业人士的承认才会被法庭所采纳。[④]

新罕什尔州最高法院在 Fischer v. Hooper 一案[⑤]的判决充分说明了应当如何处理有线监听法与普通法关于侵扰他人安宁的隐私侵权行

① See Miller v. Brooks, 472 S. E. 2d 350 (N. C. Ct. App. 1996).

② Restatement (Second) of Torts 46 cmt. d (1965).

③ See Fischer, 732 A. 2d at 401.

④ Waddle v. Sparks, 414 S. E. 2d 22, 27 (N. C. 1992).

⑤ 732 A. 2d 396 (N. H. 1999).

为的相关规定的相互关系，以及如何解决这两类法律在涉及家庭内部成员实施电子监控行为的案件中适用的问题。在 Fisher 一案中，被告未经其前妻（原告）和女儿的同意，偷录了其前妻和女儿的对话。原告在发现了被告的这种行为后，依据《新罕什尔州有线监听法》以及该州普通法对于隐私侵权行为的相关法律规定提起诉讼。新罕什尔州最高法院将该案发回重申，要求一审法院根据《新罕什尔州有线监听法》进一步查明事实，但是新罕什尔州最高法院同时认为，一审法院将原告提出的要求法院认定被告的行为构成侵扰他人安宁的隐私侵权行为的诉讼请求交由陪审团审查的做法是恰当的。

在 Fischer 一案中，原告、被告双方对他们的女儿享有共同监护权，审理原告、被告双方之前提起的离婚诉讼的法院还为他们的女儿指定了一位诉讼监护人和一位精神治疗医师。被告辩称，原告对于原告和女儿之间的对话不享有合理的隐私期待，因为原告应当预料到女儿会将她们的对话内容告诉精神治疗医师。审理 Fisher 一案的一审法院法官反驳了被告的这种说法，该法官认为，即使原告的女儿会将原告与她对话的内容泄露给第三人，但是陪审团仍然会相信原告对于自己的真实的嗓音和措辞拥有合理的隐私期待，原告有理由相信自己的谈话不会“被记录在录音磁带上”，所以原告预料到被告会对原告的谈话进行录音的可能性不存在。

Fischer 一案的法院在审查原告控告被告的行为构成侵扰他人安宁的隐私侵权行为的诉讼请求时认为，尽管被告实施的不当行为只是偷录原告与其女儿的对话，但是，原告依据窃听行为的相关立法提出的诉讼请求与依据普通法上关于隐私侵权行为的相关法律规定提出的诉讼请求应当作为两个独立的诉讼请求来处理。《有线监听法》并不会优先于州的普通法获得适用，行为人如果实施的电子监控行为构成侵扰他人安宁的隐私侵权行为，无论该行为是否违反了《有线监听法》，他人都可以依据普通法关于侵扰他人安宁的隐私侵权行为的有关规定对行为人提起诉讼。既然原告针对被告实施的同一个窃听行为，依据窃听行为的相关立法提出的诉讼请求与依据普通法上关于隐私侵权行为的相关法律规定提出的诉讼请求应当作为两个独立的诉讼请求来处理，即使该窃听行为没有违反《有线监听法》，它还是可能构成侵扰他人安宁的隐私侵权行为。换言之，认定行为人的行为构成违反《有线监听法》的行为与认定该行为构成侵扰他人安宁的隐私侵权行为并不矛盾，二者并非非此即彼的关系。加利福尼亚州最高法院对于这种观点表示认同。①

1．隐私侵权行为与故意引起他人精神痛苦的侵权行为之间的关系

正如前文所言，隐私侵权行为与故意引起他人精神痛苦的侵权行为并不是完全相同的两种行为，然而，在某些涉及婚姻纠纷的案件中，行为人实施的电子监控行为可以达到极端地令人愤怒的程度以至于同时构成两种这侵权行为。例如，在 Miller v. Brooks 一案②中，北卡罗来纳州上诉法院就认定被告的行为同时构成了隐私侵权行为和故意引起他人精神痛苦的侵权行为。在 Miller 一案中，被告 Annette Miller 是原告 Terry Miller 的妻子。原告与被告分居后，被告答应原告不再回到之前夫妻俩的住所内居住，但是雇佣了一名私家侦探在夫妻俩原来的卧室的天花板上安装了一台隐蔽摄像机。被告还对外宣称自己是该住所的住户，并且窃取了原告的信件。原告于是起诉妻子和那名私家侦探，请求法院认定两被告实施的行为构成侵扰他人安宁的隐私侵权行为、故意引起他人精神痛苦的侵权行为以及非法侵入他人的私人场所的侵权行为。该案的一审法院适用简易判决程序驳回了原告的所有诉讼请求。原告不服提起上诉，上诉法院推翻了一审判决，认为原告提供的证据足够充分，应当将原告的所有诉讼请求交由陪审团进行审查。

在上诉审中，被告辩称原告与被告的婚姻关系削减了原告所享有的隐私期待，但是上诉法院驳回了被告的这一主张，法院认为“尽管对于已婚人士而言，他们对隐私权的合理期待也许会比单身人士要少，但是本案不符合这种情况，因为原告与被告已经分居并且各自单独居住。而且，原告与被告的婚姻关系对于被告私家侦探而言没有任何影响，原告对于自己的隐私权不受陌生人（被告私家侦探）侵犯享有合理期待，这种期待不会因为其与妻子的婚姻关系而减少”。

如果被告实施的录像监控行为、私拆他人的邮件的行为或者非法

---

① See Shulman v. Group W Productions, Inc., 955 P. 2d 469 (Cal. 1998).

② 472 S. E. 2d 350 (N. C. Ct. App. 1996).

侵入他人的私人场所的行为达到令人愤怒的程度，则陪审团或许会考虑责令被告就其故意引起他人精神痛苦的侵权行为对原告承担精神损失赔偿责任。法院还认为，依据原告提供充分的证据，足以证明被告的行为令人愤怒，陪审团可以责令被告就其侵扰他人安宁的隐私侵权行为以及故意引起他人精神痛苦的侵权行为对原告承担惩罚性赔偿责任。

2. 侵扰他人安宁的隐私侵权行为与无声电子监控之间的关系

在涉及窃听行为的案件中，即使该窃听行为没有违反联邦或州的《有线监听法》，但是如果行为人实施了有线监听行为、安装窃听器窃听的行为、无声录像监控行为或者未经他人许可下载他人的电子邮件的行为，该行为仍然可能受到普通法上的侵扰他人安宁的隐私侵权行为的有关法律规定的规制。正如本为第四部分所提到的那样，无声录像监控行为并没有受到州或联邦的《有线监听法》的规制，但是普通法上的侵扰他人安宁的隐私侵权行为的有关法律规定可能适用于规制家庭纠纷中出现的、没有违反联邦《有线监听法》和《通讯记录保护法》的无声录像监控行为和其他电子监控行为。尽管侵扰他人安宁的隐私侵权行为的相关法律规定为受害人提供损害赔偿救济，但是即使行为人的行为侵犯了他人的隐私权，行为人通过电子监控行为获取的证据仍然可以在离婚诉讼或者监护权诉讼中被法院所采纳。

如果行为人使用无声录像监控设备在他人拥有合理隐私期待的私人场所内拍摄他人的肖像，则他人可以控告行为人的行为构成侵扰他人安宁的隐私侵权行为。[①] 正如审理 White v. White 一案[②]的法院所提出的观点，在侵扰他人安宁的隐私侵权行为理论中，他人对于被行为人侵犯的隐私是否拥有“合理的隐私期待”和行为人是否采用了“令人高度反感的手段”侵犯他人的隐私这两个判断因素，对于认定行为人的行为是否构成侵扰他人安宁的隐私侵权行为非常重要。但是，这两个判断因素的内涵不清晰，法院适用这两个判断因素作为判断标准的操作灵活性较大，这就使得窃听行为实施的具体条件（手段、场所等）对于法院认定行为人实施的窃听行为或无声录像监控

① See McCray v. State, 581 A. 2d 45, 48 (Md. Ct. Spec. App. 1990).

② 781 A. 2d 85 (N. J. Super. Ct. Ch. Div. 2001).

行为是否构成侵扰他人安宁的隐私侵权行为起到关键的作用。例如，在 Alexander v. Pathfinder, Inc. 一案[①]中，法院认为，福利机构将一位智障儿童的母亲与机构员工的对话录音的行为不构成侵扰这位母亲的安宁的隐私侵权行为，因为这位母亲事前知道自己与机构员工的对话将被录音而且没有提出反对意见。又例如，在 Deteresa v. ABC 一案[②]中，法院认定案中的被告（一位电视节目制作人）秘密对原告（一位不会出现在节目当中的女士）进行的录像和录音的行为不构成侵扰他人安宁的隐私侵权行为，其理由：一是被告的拍摄行为是在公共场所实施的；二是由于原告知道与自己交谈的被告是一名记者，所以，被告的录音行为也并不是令人高度反感的。与这两个案件的判决相反的是加利福尼亚州最高法院对 Sanders v. ABC. 一案[③]的判决。在 Sanders 一案中，法院认为当原告与被告的秘密调查记者在有着大约 100 个小隔间的房间里进行电话交流时，原告对于自己的谈话拥有合理的隐私期待，因此被告秘密录音的行为侵犯了原告的隐私权，构成侵扰他人安宁的隐私侵权行为。

美国的法律一般都承认人们对于自己在家中的谈话与行动拥有合理的隐私期待 。[④] 行为人在他人的住所里秘密实施有线监听行为、安装窃听器窃听的行为或者录像监控行为明显构成侵扰他人的住所或者个人事务的隐私侵权行为。在很早以前，法院就已经承认房东秘密在租客的卧室内安装录音机的行为侵犯了租客的隐私。[⑤]《美国侵权法复述（第二版）》明确地将秘密实施录像或录音监控的行为作为侵扰他人的住所或者个人事务的行为的典型例子罗列出来。[⑥]

在家庭纠纷或者监护权纠纷中，他人一般可以就行为人秘密实施的有线监听行为、安装窃听器窃听的行为或者录像监控行为提起诉讼，控告行为人的行为构成侵扰他人安宁的隐私侵权行为。但是，即

---

① 189 F. 3d 735 (8th Cir. 1999).

② 121 F. 3d 460 (9th Cir. 1997).

③ 978 P. 2d 67 (Cal. 1999).

④ See Kyllo v. United States, 533 U. S. 27 (2001); Katz v. United States, 389 U. S. 347 (1967).

⑤ See Hamberger v. Eastman, 206 A. 2d 239 (N. H. 1964).

⑥ See Restatement (Second) of Torts 652B cmt. b (1977).

使受理案件的法院认可婚姻纠纷抗辩或者替代同意抗辩适用于原告提起的依据有线监听法提起的诉讼，这些法院也不会认为婚姻纠纷抗辩或者替代同意抗辩同样适用于有关侵扰他人安宁的隐私侵权行为的诉讼中。因为在侵权案件中，只有隐私被侵犯的当事人表示同意行为人实施侵犯行为才可以免除行为人的侵权责任，其他人替代隐私被侵犯的当事人表示同意（替代同意）是无效的，不能免除行为人的侵权责任。在涉及有监护权的父母一方对孩子与无监护权的父母一方或第三人之间的谈话进行秘密录音的案件当中，录音行为同时侵犯了孩子、无监护权的父母一方和第三人的隐私权，即使有监护权的父母一方代替孩子对录音行为表示同意，也不等于无监护权的父母一方或者第三人对录音行为表示同意，行为人仍然应当对他人承担隐私侵权责任。因而在涉及家庭内部成员实施窃听行为的案件中，行为人所取得的他人的同意也必须符合侵权法关于实际同意、明示同意或者默示同意的规定，才可以使行为人免于对他人承担侵权责任。①

例如，在 Fischer 一案中，新罕什尔州最高法院认定，被告（有监护权的父亲）对其女儿和原告（被告的前妻）之间的电话通话进行录音的行为构成了侵扰他人安宁的隐私侵权行为。②法院认为，尽管法院为原告的女儿指定了一名精神治疗医师，而且原告可以预料到她的女儿会与精神治疗医师讨论她与女儿之间的谈话，但是原告对于自己的谈话仍然保留有合理的隐私期待，原告有理由相信自己的谈话不会被别人录音，换句话说，原告的同意表示应当以侵权法对于当事人同意的一般规定为标准进行评价，原告同意女儿将原告的谈话内容告知第三人不等于原告同意被告或其他任何人对原告的谈话进行录音。无独有偶，审理 Miller 一案的北卡罗来纳州最高法院也基于类似的理由认定被告在原告（与被告已经分居的丈夫）的住所和卧室内安装隐蔽摄像机的行为是令人高度反感的，侵扰了原告的私人事务和住所。因此被告的行为构成了侵扰他人安宁的隐私侵权行为。③

---

① See Dieteman v. Time, Inc., 449 F. 2d 245 (9th Cir. 1971).

② Fischer v. Hooper, 732 A. 2d 396, 398 - 401 (N. H. 1999).

③ See Miller v. Brooks, 472 S. E. 2d 350, 354 (N. C. Ct. App. 1996).

3. 配偶的电子邮件查阅权与侵扰他人安宁的隐私侵权行为之间的关系

一般来说，当员工控告雇主查阅他们的电子邮件的行为构成了侵扰他人安宁的隐私侵权行为并因此要求雇主承担侵权损害赔偿责任时，他们往往都会败诉。法院的理由是，员工对于储存在商务电脑系统内的电子邮件不享有合理的隐私期待，而且雇主查阅这些邮件的行为不属于侵扰他人安宁的隐私侵权行为所要求的“令人高度反感”的行为。即使公司的工作制度规定员工的电子邮件通讯不受雇主监控，雇主查阅员工保存在公司电脑的商务系统里的电子邮件的行为仍然不构成对员工个人隐私的侵权行为。有关雇主查阅员工的电子邮件的纠纷中较为著名且具有争议性的是 Smyth v. Pillsbury Co. 一案。[①] 在该案中，联邦地区法院认为，原告对于一个“明显是提供给全公司使用的”电子邮件系统中电子邮件通讯不享有合理的隐私期待，而且系统管理员查阅特定通讯内容的行为不是“对个人隐私具有高度侵犯性的”行为。德克萨斯州的上诉法院在审理 McClaren v. Microsoft Corp. 一案[②]时表示了与 Smyth 一案的判决相似的观点。但是马萨诸塞州的高级法院持有不同观点，该院认为员工对于自己保存在公司电脑系统中的电子邮件拥有合理的隐私期待。[③]

在有关员工控告雇主查阅公司电子邮件系统内保存员工个人的电子邮件的行为构成侵扰他人安宁的隐私侵权行为的案件中，法院认定员工对于案中的电子邮件不享有合理隐私期待的判决的合理性不在本文的讨论范围之内。很显然，这类案件判决对于判断配偶中的一方查阅配偶的另一方保存在家庭电脑里的电子邮件是否构成侵扰他人安宁的隐私侵权行为不具有参考意义。因为雇主是公司电子邮件系统的所有人，根据《通讯记录保护法》，雇主有权查阅员工保存在公司电子邮件系统内的邮件。即便如此，员工对于自己保存在公司电子邮件系统以外的邮件系统上的电子邮件享有合理的隐私期待。例如，在

---

① 914 F. Supp. 97 (E. D. Pa. 1996).

② No. 05 - 97 - 00824 - CV, 1999 WL 339015, at 4 - 5 (Tex. App. May 28, 1999).

③ See Restuccia v. Burk Tech., Inc., No. CA 952125, 1996 WL 1329386, at 3 (Mass. Super. Aug. 13, 1996).

United States v. Maxwell 一案[①]中，法院认定，原告（一位美国空军上校）对于他保存在互联网服务商的中央电脑内的电子邮件信息享有合理的隐私期待，因为根据互联网服务商与原告和其他用户签订的隐私保护合同，除非行为人获得了用户的许可或者法庭命令的授权，否则，互联网服务商不得将用户的电子邮件向任何人公开。

配偶中的一方对于自己保存在家庭电脑中的电子邮件是否享有合理的、不被配偶的另一方所查阅的隐私期待，取决于作为邮件所有人的配偶一方是否同意或许可配偶的另一方查阅自己的电子邮件。如果配偶双方虽然共用一台电脑并共用一个硬盘，但是双方都保留了单独的电子邮件账户和单独的密码，那么，配偶中的任何一方都对自己的单独的电子邮件账户享有合理的隐私期待。正如上文提到的 Trulock 一案的判决，配偶中的一方保留个人独立的电子邮件账户和密码的行为说明他不希望其他任何人查阅他的电子邮件文件；因此，作为邮件所有人的配偶一方对于自己的被密码锁保护的文件享有合理的隐私期待。[②]

上文讨论的 White v. White 一案，[③] 说明行为人查阅的电子邮件等通讯记录是否受到密码保护对于判断行为人的行为是否构成侵扰他人安宁的隐私侵权行为非常重要。审理 White 一案的法院不仅驳回了原告请求法院认定被告（原告的妻子）的行为构成违反《通讯记录保护法》的侵权行为的诉讼请求，还驳回了原告请求法院认定被告的行为构成侵扰他人安宁的隐私侵权行为的诉讼请求。法院认为，除非原告对被告查阅的信息拥有合理的隐私期待，而且被告查阅原告的电子邮件的方式必须是令人高度反感的方式，否则，原告的诉讼请求不能得到法院的支持，被告的行为不构成侵扰他人安宁的隐私侵权行为。在 White 一案中，White 一家的孩子和配偶双方共用一台放置在日光室里的家庭电脑。根据美国在线公司与原告 White 先生签订的邮件服务协议，在原告收发邮件的同时，系统会将邮件的保存在电脑硬

① 45 M. J. 406 (C. A. A. F. 1996).

② See Trulock v. Freeh, 275 F. 3d 391, 403 (4th Cir. 2001); see also supra text accompanying notes 125 – 130.

③ 781 A. 2d 85 (N. J. Super. Ct. Ch. Div. 2001).

盘里，但是由于原告不清楚协议内容，所以并没有删除自己的邮件或者设置密码保护自己的电子邮件。由于 White 夫妻双方都有权利使用电脑硬盘，所以原告对于硬盘内保存的自己的电子邮件不享有合理的隐私期待。法官在判决书中将原告家的电脑比喻成一间屋子，屋内放了一个装有办公文件的壁柜，而且这间屋子是原告、被告双方都有权利进入的。既然原告、被告双方都可以进入这件屋子，而壁柜上有没有上锁，那么，原告、被告双方都可以查看壁柜内的文件。正如上文所提到的，由于多个法院都认为《通讯记录保护法》不适用于保障家用电脑内保存的电子邮件的信息安全，所以侵扰他人安宁的隐私侵权行为的相关法律规定对于涉及配偶一方查阅另一方电子邮件的行为的案件具有重要意义。尽管侵扰他人安宁的隐私侵权行为的有关法律规定为隐私权受到侵害的配偶一方提供侵权损害赔偿救济，但是法院不会因为行为人的行为侵犯了受害人的隐私权而在离婚诉讼或者监护权诉讼中，拒绝将行为人通过非法手段获得的电子邮件采纳为证据，下文将会探讨这个问题。

五、非法监视证据的排除

（一）《联邦电子通讯隐私法》所规定的认定行为人过错的判断标准

根据《联邦电子通讯隐私法》的规定，行为人只有在故意违反《联邦电子通讯隐私法》的情况下才可能承担刑事责任或者民事损害赔偿责任，也只有在这种情况下，行为人通过非法监视行为获取的证据才会成为非法证据被法院排除。根据 1968 年颁布的《有线监听法》第 2511 条规定，只有“故意”违反该法的人才有可能受到刑事制裁。而《联邦电子通讯隐私法》第 2520 条关于侵权赔偿问题的规定，尽管没有明确规定只有在行为人故意违反该法的情况下，受害人才可以获得损害赔偿，但法院一般都遵循这样的规则审理案件。①在《联邦电子通讯隐私法》第 2511 条至第 2520 条规定中，“故意”的

① See Citron v. Citron, 722 F. 2d 14, 16 (2d Cir. 1983); Kratz v. Kratz, 477 F. Supp. 463, 467 (E. D. Pa. 1979).

含义与联邦刑事法律的含义基本相同，即“故意”是指：①行为人明知自己的行为违反了法律；②行为人“明知自己所负有的法律责任，却因为疏忽大意而忽视这种法律责任”。正如判例法所指出“‘故意’一词通常表示一种带有意图的、明知的或自愿的行为，与偶然实施的行为不同。但是当刑事法律使用这个词的时候，这个词通常表示某种带有不良目的的行为，行为人没有正当理由实施这种行为的情况下，却固执地坚持自己的邪恶目的而实施这种行为。这个词还用来形容行为人在没有任何理由相信自己的行为是合法的情况下，或者在行为人粗心地忽视了自己是否有权利实施这种行为的问题的情况下，行为人仍然实施了某种行为的情况”。①

如果行为人仅仅是偶然的或者因为粗心大意的过失而违反了《联邦电子通讯隐私法》，则行为人的主观状态不符合《联邦电子通讯隐私法》第2511条至第2520条所规定的认定行为人的过错的判断标准。但是，如果行为人实施窃听行为时行为人“没有正当理由实施这种行为，却固执地坚持自己的邪恶目的而实施这种行为”，或者行为人在“没有任何理由相信自己的行为是合法的情况下”或者在“忽视了自己是否有权利实施这种行为的问题的情况下”，行为人仍然实施了窃听行为的情况，那么，行为人对于自己实施的侵权行为具有主观过错。

在很多案件当中，行为人是否“故意”实施窃听行为被作为事实问题交由陪审团进行审查，例如Citron v. Citron一案②。在该案中，被告Fiona Citron将她的丈夫和他们收养的孩子Steven和Alisande之间的对话进行了录音。被告虽然曾经就自己的行为咨询过律师，但是仍然继续实施这种窃听行为。原告即被告的丈夫Casper和被告的子女Steven和Alisande依据《联邦电子通讯隐私法》2520条对被告提起了诉讼，要求被告承担侵权损害赔偿责任。负责该案一审的陪审团驳回了原告的诉讼请求，理由是被告并非有意地或者因为疏忽大意而实施窃听行为；原告不服提起上诉，第二巡回上诉法院维持了一审的裁定。

---

① United States v. Murdock, 290 U. S. 389, 394-95 (1933).

② Citron v. Citron, 722 F. 2d 14, 16 (2d Cir. 1983).

Citron 一案不仅反映出在很多案件当中，行为人是否“故意”实施窃听行为被作为事实问题交由陪审团进行审查，该案还反映出各个法院普遍认同《联邦电子通讯隐私法》第 2511 条所规定的如何认定行为人是否“故意”实施违法行为的判断标准，与《联邦电子通讯隐私法》第 2520 条和该法关于损害赔偿的规定是相一致的。根据该法条规定，如果行为人“基于合法的授权”而“善意”（good faith）地采取窃听行为，行为人可以以其获得的授权作为有效的免责抗辩理由，尽管这些规定与其他法律判断行为人是否具有“故意”的判断标准基本相同，但是这些规定更注重的是，当政府的执法人员或者协助执法的人员实施窃听行为时，他们是否具有“善意”。[①] 各州的法院对州的有线监听法中关于“故意”的阐释与上述观点基本相同。[②] 如果他人提出证据证明行为人是因为疏忽大意而实施了窃听行为，则行为人对其实施的行为具有过错，即使在陪审团认定行为人实施窃听行为时是善意地以为自己的行为是合法的，但只要行为人疏忽大意没有考虑自己是否有权利实施这种行为，那么，行为人仍然是具有过错的。

在《联邦电子通讯隐私法》的第 2511 条中，立法者使用了“有意”一词代替了前面的条文所用的“故意”一词，而在第 2520 条中立法者也增加了“有意”一词来描述行为人实施窃听行为时的主观意志。多数法院都认为，即便如此，无论是《联邦电子通讯隐私法》第 2511 条至第 2520 条规定还是《联邦电子通讯隐私法》其他法条的规定都承认，如果行为人是因为疏忽大意而不是有意地实施了窃听行为，则行为人对其实施的行为仍然具有过错。

（二）《有线监听法》的非法证据排除规则

《有线监听法》规定了严格的非法证据排除规则。根据《联邦电子通讯隐私法》第 2515 条规定，禁止任何联邦或州的立法机构、法院或者行政机构在民事程序中将行为人通过非法窃听获得的通讯内容采纳为证据。这里规定的“非法窃听行为”仅仅指行为人违反《有

---

① See Citron v. Citron, 722 F. 2d 14, 16 (2d Cir. 1983).

② See Fischer v. Hooper, 732 A. 2d 396, 400 (N. H. 1999).

线监听法》实施的行为，行为人通过这种行为获得的证据一般会被排除。但是根据某些州的法律，在三种例外情况下，行为人获得的证据不会被排除：①如果行为人实施的电子窃听行为符合有线监听法所明确规定的婚姻纠纷例外规则，那么，行为人所获得的证据在离婚诉讼和监护权诉讼中可以被州法院采纳为证据；②如果行为人的行为符合替代同意规则，那么，行为人对其孩子的谈话的录音同样可以被州法院采纳为证据；③如果行为人并非故意地或有意地实施窃听行为，其行为不构成违反有线监听法的行为，那么，行为人通过窃听行为获得的证据同样可以被州法院采纳。

《有线监听法》的非法证据排除规则得到各州法院的承认并被适用于离婚诉讼和监护权诉讼中。例如在 In re Marriage of Lopp 一案①中，印第安纳州最高法院认为下级法院审理该案时犯了一个不可挽回的错误。印第安纳州最高法院的理由是，在该案中有线监听行为的受害人称，她的丈夫窃听了她的谈话，并用这些谈话的录音磁带威胁她在临时监护令上签字，但是审理此案的下级法院法官仍然采纳了行为人通过违反有线监听法的窃听行为获得的录音证据，并作出了对有线监听行为的受害人不利的判决。印第安纳州最高法院认为，尽管《联邦电子通讯隐私法》第 2515 条规定了行为人通过非法窃听行为所获得的证据应当予以排除以免这些非法证据遮盖了争议的事实真相，但是如果这些证据包含使人对证人的可信度产生怀疑的谈话内容或者能够从侧面反映出证人证言的不真实的谈话内容，那么，这些证据就不应当予以排除。如果法院适用《联邦电子通讯隐私法》第 2515 条规定排除了这类型证据，那么，法院的做法不仅违反了宪法规定的正当程序原则，而且损害了法官的裁判职能的正常发挥甚至损害州的主权。

在多个案例中，《有线监听法》的非法证据排除规则适用的例外情形都有所体现，Lopp 一案并不算其中非常典型的案件。比起 Lopp 一案，National League of Cities v. Usery 一案②更充分地体现了法院如何通过排除适用《有线监听法》的非法证据排除规则来保护州的主

---

① 378 N. E. 2d 414 (Ind. 1978).

② Nat'l League of Cities v. Usery, 426 U. S. 833 (1976).

权。在该案中，原告认为《联邦商务条款》所规定的地方政府机构最低工资标准损害了州的主权。审理该案的法院支持了原告的主张，但是，审理 Garcia v. San Antonio Metropolitan Transit Authority 一案[①]的法院对此持相反的态度。在上述两案审结之后，美国联邦最高法院在 Printz v. United States 一案[②]的判决中认定，《联邦商务条款》的某些立法条文损害了州的主权。但是，这三个案件都没有像 Lopp 一案中涉及州的具体管理活动，这三个案件的争议主要涉及联邦立法与州的主权之间的关系。在这些案件中，联邦法律规定要求各州根据联邦法律进行相应的立法，[③] 并要求各州的执法人员在处理涉及枪支买卖的案件时查证当事人的身份背景以及进行其他相关的执法活动。[④] Testa v. Katt 一案[⑤]涉及的州的具体管理活动与 Lopp 一案涉及的州的管理活动相似。在 Testa 一案中，法院认为联邦立法要求州法院根据联邦法律所规定的诉讼理由来判断原告的诉讼理由是否成立的规定，并没有损害州的主权。可见，Lopp 一案的判决与 Testa 一案的判决不相同，笔者认为，其他法院应当参照 Testa 一案的判决来审理类似的案件。

（三）《通讯记录保护法》不包含非法证据排除规则

正如上文所言，《通讯记录保护法》没有规定相应的非法证据排除规则，也没有暗示该法禁止法院采纳行为人通过实施违反该法的窃听行为所获得的证据，因为在《联邦电子通讯隐私法》第 2708 条中规定，只有在《通讯记录保护法》中明确列举的几种侵权行为的受害人才可能获得侵权损害赔偿。因此，即使行为人违反《通讯记录保护法》查阅他人的电子邮件或语音邮件，在离婚诉讼和监护权诉讼中，行为人所获取的他人的电子邮件或语音邮件仍然可以作为证据被州法院所采纳。

---

① 469 U. S. 528, 531 (1985).

② See Printz v. United States, 521 U. S. 898, 932 – 933 (1997); New York v. United States, 505 U. S. 144, 188 (1992).

③ New York, 504 U. S. at 188.

④ Printz, 521 U. S. at 932 – 933.

⑤ 330 U. S. 386, 393 (1947).

（四）认定侵扰他人安宁的隐私侵权行为的证据排除规则

正如上文所言，行为人实施的违反《通讯记录保护法》的行为可能同时构成普通法上规定的隐私侵权行为。为了判断行为人实施的违反《通讯记录保护法》的行为所获得的证据是否可以被法院采纳，还应当根据普通法上关于隐私侵权行为的相关法律规定来判断，如果相关规定中包含了单独的非法证据排除规则，则行为人所获得的证据就有可能因为违反了隐私侵权行为相关法律规定而被排除。一般来说，普通法并不包含非法证据排除规则。如果行为人通过实施侵权行为获得的证据与相应的民事或者刑事诉讼是相关的或者对案件的审理起到关键作用的，那么，即使获取证据的手段构成侵权行为，法院也不能因此排除该证据。笔者认为，这种观点是不正确的，法院应当排除行为人通过实施隐私侵权行为所获得的证据以保护他人的隐私权。比如，在某些案件中，如果政府执法人员违反宪法规定（如《美国联邦宪法第四修正案》）实施了非法的搜查行为，则政府通过这种搜查行为获得的非法证据必须予以排除。因为政府是公民权利的保护者，政府不应当从自己的非法行为中获得利益。所以，法院通过排除政府获得的非法证据来威慑政府的权力并保护公民权利。[①] 在其他法律中，如《有线监听法》也明确规定了哪些类型的非法证据应当予以排除。这些非法证据排除规则都说明，个人隐私应当优先于事实真相的完整性而得到法律的保护。在涉及需要适用宪法规定的或者法律规定的证据排除规则的案件中，对证据的排除成为了法院适用宪法或法律的相关规定的一种手段。

长期以来，关于损害赔偿的规定都是美国普通法中不可分割的组成部分，法院一般都认为，这些规定足以赔偿侵权行为受害人的损失并遏制行为人实施侵权行为。侵权损害赔偿的对象包括精神损害、人身损害以及纯经济损失。损害赔偿的相关法律规定主要从以下两方面遏制行为人实施侵权行为：一方面，法律规定了一定的责任保险赔付

① See Wayne R. LaFave et al., Criminal Procedure 3. 1 (3d ed. 2000).

比率，这是通过影响他人所获得的保险赔偿金并进而影响行为人所需要承担的损害赔偿责任的大小的一种间接的遏制手段；另一方面，法律规定法院可以在某些情况下责令行为人向他人给付惩罚性赔偿金。与前面一种手段不同，这是一种直接的遏制手段。因此，在离婚诉讼与监护权诉讼中，法院似乎没有权利以行为人获取证据的手段违反了普通法上关于侵权行为的规定为理由排除与案件有关或者对案件的审理起关键作用的证据。但是，在过去的一些案例中，某些法院曾经因为当事人或者其律师在案件审理过程中实施了不当行为而排除了他们通过这些行为所获得的证据，如 Shoney's v. Lewis, Inc. 一案[①]。在该案中，当事人的律师之一在出庭时实施了违反职业行为规范的行为，肯塔基州最高法院于是排除了他所提出的证据。不过，笔者认为，在该案中，法官的这种做法仅仅是因为那位律师身为司法系统的专业人士却做出不符合职业道德行为而对他进行惩罚。

六、证据开示保护令对隐私权的保护

《有线监听法》和《通讯记录保护法》都允许行为人在某些特定情况下对他人的谈话或通讯实施电子监控行为，但是由于这些法律规定都没有要求行为人在实施电子监控行为时必须建立监控对象过滤机制，以使得监控行为对他人隐私权的侵犯程度最小化。所以，即使被监控的某些谈话者所谈论的内容与行为人实施电子监控行为的合法理由无关，他们的谈话也会受到行为人的监控，导致他们的隐私同样受到行为人的侵犯。行为人的监控行为缺乏监控对象过滤机制是一个非常严重的问题，虽然行为人只有合法理由侵犯部分谈话者的隐私，但是法律支持行为人凭借仅对部分谈话者有效的合法理由去实施侵犯所有谈话者隐私的监控行为，对于那些其谈论内容与纠纷无关的谈话者而言，他们的隐私受到了行为人的严重侵犯。上述问题主要出现在两种紧密关联的情形中：①允许行为人在某些情况下对他人的谈话实施电子监控或未经他人许可查阅与纠纷无关的人的电子通讯记录；②由于缺乏非法证据排除规则，在某些司法程序（诉讼）中，行为人偷

① 875 S. W. 2d 514 (Ky. 1994).

录的谈话内容或者复制的通讯记录可能被法院采纳为证据。

本部分将会探讨，各州法律和联邦法律规定的证据开示制度中对隐私保护的规定，以及各州宪法和《美国联邦宪法》对隐私保护的规定到底在多大程度上可以排除行为人通过非法窃听手段获取的证据，使得与纠纷无关的谈话者的谈话或通讯记录被法院采纳为证据或记录在案的情况得到最大程度的减少。防止与纠纷无关的谈话者的谈话或通讯记录被法院登记在司法记录中对于保护谈话者的个人隐私是非常重要的，因为司法记录很可能是美国司法系统中最为公开的记录。

从两方面可以看出，《联邦电子通讯隐私法》并没有规定与纠纷无关的谈话者的谈话或通讯记录的证据排除规则。一方面，根据《有线监听法》，在当事人处理自己的婚姻纠纷时，配偶一方有权利窃听另一方的谈话；父母也有权利对自己的未成年子女的谈话实施窃听行为。尽管《有线监听法》规定了严格的非法证据排除规则，但是在这两种情况下非法证据排除规则都不能适用，因为在上述两种情形中，实施窃听行为的行为人并没有违反有线监听法的规定，因此他们所取得的证据不属于应当被排除的非法证据之列。另一方面，《通讯记录保护法》并没有规定非法证据排除规则，即使行为人查阅他人的电子邮件和语音邮件的行为违反了《通讯记录保护法》，他所获得的证据仍然会被法院所采纳。然而，证据开示制度以及州宪法和《美国联邦宪法》所承认的个人隐私权，为法院排除与纠纷无关的谈话者的谈话或通讯记录证据提供了依据。

根据《美国联邦宪法》① 和某些州的宪法，隐私权包括两类权利，即自主决定权和个人信息控制权。所谓自主决定权，是指当事人独立自主地做出决定的权利，如决定堕胎的权利。所谓个人信息控制权，是指当事人有权利决定是否允许政府执法人员获取他（她）的高度私密的个人信息。个人信息控制权主要受到《美国联邦宪法》和各州宪法中关于不合理搜查和不合理逮捕的有关规定以及正当程序原则的有关规定的保护。证据开示制度中关于强制披露高度私密的个

① Whalen v. Roe, 429 U. S. 589, 599 -600 (1977).

人信息的规定会侵犯当事人的个人信息控制权，因为个人信息控制权强制法院平衡当事人的个人隐私权和法院调查事实真相的职权。①在离婚诉讼和监护权诉讼中，如果行为人将其通过窃听行为获取的谈话录音或者通讯记录提交法庭作为证据，根据证据开示程序，行为人必须披露其窃听的谈话内容或者窃取的电子邮件和语音邮件记录，在这个时候，他人就可以依据个人信息控制权请求法院禁止行为人公开披露与纠纷无关的谈话内容或通讯记录。

联邦法律和州法律规定的证据开示制度包含保护个人隐私权的规定，这些规定限制了离婚诉讼和监护权诉讼中实施窃听行为的行为人公开披露与纠纷无关的谈话内容或通讯记录。根据《美国联邦民事诉讼规则》第26C条，在证据开示程序中，当某些证据可能使当事人产生“恼怒、尴尬、压抑”或赋予当事人“不必要的负担”时，法院有权利向当事人签发保护令和限制这些证据开示。各州法律关于证据开示制度的规定与上述法律条文基本一致。② 尽管在《美国联邦民事诉讼规则》第26C条和类似的各州法律规定中都没有提及“隐私”一词，但是很明显，严重侵犯当事人隐私权的证据的开示程序同样受到这些法律条文的规制。③ 联邦法律和州法律授权法院签发证据开示保护令是为了平衡当事人的个人隐私权和法院调查事实真相的职权，这与上文提及的《美国联邦宪法》和州宪法的规定是非常相似的。④

七、结语

在家庭纠纷中，配偶之间或者父母对子女实施窃听行为、通过电

---

① See Seth F. Kreimer, Sunlight, Secrets, and Scarlet Letters: The Tension Between Privacy and Disclosure in Constitutional Law, 140 U. Pa. L. Rev. 1, 146 – 147 (1991); Richard C. Turkington, Legacy of the Warren and Brandeis Article: The Emerging Unencumbered Constitutional Right to Informational Privacy, 10 N. Ill. U. L. Rev. 508 – 509 (1990).

② See Rasmussen v. S. Fla. Blood Serv., Inc., 500 So. 2d 533, 535 (Fla. 1987); Stenger v. Lehigh Valley Hosp. Ctr., 609 A. 2d. 796, 799 n. 6 (Pa. 1992).

③ See Rasmussen, 500 So. 2d at 535; Stenger, 609 A. 2d at 803.

④ See Farnsworth v. Procter & Gamble Co., 758 F. 2d 1545, 1547 (11th Cir. 1985); Rasmussen, 500 So. 2d at 535; Stenger, 609 A. 2d at 803.

子技术获取他人的对话录音或肖像录像、查阅他人的电子邮件和语音邮件的现象并不罕见。如果窃听对象没有取得行为人同意，那么，行为人秘密采用科技手段窃听的行为就侵犯了对他人（窃听对象）的隐私。判断这种窃听行为的合法性问题是很复杂的，因为这种行为涉及多部法律。本文主要审查了家庭纠纷中出现的电子监控行为是否违反了联邦和州的《有线监听法》、《通讯记录保护法》或者普通法上关于侵扰他人安宁的隐私侵权行为的相关法律规定。《有线监听法》一般适用于规制对他人的谈话进行秘密录音的行为；但是有两种不受《有线监听法》规制例外情形。第一种是法院允许配偶中的一方通过家中的电话分机对配偶中的另一方的谈话进行录音；第二种是法院不禁止父母在家中通过电话分机对未成年子女的谈话进行录音。近几年来，出现了第三种例外情形，这种例外情形使用范围更广，所有考虑过这种情形的法院几乎全部承认这种例外情况的成立。第三种例外情形是这样的：如果父母认同行为人实施窃听行为可以保护子女的最大利益，则父母可以代替自己的未成年子女对行为人实施窃听行为表示同意，即替代同意。替代同意规则并没有违反联邦和州的《有线监听法》所规定的单方同意抗辩原则。

但是笔者认为，替代同意规则是不能成立的，原因主要有两个：一是实施窃听行为的父母一方没有权利代替未表示同意的、与孩子交谈的第三方许可行为人（实施窃听行为的父母一方）实施侵犯第三人隐私权的行为；二是替代同意规则没有充分考虑州法律规定的共同监护模式可能带来的问题。

行为人查阅他人的电子邮件和语音邮件的行为主要由联邦和州的《通讯记录保护法》来规制。目前的《通讯记录保护法》还不完善，因而几乎没有一个上诉法院在审理有关家庭纠纷的案件中适用《通讯记录保护法》。这类法律不完善的地方主要在于其所规定的“电子信息记录”的内容不包括家用电脑内保存的电子邮件。而且，在民事诉讼中，因为《通讯记录保护法》与《有线监听法》不同，前者不包含非法证据排除规则，所以即使行为人违反了《通讯记录保护法》对他人实施了窃听行为，行为人通过这种违法手段所获得的影音资料仍然可能作为证据被法院采纳。

根据普通法上侵扰他人安宁的隐私侵权行为的有关法律规定，行为人对其家庭成员实施的电子监控行为可能构成侵扰他人安宁的隐私侵权行为。无声录像监控行为不受《有线监听法》和《通讯记录保护法》的规制，但是，普通法上侵扰他人安宁的隐私侵权行为的有关法律规定却可以适用于规制无声录像监控行为。在有关侵扰他人安宁的隐私侵权行为的案件中，行为人对其家庭成员实施秘密的录音或录像监控的行为即使没有违反《有线监听法》和《通讯记录保护法》，也可能构成侵权行为。在判断行为人对他人实施的监控行为是否构成侵扰他人安宁的隐私侵权行为时，应当依据侵扰他人安宁的隐私侵权行为的有关法律规定，审查他人对于他自己与别人的谈话和通讯是否享有的合理隐私期待。另外，如果配偶双方虽然共用一台家庭电脑，但是，双方各自保留自己的独立的电子邮件账户和独立的密码，则配偶中的一方查阅另一方保存在家庭电脑内的电子邮件的行为就构成了隐私侵权行为。

许多由行为人通过非法的电子监控手段获得的证据在离婚诉讼和监护权诉讼中都会得到法院的采纳，因为即使行为人收集证据的行为违反了《通讯记录保护法》和有关侵扰他人安宁的隐私侵权行为的法律规定，法院也不会因此在审理民事诉讼过程中将行为人提出的证据作为非法证据予以排除。法院根据证据开示制度以及为了保护当事人受宪法保护的隐私权益而签发的保护令，通过禁止行为人公开其通过电子监控行为获取的他人的通讯记录和肖像，可以为当事人的隐私权益提供保障。

配偶监控：家庭电脑中监控软件相关法规探究

卡米尔·卡尔曼[①] 著　韩林平[②] 译

目　次

一、导论

在婚姻家庭中，共同使用家庭电脑的配偶双方在分享电脑使用权的同时，可能也正在分享比自己预想中更多的私人信息。由于监控软件的发明，任何对自己配偶的电脑活动持怀疑或好奇态度的行为人均可以通过在电脑中安装监控软件这一简单廉价的高科技方式监控配偶的所有电脑活动——每一封电子邮件、每一个即时消息、每一篇公文报告、每一个浏览过的网页等，电脑中的私人信息过去只有最厉害的电脑专家才能够通过高科技的方式窃取到，而现在只要花69.95美元购买一套电脑监控软件都可以轻而易举地得到。

虽然行为人未经他人允许而擅自在他人电脑中安装软件的行为可能构成侵权甚至犯罪，但是行为人在自己与他人共同所有、共同使用的电脑中安装软件的行为丝毫没有违反联邦或州法律，只是行为人的

---

① 卡米尔·卡尔曼（Camille Calman），美国 Davis Wright Tremaine 律师事务所合伙人。
② 韩林平，中山大学法学院助教。

这种行为如果是暗中进行的，那么，可能受到道德上的指责。出于家庭电脑由配偶双方“共同所有”这一特征，美国现有窃听法及隐私权法无法禁止在家庭电脑中安装监控软件这种配偶之间的监控行为，亦很难为在家庭电脑中安装监控软件这种婚内配偶之间监控行为的受害者提供救济。美国现行法律体系仅对电话窃听等传统的技术含量较低的监控方式进行了规范，以保护家庭生活中配偶一方的隐私权不受另一方的侵犯，但是，美国现行法律体系尚未对家庭电脑中监控软件的安装以及使用行为做出任何规定，这可以称得上是美国现行法律体系的一个漏洞。

本文主张，美国各州应当制定新的规范监控软件的法律法规来填补美国现行法律体系的这一漏洞。这类法律法规一旦颁布，受其影响最大的将是婚内配偶双方，因为婚内配偶双方是电脑监控软件的主要使用者，同时也是最有可能共同所有、共同使用同一台电脑的个人。制定监控软件相关法律法规的必要性主要体现在两方面：一方面，这类法律法规能够进一步保护婚内配偶双方在私人通讯方面的个人隐私权；另一方面，这类法律法规能够从侧面增强一种社会观念，使社会上更多的人意识到婚姻是一种建立在信任基础上的。

本文共分三个部分，第一部分简单介绍电脑监控软件并考查与利用传统监控方式进行的监控行为相关的法律法规，通过该部分可以看出，美国国会已经对利用传统监控方式进行的监控行为做出了规定，利用监控软件进行的监控行为也不应该被排除在法律调整范围之外。第二部分主要探究婚内配偶双方的隐私权问题，同时阐释为何美国现行法律未对利用监控软件进行的婚内监控行为的受害者提供明确的司法救济。第三部分，建议美国各州颁布法律来禁止行为人在未经其他具有完全民事行为能力的家庭电脑共同所有者或共同使用者同意的情况下擅自在家庭电脑中安装或使用监控软件，同时提出两个例外情形：一是工作场所监控的例外；二是依据强制性法律法令监控的例外。

在多人共同使用同一台电脑的情况下，部分电脑使用者可能故意在与他人共同使用的电脑中安装监控软件。这种监控软件与间谍软件是有区别的。间谍软件截获他人信息的途径是通过互联网下载他人信息，其安装通常是在电脑使用者尚未明示同意甚至毫不知情的情况下进行的，间谍软件的受益群体通常为黑客、商业公司等第三方群体，这类群体之所以使用间谍软件，意在追踪客户行为、收集客户信息以便用于市场分析、广告促销等商业目的。这种间谍软件不在本文的讨论范围之内，美国国会已经在起草法案来处罚那些在未经客户同意的情况下向客户电脑上传间谍软件的公司。这一正在起草中的法案明确豁免了电脑所有者或使用者对电脑进行的所有操作行为。因此，婚内配偶在家庭电脑中安装并使用监控软件的行为不在该法案的调整范围内。

此外，家庭生活中父母使用监控软件监控子女电脑活动的行为，以及工作场所内雇主使用监控软件监控雇员电脑活动的行为也不在本文的讨论范围之内。虽然这两种情况均对他人的隐私权造成了不同程度的侵犯。但是，在涉及这两种情况的案件中，法院在衡量雇主的商业利益和雇员的隐私利益时，判定结果往往对雇主有利。美国有超过90%的雇主对自己的雇员进行电脑监控，监控雇员的电子邮件、网络使用等电脑活动。很多雇主事先告知自己的雇员其电脑活动受到监控，以便排除雇员一切可能的对自身隐私利益的合理期待。雇主监控雇员电脑活动的行为与雇主自身的商业利益息息相关，其对于监控行为拥有合理的正当化事由。例如，雇主可能为了预防雇员在工作时间做工作以外的事情或者为了保护自己的商业秘密而监控雇员的电脑活动。同理，法院在父母监控未成年子女电脑活动的案件中也认为父母有权监控未成年子女的各项活动。

二、美国监控软件相关法律法规与通讯隐私相关法律法规的一致性

安装在电脑上的监控软件记录电脑使用者使用电脑的每一个行为。它能够记录电脑使用者在键盘上的每一次敲击，也能够对电脑进行不间断的“屏幕截图”并保存截图图片。[①] 屏幕截图是指，将某一时刻被监控电脑屏幕上所显示的图像以图片模式记录下来并保存图片的副本。安装监控软件的行为人获取监控信息的方式有两种：一是监

① Libby Copeland, Cyber - Snooping into a Cheating Heart: Spyware Gives Suspicious Spouses the Drop on Online Adulterers, Wash. Post, Aug. 8, 2000, at C1.

控软件将记录下来的信息储存在一个电脑账户中，行为人可稍后登录账户获取信息；二是监控软件直接将记录下来的信息转化为电子邮件模式发送至行为人的邮箱当中。在本部分中，我们简单介绍当今社会被越来越多人使用的监控软件这种监控手段，同时将其与由法律做出了明确规定的传统通讯信息监控模式进行对比。由于监控软件监控模式与诸多传统通讯信息监控模式之间存在很多相似之处，对于监控软件监控模式，法律理应做出与传统通讯信息监控模式相一致的规定，而对于监控软件监控行为的受害者，法律理应提供与传统通讯信息监控模式相一致的救济措施。根据美国现行法律法规，对于传统通讯信息监控行为的受害者的法律救济措施包括禁令救济、刑事处罚、金钱赔偿、证据排除规则等。证据排除规则是指行为人利用传统通讯信息监控方式获取的侵犯他人隐私权的他人信息在诉讼程序中不得作为证据而被法院采纳。在某些情况下，若行为人对他人实施监控所获取的信息在案件庭审过程中被公开，会使得他人陷入更加尴尬的境地，加重对他人隐私利益的侵犯，那么，此时证据排除规则的作用便显得尤为重要。

（一）监控软件

市面上可供选择的监控软件程序非常多，其中一些监控软件程序被作为商品出售，人们需要付费购买才能使用；还有一些监控软件程序无需付费，可以直接从网上下载。为数众多的监控软件程序制造商中，最著名的当属 SpectorSoft 公司。早在 1999 年，SpectorSoft 公司已经开始销售 Spector 屏幕截图软件，这款软件是一款提供给父母的工具性产品，可供父母监控其子女的网络使用情况。SpectorSoft 公司董事长在一次与公司员工攀谈的过程曾说，公司会打出 Spector 屏幕截图软件的新广告，告诉人们该款软件不仅能够监控子女的网络使用，还能够密切注视婚内配偶对自己是否有不忠行为。此广告一经打出就得到了巨大反响，SpectorSoft 公司原本低迷的销售额一下子增长了 10 倍之多。截至 2002 年，Spector 屏幕截图软件超过 40% 的购买者是将该软件用于监控婚内配偶的，而只有不到三分之一的购买者将该软件用于监控子女。[①] 自20世纪从90年代中期监控软件被首次推向市场以来，离婚案件的诉讼律师注意到离婚诉讼中的配偶双方使用这类软件的比例越来越大。[②]

Spector软件不仅记录电脑使用者的键盘操作情况，而且进行实时屏幕截图，同时追踪电脑使用者所有类别的电脑活动，包括电子邮箱的使用、聊天室参与者的情况、即时消息内容以及文件传输情况等。[③] SpectorSoft公司还推出一款名为eBlaster的软件，这款软件的特点是在详尽记录电脑使用者电脑活动的同时，每隔一小时将所记录的信息通过电子邮件的形式发送给监控软件的安装者。Spector软件和eBlaster软件均可被设置为“隐身模式”，因此这两款软件均不会显示在Windows操作系统的桌面或者任何系统菜单中。此外，eBlaster软件自带电子邮件客户端，其向监控者发送电子邮件时使用自带的电子邮件客户端而不是电脑使用者的电子邮箱。这样一来，电脑使用者几乎无法察觉有人在用自己使用的电脑向外发送电子邮件。

在多人共同使用一台电脑的情况下，电脑安全专家建议每一位使用者采取设置密码的方式来保护自己在与他人共用的电脑上的个人资料及电子邮箱信息安全；然而，这种方式却无法防范监控软件的侵入，因为监控软件能够设法避开电脑使用者的密码保护程序而侵入其中获取电脑使用者的隐私信息。如果在家庭生活中，意欲实施监控行为的行为人有足够合理正当的理由使用家庭电脑，那么，他（她）便能够在他人毫不知情的情况下在家庭电脑中安装监控软件，在不知道自己配偶所设密码的情况下监控配偶的电脑活动，并且能够轻而易举地获取配偶的密码，因为配偶在使用电脑时的每一次键盘敲击都会被监控软件如实记录。

监控软件出现的同时带动了很多电脑侦查和清理软件的出现，如Nitrous Anti – Spy软件、SpyCop软件、AdAware软件以及Spybot

---

① Chris Seper, Net Adds Wrinkle to Fabric of Marriage, Cleveland Plain Dealer, Jan. 7, 2002, at C1.

② See Telephone Interview with Maury D. Beaulier, Attorney, Hellmuth & Johnson PLLC (Dec. 23, 2004).

③ See Rick Edvalson, Need to Know What's on PCs? – Here's How ..., Idaho Bus. Rev., Feb. 23, 2004, at 5A.

Search & Destroy 软件。SpectorSoft 软件系统必须频繁升级，以避免被这些电脑侦察和清理软件监测到。这两种产品的同时存在使得他们之间的不断升级换代形成了类似“军备竞赛”的局面，其中一种产品不断试图逃避侦查而侵入他人隐私信息，而另一种产品不断试图侦查他人隐私信息的入侵者。

在科技进步的同时，由于法律的滞后性，婚内配偶一方使用监控软件对另一方进行监控的行为尚未成为立法关注的焦点。然而，美国现行法律体系中对其他传统通讯信息监控方式的各种限制性或者禁止性的规定表明，社会大众普遍承认普通公民享有通讯信息隐私权，并且在大多数情况下，公民的这种通讯信息隐私权应当受到法律的保护，保护其免受别人任何形式的监视和窥探。

（二）侵入他人邮件

虽然利用监控软件监控他人的电脑活动是一种新兴的社会现象，但是公民有权保护个人通讯隐私权的观念早已深入人心。1810 年制定的《美国法典》第 18 编第 1702 节的最新修正版本规定拦截他人信件的行为人应受刑事处罚：“任何人如果从邮局中、经授权的邮件中转站内或邮件运输公司处盗取他人信件、明信片或包裹，或者阻碍信件、明信片或包裹从邮局及经授权的邮件中转站或邮件运输公司处被送达收件人，那么，其行为应被定性为拦截他人信件的行为，或者窃取他人商业秘密或私人秘密的行为，行为人应依照本编规定被处以罚款或者五年以下监禁，或者同时被处以罚款和五年以下监禁。行为人如果实施公开、藏匿、贪污或销毁他人信件、明信片或包裹的行为，亦应依照本编规定被处以罚款或者五年以下监禁，或者同时被处以罚款和五年以下监禁。”①

这一法律规定在涉及盗窃支票的案件中最为常用。然而，在他人所邮寄的信件不具有金钱价值时，这一法规仍然适用。《美国法典》第 18 编第 1702 节可否被援引作为隐私侵权案件中原告的诉讼理由？对于这一问题，美国一些法院在相关案件中持否定态度。尽管如此，美国国会将该节中涉及的这类行为纳入了刑事处罚范围。美国国会的

---

① 18 U. S. C. § 1702 (2000).

这一做法表明：美国社会公众普遍认为信件、明信片或包裹的收件人有权亲自接收并拆开其邮件，且这一行为不应受到别人的干扰。①

在科技不断发展进步的今天，很多以前由信件进行的通讯交流被电子方式的通讯交流所取代。电子邮件中可能包含信用卡账号等具有金钱价值的信息，也可能包含“他人商业秘密或私人秘密”。这些隐私利益若同样出现在上文提到的信件、明信片或包裹中，都是受到《美国法典》第18编第1702节保护的，行为人一旦侵犯这些利益，应受到刑事处罚。

（三）电话窃听

1. 电话

随着电话的发明，人与人之间远距离的交流能够在即刻间得以完成。与此同时，另一新的潜在危机也随之产生，这便是远距离窃听的潜在危机。电话总机、公共电话线路、电话分机等电话配置设备增加了私人电话被邻居或家庭内部成员窃听的可能性。然而，公众关注的焦点更多地集中在私人电话通话被政府窃听的情况，而非私人电话通话被邻居窃听的情况。

1928年，美国联邦最高法院在Olmstead v. United States一案②中遇到了这样一个问题：美国政府窃听公民私人电话的行为是否违反《美国联邦宪法第四修正案》中的一项禁令——美国政府不得在未经授权的情况下擅自对公民实施搜查或逮捕？在该案中，美国联邦最高法院最终认定：政府窃听公民私人电话的行为是合法的，因为本案所涉及的电话窃听器被安装在被窃听者住所之外的电线上，也就是说美国政府并未实际上侵入被窃听者的住所，而只有实际侵入他人住所的搜查行为才有可能因未经授权而被视为违法。大法官Brandeis作为隐私权的大力提倡者，对该案判决结果持有异议。他在陈述中写道：“行为人侵扰他人电话通话这一行为的侵权严重程度远高于行为人私拆他人信件的侵权程度。在他人电话线路被窃听时，电话线路两端的谈话参与者的个人隐私均受到侵犯，而且即便政府的窃听行为是正当

① See Blanca R. Ruiz, Privacy in Telecommunications 64 -67 (1997).
② 277 U. S. 438, 464 -465 (1928).

的、秘密的、经授权的，我们仍不能忽视电话中所有的谈话信息均被泄露的事实。电话窃听作为政府人员从事间谍活动的手段，即使得到了法院的授权或者政府机构的许可，这些授权或者许可也只不过是政府对公众实行专制和压迫的微不足道的工具，远不足以使政府窃听公众电话通话的行为合法化。”

除了偶尔出现的像大法官 Brandeis 的异议观点这样有预见性的观点外，法律在面对科技日新月异的发展变化时往往表现出明显的滞后性。直到 Olmstead 一案发生将近 40 年之后，美国联邦最高法院才在另一个类似的案件中明确推翻了其在该案判决书中对政府窃听私人电话行为合宪性问题的判断。这个案件便是著名的 Katz v. United States 一案①。1967 年，美国联邦最高法院在 Katz 一案中认为，他人对于自己在公共电话亭内进行的电话通话享有受法律保护的隐私权，他人有权保护这些电话通话免受别人的窃听或截取。即使行为人在窃听他人电话通话时没有实际进入公共电话亭内，其行为仍然侵犯了他人受法律保护的隐私权。Katz 一案中法院的这一观点明确推翻了其之前在 Olmstead 一案中的判决，同时，Katz 一案的判决还使得两个关于隐私权的原则得以建立：其一，《美国联邦宪法第四修正案》中对公民隐私权的保护建立在“人”的基础之上，而不是建立在“空间”的基础之上；其二，对自己所欲保护的隐私权享有合理隐私期待是任何要提起隐私侵权诉讼的当事人所必须具备的诉讼条件。诉讼当事人对自己享有合理隐私期待这一诉讼条件的证明必须非常全面。依照 Harlan 大法官的阐释，一方面，诉讼当事人要证明自己对所欲保护的隐私权享有主观期待；另一方面，这种隐私期待必须是客观合理的。

Katz 一案中法院的判决得到了随后几个国会议案的遵循。在 Katz 一案判决生效四个月后的 1968 年，美国国会通过了《公共汽车犯罪控制与街道安全法》（简称《公共汽车法》）。《公共汽车法》第三编通常被称为《窃听法》，主要针对窃听他人口头交谈信息的行为做出规定。在美国国会颁布《公共汽车法》时所陈述的目的为：建立一个由政府授权的强制执行机构，使该机构利用司法允许的窃听方式去专门与团伙犯罪作斗争。这一目的在窃听法一编体现得尤为突出。同

① 389 U. S. at 352 - 353.

时，这一目的也回应了 Katz 一案中法院考虑到的问题：美国政府对他人进行不合理搜查或者逮捕的行为在侵犯《美国联邦宪法第四修正案》的情况下，应当如何处置？然而，《公共汽车法》不仅调整政府对普通公民实施窃听的行为，而且调整普通公民之间的窃听行为。这一法律在规定如何判断公民对某项事物享有合理隐私期待时还吸收了上文提到的 Harlan 大法官的判断方法：一方面，诉讼当事人要证明自己对所欲保护的隐私权享有主观期待；另一方面，这种隐私期待必须是客观合理的。

《窃听法》中的规定一方面针对窃听他人面对面交谈信息的行为，另一方面针对电话窃听行为。《窃听法》规定：在未经他人同意的情况下，至少在未经对话双方的其中一方同意的情况下，任何人不得截取他人的口头交谈信息或者有线电话交谈信息，除非截取他人信息的行为人是一个被合法授权并持有司法令状的法律强制执行机构的人。违反这一规定的行为人将有可能面临民事诉讼或者刑事处罚。美国很多州已经通过了更加严格的法律规定来保护公民的通讯隐私权，一些州要求：行为人若欲获取他人交谈信息，必须征得对话所有参与者的同意，缺少任何一方的同意，行为人的行为都将被视为违法。

《窃听法》中针对行为人窃听他人口头交谈信息或电话通话信息行为的禁令范围之广表明：个人对自己的交谈信息享有隐私权已经成为被社会公众所普遍强烈认同的社会观念。在这一社会观念之下，对于《窃听法》中的禁令是否适用于婚姻家庭中的配偶之间这一问题，美国法律界还存在一些争论，但是美国大多数法院以及学者认为《窃听法》中的禁令在婚姻家庭中的配偶之间是适用的。而且，在婚内配偶之间，配偶一方对自己的电话通话信息是否享有隐私权这一问题尚存在争议，但是配偶一方对家庭电脑中自己的信息是否享有隐私权这一问题几乎不存在争议，美国法院以及学者均认为，在婚内配偶之间，配偶一方对家庭电脑中自己的信息是享有隐私权的。

2. 无线电话和手机

美国国会在 1994 年对《窃听法》进行了修订，在其中增加了对行为人截取或者记录他人无线电话通话信息的行为的规定。在这部修订后的法律中，手机这种通讯方式并未被特别提及，但是美国联邦最高法院在2001年的Bartnicki v. Vopper一案[①]中认为：美国国会1986年制定的《联邦电子通讯隐私法》禁止行为人对他人通讯信息的截取行为，无论该通讯信息是口头交谈信息、电话交谈信息，还是电子通讯信息，而《联邦电子通讯隐私法》的这一规定扩大了窃听法的调整范围，使得手机这种电子通讯方式也应被归入窃听法的调整范围之内。美国国会不断修订《窃听法》，使其调整范围包含最新的通讯科技成果，这也表明了美国国会坚持保护公民通讯信息隐私权的决心。

（四）侵入他人电子邮件

1986年，美国国会通过了《联邦电子通讯隐私法》，并将其分为三编。《联邦电子通讯隐私法》第一编即为原先的《窃听法》，美国国会仅在原先《窃听法》的基础上做了两处修订：其一，在该法所保护的几种免受行为人截取的私人通讯方式之前增加了“电子”一词；其二，重新定义“截取”一词，使其不仅包含截获他人声音信息的行为，还包含截获他人图像等信息的行为。《联邦电子通讯隐私法》第二编通常被称为《储存通讯法》，是美国国会全新制定的一编，该编禁止任何人在未经授权的情况下进入他人的电子通讯储存系统（包括电子邮箱和语音信箱）。具体规定如下：“除了本条第3款规定的情况之外，任何人若实施以下行为，将被视为违法——在未获授权的情况下故意进入他人电子通讯服务提供商的电子通讯系统设施，或者故意超越所获授权的范围而进入他人电子通讯服务提供商的电子通讯系统设施，从而获取、改动或阻止享有授权的别人进入他人储存在以上通讯系统中的有线通讯信息或者电子通讯信息。行为人若实施以上违法行为，应当依照本条第2款进行处罚。”《联邦电子通讯隐私法》第三编的规定涉及使用录音笔或者其他类似设备对他人实施监控的行为，该编不在本文的讨论范围之内。

如何判断他人对自己电子邮件的隐私权是适用《窃听法》的规定进行保护还是适用《储存通讯法》的规定进行保护，抑或是《窃听法》和《储存通讯法》对其均不能适用？这取决于该电子邮件所

---

① 532 U. S. 514, 524 (2001).

处的位置。与电话通话信息不同，电子邮件并不是在发出的同时即刻到达收件人处的，而是往往需要在送往收件人处的途中经过一个中转电子储存器。一些法院认为，《储存通讯法》所保护的他人电子邮件隐私权仅限于他人电子邮件位于该中转电子储存器中的情况下；一旦收件人收到并查看了该电子邮件，那么，此时该电子邮件位于“后传输储存器”中，既不受《窃听法》的保护，也不受《储存通讯法》的保护。而正如上文所述，修正后的《窃听法》，即《联邦电子通讯隐私法》第一编，在原先《窃听法》所保护的几种免受行为人截取的私人通讯方式的基础上增加了电子通讯这种方式，因此对于既未到达收件人也不位于中转电子储存器中的电子邮件，其私密性受到窃听法的保护。

美国法院在对《联邦电子通讯隐私法》当中的条文作出解释的时候，在对“截取”一词的解释上遇到了问题。在《联邦电子通讯隐私法》中，“截取”一词只在《窃听法》一编有所使用，而未出现在《储存通讯法》一编。对于法院来说，判断一封信件或者一通电话是否被截取是一件较容易的事情，然而判断一封电子邮件是否被截取就没那么容易了。在 Steve Jackson Games, Inc. v. U. S. Secret Service 一案①中，美国联邦第五巡回上诉法院认为：由发件人发出的一封电子邮件一旦到达任何一种电子储存器内，行为人对其信息进行“截取”的行为就不再符合窃听法中所规定的情形，不能够适用《窃听法》进行调整，而只能适用《储存通讯法》进行调整。美国联邦第九巡回上诉法院在 Konop v. Hawaiian Airlines 一案②中也持有类似观点。该案中，法院最初认定：“窃听法保护公民的私人电子通讯信息免受别人的截取，而且无论该电子通讯信息是储存在某个电子储存器内还是正在电子传输过程中，这种保护的程度都是相同的。”但该法院随后收回了该观点，转而做出了与 Steve Jackson Games 一案观点相一致的判决。此后，尽管很多学者对上述两案的判决理由提出很多批判性看法，但是无论是美国联邦最高法院还是其他联邦法院均遵循这两案的判决，再没有提出相反的规则。

---

① 36 F. 3d 457, 461 - 464 (5th Cir. 1994).

② 236 F. 3d 1035, 1046 (9th Cir. 2001).

大多数诉讼当事人希望法院适用《窃听法》对自己的案件进行审理，而不希望法院适用《储存通讯法》对自己的案件进行审理。这一现象之所以普遍存在，是因为《储存通讯法》中含有针对网络服务提供商的例外免责规定，而《窃听法》的规定较之《储存通讯法》更加严厉，在一些案件中，如果被告在适用《窃听法》的情况下仍然无需承担责任，这就意味着原告对于自己的权益也没有其他救济途径了。此外，《联邦电子通讯隐私法》无论是在防止行为人“截取”他人信息的《窃听法》中还是在防止行为人“侵入”他人储存器的《储存通讯法》中均未规定证据排除规则。从而，无论是行为人“截取”他人信息所获得的信息还是行为人“侵入”他人储存器所获得的信息，若被行为人作为证据而在某个案件的审理过程中提交给法院，均不会被视为非法证据而被自动排除效力。这一点不同于针对非法记录他人口头交谈信息或者电话通话信息的行为的法律规定。证据排除规则能够有效阻止窃听行为的发生，还能够保护被窃听的受害者免受因被窃听信息公开而造成的二次伤害。但是，司法部门不希望《联邦电子通讯隐私法》将证据排除规则包含在内，原因可能在于这样的规定会将很多重要的相关证据排除在外，使得政府对犯罪行为的打击力度减弱。

美国国会制定的《联邦电子通讯隐私法》法律文本表明，立法者认为公民对自己的私人电子邮件的确享有隐私权，但较之于公民对自己其他传统方式的通讯信息所享有的隐私权，电子邮件隐私权的范围更小，程度更轻。本文第三部分的第一点将会讨论造成这种区别对待的可能的原因。

（五）隐蔽摄像机

美国尚无调整视频监控行为的法律法规。在视频监控问题上，美国法院通常认为：只要行为人的视频监控行为不含有截取他人音频信息的录音行为，那么，这种在他人不知情的情况下使用摄像机对他人进行录像的行为不构成违反《窃听法》。类似的摄像机通常用于公共场所，店主在商店内安装摄像机用于防止店内盗窃，政府在街道上和地铁内安装摄像机用于犯罪和恐怖活动的预防等。美国法院认为，在《美国联邦宪法第四修正案》之下，任何人在公共场所均不享有免受视频监控的隐私期待利益，即使公共场所的监控摄像头安装在隐蔽位置，他人也不得以此为理由主张自己享有免受视频监控的隐私权。

在家庭背景之下，类似的视频监控行为通常也是被法律所允许的。美国法院认为，他人在家庭住所内的大部分区域都不享有免受视频监控的隐私期待权。然而，对于诸如浴室、卧室等他人的确享有隐私期待利益的家庭住所内的一些区域来说，行为人若对他人进行视频监控，那么，其行为便可能构成美国联邦法律中所规定的隐私侵权或者构成对美国一些州隐私权法的违反。

三、电脑隐私和婚内隐私：美国现行法律体系在监控软件方面的缺陷性

保护他人通讯信息隐私权的法律的存在表明，通讯信息隐私权是在社会达成普遍共识的一项公民需要保护的重要权利。法律在保护他人电话通话和邮政信件隐私权的同时，不将他人电子通讯信息予以保护，这是缺乏统一性且不公正的。

本文该部分的第一点讨论为何美国法律对待电子通讯信息隐私权的态度与对待其他靠传统方式传播的信息隐私权的态度有所区别。在这些区别对待的原因当中，没有一个能够使得行为人擅自安装使用监控软件监控他人电脑活动的行为合法化。美国国会当初通过《窃听法》以及《联邦电子通讯隐私法》的主要初衷是保护公民的隐私权不受侵犯，而出于同样的考虑，行为人对窃听软件的使用理应被视为不合理侵犯他人隐私权的行为。本文接着探究婚内隐私权的内容、法律对配偶监控行为的普遍态度以及电脑共同使用者的隐私期待利益等问题。最后，本文提出一些针对电脑监控软件问题的建议，构建一个针对电脑监控软件问题的法律模板，并阐释为何该模板较之于其他规定或者其他对策更加有效。

（一）电子通讯为何区别对待

为何美国法律对待电子通讯信息隐私权的态度与对待其他靠传统方式传播的信息隐私权的态度有所区别？

电子通讯被区别对待的原因之一在于，与政治有关的因素，《联邦电子通讯隐私法》的立法过程记录表明，里根总统执政时期，司

法部门担心自己查办案件时强制搜查他人电脑的批准程序变得复杂而繁琐，因而表示：如果《联邦电子通讯隐私法》草案中，电子通讯信息被给予与口头交谈信息和有线电通讯信息相同的保护，那么，司法部门将拒绝签署《联邦电子通讯隐私法》草案。然而，该草案若无美国司法部门的支持，是几乎无法在国会上被通过的。

电子通讯被区别对待的原因之二在于，美国立法部门意识到他人对自己电子通讯信息的合理隐私期待与他人对自己电话通话信息的合理隐私期待两者之间的性质差异。美国一些法院和学者认为：《联邦电子通讯隐私法》的存在就相当于承认了或者暗示了他人对自己电子邮件的合理隐私期待的存在。然而，这一观点后来似乎成为一小部分人的立场，并且引发了很多批判的声音。美国很多法院在与电子邮件隐私权有关的案件中均认定原告对其电子邮件不享有合理隐私期待，可能是因为对于语音通话信息来说，若缺乏录音设备的记录，其存在时间非常短，不可复制或者重听。而对于电脑操作信息来说，其长期存在于电脑硬盘中，无论记录与否均不会消失。尽管如此，按照普通电脑使用者的理解程度，他们大多可能不会意识到自己的电脑储存着自己的每一个电脑通讯活动，因此，他们在主观上对自己的电脑使用活动抱有隐私期待，即便对自己与家人共用的电脑中的使用活动也抱有隐私期待。如果大家对自己的电脑活动都不抱有隐私期待了，那么，电脑监控软件就不再有市场了。如果一个有理性的人意识到自己在某台与他人共用的电脑中的通讯活动是可侦察可追踪的，那么，他绝对不会再使用该电脑去进行与个人隐私相关的操作。由于对自己享有合理隐私期待的证明必须包括主观和客观两方面，而且新闻报道中与电子邮件的找回或者恢复相关的诉讼激增，所以，美国法院在衡量诉讼当事人对某事物享有的隐私期待是否客观合理时，衡量标准可能会更加严格。

电子邮件被区别对待的原因之三在于，美国法律传统中对手写语言和口头语言的区别对待。例如，以书面记载形式被永久保留的书面诽谤已经被普遍视为较之口头诽谤更具危害性的行为。因为口头诽谤的持续性、广泛传播的可能性和影响力都弱于书面诽谤。同理，电话通话如果未被录音则不具有持续性，而电子通讯信息本身就储存在电脑中，持续性很强，因此记录他人电话通话的行为显然更具危害性。

无论是美国司法部门对查办案件方便与否的考虑，还是与记录口头语言的危害性有关的理论，都不能作为支持“电子通讯信息应当受到比邮政信件或者电话通话信息更少的法律保护”的充分理由。只有当普通电脑使用者真正认识到他们所使用的电脑上所有的电子通讯信息会被电脑永久储存的事实时，我们才可以认为该电脑使用者对这些电子通讯信息不享有隐私权，因为对其电子通讯信息不存在合理隐私期待。在普通电脑使用者不具备这样的认识程度的情况下，认为普通电脑使用者对其电子通讯信息“不存在合理隐私期待”的观点，不足以充分解释美国法律对待电子通讯信息隐私权与对待其他靠传统方式传播的信息隐私权态度之间的区别。

（二）配偶双方在婚姻关系中的合理隐私期待

电脑监控软件制造商最主要的目标受众之一为已婚人士。在婚姻家庭中，配偶双方由于婚姻关系而享有较低的隐私期待，但配偶一方对另一方使用电脑监控软件进行监控的行为不能因此而被合法化。

美国普通法中隐私权的概念首次出现在 Samuel Warren 和 Louis Brandeis 于 1890 年发表在《哈佛法律评论》上的《论隐私权》[①] 中。作者在这篇文章中充分考虑到了新兴科技对普通公众私人生活的范围更大、方式更多样化的侵扰。自从这篇文章发表后，隐私权应被视为一项公民权利这一观念便开始被广泛传播。1960 年，Prosser 教授对此前美国各州涉及隐私权的案例进行了分析，将隐私侵权行为划分为四种类型。Prosser 教授对隐私权所做的定义和类型划分后来被《美国侵权法复述（第二版）》所采纳。现在，美国大多数州的法律对这四类隐私侵权行为中的部分或者全部做出了规定。但是，Brandeis 和 Warren 提出隐私权的初衷主要是针对陌生人尤其是记者侵扰他人私人生活或者家庭生活的行为。鉴于在那个时代，女性的法律地位和社会地位均较低，配偶一方有权保护个人隐私免受另一方侵犯的观念的提出，在当时法律界引起了很大的震动。

在 19 世纪以前，美国法律一直将一对已婚配偶双方共同视为一

① Samuel D. Warren & Louis D. Brandeis, The Right to Privacy, 4 Harv. L. Rev. 193 (1890).

个独立的法律主体，在该法律主体内部，妻子从属于丈夫，妻子没有财产权、订立合同的权利，甚至没有支配其自己赚来的财产的权利。这种法律原则与观念要求女性婚后将原本属于自己的很多权利交由丈夫享有。在这样的婚姻关系背景下，妻子有权保护个人隐私免受丈夫侵犯的观念是难以想象的。然而，美国各州自19世纪以来制定了一系列与已婚女性财产有关的法律法规，包括与女性地位有关的法律法规和与离婚有关的法律法规，从这些法律法规所表达的内容中可以看出，社会公众的婚姻观念与对女性地位的看法已经逐渐发生改变，越来越接近现代人的观念。在现代婚姻关系中，已婚配偶双方不再完全被视为一个独立的法律主体，美国法律不要求女性在步入婚姻关系的同时放弃自己独立的财产权和自主决定权。这意味着，现代婚姻关系更像一种两个独立主体之间的相互陪伴关系，而这两个独立主体本身仍然享有很多重要的个人权利。

美国隐私权法的发展以及社会公众看待婚姻观念的改变集中体现在电子通讯隐私权领域的法律法规中。体现个人自主决定权的最重要权利之一即为能够与他人自由进行电子通讯的权利。美国法律不要求婚内配偶双方把自己的所有情况如实告知对方；这样的要求实际上根本无法实施。配偶双方婚姻关系的建立并不意味着他们失去了与婚姻关系以外的其他人进行私人通讯的权利。一些作家和学者曾对隐私权的范围和私密程度做出过阐释，他们认为个人私密性最高的隐私事务是对除自己以外的所有人保密的，私密性稍次的隐私事务是对除自己、配偶、最亲近的朋友和亲人以外的人保密的。由此也可以看出，法律的确承认公民享有个人隐私权，有权保护自己私密性极高的隐私事务不为自己的配偶所知晓。

诚然，在婚姻关系中，配偶一方对于另一方隐私信息的接触和了解程度往往远高于其他人可能达到的程度。很多时候，配偶一方获取另一方隐私信息的行为虽然侵犯了另一方的隐私权，但不可依法提起诉讼。例如，配偶一方可以浏览另一方已经打开的信件、电子邮件或者信用卡账户，配偶一方可以亲自偷听另一方正在进行的口头交谈或者电话通话，配偶一方可以随意搜寻家中的储物柜，配偶一方还可以阅读另一方的日记。但是，配偶一方若使用电子窃听装置去获取自己无法亲自偷听到的配偶另一方的隐私信息，即在配偶另一方不可能察觉到的情况下对其实施窃听行为，此时配偶一方的行为便可能违反法律的规定。

隐私权不是一项绝对权利，在判断行为人的行为是否侵害他人隐私权时必须衡量行为人是否享有与他人隐私权相对立的权利以及行为人的行为是否与社会利益有关。显然，婚姻关系中配偶双方对自己私人事务的合理隐私期待程度低于环境之下个人对自己私人事务的合理隐私期待程度。然而，即便在婚姻关系中，配偶双方仍然享有一定程度的合理隐私期待，若配偶一方适用电脑监控软件获取另一方享有合理隐私期待的隐私信息，那么，其行为损害了另一方的期待利益，构成对另一方的隐私侵权。

（三）与婚姻关系中电子通讯隐私相关法规

大多数情况下，通讯隐私权相关的法律法规在对待配偶双方或者家庭成员这类特殊人群时，没有做出任何免责规定。例如，《美国法典》第18编第1702条在提到实施侵权行为的行为人时使用的是"任何私拆他人信件的行为人"这样的措辞。虽然在婚姻关系中，人们很少会因为自己的配偶私拆自己的信件而将其告上法庭，但是私拆他人信件的确是一个非常无礼的行为，被私拆信件的配偶一方足以以此作为诉讼理由、以配偶另一方为被告向法院提起隐私侵权诉讼。

同理，《窃听法》在对待配偶双方或者家庭成员这类特殊人群时，也没有做出任何免责规定。《窃听法》的表述如下："任何未经他人同意记录他人电话通话内容或者其他谈话内容的行为人"应当受到处罚——同样没有针对婚内配偶的特殊规定。然而，在19世纪70年代，两个美国联邦上诉法院分别在两个案件中做出了婚内配偶免责的判决。其中一个是美国联邦第五巡回上诉法院在Simpson v. Simpson一案[①]中作出的判决，另一个是美国联邦第二巡回上诉法院在Anonymous v. Anonymous一案[②]中作出的判决。在Simpson一案中，法院认为，虽然窃听法的法律文本看上去是禁止一切窃听行为的，但是美国国会并无意介入公民的婚姻关系内部。同时，该法院也

① 490 F. 2d 803, 805 (5th Cir. 1974).
② 558 F. 2d 677, 678 (2d Cir. 1977).

不愿对配偶之间侵权责任的承担做出评判，尽管美国大多数州都存在配偶一方对另一方承担侵权责任的案例。而在 Anonymous 一案中，一对夫妇已经分居，有一个 8 岁大的女儿，丈夫对其妻子与女儿的电话通话进行了录音，并声称希望将此录音资料用于抚养权诉讼。对此，美国联邦第二巡回上诉法院认为，美国国会的确没有在《窃听法》中对所有窃听配偶隐私信息的行为人给予免责例外，但是本案不应当适用《窃听法》进行审理。该法院认为，本案属于一个家庭内部的冲突，并未涉及家庭以外的任何人的隐私权，因此本案应当由行为发生地的州法院依据州内法律法规进行审理。由此可以看出，审理 Anonymous 一案的法院和审理 Simpson 一案的法院均在判决中支持《窃听法》并未完全禁止一切电话窃听行为这一观点，并说明了理由。

Simpson 一案与 Anonymous 一案的判决做出后均遭到了来自各界的批判，有来自法律界学者的批判，也有来自美国其他联邦巡回上诉法院的批判。在这些联邦上诉法院中，有一些法院也曾审理过与配偶窃听行为有关的案件，并在判决中最终认定《窃听法》完全禁止一切窃听行为，所以不存在配偶窃听的免责例外。G. Robert Blakey 教授是《窃听法》的主要起草者，他认为美国联邦第二巡回上诉法院和美国联邦第五巡回上诉法院的判决适用法律错误，他指出："我很难理解审理案件的法官们是如何忽略掉《窃听法》法条中的'任何人'所表达的意思的。"[①] Simpson 一案判决中的观点——至少是部分观点在 2003 年被美国联邦第十一巡回上诉法院在 Glazner v. Glazner 一案[②]中被推翻。

最近学者们普遍认为，如果对配偶窃听行为适用免责例外，那么，其后果将偏离《窃听法》的立法目的。法律界学者 Scott Glick 通过梳理《窃听法》的立法过程及立法草案证明，美国国会在制定《窃听法》时充分考虑到了配偶窃听行为在家庭纠纷中频繁出现的现象，并且希望《窃听法》遏制这种现象的出现。Glick 提到：上文提及的 Blakey 教授曾在 1967 年向美国参议院表明另一个法律草案——1967 年的《隐私权法》草案不足以为公民隐私权提供充分的保护，

① Davis, supra note 130, at 78.

② Glazner v. Glazner, 347 F. 3d 1212, 1215 - 1216 (11th Cir. 2003).

因为该草案仅针对商业性的间谍活动，而不适用于婚姻关系中的配偶窃听行为。而在 Blakey 教授看来，婚姻关系中的配偶窃听行为才是“更令人厌恶的严重的隐私侵权行为”①。同时，Blakey 教授向美国国会提交了他自己的隐私权法草案，这份草案中同时包含针对婚姻关系中配偶窃听行为和针对商业性间谍活动的规定。此后，Blakey 教授的建议被美国国会所采纳，后来的《窃听法》也由此诞生。

Blakey 教授在《窃听法》的立法过程中对配偶窃听行为的关注被证实是非常必要的：虽然没有最近几年的统计数据，但是一项 1976 年的针对《窃听法》适用情况的跟踪调查报告显示，在 1967 年至 1974 年间，上报给 FBI 的能够明确行为人动机的非法窃听案件中，79% 的行为人实施窃听行为的动机与家庭纠纷有关。②

《窃听法》适用范围之大以及 1967 年未被通过的隐私权法草案的立法过程均证明：美国国会保护公民在家中电话通话信息的隐私权免受别人侵犯，包括保护其免受另一方配偶的侵犯。的确，美国参议院针对《窃听法》所作的报告中的措辞表明了一种价值观，即法律对公民通讯信息隐私权的保护程度不应当因为该通讯信息的存在形式不同而有所不同。

《联邦电子通讯隐私法》中与电子通讯信息有关的规定不含有明确的配偶窃听免责条款，而且美国法院至今为止尚未在判决中明确承认这一免责例外。显然，若要适用《联邦电子通讯隐私法》中的一部分来审理在家庭电脑中使用监控软件的案件，那么，应当适用《联邦电子通讯隐私法》中的《窃听法》一编，因为行为人在家庭电脑中使用监控软件的行为不符合《储存通讯法》所定义的“从电子储存器中获取信息”的情形。现在概括法院如何适用《联邦电子通讯隐私法》审理在家庭电脑中使用监控软件的案件还为时尚早，迄今为止，大部分《联邦电子通讯隐私法》判例法主要关于雇主对雇员的监控行为或者网络服务供应商的监控行为，而关于配偶之间监控

① Right of Privacy Act of 1967: Hearings on S. 928 Before the Subcomm. on Administrative Practice and Procedure of the Comm. on the Judiciary, 90th Cong., 442 (1967).

② U. S. Nat'l Comm'n for the Review of Fed. and State Laws Relating to Wiretapping and Elec. Surveillance, Electronic Surveillance 160 (1976).

行为的判例非常少。

然而，2005 年，一个典型的关于配偶之间监控行为的案例被宣判，即 O' Brien v. O' Brien 一案①。该案是离婚及抚养权诉讼案件，诉讼双方当事人是一对夫妇。在诉讼过程中，原告丈夫主张被告妻子通过 Spector 电脑监控软件获取其私人通讯信息的行为侵犯了其隐私权，所以这些非法获取的隐私信息不得作为离婚及抚养权诉讼中的证据使用。被告辩称：佛罗里达州的《联邦电子通讯隐私法》遵循并贯彻了美国联邦《联邦电子通讯隐私法》证据排除方面的规定，依据佛罗里达州的《联邦电子通讯隐私法》，自己的行为并不构成对原告通讯信息的"截取"行为。初审法院认定：被告使用 Spector 电脑监控软件所获取的原告私人信息不能作为证据而被法院采纳。被告不服，提起上诉。美国佛罗里达州上诉法院做出了维持初审判决的决定，认定原告有权强制制止被告公开其私人信息或将其私人信息作为证据用于离婚及抚养权诉讼中的行为。原因在于，法院认为高科技的 Spector 软件能够在被监控者私人信息在电脑上被打开的同时获取该信息，也就是说本案中原告的私人信息是在传送的同时被截取的。因此，这种使用电脑监控软件非法获取他人信息的行为是违反《联邦电子通讯隐私法》中相关规定的。此外，佛罗里达州上诉法院还特别说明，《联邦电子通讯隐私法》不含与证据排除规则有关的例外条款，但是法院是否允许诉讼当事人将这种以非法窃听手段获取的信息作为证据使用是"一个初审法院自由裁量范围内的事务"②。

O' Brien 一案的判决并未明确区分行为人截取发送至被截取人处的信息的行为与行为人截取由被截取人处发出的信息的行为，但实际上这种区分是非常有必要的。美国大部分法院认为，截取由被截取人处发出的信息的行为不应被视为窃听行为，因为监控软件获取这类由被截取人发出的信息的途径并不是通过电脑调制解调器，而是直接记录被截取人敲击键盘的情况，这类信息在被获取时尚且仅仅存在于一部电脑中，并未像《窃听法》中所要求的那样发生在信息传送过程中，也未对美国各州之间的商贸往来或者国际贸易产生任何影响。在

① 899 So. 2d 1133, 1138 (Fla. Dist. Ct. App. 2005), reh' g denied.

② 899 So. 2d at 1137.

United States v. Scarfo 一案[①]中，美国新泽西州区法院认为，尚未发出的私人通讯信息不在《窃听法》的保护范围之内。最近两个联邦法院在另外两个案件中遵循了 Scarfo 一案的判决，驳回原告对被告在电脑中安装键盘记录程序来记录自己电脑键盘使用情况的指控。截取发送至被截取人处的信息的行为可能被视为窃听行为，前提是这一截取行为发生在信息传送过程中。审理 O'Brien 一案的法院显然并未区分发送至被截取人处的信息与由被截取人处发出的信息，而仅仅认为监控软件只要“截取传送过程中的通讯信息并将所截取的内容储存在一个电脑中的储存文档内”，就应当适用《窃听法》的规定。

审理 O'Brien 一案的法院最终做出了一个合理判决，认定行为人使用电脑监控软件侵入他人隐私的行为侵犯他人隐私权，以这种手段获取的信息不得作为证据使用。但是该判决做出的基础在于，该法院认为行为人使用电脑监控软件的行为是一种窃听行为，适用《联邦电子通讯隐私法》中《窃听法》的规定进行审理。在此之前，没有一个审理电脑监控软件案件的法院做出过这样的判决。

1995 年，马里兰州离婚诉讼代理律师 Bryan Renehan 成为了第一个说服法官采纳诉讼当事人使用电脑监控软件搜集到的证据的律师。[②] 虽然法官并未明确判决案件中所涉监控行为不构成对《窃听法》或《储存通讯法》的违反，但是 Renehan 认为，法院在判决中采纳当事人使用电脑监控软件搜集到的证据的行为已经有效表明，法院认为当事人对他人电脑键盘敲击情况进行监控的行为不属于窃听行为。然而，Renehan 对该法院判决的理解可能有失偏颇，因为即使是行为人非法窃听他人电子通讯所获取的信息，法律也没有完全禁止其被作为证据使用。此后，其他法院在审理离婚案件时也有部分遵循该案的判决。

美国法律有关与电脑监控软件问题的规定非常少，例如，在“行为人使用电脑监控软件对他人实施监控的行为到底是否构成《窃听法》中所规定的窃听行为”这个问题上，美国的两个法院在最近

① See 180 F. Supp. 2d 572, 581 - 582 (D. N. J. 2001).

② Libby Copeland, Cyber - Snooping into a Cheating Heart: Spyware Gives Suspicious Spouses the Drop on Online Adulterers, Wash. Post, Aug. 8, 2000, at C1.

的两个非婚案件中又做出了与上文所述完全相反的判决。在 United States v. Councilman（Councilman I）一案[①]中，美国联邦第一巡回上诉法院认为，被告在一项推荐书目服务活动中使用特殊软件截取并浏览亚马逊网站发送给客户的电子邮件的行为不构成对《窃听法》的违反，因为被告所截取并浏览的电子邮件均位于电子储存器内而非正在传送过程中，因此不在《窃听法》所规定的调整范围内。然而，美国联邦第一巡回上诉法院最近却在 United States v. Councilman（Councilman II）一案[②]中推翻了自己此前的判决。该案中，法院表示，虽然《联邦电子通讯隐私法》的法律条文本身并未说明通讯信息可否同时处于传送状态和储存在电子储存器内的状态，但是通过对《联邦电子通讯隐私法》立法过程的梳理可以得知，通讯信息是可以同时处于这两种状态的。

在 United States v. Ropp 一案[③]中，加利福尼亚州的一个区法院法官基于上文提到的 Scarfo 一案中判决的部分观点以及现在已经被推翻的 Councilman I 一案中判决的观点做出该案的判决，驳回原告的诉讼请求，认定被告为获取指控其雇主的证据而在其雇主电脑键盘上安装键盘敲击记录装置的行为不在《窃听法》的调整范围内。法院认为该案中所涉及的通讯信息因其在被获取之前尚未由电脑发送出去，但未对美国各州之间的商贸往来或者国际贸易产生任何影响，因此，不在《窃听法》所保护的范围之内。

由于美国法律与电脑监控软件问题相关的规定非常少，我们也无法评判 O' Brien 和 Councilman II 两案的判决。笔者主张，如果仅仅依靠司法部门去解释何种电子通讯信息截取行为构成窃听行为，那么，得出的结论一定是不完整的，美国各州的立法部门应当出于保护公民隐私权的必要性，制定相关法律法规来调整行为人使用电脑监控软件对他人实施监控的行为。

有人反对立法调整使用电脑监控软件的监控行为，其原因之一在于：电脑监控软件是一种与视频监控非常相似的监控方式，美国并未

---

① 373 F. 3d 197, 203 - 204 (1st Cir. 2004).

② 2005 U. S. App. LEXIS 16803, at 2.

③ 347 F. Supp. 2d 831, 838 (C. D. Cal. 2004).

立法调整视频监控行为，因此也没必要立法调整使用电脑监控软件的监控行为。的确，这两种监控技术在某种程度上存在相似性；电脑监控软件中的“屏幕截图”工具记录电脑显示器所显示内容的行为类似于摄像机的拍摄行为。但是，监控软件不仅有“屏幕截图”功能，还有截获电脑使用者的各类文字信息的功能，如电子邮件信息和即时消息，而这些文字信息则更类似于视频监控中的音频部分。美国法律一向保护类似于音频信息之类的文字信息，因此也应当给予被电脑监控软件截取的文字信息同样的保护。

美国法律体系中涉及配偶监控行为的法律法规多而庞杂，一方面强有力地保护公民的邮政信件和电话通话信息隐私权，另一方面却几乎没有关于视频监控的规定。这种与电子邮件和电脑活动相关法律的不确定性导致美国法律体系在公民隐私权保护方面出现了漏洞，这个漏洞正在被电脑监控软件的制造商和使用者所利用。由于法律通常落后于科技革新的步伐，婚内配偶在家庭电脑中使用监控软件的行为如今尚不违反法律规定，至少在佛罗里达州以外的地区不违反法律规定。然而，绝大多数法官和法律学者已经纷纷表示强烈反对 Simpson 和 Anonymous 两案中赋予配偶免责例外的判决，这表明越来越多的人认识到一些活动已经超出了普通的婚内配偶间相互窥探的界限而应当受到法律的管制。立法调整电脑监控软件的使用将填补美国法律体系在公民隐私权保护方面的漏洞，同时将使得美国法律体系中与配偶监控有关的法律法规更加具有一致性。

（四）配偶双方对家庭电脑的合理隐私期待

相对于对其他事物的合理隐私期待，配偶双方对于共同使用的家庭电脑中自己的隐私信息所享有的合理隐私期待较低。即便如此，配偶一方使用电脑监控软件对另一方实施监控的行为仍然不能被正当化。一些法院认为，人们对共同所有或者共同使用的电脑中的个人信息完全不享有隐私期待利益，因为他们同意另一方进入该电脑内部。但若在电脑监控软件的相关案件中运用这个理论，那么，将会导致一个不公正的结果：婚内配偶双方可以各买一台电脑并拒绝另一方与自己的电脑有任何接触，但有些家庭仅能负担起购买一台电脑的费用，那么后一种情况下配偶双方对自己隐私权的保护程度显然将远小于前一种情况。这样的制度将会误导社会公众，认为隐私权是一种富人才能够享有的奢侈品，而不是属于每一个公民的权利。

一些法院认为：如果电脑使用者只要对共同使用的电脑中的个人信息设置了密码保护，那么，其对这些个人信息便是享有合理隐私期待的。设置密码保护的行为可以被视为一项证据，证明他人希望该信息保持其私密性而不为外人知晓。由此可知，使用监控软件的行为至少侵害了他人的一部分隐私权，因为监控软件毫无筛选地记录电脑使用者的所有电脑活动，无论是设有密码保护的还是未设密码保护的。然而，普通电脑使用者可能没有认识到设置密码保护的行为到底保护了什么。法律应当一视同仁，对电脑知识了解较多的电脑使用者所受到的法律保护不应多于不懂电脑知识的电脑使用者所受到的法律保护。

美国法院认为：雇员对于自己在工作场所的工作电脑中的电子邮件信息享有极少或者完全不享有隐私期待利益。在衡量雇员工作场所的隐私利益是否应当受到保护时，美国法院认为，在另一个更应当保护的利益面前，雇员工作场所的隐私利益应当做出让步，雇主有权监控自己的财产状况，而雇主的财产包括人力和电子财产。然而，与雇员工作场所隐私权相类似的理论不能适用于婚内配偶之间的监控行为，因为家庭电脑是配偶双方共同所有的财产；在工作场所内雇员理应将工作时间用于服务于雇主，即雇主“享有”雇员的工作时间，而实施监控行为的配偶一方并不“享有”配偶另一方的时间。

配偶一方使用电脑监控软件对另一方实施监控的行为，不能因为任何其他合理隐私期待值降低而被正当化。通讯信息隐私权是一项为社会公众所认可并保护的基本公民权利，至少社会公众认可并保护成年人在私人场所（如家中）的通讯信息隐私权。应当构建具有高度一致性的针对隐私权的法律保护体系来保护公民的隐私权。

四、填补漏洞：配偶监控案件中受害者的法律救济方式

本部分阐释了为何美国各州自行制定法律法规是解决监控软件问题的最佳法律救济方式，同时构建一个针对电脑监控软件问题的法律模板，并阐释为何该模板较之于其他规定或者其他对策更加有效。

（一）为何州法律是解决监控软件问题的最佳途径

美国国会单独制定一部联邦法律来专门针对婚内配偶之间使用电脑监控软件进行监控的行为，这是不现实的；而美国各州立法机关是对付婚内配偶之间使用电脑监控软件进行监控行为的最合适机构。从传统意义上讲，家庭关系的规范管理一向在美国各州政府的管辖范围之内，因而美国各州立法机关无需任何特殊授权或者正当化事由便可以颁布法律法规来规范公民使用电脑监控软件的行为，这一行为主要存在于婚姻关系中。由于美国各州对公民隐私权的态度和观察视角不同，各州立法机关针对家庭电脑隐私问题所制定的法律法规也会存在诸多差异。而这些存在差异的法律法规在美国各州施行的过程中，我们可以通过观察其施行效果的不同以确定哪种法律救济方式是保护婚内配偶电脑活动隐私权的最佳方式。

（二）州监控软件相关法律范例

以下所构建的法律模板对在与他人共同使用的电脑上安装监控软件的行为人施以民事处罚，并规定了证据排除规则——禁止行为人将通过电脑监控软件非法获取的他人信息作为其他诉讼中的证据使用。

(1) 除本法明确规定的情况外，任何行为人如果在未经享有某台电脑使用权的成年人知晓并同意的情况下故意在该电脑上安装监控设备，或者故意从该电脑上的监控设备处获取他人信息，那么，任何享有该电脑所有权或使用权的成年人均有权对该行为人提起民事诉讼。此处的监控设备包括电脑监控软件、电脑键盘敲击记录软件或者硬件、电脑屏幕截图软件或者硬件。

(2) 在依法规定提起的民事诉讼中，受害者可主张的救济包括：①合理范围内的初步救济和其他衡平法上的救济或者宣示性的救济；②合理范围内的损害赔偿和惩罚性损害赔偿；③由诉讼导致的合理范围内的律师费和其他诉讼费用。

(3) 雇主在自己雇员或者独立承包商使用的电脑中安装监控设备或者从该监控设备处获取信息的行为不违反本法规定。

(4) 持有授权令的雇员、代理人或者联邦和州执法人员在被合法授权的情况下，基于日常工作或职责需要而在他人电脑中安装监控设备或者从该监控设备处获取信息的行为不违反本法规定。

(5) 电脑活动或电脑通讯信息一旦如 (1) 所述被截取或者进入，如果行为人披露这些电脑活动或电脑通讯信息的内容的行为将违反本法，那么，这些内容和由这些内容产生的其他内容就不能作为证据而在任何审讯、听证等司法程序中被美国联邦、州政府的司法部门或者其他任何权力机关所采纳。

针对使用电脑监控软件的行为人所施加处罚应当是民事处罚而非刑事处罚，因为使用电脑监控软件的行为使受害人遭受到的损害是一种隐私权被侵犯的损害，其本质上是一种侵权损坏，而且加害人与受害人往往是夫妻关系。在这种情况下，若配偶一方言辞激烈地指控另一方是一个不合格的父亲或者母亲，因为他或者她犯了偷看他人电子邮件的罪，刑事处罚可能会在充满火药味的离婚诉讼或者抚养权诉讼案件中被滥用。配偶监控行为还有可能导致经济损害赔偿，离婚也会因此变得昂贵。但是，在一些案件中，即使在没有实际经济损失的情况下，被告仍然有可能承担惩罚性损害赔偿，用于弥补原告遭受的名誉损失，同时用于警示并阻止将来可能发生的配偶监控行为。

该法律模板含有一个证据排除规则。禁止行为人将通过电脑监控软件非法获取的他人信息，作为其他诉讼中的证据使用能够有效阻止将来可能发生的配偶监控行为，行为人如果认识到通过非法监控获取的信息不能转变为可供自己利用的法律武器，那么，行为人可能就不再愿意去窥探他人隐私事务。作为一个一般性规则，以监控软件方式获取的证据可信度远低于通过合法手段获取的证据。在当今时代无过错的离婚诉讼中，若配偶一方通过监控软件搜集到配偶另一方有通奸等婚内越轨行为的证据并提出指控，那么，尽管这样的指控和证据会使得被监控一方感到非常不安，但通常不会对离婚和抚养权诉讼的判决结果产生影响。只有在被监控的配偶一方有私藏夫妻共同财产的行为或者有将夫妻共同财产大肆挥霍在情人身上的行为时，电脑监控所获取的证据才具有一定的证据价值。有些监控配偶电脑活动的行为人并不关心自己所搜集到的证明配偶越轨行为的信息在未来能否作为诉讼中的证据使用，而更关心自己的实际婚姻状况。对于这类人，证据排除规则的确难以阻止他们继续实施针对配偶的电脑监控行为。但是，监控配偶电脑活动的行为人可能承担损害赔偿责任和惩罚性损害赔偿责任，而且监控配偶电脑活动的行为本身被认定为一种违法行为，这些也许能够在一定程度上阻止行为人继续实施针对配偶的电脑监控行为。

以上所构建的法律模板在解决配偶监控问题上可能过于宽泛，因为其调整对象既包括婚姻关系中的配偶双方也包括不构成婚姻关系的成年人。然而，美国很多州都有法律明文禁止对他人基于婚姻关系产生歧视，若上文所构建的法律模板仅明确将其调整对象限定为婚姻关系中的配偶双方，那么，实际上是有违这种禁止歧视的法律规定的。此外，该法律模板免除了基于雇佣关系而实施监控的行为人的责任，同时规定行为人实施监控行为仅需要征得成年人的同意，在监控软件的几类最主要使用人群（雇主、家长、配偶等）中，这两个限制性条件已经将一大部分使用人群排除在外，使得该法律模板的规定更具有针对性，即主要针对婚内配偶的监控行为。

五、结语

与电话窃听或者私拆他人信件完全一样，电脑监控软件给人们提供了又一个侵犯他人隐私权的方法。婚内配偶一方使用电脑监控软件对另一方实施监控的行为应当受到法律的规制。

美国各州若参照上述模板制定州法律来调整配偶一方通过电脑监控软件对另一方实施监控的行为，那么，该法当中的民事处罚条款将对被监控配偶的名誉损失作出金钱赔偿，该法当中的证据排除规则将避免部分配偶为搜集将来用于离婚或抚养权诉讼的证据而实施监控行为。此种法律将强有力地表明：无论通讯科技如何发展变化，婚姻关系中的配偶双方均享有完全的通讯信息隐私权。

未成年子女的隐私权研究

本杰明·土穆里[①] 阿耶莱特·布莱切尔·普里伽特[②]著 黄淑芳[③]译

目 次

一、导论

在当今这个信息化时代，我们越来越关注未成年子女隐私权这个话题。很多学者都对第三方侵害未成年子女隐私权这一现象做了细致研究，但还很少有学者专门研究未成年子女在其家庭中的隐私权以及父母与子女关系这一话题。[④] 本文将试着讨论未成年子女在其家庭中的隐私权以及父母与子女关系这一话题。

我们知道，对大多数成年人来说，隐私权在他们家里能得到最好的保护。但对未成年子女来说，那就不一定了，未成年子女的隐私权在其家庭中经常受到侵犯。按道理来说，做父母的都应该信任自己的子女[⑤]，但在现实生活中却不是这样。父母常常做翻子女书包，偷看

---

① 本杰明·土穆里（Benjamin Shmueli），美国巴伊兰大学商法教研室副教授，主任。

② 阿耶莱特·布莱切尔·普里伽特（Ayelet Blecher - Prigat），美国哥伦比亚大学法学博士，特拉维夫大学高级讲师。

③ 黄淑芳，中山大学法学院助教。

④ Alice E. Marwick et al., Youth, Privacy and Reputation—Literature Review 10 - 11, 61 - 62 (Harv. Univ. Pub. Law Working Paper No. 10 - 29, 2010).

⑤ Vernonia Sch. Dist. v. Acton, 515 U. S. 646, 682 (1995) (O'Connor J., dissenting).

子女私人日记这样的事情。随着电脑的普及，未成年子女上网的机会越来越多，未成年人遭受网络侵害以及网霸威胁的情况时有发生。[①]为了保护未成年子女的人身安全，很多父母都开始监视未成年子女的上网行为。现行法律为了鼓励父母保护子女人身安全，也允许父母在一定程度上干涉未成年子女的私生活，父母干涉未成年子女私生活的做法在某种程度上会不可避免地侵犯到子女的隐私权。传统的“相信自己子女的父母才是好父母”这个观点受到冲击，要想做一个好父母就得学会监督，监督成为保护子女安全，照顾子女生活不可缺少的一种手段。

《纽约时报》最近的一篇文章指出，由于越来越多的媒体报道了未成年人遭遇网络骗局的案例，父母越来越担心自己子女的安危。因此，那些告诉父母怎样监控子女在网络上一举一动的书籍变得很畅销。[②] 随着网络监控、互联网过滤、手机等监测技术的成熟，现在的未成年人在家里受到越来越多的监视。[③] 文章指出，当今的小孩是“史上受监视最多的一代”，[④] “受监视是现代小孩童年生活中的一个显要特征”。[⑤]

大多数人可能认为，未成年人不怎么关注自己的隐私权，但学术界很少有实证研究来证明这个观点。很多未成年人都不喜欢父母查看自己的个人信息，也不希望自己的一举一动都在父母的眼皮底下。未成年人的隐私权观可能与成年人不同，但隐私权对未成年人来说同样重要。

父母的首要职责是保护子女的人身安全。[⑥] 父母保护子女的职责

① See generally John Palfrey et al., Berkman Ctr. for Internet & Soc'y, Harvard Univ., Enhancing Child Safety and Online Technologies: Research Advisory Board Report for the Internet Safety Technical Task Force (2008).

② Brad Stone, Now Parents Can Hire a Hall Monitor for the Web, N. Y. Times, July 4, 2010, at BU3.

③ Ilene R. Berson & Michael J. Berson, Children and Their Digital Dossiers: Lessons in Privacy Rights in the Digital Age, 21 Int'l. J. Soc. Educ. 135, 138 (2006).

④ Neil Howe & William Strauss, Millennials Rising: The Next Great Generation 9 (2000).

⑤ Trine Fotel & Thyra Uth Thomsen, The Surveillance of Children's Mobility, 1 Surveillance & Soc'y 535, 536 (2004).

⑥ 14 See, e. g., Meyer v. Nebraska, 262 U. S. 390, 400 (1923).

是父母权的一个重要组成部分，而父母权也得到宪法的确认。父母权的存在有两个假设前提：其一，法院认为，未成年子女心智不成熟，社会经验不够丰富，缺乏判断力；[①] 其二，立法者假定，父母与子女之间的“自然感情联系”这一因素会让父母自觉考虑子女利益，不会做出有损子女利益的事情。因为未成年子女的心智不成熟（至少在他们达到一定年龄前是这样的），所以，他们在行事时需要成年人的指导，而社会则将抚养未成年子女的任务交给最能为未成年子女利益考虑的成年人，这类成年人就是他们的父母。

当未成年子女的身体或心理受到安全威胁时，保护未成年子女安全这一社会利益就比保护未成年子女隐私权这一利益更为重要。但我们必须清楚，保护未成年子女的安全并不一定要牺牲未成年子女的隐私权利益作代价。在某些特殊情况，如果为了保护未成年子女的安全不得不牺牲未成年子女的隐私权利益，那么，要在多大程度上牺牲未成年子女的隐私权利益就是我们要考虑的问题。

未成年子女的隐私权长期被忽视，也没有引起大家足够的重视，原因可能是从 Daniel Solove 有关隐私方面的著作出版后，法院就不承认未成年子女的隐私权。[②] 如果我们不承认未成年子女享有隐私权，也不承认侵犯未成年子女隐私的行为是侵权行为，那么，侵犯未成年子女隐私权的行为将会泛滥，我们也就没有讨论如何平衡未成年子女隐私权和父母权这个话题的必要了。

在家庭中强调未成年子女隐私权，现在还面临许多困难，这其中的困难主要有两个：其一，隐私权理论的自身缺陷。隐私权理论最初是从成年人的角度提出来的，它的整个理论体系也是根据成年人建构的。因此，隐私权的那套理论体系适用在未成年子女身上就显得不合适。长期以来，我们都没有意识到隐私权对未成年子女的价值和重要性。我们始终坚持这样的一个错误看法，即赋予未成年子女隐私权将带来危险后果，承认未成年子女隐私权将不利于保护未成年子女的人身安全，更不利于未成年子女的健康成长。其二，传统理论观念。由于父母和子女间天然的亲密关系，父母在行事时会自觉考虑子女利益

① Parham v. J. R., 442 U. S. 584, 602 (1979).

② Daniel J. Solove, Understanding Privacy (2008) at 88.

的最大化，不会做出有损子女利益的事情；家庭作为一个整体享有独立的隐私权。针对上述困难，我们认为有以下两种解决方法：一是应当对现行隐私权理论做适当修改，并将未成年子女隐私权这一内容纳入现行隐私权体系内，我们要重视隐私权对未成年子女的价值和意义。二是承认每个家庭成员都享有独立的隐私权，未成年子女也享有独立于其父母的隐私权。

在美国，成年人的隐私权很受重视，但未成年子女的隐私权则长期被忽视，法律并没有确认未成年子女享有独立于其父母的隐私权。本文认为，未成年子女享有独立于其父母的隐私权，立法应该平衡未成年子女的隐私权和父母权。国际法尤其是《联合国未成年子女权利公约》都对这个问题做了规定。[①] 上述文件充分论证了隐私权对未成年人的重要意义。

我们认为，未成年子女享有独立于其父母和其他家庭成员的隐私权。当然，未成年子女的隐私权应当与未成年人年龄和行为能力相适应。本文将从国内法和国际法这两个角度讨论未成年子女隐私权这个问题。本文第一部分讨论未成年子女隐私权的相关内容，第二部分简述个人独立于其家庭隐私权理论面临的困境，第三部分介绍国际法以及美国法对未成年子女隐私权保护的不足，最后一部分呼吁美国应该确认未成年子女享有独立于其父母的隐私权。

二、未成年子女的隐私权

（一）隐私权的一般观点及其对未成年子女的适用

1. 隐私权的一般观点

《美国联邦宪法》、《民权法》都没有设立隐私权保护的具体条款。但美国联邦最高法院认为，隐私权作为一个社会公认的概念已深深扎根在《美国联邦宪法》的体系之中。[②] 美国联邦最高法院认为，

① Convention on the Rights of the Child, opened for signature, Nov. 20, 1989, 144 U. N. T. S. 123 (entered into force Sept. 2, 1990) [hereinafter UNCRC].

② See Griswold v. Connecticut, 381 U. S. 479, 486 (1965).

在某些情形下，未成年子女也享有宪法赋予的隐私权。① 尽管隐私权在美国已经得到确认，但隐私权的含义和概念却还是不太明确。② 在这过去的一个多世纪中，许多学者想尽办法来定义隐私权，但直到现在也没有找到一个公认的隐私权定义。③ 总结学者的观点可以看出，隐私权主要包括信息隐私④、身体隐私⑤以及决定权之隐私。⑥

不同学者对隐私权的定义各不相同，但学者对隐私权的定义都是从成年人的角度出发，他们并没有注意到这样的定义在未成年子女身上明显不合适。Warren 和 Brandeis 将隐私权定义为“独处的权利”，这也是隐私权最广为流传的定义。“独处的权利”意味着个人享有断绝与外界联系以及不被外界干扰的权利。Warren 和 Brandeis 提出的这一定义，概念过于模糊，隐私权的有些内容没有被包括在这个定义内；而有些不属于隐私权的内容又被包含在其中，他们的观点招来许多批评。⑦

除了 Warren 和 Brandeis 提出的隐私权定义之外，还有另外三种对隐私权的定义：其一，将隐私权定义为作为接触意义上的隐私权；⑧ 其二，将隐私权定义为作为个人意思自治意义上的隐私权；其三，将隐私权定义为作为个人自我掌控意义上的隐私权。⑨

作为接触意义上的隐私权限制行为人获取公民个人信息的方式和

---

① See, e. g., Planned Parenthood v. Danforth, 428 U. S. 52, 74 (1976).

② Daniel J. Solove, Conceptualizing Privacy, 90 Calif. L. Rev. 1087, 1088 (2002).

③ See Samuel D. Warren & Louis D. Brandeis, The Right to Privacy, 4 Harv. L. Rev. 193, 193 (1890).

④ see Whalen v. Roe, 429 U. S. 589, 605 (1977); Richard A. Glenn, The Right To Privacy: Rights and Liberties Under the Law 204 - 214 (2003).

⑤ See generally Gail Lasprogata et al., Regulation of Electronic Employee Monitoring: Identifying Fundamental Principles of Employee Privacy through a Comparative Study of Data Privacy Legislation in the European Union, United States and Canada, 2004 Stan. Tech. L. Rev. 4 (2004).

⑥ See Roberts v. U. S. Jaycees, 468 U. S. 609, 617 (1984).

⑦ See, e. g., Solove, Understanding Privacy, Daniel J. Solove, Understanding Privacy 82 (2008) at 17 - 18.

⑧ James Rachels, Why Privacy is Important, in Philosophical Dimensions of Privacy: An Anthology 290 (Ferdinand David Schoeman ed., 1984).

⑨ See Laurence Lessig, Code Version 2.0 228 - 230 (2006).

途径。因此，作为这一类型的隐私权包括个人秘密不为别人窥探、匿名以及独处的权利。作为个人意思自治意义上的隐私权或者作为个人自我掌控意义上的隐私权，意味着个人对自身以及个人信息的自我掌控的权利。这一类隐私权意味着个人享有决定哪些人可以获取自身的信息、他们可以获取自己的哪些信息，以及他们可以通过哪些途径获取自身信息的权利。

有人认为，作为接触意义上的隐私权和作为个人意思自治意义上的隐私权在本质上很相似，可以将他们归为一种情况。但笔者认为，二者还是有一些不同点，二者的不同点主要表现在：作为接触意义上的隐私权更关注人际关系方面，强调个人不受他人干扰的隐私权利益。而作为个人意思自治意义上的隐私权主要关注个人的独处利益。不过，还是有学者认为，这两种定义对隐私权范围的概括都不够准确。

Daniel Solove 主张放弃给隐私权做一个统一的定义。他认为，隐私权的范围很广，它包含了许多不同的含义。不过，不论怎么给隐私权下定义，我们都不得不面对这样一个现实——现行的隐私权理论适用在未成年子女身上明显不合适。

2. 传统隐私权观点对未成年子女的适用

传统观点认为，隐私权意味着个人独处的权利。这种观点饱受批评，尤其受到提倡共产主义社会学者的批评。提倡共产主义社会的学者认为，倡导个人独处的权利会使人与人之间树立隔阂之墙，个人被社会孤立，人与人之间的交流也会变少；倡导个人独处的权利会使个人为了享受独处的权利而失去与众人相聚的欢乐。[①] 未成年子女年纪轻，社会经验不足，他们在行事时需要依赖别人，也需要与别人沟通。因此，当隐私权适用在未成年子女身上时，学者的上述批评就显得很有道理。事实上，在某些情况下，我们不能也不应该让未成年子女“独处”，如果我们只将隐私权理解为“个人独处的权利”，那么，这种隐私权对未成年子女是不能适用的。

如果将隐私权理解为作为接触意义上的隐私权，或者说作为个人意思自治意义上的隐私权，这两个定义适用在未成年子女身上也存在

---

① See, e. g., Amitai Etzioni, The Limits of Privacy 183 - 184 (1999).

不少问题，因为未成年子女的个人意思自治权受到各方面的限制。作为意思个人自治意义上的隐私权要求行为人有一定的认知能力和行为能力，成年人当然具备一定的认知能力和行为能力，但一个5岁的小孩就显然不具备这样的认知能力和行为能力。传统观点认为，权利意味着个人主义和独立自主，但这种观点显然不适合未成年子女。因此，社会应该为未成年子女设立与成年人隐私权相类似或者是等价值的权利。①

（二）对未成年子女隐私权的相关讨论

1. 基本需求权利的观点

学术界有许多关于未成年子女权利的讨论，学者们对未成年子女意思自治权利和基本需求权利的看法不同。基本需求权利观点强调未成年子女依赖别人的属性，根据这个观点，未成年子女需要得到成年人的照顾和保护②，成年人也就有义务干预未成年子女的个人生活。有许多学者认为，基本需求权利这种模式符合现行社会对未成年子女角色的一般定位。因此，基本需求权利观点是我们理解未成年子女权利的一种恰当方式。③ 这种观点在1959年《联合国未成年子女权利公约》的起草中占了优势地位。④ 许多儿童权利学者意识到，未成年子女也享有个人意思自治权。⑤ 未成年子女也享有个人意思自治权利这种观点被1989年的《联合国未成年子女权利公约》所采纳。1989年的《联合国未成年子女权利公约》是到目前为止最全面、最权威的规定未成年子女权利的国际文件。不过，立法者也意识到个人意思自治意义上的隐私权适用在未成年人身上、尤其是适用在年龄很小的

① See Barbara Bennett Woodhouse, Hatching the Egg: A Child - Centered Perspective on Parents' Rights, 14 Cardozo L. Rev. 1747, 1842 (1993).

② See, e. g., Emily Buss, Allocating Developmental Control Among Parent, Child and the State, 2004 U. Chi. Legal F. 27, 36 (2004).

③ See, e. g., Martha Minow, Rights for the Next Generation: A Feminist Approach to Children's Rights, 9 Harv. Women's L. J. 1, 18 - 21 (1986).

④ See Stephen Arnott, Autonomy, Standing, and Children's Rights, 33 Wm. Mitchell L. Rev. 807, 815 - 816 (2007).

⑤ Martin Guggenheim, A Paradigm for Determining the Role of Counsel for Children, 64 Fordham L. Rev. 1399, 1408 (1996).

未成年人身上面临许多困难，因此，1989 年的《联合国未成年子女权利公约》增加了有关未成年人行为能力的内容。

2. 个人意思自治意义上的隐私权利的观点

Hillary Rodham Clinton 在 1973 年发表的一篇文章中首次提出，立法应该确认未成年人不断发展变化的行为能力，这篇文章随后被广为引用。① 尽管“未成年人不断发展变化的行为能力”只在《联合国未成年子女权利公约》中出现两次，但毫无疑问，尊重未成年人不断发展变化的行为能力是《联合国未成年子女权利公约》倡导的最重要的价值观点之一。②

就像《联合国未成年子女权利公约》的其他条款一样，“未成年人不断发展变化的行为能力”的提法也是为了最大限度地保护未成年子女的权利。根据最大限度保护未成年子女权利这一原则，我们认为，未成年子女也应该被赋予各项权利。不过，未成年子女被赋予权利的大小应该与他们的年龄和心智的成熟相适应。每一个未成年子女，不管他的年龄是多大，我们都应该保证他们的人身安全受保护，让他们衣食无忧、健康成长。未成年子女的意思自治意义上的隐私权与未成年子女基于需求的权利不同，未成年子女的个人意思自治意义上的隐私权利不是生来就有的，而是随着他们年龄的变化而变化。根据这个理论，不同年龄阶段的未成年子女都享有与他们年龄相应的权利。这样，也就不会出现未成年子女权利得不到保障和确认的情况。

（三）对未成年子女来说，隐私权既是个人意思自治权也是基本需求的权利

《联合国未成年子女权利公约》第 16 条专门强调了未成年子女的隐私权，条约是这样概括的：①未成年子女的隐私、家庭、住宅或通讯不受任意或非法干涉，其荣誉和名誉不受非法攻击；②未成年子女有权享受法律保护，以免受这类干涉或攻击。

尽管有许多学者认为未成年子女隐私权与个人意思自治意义上的

① Hillary Rodham Clintor, Children under the Law, 43 Harv. Educ. Rev. 487, 487, 488 (1973).

② See, e. g., Gerison Lansdown, The United Nation's Children's Fund (UNICEF) Innocenti Research Centre, The Evolving Capacities of the Child 3 (2005).

隐私权有一定联系，但《联合国未成年子女权利公约》中倡导的未成年子女隐私权与我们上文所论及到的个人意思自治意义上的隐私权或基于需求的权利均不相同。此外，我们还必须明白，不仅仅是未成年子女的隐私权与个人意思自治意义上的隐私权有关，我们每一个个体的隐私权都与个人意思自治意义上的隐私权有关。家庭成员以外的个人以及社会团体都应该保护未成年子女的隐私权①，这一观点已经得到学术界和立法界的普遍认可。不过，未成年人的隐私权受保护的范围还远远不够，社会也还要保护未成年子女隐私权免受商业团体、政府部门以及色情行业等的侵犯。

在我们上文所论及的情形中，我们都是假设未成年子女的隐私权及其隐私利益是受到他们父母最好的保护。为未成年子女提供衣食住行既是父母的法定义务，也是父母的道义义务。大多数父母也确实会全心全意为自己的子女的利益考虑。不过，我们也不能排除一些特殊情况，如父母有时会做出一些有损子女利益的事情。因此，未成年子女独立于其父母的隐私权同样值得我们重视。未成年子女的个性、独立性、自我依赖性以及创造性等都是有助于未成年子女个人成长的特性，而保护未成年子女的隐私权有利于未成年子女上述特性的培养，因此，社会应该保护未成年子女的隐私权。

未成年子女在家里也应该有他们自己的个人空间，他们的隐私权应该得到他们父母以及兄弟姐妹的尊重。此外，每一个未成年子女都有互动管理的需求，他们有权选择与他人交流的时间以及方式。每一个未成年子女也都有信息管理的需求，他们有权选择何时与他人分享自己的信息。未成年子女的这些需求应该而且也能够在自己家里实现。当然，未成年子女这些需求的满足的前提是，立法确认未成年子女的隐私权在其家庭中也受保护。很显然，承认未成年子女在家庭中的隐私权面临很多困难。

三、个人独立于其他家庭成员隐私权理论面临的困境

在美国联邦最高法院的隐私权判例中，涉及家庭的隐私侵权案件

① See, e. g., Children's Online Privacy Protection Act, 15 U. S. C. Ȅ 6501 - 6506 (2006).

是作为隐私权的特殊案例来对待的。即便美国联邦最高法院将涉及家庭隐私侵权案件作为特殊案件来对待，法院也主要关注配偶以及父母子女隐私权受到第三方（个人以及国家）侵害的情形①。

要想其他家庭成员真正尊重家庭中某个个体的隐私权，首先必须解决下面两个理论的争议：其一，个人主义化理论。个人主义化理论认为，家庭作为个人的一个集合体，每个人都享有各自独立的权利，每个人也都有各自独立的利益。其二，家庭集体主义理论。② 家庭集体主义理论认为，每一个家庭都是一个单独的个体，每一个家庭作为一个整体享有独立的法律人格。③

家庭集体主义理论将每一个家庭看做一个独立的个体，并授予每个家庭独立的法律人格，这种理论受到学者的批评。因为这种理论将给家庭成员中最不具备防御意识的个体带来一系列伤害，妇女和儿童作为家庭中最不具备防御意识的个体，这种理论给他们带来的伤害最为严重。④ 最近这几十年来有关女权主义的调查研究揭示，将家庭作为一个单独的整体不仅仅是一个社会构建的问题，它带来的影响是我们无法估量的。家庭隐私权这种提法尤不可取，因为家庭隐私权这种提法是作为一种意识形态工具来保护家庭成员中较为强势的一方，通常是用来保护扮演父亲以及丈夫角色的男性的利益。而家庭成员中势力较为弱势的一方，如妇女以及未成年子女的利益则得不到保护。正因如此，女权主义者提倡，隐私权也涉及公共利益，国家公权力也应该介入个人隐私权之中，她们希望通过这种途径保护家庭成员弱势一方的隐私权利。⑤

家庭成员间有许多大家共享的情感，这种情感不是“你的”，也

① Wisconsin v. Yoder, 406 U. S. 205 (1972).

② Hodgson v. Minnesota, 497 U. S. 417, 447 (1990) (quoting Prince v. Massachusetts, 321 U. S. 158, 166 (1944)).

③ See, e. g., Douglas E. Abrams et al., Contemporary Family Law 369 (2006).

④ See, e. g., David J. Herring, Exploring the Political Roles of the Family: Justifications for Permanency Planning for Children, 26 Loy. U. Chi. L. J. 183, 243 (1995).

⑤ See, e. g., Michael Freeman, Feminism and Child Law, in Feminist Perspectives on Child Law 19, 20 (Jo Bridgeman & Daniel Monk eds., 2000).

不是"我的"，而是属于大家的。[①] 因此，在家庭成员间提倡个人独立于其家庭成员的隐私权似乎不太合适。共产主义学者认为，家庭成员间的归属感、亲密感以及互助互爱的关系是构成每个家庭必不可少的组成部分。而家庭成员个人隐私权这一理论主要关注每个家庭成员个体的隐私利益，这种理论显然与家庭生活模式格格不入，也影响家庭成员间的归属感、亲密感以及互助互爱的关系。个人主义思潮将家庭成员看做毫无联系的个体，这将会离间家庭成员间的感情。因此，共产主义学者的这种担忧不是没有道理的，尤其当我们将隐私权理解为"独处的权利"时，他们的担忧更值得我们深思。

强调个人独立于其家庭的隐私权面临着许多争议，而大家对未成年子女独立于其父母的隐私权这个话题的争议更大，因为未成年子女对其父母有很大的依赖性，他们的关系比一般的家庭成员间的关系更为亲密。未成年人尤其是年龄较小的未成年子女，他们需要依靠他们的父母来满足他们的物质和情感需求。心理学依恋理论认为，未成年人成长过程中出现的那些主要的成年人形象对未成年人的健康成长至关重要。与此同时，我们也要清楚，要确认以及保护未成年人个人独立的利益、需求以及他们的人格是一场漫长而又艰苦的过程。将未成年子女的利益简单地纳入到整个家庭的利益中，这种做法将会使未成年子女的利益被模糊化。因此，将未成年子女独立于父母的隐私权容纳入父母子女关系中这种做法不合理，将会产生一系列问题。

个人权利主义理论与家庭集体权利主义理论两者截然不同。个人权利主义理论涉及人与人之间的关系，这些关系当然也包括家庭成员间的关系。个体隐私权在创造、塑造亲密的家庭成员关系中起到重要作用。将未成年子女隐私权理解为未成年子女个人单独的权利有助于我们正确地定义父母子女关系，这一点我们将在下文论述。

期望立法确认未成年子女的隐私权是另外一个更具争议性的话题，因为这种做法尤其强调未成年子女独立于其父母的隐私利益。在上文我们已经提到，有很多学术论文都讨论了未成年子女隐私权以及个人独立于其家庭成员的隐私权这一理论面临的困境。因此，要想未

① Kenneth L. Karst, The Freedom of Intimate Association, 89 Yale L. J. 624, 629 (1980).

成年子女独立于其家庭以及父母的隐私权得到法律的确认，我们还有很长一段路要走。

四、美国法以及国际法对未成年子女隐私权保护的不足

我们调查研究了美国的判例法以及制定法对未成年子女隐私权的规定。调查结果发现，美国法律对未成年子女隐私权的规定很不充分。我们发现，尽管立法界已经意识到了未成年子女对隐私权的需求，也有许多学术论文对未成年子女隐私权需求做了一定的讨论，但这些讨论主要关注家庭外的个人以及团体对未成年子女隐私权侵犯的这一现象，我们把父母当然的看做未成年子女隐私利益的最佳守护者。还有一些学者讨论到与未成年子女隐私权相关的一些话题，如未成年子女意思自治权以及他们不断发展的行为能力这些话题。但这些话题只要涉及反对父母干预未成年子女隐私权这一问题时，情况又变得复杂了。未成年子女隐私权这个问题很复杂，我们将列举堕胎、网络隐私、教育隐私以及窃听这些例子来说明未成年子女隐私权的复杂性。我们发现，大多数人认为父母抚养教育以及保护未成年子女人身安全的利益大于未成年子女的隐私利益，法律假设父母和子女的利益是一致的。

本部分内容还讨论国际法领域尤其是《联合国未成年子女权利公约》对未成年子女隐私权的相关规定，但《联合国未成年子女权利公约》对未成年子女独立于其父母的隐私权这个问题的规定也不够明晰。

（一）未成年子女隐私权和堕胎

1967 年，美国联邦最高法院在 In re Gault 一案中指出：未成年人的权利也应受到宪法的保护。[①] 这一结论在现在看来是不言而喻的，但在当时却产生了深远影响。In re Gault 一案是美国发生的第一个明确承认未成年子女享有宪法权利的案例，法官认为，父母应该支持其未成年子女起诉侵犯未成年子女权利的行为，保护自己未成年子女的

① 387 U. S. 1, 4 (1967).

权利免受国家公权力的侵犯。[1]

在 In re Gault 一案以及后来的 Tinker v. Des Moines Independent Community School District[2] 一案中，美国联邦最高法院都肯定了未成年子女的权利受宪法的保护这一原则。即便如此，美国联邦最高法院却并不认为宪法保护未成年子女独立于其父母的隐私权利。

只有在与未成年子女隐私权有关的案例中，才会出现父母不支持，甚至反对保护未成年子女权利的情形。1976 年，在 Planned Parenthood v. Danforth 这起堕胎案中，美国联邦最高法院首次承认未成年子女也享有隐私权[3]。这个案件判决后不久，在 Carey v. Population Services International 一案[4]，美国联邦最高法院确认未成年子女在采取避孕措施这种情况下享有隐私权。而在 1979 年的 Bellotti v. Baird 一案，美国联邦最高法院认为，马萨诸塞州州法规定，未成年人堕胎前必须获得他们父母同意这一规定限制了未成年人的堕胎权。因此，这一规定是违宪的。[5]

Michael Sandel、Laurence Tribe 以及 Louis Henkin 等学者认为，上述未成年人堕胎以及避孕案例本质上与未成年人隐私权无关，这些案例只涉及未成年人的意思自治权。[6] 而其他学者，如 Anita Allen 和 Daniel Solove 则认为这些案例本质上就是未成年子女隐私权案例。[7] 他们指出，这些案例与自主决定隐私权（在这个理论体系下，未成年人堕胎和避孕案例通常被独立划为一类）和信息隐私权有关。从理论层面看，在未成年人堕胎案例和避孕案例中，我们可以适用自主决定隐私权和信息隐私权这两个理论。在这些案例中，未成年人不仅有权自己做决定，他们还有权不告知父母他们已经怀孕（如尿检呈

① See Robert B. Keiter, Privacy, Children, and Their Parents: Reflections on and Beyond the Supreme Court's Approach, 66 Minn. L. Rev. 459, 468 (1982).

② 393 U. S. 503, 514 (1969).

③ 428 U. S. 52, 74 –75 (1976) (plurality opinion).

④ 431 U. S. 678, 693 (1977).

⑤ 443 U. S. 622, 681 (1979).

⑥ See, e. g., Michael Sandel, Democracy's Discontent: America in Search of a Public Philosophy 91 –93 (1996).

⑦ See Anita L. Allen, Taking Liberties: Privacy, Private Choice, and Social Contract Theory, 56 U. Cin. L. Rev. 461, 473 –75 (1987).

阳性时）并准备堕胎这些情况。但未成年子女的上述隐私权并没有得到美国联邦最高法院的确认，美国联邦最高法院并不承认未成年人享有上述宪法权利。

在 Bellotti 一案中，法院认为，当一个未成年人直接到法院起诉，要求法院保护他们无须获得父母同意即可堕胎的权利时，未成年人的信息隐私权就应该受到保护。[①] Bellotti 一案是美国最早承认未成年人享有信息隐私权的案例。法院认为，如果案件中的未成年人心智足够成熟，那么法院就必须尊重他们无须获得父母同意即可堕胎的权利。当然，当案件中的未成年人并不成熟、也没有与作出堕胎决定相应的行为能力时，这种情况则由法院自由裁量，从保护未成年人利益最大化的角度出发，根据实际情况作出是否准予未成年人堕胎的决定。法院还指出，父母决定未成年女儿堕胎的决定权并不大于未成年子女的隐私权。

马萨诸塞州的现行法律规定，未成年女儿堕胎前必须获得她们父母的同意。这一规定赋予了父母否决他们女儿堕胎的决定权，因此，Bellott 认为她女儿堕胎前必须获得她的同意。在 H. L. v. Matheson 一案[②]，未成年子女是否享有信息隐私权是该案件的主要争议点。犹他州的成文法规定，在给未成年人做堕胎手术前必须告知他们的父母。法院在该案中根据犹他州的制定法作出了判决。法院认为，父母在子女的成长中起到重要的指引角色，当未成年子女在做重要决定时，父母的指引作用当然应该受到重视。2006 年，判决 H. L. v. Matheson 一案的同一法院又判决了 Ayotte v. Planned Parenthood of Northern New England 一案[③]，在该案中，法院坚持了自己在 H. L. v. Matheson 一案的态度。Ayotte 认为，犹他州的成文法规定，未成年人做出堕胎决定前必须告知他们的父母，但仅仅是告知，而不是要获得父母的同意。当然，犹他州成文法的这条规定目前已被废止。基于父母角色的特殊性，当未成年人决定堕胎时，法律赋予他们的父母去干涉未成年人上述行为的权利。法院认为，由于未成年人不够成熟，

---

① 443 U. S. at 681.

② 450 U. S. 398 (1981).

③ 546 U. S. 320 (2006).

缺乏社会经验以及判断力，这些因素都导致未成年人不能正确地行使他们的权利。因此，当未成年人决定终止妊娠时，国家当然有权要求他们的父母去干预未成年人的这种行为。因此，分析法院判决态度的结论就是，未成年子女对父母隐瞒真相的权利不受宪法保护。

（二）未成年子女的隐私权和窃听：间接同意理论

除了美国联邦最高法院的案例外，判例法对未成年子女独立于其父母的隐私权的态度也很模糊。尽管到目前为止尚未发生直接涉及这一问题的案例，但在那些父母窃听未成年子女的案例中也会涉及类似问题。

窃听行为受到联邦制定法的打击，责任人要承担相应的刑事责任和民事责任。但该条款存在例外规定，该条款规定，当事人一方同意另一方录音或录影时，行为人不承担责任。[①] 间接同意理论规定，父母可以代表未成年子女同意别人的窃听行为。尽管“间接同意”这一理论并没有明确写入成文法中，但法院在司法审判中常常引用这一理论做出判决。根据这一理论，未成年子女的父母可以代表未成年人做出同意的意思表示。因此，即便未成年子女本人不同意录音行为，他们的父母也可以录下他们未成年子女的谈话，因为他们的父母已经代表未成年人做出了同意的意思表示。在这些案例中，一方的录音行为得到了另一方的同意，因此，行为人不必承担相应的法律责任。间接同意理论假设父母和子女的利益是一致的，但法院不认为父母的意思自治权不受拘束。法院认为，只有当父母秉着诚实信用的原则，以及别人有合理的理由相信他们是从未成年子女利益最大化的角度出发时，间接同意理论才适用。

1993 年，犹他州地区法院首次依据间接同意理论做出了判决，这是美国第一个引用间接同意理论做出判决的法院。[②] 犹他州地区法院认为，由于未成年人无法做出同意的意思表示，因此，间接同意理论的运用就很有必要。有时候，父母监听子女的谈话，这也是为了最

---

① See Daniel R. Dinger, Should Parents Be Allowed to Record a Child's Telephone Conversations When They Believe the Child Is in Danger Seattle U. L. Rev. 955, 962 (2005).

② Thompson v. Dulaney, 838 F. Supp. 1535 (D. Utah 1993).

大限度地保护子女的利益。法院甚至认为，最大限度地保护子女权益是制定法强加给父母的责任。按照法院的观点，如果窃听能最大限度地保护未成年子女的权益，而他们的父母却没有这样做时，这样的父母没有履行他们作为父母的职责。

1998 年，在 Pollock v. Pollock. 一案①，间接同意理论得到了扩大适用，该案由联邦第六巡回法院审理。法院认为，父母不仅可以代表年龄非常小的未成年人做出决定，还可以代表年龄稍大的未成年人做出决定。不同年龄的未成年的行为能力不同，如果按照法院上述观点，父母在代替子女做出决定时需考虑的因素，不会因为子女行为能力的不同而有差别。在法院第一个引用间接同意理论做出判决的案例中，第六巡回法院强调该案的未成年人 Thompson 的年纪非常小，只有 3 至 5 岁。而在 Pollock 案中，该案的未成年人已经 14 岁。上诉法院认为，父母只有出于真正关心自己子女的目的才能偷录他们子女的谈话。父母只有秉着诚实信用的原则，并且有合理的理由相信自己这样做能最大限度保护子女的利益时才能这样做。但上诉法院强调，父母不能仅仅口头上表示自己是为了子女利益最大化考虑后就可以偷录子女的谈话，父母的做法是不是为了子女利益最大化考虑要按照一般人的标准来判定。

大多数法院，包括刑事法院在审判窃听案件时都引用间接同意理论，但也有一些法院反对适用间接同意理论。在刑事案件审判中，当一个成年人被未成年人起诉偷录他人电话时，就可以依据间接同意理论做出判决。在 Bishop v. State 一案②中，法院认为，只要父母秉承诚实信用的原则，并出于子女利益最大化的目的，他们就可以偷偷录下自己未成年子女和第三人的电话谈话内容，他们的做法没有违反联邦和州法的法律规定。

窃听案例引起了我们关于平衡未成年子女隐私权和父母保护未成年子女职责的思考，我们也呼吁大家正视这个问题，认识到平衡二者利益的必要性。关于父母以及未成年子女二者利益平衡的问题，我们将在后文重点论述。谈到平衡二者的利益这个问题，我们首先就必须

① 154 F. 3d 601, 610 (6th Cir. 1998).

② 526 S. E. 2d 917, 918 (Ga. Ct. App. 1999).

承认未成年子女享有独立于其父母的隐私权，这是我们讨论这个问题的前提。由于间接同意理论将父母子女利益看做一个整体，没有意识到父母子女间享有各自独立的隐私利益，在这种理论体系中，未成年子女似乎不享有独立于其父母的隐私权。因此，一旦我们承认未成年子女享有独立于其父母的隐私权，那么间接同意理论运用在涉及父母子女关系的隐私侵权案件中就显得不太合适。在这种情况下，未成年子女利益的保护就是我们优先考虑的问题。

（三）《美国联邦未成年子女网络隐私保护法》和教育隐私

美国联邦政府制定了严格保护未成年子女网上隐私的法规。由于在互联网中收集未成年子女个人信息的商业化运作现象越来越严重，美国国会于1998年10月制定了《美国联邦未成年子女网上隐私保护法》，期望通过该法规制在网上收集13岁以下未成年子女个人信息的行为。该法赋予父母监控13岁以下未成年人网上隐私的权利，任何收集、使用或披露未成年子女个人信息的行为都必须获得他们父母的明确同意。《美国联邦未成年子女网上隐私保护法》的起草者认为，对于未成年子女网上隐私这个问题，父母和子女（至少13岁以下的子女）的利益是一致的，因此，法律将未成年子女的网络隐私利益交由他们的父母来掌控。还有另外一种观点认为，应该立法禁止他人收集13岁以下未成年子女个人信息的行为。

在涉及未成年子女教育信息隐私的情况中，将父母和子女的隐私利益看做一个单独的整体这种现象更为严重。《家庭教育及隐私权法》赋予父母掌控子女教育信息的权利，该法并没有承认未成年子女享有独立于其父母的隐私权。[①]《家庭教育及隐私权法》规定，即便未成年子女个人不同意，父母也有权获取以及向外界披露未成年子女的学校成绩。《家庭教育及隐私权法》规定，在未成年子女13岁之前（或者他们尚未成熟前，如在堕胎的情形中），法律都不限制父母掌控子女信息隐私的权利，而在《美国联邦未成年子女网上隐私

---

① See Susan P. Stuart, Lex - Praxis of Education Informational Privacy for Public Schoolchildren, 84 Neb. L. Rev. 1158, 1162 - 1169 (2006).

保护法》中，父母在子女18岁之前都可完全掌控他们的信息。[①]。在《小学生权利保护修正案》中也有类似的规定，《美国联邦未成年子女网上隐私保护法》、《家庭教育及隐私权法》以及《小学生权利保护修正案》中有关未成年子女隐私权以及他们父母法律地位的相关规定开始让学者质疑，这些法律真正保护的是父母的隐私权，更确切地说是整个家庭的隐私利益，而不是未成年子女的隐私利益。

美国图书馆协会的观点与《美国联邦未成年子女网上隐私保护法》、《家庭教育及隐私权法》以及《小学生权利保护修正案》的观点截然相反。美国图书馆协会认为，图书馆馆员不得绕过未成年子女将他们的信息直接给他们的父母，图书馆馆员应该保持谨慎的态度，以减少读者信息泄露的情况发生。美国图书馆协会严格遵守读者信息保密的规定，他们甚至在协会的章程中规定图书馆馆员不得将未成年子女读者的信息披露给他们的父母。

父母可以从他们未成年子女身上直接获得他们的信息，因为父母可以直接询问他们的子女，通过询问得到他们子女的信息。但父母获取子女个人信息所采用的方式和途径会不会也侵犯了未成年子女的隐私权呢？父母获取子女个人信息时也应该尊重子女的隐私利益。

（四）未成年子女隐私权和《联合国未成年子女权利公约》

在《联合国未成年子女权利公约》这样的国际法律文件中也需要解决未成年子女是否享有独立于其父母等家庭成员的隐私权这个法律难题。《联合国未成年子女权利公约》明确承认未成年子女享有隐私权。虽然《联合国未成年子女权利公约》承认未成年子女享有隐私权，但它的法律条文中并没有明确指出未成年子女隐私权是否只能对抗国家公权力的入侵，至于未成年子女在家庭中是否享有隐私权则没有明确规定。像其他国际人权法律文件一样，《联合国未成年子女权利公约》也宣称保护未成年子女的权利，但同时，《联合国未成年

① See Anita L. Allen, Minor Distractions: Children, Privacy and E－Commerce, 38 Hous. L. Rev. 751, 758－759 (2001) (citing 20 U. S. C. ? 1232g (a) (4) (B) (iv) (2001)).

子女权利公约》也意识到，家庭是社会最基本的组成单位。[①] 除了强调保护未成年子女的权利外，《联合国未成年子女权利公约》还强调保护家庭独立自主、和谐以及家庭隐私的重要性。

许多国际公约都确认了家庭的特殊法律定位，并呼吁社会尊重并保护家庭的权利。有一些国际法律文件尤其强调家庭作为一个社会的基本单元，应该受到社会的尊重。未成年子女免受国家公权力侵犯的隐私权属于他们人格尊严权的一部分，未成年子女应该享有免受他们家庭成员任意干预的权利。除非对未成年子女隐私权的干预符合民主法律的规定，并且是为了国家和社会利益的考虑，其他侵犯未成年子女隐私权的行为都应该受到法律的制裁。

总的来看，不论是美国法还是国际法律文件都很少明确承认未成年子女享有独立于其父母的隐私权。我们认为，有必要完善相关法律规定，以便更好地保护未成年子女的隐私权。

五、承认未成年子女在其家庭中的隐私权

（一）承认未成年子女在其家庭中隐私权的重要意义

前文谈到，很多人都认为隐私权与未成年子女无关，这个观点极其错误。未成年子女不仅享有隐私权，而且未成年子女的隐私权的定义还与成年人隐私权的定义不同。但一般的隐私权调查研究都是从成年人角度出发，未成年子女的隐私权观点长期被忽视。未成年子女常常在博客上晒自己的私生活，与自己的好友分享生活的点滴。对未成年子女来说，互联网是他们与朋友交流的一种新方式。通过互联网，他们可以与朋友分享生活私事和个人秘密，互联网也属于他们私人生活的场合。大多数未成年子女只会与他们已经认识的人在网上聊天，分享信息。由于未成年子女基本上只与自己认识的人在网上交流，他们在网上的聊天也只是增进他们与同龄人关系的一种方式。未成年子女在互联网上交流的朋友，他们的父母大多认识。因此，父母会认为未成年子女在互联网上的行为不涉及隐私问题。家庭成员，尤其是父

① See, e. g., European Social Charter art. 16, Oct. 18, 1961, E. T. S. No. 035.

母不能侵犯未成年子女的网上隐私。未成年子女一般不愿意他们的父母查看他们在互联网上分享的信息。[①] 父母监视子女的网络活动，查看子女社交圈的行为极具冒犯性。有许多调查研究发现，未成年子女对父母的窃听打探行为心怀怨恨。父母打探未成年子女隐私的行为有搜查书包、查看日记、偷听电话，这些都是传统的方式。现在的父母打探未成年子女隐私也开始运用科技手段，如在电脑上安装软件来监控未成年子女的网络行为、键盘记录以及网页浏览记录等。

我们认为，承认未成年子女在其家庭中独立于其家庭成员，尤其是独立于其父母的隐私权对于未成年子女个人的健康成长异常重要。限制未成年子女上网或追踪他们的网页浏览记录不利于未成年子女社交行为的展开，也不利于未成年子女积极吸收对他们成长有利的新事物。研究表明，父母限制未成年子女上网或追踪他们的网页浏览记录的行为会让未成年子女变得孤僻或疑神疑鬼。对于那些父母并不知道他们性取向的男同性恋、女同性恋、双性恋以及变性青年来说，我们的上述担忧就会变得更加可能。

（二）隐私权是人格尊严和受尊重权利的重要组成部分

Charles Fried 关于隐私权的价值的观点最有影响力，Fried 的理论解释了个人隐私权对亲属关系维系的作用。Fried 认为，有亲密关系的人之间保持一定的隐私权反而更利于二者关系的维持。Fried 曾说过，隐私对于爱情、友谊和信任的发展是必需的。没有隐私，也就没有尊重，没有爱情，没有友情，也没有信任。他人的尊重、友情、爱情和信任是我们人类生存必须具备的东西。如果将 Fried 的观点运用到父母子女关系中，我们认为，父母应该尊重未成年子女的隐私权。Fried 曾说："在那些我们明明知道他人可能犯错的情形下我们还信任他人，这才是真正的信任。"父母很轻易就可以追踪未成年子女的电话记录、出行记录以及网络浏览记录，有些父母甚至会在家里设置摄像头来远程监控和监视未成年子女的一举一动。但如果我们真的信任

① Cf. Kerri Devitt & Debbi Roker, The Role of Mobile Phones in Family Communication, 23 Children & Soc'y 189, 190 (2009).

自己的子女，我们就不应该那样做。子女即便做了一些我们不知道的事情，我们也应该相信他们有自己的判断力。一旦我们监控子女，父母与子女间的信任关系也就不复存在了。

父母的监视和监控行为使得子女远离真实的社交生活，子女感觉到自己不被信任，父母与子女之间的亲密关系也会下降。如果我们想自己的子女能够融入正常的人际交流中，我们就必须给予他们足够的信任。如果父母总是监控子女与他人的交流行为，不仅子女觉得自己不被信任，他的朋友也会不信任他们的子女，这些都不利于未成年子女与他人的正常交往。两个人之间只有相互信任才会进一步交往。子女被信任，意味着父母不可以远程监控子女的行为。子女的隐私权应该得到父母的尊重。因此，子女也可能做出一些让父母意想不到的事，可能这些事违背了父母对他们的信任。要知道，信任是双向的，如果子女不被信任，他们也就学不会如何去信任他人。

父母监视子女的行为，可能确实有一些合理的理由。这一点，我们将在下文谈到。但是，我们不要将监视子女看做身为一个尽职的父母应该做的事情，监视子女应该看做抚养子女成长中一个例外的举动。给予子女足够的信任，这很重要。而监视子女则将带来一系列消极后果，这一点在 Vernonia School District v. Acton 一案中有具体阐述。像未成年子女的父母一样，学校只有在有足够理由的情形下才会不相信未成年子女的行为。

从这一点来看，那些认为尽职的父母就应该监控他们子女的一举一动这种思想是错误的。在今天这个数据化的时代监控子女的行为，有两种完全相反的抚养子女模式，这两种模式都是不适当的：其一，远程监控模式。随着技术的发展，已经有许多电子设备能让父母从远距离监视子女的一举一动。他们认为，他们这样做才能尽到一个好父母的角色。其二，家长过度包揽模式。这种模式会摧毁未成年子女的身心健康，不利于未成年子女的成长。①

---

① See generally Gaia Bernstein & Zvi Triger, Over - Parenting, U. C. Davis L. Rev. (forthcoming 2011) V.

（三）未成年子女的隐私权和父母权利益的平衡

到现在为止，都少有学术论文谈及未成年子女网络隐私权这个问题，学者也很少关注到，未成年子女独立于其父母的隐私权这个理论有重要的价值和意义。我们认为，未成年子女隐私权不仅对未成年子女本身有益，它对改善父母子女关系的作用也不容忽视。我们希望，关于未成年子女在其家庭中隐私权的讨论能让我们真正意识到父母子女关系中也有隐私问题。

上文已经谈到，信任在父母子女关系中扮演着重要角色。我们也知道，父母对子女绝对的信任，完全放任不管也可能给子女带来一些不利后果。网络上隐藏着许多恋童癖，未成年子女色情行业者，他们时刻在网络上搜寻未成年子女。在网络以外，未成年子女可能酗酒、吸毒，父母不能不管子女的这些行为。因此，父母在某些情况中也必须干涉未成年子女的行为，这是我们不能忽视的情况。不过，未成年人成长中可能遇到的风险可能被我们夸大了。[①]

子女需要隐私权，但一旦他们行使自己的隐私权，他们就有可能遇到危险。Joseph Pulitzer 认为，“没有任何一例犯罪、骗局不是在私密的环境下滋生的”。不过，成年人的隐私权与保护他们人身安全利益之间已经得到很好的平衡。

给予未成年子女一定的时间和空间并不意味着对他们放任不管，我们呼吁正视未成年子女独立于其父母的隐私权这个问题，但我们也认为应该平衡未成年子女隐私权和保护未成年子女人身安全及抚养照顾未成年子女二者的利益。Alan Westin 认为，“给予公民过大或过小的隐私权对个人都有害”，这个道理不仅适用于成年人，也适用于未成年人。

怎样平衡未成年子女隐私权与其他人的利益？这需要我们来讨论。我们认为，讨论这个问题有两点需要注意的地方：其一，未成年子女年纪龄越大，他们也就愈加需要个人隐私，我们也就更加需要保

---

① See John Holmes, Myths and Missed Opportunities: Young People's Not So Risky Use of Online Communication, 12 Info., Comm. & Soc'y 1174, 1185 (2009).

护他们的隐私权。这样，一方面，未成年子女的隐私权随着他们年龄的增大而变大，另一方面，随着他们隐私权的增大，他们遇到危险的情况也增多。其二，当父母保护以及照料子女的职责与父母尊重子女隐私权的义务相冲突时，父母保护以及照料子女的职责应该优先考虑。[①] 但是，我们也必须清楚，未成年子女也享有隐私权。因此，遇到类似情况时，我们应该反复权衡子女隐私权和子女安全利益孰轻孰重，并尽可能找到一个平衡子女隐私权和父母保护他们安全职责二者利益的解决办法。

不过，不是所有的父母侵犯子女隐私权的案例都是为了保护子女的人身安全。当子女不愿与父母分享他们的经历时，父母出于好奇心而去监控子女的行为。父母的这一行为与保护子女人身安全有关。而子女独立于其父母的隐私权（不涉及子女人身安全）的其他方面同样值得我们关注。例如，父母在博客中暴露他们子女的情况，带子女参加真人秀等公开披露子女信息，而子女不愿意个人信息被公开的情况。这些都是子女独立于其父母隐私权所包含的内容，本文不讨论这些情况。

子女应该享有独立于其父母的隐私权，这一权利起源于个人人格尊严和受尊重的权利。父母应该尊重子女的隐私权，但子女的隐私权并不是完整的、不受限制的，未成年子女的隐私权应该与他们的年龄和行为能力相适应。但我们应该时刻牢记，不论何时都应该给未成年子女个人一定的独立空间，不要让未成年子女无时无刻处在父母的监视之中。

我们郑重宣告：未成年子女在其家庭中需要隐私权，未成年子女也应该享有独立于其父母的隐私权。《联合国未成年子女权利公约》赋予未成年子女许多权利，并明确禁止父母体罚未成年子女。[②] 即便如此，《联合国未成年子女权利公约》也没有阐明未成年子女在其家

① When rights are described as being in conflict, what in fact conflicts are the correlative duties of the respective rights. See Jeremy Waldron, Rights in Conflict, in Liberal Rights, Collected Papers 1981 - 1991, 203, 218 (1993).

② See Benjamin Shmueli, The Influence of the UN Convention on the Rights of the Child on Corporal Punishment—A Comparative Look, 10 Oregon Rev. Int'l L. 189 (2008).

庭中享有隐私权，未成年子女享有独立于其父母的隐私权这个问题。涉及未成年子女隐私权和未成年子女人身安全保护的案例层出不穷，我们在审判类似案例时，应该根据个案的不同，充分考虑未成年子女的利益、未成年子女可能受到的危险、未成年子女的年龄以及未成年子女的行为能力的不同做出相应判决。

六、结语

在现今这个信息化时代，如何保护未成年子女独立于其父母的隐私权？答案尚不明晰。不论在网络外的现实生活中还是在互联网生活中，当子女权益和父母权益面临冲突时，平衡父母和子女的利益是解决这个问题的有效办法。

我们认为，子女在父母子女关系中享有隐私利益。如果说父母监控子女的行为涉及侵犯子女隐私权的问题，那么，是否应该将未成年子女隐私权纳入到现行法律体系中？一方面，如果在现行法律体系中规定未成年子女隐私权，却不规定侵犯未成年子女隐私权的救济手段，这种规定就毫无价值。① 另一方面，如果法律规定，当未成年子女的隐私权受到侵害时，未成年子女可以向法院申请禁制令（如禁止安装追踪设备）或向法院提起民事诉讼，要求侵权人承担民事侵权的损害赔偿责任，这样的规定同样不妥当。因为允许受害人起诉他们的家庭成员将破坏家庭成员间的和谐关系，使得原告成为一个家庭的公敌。② 涉及家庭关系的立法必须慎重，因此，我们将这个问题留给后人讨论。

我们认为，权利本身与权利的救济手段不同。即便法律条文不以强制命令的形式出现，但大多数人都是守法的。因此，只要法律有规定，大多数公民也就会自觉地遵守法律的规定。我们相信法律的效力以及它在影响社会准则上的作用。因此，我们认为，立法应该明确承认未成年子女享有独立于其父母的隐私权，并注意未成年子女隐私权

---

① See George C. Thomas III & Barry S. Pollack, Saving Rights From a Remedy: A Societal View of the Fourth Amendment, 73 B. U. L. Rev. 147, 170 (1993).

② See generally William E. McCurdy, Torts Between Persons in Domestic Relation, 43 Harv. L. Rev. 1030 (1930).

和其父母保护未成年子女人身安全职责的平衡。与此同时，我们也应该加大对父母的宣传教育，教育父母在保护子女人身安全时要保护子女的隐私权，让父母真正认识到，尊重子女隐私权对于父母与子女关系的改善都有重大作用。

第三编　工作场所的侵扰侵权

从泰勒制到“全视监狱”：工作场所中对雇员监视的扩张

罗伯特·斯普拉格[1] 著　　韩林平[2] 译

目　　次

一、导论

20世纪初期，Frederick Taylor创建了科学管理理论体系，就如何提高工作场所的工作效率问题提出自己的理论体系。这一理论体系被视为20世纪标志性的成就。[3] 在成为美国联邦最高法院法官之前，Louis Brandeis作为律师接受了那些反对铁路方面提价请求的公众的

---

① 罗伯特·斯普拉格（Robert Sprague），法学博士，美国怀俄明州立大学助理教授。

② 韩林平，中山大学法学院助教。

③ Robert Kanigel, Taylor-Made: How the World's First Efficiency Expert Refashioned Modern Life in His Own Image, Sci., May-June 1997, at 18.

委托并代表他们提起诉讼。在诉讼中，Brandeis 借泰勒制支持自己的观点，认为铁路方面效率低下，所以不应提价。[①] Brandeis 将 Taylor 的理论视为对社会最大的贡献之一，随着 Brandeis 在击退铁路方面提价请求的过程中对泰勒制的使用，公众的视线已经被引导至——如何在全球范围内利用和促进科学管理。

Taylor 的理论认为，提高效率只有一种途径，即“严格管理”。[②] 根据 Kanigel 的说法，这种途径导致一个“关于时间、秩序、生产力和效率这些我们这个时代标志的恼人困扰”。借助 Taylor 的科学管理理论的推动，雇员被置于管理者手中秒表的连续不断的监视之下，他们不但被测量，而且被评价、窥探甚至侵入。对于雇员们来讲，这秒表“是对隐私权的可恶入侵；是一个令人压抑的全视眼，因为它窥视他们的工作生活并撕裂他们的尊严”。

Taylor 的“全视眼”概念被“敞式监狱”所扩展。“敞式监狱”这种建筑的中心是独创性的 12 边形望塔，周围环绕此塔布置着牢房，塔内的监视者得以监督众多犯人的一举一动。“敞式监狱”代表一种持续的、集中的监视。其中的犯人随时有可能处于被监视的状态。在 21 世纪初期，电子学普遍取代了光学，与此同时，电子媒体也逐渐取代原有的依靠建筑结构学的“敞式监狱”。

“敞式监狱”下监视的概念逐渐发展成为 Jeffrey Rosen 提到的“全视监狱”，即“多数观看多数”。[③] 每一个人随时随地都在监视之下。泰勒制下可怕的担忧集中在自己的行走、进食等每个行动都被社会严格管制，而与此同时，“敞式监狱”之下的担忧则更奥威尔式（Orwellian）。本文将讨论，美国的雇主是否可以扮演老大哥的角色，不间断地监控自己的雇员，无论是在工作场所还是在工作场所之外。其中，本文主要探究可能允许美国雇主在工作场所中对雇员监视的权利有所扩张的法律环境。

本文共分四个部分，其中第一部分回顾了当今工作场所采用的基

---

① See Robert Kanigel, The One Best Way 429 - 443 (1997).

② Frederick W. Taylor, The Principles of Scientific Management 85 (Easton Press 1993) (1911).

③ Jeffrey Rosen, The Naked Crowd 11 (2004).

本监视技术及雇主监视的正当理由；第二部分提供了一个美国隐私权法的发展概况，特别强调信息隐私；第三部分考察公共场所的隐私权，同时证明，对于雇员来说，它只存在于一些极端情况下；第四部分回顾了一些雇主在工作场所之外对雇员施加影响的例子，探究了在工作时间之外、工作场所之外，雇主究竟能在多大范围内对雇员行使监视的权利。

二、工作场所的监视

随着社会发展，办公室取代了工厂的车间。正如办公室中电话、电脑、电子邮件和互联网等办公工具已经无所不在一样，工作场所的电子监控也已经无孔不入，成为雇主管理公司的利器。大部分工作场所监控的形式包括对网络使用、网页浏览、电子邮件、即时短信通讯以及电话电脑使用情况等的电子监控。一个来自美国管理协会 2005 年的调查显示，超过四分之三的雇主在监视着他们雇员的网络连接；约有 50% 的雇主保留并浏览雇员的电子邮件和电脑文件，同时追踪电话系统中每个通话的时长和通话号码；同时，大概 20% 的雇主会窃听雇员在电话中的交谈。① 与 2001 年一个类似的调查结果相比，2005 年的这个调查结果证明，监控雇员的雇主的数量明显增加，且其监控程度明显增强。②

雇主们除了用摄像机、照相机等传统手段来监控工作场所之外，还会采用一些其他方法。例如，在某些情况下，雇主可能会对雇员进行药品检测或测谎。

雇主有成千上万个理由去监控自己公司的工作场所，例如，为了保护自己的公司财产。“雇主将对工作场所的控制视为他们的特权，

---

① See American Management Association, 2005 Electronic Monitoring & Surveillance Survey, http: //www. amanet. org/research/pdfs/EMS summary05. pdf (last visited Jan. 18, 2007).

② See 2005 Electronic Monitoring & Surveillance Survey, supra note 17; See also Employee Privacy: Computer - Use Monitoring Practices and Policies of Selected Companies, G. A. O. Report to the Ranking Minority Member, Subcommittee on 21st Century Competitiveness, Committee on Education and Workforce, House of Representatives, Sept. 2002, available at http: //www. gao. gov/new. items/d02717. pdf.

包括保护和控制其财产的权利，监督、管理其雇员在生产、技能、培训及客服记录等方面的行为的权利。”[①] 监控的一个重要动机是以行为为基础的，是为了确保雇员在工作时认真、用心且高效。此外，雇主还有一个关于秘密信息的合理考虑（尤其是关于商业秘密及商业策略），他们担心秘密信息通过通讯系统被有意无意地泄露出去。

除此之外，雇主面临的最大的法律风险就是关于工作场所通讯系统的。这其中尤其需注意的是雇员易因公开浏览色情网站、发送含有性侵犯内容或种族歧视内容的电邮信息，而制造一种对他人不利的工作环境。1964 年《民权法》第七章将其视为“雇主的非法雇用行为……因为个人的种族、肤色、宗教信仰、性别或者民族而在有关赔偿金、报酬、期限、条件或雇佣权利等方面歧视该人。”[②] 美国联邦最高法院已经声明，这个条款不限于经济领域或实际表达出来的歧视，还包括关于雇用、解雇、升职、赔偿和工作委派等方面的歧视。在定义“性骚扰”的问题上，平等就业机会委员会准则包括某些可诉行为，如“不受欢迎的性挑逗，性交的无理要求，以及其他形式或其他口头上或肢体上的出于性本能的行为”。这些准则进一步规定，法律上所禁止的“性骚扰”由与性有关的各种不端行为组成，当“该行为有如下目的或效果——不合理地妨碍个人工作或营造一个威胁的、敌对的或令人不快的工作环境时”，它的成立与否与当事人同意还是拒绝经济补偿有直接关系。[③] 原告可能会通过证明性别歧视已经营造了一个对自己不利的或侮辱性的工作环境，来声称对方违背《民权法》第七章的规定，尽管所有被保护的类别（不仅仅是性别这一个类别）均为防止形成敌对环境而努力。

在 Harris v. Forklift systems, Inc. 一案 [④]中，美国联邦最高法院尝试建立一个标准来衡量单纯地冒犯行为与引起他人实质精神损害的行为。“严重程度和持续时间不足以在客观上形成一个敌对的或侮辱性的工作环境的行为，不在《民权法》第七章规定的范围内。同样，

---

① Patricia Findlay & Alan McKinlay, Surveillance, Electronic Communications Technologies and Regulation, 34 Indus. Rel. J. 305, 306 (2003).

② Harris v. Forklift Sys., Inc., 510 U. S. 17, 21 (1993).

③ Meritor, 477 U. S. at 65 (quoting 29 C. F. R. § 1604. 11 (a) (3) (1985)).

④ Harris, 510 U. S. at 17.

如果这个行为实际上没有改变受害者的雇用条件，那么，也不适用《民权法》第七章的规定。”但与此同时，“第七章适用于引起他人实质精神损害的侵权行为”。在 Harris 一案中，法官认为，尽管对敌对环境存在与否的判断无法像对待“数学精算测试”一样，但判断敌对状态的标准仍应具有一定充分性，以确保《民权法》第七章不至于成为一个“礼仪规则”。法官必须综观案件全局，包括歧视行为的发生频率、严重程度，是肢体上的恐吓还是单纯的言语冒犯，以及行为是否不合理地妨碍了雇员的工作等。

在 Faragher v. City of Boca Raton① 与 Burlington Industries, Inc. v Ellerth② 两案中，美国联邦最高法院认定，如果雇主手下的高级雇员在代表雇主对低级雇员进行管理时，将该低级雇员置于不利的工作环境当中而导致低级雇员受到了具有可诉性的损害，那么，即便雇主并没有实际控制雇员或实施损害行为，也要就其高级雇员对该低级雇员实施的侵害行为承担替代责任，除非雇主能够证明其具备下列抗辩事由：①雇主在防范或及时纠正性骚扰行为方面已经尽到了合理的注意义务；②作为原告方的雇员无正当理由，未能充分利用雇主提供的保护性或纠正性的机会来防止自己遭受损害。

在上述两案中，大法官 Thomas 均表示，在没有造成实质性损害的情况下，若雇主的高级雇员仅给其低级雇员制造了不利的工作环境，那么，雇主不应承担替代责任。Thomas 大法官进一步解释：“现代社会中，雇主在给雇员提供保护的问题上陷入两难境地。雇主若不采取非常方法来严格监控自己的雇员，如采用不间断的监视和监听的方法来控制工作场所内雇员的行为，性侵犯是不能够通过简单的方式加以整体防范的。但若如此严格地监控雇员的一举一动，这又与民主社会、自由社会的理念是不兼容的。”大法官 Posner 对本案上诉法院的决定持有异议，且此异议被 Burlington Industries, Inc. v Ellerth 一案中的原告 Burlington Industries 所支持。大法官 Posner 认为，若雇主的高级雇员的行为可能影响低级雇员的工作环境，雇主若想要监视这些行为，当然很容易，但大型企业拥有成千上万个高级雇员，他们的雇

① See Faragher v. City of Boca Raton, 524 U. S. 775, 790 (1998).

② See Burlington Indus., Inc. v. Ellerth, 524 U. S. 742, 745 (1998).

主都能定期对其进行监视、进行说谎测验或进行跟踪侦探吗?①

对此，Jeffrey Rosen 认为，美国联邦最高法院有关不利工作环境的裁决给雇主提供了一个"监控雇员行为的强大动力"，使得雇主敢于更加严格地监控雇员的谈话和行为，以至于这种监控可能超出法律实际允许的范围而侵犯了雇员的隐私权。

雇主在推进工作场所的监视的进程上，还面临另外一个法律问题。美国最近出台了联邦诉讼规则中关于民事诉讼程序的修正案，新的修正案允许诉讼当事人在诉讼过程中将电子存储文件作为证据。②有学者质疑，这一修正案有利于雇主在工作场所使用电子监控系统来监控自己的雇员，只要雇主有以下三个正当理由之一，其行为就不构成隐私侵权：①为了禁止雇员用公司电脑处理个人事务，从而减少无用信息在后备磁盘中占据的空间；②为了及时发现雇员的不当行为，以避免因其行为引起的针对雇主的诉讼；③为了防止雇员在预知自己的行为将招致诉讼之前，从他们的电脑中销毁证据。③

根据过失使用理论，雇主还需对雇员给第三人造成的损害承担责任。根据此种理论，雇主在监督和调用雇员时应尽到合理的注意义务。如果雇主没有采取合理的措施提醒雇员其行为可能对第三人（包括合作伙伴）造成侵害，那么，雇主就应在其未履行相应义务时承担责法律任。但是，这种责任的建立是有前提的，即雇员对第三人造成的损害必须是为了雇主的利益，而不是为了与雇主毫无关系的纯粹的私人目的。

由上文可看出，雇主监视雇员的一个主要动因是，雇主对雇员的通讯负有潜在责任。与此相同，实行电子科技政策的需要也是雇主监视的另一主要动因。雇主通过惩罚包括开除那些违反政策的雇员来贯彻这些政策。

由判例可以看出，越来越多的法官开始认为，工作场所的监控正

---

① Jansen v. Packaging Corp. of Am., 123 F. 3d 490, 513 (7th Cir. 1997).

② See Federal Procedure Changes on E – Discovery, Unpublished Opinion Citations Take Effect, 75 U. S. Law Wk. 2313 (2006).

③ Elaine K. J. Kim, The New Electronic Discovery Rules: A Place for Employee Privacy?, 115 Yale L. J. 1481, 1485 (2006).

在成为一个事实上的行业标准。正如一个法官注意到的，在21世纪这个以计算机为依托的商业界，监控电话、电邮、网络连接和电子文件已经成为一种“社会常态”。而且，企业可能会发现，即使在过失使用理论之外，如果他们疏于监控雇员的电脑使用情况，也可能对第三方承担责任。例如，在 Doe v. XYC Corp. 一案[①]中，被告雇用的电脑技术员和公司管理者在被起诉后才知道，公司的某一个雇员在工作时用雇主的电脑系统浏览色情网页。雇主此前的一无所知主要是因为该雇主反对监控雇员上网活动的政策。在该案中，妻子居然发现丈夫用雇主的电脑在网络上公开发布其女儿的裸照，并因此代表女儿起诉雇主疏于管理的过错。新泽西高等法院改判了下级法院的判决，认定——当雇主注意到他的某个雇员在使用工作场所的电脑接触色情信息，而且有可能是未成年人的色情信息时，雇主有义务进行调查并采取进一步措施。雇主的疏于调查并采取行动是否为造成这名雇员的继女遭受伤害的最直接原因？法官认为，这是一个需裁量的事实审理问题。

三、隐私权

（一）隐私权的发展

关于隐私权并无一个标准的定义。有人认为隐私权极具迷惑性且很难定义。[②] 有人认为，它没有头绪以至于没有人能下一个精确的定义；[③] 还有些人认为，隐私权是否算一类权利还有争议。[④] 在某种意义上，隐私权的保护针对那些过多窥探他人私人事务以至于侮辱或冒犯他人尊严的行为。隐私权对于个人之间的亲密关系同样十分重要。关于隐私权这个概念的一个普遍话题就是掌控个人信息的权利，这也

---

① See, Doe v. XYC, Corp., 887 A. 2d 1156 (N. J. Super. Ct. App. Div. 2005).

② Richard A. Posner, An Economic Theory of Privacy, in Philosophical Dimensions of Privacy: An Anthology 331, 331.

③ See Daniel J. Solove, A Taxonomy of Privacy, 154 U. Pa. L. Rev. 477, 477 (2006).

④ See Gary L. Bostwick, A Taxonomy of Privacy: Repose, Sanctuary, and Intimate Decision, 64 Cal. L. Rev. 1447, 1448 (1976).

包括掌控该信息的传播，以及保护其不受诸如监听、监视之类行为的侵扰。[1]

在美国，对隐私权的法律保护较杂乱。美国宪法没有对隐私权进行明确规定，不过美国联邦最高法院已经在某些情况下承认了隐私权可作为一项默示性的宪法权利。正如接下来的具体讨论所得，对个人隐私权的直接保护，只存在于具体情况下州和联邦庞杂的法规之中。

法官在审判中确认隐私权的第一案，是 19 世纪末的 Da May v. Roberts 一案。[2] 在该案中，一名男子假扮医生，出现在一名女子分娩的现场。法官最终认定该男子侵犯了女子分娩时的隐私权，应对其承担隐私侵权责任。

1890 年，Warren 和 Brandeis（上文提到的拥护泰勒制的 Louis Brandeis）提出主张，认为法律应保护个人享有"独处权"。[3]有学者说，Warren 之所以要主张法律保护个人的"独处权"，是因为其女儿婚礼的细节被报道在波士顿杂志的八卦专栏上，Warren 对此感到十分惊愕与沮丧。[4] Warren 和 Brandeis 主张法律应防止"私人事务被恶意披露"。Warren 和 Brandeis 顺应这个监视技术不断发展更新的时代，借讨论摄影技术的新发展来支持他们的主张。新的摄影技术使得个人被暗中拍摄成为可能，不同于以前，拍摄对象必须静下来才能拍照。Warren 和 Brandeis 的主要论点是：个人有权决定自己的哪些信息可以被公开。

此后，虽然有些法院在 Warren 和 Brandeis 提出隐私权的几年之内并不承认隐私权的存在，但在 Warren 和 Brandeis 文章的巨大影响力下，美国很多法院此后开始认可隐私权的独立性，认为隐私权是一项普通法上的权利。在 1960 年，Prosser 教授对此前美国各州涉及隐私权的案例进行了分析，认为隐私侵权可分为以下四种类型：①侵扰他人安宁的隐私侵权行为；②公开他人私人生活的隐私侵权行为；③

---

① See Ruth Gavison, Privacy and the Limits of Law, in Philosophical Dimensions of Privacy: An Anthology 346, 351 -356.

② 9 N. W. 146 (Mich. 1881).

③ Samuel D. Warren & Louis D. Brandeis, The Right to Privacy, 4 Harv. L. Rev. 193, 193 (1890).

④ See William L. Prosser, Privacy, 48 Cal. L. Rev. 383, 383 (1960).

在公众面前丑化他人形象的隐私侵权行为；④擅自使用他人姓名、肖像或者其他人格特征的隐私侵权行为。① 正如本文将在下面详细讨论的那样，当企业中那些认为自己的隐私权被雇主侵犯了的雇员提起隐私侵权诉讼时，他们的性质属于上述第一种：侵扰他人安宁的隐私侵权行为。

在州法院中，隐私权发展成为一种普通法上的权利。随着美国各州普通法上隐私权的发展而发展的，是与此有关的另一种隐私权——即禁止非法搜查和逮捕的权利。《美国联邦宪法第四修正案》规定："公民有权保护自己的人身、住所、文件和名誉的安全，有权保护自己的人身和财产不受非法搜查和逮捕……" 搜查证、逮捕证的开出必须基于特定原因，而且必须列明搜查地点、逮捕人的姓名或所要扣押的物。《美国联邦宪法第四修正案》的这一规定在《美国联邦宪法第十四修正案》颁布之后还一直适用。②

19 世纪后期，美国联邦最高法院已经认定他人的密封信件和私人文件是他人的个人隐私，因此适用《美国联邦宪法第四修正案》的规定。如果行为人要对他人的密封信件或私人文件进行搜查或扣押，应具备《美国联邦宪法第四修正案》所规定的搜查证，否则，构成隐私侵权。在 20 世纪初期，法院在案件审理过程中面临一个新问题，即行政机关是否能够在没有搜查证的情况下监听他人的电话。这个问题之存在争议，是因为《美国联邦宪法第四修正案》的适用范围仅限于搜查人、物或者地点。如果既没有进入他人家中，又没有进行搜查，也没有扣押任何物品，最高法院最初认为对电话交谈的监听无需具备搜查证，因此监听他人电话的行为也不构成对《美国联邦宪法第四修正案》的违反。Brandeis 法官不赞同这一观点，他基于早期和 Warren 合著的文章所提出的观点，认为不断发展的科技已经将交流的方式从传统的信件或谈话转变成了无线电通话。他认为，如果密封信件有收到隐私侵权保护的必要，那么，电话交谈也有受到隐

---

① William L. Prosser, Privacy, 48 Cal. L. Rev. 389, 389 (1960).

② U. S. Const. amend. XIV; see O'Connor v. Ortega, 480 U. S. 709, 714 (1987).

私侵权保护的必要。[①]

同样是这个主题，最高法院在 Katz v. U. S. 一案[②]中改变了上述规则。该案中，法官认为，执法机关监听并记录电话亭中打电话者谈话的行为侵犯了个人隐私权，此时就应当具备《美国联邦宪法第四修正案》所规定的搜查证或逮捕证。法官指出，虽然公民暴露在外的信息不受《美国联邦宪法第四修正案》的保护，但公民试图作为隐私利益而加以保护的信息应当受到《美国联邦宪法》的保护，至少保护其不受未授权的搜查和扣押。少数判例遵循 Katz 一案的逻辑，将适用于电话交谈的规则适用于私人电子邮件。在 Warshak v. U. S. 一案[③]中，第六巡回上诉法院认为，个人对自己通过网络服务供应商发送和储存的电子邮件拥有合理的隐私期待，至少期待其受第四修正案的保护。“就像早期历史中的电话一样，电子邮件是一种持续发展的私人交流的方式，依据第四修正案的宗旨，那些通过这一媒介来实现交流的信息与电话交谈的内容同样重要，应当受到保护。”

（二）隐私权的内容

美国联邦最高法院在 Griswold v. Connecticut 一案[④]中认定，隐私权是一个规定较为笼统的宪法权利，宪法及其修正案对隐私权作出的规定不甚明确。特别是，大多数人相信夫妻之间因其亲密关系存在一系列隐私权问题，包括他们的内科医生在他们的夫妻关系之中扮演的角色问题。Griswold 一案中确认的夫妻间的隐私权理论具有重大意义，一方面可用以推翻一些禁止性的法律规定，如种族通婚的禁止性法律规定，在自己家中存有色情刊物或者分发避孕套的禁止性法律规定；另一方面也可用以推翻一些限制性的法律规定规定，如在自己家中，已成年的双方自愿发生性行为的限制性法律规定。

美国联邦最高法院对于隐私权规定不明确的部分主要集中于亲密关系。然而，《美国联邦宪法第四修正案》仅对与收集和传播信息有

---

① See Olmstead, 277 U. S. at 475 (Brandeis, J., dissenting).

② 389 U. S. 347 (1967).

③ 490 F. 3d 455, 473 (6th Cir. 2007), Rehearing en Banc Granted, Opinion Vacated (Oct 09, 2007).

④ 381 U. S. 479, 484 (1965).

关的隐私权作出了规定。在上文提到的 Katz 一案中，美国联邦最高法院特别强调，《美国联邦宪法第四修正案》对隐私权作为一般性宪政权利的规定的确不甚明确。与此相反，美国联邦最高法院将保护公民隐私权的具体责任留给了个案发生地所在地的州法律。在 Roe v. Wade 一案[①]中，美国联邦最高法院补充道，对公民隐私权的宪法性保证只有在它们是“根本的”或“在有序自由这一概念下固有的”权利时才适用。

任何潜在的隐私权都是他人在某种情况下对自己隐私权的主观期待。不同的情形会引起他人对隐私权不同的主观期待。一方面，如果他人在路边的人行道上无意听到一对夫妇在开着窗的家中大声争吵，那么，并不能直接说他侵犯了这对夫妇的隐私权。另一方面，如果他人用窃听器偷听一对夫妇在关着窗的家中轻声争辩，那么，就可以说侵犯了这对夫妇的隐私权。[②] 有法官认为，当夜店的舞女们知道酒吧安保人员在她们的更衣室中安装有监控录像时，这些舞女便没有可期待的隐私权；但若政府代表在没有授权的情况下观看这些监控，这些舞女应有可期待的隐私权。[③] 同样的，在某些背景之下（如他人没穿衣服站在家中一个敞开的窗前），隐私权的丧失并不导致其他一些背景下隐私权的丧失（如同样是在这个家中，警察在未被授权的情况下进行违禁药品搜查）。

他人已经被暴露于公众的东西，不属于隐私的范畴。对于这些东西，他人没有可期待的隐私权，因此也不会受到宪法性的保护。例如，在 Nelson v. Salem State College 一案[④]中，学校里的一名雇员在一间无数人都有钥匙的锁着门的办公室里换衣服，被一部隐蔽的摄像机偷拍了，法官认为这其中不存在对他的隐私权的侵犯，因为法官将这间办公室视为一个“开放的工作区域”。就算摄像机的安装是为了防止工作时间以外的盗窃，法官也没有关注摄像机一天 24 小时都在工作这个事实。取而代之的，法官更多关注办公室中雇员对自我隐私

① 410 U. S. 113, 152 (1973) (recognizing a conditional constitutional right of privacy in a woman's abortion decision).

② See Judith J. Thomson, The Right to Privacy, 4 Phil. & Pub. Aff. 295, 296 (1975).

③ See Bevan v. Smartt, 316 F. Supp. 2d 1153, 1160 - 1161 (D. Utah 2004).

④ 845 N. E. 2d at 343.

权的主观期待，而无关有无摄像机问题。

Nelson 一案中法官的立场已经被扩大到带进工作场所的个人电脑中储存的信息。在 U. S v. Barrows 一案[①]中，第十巡回法院认定，若雇员将自己的个人电脑置于一个公开的工作区域，连接到雇主的允许文件共享的电脑网络中，坐视电脑运行且没有对任何文件设置密码保护，那么对于该雇员来说，任何被同事看到的文件都不存在可期待的隐私权。法院还认定，当雇员可能抱有对某个隐私权的主观期待时，"若其疏于采取主动措施来限制其他雇员的进入，以至于该隐私被泄露，那么在这种情况下，雇员对该项隐私权的主观期待就变得不合理。"

人们普遍主张，如果公民要适用《美国联邦宪法第四修正案》来保护自己的隐私权免受政府行为的侵犯，那么，公民对自己的该项隐私权必须拥有一个"公正的"、"合理的"或"合法的对隐私权的期待"。在判断公民对其隐私免受政府行为侵犯的要求是否正当时，美国联邦最高法院采取"两步分析法"做出判断：①当政府采取的某种行动可能侵犯他人利益时，他人是否通过自己的行为表明了自己对隐私权的主观期待；②如果他人要求主张对自己隐私权的保护，这种对隐私权的主观期待是否合理，或在当时的客观情况下是否具有正当理由。依此分析，美国联邦最高法院在 Smith v. Maryland 一案[②]中认定，行为人在马里兰州用录音笔记录从居民家里的电话线打出的电话号码不需要具备搜查证的授权，因为此行为并没有记录实际上正在发生的谈话的内容。法官总结说，电话的客户对于他们拨出的电话号码没有合法的可期待的隐私权，因为这些信息都被传送到了电话公司，电话公司使用并记录这些信息来完成一系列合法的商业目的。在 Smith v. Maryland 一案之后，至少一个法院已经判定，利用一个"mirror port"（类似于电话记录员）从一个犯罪嫌疑人的网络服务供应商处获取其电子邮件及信息的地址，进入该 IP 地址并获取全部信息或植入某些信息，不属于《美国联邦宪法第四修正案》所保护的范畴。

---

① See 481 F. 3d 1246, 1249 (10th Cir. 2007).

② See United States v. Forrester, 495 F. 3d 1041, 1048 (9th Cir. 2007).

正如 Jeffrey Rosen 所述，“随着监视和搜查技术的不断进步，行为人更多入侵性的监视成为可能，他人对隐私权的可期待性也自然随之减少，相应减少的还有对隐私权的宪法性保护。”[1] 这个问题也正是大法官 Marshall 在对 Smith v. Maryland 一案的判决提出异议时意识到的困境——政府仅需宣布一个监控某种通讯方式（如电话和邮箱）的决定，便能控制公民对隐私权的期待程度，进而控制被保护的隐私权的广度和范围。[2] 与此类似，雇主若要控制其雇员对隐私权的期待程度，进而控制其雇员被保护的隐私权的范围，也仅仅只需要通知其雇员他们有可能被监视或监听。在雇员没有意识到被监视的情况下，已经有至少一个法院因雇员在电话交谈中的坦率程度而认定雇员具有对其隐私权的主观期待。法官论证说：“没有哪一个有理性的雇员会在怀疑雇主监听自己电话交谈的情况下还在电话中直言不讳地评判其雇主。”这就是隐私权的本质。个人通常不会在公共场合披露私人事实或做出私密的举动，除非他们认为没有人看到。因此，秘密活动只有在有正当理由相信活动处于秘密状态时进行，而在人们对隐私权没有期待时，往往会避免处理隐私事务。

（三）与隐私权有关的联邦法律

20 世纪后半叶，由于电脑数据库中个人信息的存储量不断增长，美国国会开始通过一系列侵权法。这些与隐私权有关的法律大多数集中在消费者权益保护和保护公民生活免受政府非法入侵这两个方面，只有少数法律直接适用于工作场所。

美国国会于 1970 年通过的《公平信用报告法》是美国最早制定的与隐私权有关的法律之一。该法规定，政府应设立专门机构，以便个人查询自己的信用卡记录并纠正错误。关于工作场所，《公平信用报告法》要求雇主在需要获取信用报告来作为筛选应聘者的参考资料时，书面通知求职者。而且，当某个求职者的信用报告被用于做出了一个不利决定——如做出不录用此应聘者的决定时，雇主必须告知应聘者。

---

① Jeffrey Rosen, The Unwanted Gaze 13 (2000).

② See Smith, 442 U. S. at 749 – 750 (Marshall, J., dissenting).

同样，国会在1966年通过了《信息自由法》。该法允许市民要求政府公开其政务信息，尽管为了保护隐私利益，人事部门和医疗方面的文件以及某些执法信息不能公开。在1974年，国会通过了《隐私权法》，该法调整联邦政府及政府机构政务信息的储存和使用，个人有权进入政府系统并纠正其错误的个人信息。同年，国会颁布了《家庭教育权利与隐私权法》，该法加大了查阅学生记录的难度。1970年的《银行保密法》要求银行保留公务记录并形成报告，以便执法部门审查。1978年的《金融隐私权法》要求政府官员必须获得授权，才能够查阅金融信息。《金融隐私权法》的颁布是对美国联邦最高法院在U. S. v. Miller一案①中的判决的直接回应。在该案中，美国联邦最高法院认为，在公民财产记录被银行或其他金融机构保有时，公民不享有对自己的隐私权的期待可能性。之后，国会在1980年通过了《隐私权保护法》，限制了对第三方占有的工作产品或材料的搜查或扣押。而1988年的《电脑匹配和隐私保护法》，对储存在不同的代理计算机数据库之间的个人信息这一问题做出了规定。此外，美国还有很多与隐私权有关的法律，且大多数集中在消费者保护方面。

美国联邦法律中对工作场所有影响的法律包括《国家劳动关系法》的第七章、1988年的《雇员测谎保护法》，以及1986年的《联邦电子通讯隐私法》。虽然NLRA没有明确保护雇员的隐私权，但它限制了雇主因雇员说错话或犯了其他交流方面的错误而惩罚或开除其雇员的权力。《国家劳动关系法》第七章保护雇员的结社权，给予雇员加入工会、“互相援助或保护”等权利。②《国家劳动关系法》第八章第1条第1款作为对第七章所保护的权利的实践性条款，将雇主干扰、抑制或强迫雇员的行为视为不当劳动行为。如果雇主仅因其雇员加入某合法成立的社团而解雇之，那么，该雇主便触犯了《国家劳动关系法》第八章第1条第1款。例如，一名雇员作为自己工友的代表给管理部门发了一封邮件来抱怨一项新的激励赔偿计划，雇主若因此而解雇之，那么，就违反了《国家劳动关系法》第八章第1条第

① 425 U. S. 435 (1976).

② Citizens Inv. Servs. Corp. v. N. L. R. B., 430 F. 3d 1195, 1197 (D. C. Cir. 2005).

1款。

《雇员测谎保护法》限制雇主对测谎仪的使用。它禁止私营雇主在忙于州际贸易时使用测谎仪来检测应聘者，除非该职位涉及某些保密事项，或者该职位所涉及的产品制造、分配或销售具有全局性的重要性。该法不适用于政府雇主。

1986年，美国国会在1968年《综合犯罪控制与街道安全法》的基础上颁布了一个新的修正案——《联邦电子通讯隐私法》。该修正案保护电子通讯信息不被非法截取、窃听或检索。[1]《联邦电子通讯隐私法》第一编对窃听装置的使用作出限制性规定。在这个层面上，第一编限制了雇主监视雇员电话通话的能力。[2] 正如接下来要讨论的，该法规仅为雇员提供了最低限度的隐私权保护，主要是因为它规定了一个"商业使用"的例外。《联邦电子通讯隐私法》第二编——《储存通讯记录法》将未经授权查看他人通讯记录的行为视为违法。《储存通讯记录法》从文义上看，似乎为工作场所的电子邮件提供了保护，但就像下面更深入细致讨论的，法院对《储存通讯记录法》的文本做了非常严格的解释，认为雇主对雇员网络页面和个人电邮的查阅并不违反《储存通讯记录法》。总的来说，《联邦电子通讯隐私法》如果称得上对雇员的隐私权提供了保护，那么，这种保护也是非常有限的。

（四）与隐私权有关的州法律

美国各州均颁布了各种各样的法律来保护个人隐私权。加利福尼亚州的州宪法特意将隐私权囊括在公民受保护的权利之内。马萨诸塞州关于隐私权的法令规定："个人应当有权反对隐私遭受无理的、实质性的或严重的侵犯。"[3] 很多州已颁布与《联邦电子通讯隐私法》相类似的法令，同时，这也意味着他们不再提供任何其他层面上的对隐私权的保护。一个值得注意的例外是，康涅狄格州的法律规定，雇

① See Ira David, Privacy Concerns Regarding the Monitoring of Instant Messaging in the Workplace: Is it Big Brother or Just Business?, 5 Nev. L. J. 319, 327 (2004).

② See Fraser v. Nationwide Mut. Ins. Co., 352 F. 3d 107, 113 - 114 (3rd Cir. 2004).

③ Mass. Ann. Laws ch. 214, § 1B (2007); but see French v. United Parcel Serv., Inc., 2 F. Supp. 2d 128, 131 (1998).

主若在工作场所装有电子监控设备，应当书面告知其雇员。当然，该法令并未禁止雇主对雇员进行电子监控这一行为。

州法律对隐私权的规定多种多样，但这些规定很少涉及一类行为，即在更衣室、卫生间、浴室或汽车旅馆的房间里安装双向玻璃镜或摄像机的行为。很多与隐私权有关的法律法规明令禁止商家进行类似的监视，这就暗示该法规只保护顾客，尽管法律为商家提供了免责例外，即在商家提供的更衣室外有显著告示声明更衣室内有监控时，商家可免责。仅有少数与这类行为有关的法律法规同时适用于雇主。例如，加利福尼亚州禁止一切在浴室内安装摄像机的行为，该禁止性规定的对象并不限于商人；纽约州的法规明确禁止物主或管理者安装双向玻璃镜或其他监视设备，且法规文本也没有将该法规定的对象限定在商人范围内。路易斯安那州的《窥阴癖规约》将在更衣室、卫生间、浴室或汽车旅馆的房间里安装双向玻璃镜或摄像机的行为囊括在其规定范围内，因为该规约的适用范围足够宽广，以至于涉及任何一个人，包括那些暗中偷拍雇员浴室状况的雇主。

在一些情况下，雇主可能会因雇员工作时间以外的行为而在工作中做出对该雇员不利的决定。很多州也通过制定法律来禁止雇主的这种行为。然而，大多数此类法规仅限于保护雇员吸食烟草的权利或实施其他“合法行为”的权利。但是，正如接下来的第四部分将提及的，这些法规在适用上有相当大的限制。例如，只要在浴室之外，政府便不再提供对雇员隐私权的实质性保护，除非联邦法律或普通法有其他规定。

四、工作场所内雇主的监视与雇员对隐私权的期望

（一）雇员隐私权期待的合理性

在某些情况下，雇主会基于对雇员个人信息的了解而惩罚甚至开除该雇员，而该信息的获取方式在该雇员看来是一种对自己隐私权的侵犯。这时，关于雇员隐私权的问题便扩大成为一个雇佣问题。大多数雇主聘用雇员时并不考虑雇佣时间长短、继续雇佣的标准或终止雇佣的条件等问题。这种雇佣理论就是所谓的“任意雇佣理论”。根据任意雇佣理论，雇主和雇员均可随时无理由地终止雇佣关系。除蒙大

拿州外，美国各州及哥伦比亚地区均采用任意雇佣理论。从一个极端来讲，任意雇佣理论意味着雇主可以因任意原因，如因“办公室政治、裙带关系、对左撇子的偏爱、占星术、他们最钟爱的球队”或无原因地开除雇员。①

然而，随着时间的推移，法官在对一些案件的判决中开始限制对任意雇佣理论的适用。雇主不能够违反公共政策去开除雇员，例如，侵犯雇员的隐私权，或者违反某个与劳资关系相关的法律。与劳资关系相关的法律有很多，包括防止就业歧视的1964年《民权法》第五编、《国家劳动关系法》等。雇员在工作场所拥有的对隐私权的期待值比在家中低。正如上文所述，雇主拥有足以令人信服的理由在工作场所对雇员进行监控。自从电子邮件开始成为办公工具之时，就不断有雇员因为对电子邮件的不当使用而被解雇。Bourke v. Nissan Motor Corp., U. S. A. 一案②是此类案件中最早的几例之一。在该案中，两名雇员含有色情信息的电子邮件通讯在一次电脑培训会议上被随机抽出，随后此两人便被解雇。尽管原告主张，因为他们被给予了用来进入电脑系统的密码，所以他们对自己的电子邮件信息享有隐私权且有权期待该权利被保护。但法官认为，对于能够被别人阅读的电子邮件信息，他们不享有对这类信息的隐私权的期待可能性。

《美国联邦宪法第四修正案》保护他人不受政府未经授权的搜查和扣押。当他人对被搜查的对象或被扣押的财物拥有合法的可期待隐私权时，任何人不得在未经授权的情况下对其进行搜查或扣押。合法的可期待隐私权包括雇员在工作场所中的财物或信息。《美国联邦宪法第四修正案》对公民隐私权的保护不直接适用于公民秘密拥有的财物或信息，因此保密部门的雇员不享有基于《美国联邦宪法第四修正案》的可保护的隐私权。然而，侵权法上针对侵扰他人安宁的侵权行为做出了规定，对保密部门雇员的保护适用该规定。侵权法规定：“如果这种侵扰对于一个理性人来说是一种高度冒犯或者反感

① Robert C. Bird, Rethinking Wrongful Discharge: A Continuum Approach, 73 U. Cin. L. Rev. 517, 551, 554 (2004). But see Agis v. Howard Johnson Co., 355 N. E. 2d 315 (Mass. 1976).

② Bourke v. Nissan Motor Corp., No. B068705 (Cal. Ct. App. 2nd Dist. 1993) (unpublished decision), available at http://www.loundy.com/CASES/Bourke v Nissan. html.

的”，那么，这种故意侵扰他人私人事务的行为应当被禁止。[①]

侵权法对侵扰雇员安宁的侵权行为的规定类似于对《美国联邦宪法第四修正案》中关于隐私权的规定。两者均要求：①雇员拥有合理的可期待隐私权；②雇主拥有对雇员进行搜查的合法目的及正当性。但是，侵权法对侵扰雇员安宁的侵权行为的规定，还附加要求这个保密部门的雇主所实施的侵扰行为必须会被一个理性人视为高度冒犯或者反感的。而其中，确定雇员隐私权最关键的步骤是，判断该雇员是否享有合理的可期待隐私权。影响工作场所对隐私权的可期待性的因素，在政府雇主和私营雇主中是一样的。

为何在工作场所雇员的隐私期待权会有所减少，一个简单的合理解释就是雇员在使用雇主的财产，如电话、电脑系统、办公桌椅等其他归雇主所有或控制的设备。[②] 只有当涉及雇员带入工作场所的私人财产时，或雇主向雇员保证尊重其某种形式的安宁时，雇员才享有工作场所的可期待隐私权。举个例子，美国联邦最高法院在某个涉及政府雇主的案件中的确承认了：雇员对其被允许放在办公桌上的个人财产以及办公室中他已经独占了 17 年的储物柜享有合法的可期待隐私权。

在保密部门，法官同样认可，雇员对其自己带进工作场所的公文包以及存放在由雇主提供的但仅由雇员自己保管钥匙的储物柜中的物品，存在隐私权的期待可能性。然而，即便存在合理的可期待隐私权，来自私营雇主的对这些物品的侵扰也不可诉，除非这种侵扰会被一个理性人视为高度冒犯或者反感的。例如，在 Kmart Corporation v. Trotti 一案[③]中，尽管法官相信雇员对其存放在由雇主提供的但仅由雇员自己保管钥匙的储物柜中的个人物品享有合理的可期待隐私权，但该雇员对雇主搜查这些个人财物的行为是否会产生强烈抵触并视其为一种冒犯，法官将此问题留给事实调查者去判断。

与上述这一储物柜案件相类似的法院判案标准不一定适用于办公电脑中有密码保护的个人文件夹中的电子邮件。例如，在 McLaren v.

---

① Restatement (Second) of Torts § 652B (1965).

② See Findlay & McKinlay, supra note 23, at 307.

③ K-mart, 677 S. W. 2d at 637.

Microsoft Corp. 一案[①]中，McLaren 声称他办公室电脑的硬盘不慎丢失信息，微软公司雇员在帮他恢复信息时，入侵了这个硬盘中有密码保护的文件夹，并参照文件夹中的内容填写了一份关于性侵犯的调查。然而，McLaren 存储的不是个人资料，而是与工作有关的信息。法官认为，虽然上一储物柜案件中那个真实存在的储存个人财物的实物锁是保险有用的，其中的财物可被视为个人隐私；但这是不同于本案中的电子邮件系统。电邮系统中信息通过网络被转换，在某种意义上讲，网络是可被他人进入的。只要有一个能够进入的网络电子邮箱地址，电邮信息就能够被发送给任何人。它的这种特性也能够打消任何人在这样的通讯方式中期待隐私保护的念头。尤其需要说明的是，审理 McLaren 一案的法官总结道：微软公司是为了“防止电子邮件系统中不恰当或违反职业道德的评论甚至非法活动的义务”而查阅原告的电子邮件系统的，这一行为所保护的利益对于雇主来说至关重要。即使原告对其办公室电脑中的文件夹享有合理的可期待隐私权，相比起原告的隐私利益，被告的利益也更有价值，更值得保护。

（二）雇员隐私利益的合理性与雇主财产利益的合理性的平衡

如果雇员有一个被承认的合理的可期待隐私权，则该权利必须与侵扰行为的合理性原因进行权衡。换句话说，即使受侵犯的雇员在该情形下享有可期待隐私权，雇主的侵扰行为仍有可能被认为具有合理正当性。回到《美国联邦宪法第四修正案》所提供的保护（这项保护适用于公共场所的雇员且有助于对工作场所的个人行为进行分析）来说，雇主遵循的原因标准不同于刑事调查——雇主搜查雇员的动机是保持办公室的高效运作，而不是逮捕罪犯。工作场所搜查的背后，需要的仅仅是一个合法合理的、与工作有关的目的。若雇主没有合法商业目的，且雇员对其财产或信息享有可期待隐私权，那么在这样的情况下，雇主搜查雇员的行为就有可能构成一个对隐私权的侵犯。例

① McLaren v. Microsoft Corp., No. 05-97-00824-CV, 1999 WL 339015 at 1 (Tex. App. 1999).

如，在 Soroka v. Dayton Hudson Corp. 一案[①]中，法官判定，雇主的一份 704 题的涉及宗教信仰和性取向的心理学测试侵犯了应聘者的隐私权，因为该测试中的很多问题与被申请的职位没有任何关系。

很多时候，特别是在保密部门，法官已经出于对雇主的合法商业需要的尊重而令雇员的隐私权利益作出一定的让步。一个著名的例子便是 Smyth v. Pillsbury Co. 一案。[②] 尽管被告 Pillsbury 向其雇员保证他们的电子邮件信息会被保密，且雇员绝不会因为电邮中的内容而被开除，原告 Smyth 仍因用家中电脑通过公司的电子邮件系统向其主管（批评其他不同部门的雇员）发送了含有“不恰当和违反职业道德的”内容的电子邮件而被开除。首先，法官发现，对于自愿使用公司电邮系统发送的电子邮件，即便雇主保证这种通讯方式不会被公司截取，雇员对其也不具有可期待的隐私权。其次，法官认为，即便原告对其电子邮件拥有合理的可期待隐私权，被告“防止电子邮件系统中不恰当或违反职业道德的评论甚至非法活动的义务，也比任何雇员对电邮中隐私权利益的主张更有价值，更值得保护”。

同样的标准应适用于雇主对雇员使用网络的监视。例如，在 Coniglio v. City of Berwyn 一案[③]中，原告控诉某主管故意当着秘书的面在办公室的电脑上浏览并评论色情网站，构成对该秘书的性骚扰。被告要求法院驳回原告关于性骚扰的诉讼请求，而法官没有支持被告——雇主的要求。因此，雇主有义务去防止其雇员在工作场所浏览色情网站页面的行为。

即使雇员对其电脑中的内容享有可期待的隐私权，雇主仍可能同意执法官员的搜查。例如，在 U. S. v. Ziegler 一案[④]中，第九巡回上诉法院判定，雇员对其独占的上了锁的办公室享有可期待的隐私权。但是，法官还判定，按照第四修正案的意图和法律精神，当雇主同意政府机构对雇员的电脑进行搜查时，该雇员的隐私权并未被侵犯，“因为‘即使雇员将个人信息放入电脑’，电脑仍是在雇主控制

---

① See Soroka v. Dayton Hudson Co. 1 Cal. Rptr. 2d 77, 79, 86 (Cal. App. 4th, 1991). See also Johnson, 723 N. E. 2d at 1196 - 1197.

② Smyth v. Pillsbury Co., 914 F. Supp. 97 (E. D. Pa., 1996).

③ See Coniglio v. City of Berwyn, No. 99 C 4475, 1999 WL 1212190 (N. D. Ill. 1999).

④ United States v. Ziegler, 474 F. 3d 1184, 1189 - 1190 (9th Cir. 2007).

下的公司的公共财物。”

谈及对电话谈话的监听，雇员在《联邦电子通讯隐私法》第一编之下享有一个额外的隐私权保护，该法规禁止雇主对雇员电报或电子通讯（包括电话）的有意截取。然而，如果通讯双方有一方对这样的截取事先表示同意，那么，这种行为便不属于《联邦电子通讯隐私法》第一编中的侵权行为。再进一步，该法之下还存在一种被称为“商业用途”的例外，允许雇主对正常商贸过程中公司的电话设备系统进行监听。

法院已经明确规定，在雇主明示允许雇员接听私人电话的情况下，雇员对其私人电话享有可期待的隐私权。但这种可期待隐私权的范围并不确定，它仍会因雇主所拥有的合法商业利益而被驳回。在适用《联邦电子通讯隐私法》第一编的 Fischer v. Mt. Olive Lutheran Church 和 Watkins v. L. M. Berry Co. 这两个案子①中，雇员的隐私权被侵犯，并不仅仅是因为雇主在其已经明确允许雇员接听私人电话的情况下对其进行监听，还因为当雇员被监听的谈话内容已明显转向私人内容后，雇主仍然继续监听。换句话说，雇主的“继续监听”并不具有合法的商业目的。法官还依据《联邦电子通讯隐私法》第一编的规定认定，侵权行为发生于雇主不能证明其持续一天 24 小时，一周七天地监测雇员电话是出于合法的商业目的之时。

《联邦电子通讯隐私法》第一编因其特殊性，为防止雇员的电话被监控提供更大的隐私保护。回想 Nelson v. Salem State College 一案，② 摄像机的安装是为了防止工作时间以外的盗窃，法官并没有关注摄像机一天 24 小时都在工作这个事实。特别是，法官否决了电子监控应限制在管理人员用肉眼可以看到的范围内这个论点，认为对一个开放的工作区域的持续视频监控是被允许的。

（三）有关雇员隐私权的典型案例

有些例子表明，法院已经认可了雇员对被雇主使用的个人资料享

① See, e. g. Fischer, 207 F. Supp. 2d 914; see also Watkins v. L. M. Berry Co., 704 F. 2d 577 (11th Cir. 1983).

② Webb v. Edwards, 845 N. E. 2d at 535; see also supra notes 105 - 106 and accompanying text.

有可期待的隐私权。例如，在 Campbell v. Woodard Photographic 一案[①]中，法院主张如果雇员（涉嫌从雇主处盗窃设备）可以证明雇主曾登录雇员的私人 e - Bay 账户（通过由雇主提供的雇员电脑），或者通过搜查他的公文包来检查雇员在 e - Bay 上交易，他可以提出侵犯隐私权的侵权之诉。在公共雇主的环境中，某个法院认为，一个政府雇员对存储在雇主提供的计算机中的个人信息有一个合理的隐私期待权，如果雇员在自己独享的办公室内享有登录该计算机的唯一权限，且计算机维护部门只能在进行必要维修的基础上才能登录该计算机的话。

此外，当谈到视频监控浴室时，法院和立法机构显然准备划清界线。且不说部分州立法规可能会被运用于雇主身上，至少有一个法院认为，尽管被纳入集体谈判协议，浴室监控仍会构成一个侵犯个人隐私的行为。[②]

五、工作场所外雇主的监视与雇员对隐私权的期望

（一）雇员工作场所外的行为受雇主监控

尽管公众普遍认为雇员在工作场所没有绝对的隐私权可言，但至少雇员在家里是享有隐私权的。然而，如今有学者担心这种工作家庭一分为二、彼此相对独立的情况正慢慢消失。科技的发展使得工作有了更广泛的定义，不再局限于传统意义上的办公场所内的行为。[③]

工作及工作机构的种类及性质上的发展，使得工作与家庭、公与私之间的界限变得模糊起来。现代人需要工作更长的时间，在工作中使用雇主所有的电脑，使用电话，这使得越来越难清晰地区分公与私。远程办公也是导致工作生活与私人生活混杂在一起的原因之一。越来越多的雇员是在一个虚拟的环境里办公而不是在办公室内办公，他们的办公地点可以是在路上或者是在家。同事之间面对面接触的机

---

① See Campbell v. Woodard Photographic Inc., 433 F. Supp. 2d 857, 861 (N. D. Ohio 2006).

② See Cramer, 255 F. 3d at 695 - 697; see also Michael Selmi, Privacy for the Working Class: Public Work and Private Lives, 66 La. L. Rev. 1035, 1049 (2006).

③ See Jill A. Fraser, White - Collar Sweatshop 75 (W. W. Norton & Co. 2001).

会的减少使得人们对于电子通讯的依赖增大。

雇员在家中使用雇主配给的电脑工作时是否享有法律保护的隐私权呢？1998年，因技术人员在对哈佛大学神学院教授家中的公家电脑进行例行技术维护时，发现储存在电脑里的色情图片。该教授因此辞去了教授一职。类似地，在TBG Insurance Services Corp. v. Superior Court一案[①]中，美国联邦最高法院认为，雇员在家中使用雇主配给的电脑处理工作或者个人事务时，不享有合理的可期待隐私权。实际上，法院认为，鉴于雇员同意接受雇主电子产品使用管理声明的约束，鉴于公司配给雇员在家中使用的电脑属于雇主物品的这一事实，雇员在使用雇主的电脑处理个人事务的时候不享有合理的可期待隐私权。法官承认电子通讯不一定谨慎，有法官认为雇主提供的电子信息交流平台就算不位于办公场所，也是工作场所的延伸。

如果一名雇员维护一个有授权用户的个人网页，那么，对于他的雇主来说，他享有合理的可期待隐私权。《储存通讯记录法》保护储存通讯记录不受未授权的进入，这里看起来似乎支持雇员对于隐私权的期望。在Konop v. Hawaiian Airlines, Inc. 一案[②]中，受雇于被告的一名飞行员所维护的网页中含有对被告管理工作的批评内容。这一网页要求网页用户注册用户名及密码才能够浏览该网页。该飞行员Konop保留着一份授权访问者的名单，其中大部分是该航空公司的雇员。该航空公司一名高级管理人员（副董事长，并未有浏览该网页的授权）使用其他飞行员的用户名及密码（获得注册用户允许）浏览网页。因为该高级管理人员是在获得注册用户允许的情况下使用该注册用户的用户名及密码浏览该网页的，所以看起来这名高级管理人员似乎并没有违反《储存通讯记录法》的条例。但是，法官判定，该名高级管理人员违反了《储存通讯记录法》的规定，因为该高级管理人员使用的网页注册用户在此之前并未被实际注册所有人使用过。所以，严格遵照条例来看，该名高级管理人员并未被授权使用者允许进入。

《储存通讯记录法》也并未保护雇员的私人邮箱免受雇主的任何

① See TBG Ins. Servs. Corp. v. Super. Ct., 117 Cal. Rptr. 2d at 160.

② See Konop v. Hawaiian Airlines, Inc., 302 F. 3d 868, 872 (9th Cir., 2002).

窥探。在 Fischer v. Mt. Olive Lutheran Church Inc. [①]中，Fischer 的雇主作为被告，在调查原告 Fischer 可能存在的不当行为的过程中，未经授权访问了其 Hotmail 邮箱。然而，法官认为，被告未经授权访问原告账户的行为不足以证明被告违反了《储存通讯记录法》。原告还需证明被告获得、篡改或者阻止原告使用已授权的账户。

另外，《储存通讯记录法》还免除雇主通过电子通讯服务提供商捕获信息的责任。美国已经有两个法院适用 SCA 来作出判决，免除了提供可恢复信息这类电子邮箱系统的雇主的责任。

雇员有理由认为雇主不应该对发生在自己家里的私人通话进行监听和限制。在 Karch v. Baybank FSB 一案[②]中，原告 Karch 的邻居偶然听到她与同事通过无线电扫描仪的电话通话内容。事情发生在一个星期六晚上的非工作时间。谈话内容大部分是关于个人事务的，但内容中含有一些与工作相关的讨论。她的邻居把记录下来的通话内容交给被告，即 Karch 的雇主。一开始 Karch 受到了警告，她的人事部档案里被加入不良记录，同时她被限制与银行同事、客户关于个人问题的谈话。Karch 最后因为觉得不受公司欢迎而辞职。Karch 以雇主侵扰其安宁为由提起诉讼，初审法院驳回了 Karch 的这一诉讼请求。Karch 不服，向新罕布什尔州高级法院提起上诉。新罕布什尔州高级法院审理并维持了下级法院的裁定，认定是 Karch 的邻居潜在地侵犯了她的隐蔽权，而不是收到这一信息并采取行动的 Karch 前雇主侵扰了她的安宁。

雇主们对于雇员之间下班后的行为调查并不被当然认为构成对雇员隐私权的侵犯。例如，在 French v. United Parcel Service, Inc. 一案[③]中，法院判定雇主对雇员在同事家过度饮酒事宜的询问不构成对雇员隐私权的侵犯。法院认为雇主对雇员个人信息进行了解的行为在一定情况下是合法的，只要这些信息被证明与雇员从事的工作有关。法院认为雇主有足够合理的理由对该醉酒事故进行了解，了解的内容包括主管人员是否尽到了调查并更正雇员醉酒恶习的责任，也包括参

---

① See S. E. C. v. Bennett & Co. , 207 F. Supp. at 920.

② See Karch v. Baybank, 794 A. 2d 763, 768 (N. H. 2002).

③ See French v. United Parcel Serv. , Inc. , 2 F. Supp. 2d 128, 131 (D. Mass, 1998).

与者都有哪些人，是否都是该雇主的雇员。

这是雇员工作外的一些行为仍受雇主们监控管理的典型案例。一些州立法机构提出，雇员工作场所外、工作时间外的行为不应该受到雇主的监控。大部分的立法保护雇员合法的消费行为，特别保护雇员合法购买烟草的消费行为。蒙大拿州的法律诠释了包含在这些广义的有关“消费”的法规中的相关内容。这个州的法律规定雇主不能对在工作时间和工作场所以外进行合法消费品消费的雇员采取与奖金、晋升或者工作条件、状况、待遇等有关的差别对待行为。例如，明尼苏达州的一位雇主不能对其雇员下班时间的喝酒行为采取负面管理行动。因为明尼苏达州法律明确规定酒精饮料为合法消费品。

（二）各州有关工作场所外雇员隐私权的法律规定

美国的加利福尼亚州、科罗拉多州、康涅狄格州、纽约州及北达科他州针对雇员工作时间之外行为的法律还超出了对于合法消费品的界定范畴，从广泛意义上保护雇员工作时间之外的行为。尽管这样的法律法规非常之多，规范非常之广，但在实际运用中这些法律法规存在很大的局限性。

在加利福尼亚州，《加利福尼亚州劳工法》第 96 章授权劳动监管部门受理以下申诉——“非工作时间在工作场所以外进行合法行为，却因此遭受降职、停职或开除处分，从而遭受了薪资损失的申诉”。加利福尼亚州法律中没有对受保护的“合法行为”的种类做出规定。在 Barbee v. Household Automotive Finance Corp. 一案[①]中，原告 Barbee 的前雇主因其与同事有亲密私人关系而将其开除。原告以其前雇主为被告提起诉讼，认为被告的这一行为侵犯了其宪法上的隐私权。加利福尼亚上诉法院驳回了原告的控诉。法院认为，原告 Barbee 不享有可期待的隐私权，因为他被告知公司不鼓励这种关系。原告称被告的做法违反了《加利福尼亚州劳工法》第 96 章的规定，因为他与同事的亲密私人关系发生在工作时间之外，工作场所以外。法院驳回他的上诉，并认为《加利福尼亚州劳工法》第 96 章并未说明一个独立公共政策规定雇员的实体权利，相反，只是建立了一个适用

① Barbee v. Household Auto. Fin. Corp., 6 Cal. Rptr. 3d 406 (Cal. Ct. App. 2003).

于劳动监部门承认雇员宪法权利的程序。既然没有可期待的隐私权，该雇员就没有权利控诉他人侵犯其隐私权，因此，没有进行申诉，尽管案件中涉及的合法行为发生在工作场所以外的下班时间。

科罗拉多州制定法律，禁止雇主因为雇员在下班时间、工作场所以外进行的合法活动而终止雇佣关系。但是，该法律对于合法活动的规定在该活动与善意的职业要求有关或者是与某些特定工作及职责相关时并不适用。因此，在 Marsh v. Delta Air Lines, Inc. 一案[①]中，美国联邦地方法院判决雇主解雇给报社写针对公司管理的批评信并将其发表的雇员并未违反科罗拉多州的相关法律。法院认为这名雇员尝试将其与雇主在管理问题上的私人纠纷公开化的行为使他没有尽到对雇主忠诚的义务。

康涅狄格州的法律在雇员“工作时间以外”（off - duty）的权利保护，限于州或联邦第一修正案赋予雇员的那些有限的权利。至少在行使言论自由权时，法院仅保护雇员在公共事务领域行使其权利，且公司“内部雇用政策（internal employment policies）不属于公共事务的范畴”。

纽约州通过一项立法，禁止雇主们对因为在下班时间工作场所外的地方，在没有使用任何雇主财物的情况下，进行合法政治活动、合法消费品使用、合法娱乐活动的雇员采取歧视对待。[②] 但是，法律明文规定，涉及制造与雇主商业机密有关或者是与雇主私人信息、私人或商业利益有关的利益冲突的行为除外。虽然纽约州最高法院上诉法院规定，在工作场所以外的娱乐活动中，若雇员因涉及政治的不当评论而被雇主解雇，那么，该雇主的行为构成违反该州法律的行为，但到目前为止，大部分案例在涉及法律条文中所说的娱乐活动时，并不包括恋爱关系和婚外情。

北达科他州在某种程度上禁止雇主对在下班时间工作场所以外的地方参加合法活动的雇员采取歧视对待，只要这些合法活动不与雇主的根本商业利益发生直接冲突。在唯一适用此条文的 Hougum v. Val-

---

① See Marsh v. Delta Air Lines, Inc., 952 F. Supp. 1458, 1462 (D. Colo. 1997).

② See N. Y. Lab. Law § 201 - d (2) (d) (McKinney 2007).

ley Mem'l Homes 一案①中，北达科他州最高法院称，原告 Hougum 作为一名牧师，其在百货商店洗手间里的不当行为是否能界定为在下班时间工作场所以外的合法行为存在争议。

关于“合法物品”和“工作外行为”的法律规定，有一个共同点是，这些法律均要求这些物品或者行为与雇主完全无关，即这些物品或行为必须存在于工作时间之外、工作场所之外，且与雇主的利益无关。换句话说，这些法律法规在涉及雇主合法利益时便不适用。这与保护公民隐私权的法律有相似之处：即使雇员有合理的可期待的隐私权，这种隐私权在牵涉到公司、雇主的合法利益时则无效。所以，只要雇主为工作场所外的监控提供合理的有关商业利益的理由，那么，其行为便未侵犯他人隐私权而视为合法行为。

（三）社会发展与监控加剧

在一个案件中雇主被指侵犯雇员隐私权，大多时候是因为雇主对雇员的私生活进行了远远超过合理商业需要的监控。回顾一个涉及侵犯隐私权的案例，一位雇主在雇员的允许下听了该雇员的部分私人通话内容，但当这名雇主在该雇员不知情的情况下继续听取其更多的私人通话内容，或者根本不能为这种行为提出合理合法的有关商业利益的理由时，便构成隐私权的侵犯。

随着工作生活与家庭生活的结合，雇主更加容易为其对雇员进行的工作外的监控找到合理的理由。况且，雇员若要保护自己工作外的行为不受监控，既要考虑雇主是否具有合理的监控目的，还要自己首先拥有合理的可期待隐私权。有学者指出，人们越来越多地生活在全视监狱的环境下，受到许多不同来源的连续监视。不但我们的行为有可能碰巧被任何一个有相机的人记录下来并发布到网络上，而且我们还不断受到越来越多的常规化监控。

公众隐私权被侵犯的程度随着社会的发展也有所增加。例如，人们表达了对谷歌新的数字地图功能的担忧，称这些数字图片清晰到可以透过窗户看到十字路口拍摄点附近居民家里内部的一些细节。② 令

① See Hougum v. Valley Mem'l Homes, 574 N. W. 2d 812, 820 (N. D. 1998).

② See Miguel Helft, Google Zooms in Too Close for Some, N. Y. Times, June 1, 2007, at C1.

人庆幸的是，网络搜索功能向公民的隐私权保护作出了让步，在用户使用搜索功能时，对收集到的信息进行了有限制性的提供。①

尽管如此，科技发展必定引发监视的增加。全球定位系统（GPS）技术使得雇主可以全程监视每一个雇员的一举一动。许多手机拥有 GPS 功能，只要雇员随身携带他们的手机，雇主就可以追踪到他们的行踪。同样，雇主也可以通过装有 GPS 追踪仪的公务车辆来追踪政府雇员的行踪。也许在不久的将来，雇主还可以使用 RFID 芯片来不间断地监视他们的雇员，无论是在家里还是在办公室中。

六、结语

判断雇主是否侵犯了其雇员的隐私权，需要在雇员的可期待的隐私权与雇主因商业需求而进行的监控之间做一个权衡，即权衡对于一个理性人来说，雇主的侵犯行为是否属于高度冒犯行为。从以往的经验来看，法官倾向于认为，雇员在工作环境中只拥有极少的可期待的隐私权，特别是当雇主宣布实行有关工作场所的监控方针时。即便法官承认雇员享有合理的可期待的隐私权，法官仍然更倾向于尊重雇主的合法商业利益，从而使得雇主监控雇员的行为因商业利益的需要而被合法化。随着工作生活与家庭生活的融合，加上先进技术的支持，雇主以前所未有的强度而对雇员展开的不间断监视得以实现。与工作有关的可期待的隐私权范围正逐渐缩小，且这样的趋势正在不断蔓延至雇员在传统工作场所以外的生活。即使立法者想要扩大对雇员隐私权的保护范围，法律仍总是会倾向于尊重雇主合法的商业利益。只要一个雇主能够提出合法的商业利益需要，如今的美国司法环境对于雇主越来越多针对雇员工作外的私人活动的监视是有利的。

① See Ellen Nakashima, Search Engines Tighten Privacy, Wash. Post, July 24, 2007, at D1.

美国与欧洲有关雇员对雇主电子通讯监控同意的比较研究

马修 ·A. 杰维斯[①] 著　韩林平[②] 译

目　次

一、导论

《哈佛法律评论》在1890年发布了一篇由Samuel Warren和Louis Brandeis撰写的名为《论隐私权》（*The Right to Privacy*）[③] 的文章。这篇文章给此后的隐私权法发展带来了巨大的改变。[④] 可以说，Warren和Brandeis是试图引入一种相较于美国更为欧洲本土式的隐私权观念。因为他们试图在美国建立一种公众能借以保护个人尊严的手段，然而他们仅仅创立了保护个人自由的手段。因此，这两位划时代的先锋学者所走的道路或许代表了美国法律领域的一个异类。在美国，与隐私权有关的各种侵权救济方式均由各州普通法来进行规范，但在Warren和Brandeis关于隐私权的文章发表后，人们讨论隐私权

---

① 马修·A. 杰维斯（Matthew A. Chivvis），美国Morrison & Foerster律师事务所合伙人。

② 韩林平，中山大学法学院助教。

③ Samuel D. Warren & Louis D. Brandeis, The Right to Privacy, 4 Harv. L. Rev. 193, 195 (1890).

④ Cf. Alpheus Mason, Brandeis: A Free Man's Life 70 (1946); Harry Kalven, Jr., Privacy in Tort Law—Were Warren and Brandeis Wrong?, 31 Law & Contemp. Probs. 326, 327 (1966).

法时关注的焦点立刻有所回归，也就是回归到仅在美国联邦法中有所规定的基础性权利—— 一种基于自由的权利。

美国将自由视为其隐私权保护中最不可侵犯的核心权利，而欧洲则将尊严视为其隐私权保护中最不可侵犯的核心权力。为什么大西洋两岸的国家和地区关注的是两个完全不同的人格权利呢？这或许因为美国建国的历史相对较短，比较注重保护自由这一价值，尤其注重防止政府侵害公民的自由。这大概能够解释为何美国法中保护隐私权的核心是保护个人自由不受政府侵扰，尤其是保护个人在家中的自由不受政府侵扰。① 同样，欧洲注重尊严这一价值可能源于其非常注重公众形象这一传统信仰。总的来说，在欧洲，隐私权被视为一种保护个人名誉不受侵害、个人信息不被披露的权利。

这种基础性的差异形成的原因到底是如上所述，还是另有其他，并不是本文讨论的主题。本文的主题在于讨论这种差异对法律的影响。美国和欧洲对隐私权的不同政策均影响了很多个法律领域，本文主要关注其中之一是工作场所的隐私权。目前，美国的雇员们面临着被雇主监控的风险。这种监控不仅针对普通情况下的工作行为，而且针对与工作有关的私人电子通讯。能够确定的是，雇员工作中的一举一动都涉及雇主潜在的财产利益和法律责任，雇主对这些财产利益和法律责任的极端重视往往成为他们对其雇员进行监控的动机，但这并不代表雇员的隐私权完全不受保护。虽然如此，在保护雇员免受不期望的和不必要的监视方面，目前的法律规定仍很少。

为了解决这个问题，美国国会应当在侵权法领域加强对雇员的保护力度。鉴于其本身的保护大多基于公民自由方面的考虑，立法者应当借鉴欧洲的做法，补充更多基于公民尊严方面的法律保护。特别需要强调的是，国会应当对《联邦电子通讯隐私法》作修订。在《美国法典》第18编中第2511条第2款第4项对行为人窃取他人通讯信息的侵权行为做了一个例外规定。笔者认为，国会应将《美国法典》第18编中第2511条的相关规定删除，并将其移至第2701条第3款

---

① See Olmstead, 277 U. S. at 473 (Brandeis, J., dissenting); Boyd v. United States, 116 U. S. 616, 630; see also Jeffrey Rosen, The Unwanted Gaze: The Destruction of Privacy in America 5 (2000).

中加以规定。第2701条第3款原本也对泄露他人通讯信息的行为做了例外规定，但这个规定只适用于提供公共服务的社会团体，不适用于个人。在以上两种情况下，修正案应该要求行为人提供被监控人的书面同意。如果没有这样的书面证明，监控雇员的社会团体将会为其私自获取雇员电子通讯信息的行为负法律责任。为了使以上这些关于他人同意的例外规定有效实施，国会还应为《联邦电子通讯隐私法》制定一些辅助性的修正案。

本文共分三个部分，其中第一部分涉及隐私权保护的美国模式，即从个人自由的角度出发，以美国法的角度考察隐私权、雇员是否应当同意雇主对工作场所电子通讯的监控、雇主对雇员工作场所电子通信监控的正当性，以及目前在私人和公共工作场所内隐私权保护的现状。第二部分涉及隐私权保护的欧洲模式，即从个人尊严的角度出发，从欧洲法的角度考察隐私权、雇员是否应当同意雇主对工作场所电子通讯的监控，以及在世界范围内保护隐私权的几种途径。第三部分提出建议，认为美国应当考虑尊严的重要性，将其作为隐私权法的基础，进而探讨一些支持《联邦电子通讯隐私法》中的“同意条款”的宪法修正案，使得《联邦电子通讯隐私法》在保护工作场所雇员的尊严方面与欧洲的法律更多地保持一致。本文在最后强调，对于保护雇员私人通讯的隐私权来说，明确规定行为人应履行的义务是极其重要的。总结起来，本文认为，修订《联邦电子通讯隐私法》，在其中增加明确的同意条款，能够达到强调并尊重雇员的自由及尊严的效果。这样一来，宪法修正案将会能够回应 Warren 和 Brandeis 有关在美国隐私权法中体现对个人尊严的保护的主张。

二、雇员对雇主电子通讯监控同意的美国模式

（一）隐私权仅与个人自由有关

正如上文所述，美国法中的隐私权几乎完全体现在对个人自由的保护当中。这一点明确体现在国内众多的法律文件中，尤其体现在严格界定了政府权力的《权利法案》当中。从17世纪末到现代，对政府的不信任已经构成了美国人对自己隐私权表示担忧的基础。为此，美国法院通过大量的裁判保护公民的住所不受政府的侵犯。早在

1886年的Boyd v. United一案[①]中，美国联邦最高法院就指出："公民的住所享有免受政府侵犯的权利，任何人不得随意侵犯。"此种判决作出后得到了其他判例的遵循。在Kyllo v. United States一案[②]中，大多数法官坚信宪法明确保护公民居所不受任何人任何形式的侵犯。Boyd v. United和Kyllo v. United States两案表明，对于美国人来说，隐私权是从《美国联邦宪法第四修正案》中衍生出来的。法官在这两案的判决书中提到，《美国联邦宪法第四修正案》最初即为保护公民免受非法搜查和逮捕的权利。之后，在2003年的Lawrence v. Texas[③]这一涉及公民同性恋权利的案件中，法院也采取了类似的态度。在该案中，原告要求法院保护其个人尊严不受侵害，但法官在判决中从保护个人自由的角度支持了原告的主张，因为本案法官认为："自由保护公民的住处或其他私人领域不受政府非法的侵扰。"自该案开始，在美国，隐私权被界定为个人自由免受政府的侵扰，尤其保护个人在家中的自由不受政府侵扰。

从美国的法律规定看来，美国人对商事组织的不信任远小于他们对政府的不信任。对公民隐私权的大部分宪政保护甚至不直接适用于私人事务，除非这些事务与政府有某方面的联系。一些联邦法律法规中对有可能被私营雇主侵犯的公民隐私权做出了保护性规定；然而，这些法规提供的保护非常有限，且保护程度参差不齐。其中一些只涵盖特定的产业领域或特定阶层的公民，另外一些涵盖了比"正常履行职务活动"范围更广的行为。因此，若私营雇主认为有必要对其雇员进行监控时，雇员在现行法律中几乎找不到用于救助的方式。在这方面，政府雇员也并无更多优势，因为他们也仅在宪法之下享有很微弱的保护。

（二）监控正当化的原因

雇主对其雇员电子通讯的适度监控具有正当性的原因之一是，雇主对雇员在工作场所的行为承担潜在责任。例如，雇员可能会在工作

---

① Boyd v. United States, 116 U. S. 616 (1886).

② Kyllo v. United States, 533 U. S. 27 (2001).

③ Lawrence v. Texas, 539 U. S. 558 (2003).

中利用电子邮件和网络实施不当行为，给其他雇员造成一个不利的工作环境。雇员也可能会利用公司的电脑给工友发送含有暧昧或性骚扰信息的电子邮件，或者在他人面前浏览黄色网页，或者丑化他人形象，等等。此外，雇员还有可能下载盗版音乐或视频。从这个角度来说，提供电脑服务的雇主就会面临对雇员的一系列不当行为承担责任的问题。这一系列不当行为包括雇员通过邮件、网络或手机短信传达的对他人的性骚扰或种族歧视等内容，也包括雇员的诽谤行为、侵犯他人版权的行为或诈骗行为等。

雇主对其雇员电子通讯的适度监控具有正当性的原因之二是，雇主对其智力成果享有财产权，而且雇主对这一重要财产的安全有合理的担忧。[①]《商业秘密法》要求公司采取合理措施以确保专有信息的保密性。此处所指的信息范围很广，只要某种信息一旦被公开或被别人使用，他人便可从中获取经济利益。为此，雇主就应该保护此类信息的安全，使其不被广为人知。此类信息的形式包括配方、专利、编纂作品、发明创造、实用新型、外观设计、制造方法或计算机程序等。一个商业秘密因其保密性而不具有任何身份，一旦行为人在未使用不当手段的情况下获得该秘密，那么行为人的行为被视为合法，未侵犯原先的商业秘密享有者的权利。因此，《商业秘密法》反而似乎要求雇主实施适度的监控措施，以防商业秘密被有意或无意地泄露。

一方面，雇主对雇员在工作场所的行为承担潜在责任；另一方面，雇主对其智力成果享有财产权，而且雇主对这一重要财产的安全有合理的担忧。这两点构成支持并鼓动雇主对雇员行为进行监控的主要原因。[②] 这些风险的确使某些监控行为——特别是对雇员正常履行职务活动的监控行为具有了合理性与正当性，但这些风险不能证明全权委托他人去监控个人电子通讯这种行为的合理性与正当性，因为“在同一商业领域中，被电子监控的雇员相较于未被电子监控的雇员，显示出更高比例的抑郁、焦虑和疲劳”。

---

① See Unif. Trade Secrets Act § 1 (4) (2004).

② See Michael L. Rustad & Sandra L. Paulsson, Monitoring Employee E – Mail and Internet Usage: Avoiding the Omniscient Electronic Sweatshop: Insights from Europe, 7 U. Pa. J. Lab. & Emp. L. 829, 836 – 839 (2005)

(三)《联邦电子通讯隐私法》

1968 年，美国联邦最高法院在 Katz v. United States 一案[①]中认定，公民对其电话通话享有合理的隐私权期待，并且依此对窃听行为作出了大量限制性规定。美国联邦最高法院的这一行为导致国会制定了《窃听法》。该法将秘密窃听行为视为非法行为，但有一个例外规定，即若被窃听的对象中有一方同意窃听，那么，行为人的行为便不适用该法。1986 年，美国国会在《窃听法》的基础上，颁布了《联邦电子通讯隐私法》，将截取他人电子通讯信息的行为列入该法的适用范围。《联邦电子通讯隐私法》也包括两个新制定的法律，即《储存通讯法》和《书面注册法》。正如法律名称所显示，《储存通讯法》从信息储存的角度保护他人电子通讯的隐私权。

虽然上述《储存通讯法》及《书面注册法》均为个人电子通讯的安全提供了一些保护，但这两部法律在保护雇员免受雇主监控这方面作为甚少，因为这两部法均给予商事组织更大程度的例外。例如，国会在法律中均例外允许提供公共服务的企业监控其雇员。《书面注册法》规定，通讯服务提供者“在进行演示公司服务类产品的活动中，或为了保护服务提供者的合法财产权，可以拦截、披露或使用雇员在常规工作中的通讯信息”。《储存通讯法》中对服务提供商的例外规定比《书面注册法》更宽泛，它免除所有“提供无线电或电子通讯服务的个人或社会团体”的责任。《储存通讯法》还有一个正常履行职务活动的例外规定，该规定将雇主的窃听行为的定义限制为一个使用“电子设备、机械设备或其他设备”的行为，从而与其他“正常履行职务的活动”区分开来。

在雇佣关系这一大背景下，法院已经对适用例外规定的公共服务提供商的范围做了解释，将商业领域中的很多行业归入“电子通讯服务提供者”这一类别。例如，在 United States v. Mullins 一案[②]中，第九巡回法院认定，美国航空公司符合《窃听法》第 2511 条第 2 款第 1 项的规定，应属该法中的无线电或电子通讯服务提供者。

---

① See Katz v. United States, 389 U. S. 347, 360 (1967) (Harlan, J., concurring).

② United States v. Mullins, 992 F. 2d 1472 (9th Cir. 1993).

该案中，作为初审被告的三家旅行社，租用美国航空公司的计算机终端，以便其进入美国旅游网订票系统。美国航空公司将这一网上订票系统的账号和密码分配给不同的旅行社，允许这些旅行社在系统上编辑并发布各种机票、酒店等预订信息。美国航空公司在某个从欧洲返回美国的航班上发现乘客名单存在异常，便私自使用上述三家旅行社的账号和密码进入旅行社的网上系统并对其活动实施了监控。此后，航空公司还通知联邦调查局，称他们怀疑这三家旅行社蓄意操控乘客名单。联邦调查局介入调查该事件，并将此案带入审判程序。在区法院的初审中，三家旅行社的负责人均被判监禁，并处以巨额罚款。被告这三家旅行社因不服电子邮件欺诈的罪名而在第九巡回法院对 Mullins 提出上诉。在上诉审中，被告辩称，美国航空公司的监控行为侵犯了其由《美国联邦宪法第四修正案》赋予的权利。第九巡回法院引用了《窃听法》中有关窃听定义的章节回应被告的辩解。法院认为，法律对公共服务提供者的例外规定允许美国航空公司监控被告对其网上订票系统的使用。法院还补充道，美国航空公司同意对自己的系统进行监控，这一补充适用《窃听法》的另一例外规定，再次证明了航空公司监控的合法性。

在 Fraser v. Nationwide Mutual Insurance Co. 一案[①]中，第三巡回法院发现，《储存通讯法》为公共服务提供者的商业行为设立了一个更宽松的例外规定。该案中，法院注意到了《储存通讯法》中第 2701（c）条的规定："除以下情况之外……所有通讯服务提供者对自己提供的通讯服务进行搜查的行为是被允许的。"原告 Fraser 以其之前工作的一家全国性保险公司为被告提起诉讼，理由是被告非法终结与原告签订的雇佣合同。同时，原告还依 ECPA 的规定请求法院判决被告赔偿原告损失，称被告的行为对其造成的侵害不仅违反了《窃听法》，也违反了《储存通讯法》。案件事实显示，被告保险公司认为原告在其公司工作的过程中有"不忠行为"。为了证实这一判断，公司搜查了该雇员服务系统上所有的电子邮件，希望找到能够证明其不当行为的邮件。庭审中，保险公司的代理人表示，公司在对原告电邮的搜查中找到了证明其不忠行为的证据，所以公司终止雇佣关

---

① Fraser v. Nationwide Mut. Ins. Co., 352 F. 3d 107 (3d Cir. 2003).

系的行为是具有正当性的。区法院在对《联邦电子通讯隐私法》做出解释之后，判决保险公司胜诉。原告不服此判决，提起上诉，美国第三巡回上诉法院维持了初审判决。关于原告依据《窃听法》提起的诉讼请求，第三巡回法院认为，保险公司搜查雇员电子邮箱中的储存信息的行为，并不是《窃听法》中规定的“截取”行为，因为公司的搜查行为并未发生在邮件传送之时。关于原告依据《储存通讯法》提起的诉讼请求，第三巡回法院认为，保险公司应适用该法中对服务提供者的例外规定，不予追究侵权责任，因为保险公司本身即为其搜查的电子邮箱系统的掌管者。

《储存通讯法》还有一个对正常履行职务活动的例外规定，这体现在 Watkins v. L. M. Berry & Co. 一案①中。这一案件所涉及的权利义务关系虽然并不直接与电子通讯有关，但也涉及雇主截获雇员正常履行职务活动的行为，为与该行为有关的例外规定的适用提供了一个框架性范例。该案中，原告起诉其雇主，认为自己被《窃听法》保护的权利受到了侵犯。原告所称的这一侵权行为是指，其在工作时打给朋友的私人电话被雇主监听，电话中她谈及她最近参加了另外一个公司的招聘面试。原告的雇主监听到了该电话内容并告知原告。这种监听使原告感到不安，并最终离开了该公司。在初审中，区法院支持了被告的答辩理由，判决被告胜诉。原告不服，向第十一巡回法院提起上诉。

在上诉审中，原告和被告双方均不否认监听是《窃听法》第 2511 条第 1 款第 2 项所规定的侵权行为，所以，第十一巡回法院只需要调查被告的行为是否可适用该法两个例外条款中的任何一个。

一方面，法院审查了被告的行为是否属于经同意的例外。法院注意到：“雇员若同意雇主监听其工作电话，雇主可能视此为雇员同意雇主监听其所有电话”但“工作上的通讯交流与私人通讯交流的本质是完全无关的”。而且法院同样重视对这一“同意”的范围的划分，且法院查明原告仅允许雇主对其工作电话进行监听而并未对私人电话作出类似同意。由于被告在意识到这是一个雇员私人电话后继续监听，该行为超出了原告同意的范围，法院认定，被告的行为不属于

① Watkins v. L. M. Berry & Co., 704 F. 2d 577 (11th Cir. 1983).

经同意的例外规定，被告应为其侵权行为承担责任。

另一方面，法院审查了被告的行为是否属于正常履行职务活动中的例外。法院注意到一个普遍性规则，即“如果所截取的通讯是一个正常履行职务活动中的通话，那么……对其进行监听属于正常履行职务活动中的例外。如果所截取的是一个私人通话，那么，对其进行监听就可能不属于此类例外，但这也不是绝对的”。法院进一步解释道：“在正常履行职务活动中的例外规定下，雇主之所以能够对雇员的私人电话进行监听，只能是为了确认其通话性质是私人的还是与履行职务活动有关的，决不能为了窥探其内容。”也就是说，雇主为了防止雇员未经允许使用雇主的设备或为了确认雇员的通话是否涉及与工作无关的私人事务，有权监听雇员在正常履行职务活动中的通话。

然而，第十一巡回法院并未直接判决原告胜诉，而是将本案发回区法院重审，要求区法院查明，原告的雇主是否在例外规定所限制的时间内听到了原告招聘面试的内容。上诉法院建议，依据例外规定，雇主若为了确认雇员通话的性质而对雇员的通话进行监听，那么，监听时间不应该超过 3 分钟。而在本案的具体情况中，被告到底需要监听多少时间才能确认原告通话的性质，由裁判法院作出决定。也就是说，只要雇主对雇员的监听不超过这个用来判断通话性质的时间，雇主的行为便可适用例外规定而被视为合法。

雇主可能出于保护合法商业利益的目的截取雇员通讯信息，也可能对雇员纯粹的私人通讯进行截取。在上述三个案例中，只有在 Watkins 一案中，法院在这两者之间作出了区分，将后者视为一种有可能违反《窃听法》的行为。在 Mullins 一案中，第九巡回法院可能已经正确认识到美国航空公司的监控行为并未违反《联邦电子通讯隐私法》；然而，法院在做出这种判断时，并未明确何种范围内的监控是被允许的监控。美国航空公司依《联邦电子通讯隐私法》被免除责任的原因可能是其监控到的是公司系统中的欺诈行为，而这种欺诈行为代表着对公司合法商业利益的侵犯，但不应仅因美国航空公司提供了这一无线电或电子通讯服务，就宽泛地免除其一切责任。此外，依 Mullins 一案的判决分析，对雇员实施监控行为的雇主或其代理人可以自己同意对自己系统的监控。这显然对《联邦电子通讯隐私法》作出如此的解释使得法律对雇员权利的保护形同虚设，这是不可行的。而 Fraser 一案中，第三巡回法院的判决中存在的问题更大。依该案判决书中对《窃听法》的解释，所有雇员的电子通讯信息均适用《储存通讯法》的规定来进行保护。这其中有一个很严重的问题，即雇主完全可以避免“在雇员邮件传送时”查阅这些邮件，转而凭借邮箱的储存备份资料去查阅。该案法院对《联邦电子通讯隐私法》的解释对商事组织中雇主搜查其提供给雇员的电子通讯设备中的存储信息这一行为给予普遍豁免权，这一解释必然会给雇员的隐私权带来严重侵害。且该判决中，法院并未对《联邦电子通讯隐私法》允许雇主因合法商业利益而搜查雇员通讯信息这一行为的范围作出任何限制性规定。

进一步分析，Watkins 一案也存在或多或少的问题。该案中，第十一巡回法院认为，雇员同意被监控的信息的范围应有所限制，且这种同意“必须明示而不能是默示的或推断出来的”。然而，本案中的同意事实上却是法院推断所得。法院认为，雇员入职时雇主对监听其工作电话的公司政策做了说明，且原告在知晓该情况后接受了雇佣，便可视为该雇员同意雇主监听其工作电话。由此可知，法院对 Watkins 一案的分析存在漏洞，使得雇主可以在《联邦电子通讯隐私法》例外条款的保护下，借以推卸所有责任。雇主只需在与雇员签订合同时作出声明，甚至不需要雇员明确表示同意，便可监控其所有的工作电话及私人电话。

（四）《美国联邦宪法第四修正案》下的保护缺位

正如上文所述，宪法对私营雇员的保护非常有限，因为宪法“就雇主对雇员实施的单纯的私人行为几乎没有规定任何防范措施，尽管这种行为是歧视性的或非法的”。尤其需注意，《美国联邦宪法第四修正案》“并不禁止私营机构雇主自发进行的搜查或扣押，即使这种搜查或扣押是强制进行的”。① 此外，政府雇员除了享有一定的宪政保护之外，在雇主监控方面，也并未受到比私营机构雇员更多的法律保护。

---

① Baggs v. Eagle – Picher Indus., Inc., 750 F. Supp. 264, 271 (W. D. Mich. 1990).

O' Connor v. Ortega 一案[1]可证实，政府雇员在面对雇主对其私人通讯的监控或搜查时，得到的宪政保护极其有限。该案中，美国联邦最高法院认为，“要求政府雇主在搜查雇员通讯时具有一定理由，将会给政府施加难以承担的重任。”该案的原告是一名内科和精神科医师，他依据《美国法典》第42编第1983条提起诉讼，指控其雇主侵犯其受《美国联邦宪法第四修正案》保护的权利。原告所称的侵犯来自于其雇主的一次搜查行为。原告所就职的公共医院的行政主管作为雇主的代表人，怀疑原告在参与一次医院组织的医师培训课程时有不当行为。为了证实这一怀疑，雇主代表人强制原告休假，并成立了一个调查小组来调查原告所参与的活动。调查组组长在原告被强制休假期间，决定对其办公室进行一次全面的搜查。在此期间，调查组人员多次进入原告办公室并从其办公桌和档案柜内找出并扣押了部分私人物品。调查小组调查结束后，医院解除了与原告的雇佣合同。

上述搜查行为是否侵犯了原告受《美国联邦宪法第四修正案》保护的权利？法院认为，首先要认定原告对其办公室内部事务是否享有合理且可期待的隐私权。有效证据表明，原告并未与任何人共享其办公桌或档案柜内的物品，且其办公室中仅放有其私人通讯信息、与医院无关的主治病人交流信息、私人经济记录及一些个人纪念品。显然，原告在其办公室内并未持有任何与内科医师培训课程有关的文件。因此，法院认定原告对其办公室内部事务享有合理且可期待的隐私权。

另外，法院需查明雇主在取得搜查雇员的合法资格前，应经过哪些法定程序。在 Citing New Jersey v. T. L. O. 一案[2]中，法院认为，“只有在例外情况下，某些特殊要求，使得针对搜查的前置性程序规定变得不可行时”，法院才能够撤销这些前置性程序标准。然而，法院似乎跳过了对这些特殊要求的分析，而直接总结道：“要求政府雇主的代表人了解所有可能的搜查标准是不现实的。”因此，法院认为，在判断雇主搜查其雇员的行为是否合理时，其判断标准是理性标准和常识标准。同时，判断雇主搜查其雇员的行为是否合理还应当考

---

① O' Connor v. Ortega, 480 U. S. 709 (1987).

② New Jersey v. T. L. O., 469 U. S. 325 (1985).

虑案件具体情况来进行衡量，例如，应当考虑雇主搜查其雇员的行为是否怀有与工作有关的目的，是否为了调查雇员与工作有关的不当行为等。

上文提到的 Ortega 一案规定的《美国联邦宪法第四修正案》对工作场所雇员隐私权的保护程度存在几个值得注意的问题。首先，雇员不仅要证明其对被扣押的物品享有合理的可期待的隐私权，而且必须证明自己对所有被搜查的区域均享有合理的可期待的隐私权，而这绝非易事。并不是所有雇员都像 Ortega 案中的原告一样享有独立办公室。其次，雇员必须证明任何监控均是不合理的，而这是一个比证明雇主的监控缺乏合理原因更加艰巨的任务。由于有关工作场所雇员隐私权的宪法性保护措施非常有限，政府雇员和私营雇员一样，需要更加有效的法律来救济。基于此，美国国会应当参照欧洲国家的法律来制定或修改本国法律，用以保护美国公民所享有的隐私权。

三、雇员对雇主电子通讯监控同意的欧洲模式

（一）隐私权与个人尊严有关

正如上文所述，美国隐私权法的核心基础体现在广泛关注个人自由，欧洲国家隐私权法的核心基础则更加侧重于保护个人尊严。[①] 为何欧洲法律努力维护与保障其公民某种程度上的尊严、社会尊敬程度及个人名誉？依很多欧洲人和美国人的观点，欧洲法律之所以着重保护公民尊严，是因为欧洲曾饱受第二次世界大战法西斯的欺凌，这种解释可能将隐私权法在欧洲的发展过分简单化，因为，正如 Warren 和 Brandeis 在文章中所述，欧洲法律保护个人尊严的历史远早于第二次世界大战时期。在现代欧洲法上尊严权形成的过程中，第二次世界大战战后时期的确扮演了一个非常重要的角色，正如美国革命战争在美国法上自由权形成的过程中扮演的角色一般。第二次世界大战之前，只有身份地位高的人，其尊严才能得到法律的保护，而普通社会

① See Whitman, supra note 4, at 1164.

民众根本没有真正意义上的尊严权。[①] 现在，欧洲主要国家的民众均享有法律保护其个人名誉及个人信息的权利。

在美国，隐私权是指保护公民隐私不受政府侵犯。与此不同，欧洲国家政府对公民的监控已经实行到一个普遍的程度，以至于国民几乎不会因此引起争端。此外，在欧洲，政府实施的一些保护个人尊严的法规，在美国人看来可能会觉得荒谬，甚至可能与其自由权相冲突。欧洲法律严格规范婴儿的出生姓名，以使得每个新生儿拥有独一无二的名字。因此，在某种程度上来说，欧洲保护公民尊严权的法规可能太过严格。然而，不可争辩的是，通过迫使雇主尊重其雇员在工作场所的私人电子通讯信息的隐私权，欧洲人并没有将自己的人格权利的保护提升到一个略高于美国的程度。

（二）《欧洲人权公约》第 8 条及《欧洲委员会第 95/46 号指令》

第二次世界大战开始不久，欧洲国家颁布一些法律，其中就包括由欧洲各国共同成立的立法委员会所制定的《欧洲人权公约》。在欧洲，《欧洲人权公约》现已成为欧盟各成员国应普遍遵守的法律标准，因为欧盟各成员国均有义务将其规定在本国国内法中。欧洲人权法院具体负责《欧洲人权公约》的执行；个人在用尽国内救济之后可以向欧洲人权法院提起诉讼，依《欧洲人权公约》保护自己的合法权益。欧洲人权法院对此类诉讼作出的判决既对提出请求的个人产生法律效力，也对申请人所在国产生法律效力。

在《欧洲人权公约》之下，欧洲人享有相当多的隐私权保护。《欧洲人权公约》第 8 条特别定义了个人“私人生活、家庭生活、住处及信件受到尊重”的权利。欧洲人权法院扩展了“私人生活”的概念，将特定工作环境下的私人事务纳入受保护的权利范围，同时，法院扩展了“信件”的定义，将电子邮件及其他电子通讯方式纳入了受保护的信件范围。

在 Niemietz v. Germany 一案[②]中，欧洲人权法院（简称法院）认

---

① James Q. Whitman, Enforcing Civility and Respect: Three Societies, 109 Yale L. J. 1270, 1320 - 1330 (2000).

② Niemietz v. Germany, 251 Eur. Ct. H. R. 23 (1992).

为，将“私人生活”的概念完全限定在个人选择的一定“生活圈内”，排除圈外的所有行为，这种定义是过于严格的。相反，法院认为，“私人生活”应当包括个人“有专业性或商业性质的活动”，因为个人有些时候很难清楚判断“其私人活动是否构成其专业性或商业性质的活动的一部分”。该案中，Niemietz 公司的法定经营场所被搜查，其原因是 Niemietz 涉嫌侮辱罪——一项被德国法规定为非法的罪行而收集相关信息。搜查机关持有搜查证，试图找出一封构成侮辱罪的侮辱性信件的作者。法院认为，这种搜查“在某种程度上侵犯了申请人的隐私，……且本案中的这种侵犯与所达目的是不成比例的”。因此，法院认定本案中的搜查违反了《欧洲人权公约》第 8 条。然而，鉴于本案中没有损害结果的发生，法院驳回了申请人的赔偿请求。

在 Halford v. United Kingdom 一案①中，法院将《欧洲人权公约》第 8 条适用于工作中雇主对雇员私人电话的截获，认为“工作电话就像从家中打出的电话一样，应属‘私人生活’中‘信件’的范畴而适用第 8 条的规定”。该案中，申请人为一名助理警察局局长，对其雇主 Merseyside 警察局截取其办公室内的电话通话的行为提出控告。此前，她还曾对该警察局提起过性别歧视的诉讼，因为单位曾拒绝过她的几次晋升机会。在法院判决之前，英国政府对警察局的行为表示支持，主张工作场所的电话通话不应适用《欧洲人权公约》第 8 条的规定进行保护。但法院对此持不同观点，认为申请人进行的电话通话“属于‘私人生活’及‘信件’的范畴”。判决书中，法院特别提到警察局并未明确告知过申请人其电话可能被监听，这使得申请人对其电话享有一个“合理的可期待的隐私权”。Halford 一案的判决为监控雇员行为的问题找到了一个有趣的解决方法，即如果雇主明确告知雇员其行为有可能被监控并征得同意，那么，雇主的监控行为便不会违反《欧洲人权公约》第 8 条。

除了《欧洲人权公约》第 8 条对欧洲人提供隐私保护外，欧洲委员会所颁布的《欧洲委员会第 95/46 号指令》（以下简称《指令》）也对欧洲人提供隐私保护。《指令》旨在保护个人资料，建立起一套

---

① Halford v. United Kingdom, 24 Eur. Ct. H. R. 523 (1997).

"保护个人信息的'最低限度'的要求"，且欧盟的每个成员国均应在国内直接制定法律将其规定下来，纳入到本国法律当中。《指令》中的要求适用于欧洲经济区内一切储存、使用、披露或其他未经他人同意处理其信息的行为。《指令》第2条规定了此处"处理他人资料"的定义，其定义涵盖了所有形式的电脑监视，包括对个人电子通讯的监控。由此看出，《指令》为隐私权提供综合性的全面保护，且"广泛适用于所有工业及商业领域"，无论是私人领域还是公共领域，当然，也适用于工作场所的监控。

《指令》第7条规定，任何人不得私自处理他人资料，除非行为人能够证明其符合六项例外规定之一。其中，最重要的例外是，它规定在"与该资料有关的个人明确表示同意"的情况下，允许别人处理该信息。《指令》第2条进一步对"同意"作出以下定义，即"与资料相关的个人在完全自愿的情况下，明确表示其接受别人对与自己有关的资料进行处理"。由此可见，该条款要求这种"同意"必须是"自愿的、特定的、明示的"。依据这个同意的概念，任何雇主欲对其雇员进行监控，必须预先明确告知雇员监控的性质及目的，这种告知必须明确的、特定的，不能过于宽泛，且雇主必须成功征得雇员同意，监控才能够得以进行。

总的来看，《欧洲人权公约》与《指令》为欧洲的所有雇员提供了较充分的法律保护，无论是私营雇员还是政府雇员。因为欧洲各国法律普遍将雇员工作中的私人通讯及个人资料纳入受法律保护的个人隐私的范畴，欧洲人在工作中的确会感到更有尊严。但是，他们的自由权是否也受到了同样的保护？可以说未必。《欧洲人权公约》第8条的实施要求政府雇主根据雇佣合同行事，只要其行为未给雇员造成实质上的损失，便不需承担赔偿责任，对于雇员隐私权的保护，此规定存在明显的缺陷。《指令》则完全豁免了雇主"为遵守某项法定义务而必须进行的"监控。此外，在某种程度上，上述两项法律对公民隐私权的保护似乎都有些过度。无论是《欧洲人权公约》还是《指令》均无任何条款作出一个清晰明确的规定，能够免除雇主在正常履行职务的活动中对雇员进行监控这一行为的责任；但正如上文所述，的确存在一些将雇主对雇员的监视行为正当化的判例。因此，本文并不认为美国应当全盘吸收欧洲国家对公民信息安全保护的模式。

然而，美国或许可以吸收欧洲国家在工作场所隐私权保护方面的精华，完善自己的法律体系，以期对美国工作场所雇员的隐私权进行更好的保护。

四、重新定义雇员对雇主电子通讯监控的同意：在自由与尊严之上

（一）尊严的重要性

研究隐私权的著名学者 Bloustein 教授曾在论文中写道："有关隐私权的案件中，对权益的分析是非常重要的，因为当今科技的发展已经扩大了隐私权被侵犯的范围，出现了很多新型的、令人恐惧的侵权方式。" Bloustein 教授的观点展示了当今社会公众的确面临着的一个极具紧迫性的隐私侵权的现实，尤其是在工作场所内，隐私侵权行为时有发生。2004 年，一份针对雇主监控行为的调查显示，被调查的企业中 74% 的雇主监控雇员发出及收到的电子邮件，60% 的雇主监控雇员的网络链接。此外，正如上文提及的 Ortega 一案中Blackmun大法官提出的异议所述，"很不幸但必须承认的是，工作场所已经成为了大多数有工作的美国人的第二个家……因此，雇员的私人生活与工作场所会有不可避免的交叉。"

面对这样的现状，也许接下来所有美国人都应当像 Bloustein 教授一样作出回应。在 Bloustein 教授 1964 年撰写的《与个人尊严有关的隐私权》一文中，说到，如今这些侵权行为"已经形成了对公民个人主义及其中包含的自由权的冒犯，所以我们的确应当将其视为一种对尊严权的侵害"。换句话说，美国国内保护隐私权的法律，不仅应被视为对公民自由权的保护，同样也应被视为对公民尊严权的保护。通过下文将介绍的对《联邦电子通讯隐私法》的修改，国会或许能够实现这一目标，保护工作场所中雇员的自由权与尊严权。

在讨论修改《联邦电子通讯隐私法》中增加其中对公民尊严权的保护性规定之前，本文必须提出自由权的最后一个方面：契约自由。这一自由权适用于商事组织。过去，美国联邦最高法院废除限制雇佣双方契约自由的法律，视这种争端为"州立法权与公民自由权"之间的冲突。虽然在罗斯福新政时期，一些支持将契约自由视为一项

基本权利的案例遭到很多反对，契约自由仍然是美国法中自由权的核心组成部分之一。而欧洲法律体系与美国法律体系的目标极不相容，存在很大差异。在欧洲法院，雇佣双方签订的雇佣合同极少得到尊重，任何基于保护公民尊严权的考虑均可以推翻保护公民自由权的内容。

(二)《联邦电子通讯隐私法》对欧洲隐私权法的借鉴

为了在美国法律中增加保护公民尊严权的内容，本文效仿 Warren 和 Brandeis 曾经撰写隐私权文章时的做法，学习并参照那些将隐私权视为一种尊严权来保护的国家的经验。但本文并不建议将美国国内已有的法规完全弃置。相反，本文认为，仅需稍加修订，《联邦电子通讯隐私法》便既可为雇员提供针对其尊严权的保护，又可为雇主监控的正当化留有空间。美国雇员需要一个更加强大的《联邦电子通讯隐私法》，因为对于私营雇员来说，《联邦电子通讯隐私法》为其提供了仅有的几项权利保护措施之一。政府雇员同样会因《联邦电子通讯隐私法》的修订获益，因为他们所受《美国联邦宪法第四修正案》的保护也非常有限。

修订《联邦电子通讯隐私法》有以下三个关键点。

其一，国会在涉及雇主监控行为的案件中，应当排除《美国法典》第 18 编第 2511 条第 2 款第 1 项和第 2701 条第 3 款第 1 项，即《窃听法》与《储存通讯法》中雇主作为服务提供者的免责条款的适用。正如上文所证，法院已经在这些例外规定的基础上解释出了其他例外规定，例如雇员同意的例外、雇员被解雇的例外及雇主所实施的监控本身无意义的例外。《储存通讯法》中针对服务供应者的例外规定就像树立了一个极其宽泛的例子。绝大部分雇主为雇员提供电子邮件和网络服务，将这些雇主定义为服务提供者，依《储存通讯法》免除其侵犯雇员隐私权时需负担的责任，使得这些雇主可以随意监控其雇员，且无需担心其监控是否出于一个合法的商业目的。

其二，在《窃听法》与《储存通讯法》中，国会均应当依照上文 Watkins 一案中法院对正常履行职务活动的定义而对该类行为适用例外规定。对于《窃听法》来说，这意味着在《美国法典》第 18 编第 2510 条第 5 款第 1 项的现有例外规定之下增加新规定。对于《储存通讯法》来说，这意味着将在《美国法典》第18编第2701条第3款之下形成一个全新的例外规定。正常履行职务活动的例外赋予雇主的权利应当仅限于雇员的通讯涉及其合法商业利益时，只有在这样的情况下，雇主才能够对该信息进行监控。正如Watkins一案中原告所阐释的，这种例外的范围必须被严格限定，必须努力将对雇员尊严的侵害降到最小。

法律中侵害最小化的要求应当规定以下偶然行为。如果雇主试图监控雇员的通讯信息，以明确其是纯粹的私人通讯还是与公司利益相关联的，那么，一旦雇主发现该通讯信息的确是私人的，则必须立刻终止监控。对于电话通话，雇主作出其为与公司有关的通话还是私人通话的判断的时间不得超过3分钟。对于电子邮件，雇主的可阅读范围仅限于主题行以上。对于网络使用，与电话通话一样，雇主亦需在3分钟之内判断某使用行为是在截取信息还是在储存信息。以上所有限制的适用应以一天为一周期，即雇主对于雇员的以上行为，只能每天"瞥"一眼。

这个侵害最小化的要求引发了另一个问题，且此问题可能带来一个附加的"毒苹果"般的规定。尽管雇主也许能够遵守以上实施准则，但他们仍可能尝试从偷听到的私人信息中获益。雇主为明确雇员通讯内容是公务还是纯粹私人事务时不经意的一"瞥"，也有可能获取信息。因此，国会应当限制一切"偶然"获得的私人信息被随便使用的行为。国会同时也应限制雇主在正常履行职务的活动中监控雇员通讯所得信息被随便使用，除非这一私人信息与雇主合法的商业目的之间存在密不可分的联系。况且，对他人私人信息的不当使用构成对ECPA的违反。

其三，也是最为关键的，即是国会应当修改《窃听法》及《储存通讯法》中有关雇员同意的规定。正如上文所述，契约自由是美国法中自由权的核心组成部分之一，且就其本身而论，国会不应完全排除有关契约自由的规定。然而，对于工作场所中雇员同意被雇主监控的这一行为，目前的法律提供了一个不可行且侵害他人尊严权的解释。当法院默示雇员同意被雇主监控时，雇员如何能够自由地签订雇佣合同，或更确切地说，如何能够确定其同意是适当的？为了保护雇员订立契约的权利，进而保护雇员的尊严权和自由权，国会应当吸收

《指令》中对雇员同意的规定。

在修改《美国法典》第18编第2511条第2款第4项中的同意条款并添加一个类似同意条款至第2701条第3款时，国会应当要求所有雇员对监控私人通讯行为所作出的同意必须是自愿的、特定的、明示的。且这种同意还必须被清晰明确地表示出来。在实践中，上述标准意味着雇员应当充分注意雇主监控其私人通讯的行为的范围及正当性。雇员的充分注意是有益的，因为若非如此，“对个人信息保护的普遍忽视会阻碍私人信息使用领域适当规范的与推动进程”。[1] 雇主应当向雇员列明一个细致规定监控范围的表格并要求雇员签字。该表格除了对私人信息、非商业行为及通讯信息的监控之外，不应含有其他规定。雇主应口头询问雇员是否明白表格中的规定，如果需要，雇主应作出进一步的解释。最后，雇员应当在签名确认表格效力时，在签名旁边附上明确同意雇主监控其私人通讯的声明。

上述所有步骤可能听起来略显乏味，然而，必须记住的是，本文提出的修订意见亦是对监控正常履行职务的活动这一例外规定的重申。上述明确同意的例外只能适用于私人通讯信息，雇员可以此为依据质问雇主监控其私人通讯信息的必要性。这些细致入微的要求将雇主对雇员的监控限制在雇主能够证明其正当性的范围之内。而且，该同意的例外亦可为协商签订雇佣合同的双方提供一个可争议点。如果雇主认为其为了保护企业必须对雇员进行全方位的监控，那么该雇主可能需要支付更多薪酬给其雇员。

关于《联邦电子通讯隐私法》中同意的例外，本文需提出违反规则问题。违反规则是指，在缺乏一个清晰明确的同意的情况下，衡量雇主行为的标准是什么？对此问题存在一个简单的答案，即：在缺少雇员明示同意的情况下，雇主对雇员个人信息的监控或雇主存取雇员储存的私人信息的行为，两者均违反《联邦电子通讯隐私法》的行为。除了正常履行职务活动的例外，没有任何其他例外是可适用的。这样一来，违反规则给雇员提供了一个选择，这一自由选择的权利同时维护了雇员的自由权与尊严权。

---

① Paul M. Schwartz, Privacy and Democracy in Cyberspace, 52 Vand. L. Rev. 1609, 1683 (1999).

某些人可能会持不同意见，认为“过高的交易成本可能将此‘违反规则’转变为一个实际上的‘不变规则’”。例如，一方面，一个小企业的雇主可能没有足够的资源来确保雇员知情同意。另一方面，大企业的雇主更多时候拥有足够的资源来确保雇员知情同意，然而总体成本的花费将促使企业将其监控限制在其必须的范围之内。

（三）对 Warren 和 Brandeis 的主张的回应

Warren 和 Brandeis 在其《论隐私权》一文的总结中评论道：“法律永远将个人的住所视为其坚不可摧的城堡，即便是掌握权柄的长官，也不能侵犯。”然后，两位作者反问道：“法院应当关闭法律权威的前门，而为无聊甚至卑鄙的人大开方便之后门吗？”

在这篇文章中，Warren 和 Brandeis 建议：隐私权同样可视为一项关于个人尊严的权利，因为它保护个人事务不受包括州政府在内的任何人的侵犯，但为何法律仅因隐私权保护私人住所不受州政府侵犯而将隐私权视为一项仅与个人自由有关的权利？鉴于美国和欧洲各国均将自由或尊严视为隐私权保护中核心的不可侵犯的权利，或许在美国，我们可以在不牺牲自由权或合法商业利益的情况下，增强对公民尊严权的保护。通过对《联邦电子通讯隐私法》的修订，国会可能会实现美国雇员的这样一个愿望——在隐私权保护过程中同时保护雇员的自由与尊严。

第四编　公共场所的侵扰侵权

打开隐私侵权的封闭空间：公共场所隐私侵权理论

安德鲁·杰·麦克拉格[①] 著　骆俊菲[②] 译

目　次

一、导论

如果我们想要运用侵权法来保护自己的隐私权，我们就必须做到仅仅呆在屋里并拉上窗帘。因为侵权法一直坚持他人的隐私权仅仅存在于私人场所这个原则，侵权法认为，他人的个人隐私不可能在公共

---

① 安德鲁·杰·麦克拉格（Andrew Jay McClurg），美国阿肯色州大学法学系教授。
② 骆俊菲，中山大学法学院助教。

场所遭到别人侵犯。然而，尽管这一原则可能在过去适用，但在科技发达的现代社会里，这一原则漏洞百出。在现代社会，便携式摄像机是记者的随身装备，各种花边小报和实时电视直播节目已经成为新闻报道和大众娱乐必不可少的载体。在公共场所内发生的侵扰他人安宁的行为越来越普遍，行为实施者也越来越厚颜无耻。

本文阐述了这样一种理论：关于隐私侵权的法律规定应当被修改，将公共场所内发生的侵扰他人安宁的隐私侵权行为应纳入法律规制的范围内。[①]侵扰他人安宁的隐私侵权行为是目前美国各级法院广泛认同的四种隐私侵权行为之一。[②]法律规制这种侵权行为的目的是为了禁止行为人实施的任何从物理上或精神上侵扰他人安宁的行为，“侵扰的对象包括他人的安宁、住所以及私人事务……只要该行为达到让一个有理性的人高度反感的程度，该行为就构成了侵扰他人安宁的隐私侵权行为。[③] 但是，几乎所有法官都认为，侵权法不保护他人在公众可以进入的场所内所享有的隐私权。因此，目前侵权法并不禁止行为人在公共场所对他人实施的侵扰性拍摄、拍照或监视行为，这就是所谓的“公共场所无隐私”的原则。

法官们严格遵循公共场所无隐私的原则意味着，法律不禁止行为人在公共场所实施的侵扰他人安宁的行为。即使他人以在公共场所受到行为人侵扰为理由向法院起诉，他们也经常会在案件受理后的短时间内败诉。这在以下的案例中得到说明：

(1) 在 Foster v. LivingWell Midwest, Inc. 一案[④]中，原告是一名健身俱乐部会员，被告是该健身俱乐部。原告诉称，当她在被告俱乐部内运动时，被告的工作人员在未经她同意的情况下拍摄了她运动场景的录像，并将录像的一部分制作成电视广告放映，为健身俱乐部做宣传。原告于是起诉被告侵犯其隐私权，被告向法院提出的适用简易

---

① 本文仅仅涉及在侵权法意义上的“隐私”，并未讨论宪法意义上的“隐私”一词。

② Restatement (Second) of Torts 652B - 652E (1977).

③ Restatement (Second) of Torts 652B (1977).

④ Foster v. Living Well Midwest, Inc., No. 88 - 5340, 1988 WL 134497, at 1 (6th Cir. Dec. 16, 1988).

判决程序申请被法院批准。

（2）在 International Union v. Garner 一案[1]中，原告是某公司员工，被告是当地的警察。原告诉称，在原告召开会议组建工会时受到被告的监视，被告还将与会者的车牌号码记录下来并进行跟踪，之后将车牌号码提供给原告的雇主。从被告的陈述来看，被告对原告实施监视并非由于任何查处违法行为的需要。原告于是向法院起诉被告侵犯其隐私权，但是法院以缺乏合法诉讼理由为由驳回了原告的起诉。

（3）在 Fayard v. Guardsmark, Inc. 一案[2]中，原告是被告公司的一名保安。原告诉称，被告因为怀疑原告与反对公司政策的一名员工关系友好，对原告的住所进行了监视并且对来访车辆的车牌号码进行检查以便核对来访者身份。原告于是起诉被告侵犯了自己的隐私权，被告向法院提出适用简易判决程序的申请被法院批准。

（4）在 Jarrett v. Butts 一案[3]中，原告是一名 14 岁的女中学生，被告是原告就读学校的一位教师。原告诉称，被告告诉她自己是该校的“非官方摄影师”，要求原告在学校的课室和走廊上摆出各种姿势供其拍照，其中一张照片上显示原告正两腿叉开坐在一张椅子上。原告于是起诉被告侵犯其隐私权。该案的上诉审法庭认为，就原告控告被告侵犯其隐私权这一主张而言，被告提出的适用简易判决程序的申请理应获得批准。

（5）在 Jackson v. Playboy Enters., Inc. 一案[4]中，原告是三名男孩，被告是花《花公子杂志》。原告诉称，被告未经原告的同意，拍摄了他们在人行道上与一名女警谈话的照片，并将该照片和该女警的裸照一起刊登在杂志的同一版面上。原告于是对被告提起诉讼，认为被告侵犯了自己的隐私权，但是法院驳回了原告的起诉。

---

① International Union v. Garner, 601 F. Supp. 187, 189, 191 – 192 (M. D. Tenn. 1985) (mem.).

② Fayard v. Guardsmark, Inc., Civ. A. No. 89 – 0108, 1989 WL 145958, at *2 (E. D. La. Nov. 29, 1989).

③ Jarrett v. Butts, 379 S. E. 2d 583, 585 (Ga. Ct. App. 1989).

④ Jackson v. Playboy Enters., Inc., 574 F. Supp. 10, 11 & n. 1, 14 (S. D. Ohio 1983).

（6）在 Borton v. Unisys Corp. [①]一案中，原告是被告公司的一名员工。原告诉称，在一次公司会议上，原告的同事从后面靠近她并用手摸了她的胸部，这个情景被别人拍下了照片，并被被告制作成幻灯片反复播放。原告于是起诉被告，请求法院认定被告实施了三项违法行为：以侵扰其安宁的方式侵犯其隐私权、公开其私人事务和对其进行公开丑化。法院驳回了原告的前两项诉讼请求，仅仅审理了最后一项诉讼请求。

以上案例中的原告都败诉了，败诉的原因就是案中被告实施的隐私侵权行为都发生在公共场所。而且，案中涉及侵犯隐私权的诉讼请求都未经审理便被驳回，这充分说明隐私权的相关法律对人们在公共场所里的隐私权益所提供的保护是如此的软弱无力。

有迹象显示，由于现行法律与公众对合理的隐私期待这个问题的看法不一致，为了反映民意，隐私权的相关法律也许会得到修改。[②]比如，在最近一系列涉及侵扰性拍摄行为的案件中，法院判决实施侵扰性拍摄行为的庸俗电视节目制作人败诉，认定这些制作人实施的侵扰性拍摄行为侵犯了原告的隐私权。然而，即使在一些案件中法院支持了原告的主张，认定被告在私人场所对原告实施的拍摄行为侵犯原告的个人隐私权，[③] 但是，当原告为公共场所内的个人隐私受到侵犯寻求法律救济时，"公共场所无隐私"这一原则仍然构成他们获得救济的一个障碍。

在加利福尼亚州发生的一个未经报道的案件充分表现了"公共场所无隐私"这一原则的作用。这个案件是 Shulman v. Group W. 一案。[④] 在该案中，Shulman 一家起诉了一个联播电视节目拍摄并报道了 Shulman 一家在遭遇交通事故后的情形。在那场交通事故中，Shulman 的 19 岁的女儿驾驶车辆载着全家人在高速公路上失控，滑行了

---

① Borton v. Unisys Corp., Civ. A. No. 90 - 4793, 1991 WL 915, at *2, *11 (E. D. Pa. Jan. 4, 1991) (mem.).

② See Gail D. Cox, Privacy's Frontiers At Issue: Unwilling Subjects of Tabloid TV Are Suing, Nat'l L. J., Dec. 27, 1993, at 1, 34.

③ See Miller v. National Broadcasting Co., 232 Cal. Rptr. 668, 679 (Cal. Ct. App. 1987).

④ No. BC31250 (L. A. Super. Ct. Nov. 16, 1993).

100 英尺后翻车。① 当急救医护人员和被告的一名摄影记者赶到现场时，Ruth Shulman 和她 18 岁的儿子正被困在车内。根据原告的代理律师陈述，这名急救人员在对身受重伤的 Shulman 太太施救时，在自己身上藏有麦克风。Shulman 的呻吟声在电视节目的录音中非常清楚，她当时正哀求急救人员让自己死去以及恳求他们告诉她这一切都是一场梦。在电视节目中，人们可以看到她的身体裸露在外的部分因为受伤而扭曲，还可以清楚地看到她脸部的下半部分。一审法院批准了被告请求适用简易判决程序的申请。判决后，原告不服提起上诉，目前该案仍在上诉审理阶段。

法院严格遵从“公共场所无隐私”的原则，认为他人的个人隐私在公共场所内不可能被侵犯的观点显示出法院对隐私的本质，以及隐私这一概念意图保护的权益内涵的理解并不完全。本文认为，即使人们在身处公共场所内以及在公共场所的其他人可以看到当事人的情况下，人们都应当享有对隐私权的合法有限度的期待。换言之，侵权法应当承认并保护人们“在公共场所内的隐私权”。

为了提供这种保护，本文建议采用多因素判断标准来判断行为人在公共场所内实施的侵扰行为是否构成侵权行为。本文认为，多因素判断标准实际上并不极端，不会造成大量的民众因为在公共场所受到侵扰行为冒犯而提起诉讼，因为这个标准要求法院对所有相关因素进行平衡，既要承认保护民众交流自由和言论自由的重要性，又要为人们在特定情况下（在公共场所内的个人隐私受到侵犯时）获得侵权损害赔偿提供依据，因此只有行为人实施的行为达到令人高度反感的程度时，其行为才能成为他人的诉讼理由。

本文除了第一部分是导论和第七部分是结语之外，其余第二部分至第六部分为本文主体部分。第二部分讨论了隐私权相关法律规定的实施现状，本文认为，侵权法上对隐私权的保护已经大幅度减少，因此有必要承认公共场所内的侵扰行为构成侵权行为。第三部分讨论了人们对于公共场所内的隐私权期待有所增加的主要原因，是大众媒体数量的增长以及摄影技术发展对人们生活带来的冲击。第四部分提出

① Gail D. Cox, Privacy's Frontiers At Issue: Unwilling Subjects of Tabloid TV Are Suing, Nat'l L. J., Dec. 27, 1993, at 1, 34.

公共场所内隐私权理论，指出现行法律仅仅保护物理性私人空间内的隐私权，却忽视了隐私权的其他重要内容，因此有必要保护人们在公共场所内享有的有限的隐私权。第五部分探讨了某些法院的标志性判决，尽管公共场所无隐私的原则受到法官们的严格遵守，但某些法院仍然在其判决中承认，在特定情况下，人们可以就公共场所内遭遇的侵扰行为获得侵权损害赔偿。第六部分提出建议，认为我们应当对侵扰他人安宁的隐私侵权行为进行重新定义，并运用多因素判断标准判断行为人在公共场所内实施的侵扰行为是否构成侵权行为，以使得他人可以在特定情况下就自己在公共场所内遭遇的侵扰行为获得侵权损害赔偿。

二、侵权法上的隐私权的权利范围不断缩减

尽管人们很关心自己的隐私权并坚信侵权法应当保护他们的个人隐私权，但是事实上，侵权法上的隐私权范围正在不断缩减，甚至可以说隐私权正面临消失的危险，至少有几种形式的隐私权已经不再被法律所保护。法官的判决对侵权行为的认定不当，削弱了侵权法对个人隐私权利的保护作用。隐私权的权利范围正在减小的这种现象对于理解本文非常重要，因为它造成了有关公共场所侵扰行为法律规范的空白。为了更好地理解这个观点，这里需要对隐私权的发展背景做出简单的说明。

隐私权相关法律的发展经历过两个重要的阶段，这两个阶段都是法学家们努力的结果。

第一个阶段始于 Samuel Warren 和 Louis Brandeis 在 1890 年共同发表的《论隐私权》① 一文。在该文中，Warren 和 Brandeis 提出，侵权法应当对隐私权受到侵犯的受害人提供法律救济。他们的观点已经被许多学者们仔细地研究过，本文在此不再赘述。简而言之，Warren 和 Brandeis 研究了多个案件的判决，包括侵犯名誉权、财产权的案件、默示合同案件以及著作权纠纷案件的判决，并最终得出结论：这些判决实际上都承认了人们享有隐私权。他们将这种权利称为“独

① Samuel D. Warren & Louis D. Brandeis, The Right To Privacy, 4 Harv. L. Rev. 193 (1890).

处权”，认为侵犯这种权利的行为应当单独列为一类侵权行为。

第二阶段开始的标志是 Dan William Prosser 教授在 1960 年发表的关于隐私权的著名文章《论隐私》。[①] Prosser 教授对法院有关隐私侵权方面的案件进行了系统分析和总结，认为隐私侵权行为主要分为以下四类：①侵扰原告的安宁或住所，或干涉其私人事务（本文将其称为“侵扰他人安宁的隐私侵权行为”）；②公开披露原告令人尴尬的私人事实（本文将其称为“公开披露他人私人事务的隐私侵权行为”）；③在公众面前丑化原告（本文将其称为“公开丑化他人的隐私侵权行为”）；④为了被告的利益而擅自使用原告的姓名或肖像（本文将其称为“擅自使用他人姓名或肖像的隐私侵权行为”）。

《美国侵权法复述（第二版）》虽然采纳了 Prosser 教授的这种分类方法，[②]但各州法院对于这种分类法的态度有所不同，至少有 28 个州的法院都明确地或者含蓄地接受了 Prosser 教授对隐私侵权行为所采取的四分法，并将《美国侵权法复述（第二版）》对这四种隐私侵权行为的定义作为这些法院对这四种行为的定义；而其他几个州的法院则只承认其中的侵扰他人安宁的隐私侵权行为、公开披露他人私人事务的隐私侵权行为以及擅自使用他人姓名或肖像的隐私侵权行为这三种隐私侵权行为，并不承认公开丑化他人是一种隐私侵权行为。总的来说，大多数州都承认隐私侵权行为的法律地位，[③] 罗德岛州是唯一一个不承认任何形式隐私侵权行为的州，因为该州法院始终坚持认为，应当由立法者通过制定法来规定隐私侵权行为，而不是由法官通过判例法来规定隐私侵权行为。[④]

然而，尽管大部分的法院都标榜自己承认四种隐私侵权行为的存在，但法官们并非总是愿意责令行为人就其实施的这几种隐私侵权行为对他人承担损害赔偿责任。事实上，从法院的判决来看，有关隐私侵权案件的判决存在不妥当之处，让人怀疑案中的受害人是否真的能

---

① William L. Prosser, Privacy, 48 Cal. L. Rev. 383 (1960).

② Restatement (Second) of Torts , 652A－652E (1977).

③ W. Page Keeton et al. , Prosser & Keeton on the Law of Torts 117, at 851 (5th ed. 1984) [hereinafter Prosser & Keeton on Torts].

④ Kalian v. People Acting Through Community Effort, Inc. , 408 A. 2d 608, 609 (R. I. 1979).

够得到侵权损害赔偿。值得注意的是，在本文开头总结的那六个案件中，法院不仅驳回了原告有关隐私侵权的诉讼请求，而且根本没有给予他们任何陈述自己所受损害的机会。

这种判决方式在隐私侵权案件中非常普遍并且令人不安。在隐私侵权案件中，法院通常会先发制人，在审判前批准被告的简易判决程序申请或者直接驳回原告的起诉。有人对1992年各州的法院和联邦法院审判的所有隐私侵权案件[①]进行统计，得出的结果令人惊讶：各州法院审理的49个隐私侵权案件中[②]，有21个案件的被告提出简易判决申请被批准，有15个案件被法院裁定驳回起诉。换言之，49个案件中有36个（占73%）案件的法官剥夺了原告向陪审团陈述诉讼请求的机会，这当中只有4个案件的审前裁定在上诉阶段被法院撤销。这种情形在联邦法院几乎一模一样：在1992年，联邦法院审理的43个涉及隐私侵权的案件中，[③]有20个案件按照简易判决程序审结，有11个案件被法院裁定驳回起诉。也就是说，在43个案件中，有31个案件的被告获得胜诉（胜诉率达72%），而且法院都作出了对原告不利的审前裁定，这些案件中只有两个案件的审前裁定在上诉阶段被法院撤销。

众多被告胜诉的现象表明，造成目前这种状况的原因是隐私权的相关法律不利于原告获得救济。一方面，Warren 和 Brandeis[④] 提出的公开披露他人的私人事务这一种隐私侵权行为理论[⑤]被美国联邦最高法院通过 Florida Star v. B. J. F. 一案[⑥]的判决实际上否定了。审理该案的法官之一 White 法官对该案的判决持不同意见，他认为如果遵循美国联邦最高法院的判例，则各州法院难以根据《美国联邦宪法》的规定来责令行为人就其公开他人真实信息的行为对他人承担侵权损

---

① I selected 1992 rather than 1993 to allow adequate time for full appellate review of the cases surveyed.

② Search of Westlaw, Allstates database (Aug. 1, 1993).

③ Search of Westlaw, Allfeds database (Aug. 1, 1993).

④ Restatement (Second) of Torts, 652D (1977).

⑤ Samuel D. Warren & Louis D. Brandeis, The Right To Privacy, 4 Harv. L. Rev. 196, 215 - 163 (1890).

⑥ 491 U. S. 524, 541 (1989). Florida Star is discussed infra notes 447 - 458 and accompanying text.

害赔偿责任，换句话说，这等于使公开披露他人私人事务的隐私侵权行为形同虚设，使与其相关的法律无法保护他人的私人事务不被非法公开。原告想要依据其他三种类型的隐私侵权行为理论来保护他们的隐私权益也面临不少实际困难：首先，擅自使用他人姓名或肖像的隐私侵权行为[①]理论已经沦落为仅仅保护他人对其隐私享有的财产性利益而不保护他人的隐私本身。因为这一类隐私侵权行为目前主要的功能就是保护名人对其肖像或姓名享有的公开权。其次，公开丑化他人的隐私侵权行为，被许多学者视为名誉侵权行为，[②] 因为公开丑化他人的隐私侵权行为与毁损他人名誉的侵权行为之间的联系过于密切，界限模糊。基于此，有几个州均拒绝承认公开丑化他人的行为构成隐私侵权行为；即使是在承认其为隐私侵权行为的地方，“原告在涉及公开丑化他人的隐私侵权行为的案件中胜诉的概率也非常小”[③]。最后，侵扰他人安宁的隐私侵权行为只获得了少数几个州的承认，而且这些州的法院仅仅承认，只有行为人在非法侵入他人具有私人性质的场所的情况下，他们实施的侵扰他人安宁的行为才构成隐私侵权行为，如果侵扰行为发生在公共场所则不构成隐私侵权行为。

隐私侵权案件的原告想取得胜诉所面临的困难很多，除了法律对隐私侵权行为采取严格的定义外，从以往的判例来看，还有法官们对于认定隐私侵权行为的谨慎态度——即使不是完全的敌对态度，都会阻碍原告获得侵权损害赔偿。因为在决定运用审前程序处理隐私侵权案件时，法官们已经自行决定什么样的事实问题更适合于由陪审团来解决，此时他们会有选择性的排斥部分案件，Dempsey v. National Enquirer 一案[④]证明了这一点。在该案中，原告提出了多个涉及侵权的诉讼请求，主张被告对原告在飞机事故中出色的逃生行为进行报道是侵犯了原告的权利。原告请求法院认定被告的行为构成侵扰他人安宁的隐私侵权行为，原告诉称：被告聘用的某位记者来到原告的住所不停地要求采访原告，即使在原告拒绝后仍然纠缠不休，在原告拒绝

① Restatement (Second) of Torts, 652C (1977).

② Restatement (Second) of Torts, 652E (1977).

③ Diane L. Zimmerman, False Light Invasion of Privacy: The Light That Failed, 64 N. Y. U. L. Rev. 364, 366-367 (1989).

④ 702 F. Supp. 927, 932-933 (D. Me. 1988).

后的45分钟内该记者一直驾车反复经过原告住所门前；两天后该记者又再次来到原告的住所，在又一次遭到原告的断然拒绝后跟踪原告到达一家餐馆，继续要求采访原告，并试图拍摄原告在餐馆内的照片，一直到原告威胁要请餐馆的管理人员出来干预时这名记者才离开。

审理该案的法院认为，尽管被告聘请的这名记者的行为是让人烦扰的，但是并未达到“让一个有理性的人高度反感”的程度，因此认定原告的诉讼请求没有法律依据，驳回其诉讼请求。虽然这一结论提到了侵扰他人安宁的隐私侵权行为的其中一个受到广泛认同的构成要件——行为人实施的行为达到“让一个有理性的人高度反感”的程度，[①] 但是适用这个要件作为标准去判断行为人的行为是否构成侵扰他人安宁的隐私侵权行为是陪审员的职能，而不是法官的职责，法官得出这一结论无疑是越俎代庖。[②]毫无疑问，当某些案件仅仅涉及一些轻微的侵犯行为时，法官将判断其是否构成侵权行为作为法律问题来处理是合适的。[③] 然而，Dempsey一案明显不属于这类型案件。如果法院在考虑是否驳回原告的起诉时，按照法律要求站在对原告最有利的立场去分析，回应原告对被告行为的所有质疑，[④] 法院也许就会发现原告的主张并非是不可能成立的，因为对于许多有理性的人而言，被监视、尾随等行为都会让人感到高度反感。

法官对有关隐私侵权的诉讼请求态度并不友好的原因很可能是因为他们希望对这样一种被批评为没有“合法依据”的侵权行为施以司法控制。[⑤]尤其是由于隐私侵权案件经常会涉及被告的言论自由问题，所以法官通常会认为自己有义务在将案件送到陪审团面前之前对案件进行慎重的审查。然而，并非所有法官都是出于这样的考量来处理隐私侵权案件，有时候他们仅仅是“不懂得”如何处理原告的诉

---

① Restatement (Second) of Torts, 652B (1977).

② See W. Page Keeton et al., Prosser & Keeton on the Law of Torts 117, at 237 (5th ed. 1984).

③ See Bennett v. Columbia Broadcasting Sys., Inc., 798 F. 2d 1413, 1413 (6th Cir. 1986).

④ See Conley v. Gibson, 355 U. S. 41, 45-46 (1957).

⑤ Harry Kalven, Jr., Privacy In Tort Law—Were Warren and Brandeis Wrong? 31 Law & Contemp. Probs. 333 (1966).

讼请求，Albright v. United States 一案①就反映了这样的问题。在该案中，原告是一群社会保障部的雇员，因为得不到升迁而向部门内的申诉机关提出申诉。面对雇员的要求，社会保障部申诉与听证办公室（下文简称“办公室”）与雇员举行了一次会谈，解释部门内的人事安排决定。开会当天，当雇员们走进会议室的时候，发现办公室对会议进行全程录像。会议结束后，雇员们根据《联邦隐私法》提起诉讼，要求被告就办公室的拍摄行为对他们造成的精神损害承担赔偿责任。

审理该案的一审地区法院裁定驳回原告的起诉后，原告不服提起上诉。但是，上诉法院维持了一审的裁定，上诉法院认为，原告提出的证据不能证明办公室的拍摄行为与他们诉称的精神损害之间具有因果关系。② 尽管其中几名原告提供了直接的证词以证明二者之间的联系，但是地区法院仍然认为原告“提供的证据并不可信，不能证明原告受到的精神损害与被告的拍摄行为存在联系”。

审理该案的上诉法院在判决书中列举了案中三位原告的证言，这些证言都提到了原告因为对会谈的拍摄行为所受到的不良影响，但是上诉法院对此的评论似乎是公开的讽刺。三位原告中，第一位原告认为自己在会议上被拍摄的经历仿佛是受到集权主义国家政府的侵扰性镇压。第二名原告认为办公室未经自己同意拍摄自己在会议上的言行的行为类似于入室盗窃。第三名原告在作证时说“办公室的行为让我觉得自己仿佛是个无足轻重的人，别人对我做任何事好像都不需要获得我的知悉、批准、声明或任何其他表示同意的行为……”。对于这些证言，上诉法院认为原告的证词夸张，以至于“让整个案件都令人难以置信”。法官们还认为，“如果被告的拍摄行为真的让人如此反感”，原告应当早就离开了会场。

法院的这种语调暗示，尽管一个普通人对于未经其本人同意进行的拍摄行为严重反感是合情合理的，但是法官并不这样认为。在该案中，原告所参加的会议是由部门的管理人员组织的，会议讨论的内容就像职位升降一样影响到参与会议的原告。根据法庭调查的事实证

① 732 F. 2d 181, 183 (D. C. Cir. 1984).

② Albright, 732 F. 2d at 186 - 188.

明，该会议上“气氛紧张”，原告和管理人员之间“曾经有过激烈的辩论”。[①] 原本就处于弱势的原告对于自己的上司拍摄自己的言论甚至面部表情的行为感到受侵犯以及精神受到损害，这都是符合情理的。尤其是因为原告在参加会议前并没有得到关于会议过程将会拍摄录像的事前通知，而且他们对于录像带的处置没有任何控制权，原告的反感情绪就更为强烈。同样道理，由于处于弱势地位，原告即使对被拍摄录像深恶痛绝，仍然会感到自己被迫留在会场不能离开。第一位原告作证时说被告的这种侵扰行为就像集权主义国家政府行径的说法，并不像上诉法院所暗示的那样可笑，相反，是非常有道理的。[②]

本文认为侵权法上的隐私权范围正不断缩小这一现象是非常值得研究的，因为它使得所有主张隐私权受到侵犯的原告和其他在公共场所内受到隐私权侵犯的公众维权希望渺茫。实际上，隐私侵权行为的四种类型是紧密相连的。许多隐私侵权案件的原告往往主张被告的行为构成两种以上甚至四种隐私侵权行为。如果原告认为被告的行为构成其余三种隐私侵权行为的理由足够充分，那么，他们通常无须主张被告的行为构成侵扰他人安宁的隐私侵权行为。如果法院放宽对公开披露他人私人事务的隐私侵权行为、擅自使用他人姓名或肖像的隐私侵权行为以及公开丑化他人的隐私侵权行为的认定，使其能够对那些在公共场所遭受隐私权侵害的人提供法律救济，则没有必要重新定义侵扰他人安宁的隐私侵权行为。但是，实际情况并非如此。

回到上文提到的 Jackson v. Playboy Enters. 一案，[③]《花花公子》杂志未经三名男孩的同意，在他们与一名女警察在人行道上谈话的时候拍摄了他们的照片，这些照片与这名女警察的裸照一同刊登在杂志上。三名男孩因此提出起诉，控告该杂志社侵犯了他们的隐私权。原告的处境实在值得同情。被告的记者未经原告同意，秘密拍摄原告的照片并将这些照片向广大公众公开，而且还是以一种让许多人难以接受的方式公开，这些行为是错误的。但是审理该案的法院认为，被告

① Albright, 732 F. 2d at 183.

② Cf. Lena H. Sun, Chinese Government Takes Ambivalent Approach to Released Dissidents, Wash. Post, Oct. 3, 1992, at A13.

③ Jackson v. Playboy Enters., Inc., 574 F. Supp. 10, 11 (S. D. Ohio 1983).

实施的行为并不满足四种隐私侵权行为中任何一种的构成要件，因此驳回了原告的起诉。

法院驳回原告起诉的具体理由是：首先，杂志记者拍摄原告照片的行为不构成侵扰他人安宁的隐私侵权行为，因为那些照片是在公众人行道上拍摄的，“拍摄的环境完全暴露在公众的视线里”。其次，杂志社刊登照片的行为不构成擅自使用他人姓名或肖像的隐私侵权行为，因为原告并没有主张“原告的照片本身具有价值”以至于他人可以利用这些照片获得商业利润。再次，被告刊登照片的行为也不构成公开披露他人的私人事务的隐私侵权行为，因为“被告仅仅将原告早已公开的信息进一步向公众传播，被告无需为这种行为承担法律责任”。最后，被告的行为不构成公开丑化他人的隐私侵权行为，因为原告并没有主张被刊登的照片失实或照片反映的不是自己的真实外表、特征或者行为。

该案说明，由于法院对四种隐私侵权行为采取狭义解释，留下的大片法律空白，无法规制公共场所发生的侵权行为，因此有必要采取措施填补这些空白。不过，在讨论怎样填补这个法律空白之前，本文需要先讨论这样一个问题：究竟行为人在公共场所内实施的行为对他人的个人隐私的威胁程度有多大。

三、日益增加的对个人隐私侵犯的威胁

在侵权法上的隐私权范围正在日渐缩小的同时，社会对个人隐私权的威胁却日益增加，因为我们生活的社会正变得越来越具有侵扰性，文明程度越来越低。要理解这种状况究竟是怎么形成的，我们只需要将过去的隐私权法律的精神进行总结并将其与当代社会环境进行比较就可以得出结论。在 Warren 和 Brandeis 的标志性文章《论隐私权》一文中①，两位作者指出了隐私权面临的两种主要威胁。第一种威胁来自媒体，他们认为“媒体从各个方向跨越了礼节和规矩的界限”，侵扰他人的生活；第二种威胁来自“无数的音像设备”，这些设备“使得行为人有可能‘大声宣扬他人的闺房密语’”。

---

① Samuel D. Warren & Louis D. Brandeis, The Right To Privacy, 4 Harv. L. Rev. 193 (1890).

（一）不文明的新闻媒体

如果说在19世纪末，Warren 和 Brandeis 就已经有足够理由担忧隐私权面临威胁的话，那么，在当今，他们更有理由为此感到更大的威胁。因为在撰写《论隐私权》一文时，他们仅仅依据个人生活经验提出理论，当初他们体验到的个人隐私权所受到的“威胁”比起今时今日的“威胁”而言已经是微不足道了。

媒体实施侵扰他人安宁的隐私侵权行为的第一种是绯闻报道媒体，这也是 Warren 和 Brandeis 在《论隐私权》一文中特别关注的现象。在 Dean Prosser 教授关于隐私权的经典文章里，Prosser 教授提出 Warren 和 Brandeis 的这种担忧是被 Warren 的经历所激发的，因为 Warren 的妻子是一位社会名流，经常举办舞会，波士顿的报纸记者总是对这些舞会进行采访，记者的行为侵扰了 Warren 的生活，另外，某些报纸对于 Warren 的家庭成员婚礼的报道也让他感到不胜烦扰。[①] 如果 Prosser 教授的这种说法能够成立，Warren 是因为报纸报道他“在婚礼后享用了一顿美味的早饭”或者“婚礼上没有伴娘”而感到困扰。[②] 可以想象，如果 Warren 生活在今天，看到、读到媒体对于民众私人生活的报道，他将会是多么的愤怒。

尽管在 Warren 和 Brandeis 的时代之前，媒体就已经备受批评，但直到今天情况不仅没有改善，反而变得更差。近几年来已经出现多个新闻报道侵犯个人隐私的典型例子，但最让人不安的一个例子是媒体对于 Bill Clinton 总统性生活的持续关注。在1992年的总统选举期间，媒体不停地报道有关 Clinton 总统不慎重的性行为的新闻消息。对比过去的新闻报道，我们不难发现当今文明礼仪的堕落，报纸编辑竟然为详细报道美国总统性技巧的文章开绿灯，这在1890年时的媒体根本不可能发生。难以想象在那个年代 Benjamin Harrison 会被媒体评为美国女性理想情人排名的第九名，也难以想象 Grover Cleveland 会被报道进行口交时“好像在大力咀嚼”，但是这些内容都出现在

---

① William L. Prosser, Privacy, 48 Cal. L. Rev. 383 - 384 (1960).

② James H. Barron, Warren & Brandeis, “The Right To Privacy,” 4 Harv. L. Rev. 893 - 894 (1890).

1992年对Bill Clinton的新闻报道中，供作读者的谈资消遣。[①] 这种“毫无约束”的总统竞选报道不仅仅针对Clinton，还有某些毫无关系的非公众人物都被卷入了这场关于总统候选人的争论当中。

在Clinton当上总统的第一年末，当有关他的性生活的舆论已经平息之后，刊在《美国观察者》[②] 上的一篇文章再一次引发了媒体对其私生活的狂热关注。这篇文章详细报道了在Clinton担任阿肯色州州长期间他的护卫——两名阿肯色州的坦克兵对Clinton的指控，两名士兵指控Clinton曾经实施不端的性行为。在NEXIS的数据库里进行搜索，可以查到共有13210篇报纸文章[③]和1394篇杂志文章[④]报道了Clinton总统以及他的性生活；相比之下，只有5733篇报纸文章[⑤]和328篇杂志文章报道了《枪械管制的布莱迪法案》，[⑥] 尽管这一法案涉及极具争议性的公共政策问题，而且历经七年的激烈争论才终于得到国会表决通过，但是比起总统的私生活而言，这个法案所得到的关注实在太少。

媒体愿意报道任何人的任何事情的这种作风，直接影响到新闻从业者[⑦]进行采访和收集新闻信息的手段和方式。这也就暗示着，媒体实施侵扰他人安宁的隐私侵权行为，包括在公共场所实施侵扰他人安宁的隐私侵权行为是完全有可能的。今天无休无止的所谓“真人秀”节目（即根据真实故事改编的社会传真节目）的播出仿佛在告诉人们，生活不仅仅是在模仿艺术，生活本来就是艺术。这类型的节目非常多，比如《我见证》、《警探实录》等。这些电视节目播出的目的似乎是在30分钟到60分钟的播出时段内尽可能多地展现人类的苦

① See Flowers In Bloom, Maclean's, Nov. 23, 1992, at 11.

② David Brock, His Cheatin' Heart: David Brock in Little Rock, Am. Spectator, Jan. 1994, at 18.

③ Search of NEXIS, News library, Papers file (November 31, 1994).

④ Search of NEXIS, News library, Mags file (November 31, 1994).

⑤ Search of NEXIS, News library, Papers file (November 31, 1994).

⑥ Brady Handgun Violence Protection Act, 18 U. S. C. A. 922 (s) (1) (West 1994).

⑦ See Jane Hall, Ruling May Affect Taping of Searches: Television Executives Say Sending TV Crews Out With Law-Enforcement Agents Will Be Looked At On a Case-By-Case Basis, L. A. Times, Nov. 28, 1992, at F1.

难，在《我见证》1992年秋季的第一集节目中连续播出了四场真实发生的大屠杀的片段，[①] 一份周刊因此称赞其为“第一个具有新闻直觉的电视节目”。[②]

许多“真人秀”节目播出的片段是由摄影师跟随警察、消防员和紧急救援人员到现场拍摄的，拍摄内容可以是不幸突发心脏病的病人，[③] 或者刚发生的一场交通事故，又或者是某天晚上警察手持搜查令进行搜查的情况。[④]这些节目中总会有一档节目定期播出那些倒霉的醉酒司机的片段——被警察拖出车外，笨手笨脚地做现场酒精测试以及含糊不清地否认自己喝醉了的片段。[⑤]

媒体实施侵扰他人安宁的隐私侵权行为的第二种表现是新闻记者使用隐蔽麦克风和摄像机的现象越来越普遍，这种趋势令人不安。一位《华盛顿邮报》的撰稿人认为使用隐蔽摄像机是“电视节目制作的最时尚潮流”。[⑥] 一位哥伦比亚广播公司的新闻从业员最近评论使用隐蔽相机的行为时说“采用这种手段的业内人士的人数正迅速上升”。[⑦] 10年前的一项调查做出了一个令人惊讶的预测：64%的电视台在进行调查性采访时使用了隐蔽照相机和麦克风。[⑧]

尽管在某些场合里，媒体可以为了“公共利益”而使用隐蔽相机，但是在更多情况下，使用隐蔽照相机的行为只会成就懒惰的记者和侵犯个人隐私权的媒体。

（1）在明尼阿波利斯市，一个电视新闻节目组在全市各处放置没有上锁的自行车，然后在其附近携带隐蔽照相机守候，等待小偷来

---

① I Witness Video (NBC television broadcast).

② Harry F. Walters et al., Networks Under the Gun, Newsweek, July 12, 1993, at 64, 65.

③ See Miller v. National Broadcasting Co., 232 Cal. Rptr. 668 (Cal. Ct. App. 1986).

④ See Anderson v. WROC-TV, 441 N. Y. S. 2d 220, 222 (Sup. Ct. 1981).

⑤ E. g., Real Stories of the Highway Patrol (KTVT (Fort Worth; Ind.) television broadcast).

⑥ Howard Kurtz, Hidden Network Cameras: A Troubling Trend? Critics Complain of Deception as Dramatic Footage Yields High Ratings, Wash. Post, Nov. 30, 1992, at A1.

⑦ Kenneth R. Clark, Secret Cameras, Mikes Arouse Ethical Dilemma, Orlando Sentinel, July 9, 1992, at E6.

⑧ Alvin P. Sanoff, Ethics, Bias, Accuracy: Fresh Attacks on TV News, U. S. News & World Rep., Sept. 5, 1983, at 55.

偷自行车,[1] 再跟踪小偷进行拍摄。这些小偷通常都是一些年轻人。[2]

(2) 在 Boddie v. American Broadcasting Co. 一案[3]中，被告 ABC 公司的通讯记者 Geraldo Rivera 采访了原告——一位与某法官有联系的女子。该法官当时正被有关机关调查是否曾经在审判刑事案件过程中参与了不道德交易——以性行为换取宽大处理。这位女子虽然同意接受采访，但是拒绝出镜。然而，被告违背了原告提出的要求，秘密拍摄了采访原告的过程并播出了其中一部分片段。

(3) 在另一个引发诉讼的案例中，萨利·杰西·拉斐尔节目的记者秘密拍摄了一群成年人和他们的母亲会面冲突的经过，这场冲突之所以发生，是因为这位母亲参加信仰疗法教派以致影响了家庭关系。[4] 其中一名儿子未经他母亲的同意，将一个隐蔽微型麦克风别在他母亲的衣服上，将他们的谈话传送给一个隐蔽摄制团队，于是他的母亲——一位信仰疗法教派的讲师提起了诉讼。

所有这些现象都反映出大众传媒的日渐扩张，今日的大众传媒已经覆盖了社会生活的方方面面，耸人听闻的新闻似乎是传媒报道所共有的特点。无论是 1994 年那条关于电台节目主持人 Howard Stern 坐在马桶上被一群竞争做 Howard Stern 小姐的女性包围的新闻,[5] 还是说唱艺人 Ice - T 的歌词叫嚣着杀死警察的新闻,[6] 或者是某全国发行的杂志在封面上刊登了女演员 Demi Moore 在怀孕八个月时的裸照的新闻[7]等，各种媒体的目标都是要比前人走得更远。[8] 对于媒体而言似乎没有任何举动是越界的或离谱的。

---

① Alvin P. Sanoff, Ethics, Bias, Accuracy: Fresh Attacks on TV News, U. S. News & World Rep., Sept. 5, 1983, at 54.

② Alvin P. Sanoff, Ethics, Bias, Accuracy: Fresh Attacks on TV News, U. S. News & World Rep., Sept. 5, 1983, at 55.

③ Boddie v. American Broadcasting Co., 881 F. 2d 267, 268 (6th Cir. 1989).

④ See Gail D. Cox, Privacy's Frontiers At Issue: Unwilling Subjects of Tabloid TV Are Suing, Nat'l L. J., Dec. 27, 1993, at 35.

⑤ Ring Out the Old, Gross Out the New, Newsweek, Jan. 17, 1994, at 33.

⑥ See Eric Snider, Ice T Takes the Plunge and Wins, St. Petersburg Times, Aug. 1, 1992, at 1D.

⑦ Sexes Watch: Picture Perfect, L. A. Times, July 22, 1991, at B6.

⑧ See Martha Bayles, The Shock - Art Fallacy, Atlantic, Feb. 1994, at 18, 20.

当然，也不能一味地责怪媒体为了迎合人们口味制造噱头，如果媒体的这些举动得不到观众的支持，这种侵犯隐私的媒体扩张现象也不会发生；可惜的是，有证据显示美国的民众非常愿意得知这种令人震惊的、刺激的、窥探他人隐私的消息。在 1993 年 8 月，全美排行头五位的网络节目都是新闻杂志类型的节目，这其中多个节目是通过隐蔽摄像头拍摄的，这种采访方式给节目增添了不少趣味。[①] 例如，一名女子 Lorena Bobbitt 因为受不住丈夫的虐待，用刀切下了丈夫的阴茎，对 Bobbitt 的审判吸引了 200 名记者旁听，[②]美国有线新闻电视网（简称 CNN）对审判进行了实况直播后，该频道的收视率立刻翻了一倍，但是，当 CNN 结束审判直播并将电视频道切换至播放 Clinton 总统在莫斯科峰会上与俄罗斯总统 Boris Yelstin 会面的新闻时，观众的抱怨蜂拥而至。又比如在新年前夜，竟然有 375000 名观众每人支付 39.95 美元观看 Howard Stern 举办的恶心趣味游行表演收费电视节目。[③]很显然，美国的公众对于这类型的娱乐节目很感兴趣。

（二）摄像机——隐私权面临的新威胁

Warren 和 Brandeis 在 100 年前就指出，对隐私权的第二种威胁是技术，而这种威胁在今天造成的恐慌更甚。在 100 年前，Warren 和 Brandeis 并没有具体指出是哪一种“机械设备”让他们担心行为人可以“大声宣扬他人的闺房密语”[④]。胶卷和磁性录音机是 20 世纪才发明的，[⑤] 但在 1890 年，在富人中流行玩弄“侦查相机”，他们把相机藏在歌剧眼镜、左轮手枪或者书籍里，但是这些相机成像效果很差，并没有什么实际效用。[⑥]

无论 Warren 和 Brandeis 所担心的所谓窥探器材是什么，这些器

---

① Jonathan Alter, Candid Camera Gone Beserk?, Newsweek, Aug. 30, 1993, at 36.

② Davie A. Kaplan, Bobbitt Fever: Why America Can't Seem To Get Enough, Newsweek, Jan. 24, 1994, at 52.

③ See Ring Out the Old, Gross Out the New, supra note 138, at 33.

④ Samuel D. Warren & Louis D. Brandeis, The Right To Privacy, 4 Harv. L. Rev. 195 (1890).

⑤ History of Technology 1263 – 1264 (Trevor I. Williams ed., 1978).

⑥ History of Technology 732 (Charles Singer et al. eds., 1958).

材与现代的监视技术相比不可同日而语。任何人如果想窥探他人的生活，他可以选择的监视器材多得惊人，[①]比如：可以放置在公文包、项链、时钟、烟雾探测器、天花板、洒水器里的隐蔽摄像机，可以“听到隔壁房间里的声音”又可以从远距离窃听的麦克风，可以藏在签字笔内又可以藏在电源插座内或其他任何东西里的无线电发射器，以及电话窃听器、夜视镜、电子开锁器、汽车追踪器材等。对于缺乏使用监视器材经验的人，许多书籍可供参考。而侵犯隐私权的最尖端技术要算空间卫星，人们可以从卫星拍摄的照片上分辨出人们在后院烧烤的情形。[②] 美国中央情报局（简称 CIA）最近终于放弃了坚守的立场，不再反对卫星照片的私人交易，美国政府估计这一交易可以给政府带来每年 10 亿美元的收入。

这些监视器材尽管让人不安，但是毕竟不是普遍使用的设备，相比之下，摄录机对于隐私权的威胁更为贴近人们的生活，其危险性更实在。摄像技术改变了我们观察周围世界的方式，也反过来改变了我们周围的人观察我们的方式。无论我们是在酒店里、在停车场、在法院里、在摇滚演唱会上、在运动会上、在校车上、在工作场所、在收费亭甚至在教堂里，每时每刻我们的日常生活被他人拍摄下来的可能性都很高。虽然许多监控摄像的安装都是为了保安的目的，但许多商家由于担心不能保护顾客的物品或者抢劫的发生而要承担责任，于是安装了监控摄像头，然而，这种本来为了保安监视而安装的设备常常被滥用。[③]

目前，美国人拥有的摄像机数以百万计，这些摄像机使得人们保护个人隐私的可能性更为渺茫。摄像机[④]在 1985 年被引进美国本土，被称为“可能是有史以来最伟大的人类隐私测量器”[⑤]。目前已经有

① Executive Protection Products, Inc. Professional Catalog, 1993, at 2 (copy on file with author).

② John Mintz & R. Jeffrey Smith, CIA to Allow Firms to Sell Satellite Photos, Wash. Post, Nov. 13, 1993, at C1.

③ See, e. g., Doe v. B. P. S. Guard Servs., Inc., 945 F. 2d 1422, 1423 (8th Cir. 1991); Turner v. General Motors Corp., 750 S. W. 2d 76, 78 – 79 (Mo. Ct. App. 1988).

④ Roll 'Em: Video Camera Explosion, Fortune, Feb. 6, 1984, at 13. V.

⑤ United States v. White, 401 U. S. 745, 756 (1971).

1400 万台摄像机在美国售出，①。有数据显示这个数字每年都在持续增长。②摄像机成为人们参加婚礼、毕业典礼、舞会的必备器材，在人们参观公园、动物园、沙滩、游乐园、风景名胜区以及其他向公众开放的地方时也必不可少。一位摄影杂志的编辑认为，摄像机对民众生活密切，“越来越难以想象没有摄像机的社会会怎样”。③

摄像机被称赞为“科技民主化”④ 和“增强民众力量”的工具。警察赞扬社区反犯罪志愿者的活动是“将来对抗犯罪的常用手段”，在晚上，有些志愿者们会带上摄像机从屋顶观察四周或者潜伏在空房内等待犯罪分子的出现。一位大学教授认为，摄像机是“一把刺破谎言、揭示真相的利器”，并将摄像机比喻为西部牛仔的左轮手枪，是正义的“平衡器”。⑤有几个典型的例子表现了人们如何利用摄像机进行秘密拍摄帮助警察打击犯罪，不过这些现象仍然值得探讨。例如：George Holliday 拍摄的一段洛杉矶市警察群殴 Rodney King 的录像；一位环保人士拍摄到渔民用捕捉吞拿鱼的渔网屠杀捕获的海豚的场景；一位父亲用摄像机拍下他聘请的保姆如何虐待他的孩子的片段；一位加利福尼亚州的男同性恋者因为忍受不了邻居对自己的谩骂奚落，于是使用摄像机拍下了那位邻居在他的前院用言语侮辱他的经过。⑥

尽管有的秘密拍摄行为值得称赞，但是还有更多的这类行为是对个人隐私的不合理侵犯，已经有许多例子反映出摄像机成为许多人满足自己性欲望的工具。例如：摇滚明星 Chuck Berry 曾经被其朋友控告在朋友餐馆的卫生间内安装摄像机，拍摄超过 250 位女性包括一名 6 岁的小女孩使用卫生间的情形；⑦喜剧演员 Rich Little 目前正被诉讼

---

① John Koch, Quick! Somebody Hit "Pause," Boston Globe, Feb. 23, 1992, at B27.

② U. S. Dep't of Commerce, Statistical Abstract of the United States 764 (1991).

③ Douglas C. McGill, The Media Business: Camcorders Spread Video's Power, N. Y. Times, June 26, 1989, at D1.

④ Douglas C. McGill, The Media Business: Camcorders Spread Video's Power, N. Y. Times, June 26, 1989, at D7.

⑤ Melinda Beck, Video Vigilantes, Newsweek, July 22, 1991, at 42, 43.

⑥ Melinda Beck, Video Vigilantes, Newsweek, July 22, 1991, at 42.

⑦ Ann Trebbe, Berry: Child Abuse, Drug Charges False, USA Today, Aug. 30, 1990, at 2D.

困扰，起诉他的人是他的前女友，原告诉称 Little 秘密拍摄了他们之间的性行为；[①]演员 Rob Lowe 曾经被一名 16 岁少女的母亲控告其引诱她的女儿并与另一名女子进入酒店房间内拍摄他们之间的性行为。[②]然而，不仅仅是好色的演艺人员，许多不是名人但是喜欢用摄像机窥探他人隐私的人也被受害者控告实施了侵扰侵权行为。

滥用秘密拍摄行为侵犯他人权益的方式不只上述一种。例如：大学的管理人员秘密拍摄教练和运动员的行踪以侦查是否有人违反了美国大学生体育协会的规定，[③] 执法官员秘密拍摄辩护律师和被告人之间的会面，[④] 商业机构的负责人秘密拍摄对手的产品[⑤]等。甚至可以说，如果秘密拍摄或监控的本来目的就是为了不为人知侵扰他人的行为，那么，目前被公开的这些秘密拍摄侵扰他人的行为不过是冰山一角。

电视新闻机构对秘密拍摄行为起了推波助澜的作用，因为这些机构鼓励业余爱好者们拿起自己的摄像机捕捉新闻事件。[⑥]似乎每个人都想成为下一个 George Holliday。[⑦]毫无疑问，花边新闻节目是直接参与到这个问题中的，典型的例子如媒体对 Amy Fisher 的绯闻的报道。[⑧]电视节目《硬照》据称付给 Fisher 的前男友 10 万美元去秘密拍摄 Fisher 和他之间的谈话过程，在谈话中，两人讨论到在监狱里面的性行为以及 Fisher 凭借自己的名声所获得的收入。[⑨] Fisher 通过花边新闻节目组工作人员的行为传播到她周围的人身上。电视节目《现场直击》的记者在 Fisher 就读高中的学校门口拦住学生，让他们观看一

---

① Roger Anderson, Seen, Heard, Said, Seattle Times, Jan. 24, 1992, at E2.

② Barry Koltnow, Rob Lowe Bounces Back After Scandal, Orlando Sentinel Trib., Mar. 15, 1990, at E1.

③ Sports People: Pro Basketball; From Rebels to Sonics, N. Y. Times, Mar. 18, 1992, at B14.

④ Michelle Hiskey, Sheriff Admits Taping Inmates' Conversations; Possible Violation of Civil Rights Laws, Atlanta J. & Const., Feb. 5, 1991, at D2.

⑤ John Markoff, Apple Mixes Desktop, Laptop, Chi. Trib., Oct. 20, 1992, at 7 (zone C).

⑥ See Tom Blackwell, We Are A Camera, Canadiens Say, Toronto Star, Nov. 14, 1992, at D4

⑦ Melinda Beck, Video Vigilantes, Newsweek, July 22, 1991, at 43.

⑧ Judges Refuse to Lower Bail for L. I. Teen-Ager, N. Y. Times, June 5, 1992, at B4.

⑨ Sharing the Bucks From "Hard Copy", Newsday, Jan. 13, 1993, at 3.

段明显是某年轻女子在卖淫的录像。① 在这些高中生观看录像并指认录像中的年轻女子就是 Fisher 的时候，该节目的其他记者就藏身在一辆小货车上进行秘密拍摄，记录下学生们的一举一动。根据该学校的校长说，《现场直击》的记者的这些行为让一些学生感到“恐慌、愤怒和伤心”。②

正如本文前面提到的许多例子一样，这所学校的学生被记者秘密拍摄时正处在公共场所，这是不是意味着他们拒绝秘密拍摄的权利就被剥夺了呢？是不是当人们走出家门就意味着他们放弃了自己免受秘密监视和拍摄的权利了呢？现行的侵权法对这些问题的答案都是肯定的，但笔者认为这种回答是错误的。

四、公共场所隐私侵权理论

法官们几乎一致认为，侵扰他人安宁的隐私侵权行为不会发生在公共场所或者从公共场所可以看得到的地方。法官们基本上都是从 Dean Prosser 教授的理论中推导出这个结论的。Prosser 教授在他那篇里程碑式的文章中除了详细描述了四种侵犯隐私权的侵权行为外，③ 还提到：在公共街道上或者其他公共场所，原告没有独处的权利，仅仅是跟踪原告也不会构成对其隐私的侵扰；即使是在这种场所对原告拍照也不构成侵犯原告权利的行为，因为这种拍照的行为无异于对一个任何人都可以看到的情景进行记录，与用文字记载没有根本区别。《美国侵权法复述（第二版）》在第 652B 条对这些观点进行了阐释，并根据这些观点对侵扰他人安宁的隐私侵权行为进行了定义。尽管 Prosser 教授认为个人在公共场所不享有法律意义上的隐私权（现行法律与这种观点截然相反），笔者认为 Prosser 教授的观点是错误的。尽管有一定限制，但是人们在公共场所确实应当拥有个人隐私，人们也希望享有这样的隐私权。为了证明这种观点，我们只需要想象一下下面的这个场景即可。

---

① Fred Cohen, The Tabloid Press Abuses Children, N. Y. Times, Mar. 13, 1993, at 21.

② Fred Cohen, The Tabloid Press Abuses Children, N. Y. Times, Mar. 13, 1993, at 21.

③ William L. Prosser, Privacy, 48 Cal. L. Rev. 383 (1960).

某位名叫 Watcher 的男子在 Joe 的房门前停车并观察 Joe 的房子。无论 Joe 或者他的家庭成员中的任何人出门或回家，Watcher 都会用摄像机将他们的情形拍摄下来。Watcher 并没有尝试掩盖自己的行为，甚至在 Joe 每次离开家门前，Watcher 都会向 Joe 挥手和微笑。Joe 于是走向这名男子并询问他这是在干什么。Watcher 向 Joe 保证他并无恶意，事实上这也是实情。无论他观察 Joe 一家的目的是什么，我们可以假设 Joe 对他并没有任何肢体上的威胁行为感到满意。然而，Joe 并不希望自己及家人的生活被别人监视和拍摄，于是他叫来了警察。警察向 Joe 解释，只要 Watcher 的行为没有构成非法侵入他人的私人场所或者做出任何威胁性或骚扰性的行为，Watcher 就没有违反法律。几天过去了，Watcher 仍然没有任何要停止其观察行为的迹象。

Joe 的隐私权受到 Watcher 的侵犯了吗？任何一个有理性的人都会认同 Watcher 的侵扰行为是让人高度反感的，法律应当对 Joe 提供救济。然而，如果要承认这个观点也就意味着承认存在公共场所的隐私权这种权利。如果我们承认 Watcher 的行为构成侵权法上的诉讼理由，那么，关于是否存在公共场所内的隐私权这个问题的争论就仅仅剩下了这种隐私权的范围和程度究竟有多大的问题，而不是其是否存在的问题了。

（一）隐私的定义

法院认为，在定义隐私的范围时首先强调的是隐私的物理范围。然而，正如上文的假设场景所显示，这种定义过分狭隘。许多学者提出的对隐私的现代定义都非常宽泛，足以包括公共场所内的隐私权。隐私的其中一个定义源于 Alan Westin 所著的《隐私与自由》，书中提到“隐私是指个人、群体或者机构自主决定在什么时候、以什么方式和范围将自己的信息传播给别人知晓的一种权利”①。根据这个宽泛的定义，Joe 和他的家人由于 Watcher 的行为失去了隐私，Westin

① Alan F. Westin, Privacy and Freedom 7 (1967); see also Ruth Gavison, Privacy and the Limits of Law, 89 Yale L. J. 421, 426 n. 19 (1980).

自己也承认人们对公共场所内的隐私权期待是存在的。[①] 参考其他学者对隐私的定义来分析 Joe 一家的情况也可以得出这一结论。从宪法中涉及刑事法律的条文中也可以看出，隐私并不是仅仅以物理界限为标准来定义的。[②]

Ruth Gavison 教授写的《隐私与法律的限制》一文[③]中给隐私提供了一个宽泛的“中性”的定义，这个定义指出了法院在处理侵扰他人安宁的隐私侵权行为的案件时对隐私的狭隘理解存在的漏洞。

Gavison 教授将隐私定义为“对别人接近他人的限制”。她将这个定义分为三个层次：①秘密权，这关系到别人对他人信息的了解与否；②匿名权，这关系到别人是否对他人给予关注；③独处权，这关系到别人是否可以物理性接近他人。《美国侵权法复述（第二版）》在对侵扰他人安宁的隐私侵权行为进行定义时，特别提到侵扰行为所侵犯的是他人的“安静或者安宁”。[④] 法院认为，侵权法上规定可诉的侵扰他人安宁的隐私侵权行为不包括发生在公共场所的侵扰他人安宁的行为，这显然是根据《美国侵权法复述（第二版）》对侵扰行为的定义做出的理解，但这是一种狭隘的理解，这种理解仅仅包括了隐私的第三层含义而忽略了其他两层含义。[⑤]而 Gavison 教授所说隐私的其他两层含义——秘密权和匿名权同样重要。为了理解秘密权和匿名权的重要性，下文将结合假设场景中 Joe 和 Watcher 的情形，按照 Gavison 教授对隐私的定义进行分析，看看 Watcher 的行为会对 Joe 一家人的权利造成怎样的影响。

1. 侵犯独处权：物理性接近他人

Gavison 教授将“独处”定义为防止行为人“物理性接近”他人，何谓“物理性接近”？Gavison 教授认为这个短语涵盖范围很广，

① Alan F. Westin, Privacy and Freedom 112 (1967).

② In Katz v. United States, 389 U. S. 347, 349 - 350 (1967).

③ Ruth Gavison, Privacy and the Limits of Law, 89 Yale L. J. 428 (1980).

④ Robert C. Post, The Social Foundations of Privacy: Community and Self in the Common Law Tort, 77 Cal. L. Rev. 9971 (1989).

⑤ Restatement (Second) of Torts 652B (1977).

符合“物理性靠近”的行为都可以包括在内。[①] 换言之，当别人与他人的距离很近，足以触碰到或者通过直接感官观察他人的行为也包括在内，[②] 这个定义比起《美国侵权法复述（第二版）》对隐私的定义更广。根据 Gavison 教授对独处的定义，Joe 的隐私受到侵犯仅仅是因为 Watcher 物理性地出现在 Joe 的房子的马路对面。但是，如果侵犯独处权是 Joe 的隐私权受到侵犯的唯一原因，那么，Watcher 可以通过将汽车停靠在街上更远的地方，再使用摄像机通常配备的可变焦镜头进行拍摄，便既可以获得自己想要的片段，又避免了侵犯 Joe 的隐私权。Gavison 教授认为从理论上来看，如果观察者通过提高自己的观察能力进行远距离观察，那么，这种观察行为就不构成“物理性接近”目标人物的行为。因此，如果说 Watcher 的行为侵犯了 Joe 的隐私权，那么，比起侵犯独处权，Watcher 的行为更可能符合侵犯秘密权或匿名权的特征。

2. 侵犯秘密权：获取他人的信息

获取他人的个人信息达到一定数量后可能造成信息主体丧失隐私权。正如 Gavison 教授所说的那样，从获取他人个人信息的角度解读隐私侵权是一种新的视角。确实，公民对个人信息所享有的隐私权是现代社会最经常讨论的一个隐私权话题，相比之下，关于在公共场所里获得他人个人信息也可能涉及侵犯他人隐私权的问题就较少获得人们的关注，但是这个问题并不是没有根据的。

在《公共场所里的人际关系》[③] 一书中，作者 Erving Goffman 分析了人们关于不同“领域”的诉求，这些诉求包罗万象，既有关于保持个人空间免受别人侵犯的诉求，也有要求别人不得插队占据自己位置的诉求。Goffman 在书中提出的保护理论原型来自于人们对空间的有关需求，但“保护”的对象的概念不限于此。就本文而言，Goffman 提出的关于“信息保有”的概念非常重要，因为他认为“信息保有就是指个人希望对于自己生活中发生的一些事实施予控制，由自

---

① Ruth Gavison, Privacy and the Limits of Law, 89 Yale L. J. 433 (1980).

② Ruth Gavison, Privacy and the Limits of Law, 89 Yale L. J. 433 (1980).

③ Erving Goffman, Relations In Public: Microstudies of the Public Order (1971).

己来决定在周围的人当中哪些人可以获知这些事实”，Goffman 还提出信息保有权利有几种不同的表现，其中“最重要的是别人可以直接获知的事实，包括自己身体的外形以及行为免受他人的盯梢和监视”。

在上文假设的例子中，Watcher 监视和拍摄 Joe 及其家人的出入，严重侵犯了他人信息保有权利。对 Joe 家来往的客人进行监视会揭示出大量的私人信息，如：谁是 Joe 的朋友？Joe 喜欢怎样打扮？Joe 作息的时间是怎样安排的？Joe 是否喝酒、抽烟或做运动？Joe 是否正在会客？Joe 的客人是男的还是女的？Joe 怎样与孩子相处？所有这些类型的以及其他更多的信息都可以通过从公共场所对信息主体进行观察得知。

Watcher 观察 Joe 的房子这个假设场景很极端（也许生活中不可能发生），因为在该场景中，Watch 对 Joe 一家的公共社交行为观察了好几天，但是大部分来自公共场所或者发生在公共场所内的隐私侵权行为都只会维持一段不长的时间，即使是私家侦探或者保险公司的人身损害理赔调查员一般都不会使用长时间的监视手段以达到调查的目的。① 然而，即便是一次简短的观察也可能严重侵犯他人对个人信息享有的保有权利。例如，反堕胎人士为了获取用于宣传反堕胎观念的照片，经常使用的手段之一就是对进入堕胎诊所的女子进行摄像或拍照，尽管这些行为只是很短时间内就可以完成的，但是它们明显捕捉到了这些女性一些非常私密的个人事务——她们即将或者正考虑接受堕胎手术。在一些案例中，被拍摄的一些女子曾经对实施拍摄行为的反堕胎人士提起诉讼，控告他们侵犯自己的隐私权，法院均支持了原告的诉讼请求，颁布禁令禁止被告再次实施相同的行为，这些判决表明，尽管法官们并没有公开承认个人在公共场所享有隐私权，但至少有限度地认可了这一种权利受到州宪法的保护。②

3. 侵犯匿名权：引起公众对他人的注意

Gavison 教授最重要的贡献也许是将匿名权作为隐私权的基本部

① See, e. g., McClain v. Boise Cascade Corp., 533 P. 2d 343, 345 (Or. 1975).

② Planned Parenthood v. Aakhus, 17 Cal. Rptr. 2d 510, 515 (Ct. App. 1993); Chico Feminist Women's Health Ctr. v. Scully, 256 Cal. Rptr. 194, 196 - 197 (Ct. App. 1989).

分之一对隐私进行定义①，因为人们只有在默默无闻、不被别人关注的情况下才可以享有并享受自己的隐私权。当没有人注意我们，我们即使在公共场所也可以自由活动而不必担心自己的个人信息会泄露给别人。尽管在这种情况下个人信息仍然是公开的，但是仅仅是“向空气公开”，就像森林中的树木倒下的声音一样尽管在空中回荡却不为人所知，然而一旦别人开始注意我们，我们享受匿名权的自由便消失了。②

在上文假设场景中，Watcher 开始注意 Joe 的时候起，Joe 实际上已经失去自己的隐私权，因为 Joe 再也不可以依仗默默无闻来保护自己的日常生活不被别人公开披露。在被 Watcher 监视之前，Joe 知道自己可以在公共场所自由活动，他很清楚自己没有向任何人实质上传递个人信息；但是在受到 Wacher 的监视之后，他不得不生活在别人的注视之下，一举一动都被 Watcher 所了解，而且由于 Watcher 所拍摄的照片可能被 Watcher 向别人公开，Watcher 以外的其他人也可能获知 Joe 的生活。因此，Joe 必须做出选择，要么继续容忍 Watcher 收集他的信息，要么必须让 Watcher 停止他的监视行为。

在这两种选择中，Joe 选择后者的可能性更大，因为所有人都会有一些个人特点、习惯和怪癖不想让别人知道，Joe 同样也不希望自己的生活习性被 Watcher 所了解。关于这个问题，Harvey Zuckman 教授在他所写的一篇关于公开披露他人私人事务的隐私侵权行为的文章中提出：尽管“因为信息主体会因为信息公开而感到尴尬，希望保持‘独处’”。③ 侵权法保护人们“避免向公众展示真实而完整的自我”，“但是他们表现一个既不真实也不完整的自我的这种权利并不具有比别人的其他权利更优越的地位”。对于 Zuckman 教授的这种观点，笔者并不赞同。

Zuckman 教授的观点忽视了这样一个事实——所有人都仅仅向别人展现虚假的、不完整的自我形象，因为每个人都会有一些不为人知

① Alan F. Westin, Privacy and Freedom 69 (1967).

② Ruth Gavison, Privacy and the Limits of Law, 89 Yale L. J. 469 (1980).

③ Harvey L. Zuckman, Invasion of Privacy—Some Communicative Torts Whose Time Has Gone, 47 Wash. & Lee L. Rev. 260 (1990).

的秘密。[1] Alan Westin 曾经说过这样一段话："每个人都意识到在自己的期望和真实的自我之间有差别，在别人眼中的自己与自己所清楚的真实复杂的自我之间也有差别，每个人都以自己的行为掩饰自我，戴上面具生活。确实，'人'这个词从词源学上分析，其首要意思就是'面具'，所以人们戴上面具生活本来也无可厚非。如果在周围其他人的面具仍然完好无损时，某个人的面具被撕下来，那么，他真实的自我就会赤裸裸地被暴露在别人视线中，由于这个人仍然生活在一个相信面具形象的社会里，所以他很可能在别人强迫他暴露自我的挑剔目光中受到伤害。"[2] Westin 的这一段话有力地反驳了 Zuckman 教授的观点。

笔者认为，为了维持 Westin 所说的这层"面具"，人们一旦知道自己正被别人注视（或者可能正被注视），他们就会强迫自己改变或者减少正常情况下会做出的行为。[3] Hubert Humphrey 曾经在文章中写道："如果我们相信自己正受到别人的观察，我们就会改变自己的行为模式，如果我们总是处于不确定自己是否被注视或者偷听的不安定状态，我们的所有行为都会改变，甚至我们的个性也会发生变化。"[4] 在本文假设的场景中，当 Joe 知道自己的行为正受到监视，他会被强迫评估自己的公共社交行为的每一个方面并试图改变自己的行为。

上文讨论主要是为了证明个人即使在身处公众可以进入或者观察的区域内，仍然享有合法的、有限度的隐私权益。现行的侵权法没有认识到这一事实，仅仅是墨守成规，坚持公共场所无隐私的原则。

（二）对 Dean Prosser 教授理论的反思

在美国，法院之所以接受"公共场所无隐私"的原则，一个重

---

① Connie Zweig & Jeremiah Abrams, Introduction: The Shadow Side of Everyday Life, in Meeting the Shadow, supra, at xvi.

② Alan F. Westin, Privacy and Freedom 33 (1967).

③ See Ernest Van Den Haag, On Privacy, in Nomos XIII: Privacy 151 – 152 (J. Roland Pennock & John W. Chapman eds., 1971).

④ Hubert H. Humphrey, Foreword to Edward V. Long, The Intruders viii (1967).

要原因是受到 Dean Prosser 教授早年观点的影响，《美国侵权法复述(第二版)》也采纳了这一观点。笔者感到奇怪的是，法官们对于侵扰他人安宁的隐私侵权案件的分析很少会超出这一观点的讨论范围，而仅仅是对这一观点进行生搬硬套。因此，对 Dean Prosser 教授的观点进行细致分析是很有必要的。

Prosser 教授认为公共场所不会发生侵扰他人安宁的隐私侵权行为的原因有两个：一个原因是默示的，即每个人进入公共场所就等于默示同意别人对自己进行审视；另外一个原因则是明示的，那就是在公共场所内，仅仅目视观察一个人与拍摄他的照片是毫无区别的，这一点在 Prosser 教授的文章中已经有所论述，而且被《美国侵权法复述（第二版)》所吸收。大部分在公共场所发生的侵扰行为都涉及拍照或摄像，笔者认为根据侵权法，这些行为都是可诉的，因而 Prosser 教授的观点并不正确，如果对这两个原因更进一步分析可以发现，Prosser 教授的推理存在漏洞。

1. 自担风险

Prosser 教授提出人们在公共场所没有合法隐私期待这一原则的其中一个理由是，当人们从住宅或办公室等私人场所离开进入公共领域时，人们可以预计自己会遭受被别人审视的风险，这就是所谓的“自担风险”的理论。在 Gill v. Hearst Publishing Co. 一案①的判决中，法官清楚地阐述了这种理论。Gill 一案是根据 Dean Prosser 教授的理论作出判决的，判决里仍然坚持了公共场所无隐私的一般原则。② 在该案中，原告是在洛杉矶市的农贸市场摆摊卖甜点的一对夫妇，被告将原告在摆摊时的情景拍成照片并公开。③ 在这张备受争议的照片上，“丈夫搂着妻子，夫妇俩正浪漫地靠在一块儿坐着”。④ 在

① 253 P. 2d 441 (Cal. 1953).

② William L. Prosser, Privacy, 48 Cal. L. Rev. 391 (1960).

③ Gill actually involved two separate lawsuits and three separate opinions by the California Supreme Court: Gill v. Curtis Publishing Co., 239 P. 2d 630 (Cal. 1952), and Gill v. Hearst Publishing Co., 239 P. 2d 636 (Cal. 1952) [hereinafter Gill v. Hearst I], reh'g after remand, 253 P. 2d 441 (Cal. 1953) [hereinafter Gill v. Hearst II].

④ Gill v. Hearst II, 253 P. 2d at 445.

该案的一审中，加利福尼亚州最高法院认为，原告认为被告将原告的照片公开的行为侵犯了原告的隐私权的主张构成合理的诉讼理由，法院的理由是“异性的恋爱举动受到法律保护，行为人不得将他人的亲密关系向公众散布”，而且“即使他人是在公共场所作出亲密举动，行为人也不得公开他人亲密的行为”。然而时隔一年之后，该案被发回重审，在重审中，法院改变了自己的看法，认为“被告仅仅将原告的照片公开的行为不构成侵犯原告隐私权的侵权行为，该行为是不可诉的”。

法院改判的主要理由是根据“自担风险”理论在本案中的适用，因为法院认为，原告“在公共市场上的姿态是自己自愿呈现的”；他们“自愿地将自己的姿态向公众公开，任何在他们的经营场所范围内或者附近的人都可以看到”；“由于原告是自愿实施这些行为的，他们通过自己的行动表示在该特定环境下放弃自己的隐私权”；原告的隐私权是被“他们自己在公共场所的行为”所终止的。

尽管侵权法上对自担风险的积极抗辩在 Gill 一案中并不适用[①]，自担风险内涵的原则与该案却有相当大的联系。《美国侵权法复述（第二版）》用贴切的语言定义默示自担风险：“原告已经充分了解被告的行为可能对自己造成损害的风险，然而原告仍然自愿选择在风险可能发生的范围内行事，如果有证据显示原告是自愿接受这种风险的，则原告不可以就被告的行为造成的损害获得赔偿。”[②] 因此，自担风险原则是建立在原告同意的基础上的。如果原告愿意承担风险就意味着他同意免除被告的责任，被告无须对原告履行合理注意的义务。[③] 然而，正如《美国侵权法复述（第二版）》的规定指出的那样，原告的同意必须是在原告充分认识到风险并自愿承担的基础上建立的。

根据以上标准来分析，Gill 一案的判决关于自担风险的理论分析是不成立的，其原因有四个：

---

① Restatement (Second) of Torts 496A (1977).

② Restatement (Second) of Torts 496C (1) (1977).

③ W. Page Keeton et al., Prosser & Keeton on the Law of Torts 117, at 480 (5th ed. 1984)

首先，原告对于被别人拍照的风险没有任何有实际意义的认识。尽管他们可能知道路人可能会驻足观察或给他们拍照，但是他们没有什么特殊的理由去相信这种事情一定会发生，因此原告不可能充分认识到这种风险。例如，一名路人被机动车撞伤，开车的司机对此交通事故有过错，法院不能因为这名路人知道走在路上就有可能被车撞倒而认定这名路人是自愿承担风险。为了满足自担原则中关于"认识"这一要素的要求，原告"必须不仅意识到产生危险的原因，还必须认识到这种危险的必然存在和造成这种危险本身的性质、特点以及危险的程度"[①]，如果原告所认识到的仅仅是风险的皮毛，误以为风险是"过于轻微以至于可以忽略不计"，这种"认识"便不能构成自担风险原则中的认识要素。[②]

其次，Gill 一案中的原告肯定没有自愿表示同意承担自己被被告拍照甚至在国际级的杂志上公开其照片的这种风险。从上文摘录的 Gill 一案的判决书来看，法庭强调原告分别在四个方面通过其行动表示了其同意承担风险；然而，法庭的分析是有漏洞的，其分析没有将"愿意出现在公共场所"与"同意被别人观察、拍照和公开照片"这两种意思表示区别开来。原告仅仅是同意以上各种行为（被别人观察、拍照和公开照片）中的任何一项都不足以免除被告的责任，要认定原告自担风险，则必须确认原告是自愿、同意承担争议中的每一项特定风险的。

再次，也是最重要的是，如果像 Gill 一案的判决书所言，一个人自愿出现在公共场合就意味着自己同意被行为人观察、拍照和公开其照片，这不仅是不现实的而且是不公平的。这种观点给保护个人隐私权的权利人增加了额外的负担，除非在非常无伤大雅的情况下，否则，他人在公共场所摆出社交应有的姿态是无所谓自愿或不自愿的。为了在社会中生存，人们必须在公众可以进入的地方活动，如果按照 Gill 一案的判决理由，人们可以避免"自愿"受到别人不合理监视，的唯一办法就是不要找工作、不要去商店、不要接受医疗服务、不要

① Restatement (Second) of Torts 496D cmt b (1977).

② Restatement (Second) of Torts 496D cmt b (1977).

送孩子上学、不要做房屋外墙装修等。换言之，如本文开头所言，留在屋内并且拉上百叶窗帘。

最后，如果考虑文化和经济因素，Gill 一案判决就会更加显得不合理，因为迫于文化和经济的压力，有的人会比其他人更多进行户外活动。富人们可以通过购买面积巨大的房屋为自己提供躲避公众视线的避难所，但是“生活在拥挤街区里的人们的隐私却有部分留在了户外——在城市街道上、在酒吧的角落里、在电影院里以及在任何一个‘公共场所’的商店里，这些隐私包括个人的独处、与亲友的亲密关系、保持匿名和保密个人信息”①。越来越多的美国市民——流浪者日夜生活在大街上，② 如果说这些流浪者们是“自愿”同意被公众观察的，无论公众的行为多么具有侵扰性都没有侵犯流浪者们的权益，那么，这种看法是对个人权利的麻木不仁，也是不合适的。

Dean Prosser 教授正是含蓄地吸收了 Gill 一案关于自担风险的判决意见后提出：“在公共街道上或任何其他公共场所，原告都没有独处的权利，仅仅是跟踪原告并没有造成对其个人隐私的侵权行为。”③然而，以这种角度来分析隐私的观点过于狭隘；笔者认为，隐私是一个分层次和程度的问题。尽管当人们进入公共场所的时候所让渡的隐私权会比在私人场所的时候让渡的个人隐私权更多，但是这不等于人们自动地丧失所有的隐私权。④ 法律应该承认，被公众所“看见”与被别人近距离的观察、摄影或拍照这两种情形是有区别的，不能一概而论。⑤

2. 拍照与摄像的关联性

除了认为在公共场所跟踪他人不构成侵犯他人隐私权的行为之

---

① Alan F. Westin, Privacy and Freedom 41 (1967); see also David E. Steinberg, Making Sense of Sense - Enhanced Searches, 74 Minn. L. Rev. 563, 586 - 588.

② William P. Cheshire, Don't Trust Everything You Hear, Ariz. Republic, Aug. 1, 1993, at C1.

③ William L. Prosser, Privacy, 48 Cal. L. Rev. 391 (1960).

④ W. Ward Fearnside & William B. Holther, Fallacy: The Counterfeit of Argument 30 (1959).

⑤ Stanley I. Benn, Privacy, Freedom, and Respect for Persons, in Nomos XIII: Privacy 4 - 5 (J. Roland Pennock & John W. Chapman eds., 1971).

外[①]，Prosser 教授还认为："在公共场所对他人进行拍照同样不构成侵犯他人隐私权的行为，因为拍照仅仅是做记录，本质上与手写文书没有区别，内容都是在场的公众可以自由看到的情景。"[②]换言之，Prosser 教授认为，单纯使用眼睛观察他人与制作永久保存他人的照片记录这两种行为之间是没有区别的。

Prosser 教授引用 Gill 一案来支持自己的理论。但是，被告单纯使用眼睛观察 Gill 一案中的原告夫妇与对他们进行拍照两种行为之间的差别是巨大的，因为照片会加剧对他人个人隐私的侵犯，这表现在以下几个方面：

首先，因为照片对当时的场景进行了永久性的记录，会使得行为人实际上将照片中他人的一部分生活现实带到自己身边，他人对于这些记载自己生活情形的照片却失去控制[③]，相反，如果不用照相机拍照，仅仅用眼睛观察，行为人实施公共侵扰行为就要受到某些暂时性的限制。因为如果不用照相机拍照，即使非常喜欢窥探他人隐私的参观者们在参观农贸市场的时候，也只能对原告夫妇给予匆匆一瞥，以免长时间地盯着原告引来旁人对参观者的注意，后者无疑会引起原告的尴尬。即使行为人能够自觉地躲避别人的目光观察他人，一旦被别人发现其行为，行为人仍然很可能会继续往前走而不会冒险与观察对象或者警察相冲突。再退一万步讲，即使行为人占据有利地点，既可以观察他人又不被发现，但是只要他人改变自己所处的位置，行为人也只能终止其观察行为。然而，照片则可以让这种观察无限延长，因为照片上的图像是不会消失的。

其次，由于照片是一种永久性的记录载体，因此一些通过短暂的眼睛观察可能忽略的细节可能被照片所暴露，因为我们可以从容不迫地观看一张照片，从中发现匆匆一瞥难以发现的细微之处。我们都知道蒙娜丽莎用她的眼睛来微笑，这是因为我们可以仔细观察研究她那幅著名的肖像画，如果我们仅仅是在人行道上经过蒙娜. 丽莎的面

① William L. Prosser, Privacy, 48 Cal. L. Rev. 391 (1960).

② William L. Prosser, Privacy, 48 Cal. L. Rev. 391 - 392 (1960).

③ Alan F. Westin, Privacy and Freedom 62 (1967).

前，恐怕没有人会发现这一细节。在 Gill 一案中，法院也在判决书中提到，照片里反映了身处农贸市场中原告夫妇的“感性情绪”[①]，这正是路人很可能会忽略的一个细节。

再次，由于照片是某个场景的永久记录，如果这些照片被广泛地传播，则会增强隐私侵权行为对他人的个人隐私权的冲击。在 Gill 一案中，法院认为案中的照片“没有披露任何私人的事务或信息，仅仅是扩大了知晓这一特定情景的人群范围，除了当时当地的目击者外，照片让其他的一些人也看到了这一情景”。[②] 这些语句对于侵权行为的结果是如此的轻描淡写。实际上，如果没有这些照片，除了摄影师自己，几乎没有人会注意到原告夫妇，即便洛杉矶市的农贸市场是非常繁荣的露天集市，原告都可以依靠自己的不起眼的特点和隐匿姓名保护自己免受来往人群的仔细观察。然而，因为有了这照片，关注原告的公众人群就从集市上的路人扩大到一份全国发行杂志的读者群。[③]

最后，照片不仅使得原告的肖像能够在更多观众或读者中传播，而且是向原告不愿公开的人群传播。人们会依据自己接触的环境作不同的打扮和实施不同的行为，在某些环境下是合适的行为在另一些环境下则未必合适，甚至会引起尴尬。比如，虽然许多人都愿意在海滩上或游泳池边袒胸露背，但是大多数人都不会愿意在其他情形下让他人看到自己的这个形象。因此将某人的形象向其不愿公开的人群公开，可能会给他带来尴尬和麻烦。

简而言之，由于照片是某一时间内某一场景的永久记录，可以传播到很广泛的人群中，可以传播到很远的地方，实质上加剧了行为人原本实施的侵犯个人隐私的行为对他人隐私权利的冲击。因此，Dean Prosser 教授将眼睛观察与拍照这两种行为等同起来的看法是错误的。

原本用眼睛观察他人与给他人拍照这两种行为之间的差别已经足

---

① Gill v. Hearst Publishing Co., 253 P. 2d 441, 445 (Cal. 1953).

② Gill v. Hearst Publishing Co., 253 P. 2d 441, 445 (Cal. 1953).

③ Ernest Van Den Haag, On Privacy, in Nomos XIII: Privacy 158 (J. Roland Pennock & John W. Chapman eds., 1971).

够大了，如果使用摄像技术，这种差别将会更大。上文所提到的关于照片的一些特点诸如永久性和可传播性，录像同样具有这些特点，只是这些特点因为录像自身的其他特性而得到增强。录像可以捕捉到的不仅是他人的某一张肖像，还有他的个性特点。所有外部的个人特征都可以被摄像技术永久记录和重现，诸如外貌、脸部表情、手势、眼神、姿势甚至言谈等。因此，录像同样会反映出许多内在的个人特征。例如在言谈中，我们很可能会暴露大量的个人信息，尽管许多人会在有摄像机的场合减少谈论私人事务，但是越来越发达的科技使得人们可以从越来越远的距离进行录音，因此我们可能在还没有意识到被录音的情况下发表个人言论，难以刻意地减少对个人信息的披露。而且，即使是摄像所捕捉到的非语言交流内容也可能暴露重要的个人信息，例如感情（紧张、沮丧、快乐）、对他人的态度（愤怒、爱、谨慎、厌烦、不耐烦）、精神状态（专心、困惑、自信）及身体状态（疲倦、警惕、饥饿）。[①]社会学家一直以来都认为，“尽管我们用发声器官来说话，但是我们通过全身来交流”。[②]

“公共场所内的隐私权”听起来似乎是一个逆喻，但这仅仅是因为我们倾向于将“公共”和“私人”两个词认为是两个绝对的概念。“公共”总是和社区相联系，因此，当接触到某些公共事务时我们会回想起社区内的事务。而“私人”则使我们联想起篱笆、围墙、画帘等将个人和社区隔离的物理性的障碍。然而，隐私不是一个全有或全无的概念，他人在离开物理性独立的场所后进入公众视野，这意味着他人将让渡出很大一部分的隐私权，但是这不等于他人就放弃了所有合法的隐私期待。正如前文的讨论所言，隐私的某些重要组成部分与物理性的独处无关。当他人的这部分隐私受到行为人实施的令人高度反感的行为侵犯时，即使这些行为发生在公共场所，侵权法都应当承认这些行为的违法性并给予受害人救济。

① See generally Michael Argyle, Bodily Communication 105 – 345 (1975).

② John Galvin, Out on a Limb; Your Body Speaks Volumes; Body Language, British Telecommunications PLC (England), Sept. 1990, available in NEXIS, News library, Arcnws file (quoting a behavioral scientist).

五、现行法律对公共场所隐私权的间接承认

本文的以上部分集中讨论了法院为什么坚持拒绝承认原告可以就被告在公共场所实施的侵扰其安宁的隐私侵权行为获得救济的问题。尽管在审理有关公共场所侵扰他人安宁的隐私侵权行为的案件中，法院一般都会认为原告提出的隐私侵权诉讼请求无法得到法律的认可。但是，有几个案件却是例外，法官们在这些案件中根据直觉判决原告可以就被告在公共场所内实施的某些侵扰他人安宁的隐私侵权行为获得赔偿。尽管法官们的这些意见都没有写在判决书的正文中，而且仅仅是暗示了对这样一种权利的认可，但是，这些间接对公共场所内隐私权的间接认同仍然有重要意义。

一个早期的关于公共场所侵扰他人安宁行为的案件促使《美国侵权法复述（第二版）》的起草人在坚持公共场所无隐私原则的同时，承认该原则可能存在例外，他们在官方评论中写道："尽管原告身处公共场所，原告的某些生活细节比如是否穿了内衣等是没有被展示在公共视线内的，如果被告的行为侵扰了原告对于这些问题的处理，就可能会侵犯原告的隐私。"①

《美国侵权法复述（第二版）》引用了 Daily Times Democrat v. Graham 一案②来支持这种观点。在 Graham 一案中，被告的摄影师对原告——一位参加"Fun House"嘉年华的女子拍摄了照片，照片上该女子的短裙被一台隐蔽的空气喷射机吹起盖在她的头上。被告在其发行的报纸头版刊登了这张照片，从照片上可以清楚地看见原告的内裤。原告于是起诉被告侵犯其隐私权，阿拉巴马州最高法院支持了原告的诉讼请求，尽管法官作出这一判决的理由并不是很清晰，但是法院认为："被告的行为错误地侵犯了原告的私人活动，其行为的方式是令人愤怒的或引起精神痛苦的，一般人如果遇到这种行为都会感到羞耻或者耻辱"。被告抗辩时提出照片是"在原告作为公共场景的一部分时拍摄的"，因此被告的行为是不可诉的，但是法院驳回了被告

① Restatement (Second) of Torts 652B cmt c (1977).

② 162 So. 2d 474 (Ala. 1964).

的这个主张。审理 Gramham 一案的法官进一步推论认为，公共场所侵扰他人安宁的隐私侵权行为构成诉讼理由。尽管只适用于有限的情况，但它的确是合法的、成立的。在驳回被告的上述主张时，法院强调照片中的尴尬形象并非原告自愿摆出的，因此，尽管自担风险理论为公共场所无隐私原则提供有力的支持，但是从 Gramham 一案判决来看，这一理论的支持是不成立的。Gramham 一案的判决与《美国侵权法复述（第二版）》在关于公共场所无隐私这一原则的观点上的分歧是有重要意义的，因为一旦法律承认在某些公共场合内发生的侵扰个人隐私的行为是可诉的，则从逻辑上而言，没有理由认为其他发生在公共场所内侵扰个人隐私的行为是绝对不可诉的。

某些法官凭直觉认同了这个观点，从一些案例的判决中可以看出，除了 Gramham 一案判决认可的少数情形外，还有另外一些公共场所侵扰他人安宁的隐私侵权行为案件的原告获得了赔偿。不过，令人遗憾的是，这些案件的判决书缺少了对判决的理据分析，没有清楚指出正是因为被告的行为构成侵扰他人安宁的隐私侵权行为，所以原告获得了法律救济。从这点来看，法官们似乎希望原告可以获得救济却又不愿意提及现行法律。事实上，这些案件的判决书中没有一份提及公共场所无隐私的原则，其对公共场所侵扰他人安宁的行为构成诉讼理由的认可仅仅是在字里行间中的一些暗示，而没有得到充分的阐释。

在这些认同公共场所侵扰他人安宁的隐私侵权行为构成诉讼理由的案件中，本文只讨论以下的几个案例。

案例一：Rafferty v. Hartford Courant Co. 一案[①]

在该案中，原告在一处空旷的山坡上举行“离婚仪式”，受雇于被告摄影社的一名记者在未经原告邀请的情况下参观了该仪式并且拍下了照片。被告将其中一张照片刊登在其发行的报纸头版上，配以文字说明离婚仪式的情况。原告于是起诉被告侵犯其隐私权，理由是被告的行为构成了侵扰他人安宁的隐私侵权行为、公开披露他人私人事务的隐私侵权行为和公开丑化他人的隐私侵权行为一共三种隐私侵权

---

① 416 A. 2d 1215 (Conn. Super. 1980).

行为。被告就原告的三项控告向法院提出了适用简易判决程序的申请，均被法院驳回。法院在驳回的理由中没有进行过多的分析，也没有提及公共场所发生的侵扰行为不构成隐私侵权行为的原则，只是指出："从原告的书面陈述看，被告的员工的行为构成了故意实施物理性侵扰原告私人事务的行为，原告的陈述有力地支持了他们的诉讼请求。"对于被告的行为是否构成侵扰他人安宁的隐私侵权行为，法院认为，应当根据陪审团的判断来认定，如果陪审团判断其行为符合《美国侵权法复述（第二版）》第652B条的规定达到"令一个有理性的人高度反感"的程度，则被告的行为构成侵扰他人安宁的隐私侵权行为。

案例二：Kramer v. Downey 一案①

在该案的判决中，法院同样暗示了原告可以就被告在公共场所实施的侵扰其安宁的隐私侵权行为造成的损害获得赔偿。在该案中，原告与被告是一对刚刚分手的情侣，被告是原告的前女友，原告控告被告长时间侵犯其隐私权，理由是被告在原告与其分手后"总是在公共场所内紧紧盯着自己"。被告承认自己实施过这样的行为，但是辩称因为"她总是与原告保持距离，每次观察原告时都是在公共建筑物或公共场所内，而且警察也从未因此而逮捕她"，因此其行为是不可诉的。该案一审法院判决原告败诉，原告不服提起上诉。德克萨斯州上诉法院在二审中推翻了一审判决，颁布禁止令禁止被告再次实施同样行为，并责令被告赔偿原告因此遭受的损害。法院在判决书中写道："我们认为隐私权是内涵很丰富的权利，其中包括了无论在家中还是在工作场所，原告都有不受被告故意侵扰其生活的权利。"

案例三：Galella v. Onassis 一案②

除了以上两个案例，其他类似案例的判决虽然都暗示法院承认公共场所侵扰他人安宁的行为构成诉讼理由，但都没有提及这种行为究竟构成了哪一种侵权行为，如 Galella 一案。在该案中，一位自称是专门偷拍名人照片的自由摄影师 Donald Galella 起诉 Jacqueline Onassis

---

① 680 S. W. 2d 524 (Tex. Ct. App. 1984).

② 487 F. 2d 986 (2d Cir. 1973).

（美国前总统 Kennedy 的夫人）以及三名特工人员错误逮捕了自己。Onassis 反诉 Galella，控告他的行为构成隐私侵权行为、暴力殴打他人的行为和故意引起他人精神痛苦的侵权行为，请求法院颁布禁令禁止 Galella 再次实施相同的行为及判决 Galella 对 Onassis 及其家人承担损害赔偿责任。Onassis 反诉的理由是 Galella 对她本人、她的儿子 John Kennedy，Jr. 以及她的女儿 Caroline Kennedy 实施了一连串的骚扰。法院在判决中引用了 Onassis 提出的一些例子以证明 Galella 曾经实施骚扰行为，如：在 John 骑自行车的时候突然冲到 John 的面前拍照，打扰 Caroline 打网球，擅自进入 John 和 Caroline 就读的私立学校，在 Onassis 游泳时驾驶汽艇靠近 Onassis 以及在许多公共场所拍摄 Onassis 及其所举办的舞会的照片。而 Galella 则控告特工人员违法扣留自己，认为特工人员的意图仅仅是阻止其接触 Onassis 及其家人。

在该案一审中，地区法院驳回了 Galella 的诉讼请求，而Onassis则撤回了要求 Galella 承担损害赔偿责任的诉讼请求。一审法院根据纽约州法律判决，禁止 Galella 继续骚扰 Onassis 及其家人，并且判决："Galella 必须就自己实施的骚扰他人、故意引起他人精神痛苦、暴力殴打、擅自将他人的姓名或肖像用于商事目的以及侵犯 Onassis 及其家人的隐私权等行为承担法律责任。" Galella 不服一审判决提起上诉，上诉法院判决缩小了禁令的适用范围，但维持了一审法院对基本事实的认定。①

关于 Onassis 控告 Galella 侵犯其隐私权的主张是否构成诉讼理由这个问题，联邦上诉法院认为，尽管纽约州各级法院目前尚未明确承认行为人实施的擅自将他人的姓名或肖像用于商事目的的行为构成隐私侵权行为，也没有认可其构成合法的诉讼理由，然而联邦上诉法院相信纽约州各级法院日后很有可能会改变态度。② 可惜联邦上诉法院的这种预言并不准确，因为纽约州上诉法院在 Onassis 控告 Galella 侵犯其隐私权一案的判决中再次重申，隐私权应当由立法者通过制定法来规定，而不是由法官通过判例法来规定。因此，该法院不会在判决

---

① 487 F. 2d 986 (2d Cir. 1973), at 998.

② Galella, 487 F. 2d at 995 n. 12.

中认定擅自将他人的姓名或肖像用于商事目的的行为构成隐私侵权行为。[①]

尽管如此，Galella 一案仍然有很重要的意义。有一位联邦地区法院法官和三位联邦上诉法院法官认为，尽管 Galella 实施的许多行为发生在公共场所，但是其行为侵犯了 Onassis 及其孩子的隐私权。他们的观点相当于他们同意，原告将被告在公共场所内实施的侵扰他人安宁的行为作为诉讼理由。因为根据案情推断，只有侵扰他人安宁的隐私侵权行为的性质与 Galella 的行为相符，而其他类型的隐私侵权行为如公开披露他人私人事务以及公开丑化他人的隐私侵权行为等与 Galella 的行为性质不符。法官还认为，就 Onassis 控告 Galella 擅自将他人的姓名或肖像用于商事目的这一诉讼请求而言，Onassis 有充足的理由，法院最终支持了 Onassis 的这一诉讼请求。

案例四：Blumenthal v. Picture Classics，Inc. 一案[②]

比上述三个案例发生得更早的一个案件是 Blumenthal 一案，该案由纽约州法院进行审理。与前述案例类似，Blumenthal 一案的判决同样显示出法院倾向于灵活适用有关隐私侵权的现行法律，救济在公共场所遭遇侵扰的受害人。在该案中，被告与另外两个人 Nick 和 Tony 一起共同制作了一个短时电影《纽约风景》，这部电影展示了曼哈顿街头的景色，其中六秒的片段里面包含了原告手里提着一个篮子向路人兜售面包的场面。《纽约州制定法》只承认擅自将他人的姓名或肖像用于商事目的的行为构成隐私侵权行为，而不承认其他类型的隐私侵权行为。该州法律规定，擅自将他人的姓名或肖像用于商事目的的隐私侵权行为是指“为了广告或贸易目的”使用他人的姓名或肖像。[③] 然而，在 Blumenthal 一案的一审中，地区法院判决禁止被告将被诉的影片公开，该法院认为，尽管“原告在公众视野之内售卖面包”，但被告对原告肖像的使用是“为了贸易目的”，符合纽约州法

① See, e. g., Delan v. CBS, Inc., 458 N. Y. S. 2d 608, 612 (N. Y. App. Div. 1983); see also Manufacturas Int'l, LTDA v. Manufacturers Hanover Trust Co., 792 F. Supp. 180, 193 (1992) (applying New York law).

② 257 N. Y. S. 800, 801 (App. Div. 1932.

③ N. Y. Civ. Rights Law 50 (McKinney 1992).

律规定的擅自将他人的姓名或肖像用于商事目的的隐私侵权行为。① 被告不服提起上诉，然而纽约州上诉法院认同一审法院的看法并维持了一审判决。②

但是对于该案的判决，纽约州最高法院的一些法官表示异议，认为被告使用原告的肖像并非出于商事目的而仅仅是一种“巧合”。③这种观点有一定道理，一方面，原告的肖像并不具有商业价值，认定被告对原告肖像的使用是出于商事目的似乎并不妥当，有滥用该法律规定的嫌疑；另一方面，原告的主张理据不足，尽管她提出“被告的电影将她描绘得愚蠢、不自然而且低人一等，使她被周围的邻居和朋友所嘲笑和蔑视”，但笔者认为被告的电影仅仅反映了实际发生的场景，并没有刻意贬低原告。

随后纽约州类似案件的审判都遵循了上述观点。④ 在 Blumenthal 一案作出判决的同时，纽约州各级法院认定，行为人为了公共利益而在公开有新闻价值的事件时使用他人肖像的行为受到法律的保护。⑤ 总体而言，Blumenthal 一案的判决反映出法院正试图使有关隐私侵权的法律适应时代的发展，使得法律可以保护原告免受公共场所拍摄行为的侵扰，而且原告的肖像也不会未经本人同意就被被告所公开，即原告可以充分享受独处的权利。

案件五：Best v. District of Columbia 一案⑥

在某些涉及公共场所内发生的侵扰他人安宁的行为的案件中，法院没有使用侵扰他人安宁的隐私侵权行为理论而是其他的理论判决原告胜诉，但是这种做法明显生搬硬套，不合常理，其中就包括 Best 一案。在该案中，原告是一群囚犯，在他们搭乘飞机从华盛顿飞往华盛顿州的斯波坎市监狱时，被告走到座位间的通道上，未经原告的同意对原告手戴镣铐和锁链坐在座位上的模样进行摄像。原告提起多项

---

① Blumenthal, 257 N. Y. S. at 801.

② N. Y. Civ. Rights Law 51 (McKinney 1992).

③ Blumenthal, 257 N. Y. S. at 804 (O' Malley, J., dissenting).

④ See, e. g., Delan v. CBS, Inc., 458 N. Y. S. 2d 608, 614 (App. Div. 1983).

⑤ See, e. g., Sarat Lahiri v. Daily Mirror, Inc., 295 N. Y. S. 382, 389 (1937).

⑥ 743 F. Supp. 44 (D. D. C. 1990).

诉讼请求，其中包括涉及宪法的指控以及判例法上侵犯隐私权的指控。被告就原告关于隐私侵权的诉讼请求向法院提出适用简易判决的申请。

法院裁定驳回被告的申请，并根据公开披露他人私人事务的隐私侵权行为理论继续审理原告的诉讼请求。然而，如果按照这一理论的传统定义，原告主张的理由无法支持他们获得赔偿，因为即使被告拍摄了关于原告的录像，如果被告没有向别人公开这些录像，则被告的行为不构成公开披露他人私人事务的隐私侵权行为。[①]根据《美国侵权法复述（第二版）》，在公开披露他人私人事务的隐私侵权行为中，"公开"一词的定义是指行为人"将他人的事务向公众公开，使得知晓他人事务的公众数量巨大或者达到使这一事务事实上成为公众共识的程度"。[②] 尽管被告仅仅承认曾经将录像向劳教人员公开，而原告则认为这些录像公开的对象实际是未知的第三者，[③]但无论按照哪一方的主张来分析，被告的"公开"行为都不符合《美国侵权法复述（第二版）》中对"公开"一词的定义，因为在讨论原告根据宪法提出的关于隐私侵权的诉讼请求时，法院认为"无论这些录像是否公开，原告对于这些录像都拥有合法的隐私期待"。

案件六：Muratore v. M/S Scotia Prince 一案[④]

在 Muratore 一案中，法院判决原告获得赔偿的依据是被告的行为构成故意引起他人精神痛苦的侵权行为。但笔者认为，被告的行为应当构成公共场合内侵扰他人安宁的隐私侵权行为。在该案中，原告是被告所乘游艇上的乘客。在乘船旅游的过程中，被告聘请的两名摄影师多次无视原告的反对对原告拍照，其中一名摄影师还曾经使用猥亵色情的言辞攻击原告。

法院驳回了原告的诉讼请求，认为被告的行为不构成侵扰他人安宁的隐私侵权行为，其理由是根据缅因州的法律，被告"物理性地侵扰原告私人所有的建筑物"是指被告的行为构成侵扰他人安宁的

---

① Restatement (Second) of Torts 652D (1977).

② Restatement (Second) of Torts 652D cmt a (1977).

③ Best, 743 F. Supp. at 48.

④ 656 F. Supp. 471 (D. Me. 1987).

隐私侵权行为的前提，但是原告所指控的被告行为都发生在公共场所。法院认为被告行为不构成侵扰他人安宁的隐私侵权行为，而是构成故意引起他人精神痛苦的侵权行为。尽管法院承认《美国侵权法复述（第二版）》对被告的行为"是否达到'令人愤怒'的程度的判断标准相当严格"，法院仍然认为被告的行为"是极端的行为，是令人愤怒的行为"。

《美国侵权法复述（第二版）》第46条规定，故意引起他人精神痛苦侵权行为的构成要件有两个：

第一，"只有在被告的行为性质极其恶劣、令人气愤、毫无教养、为文明社会所无法容忍的时候"，被告的行为才构成故意引起他人精神痛苦的侵权行为，被告需要就该行为承担法律责任。[①] 因此，法院认为《美国侵权法复述（第二版）》对故意引起他人精神痛苦的行为的认定标准是有道理的。既然如此，那么，单纯的侮辱和不雅的言辞攻击行为不足以构成极端令人愤怒的行为。[②] 在 Muratore 一案中，被告除了曾经对原告做出一次猥亵色情的言辞攻击以外，[③]被告的其他行为始终都只是无视原告的反对而对原告拍照而已，所以被告的行为应当不构成故意引起他人精神痛苦的侵权行为。审理该案的法院认定，被告的行为构成极端的、令人愤怒的行为的理由仅仅是由于被告已经认识到原告对于被别人拍照（从她的最初反应可以看出）的异常敏感，法院就以这种认识作为标准来判断被告的行为引人愤怒的程度高低，这种判断明显不符合大多数法院适用《美国侵权法复述（第二版）》第46条规定时的严格标准。[④]

第二，原告必须提出证据证明自己遭受"严重的精神痛苦"，[⑤]《美国侵权法复述（第二版）》第46条规定"法律仅仅在被告的行为造成原告的精神高度痛苦以至于没有一个有理性的人可以忍受的时

---

① Restatement (Second) of Torts 46 cmt d (1977).

② Restatement (Second) of Torts 46 cmt d (1977); See also W. Page Keeton et al., Prosser & Keeton on the Law of Torts 117, at 59 (5th ed. 1984).

③ Muratore, 656 F. Supp. at 481 (emphasis added).

④ See, e. g., Logan v. Sears, Roebuck & Co., 466 So. 2d 121, 122, 124 (Ala. 1985).

⑤ Restatement (Second) of Torts 46 (1977).

候，才会限制被告的行为”。审理 Muratore 这类型案件的法院通常会要求原告提出证据证明其所受的精神痛苦[①]达到侵权法规定的程度[②]，但是，在 Muratore 一案的判决书中没有任何提及任何相关证据证明原告遭受严重的精神痛苦。尽管没有证明原告精神痛苦程度的证据，审理 Muratore 一案的法院依然认为该案中被告的行为符合这一标准，因为“可以从被告摄影师的行为性质的恶劣与令人愤怒的程度中推导出原告所遭受的精神痛苦的严重程度”。这样的推论是蹩脚的，结合该案判决中对被告行为极端令人愤怒的性质的不合理认定，该案判决的逻辑推理是站不住脚的。

从以上案例的判决反映出，尽管某些法院判决支持了原告就被告在公共场所内实施的侵扰原告安宁的侵权行为获得赔偿，但是法官们缺乏足够的理论基础来支持自己的判决。为了达到救济原告的目的，法官们被迫使用变通的办法：①以侵扰他人安宁的隐私侵权行为理论为支撑，但是忽略公共场所发生的侵扰行为不可诉这一原则（如 Rafferty 一案和 Kramer 一案）；②认定行为人的行为构成隐私侵权行为，但是不具体指出该行为构成哪一类型的隐私侵权行为（如 Galella 一案和 Blumenthal 一案）；③适用不符合案情的一些相关理论作为应急措施（如 Best 一案和 Muratore 一案）。

Warren 和 Brandeis 在 1890 年撰写他们那篇影响深远的论文《论隐私权》[③] 时提出，如果侵权法上缺乏对隐私权的保护，法院将会被迫类推适用其他的法律理论（比如毁损他人名誉权、财产权、版权、默示合同等相关理论）来救济受害人，使得他们可以就行为人的隐私侵权行为获得赔偿。现在公共场所的隐私权也面临当年隐私权未被法律承认时的困境——如果不承认公共场所内的隐私权，则法院只能在现有的法律理论中进行选择，然后进行类推适用以解决行为人在公共场所内实施的侵犯他人隐私权的行为问题。在《论隐私权》一文中，Warren 和 Brandeis 认为，解决隐私侵权问题的方法是法院承认

---

① See, e. g., Forster v. Manchester, 189 A. 2d 147, 151 (Pa. 1963).

② Muratore v. M/S Scotia Prince, 656 F. Supp. 471, 475 (D. Me. 1987).

③ Samuel D. Warren & Louis D. Brandeis, The Right To Privacy, 4 Harv. L. Rev. 193 (1890).

人们所享有的“独处权”是一种独立的权利，侵犯该权利的行为构成侵权行为。同理，为了适应当今时代的发展，法院应当公开直接承认公共场所内隐私权的存在，并且当公众在公共场所遭受侵扰行为的侵犯时给予救济，保护他们所享有的公共场所内的隐私权。因此，笔者认为有必要重新定义侵扰他人安宁的隐私侵权行为。

六、重新定义侵扰他人安宁的隐私侵权行为：增加“公共场所内侵扰他人安宁的隐私侵权行为”

在美国，大多数州的侵权法根据《美国侵权法复述（第二版）》关于隐私侵权行为的四分法规定，将隐私侵权行为分为包括侵扰他人安宁的隐私侵权行为在内的四种类型。要使得公共场所发生的侵扰他人安宁的隐私侵权行为得到现行法律的承认，并因此使其成为合法的诉讼理由，其障碍不在于《美国侵权法复述（第二版）》的条文对侵扰他人安宁的隐私侵权行为的定义，而在于《美国侵权法复述（第二版）》的官方评论。根据《美国侵权法复述（第二版）》第652B条，“对他人隐私的侵扰”指的是“如果行为人故意以物理性的或者其他方式侵扰他人的安宁或者住所，或者干涉他人的私人事务，一旦行为人的侵扰行为达到令一个有理性的人高度反感的程度，行为人就应当就其侵扰他人安宁的隐私侵权行为对他人承担侵权损害责任。”①

尽管《美国侵权法复述（第二版）》的条文及其官方评论都暗示侵扰“安宁”和“住所”的侵权行为只有发生在物理性的私人空间内才可能构成隐私侵权行为，但是条文本身还提到“干涉他人的私人事务”的行为也可能构成隐私侵权行为，而官方评论则没有提及这一点。换言之，条文内涵比官方评论更为丰富，其范围足以覆盖公共场所发生的侵扰他人安宁的隐私侵权行为。笔者认为，他人在公共场所内自由行动而免受行为人的跟踪、拍照或者摄像的权利应当看做属于“他人的私人事务”。

但是，《美国侵权法复述（第二版）》第652B条的官方评论却清

---

① Restatement (Second) of Torts 652B (1977).

楚地写明只有在少数特定情况下，法律才会保护身处公共场所的人们的隐私期待，因为当他人“所处的场所并非其住所”时，如果行为人仅仅是观察他人或者在公共场所内对他人拍照，行为人无须就其行为对他人承担法律责任。这种观点对隐私权的认识过分狭隘，因为它没有考虑隐私权的部分重要内容，与物理性的独处联系很少。本文的这一部分提供了一个对侵扰他人安宁的隐私侵权行为的参考定义，在原有定义上增加了公共场所内发生或者来自公共场所的侵扰他人安宁的隐私侵权行为的内容。

笔者建议，对侵扰他人安宁的隐私侵权行为进行重新定义的出发点是，法律应当承认无论是他人的隐私权还是行为人为了公共利益而侵犯他人隐私权的权利都不是绝对的权利。毫无疑问，由于个人的隐私权和公共权利在某种程度上存在冲突，因此法律在给隐私权进行定义时，必须平衡个人的隐私权和公共权利。① 进一步说，在定义人们所享有的公共场所内的隐私权时，也必须平衡个人的隐私权与社会公众的交流权。因为，任何一个社会成员都应当享有适度的、在公共场所内自由行动的权利而不必时刻担心侵犯他人的隐私权；但同时，由于许多在公共场所发生的侵扰他人安宁的隐私侵权行为都涉及言论自由和媒体自由，所以任何扩大侵扰他人安宁的隐私侵权行为认定范围的建议都必须将所有这些重要的权益纳入考虑范围内。

在现行法律中，对隐私权和其他权利的平衡体现在一个最直接的法律原则里：隐私权不可能在公共场所内受到侵犯（或者说公共场所无隐私）。这一原则唯一的优点在于其方便适用。尽管这个优点并不是无足轻重的，但是法官不应当仅仅为了方便而适用这一原则，并因而将隐私权排除在公共场所之外。这一原则并没有体现出对隐私权和其他权利的平衡，而仅仅将隐私权排除在文明社会生活的一个重要领域——公共场所之外。

僵化的规则在侵权法领域的实施效果并不理想，这是因为人类的行为多种多样，僵化的规则难以覆盖所有类型的行为。②侵权法制定

① See, e. g., Machleder v. Diaz, 801 F. 2d 46, 48 (2d Cir. 1986).

② W. Page Keeton et al., Prosser & Keeton on the Law of Torts 117, at 218 (5th ed. 1984).

和修改的历史反映出僵化的规则不可避免地会产生两种对立副作用中的任何一种：①如果法官生硬地将僵化规则适用于某些不适合的案件当中，则这样的法律适用会对当事人产生严酷和不公平的坏结果。②法官为了避免严酷和不公的结果而对僵化的规则进行司法操纵。就公共场所内侵扰他人安宁的行为而言，因为这种行为目前仍然不是法定可诉的侵权行为，所以在本文举出的许多案例中都体现出第一种副作用，而本文第五部分的案例则体现出第二种副作用——法官们或者故意忽略这一规则，或者为了规避这一规则而采用其他法律理论以救济原告。

下文将讨论如果放弃现有的公共场所无隐私原则，是否有可能将公共场所发生的所有令人高度反感的监视行为纳入侵权法规范的范围内。换言之，下文的主要内容是探讨是否有可能赋予“公共场所内侵扰他人安宁的隐私侵权行为”以法律上的地位，使得这种行为可以成为侵权法上的可诉行为。

侵扰他人安宁的隐私侵权行为的重新定义应当既保障受害人可以就某些公共场所内发生的侵扰他人安宁的隐私侵权行为获得赔偿，同时又保障社交自由和言论自由的效果。要达到这种效果，一方面需要保持现行《美国侵权法复述（第二版）》对侵扰他人安宁的隐私侵权行为的定义所规定的基本标准——只有在行为人实施的侵扰行为达到“令一个有理性的人高度反感”的情况下，行为人才需要对他人承担法律责任，另一方面应当引进判断行为人的侵扰行为是否达到这一标准的多因素判断标准。因此，下文提议的参考定义由两个部分组成：第一部分基本保持了现行《美国侵权法复述（第二版）》对侵扰他人安宁的隐私侵权行为的定义，但是删除了“安宁或住所”的字眼，将侵扰他人安宁的隐私侵权行为可能发生的范围扩大到公共场所；第二部分列举了判断行为人的侵扰行为是否达到令一个有理性的人高度反感的程度的多因素判断标准中的所有七个判断因素。

在这七个因素中，有两个并非原有的侵扰他人安宁的隐私侵权行为的判断要素，包括：①行为人是否将他人的信息向公众公开传播；②行为人实施侵扰行为的对象是否涉及法定公共利益。目前，这两个因素都是判断行为人的行为是否构成公开披露他人私人事务的隐私侵权行为的标准。因此，本文建议的参考定义在某种意义上是侵扰他人安宁的隐私侵权行为和公开披露他人私人事务的隐私侵权行为的混合定义。但是，这并不等于公开披露他人私人事务的隐私侵权行为理论就没有了存在的意义，下文将会对此做详细的分析。

基于以上理由，笔者认为，本文提出的侵扰他人安宁的隐私侵权行为的参考定义切实可行地平衡了人们在公共场所享有的隐私权和公众的社交自由以及言论自由。

笔者提出的参考定义如下：所谓侵扰他人安宁的隐私侵权行为，是指行为人故意以物理性的方式或者其他方式干涉他人的私人事务或相关事项的行为，无论行为发生的场所是在物理性的私人领域还是向公众公开的领域，如果行为人的侵扰行为达到令一个有理性的人高度反感的程度，行为人就应当对他人承担隐私侵权责任。在判断行为人实施的某种行为是否达到让一个有理性的人高度反感的程度时，应当考虑以下因素：①行为人的动机；②侵扰行为的程度，包括行为持续的时间、影响的范围和实施方式；③根据行为发生地的风俗和习惯，他人是否可以合理期待免受该行为的侵扰；④行为人实施侵扰行为前是否征得他人的同意；⑤他人是否采取行动表示反对行为人实施该行为，而这种表示必须是可以让有理性的人所理解的；⑥行为人是否将通过侵扰行为获取的他人肖像或其他信息予以公开传播；⑦通过侵扰行为获取的他人肖像或其他个人信息是否涉及法定公共利益。行为人的行为只要符合以上七个因素中的一个或者几个，即可认定其行为达到令一个有理性的人高度反感的程度，七个要素不分主次，具体需要适用哪些因素进行判断视具体个案而定。①

下文仿照美国法学会编撰的《美国侵权法复述（第二版）》，首先对上述的七个判断因素进行说明，然后在每一段说明后附加一些简单的例子，帮助解释这七个判断因素与侵扰行为的关联性及其适用范围。尽管前文提出侵扰他人安宁的隐私侵权行为的重新定义适用于所有侵扰行为发生的场合，但是下文的说明只针对公共场所发生的侵扰他人安宁的隐私侵权行为，而且无论是例子还是评注的提出都不是为

① Restatement (Second) of Torts 222A (1977).

了将问题的每一个细节阐释清楚或者面面俱到，而仅仅是提供可以适用新定义来分析问题的框架。为了说明每一个判断因素与公共场所发生的侵扰他人安宁的隐私侵权行为之间的联系，下文的例子会在排除其他所有因素干扰的前提下，单独说明某一个因素的作用，但是由于各个因素的内在关联性，一些内容重叠在所难免。

（一）行为人的动机

在100多年前，Thomas Cooley曾经说过："邪恶的动机会增加不良行为恶劣的程度，善良的动机却不会让错误的行为从本质上合法化。"[①] 尽管一位现代学者称Cooley的这种说法"是大多数侵权法起草者都持有的明智看法"；[②] 但是，侵权法领域最著名的一篇论文则认为Cooley的说法"仅仅是回避问题实质"，以未经证实的假定作为理论依据进行的狡辩[③]，因为"除非动机这一因素的影响可以完全排除，否则，在判断某个行为是否'本质上合法'时首先必须考虑的因素就是动机"。

行为人的动机和目的对于判断其行为是否是可诉的侵扰他人安宁的隐私侵权行为有重要意义，尤其在判断行为人的行为是否达到"令一个有理性的人高度反感"的程度时扮演重要角色。[④] 如果让旁观者来判断侵扰他人安宁的隐私侵权行为案件中行为人的行为令人厌恶反感的程度，旁观者很可能会对行为人为什么做出这样的行为感兴趣。行为人善意的动机[⑤]，即没有企图通过他人的损失来获利或者伤害他人的动机，会使得其行为看起来并不那么令人反感；相反，如果行为人出于获得经济利益，或出于恶意做出同样的侵扰行为，这些动机就很可能使一个有理性的人对这些本来可以接受的行为感到高度

① Thomas M. Cooley, Torts 497 (2d ed. 1888).

② Martin A. Kotler, Motivation and Tort Law: Acting for Economic Gain as a Suspect Motive, 41 Vand. L. Rev. 63, 64 (1988).

③ W. Page Keeton et al., Prosser & Keeton on the Law of Torts 117, at 218 (5th ed. 1984).

④ Restatement (Second) of Torts 27 (1977).

⑤ Martin A. Kotler, Motivation and Tort Law: Acting for Economic Gain as a Suspect Motive, 41 Vand. L. Rev. 65, 66 (1988).

反感。

已有的一些关于侵犯隐私权的案例可以清楚地说明动机的这种极端影响力。比如在 Elmore v. Atlantic Zayre, Inc. 一案[①]中，被告的员工通过天花板上的一条裂缝观察原告在顾客使用的洗手间内进行同性性行为的情形。法院通过简易判决程序驳回了原告控诉被告侵犯其隐私权的诉讼请求，法院强调“被告的员工观察原告的行为，不是出于侵犯他人隐私权的目的，而是因为在被告的经营场所内发生了疑似犯罪事件，被告的员工为了调查该事件才实施了被诉行为”。[②]换言之，法院认为合法动机的存在使被诉行为摆脱了其令人高度反感的性质。

比如在 Norris v. King 一案[③]中，被告的恶意动机成为法院判决其承担法律责任的重要依据。该案被告是一家自助洗衣店的老板，原告在被告的一家分店的自动售货机上偷钱的情形被安装在店内的一台隐蔽摄像机拍摄了下来。被告向警方报案指控原告盗窃，原告也承认了自己的罪行。在原告获有罪判决后，被告将原告的照片张贴在洗衣店的自动售货机的公告板上，配以文字说明原告的姓名和所犯罪行。原告于是起诉被告侵犯自己的隐私权。一审法院支持了原告的诉讼请求，认为被告的行为相当于逼迫原告进行赔偿。被告不服一审判决，提起上诉。路易斯安那州上诉法院认为，尽管被告的确享有受宪法保护的言论自由，但是，“如果被告实施该行为的动机是在原告获有罪判决后继续惩罚原告和让原告难堪，被告就失去了这种言论自由”。

以下假设场景的例子，可以反映出行为人的动机如何影响公共场所内侵扰他人安宁的隐私侵权行为案件的判决结果。

场景 1

甲陪伴家人到沙滩玩耍时携带自己的摄像机拍摄家人玩耍的场景。当甲的镜头对准海滩的时候，甲将镜头瞄准了正在和孩子一起堆沙堡的乙，甲拍摄乙的目的是因为被乙的孩子的笑声和兴奋的面容所

---

① 341 S. E. 2d 905, 905 (Ga. Ct. App. 1986).

② Martin A. Kotler, Motivation and Tort Law: Acting for Economic Gain as a Suspect Motive, 41 Vand. L. Rev. 906, 907 (1988); see also Johnson v. Corporate Special Servs., Inc., 602 So. 2d 385, 387 (Ala. 1992).

③ 355 So. 2d 21 (La. Ct. App.), cert. denied, 439 U. S. 995 (1978).

感动。甲无须就其侵扰乙安宁的行为对乙承担法律责任。

场景2

甲携带自己的摄像机到沙滩上，拍摄了正在享受阳光浴的乙。甲拍摄乙的目的是为了满足自己的性欲，而随后甲也的确这样使用了拍摄的影片。甲可能就其侵扰乙安宁的行为对乙承担法律责任。

在上述两个近似的假设场景中，行为人的动机将行为人无需承担法律责任的侵扰行为与行为人可能承担法律责任的侵扰行为区分开来。在场景1中，即使乙意识到自己正被甲拍摄并因此感到恼怒，甲也不应当就其侵扰乙安宁的行为承担法律责任。这是因为甲的动机是没有恶意的，而且根据其他六个判断因素来分析甲的行为，甲的行为都不符合需要承担法律责任的行为特征，因此甲的行为不构成可诉的侵扰他人安宁的隐私侵权行为。虽然在场景2中甲的行为与场景1中甲的行为区别仅仅是行为的动机，但是场景2中的甲可能需要为自己侵扰乙的安宁的行为承担法律责任。

从实践的角度看，像场景2这样的情景如果发生在现实中，他人往往很难发现行为人的侵扰行为，而如果他人没有发现这种行为自然不会提起诉讼。而且，即使他人已经意识到侵扰行为的发生，行为人的恶意动机能否被他人发觉，他人是否能证明其动机不良也是值得怀疑的。但是，只要证明恶意动机的证据存在，法院就应当考虑到在某些案件中，动机可能是判决被告承担法律责任的决定性因素。

（二）侵扰行为的程度：持续时间、影响范围和实施方式

行为人实施的侵扰行为侵扰他人安宁的程度取决于他们的侵扰行为及其与他人隐私所受冲击的关联性，是判断行为人是否承担责任的一个显著判断依据。如果行为人的行为仅仅是轻微干涉他人的隐私，即使这种干涉令人厌烦或反感都不能成为他人寻求法律救济的正当理由，尤其是当这种干涉是基于公共交流自由、言论自由和媒体自由这类型与个人隐私实质上相冲突、相抵消的权利的时候，轻微干涉他人的个人隐私更不能成为起诉的合适理由。但是，如果由于实施侵扰行为的手段、持续时间或其他扩大影响范围的因素的作用导致侵扰的程

度加深，则侵扰程度越深，侵扰行为就越可能被认定达到令一个有理性的人高度反感的程度。①

关于实施侵扰行为的手段，影响侵扰程度的重要因素之一是行为人是否在公共场所使用音像设备或电子摄录器材对他人进行录音、拍照或摄像。笔者认为，大部分发生在公共场所的侵扰他人安宁的隐私侵权行为都涉及行为人都使用了某种技术设备（如摄像机、单帧相机、录音设备、双筒望远镜、望远镜和夜视镜等）观察和（或）记录他人的话语或举动。

本文的第四部分也曾经提到，当行为人以制作他人的照片或录像等永久记录的方式记录他人的言行，这些记录方式会从三个方面加深行为人对他人的侵扰：一是这些记录方式使得行为人实际上将他人生活的某一部分实时记录随身携带，令行为人对他人的侵扰性监视持续的时间得以无限延长；二是永久的图像记录比裸眼观察传达更多有关他人的信息；三是无论任何方式的记录都有可能得到传播从而加剧侵扰行为对他人隐私的冲击。使用机械或电子设备记录他人言行这一因素在判断行为人的行为是否达到令一个有理性的人高度反感的程度的过程中，占据重要分量。

假设以下场景：

场景 1

乙有一位好管闲事的邻居甲，甲经常从自家窗帘的缝隙里窥视乙家，观察乙及其家人的日常生活。甲无须就其侵扰乙安宁的行为对乙承担法律责任。

场景 2

情形与场景 1 基本一样，唯一的区别是甲将一台摄像机固定在三脚架上拍摄乙及其家人进出乙家的情景。甲可能就其侵扰乙安宁的行为对乙承担法律责任。

在场景 1 中，甲无须就其侵扰行为承担法律责任的原因是，尽管人们不会喜欢被人观察、窥视，但是人们都可以预料到好管闲事的邻居们可能会非常留心自己的生活而对邻居保持警惕，因此邻居用肉眼

① W. Page Keeton et al., Prosser & Keeton on the Law of Torts 117, at 856 (5th ed. 1984).

窥视自己的生活不一定会侵犯个人隐私权。不过，尽管大部分人有时候会对邻居的行为表现出好奇，但是被邻居时不时地暗中监视的风险与被邻居用电子仪器拍摄自己的行为的风险是不可同日而语的。因此，相比场景 1 中的行为，场景 2 中甲就自己的行为承担法律责任的可能性和正当性无疑更大。

对科技的使用是判断行为人侵扰程度的其中一个重要的判断依据。在公共场所对他人实施未经授权的监控行为，即使没有科技的辅助也可能构成可诉的侵扰他人安宁的隐私侵权行为。但是，要达到可诉的程度，行为人的监控行为必须持续较长的时间或者行为人多次反复实施同样的行为。

假设以下场景：

场景 1

甲坐在大型购物中心的餐厅里盯着乙看，尽管甲的行为令乙感到非常不舒服，但是甲无须就其侵扰乙安宁的行为对乙承担法律责任。

场景 2

情形与场景 1 基本一样，唯一的区别是当乙离开餐厅时，甲一直跟踪乙，直到乙离开购物中心后，还继续驾驶汽车跟踪乙。甲可能就其侵扰乙安宁的行为对乙承担法律责任。

正如许多家长教育幼儿的时候所说的那样，在公共场所盯着他人看是很粗鲁的行为，很可能引起他人的反感，甚至由于当今社会充斥着各种暴力行径，这样的行为还可能引起他人的恐慌。如果行为人仅仅用肉眼紧盯着他人，其行为不会引起侵权责任，因为这只是当今人满为患、文明程度不够高的社会里，人们常常遇上而又不得不忍受的诸多微不足道的困扰中的一种。除非行为人的观察行为逐渐演变为骚扰性的监控，比如场景 2 中甲的行为，这样的行为可能被认为会令一个有理性的人高度反感，而且可能构成可诉的公共场所内侵扰他人安宁的隐私侵权行为。①

给予假设场景 2 中的受害人以法律救济，可以使判例法与最近在 48 个州通过的刑事“反跟踪法”相辅相成，协助打击反跟踪法所针

① See, e. g., McLain v. Boise Cascade Corp., 533 P. 2d 343, 346 (Or. 1975).

对的一类犯罪行径。[①]反跟踪法规范的对象是那些对他人进行反复跟踪或骚扰，有可能对他人的人身安全造成威胁的一类犯罪嫌疑人的跟踪行为。尽管刑事反跟踪法被称赞为“打击犯罪、挽救生命的重要工具”，[②] 但是，它也因为规范过于模糊、不合宪法或者保护面过于狭窄且不能得到有效地实施等问题受到批评。[③] 由于有诸多的问题和不足，刑事反跟踪法恐怕不能有效地实现阻止犯罪的目标，而承认公共场所内侵扰他人安宁的一类行为中骚扰性监控行为构成民法上的诉讼理由，不仅有助于达成阻止犯罪的目标，而且可以通过这一规定给予这类行为受害人以经济赔偿。[④]

（三）行为发生地的风俗习惯

对于判断行为人是否应当就其行为承担法律责任，行为发生地的风俗习惯是不可忽视的一个判断依据。因为本文的立论前提是人们对于公共场所内享有的隐私权有合理期待，即人们对隐私权的期待不局限于其独处的物理性的私人空间如住所或酒店房间，而是包括其他公共场所。在物理性的私人空间内，个人隐私权几乎是一项绝对的权利，任何未经授权进入他人房屋的行为等侵扰他人的物理性私人空间的行为，无论其动机是什么、持续时间多长，都构成可诉的侵扰他人安宁的隐私侵权行为。然而，正如前文阐释参考定义是所提出的，公共场所内的隐私权并非是绝对的权利，而是一项有程度大小的权利。他人是否能够对在特定地点免受行为人的侵扰拥有合理期待，行为地的一般风俗习惯是一个重要判断因素。

假设场景：

场景 1

---

① Bill Duryea, Making Stalking Laws Stick, St. Petersburg Times, Apr. 3, 1994, at B1.

② Janan Hanna, Confusion Clouds Stalking Law; 2 New Slayings Call Police Enforcement Into Question, Chi. Trib., Oct. 21, 1993, at N1.

③ Gayle Reaves, Limited Protection; Stalking Victims, Officials Cite Loopholes In New Law, Dallas Morning News, Oct. 16, 1993, at A1.

④ Cal. Civ. Code 1708. 7 (West 1994 Supp.); Mich. Comp. Laws Ann. 600. 2954 (West 1993).

在主题游乐园内，甲用摄像机拍摄乙排队等候搭乘机动游戏的情形。在其他判断因素都不满足的前提下，甲无须就其侵扰乙安宁的行为对乙承担法律责任。

场景2

当乙在自己围着篱笆的后院里赤裸身体享受日光浴时，甲用摄像机对乙进行拍摄。甲可能就其侵扰乙安宁的行为对乙承担法律责任。

场景3

当乙和丙在州立公园草地上相拥而眠的时候，甲在远处的树木繁盛的一个角落里用摄像机对乙和丙进行拍摄。甲可能就其侵扰乙安宁的行为对乙承担法律责任。

在这个录像泛滥的年代，当人们身处人流密集的公共场所尤其是常常全家一起光顾的游乐场所的时候，他们必须容忍自己被无处不在的摄影机拍摄到的可能性。然而，他人的容忍是有限度的，容忍自己偶然出现在行为人未经自己同意进行拍摄的录像或照片中是一种合理的容忍，但是如果要求他人容忍自己成为行为人拍摄的焦点则是不合理的，因为行为人将他人作为自己拍摄的焦点侵犯了他人的隐私权利。此外，其他的因素，如行为人事前具有的恶意动机，事后将录像或照片公开的行为等都可能影响法官对行为人是否应当承担法律责任这一问题的判断。

就个人的隐私期待而言，不是所有在法律上向公众公开的场所都具有同等的“公共性质”。尽管人们可以预料到自己在公共场所的行为会被别人看见，甚至仔细观察，但是在比较僻静的公共场所内，人们还是会期待拥有更多的隐私权。人们常常将空旷的沙滩、林间小道、草地、树林和灌木丛当做躲避人群的避难所和个人的独处空间，即使人们知道自己很可能会遇见其他人，但是，他们都会期望其他人考虑到周围环境人流较少的特点给予自己的隐私权更多的尊重。

（四）行为人实施侵扰行为前是否征得他人的同意

由于隐私权的其中一个基本功能就是保护个人匿名权，[①] 人们有

① Erving Goffman, Relations In Public: Microstudies of the Public Order 33 - 34 (1971).

权利控制自己的隐私公开的程度以及公开的内容。正如 Gavison 教授在她关于隐私的论文中所言：要研究个人隐私权，“认识到应当尊重个人选择的权利几乎是所有人公认的起点”，尊重他人的选择是保护隐私权的前提。[1]但是，她同时也认为，“满足期待”原则在隐私权领域不可以过分扩张，因为行为人和他人的期待难以同时得到满足，如果依据这一原则进行研究，我们无法解释为什么法律倾向于保护他人对隐私权的期待而不是保护行为人对侵犯他人隐私（获知他人的个人隐私）的期待，因为行为人和他人这两种期待存在着对立关系，满足了一方的期待必然就会否认另一方期待的合理性。

然而，因为隐私侵权行为实际上是行为人从他人身上获取重要的信息却没有经过对方的同意也没有给予相应的回报的行为，所以似乎可以这么说，如果不考虑其他因素，失去隐私一方的意愿优先于获取他人隐私一方的意愿。但是，这并不是说隐私权受侵犯一方的意愿就必须满足，正如前文所说，隐私权益必须与其他社会利益相平衡，如果为了促进社会公共利益而需要获取他人的信息，那么，行为人实施违背他人的意愿、侵犯其隐私权而获取其个人信息的行为就具有了正当性。笔者只是认为在判断行为人的行为是否令人高度反感的过程中，将行为人实施侵扰行为前是否获得他人的同意这一因素考虑在内，有助于平衡众多相关利益。

现行侵权法承认他人的同意具有免除行为人法律责任的法律效力，但是具体的法律规定误解了何谓“他人的同意”，而隐晦地推定他人一旦离开其物理性的私人区域就等于自动、有效地同意了行为人可以对其实施任何侵扰其安宁的行为。如果这一推定是正确的话，那么，法律要求行为人获得他人同意再实施侵扰行为的这一义务将形同虚设，因为任何人都可以推定他人已经同意了自己的行为；如果这一推定是错误的话（笔者认为这一推定本身就是错误的），那么隐私侵权的相关法律就需要得到修改，以反映社会公众对于个人隐私权的真实想法。

在大多数情况下，只要他人拒绝同意行为人的行为，行为人就没

① Ruth Gavison, Privacy and the Limits of Law, 89 Yale L. J. 441 (1980).

有正当理由继续实施侵扰行为，除非行为人对他人安宁的侵扰是为了保护法定的公共利益。社会公众对于关涉公众知情权的信息享有公共利益和自由获取的权利，这主要体现为《美国联邦宪法第一修正案》中对言论自由和媒体自由的保护。因此，在某些案件中，这种公共利益会优先于个人的隐私期待受到法律的保护，在这种情况下，行为人没有必要在实施侵扰行为前获得他人的同意。

如果在实施侵扰行为前，行为人已经获得他人的同意，则行为人可以免于承担侵权责任。尽管一般情况下行为人需要在实施侵扰行为前获得他人的同意，但是获得他人同意的时间实际上并不影响这一意思表示的法律效力，如果行为人是在实施侵扰行为之后获得了他人的同意，那么这就意味着他人将放弃对行为人的侵扰行为提起诉讼的权利。

假设以下场景：

场景1

甲请求乙同意自己拍摄乙的孩子在公园游乐设施上玩耍的情景，乙拒绝了甲的请求。如果甲仍然实施了拍摄行为，则甲可能就其侵扰乙的安宁的行为对乙承担法律责任。

场景2

情形与场景1基本一样，唯一的区别是乙同意了甲的请求。甲无须就其侵扰乙的安宁的行为对乙承担法律责任。

（五）他人是否以一个有理性的人可以理解的方式表明拒绝

这一因素与上文讨论的第四个因素联系密切，但是，这一因素适用于行为人根本没有在实施侵扰行为之前征求他人同意的情形。在行为人没有特别提出征求他人同意以及他人没有表示拒绝同意的情况下，他人的行为仍然可能表明他不愿意成为行为人注意的目标，这种表示对于评价行为人的行为是否令人反感具有重要意义。这种表示可以采取明示的形式，也可以采取默示的形式。如果他人明确表示不希望行为人打扰自己独处或作出类似拒绝同意的表示，行为人没有正当理由继续实施侵扰行为，否则，他们应当就其侵扰行为对他人承担侵权责任。

假设以下场景：

场景1

甲使用摄像机拍摄正在海滩上享受阳光浴的人们，在海滩上的乙要求甲不要拍摄自己，但甲无视乙的要求继续拍摄。甲可能就其侵扰乙的安宁的行为对乙承担法律责任。

场景2

情形与场景1基本一样，唯一的区别是乙不仅仅是作出口头表示，而且用浴巾盖住自己的身体并一脸怒容地面对甲。如果甲坚持继续拍摄乙，甲可能就其侵扰乙的安宁的行为对乙承担法律责任。

场景3

甲在大型购物中心跟踪乙，乙要求甲停止跟踪行为，但是甲无视其要求继续跟踪。甲可能就其侵扰乙的安宁的行为对乙承担法律责任。

另外，如果他人通过任何有理性的人都可以明白的行动暗示自己不愿意被其他人（包括行为人）观察，行为人也没有正当理由继续实施侵扰行为。

（六）行为人是否把通过侵扰行为获取的他人肖像或其他个人信息予以公开传播

根据现行法律，行为人是否公开传播在实施侵扰行为过程中获得的他人肖像或其他个人信息与认定其行为是否构成侵扰他人安宁的隐私侵权行为无关。“即使行为人没有将他人的照片或信息公开或者用于其他用途”，只要行为人开始实施侵扰他人安宁的行为，行为人的行为就已经构成侵扰他人安宁的隐私侵权行为。[①]这对于将侵扰他人安宁的隐私侵权行为理论与其他限制言论自由的侵权行为理论区分开来非常重要，其他限制言论自由的侵权行为理论主要是公开披露他人私人事务的隐私侵权行为理论。美国联邦最高法院已经明确提出，尽

---

① Restatement (Second) of Torts, supra note 4, 652B cmt. b; see also William E. Lee, Privacy Intrusions While Gathering News: An Accommodation of Competing Interests, 64 Iowa L. Rev. 1243, 1256 (1979).

管《美国联邦宪法第一修正案》对于媒体公开信息的行为予以宽泛的保护，但是，该修正案只对媒体收集信息的行为赋予有限度的权利，而且美国联邦最高法院在几个案例的判决中表示，《美国联邦宪法第一修正案》并没有赋予媒体获取信息的特权，媒体收集信息时所享有的权利与一般公众所享有的权利是同等的。①

尽管美国联邦最高法院从来没有在涉及侵扰他人安宁的隐私侵权行为的案件中对《美国联邦宪法第一修正案》进行过阐释，但是许多下级法院认为美国联邦宪法保护人们的言论自由和媒体自由的同时不排斥行为人就其实施的侵扰他人安宁的隐私侵权行为承担法律责任。例如，在 Dietemann v. Time, Inc. 一案②中，两名《生活》杂志的记者联合洛杉矶县的检察官一起行动，冒充需要治疗的病人进入原告 Dietemann 的家中进行调查。两名记者使用隐蔽摄像机对原告治疗病人的过程进行拍摄，并用麦克风将三人之间的对话传送到隐蔽在门外一辆汽车上的录音机进行录音。原告于是向联邦地区法院起诉《生活》杂志的控股人 Time 公司，控告被告侵犯其隐私权，在一审中法院的判决支持了原告的诉讼请求，责令被告对原告作出赔偿。

被告对一审判决不服，向第九巡回上诉法院提起上诉。在二审中，被告主张以《美国联邦宪法第一修正案》保护媒体免于就其新闻采访行为承担法律责任，但是法院驳回了被告的主张，并且认为加利福尼亚州法律规定侵扰他人安宁的行为构成隐私侵权行为。法院在判决中指出："《美国联邦宪法第一修正案》从来没有赋予新闻从业人员任何特权使其免于就其采访过程中实施的侵权行为和犯罪行为承担法律责任"。其他法院的看法基本相同。③ 简而言之，"由于规制行为人实施侵扰他人安宁的隐私侵权行为不等于限制行为人享有的言论自由或以其他方式表达自我的权利，因此，《美国联邦宪法第一修正

① See Houchins v. KQED, Inc., 438 U. S. 1, 16 (1978) (plurality opinion of Burger, C. J.).

② 449 F. 2d 245 (9th Cir. 1971).

③ See, e. g., Miller v. National Broadcasting Co., 232 Cal. Rptr. 668, 685 (Ct. App. 1986) (quoting from Dietemann); Annerino v. Dell Publishing Co., 149 N. E. 2d 761, 762 (Ill. Ct. App. 1958)); Anderson v. WROC-TV, 441 N. Y. S. 2d 220, 223 (Sup. Ct. 1981).

案》不会成为认定行为人的行为构成侵扰他人安宁的隐私侵权行为的障碍。"①

既然无论行为人是否将其侵扰行为过程中获得的信息予以公开传播，其行为都可能侵犯美国联邦宪法所保护的个人隐私权利；那么，有人可能会问：为什么要在侵权行为的定义中引入传播行为作为判断因素，这是否会使侵权法更为混乱？笔者认为答案是否定的，因为在侵权行为的定义中引入传播行为作为判断因素可以限制重新定义后侵权行为认定范围的过度扩张。笔者认为，现实生活中许多侵扰他人安宁的行为可能惹人厌烦和反感，但他们无须通过责令行为人承担隐私侵权责任的方式来制止这些行为。如果按照本文所提出的理论，将侵扰他人安宁的隐私侵权行为的范围扩展至包括公共场所出现的侵扰他人安宁的行为，则包括那些无须通过法律来限制的行为在内的许多行为都可能因而受到侵权法的限制。为了防止侵权行为认定范围的过度扩张，将传播行为作为判断标准之一是很有必要的，因为它会直接影响法院在审理相关案件的态度——如果行为人没有实施传播行为，则无须就其在公共场所内侵扰他人安宁的行为承担侵权责任。除了限制重新定义后侵权行为认定范围的扩张，还有其他原因使得认定侵权责任时考虑传播行为的存在与否具有必要性，下文将会对这些原因进行详细探讨。

1．传播行为对于判断侵扰行为让人反感程度的重要性

从他人的角度来看，行为人是否将他人肖像或其他个人信息予以公开传播的行为也许是评价他们的行为对他人造成的侵扰程度高低的最重要标准。例如，在 Daily Times Democrat v. Graham 一案②中，原告在嘉年华游乐宫内游玩时，裙子被风吹起盖在原告的头上，被告的记者正好拍摄到了这一场景。尽管大多数人都会因为自己的这种姿态被拍摄下来感到苦恼，但是这种反感不足以促使人们为了一个单纯的拍照行为花费时间和金钱去打官司。该案中原告之所以起诉被告的一

---

① Melville B. Nimmer, The Right to Speak From "Times to Time": First Amendment Theory Applied to Libel and Misapplied to Privacy, 56 Cal. L. Rev. 935, 957 (1968).

② 162 So. 2d 474, 476 (Ala. 1964). For discussion of Graham, see supra notes 291 – 298 and accompanying text.

个重要原因，是被告在报纸头版上刊登照片的行为引起原告的强烈反感。尽管从人们的共识来看，被告是否实施了公开原告肖像的行为对判断其侵犯原告隐私权的程度高低具有重要意义，但是根据现行法律，侵扰他人安宁的行为仅仅在照相机拍摄的一瞬间发生，而拍摄后行为人将原告的肖像向数以千计的读者公开传播的行为与侵扰他人安宁的隐私侵权行为的认定之间没有理论上的联系。

传播行为对于评价隐私侵权行为令人反感的程度有重要意义，公开披露他人私人事务的隐私侵权行为理论就体现了这一点。根据《美国侵权法复述（第二版）》第652D条的规定，一旦行为人将他人私人生活向第三人公开[①]，“如果其公开行为即达到令一个有理性的人高度反感的程度而又与公众知情权毫无关系”，则他人可以就该行为提起诉讼。[②]尽管上面所引用的语句暗示该条款关注的是公开披露他人私人事务的行为本身是否让人“高度反感”，而不是公开的内容是否让人“高度反感”，[③]但是，该规定仍然表明隐私侵权的相关法律规定认同传播行为与判断侵犯隐私权行为令人反感的程度密切相关。

与隐私侵权相关法律规定相比，毁损他人名誉权的相关法律规定更为清晰，后者同样看重传播行为对个人名誉权的影响，并将传播的可能性大小与否看做区分书面名誉侵权和口头名誉侵权的标准。根据判例法的规定，行为人一般通过口头陈述实施口头名誉侵权行为，一般通过书面陈述实施书面名誉侵权行为。[④] 对于两种形式的名誉侵权进行区分具有重要意义，因为除非行为人实施口头名誉侵权的形式符合法律承认的四种本身就可以起诉的口头名誉侵权形式的一种；[⑤] 否则，他人应当承担举证责任，证明行为人的口头名誉侵权行为对自己造成了损害，但法律直接推定书面名誉侵权会对他人造成损害。[⑥] 尽管判例法对名誉侵权行为的这种区分被批评为过分形式主义[⑦]，但笔

① Restatement (Second) of Torts 652D cmt. a (1977).
② Restatement (Second) of Torts 652D (1977).
③ Restatement (Second) of Torts 652D cmt. c (1977).
④ W. Page Keeton et al., Prosser & Keeton on the Law of Torts 117, at 785 (5th ed. 1984).
⑤ Search of NEXIS, News library, Papers file at 788 - 793 (November 31, 1994).
⑥ Search of NEXIS, News library, Papers file at 793, 795 (November 31, 1994).
⑦ Restatement (Second) of Torts 568 cmt. b. (1977).

者认为这种区分方法是有一定道理的，因为书面陈述比口头陈述更有可能损害他人的利益[①]，因为书面内容可以持久保存，也因此可以向广大公众传播，影响范围更大。

随着科技的发展，法律逐渐认识到新的信息沟通形式比如收音机和电视可以造成和书面陈述同等的甚至更大的损害。[②]《美国侵权法复述（第二版）》的起草者正是认识到这一点，于是在定义书面名誉侵权行为时规定除了书面语句之外，行为人通过采取"任何可能具有与书面或印刷内容造成同样损害的信息沟通方式"实施的名誉侵权行为都属于书面名誉侵权行为。[③]《美国侵权法复述（第二版）》还特别强调了"传播的区域"和"对他人名誉权的损害结果的持续"是区分口头名誉侵权与书面名誉侵权的重要依据，因为前者所造成的损害要轻于后者。[④]

也许有人认为，因为侵扰他人安宁的隐私侵权行为不是一种交流性的侵权行为，所以将公开披露他人私人事务的隐私侵权行为、毁损他人名誉权的侵权行为与侵扰他人安宁的隐私侵权行为相类比不能说明传播行为会加强侵扰行为侵扰他人安宁的程度。从传统法律理论上来看，这种说法是正确的，因为现行法律明确规定侵扰他人安宁的隐私侵权行为在侵扰行为实际发生的一瞬间已经完成，而行为人随后是否公开他人的肖像或其他个人信息并不是认定侵权行为的必要条件。

最近一些案例的判决显示，是否将他人的信息予以公开传播对法官的判断会产生重要影响。前文提出的侵权行为的参考定义尽管引入传播行为作为判断因素，但是仍然坚持现有法律规定的原则：如果行为人实施侵扰他人安宁的行为达到让一个有理性的人高度反感的程度，那么，无论随后行为人是否将他人的信息予以公开传播，行为人的行为都构成合法的诉讼理由。如果在评价侵扰行为令人反感的程度时忽略了行为人的公开传播行为对他人的影响，就好比有一位病人在输血时被输入了感染艾滋病毒的血液，我们评价他所受到的损害却忽

---

① W. Page Keeton et al., Prosser & Keeton on the Law of Torts 117, at 785 (5th ed. 1984).

② See, e. g., Shor v. Billingsley, 158 N. Y. S. 2d 476, 481 (Sup. Ct. 1956), aff'd, 169 N. Y. S. 2d 416 (Ct. App. 1957).

③ Restatement (Second) of Torts 568 (1) (1977).

④ Restatement (Second) of Torts 568 (3) (1977).

略带病毒血液对其健康的影响而只是关注他手臂上的针孔带来的损害，无疑是本末倒置，完全忽视了问题最重要的部分。对于许多受害人而言，行为人公开传播他人个人信息的行为给他人造成的损害和引起他人的反感远远超过行为人所实施的侵扰行为本身。①

如果公开披露他人私人事务的隐私侵权行为理论在实践中能够有效地发挥作用，那么，的确没有必要增加“传播行为”这一判断因素。但是，公开披露他人私人事务的隐私侵权行为理论存在巨大漏洞，通过将传播行为这一判断因素引入侵扰他人安宁的隐私侵权行为的定义当中，作为判断行为人的行为是否达到了令人高度反感的程度的一个因素，可以部分弥补这一法律漏洞。

2. 弥补公开披露他人私人事务隐私侵权行为理论的不足

实践中，公开披露他人私人事务的隐私侵权行为理论存在巨大漏洞，无法有效保护他人的隐私权益。例如，在 Florida Star v. B. J. F. 一案②中，美国联邦最高法院的判决使公开披露他人私人事务的隐私侵权行为形同虚设，根据该判决，即使他人因行为人公开传播其真实信息的行为受到损害，法律也无法对他人给予救济，无论他人被公开的个人信息的私密程度有多高，也无论行为人的公开行为令人反感的程度有多高，他人都不能因此获得赔偿。

在 Florida Star 一案中，原告是一名强奸案的受害者，她控告佛罗里达州的一家报社 Florida Star 在报道这起强奸案时公开其姓名，违反该州法律禁止公开强奸案受害者姓名的规定。一审法院认定被告有过错，根据该州的制定法判决原告胜诉，责令被告对原告承担损害赔偿责任。被告不服提起上诉。最终，美国联邦最高法院推翻了一审判决，认定该判决违反《美国联邦宪法第一修正案》保护言论自由与媒体自由的相关规定。美国联邦最高法院的这个判决几乎等于认为只要行为人的言论中所含信息是真实的，各州不得责令行为人就其公开他人真实信息的行为对他人承担侵权损害赔偿责任，法院的这种观点使得各州法院难以依据美国联邦宪法责令发表言论时侵犯他人隐私权的行为人对他人承担侵权责任。

① Desnick v. Capital Cities/ABC, Inc., 851 F. Supp. 303 (N. D. Ill. 1994).

② 491 U. S. 524 (1989).

美国联邦最高法院的这种看法在 Florida Star 一案之前的另一个案件中同样有所体现，该案的原告是一名少年罪犯，而被告则是两家报社，原告起诉被告公开其姓名的行为侵犯了自己的隐私权，违犯州法律。该案中法院引用了 Smith v. Daily Mail Publishing Co. 一案①的判决意见，认为“如果报社合法地获取了真实的信息，而该信息与公众知情权密切相关，那么，根据宪法的规定，州法院不得因报社公开其所获得的信息的行为对其进行惩罚，除非报社的行为涉及国家最高利益”。②

这种判断标准或判决意见给隐私侵权案件的原告设置了两个难以克服的困难。那就是为了获得侵权损害赔偿，原告必须证明：①被告公开的信息与公众知情权无关；②为了保护国家最高利益，州法院有必要判决被告承担侵权损害赔偿责任。这两个证明要求的困难在于，第一个要求要证明的对象过于宽泛，公众知情权涉及的信息多如牛毛，难以一一证明与被告公开的信息无关；而第二个要求的证明标准又过于严格，原告通常难以提出相关证据证明被告的行为侵害了国家最高利益，这一要求的提出几乎等于宣告在公开披露他人私人事务的隐私侵权行为案件中，原告必定败诉无疑。对于“与公众知情权密切相关”的信息包括哪些？法院并没有给予明确的阐释，但是法院认为与公众知情权相关的是被告刊登的报纸文章的主题，而不是 B. J. F. 的名字，法院的理由是“原告所犯的罪行是暴力性犯罪，该罪行已经通报当局进行调查，有关该罪行的信息关乎重大公共利益”。由于法院判决关注的是公开发表文章的宽泛主题是否与公众知情权相关，而不是原告诉称的文章特定内容是否与公众知情权相关，因此“与公众知情权密切相关”的信息涵盖范围相当广阔。

审理 Florida Star 一案的法院一方面对“与公众知情权密切相关”的信息划定了一个模糊的、宽泛的范围，但是另一方面对于什么是使惩罚行为人公开他人真实信息的行为具有必要性的“国家最高利益”的范围却给予太严格的限制。尽管该法院认同惩罚公开强奸案受害者

---

① 443 U. S. 97 (1979).

② Florida Star, 491 U. S. at 533.

姓名的行为人可以保护“极其重要”的国家利益（如保护受害者的隐私和人身安全以及鼓励更多性犯罪受害者提出控告），但是，法院同时又认为在 Florida Star 一案中看不到惩罚行为人的必要性。

由于 Florida Star 一案的判决，公开披露他人私人事务的隐私侵权行为理论实际上已不能为受害人提供任何保护，人们不能以法律武器对抗行为人未经授权公开他人的肖像和其他个人信息的行为，即便这样的行为令人高度反感，法律也无法给予受害人救济。因此，有必要将传播行为作为侵扰他人安宁的隐私侵权行为案件中认定侵权责任的判断因素之一，以弥补隐私侵权相关法律规定的部分漏洞。

笔者认为，即使将传播行为作为判断因素之一，对个人隐私权的保护也不会对行为人的言论自由造成限制。言论自由虽然是 Florida Star 一案中备受争议的问题，但是限制传播他人信息的行为不等于限制言论自由。因为行为人是否实施了传播行为不是认定侵权责任的必要因素，正如公开披露他人私人事务的隐私侵权行为理论对这一因素的定位，该因素仅仅是判断行为人的侵扰行为让人反感的程度的七个要素之一。仅仅向公众传播他人的私人信息这一行为本身并不会构成可诉的侵扰他人安宁的隐私侵权行为，认定侵扰他人安宁的隐私侵权行为的关键仍然是最初的侵扰行为是否存在。而如果进一步地细致分析与公众知情权密切相关的信息所涵盖的范围，将这类信息的范围进行合理限制，许多涉及宪法权利的问题就可以得到规避。而公众知情权或者公共利益正是下文讨论的关于侵权行为重新定义的最后一个判断因素。

（七）行为人通过侵扰行为获取的他人肖像或其他个人信息是否涉及法定的公共利益

根据现行法律，侵扰行为的对象究竟是否是公众人物与（或）行为人在侵扰行为实施过程中获取的信息是否涉及公共利益与认定侵权责任没有关系。正如 Skelly Wright 法官在一个著名的侵扰他人安宁的隐私侵权行为案件的判词中所指出的那样：“只要有侵扰他人安宁的隐私侵权行为的发生，无论行为人获知的信息内容是什么，无论是新婚夫妇的闺房密语还是有关法定公共利益的言论，行为人都应当承担同等的侵权责任。"[①]

尽管上述说法放在侵权法的教科书中是合适的，但是这与美国联邦宪法的相关规定未必一致。前文曾经提到，美国联邦最高法院在几个案例的判决中指出，《美国联邦宪法第一修正案》保护的首要权利是媒体公开信息的权利，而不是收集信息的权利，但是它也提到《美国联邦宪法第一修正案》同样保护媒体收集信息的权利。[②] 该法院虽然没有详细阐述宪法修正案的那些条文从哪些方面保护这种权利，但笔者认为，《美国联邦宪法第一修正案》很有可能保护获取有关法定公共利益的信息的行为人免于就其侵扰他人安宁的行为承担侵权责任。这是因为，在实践中，法官在审理侵扰他人安宁的隐私侵权行为的案件时会关注行为人窃听得来的信息内容，笔者很难想象一位法官对待他人的闺房密语或者某位公务员密谋策划政治腐败这两种信息时会一视同仁，法官在处理窃听信息时的倾向在 Aisenson v. American Broard Casting Co. 一案[③]中体现得淋漓尽致。在该案中，被告发起一群本地律师对洛杉矶高级法院审理刑事案件的法官进行投票，并且将这些律师关于各位法官的看法公开发表。原告是投票中排名最低的一名法官，被告的员工拍摄了原告在某天早晨离开家门的情形，并将拍摄片段在电视节目中播出。

原告认为被告未经授权对其进行拍摄的行为构成侵扰他人安宁的隐私侵权行为。一审法院采用了简易判决程序，认定被告未经授权对原告进行拍摄的行为未达到让一个有理性的人高度反感的程度，因此不构成侵扰他人安宁的隐私侵权行为。法院解释道："当公开信息实际上关系到社会公众的法定公共利益时，法律对行为人实施的侵扰他人私人生活的行为的容忍程度会更高……"[④]

Aisenson 一案的判决明确地指出我们已经感觉到的问题——在行为人获取与公众知情权密切相关的信息时，社会利益和宪法保护的个

---

① Pearson v. Dodd, 410 F. 2d 701, 705 (D. C. Cir.), cert. denied, 395 U. S. 947 (1969).

② Branzburg v. Hayes, 408 U. S. 665, 707 (1972).

③ 269 Cal. Rptr. 379 (Ct. App. 1990).

④ Aisenson, 269 Cal. Rptr. at 387.

人权利会为其提供保护从而限制侵扰他人安宁的隐私侵权行为的相关法律发挥作用。如果按照本文提出的参考意见重新定义侵权行为使得出现在公共场所的侵扰他人安宁的隐私侵权行为也纳入侵权法的规制范围内，公共利益、行为人受宪法保护的权利与他人的隐私权之间的冲突会更为激烈。许多自称是为公共利益搜集与公众知情权密切相关的信息的行为人都会受到侵权法更为严格的限制。因此，如果对本文提出的侵扰他人安宁的隐私侵权行为的定义范围的扩张进行限制，将行为人收集的信息是否关系到法定公共利益作为认定侵权责任的最后一个判断因素，可以平衡各方利益，缓解各种权利之间的冲突。

对于这最后一个判断因素的分析必须格外注重“法定”这个字眼。许多私人事务都可以说与公共利益有关，因为人们都对别人的生活感到好奇，尤其是富人和名人的生活。但是，公众对一些耸人听闻的奇人异事或者哗众取宠的绯闻消息的兴趣不能构成法定公共利益。如果电视台播放其秘密偷拍的某夫妻在自己的卧室内进行性行为的录像，该电视台的收视率肯定很高，但是这样的“公共利益”从隐私权相关法律的角度来看，并非“法定”利益。

美国联邦最高法院在1976年审理的一个有关毁损他人名誉权的案件即 Time，Inc. v. Firestone[①] 一案中提出了对法定的公共利益和其他“公共利益”的区分标准。在该案中，原告是 Mary Alice Firestone，她起诉《时代》杂志在其《里程碑》栏目中报道她的丈夫；Firestone 家族的继承人以原告不贞为由诉讼离婚并获得离婚判决的消息。被告辩称，原告是一位公众人物，如果原告要求获得赔偿就必须证明被告在报道时“存在实际蓄意”。佛罗里达州最高法院支持了被告的这一主张，并判决被告无须承担侵权责任，理由是：原告的离婚案件已经成为众所周知的“轰动一时的大案”，被告的行为不构成侵犯原告名誉权的行为。[②] 原告不服提起上诉。美国联邦最高法院推翻了佛罗里达州最高法院的判决，认为其判决的理由不能成立，美国联邦最高法院拒绝将“‘公众事件’等同于公共利益事件”，该法院还指出“通

① 424 U. S. 448, 452 (1976).

② Firestone, 424 U. S. at 454.

过法律程序接结束姻关系的事件不是 Gertz 一案中所称的‘公共利益事件’，即使是超级富翁的婚姻危机与部分读者的兴趣有关，这仍然不构成公共利益事件”。

尽管美国联邦最高法院在对待是否将个人言论区分为有关公众知情权的言论和有关私人事务的言论这个问题上摇摆不定，[①]但是在最近的有关判决中，该法院倾向于将两类不同的言论区分开来。在 Dun & Bradstreet, Inc. v. Greenmoss Builders, Inc.，一案[②]中，美国联邦最高法院认定在非公众人物提起的名誉权侵权诉讼中，如果被告的言论与公众无关，原告可以获得侵权损害赔偿和惩罚性赔偿而无需证明被告具有实际蓄意。在该案判决一年后，在 Philadelphia Newspapers, Inc. v. Hepps 一案[③]中，美国联邦最高法院再次表明将这两类言论进行区分，如果被告是媒体且其言论与公共利益相关，而名誉侵权行为案件的原告是非公众人物，则原告应当承担证明被告言论失实的证明责任。可是，美国联邦最高法院没有提出具体的指引来指导其他各级法院如何详细区分这两种言论，在 Dun & Bradstreet 一案[④]中，该法院仅仅提出必须根据所有的言论记录所反映出来的情况，包括被告言论的“内容、形式和背景”来区分。

尽管美国联邦最高法院在名誉侵权案件中暗示各级法院可以而且必须区分有关公众知情权的言论和有关私人事务的言论，但是，各级法院并不愿意细化区分的标准。在许多情况下，各级法院“不加分析地接受被告（媒体）对于报道内容是否具有新闻价值的判断”，[⑤]并以此作为区分两类型言论的根据。但是，这种做法并不符合平衡各种利益冲突的要求。

根据现行法律对于公开披露他人私人事务的隐私侵权行为的定义，认定法定公共利益必须考虑当地社区的风俗习惯，换句话说，判

① Rosenbloom v. Metromedia, Inc., 403 U. S. 29 (1971).

② 472 U. S. 749 (1985).

③ 475 U. S. 767 (1986).

④ Dun & Bradstreet, 472 U. S. at 761 (quoting Connick v. Myers, 461 U. S. 138, 147 - 148 (1983)).

⑤ Diane L. Zimmerman, Requiem for a Heavyweight: A Farewell to Warren and Brandeis's Privacy Tort, 68 Cornell. L. Rev. 353 (1983).

断法定公共利益的问题转化为判断社会风俗的问题。为公共利益而实施公开信息的行为和侵权行为之间区分的界限在于，该行为是提供公众合法享有知情权的信息的行为，还是为了行为人自己的“利益”窥探他人私生活的病态行为，如果是后者，任何一个有教养有理性的公民都会宣称自己与行为人所谓的“利益”没有任何关系。[①]

这一区分标准得到第九巡回上诉法院的认可，在 Virgil v. Time, Inc. 一案[②]中，该法院不仅指出该区分标准符合宪法，而且认为关于被诉的言论是否与公众知情权有关这个问题应当交由陪审团来决定。

《美国侵权法复述（第二版）》提出以当地社会习惯为区分标准的观点不是完美无缺的，这种标准的缺陷在于该标准是不准确、不完善的。但是当完善的标准是不可企及的时候，硬要提出所谓完善的标准是错误的做法。[③]划分与公共利益有关的信息和与公共利益无关的信息是非常困难的，这种困难人所共知，但是如果法院因此而拒绝进行区分，则法院就是放弃了自己的司法责任而且牺牲了博弈中其中一方的利益。[④]

《美国侵权法复述（第二版）》对“法定公共利益”的定义与美国联邦最高法院在 Florida Star 一案[⑤]中提出的定义是否一致值得怀疑。尽管在该案判决中，美国联邦最高法院没有对“与公众知情权密切相关”的信息下准确的定义[⑥]，但是法院认为公开强奸案受害者姓名是与公众知情权密切相关的，因为暴力性犯罪是与公众知情权密切相关的，法院从更广义的角度看待“与公众知情权密切相关”的信息这一问题。

然而，这种观点是不合适的。笔者认为，某些下级法院的做法更

---

① Restatement (Second) of Torts 652D cmt. h (1977).

② 527 F. 2d 1122, 1129 (9th Cir. 1975).

③ W. Ward Fearnside & William B. Holther, Fallacy: The Counterfeit of Argument 129 (1959).

④ 527 F. 2d at 1129.

⑤ 491 U. S. 524 (1989); see supra notes 447 – 458 and accompanying text for discussion of Florida Star.

⑥ Florida Star, 491 U. S. at 536.

合理。[①] 他们的做法是针对被诉言论中的具体信息而不是该言论的主题是否属于涉及公共利益来对被告的言论进行评价。尽管暴力性犯罪的确是“与公众知情权密切相关”的信息，但某一名强奸案受害人的身份信息却与公众知情权毫无关系。正如 White 法官在 Florida Star 一案判词中提出异议时所说“公开受害人的姓名、住址和电话号码与公共利益没有任何关系”。[②] 笔者认为，法院是有可能在公开信息的主题与被诉的特定私人信息之间划出切实可行、相对清晰的界限，并以此区分有关公众知情权的言论和有关私人事务的言论。下面的假设场景展现了这种可能的区分标准：

假设以下场景：

场景 1

甲电视台对一起严重的汽车交通事故进行报道，报道的录像片段显示出变形的汽车以及现场救护人员正在抢救伤者。乙是这起事故的受害者之一，当乙看到电视台播出的片段时，尽管没有看到自己的身影，但还是对以这种方式再次体验那些痛苦深为反感。但法院认为，甲无须就其侵扰乙的安宁的行为对乙承担法律责任。

场景 2

情形与场景 1 基本一样，唯一的区别是甲电视台播出的片段中有一连串对乙的特写，画面中的乙血流不止、正在痛苦地呻吟，哀求急救人员让自己死去。甲可能就其侵扰乙的安宁的行为对乙承担法律责任。

哪些信息是与适当的公众知情权有关的信息？哪些信息是公众没有权利获知的信息？法院也可以对这两类信息加以区分。如果法院不区分这两类信息，他们就没有理由声称自己“平衡”了各方利益，甚至可以说，法院其实并不认为当他人的个人信息被行为人公开时，法律应当为他人的利益提供救济。

七、结语

本文内容主要批评了人们普遍接受的原则——在公众可以进入的

---

① See, e. g., Virgil v. Time, Inc., 527 F. 2d 1122, 1131 (9th Cir. 1975); Barber v. Time, Inc., 159 S. W. 2d 291, 295 (Mo. 1942).

② Florida Star, 491 U. S. at 553 (White, J., dissenting).

场所内不可能发生隐私侵权行为。一个如此著名的原则，理应由推理严密、理由充分的案例来支持，但事实上，从各案例判决的司法意见来看，法官们赞成这一原则主要是出于惯性思维，而不是逻辑推理。这一原则由 Dean Prosser 教授在其早年的有关论文中提出，并被《美国侵权法复述（第二版）》所采纳，但是这一原则的提出缺乏严谨的分析和清晰的解释。

对于这一原则的最好解释可能是人们会从直觉上认为公共的东西从定义上就决定了它不可能是私人的。“公共场所内的隐私权”虽然听起来似乎是一个逆喻，但这只是因为我们习惯于像区分黑和白一样区分“公共”和“私人”。实际上，隐私并不是一个绝对的、全有或全无的概念。当人们脱离物理性独处的状态进入公众视线，必须让渡很大一部分的隐私权益，但这不意味着人们就丧失了所有的合法隐私期待。传统法律将隐私与物理性的障碍如墙壁、篱笆或者窗帘联系在一起，这种观念过于狭隘，因为它仅仅重视隐私的物理性界限，忽略了许多重要的隐私需求如信息保有和保持匿名性等都与物理性界限毫无关系。

本文提出的基本理论是，侵扰他人安宁的隐私侵权行为的相关法律规定应当扩大其适用范围，将公共场所内的隐私权纳入其保护范围内，这不仅是法律发展的要求，还是社会发展的要求。

从法律发展来看，这一要求的提出是因为四种隐私侵权行为相关法律规范的保护范围正在缩减。如果原告主张被告的行为构成其余三种隐私侵权行为的理由足够充分，则没有必要主张被告的行为构成侵扰他人安宁的隐私侵权行为，但是目前的实际情况并非如此：首先，擅自使用他人姓名或肖像的隐私侵权行为发展至今已逐渐僵化，仅仅保护个人肖像和姓名的财产性利益，在现代，这一侵权行为理论运用最频繁的领域就是帮助名人保护其肖像和姓名的公开权所带来的利益。其次，公开丑化他人的隐私侵权行为理论以前不能、将来也不能成为有效的侵权救济依据，因为它与损害他人名誉的侵权行为理论过分接近。再次，公开披露他人私人事务的隐私侵权行为理论本来可能为公共场所侵扰他人安宁的隐私侵权行为的受害人提供保护，但是，美国联邦最高法院在 Florida Star 一案的判决使这种隐私侵权行为形同虚设。最后，侵扰他人安宁的隐私侵权行为目前的定义，不能为遭受公共场所内发生的侵扰他人安宁的隐私侵权行为的受害人提供救济。因此，隐私侵权的相关法律规定对公共场所的侵扰他人安宁的隐私侵权行为缺乏规制，存在大片的立法空白。

从社会发展的角度看，修改侵扰他人安宁的隐私侵权行为的相关法律规定的原因在于，在法律对于隐私的保护正在减弱的同时，隐私受到的威胁却在与日俱增。有两种社会发展的结合正日益威胁公共场所内的个人隐私权：其一，当今社会文明标准滑落——人们对他人的尊重日益减少，使行为人侵犯他人隐私权的倾向增强。其二，高科技器材的便捷性和可适用性日益增强，尤其是摄像机的发明和应用使行为人侵犯他人隐私权的能力得到极大的增强。

有几个法院曾经做出一些突出的判决，承认在特定情况下，法律应当对遭受公共场所内的侵扰行为的受害人提供法律救济。可是，法院并没有真正地想向现行法律提出挑战并试图重写现行法律，而是选择含糊其辞地表达观点，它们的判决意见也只注重结论而缺少分析。尽管如此，这些不直接表达观点的判决对于促进法律承认公共场所内的隐私权仍然具有重要意义。

相比这些模糊的判决，本文更为清楚直接地提出，为了保护公共场所内的隐私权，应当引入多因素判断标准理论对侵扰他人安宁的隐私侵权行为进行重新定义。该参考定义分为两个部分，其中第一部分沿用《美国侵权法复述（第二版）》对侵扰他人安宁的隐私侵权行为的定义，保留了认定侵权责任的标准是该侵权行为达到“让一个有理性的人的人高度反感”的程度。但是有别于现行法律的定义，本文提出的参考定义明确指出公共场所内发生的侵扰他人安宁的行为是可诉行为，构成诉讼理由。参考定义的第二部分分列出了判断行为人所实施的侵扰他人安宁的行为是否达到让一个有理性的人高度反感的程度的七个判断因素：①行为人的动机；②侵扰行为的程度，包括行为持续的时间、影响的范围和实施方式；③根据行为发生地的风俗和习惯，他人是否可以合理期待免受该行为的侵扰；④行为人实施侵扰行为前是否征得他人的同意；⑤他人是否采取行动表示反对行为人实施该行为，而这种表示必须是可以让有理性的人所理解的；⑥行为人是否将通过侵扰行为获取的他人肖像或其他信息予以公开传播；⑦通过侵扰行为获取的他人肖像或其他个人信息是否涉及法定公共利益。

上述七个判断因素中的最后两个判断因素是借鉴公开披露他人私人事务这一隐私侵权行为理论，将侵扰他人安宁的隐私侵权行为理论改造为一种新型的混合侵权行为理论。系统地阐述隐私侵权相关法律规定比构建其他领域的侵权法律法规更为困难，因为这涉及平衡他人的个人隐私权和社会大众享有的其他相冲突的权利如社会交流自由和言论自由等。然而，现行的“公共场所无隐私”原则没有体现对权利的平衡，而是粗暴地将公共场所内的隐私权完全排除在法律的保护范围之外，忽视了人们在公共场所内的活动对社会文明生活的重要性。本文所提出的定义则更理性地平衡了各种权利，既保障人们在公共场所内遭受令人高度反感的侵扰行为侵害时可以获得侵权损害赔偿，也保护了社会大众的交流自由和言论自由等利益。

在美国的公共场所出现的监控现象，尤其是无处不在的隐蔽摄像头监控已经成为人们司空见惯的现象。本文列举的一连串滥用摄像机的行为：监视邻居，雇主监视雇员，商家监视客户，丈夫监视妻子或者妻子监视丈夫，反堕胎者监视堕胎诊所的病人，警察监视示威者，等等。在现行侵权法的规定中，这类行为的受害者都不能获得赔偿。对于这些受害者毫无同情的人们应当认识到，如果人们在公共场所仍然能够享受现行法律对隐私的保护，那么，仅仅是因为其他人还没有找到侵犯其隐私的理由而已。

公共场合内的隐私：街头监控的合宪性

丽塔·F. 阿罗诺夫[①] 著　骆俊菲[②] 译

目　次

一、导论

2001年1月28日，“超级碗星期天”橄榄球比赛正在佛罗里达州的Raymond James体育馆里举行，藏在暗处的摄影机将每一位通过旋转式闸门的观众和工作人员的样子拍摄下来，他们的人数接近有10万之多。在一秒钟之内，每一张照片都被分类、数字化，并通过最新的人脸识别技术进行加工处理。之后，这些照片会与存放在坦帕警察局、联邦调查局以及其他执法机构电脑档案中的罪犯和恐怖分子的照片进行比对。[③]

这种手段已被证明不是毫无效果的。据报道，执法机构能够从

---

① 丽塔·F. 阿罗诺夫（Rita F. Aronov），美国布鲁克林法学院法律博士，纽约市Shestack & Young律师事务所律师。

② 骆俊菲，中山大学法学院助教。

③ Robert Trigaux, Cameras Scanned Fans for Criminals, St. Petersburg Times, Jan. 31, 2001, at A1.

10 万人海中辨认出一个迅速湮没在人群中的票贩子。[①] 至于剩余的99999 张照片在拍摄后会被用于什么用途、如何存放、存放在什么地方、什么人可以接触到这些照片等，都是不确定的。有一个含糊但安慰人心的报道称，这些照片不会被永久存放。[②] 然而，政府对于数以千计进行合法活动的人们进行近距离观察，即使不是毫无意义的，也是让人烦恼的。[③]

个人的隐私权，尤其是不受政府干涉的自由，毫无疑问是个棘手的问题。无论是立法者、法官和学者，不管谁着手处理这个问题都会发现，处理的困难在于如何协调众多尖锐冲突的目标。比如，平衡社会大众的利益和单个社会成员的利益，既要寻找罪行的真相，又要在这过程中保护民众免受政府行动的伤害，既要保护群众免受犯罪的威胁，又要防止武断的、无差别的执法行动伤害人民群众，等等。

街头监控虽然已不是什么新鲜事物，但在过去几年仍有长足发展，技术进步使得街头监控更加容易、成本更低、更为普遍。同时，不管是美国联邦宪法，还是对美国联邦宪法有关条款的司法解释都没有订立一个工作规程，来明确法律允许政府以公共利益的名义进行的彻查在多大程度上侵扰他人的生活。此外，法院至今仍然不确定，执法机构对私人场所内个人活动的监视，尤其是涉及复杂监视技术的行动应该有哪些限制；联邦最高法院更没有明确界定美国联邦宪法所赋予的、个人在私人物业以外的公共场所活动的隐私权范围。本文的目的正是探讨隐私权的范围以说明美国联邦宪法对于个人隐私权的保护是否可以延伸到公共领域，并就如何限制街头监控使其与美国联邦宪法对个人的保护相符提出建议。

本文共有五个主要部分，第一个部分首先向读者介绍最近发展的一些监控器材以及一些在全国各地新近发生的、运用这些器材进行的执法活动，接着探讨了在一些相关的判例法和学术著作中提出的隐私

① Peter Slevin, Police Video Cameras Taped Football Fans; Super Bowl Surveillance Stirs Debate, Wash. Post, Feb. 1, 2001, at A01.

② Robert Trigaux, Cameras Scanned Fans for Criminals, St. Petersburg Times, Jan. 31, 2001, at A1.

③ Peter Slevin, Police Video Cameras Taped Football Fans; Super Bowl Surveillance Stirs Debate, Wash. Post, Feb. 1, 2001, at A01.

权的各种定义。第二部分讨论《美国联邦宪法第四修正案》提出的隐私权理论，并将这一理论运用于分析公共场合监控的问题；第三部分从另一个角度发掘隐私权的内涵，将其看做《美国联邦宪法第五修正案》和《美国联邦宪法第十四修正案》中提出的自由权益，结论认为，美国联邦宪法的确为人们在公共场合不受过度监控的隐私权益提供了保障，将来联邦最高法院可以依据美国联邦宪法限制这种监控行为。第四部分对于街头监控的过度使用和滥用提出了一套解决和替代的方案。第五部分讨论了美国爱国者法可能产生的效果。

二、研究背景

当今的电子监控发展迅速，执法机关可以大规模地运用它来监控人们每天的生活，可以收集他们日常活动的细节信息。监控技术的数量以及复杂程度正急剧地增加，不可避免地与隐私的概念相碰撞。

（一）最新的监控设备和数据储存技术

在人类文明发展进程中，技术的发展速度呈现出几何级数增长的趋势，近年来数码技术的飞跃使得整个社会尤其是立法者茫然失措。执法部门的技术设备发展进程分为两个方面：一方面，人们正不断地研发新设备，使得执法人员不用实质性进入他人的房屋就可以看见室内情况以及侦查毒品的存在；另一方面，人们正持续地改进和升级已有的仪器，使它们的成本越发低廉，操作也越发容易。近几年来，监控录像越来越多地出现在公共场所，可以拍摄到更清晰的、保存更长久的图像。麻烦的是这些视频和数据的记录并不仅仅是停留在录像带或数据清单上，它们现在可以数字化储存和检索，这使得人们可以将各种数据用来互相参照且数据的保存时间几乎没有期限。换言之，依靠这种技术，执法人员有能力从每一个人走出家门起追踪他的行为直到他回到家里，还可以将他的行动记录、分类并保存很多年。

在美国，大量的监控手段被广泛地使用，监控的可操作性和它在其他国家的出现也预示着涉宪问题的产生。根据一项调查，在伦敦这一个拥有目前世界上最为复杂的闭路电视系统的城市里，一天之内，一个普通人的脸会被多达 300 个摄像头捕捉，并出现在 30 个不同的网络系统中。这座城目前总共有 100 万台摄像机遍布城内各个角落。[①] 美国的情况也大同小异，全美国有超过 60 个城市中心实施常规公共监控，其中，马里兰州的巴尔的摩的监控录像网被公认为覆盖面最广、也最为复杂。[②]《连线》杂志的 Simson Garfinkle 在最近为写的一篇文章中对现代监控进行了生动的描述："昨晚，我从西雅图飞往旧金山，下机后，我租了一辆车开往市中心的酒店。在这一路上，我的信息是如何被收集的？我们需要从头开始看：在西雅图的高速公路系统，我的车子被分布在该地区州际公路的闭路摄像头拍下；这些影像被展示在交通监察中心、当地的电视台和网络上；当我进入西雅图塔科马国际机场的车库时，铺设在机动车道路基上的电路会感应到我的车子，附近的摄像头会拍摄下车牌号码和我的脸；很可能有一台录像机记录下这些信息。一个 Avis 租车公司的服务人员会在一部手提电脑上输入汽车的里程数和车况。该手持式电脑会将这些信息无线发往另一台电脑存进数据库。[③]这些信息会存放在数据库里起码几个月甚至几年。当我提着行李走向联合售票柜台时更多的摄像头将我的面孔拍下……当我走过安检处，X 光检查机会扫描我的行李包内物品。在许多机场，X 光检查机同样记录视频图像。我经历了一个晚上平淡无奇地飞行到达旧金山，我到了另一处 Avis 公司的柜台。在那里，我在一台电脑上了解到去酒店的方向（那台电脑无疑为了导航也记录下了我的目的地），当我离开车库时又有摄像头拍下了我的样子。[④]" Garfinkle 除了仅仅描述摄像头的数量和被收集的数据外，还简略地、模糊地暗示到了一个问题，那就是现代科技可以让人们对这些信息进行集中保存、交换和互相对照。

更重要的是，科技进步已经几乎可以让监控摄像头拥有人脸识别

① The Honorable Bob Barr, A Tyrant's Toolbox: Technology and Privacy in America, 26 J. Legis. 72 (2000).

② Christopher S. Milligan, Note, Facial Recognition Technology, Video Surveillance, and Privacy, 9 S. Cal. Interdisc. L. J. 301 (1999).

③ The Honorable Bob Barr, A Tyrant's Toolbox: Technology and Privacy in America, 26 J. Legis. 72 (2000).

④ Simson Garfinkle, The Death of Privacy, TechTV, Feb. 10, 2000, available at http://www.techtv.com/screensavers/showtell/story/0, 3656, 2436077, 00.html (on file with the Quinnipiac Law Review).

技术的特点，使电脑可以像辨认条形码一样对对人与人外貌上的相似点和不同点。事实上至少有一些人脸识别技术设备已经被解密，广大的群众可以以低价购买到这种设备。目前，联邦政府的官方计划是在军事驻点的保安和缉捕逃犯方面使用人脸识别技术；然而，无论目的是什么，事实上这种技术能够并将会保存每一个经过照相机前的人脸部位的照片。

另外，虹膜识别技术可以近距离地捕捉每个人眼球虹膜的独特结构特征，然后将信息数字化记录。被动毫米波成像技术和雷达皮肤扫描技术都可以用于近距离辨认出人身上携带的武器或任何隐藏在人体内的物件。两者中的雷达皮肤扫描技术功能更为强大，能够揭露解剖学上的细节和异常，甚至可以确认一位男性有没有割包皮。①

鉴于最近出现的及可预见的监控技术的发展与应用，政府明确规定执法部门对于个人在公共场合的活动信息的记录和储存有何限制就显得十分重要。然而，虽然美国联邦宪法保留了将这些限制细化的空间，但法院目前仍然没有采取行动。

（二）隐私是什么

美国联邦宪法并没有特别提到隐私。其条文里根本没有隐私这么一个词，也没有提及其他在概念上与之相关的说法。一些历史学家发现，在殖民时期的美国，窥探邻居的生活不仅是被允许的，还被视为有益于社会的行为；以至于平常人侵扰他人家庭生活的行动也被正当化。② 在殖民时期的美国不存在隐私。一位学者虽然对此提出质疑，但是他同时也认为“隐私观念在当时，肯定有别于今天即使三岁小孩也很熟悉的概念，它只是以其他更难以理解的形式存在”③。受到当时社会条件影响的立法者对于隐私的理解是否比现代社会的观念更为狭隘，是可以论证得出的。

---

① Christopher S. Milligan, Note, Facial Recognition Technology, Video Surveillance, and Privacy, 9 S. Cal. Interdisc. L. J. 309 - 311 (1999).

② Miriam Horn, Shifting Lines of Privacy: Today's Anxieties Mirror Earlier Debates in America's History, U. S. News & World Rep., Oct. 26, 1998, at 59.

③ See Ken Gormley, One Hundred Years of Privacy, 1992 Wis. L. Rev. 1343 - 1344 (1992).

法学研究为隐私提供了各式各样的定义。在19世纪末，Samuel Warren 和 Louis Brandeis 将隐私概括为免受打扰的权利。[①] 一位现代的学者分析认为，隐私权包括三个要素：①自治权益，或者说免受政府对私人活动规制的自由；②免受政府的侵扰尤其是监视的权益；③控制个人信息流出的权益。[②]另一位现代学者则把隐私权泛化为尊严权，而且认为保护隐私对于维护个人尊严是必要的。[③]然而，由于建立于价值观相关概念的基础上，尊严的概念不但虚无，而且呈现出随着时间推移有不断变化的倾向。[④] 这位学者还认为，隐私是一系列没有在《美国联邦宪法第九修正案》中列举的自由权益的综合，[⑤] 而隐私权利中最为基本的权利在于生育自主权。[⑥]

在1974年，时任美国的首席大法官从另一个不同的角度阐释了关于隐私的问题。[⑦] 特别值得一提的是，他将隐私的概念一分为二：一部分称为“核心隐私”，或者狭义隐私，包括了独处的权利和免受未经授权监视的自由；另一部分可以称作有特殊含义的隐私，或者叫准隐私，包括免受政府对某一类型行为监管的自由。[⑧]这两种类别的隐私显然有交叉，因为符合字典里隐私定义的免受监视的自由，可能与某种需要监管的行为是相关的。

Rehnquist 的观点，包括其有别于其他学者的部分见解，总体上

---

① Samuel D. Warren & Louis D. Brandeis, The Right to Privacy, 4 Harv. L. Rev. 193 (1890).

② Thomas B. Kearns, Note, Technology and The Right to Privacy: The Convergence of Surveillance and Information Privacy Concerns, 7 Wm. & Mary Bill Rts. J. 975, 978 -979 (1999).

③ Mark A. Racanelli, Note, Reversals: Privacy and the Rehnquist Court, 81 Geo. L. J. 443, 455 (1992).

④ See Ken Gormley, One Hundred Years of Privacy, 1992 Wis. L. Rev. 1340 (1992).

⑤ Mark A. Racanelli, Note, Reversals: Privacy and the Rehnquist Court, 81 Geo. L. J. 449 (1992).

⑥ Mark A. Racanelli, Note, Reversals: Privacy and the Rehnquist Court, 81 Geo. L. J. 452 -53 (1992).

⑦ See William H. Rehnquist, Is an Expanded Right of Privacy Consistent with Fair and Effective Law Enforcement, 23 Kan. L. Rev. 1 (1974).

⑧ See William H. Rehnquist, Is an Expanded Right of Privacy Consistent with Fair and Effective Law Enforcement, 23 Kan. L. Rev. 4 -5 (1974).

显示出他并不赞成任何所谓的个人行为免受干扰的自由，这里所指的“干扰”包括了对个人行为的监管。他把允许范围内的隐私权益等同于单纯的保密性，[①]而同时，将准隐私视为对有效执法的一种威胁。[②]从根本上说，Rehnquist 对私隐的看法是比前面讨论的观点要狭隘的，因为在他看来，真正的隐私，或“核心隐私”，或被允许的隐私，只是一点个人秘密，而不是独立的选择权。

尽管学者们对于隐私的定义存在区别，然而，这些定义都承认人们有权利在公共场所免受拖网式监控，因为这种权利包含了免受监视的权利、免受打扰的权利和独立做出选择的权利。我们仍然有必要将这些定义置于美国联邦宪法条文的框架内进行分析，以说明美国联邦宪法如何保障人们的隐私权益。

三、《美国联邦宪法第四修正案》定义的街头监控

《美国联邦宪法第四修正案》规范的焦点在于要求执法机构的搜查行为具有合宪性。[③]因此，为了从《美国联邦宪法第四修正案》的角度探讨街头监控，有必要先厘清美国联邦宪法不允许执法机关进行的搜查有哪些属性。首先，我们讨论某些不涉及实质性进入他人房屋的监视的合理性，有关的监视行动包括如窃听、从露天区域进行空中监视以及使用追踪装置跟踪汽车和其他物件；其次，将这些检验监视合理性的规则运用于分析街头监控的问题。

（一）不合理搜查的定义

1. 从 Olmstead 一案到 Katz 一案

《美国联邦宪法第四修正案》规定，个人的“人身、住宅、文件

---

① See William H. Rehnquist, Is an Expanded Right of Privacy Consistent with Fair and Effective Law Enforcement, 23 Kan. L. Rev. 5 (1974); See generally Jed Rubenfeld, The Right of Privacy 102 Harv. L. Rev. 737 (1989).

② See William H. Rehnquist, Is an Expanded Right of Privacy Consistent with Fair and Effective Law Enforcement, 23 Kan. L. Rev. 2 (1974).

③ See William H. Rehnquist, Is an Expanded Right of Privacy Consistent with Fair and Effective Law Enforcement, 23 Kan. L. Rev. 3 -4 (1974).

和财物”都应该受到保护。① 这一规定最初被引入美国联邦宪法是为了防止不列颠殖民政府当年的行径在美国再次出现。殖民时期政府曾经广泛使用没有明确针对性的搜查令和令状，对违禁品和谈论不同政见的著作展开带有报复性和政治目的的搜查，《美国联邦宪法第四修正案》的上述规定正是为了防止像这样滥用执法权力的事情再次发生。②因而，《美国联邦宪法第四修正案》的目标是保护家庭房产和某些个人物品的完好无损。

出于这种狭义的理解，在《美国联邦宪法第四修正案》出台时，法院认为，认定执法机构违反《美国联邦宪法第四修正案》的必要前提是执法人员作出了符合普通法定义的擅闯他人领地的行为。随着科技的进步，搜集证据开始不再需要实质性进入他人领地，涉及《美国联邦宪法第四修正案》的纠纷处理也面临挑战，联邦最高法院对于 Olmstead v. United States 一案的判决③有力证明了这些挑战对案件审理的影响。在 Olmstead 一案中，执法部门通过将一个麦克风安放在办公室外墙监听室内对话来收集犯罪证据。联邦最高法院认为，由于案中并不涉及执法人员对办公室的实质性进入，窃听并不构成《美国联邦宪法第四修正案》所定义的不合理搜查。Brandeis 法官对此并不赞同并提出了他的著名观点，他将自己之前阐释的“免受干扰的权利”扩展至不受监视的权利。他注意到“创造发明使得政府可以采用更为有效的手段来扩大自己的影响力，甚至可以在法庭上披露人们在衣橱里的耳语”，他对这种状况感到担忧。Brandeis 认为《美国联邦宪法第四修正案》保护人们所处的区域免受政府的干涉，无论是否牵涉到实质性进入这些区域，政府的干涉行为都是不被法律允许的。

到了 Olmstead 一案被推翻的 1967 年之前，科技已经使搜查犯罪证据的过程无须频繁地牵涉到普通法上定义的非法侵入。而 1967 年

① U. S. Const. amend. IV.

② Richard S. Julie, Note, High – Tech Surveillance Tools and the Fourth Amendment: Reasonable Expectation of Privacy in the Technological Age, 37 Am. Crim. L. Rev. 127, 130 (2000).

③ See Olmstead v. United States, 277 U. S. 438, 464 (1928).

的 Katz v. United States 一案[①]的判决具有里程碑式的意义，它至少表明法官们暂时放弃了从财产角度阐释《美国联邦宪法第四修正案》的理论。在 Katz 一案中，执法机关同样使用了一个麦克风来收集犯罪证据，当时犯罪嫌疑人正通过公用电话传播非法赌博信息，而麦克风则被安放在闭门的公用电话亭外墙。联邦最高法院宣称“《美国联邦宪法第四修正案》保护的是人而不是地点”，并认为《美国联邦宪法第四修正案》可以对抗政府对合理隐私期待的侵犯。然而，这一经常被引用的规则是具有误导性的。《美国联邦宪法第四修正案》并不像 Katz 一案的解读只保护人而不保护地点，而是“既保护人又保护地点”。根据现代对《美国联邦宪法第四修正案》的法理解读，搜查的地点即使没有决定性作用也是判断是否有违宪执法行为发生的重要依据。

Harlan 法官对 Katz 一案的意见为日后用于判断执法行为是否违反《美国联邦宪法第四修正案》的两步分析法奠定了基础。两步分析法的内容主要是要求法官在审查政府执法行为的合宪性时，首先需要确认政府的行为一定侵犯了个人隐私的主观期待，然后确认被政府行为侵犯的个人隐私期待必须是社会认同的合理期待。这一种分析法的根本缺陷在于它把判断哪一种隐私期待应该被社会认同的权利赋予法院。一位学者说：“Katz 一案构筑了一个框架，让法官们可以在其中自行决定某一些隐私期待是合理的并将其强加于他人。”[②] 由于两步分析法的这个缺陷，使得法官对于隐私期待的判断带有不确定性，以至于联邦最高法院在日后的一系列案件中彻底推翻了 Katz 一案的判决。

2. 家庭住宅之外的隐私期待：空中监控案件

联邦最高法院在一系列的空中监控案件中对 Katz 一案判决建立的理论作出了重大修改。

首先，联邦最高法院在 Dow Chemical Co. v. United States 一案[③]

---

① 389 U. S. 347 (1967).

② Bradley W. Foster, Warrantless Aerial Surveillance and the Right to Privacy: The Flight of the Fourth Amendment, 56 J. Air L. & Com. 728 – 729 (1991).

③ 476 U. S. 227 (1986).

的判决当中严重背离了 Katz 一案对《美国联邦宪法第四修正案》的阐释。在 Dow Chemical Co. 一案中，法庭裁定原告对被告的工厂进行空中监控没有侵犯《美国联邦宪法第四修正案》赋予被告的隐私权。由 Katz 一案发展而来的主观期待理论受到了直接冲击。在该案中，被告 Dow Chemical 公司用大门和围墙将其工业联体厂房与外界隔开，为其设置了精密的保安系统，并制定了公司章程对所有厂房上空未经授权的飞行活动进行调查。但联邦最高法院认为被告的隐私期待是不合理的，法院的理由是《美国联邦宪法第四修正案》的制订是出于保护家庭房屋及其紧邻土地的目的，而不是为了保护露天区域，因而《美国联邦宪法第四修正案》在该案中并不适用。另外，联邦最高法院根据 Katz 一案的判决认为被告是故意地将厂房向公众公开，因为案中用于观察厂房的技术是在市面上可以买到的，因而任何人都可以乘坐飞机到被告 Dow Chemical 公司上空进行拍摄。联邦最高法院还对该判决进行解释道，如果行为人拍摄的露天区域与家庭房屋直接相邻或相接，则行为人的行为违反了《美国联邦宪法第四修正案》。

其次，联邦最高法院对于 California v. Ciraolo 一案①的判决也没有遵循 Katz 一案。尽管该案与 Dow Chemical 公司一案相类似，联邦最高法院对两案的意见却截然相反。在 Dow Chemical 公司一案中，法院认为庭院、宅地是不可以观察的区域，但在 Ciraolo 一案中，法院却认为所有露天、不遮蔽的区域都可以观察。尽管在该案中，被告为了避免他人的窥视，在自家后院竖起了外 6 英尺、内 8 英尺的双重围栏并且主张自己的后院应该免受空中监视，然而，联邦最高法院认为被告的这种隐私期待是不合理的。联邦最高法院多数法官的意见是，原告拍摄的图像都是在允许飞行的航空区域内拍摄的，空中拍摄并没有构成非法入侵不动产。基于这些事实，法庭推测任何公众在搭乘商业飞机飞越被告房屋的上空时都可以看见他温室地里种植大麻，联邦最高法院于是认定被告是有意地将其后院向公众公开，其隐私期待是不合理的。法院的多数法官还认为被告仅仅将他的后院用于非法活动，所以他对后院的隐私期待都将被认定为不合理。

---

① 476 U. S. 207 (1986).

最后，在审理 Florida v. Riley 一案①过程中，联邦最高法院内部产生了严重分歧，最终法院的判决意见认为原告在一架近距离盘旋的直升机上对被告被部分遮盖起来的温室进行观察的行为没有违反《美国联邦宪法第四修正案》。在该案中，被告的温室位于一块空地上，距离被告日常起居用的房车只有几步远，根据 Dow Chemical 公司一案的判决分析，该温室明显处于依法免受监视的庭院之内。它有两面墙，其余两面墙被低矮的灌木和树丛自然掩盖起来；屋顶是瓦楞铁皮板，但其中两块缺失了，将温室大约 10% 的内部暴露在外。在房车和温室的外围，有一圈铁丝网包围并且竖立着一块警示标志，上面写着“闲人免进”。警方在接到线报后，怀疑在 Riley 的温室地里种植了大麻，于是动用直升机在大约 400 英尺高的空中对该温室内的非法植物进行了观察和拍照。

联邦最高法院超过半数的法官认为，被告对自己的温室的隐私期待不能被认定为合理期待，因为温室的部分墙体不是人工制造的，而且屋顶缺了一部分。在一般的私人直升机或商业直升机上，任何民众都可以合法地飞越温室上空并观察它的内部。法院作出判决的事实依据还包括原告的直升机并没有造成过分的噪音或人身伤害的危险，以致妨碍被告对个人财产的使用，而且原告的观察也没有暴露任何关于被告个人生活的私密细节。②

根据 Dow Chemical 公司、Ciraolo 和 Riley 三个案例，检验一项执法行为是否违反《美国联邦宪法第四修正案》的标准被极大地扩展，其中包括以下问题：

（1）被诉称的搜查对象是否被故意地向公众公开？如果执法机关收集证据时所使用的技术是一般民众都可以接触到的，上述问题的答案通常是肯定的。即使由于使用成本或者其他因素影响，导致公众对该技术的实际获得或使用并不普遍或不太可能，问题的答案依然不受影响。只要民众有可能看见涉案人物的行为，就可以断定被诉称的搜查对象符合《美国联邦宪法第四修正案》中规定的“被故意公开”。

（2）被诉称的搜查中是否披露了私密细节？虽然联邦最高法院没

① 488 U. S. 445 (1989).

② Riley, 488 U. S. at 448 -452.

有对什么是“私密细节”做出解释，但明显为其自身在事后调查执法机关所收集信息的性质预留空间以确定人们被美国联邦宪法赋予的隐私权是否被侵犯。

（3）被诉称的搜查是否涉及政府的非法行为？比如，如果政府的行为构成普通法定义的非法入侵或者违反了美国联邦航空局的规定，那么，政府就很有可能被联邦最高法院认定为违反《美国联邦宪法第四修正案》。

（4）被诉称的搜查所应用的技术是否对他人使用私人财产造成了干涉，是否给他人带来人身损害的风险？在联邦最高法院对被诉称的搜查进行合宪性审查的过程中，政府可以将其监视手段的安全性作为抗辩理由为自己的执法行为进行辩护。

对于上述问题我们不难发现，联邦最高法院再次沿用了旧的观点，遵循 Olmstead 一案的判决从财产的角度来阐释《美国联邦宪法第四修正案》。根据这种理论，Katz 一案如果在今天进行审理，判决结果一定会与 1967 年的有所不同。不过，现在关于《美国联邦宪法第四修正案》的观点明显比当年审理 Olmstead 一案时所提出的更为严谨，因为这种观点承认了联邦最高法院拥有调查政府搜查行为内容的权力。由于“私密细节”这一标准的提出，联邦最高法院依据《美国联邦宪法第四修正案》对执法行为进行合宪性审查的焦点，从监控的手段以及环境转移到被观察的事物或行为的性质上。

值得注意的是，涉及《美国联邦宪法第四修正案》的纠纷几乎都是由于执法机关扣留非法物品、观察他人的非法行为、监视他人或收集犯罪证据引起的。《美国联邦宪法第四修正案》的规定具有排他性，其立法目的是为了遏止违宪执法行为。因此，司法机关必须警醒，无论涉案证据的证明力有多强、可靠性有多高，都必须排除一切通过不合法手段获得的证据。

如果私密行为、合法行为都被排除在刑事起诉之外，涉及《美国联邦宪法第四修正案》的纠纷恐怕永远都不会出现，因为即使联邦最高法院允许人们对个人行为拥有合理隐私期待，但这些行为中不会包括违反刑事法律的行径。换言之，只要执法机关的侦查行动不干涉他人的私密行为，合法行为，而只是针对非法行为，联邦最高法院将会驳回任何一位被告对政府执法行为的合宪性的质疑。与此同时，除了一些极端的例外，违反《美国联邦宪法第四修正案》的行为一般造成的损害都很轻微。因而，除了在审查刑事犯罪证据是否需要排除的过程中政府必须对执法行为进行澄清外，政府没有必要就执法行为是否违反《美国联邦宪法第四修正案》进行说明。而对于执法机关在搜查中发现的信息的性质，《美国联邦宪法第四修正案》是不予评价的。但是，在 Ciraolo 一案的判决中，联邦最高法院的创新观点在类似的隐私侵权案件中并不少见。

3. 行动追踪：Knotts 一案与 Karo 一案

从以上几个案例来看，联邦最高法院在空中监控这类案件中的判决是为自己推翻先前判例提供的充分理由，证明了执法部门进行空中监控的合法性；而根据 Katz 一案所定义的故意公开，执法部门运用复杂的技术对人们在住宅以外场所的活动进行街头监控也是合理的。但是，除了空中监控和街头监控，要论证公共场所监控的合理性，还有一类涉及执法部门对个人行动追踪的类似案件需要探讨，这类型案件中典型的案例有 United States v. Knotts 一案与 United States v. Karo 一案。

在 United States v. Knotts 一案中①，警察在一个装有毒品的油桶内放置了一个传呼机，跟踪传呼机的信号从被告购买油桶的地方到达他们的非法毒品实验室。传呼机的作用仅仅是协助警方确认油桶的最终目的地。在审判中，被告没有质疑警方将传呼机放置在油桶内的做法，却质疑警方用传呼机对他们的行动进行追踪的执法行为的合宪性。联邦最高法院驳回了被告的主张，理由是：当某个人乘坐汽车从公共街道的一个地点到达另一个地点的过程中，他（她）不应当对自己的行动拥有合理隐私期待；因而，当被告乘坐汽车在公共街道上行驶时，是在自愿地告诉周围想观察他们的任何人这些信息——他们正在行驶的特定道路和特定方向、他们停靠的每一个站点、他们的终点以及他们离开公共街道进入私人房屋的时间。因而，从广义上说，Knotts 一案判决认为执法人员在公共街道上追踪某个人的行动不属于不合理搜查。

United States v. Karo 一案与 United States v. Knotts 一案非常相

---

① 460 U. S. 276 (1983).

似。通过 Karo 一案的判决，联邦最高法院将 Knotts 一案判决的适用范围进行了限缩，认为执法机关只能将传呼机用于揭示一些可以通过合法的目视观察获得的信息。在该案中，警方将传呼机安置在了被告购买的一个罐头内，通过跟踪传呼机信号得知，罐头从储存设施运出，最终移动到其中一名被告的家中。[①]确定了罐头的目的地之后，警方仍然持续监控放在被告家中的罐头所发出的电波信号。联邦最高法院最终支持了被告的主张，认为原告没有搜查令的授权，监视在被告私人住所内的传呼机是违反《美国联邦宪法第四修正案》的行为。[②] 法庭进一步将 Karo 一案和 Knotts 一案的案情进行了区分，认为执法人员监视公共道路上移动的物品是合法的，但监视处于《美国联邦宪法》所保护的场所内的物品却是违法的。[③]

4. 科技的改变以及先例的分量：Kyllo v. United States 一案

最近一件在联邦最高法院审判的涉及《美国联邦宪法第四修正案》的案件，是 Kyllo v. United States 一案[④]。该案的判决反映出，为了制定一条全面而普遍通用的规则去适应不断发展的科技，联邦最高法院正面临着的法理难题。

在该案中，警方使用了热成像仪检测被告的房屋所散发的热量，怀疑该房屋内有一个种植大麻的工场。由于大麻植株必须在卤素灯下种植才能满足其正常生长所需要的大量光线，所以种植场地内会产生大量的热。为了防止这些热量杀死植株，种植者必须使用电扇系统将热量排出屋外。因而，种植工场同样会散发大量的热，很容易被热成像仪所发现。该案中进行侦查的警方检测出被告的房子正产生持续增加的热量，并将这一发现作为其中一个依据申请了搜查令。通过搜查警方在被告人的房子里发现了超过 100 株大麻。在随后的刑事起诉中，被告对搜查令的合宪性提出了质疑。

虽然热成像仪的拥护者坚称，该仪器只会披露很小一部分屋内活动的信息，但有证据表明，热成像仪可以用于侦查许多合法但会释放

---

① 468 U. S. 705 - 714 (1983).

② Karo, 468 U. S. at 708 - 716.

③ Karo, 468 U. S. at 708 - 716.

④ 533 U. S. 27 (2001).

热量的活动，比如做饭、沐浴或使用加热的家用电器。甚至还有数据显示热成像仪可用于侦查少量热的液体比如饮料的存在，或者检测其重量，甚至还可能反映出在屋里的人是否在哭泣。

尽管法院承认该案中警方使用的仪器过于粗陋还不能披露上述的这类细节，但主审的多数法官在审判时考虑的不仅仅是本案的具体案情，而是该案的判决对于同类型案件的指引性。他们企图通过制定一条包含对未来技术发展的预测的规则，以“对科技的力量加以限制，防止其侵害个人的法定隐私权”。于是，法官们放弃了从非法入侵的角度进行分析，而是依据 Dow Chemical 公司一案及随后类似案件的判决，对监视行为本身进行分析作出了 Kyllo 一案的判决。然而有学者认为，Kyllo 一案的判决是在实际上“允许警方的科技侵犯《美国联邦宪法第四修正案》所保护的隐私权”。遵循 Knotts 和 Karo 两案对于设备使用范围的二分法，主审的多数法官提出：“在执法机关收集室内情形有关信息的过程中，即使提升感官能力的技术是执法人员不得不使用的，否则，执法人员就一定要实质性进入《美国联邦宪法》保护的区域，但是执法机关使用有关技术对他人的私人场所进行观察的行为仍然构成了搜查，因为即便不论其他因素，至少在这种情况下执法机关使用的技术并非是普罗大众所使用的。”

值得注意的是，在该案中，联邦最高法院至少部分地放弃了将执法机关是否披露了个人生活的“私密细节”作为判断执法行为是否违宪的标准。联邦最高法院一方面认定所有在家庭住宅内发生的活动都属于《美国联邦宪法第四修正案》中定义的私密活动的范围；另一方面又认为将对私密细节的披露作为违宪行为的判定标准是错误的，因为这个标准赋予法院对屋内情形的事后调查权。在论及先例时，联邦最高法院并没有再执著于将科技按照用途区分为商用科技和仅供执法部门使用的科技，但却拒绝回应如果在该案中警方用于对 Kyllo 的住宅进行热成像侦查的技术是普罗大众都可以使用的，这就存在警方当时的行动是否合法的问题。不过，热成像技术并不是常规技术，联邦最高法院的做法仅仅是拒绝再次验证这个事实而已。然而，联邦最高法院对这个问题的回避似乎预示着其倾向于在将来放弃对于科技按照用途进行区分。

尽管对于执法部门运用搜查科技的规则，联邦最高法院的观点前后矛盾，Kyllo一案的判决对于大范围监控的限制还是比较明显的。虽然已经注意到《美国联邦宪法第四修正案》中各种相关概念的界定模糊不清，但联邦最高法院仍然没有就什么样的执法行为构成搜查、什么样的搜查是不合理的这些问题，作出比Katz一案中Harlan法官的意见更为明确的回应。不过，即便联邦最高法院继续回避对有关概念重新进行彻底的阐释，其在先前案例中的意见对于判断某种监控行为是否违反《美国联邦宪法第四修正案》起着决定性的作用。

（二）街头监控：《美国联邦宪法第四修正案》定义的搜查

1. 区分搜查和看见：单纯视察原则

单纯视察原则对于判断拖网式监控的合宪性有重要意义，因为它将美国联邦宪法意义上的搜查和对犯罪证据的无意发现进行了区分。这个原则由Coolidge v. New Hampshire一案[①]发展而来。在该案中，杀人嫌疑犯被告Coolidge对警方扣押其汽车的行为提出了质疑。该案的受理法院认为只有具备了以下两个条件，《美国联邦宪法第四修正案》才允许执法机关在没有搜查令授权的情况下对犯罪证据进行扣押：①警方出现在扣押证据现场是经搜查令授权的，或者是由于法律所认可的无需搜查令授权的特殊原因而出现在现场；②警方对证据的发现是无意的而非有动机搜查的结果。

单纯视察原则对非故意性的强调充分显示在Arizona v. Hicks一案[②]的判决中。在该案中，警方在合法地进入到被告人的住所调查之前发生的一件枪击案后，无意中发现了一批昂贵的立体声音响设备，于是怀疑这些设备是偷来的。一名警官记下了音响设备的序列号，向总部证实了这批设备在之前的一件持械抢劫案中被抢走，便当场扣押了这批设备。联邦最高法院认为该名警官仔细检查那批音响设备以确认序列号的行为并不符合单纯视察原则。法官特别提到，原告采取与授权行动的目的无关的行为，查看被告屋内被掩盖起来的部分或被掩藏的物品是对被告人隐私的再一次侵犯，而这种侵犯的发生并不是由

---

① Coolidge v. New Hampshire, 403 U. S. 443 (1971).

② 480 U. S. 321 (1987).

于法律认可的紧急情况。依据《美国联邦宪法第四修正案》分析，行为人单纯用肉眼去观察可疑物品与行为人移动该物品哪怕几英寸这两种行为之间的区别并非是微不足道的。[①]

因此，单纯视察原则适用于区别无意的发现和有动机的搜查。

2. 从《美国联邦宪法第四修正案》看街头监控

在上述众多案例中，Knotts 和 Karo 两案具有显著的重要性，因为它们对科技应用的不同方式提出了对应的定性标准。这两件案件都涉及到用于收集证据的同一样科技产品——传呼机，两案中的传呼机都被警方放置在被告购买的装哥罗芳的容器内，然后被带到毒品生产点。然而，联邦最高法院认为 Knotts 一案中执法人员对传呼机的使用符合《美国联邦宪法第四修正案》，却认为 Karo 一案中执法人员对传呼机的使用违宪。这表明涉及《美国联邦宪法第四修正案》的案件审理的焦点不在于科技本身，而在于科技的运用方式和科技所披露信息的性质。

Knotts 和 Karo 两案的判决对于监视技术运用范围的区分与 Katz 一案的判决思想如出一辙。Katz 一案的重点在于尽管执法机构所使用科技的种类对于判断其行为的合宪性没有决定性作用，如果这些技术被用于穿透一个人们普遍认同的私人场所，那么，这样的执法行为仍然可能违反《美国联邦宪法第四修正案》。[②] 想要使 Dow Chemical 公司、Ciraolo 和 Riley 几个案件的判决思想与 Katz 的相统一，即便不是不可能的也是难以实现的。Dow Chemical 公司及其同类型案件的基本思想是，某些技术产品的存在及其在市场上的可获得性改变了人们被《美国联邦宪法第四修正案》赋予的权利的范围。总体而言，科技的进步降低了人们对于隐私权的合理期待。[③]虽然其后在 Kyllo 一案中，联邦最高法院明确表示反对这样一种思想，[④]然而，当某些技术可以

---

① Hicks, 480 U. S. at 325.

② Katz v. United States, 389 U. S. 347, 351 (1967).

③ Bradley W. Foster, Warrantless Aerial Surveillance and the Right to Privacy: The Flight of the Fourth Amendment, 56 J. Air L. & Com. 757 (1991).

④ Kyllo v. United States, 533 U. S. 27, 37 - 38 (2001).

为公众所使用，它们就可能会被允许对隐私的范围进行控制。①

如果不仔细分析，街头监控问题似乎与 Dow Chemical 公司一案没有区别，因为二者都涉及到使用合法的、公众可获取的技术观察露天区域。然而，Katz 一案的判决中列举的、用于处理现代涉及《美国联邦宪法第四修正案》纠纷的那些原则并不适用于 Dow Chemical 公司等一系列案件，因为后者的判决允许科技削弱人们的隐私权益，而前者则不然。同时，即使令 Dow Chemical 公司、Ciraolo 和 Riley 几个案件的判决思想与 Katz 的相统一，监视技术的运用仍然必须受到 Knotts 与 Karo 两案的判决提出的限制。违宪性问题并不是由科技本身引起的，而是由其应用的方式引起的。因此，虽然原则上某件监视设备是法律允许行为人使用的，但是行为人运用监视设备的行为在某种环境下可能是合宪的，另外一种情形下却可能违宪，比如在 Knotts 一案中执法机关使用传呼机追踪他人汽车的行为是合宪的，但如果行为人运用设备监视他人在私人住宅内的活动，其行为却是违宪的。

不过，判断街头监控是否应该受到美国联邦宪法所评价之前，需要确认一件更基本的事情，那就是什么样的行为可以被定义为搜查。联邦最高法院关于 Hicks 一案②的观点是非常重要的，因为它通过认定搜查是具有侵扰性的行为从而区分出了原发的搜查与无意间的发现两种不同的行为。需要注意到，《美国联邦宪法第四修正案》的条文要求所有以它为依据的审查都必须是分两步进行的——既然《美国联邦宪法第四修正案》保护人们免受“不合理搜查”，则在一个特定环境下有两个问题是必须考虑的：①搜查的定义是什么？②不合理搜查的定义是什么？然而除了 Hicks 一案以外，似乎各个案例的判决对《美国联邦宪法第四修正案》的解读都将上述两个问题合二为一，判决的核心只是从总体上判断哪些行为构成不合理搜查，却忽略了单独考虑所诉称的“搜查”是否真正的搜查，而这个问题对于审理涉及《美国联邦宪法第四修正案》的案件是非常关键的。

字典对于“搜查”一词是这样定义的：“为了寻找某物而查看或

---

① Kyllo v. United States, 533 U. S. 39 (2001).

② See Arizona v. Hicks, 480 U. S. 321, 325 (1987).

检查。”[①] 所以，从通常的意义上说，搜查以明确的意图作为其构成要件。搜查有清晰的目的，但偶然的或无意的观察却没有。[②]观察和搜查之间的区别跟看见和看之间的区别类似。[③] 搜查是一系列的活动，或某一模式的行为，核心目标是确认或查明某物。但是有的学者并不这么认为。一位学者对 Riley 一案的判决感到沮丧，他评论道：“当一位警官将某人的房子包围起来并从窗户向内窥视时，如果他不是在搜查那他到底是在干嘛?”[④]基于上述理由，本文作者认为，美国联邦最高法院将符合单纯视察原则的行为视为无须遵守《美国联邦宪法第四修正案》要求的例外并非是不合理的。[⑤] 而况，这个规则虽然允许执法人员对于无意中发现的犯罪证据可以在不具备搜查令授权的情况下进行扣押，但该规则并没有允许执法机构在没有搜查令授权的情况下进行搜查。

正如美国联邦最高法院在 Hicks 一案的判决中提到，搜查在本质上是入侵性的，因而很可能会揭露一些普通人在偶然的观察中无法发现的信息。因此，我们不难想象，人们可能不会反对被路人看上一眼，却会厌恶他人对自己的仔细检查。[⑥] 这种看法很容易体现在人们对公共场所监控的反应当中。虽然我们不会介意被他人看见，但是会反感被他人尾随。当我们走在大街上，我们向行人暴露的是自己前进的方向，但不是我们最终的目的地，更不是一整天的行为模式。我们同意被普通民众看一看，但不允许被他人跟踪。而且，被他人看见完全不同于被他人注视。[⑦] 任何行为人如果对他人在城市街道上的行程

① Kyllo, 533 U. S. at 32.

② Hicks, 480 U. S. at 325.

③ Jennifer Mulhern Granholm, Video Surveillance on Public Streets: The Constitutionality of Invisible Citizen Searches, 64 U. Det. L. Rev. 687, 696 – 697 (1987).

④ Bradley W. Foster, Warrantless Aerial Surveillance and the Right to Privacy: The Flight of the Fourth Amendment, 56 J. Air L. & Com. 759 – 760 (1991).

⑤ Texas v. Brown, 460 U. S. 730, 738 – 739 (1983).

⑥ Bradley W. Foster, Warrantless Aerial Surveillance and the Right to Privacy: The Flight of the Fourth Amendment, 56 J. Air L. & Com. 754 (1991).

⑦ Jennifer Mulhern Granholm, Video Surveillance on Public Streets: The Constitutionality of Invisible Citizen Searches, 64 U. Det. L. Rev. 687, 695 (1987).

进行描述，包括他人使用了什么样的汽车，搭乘了哪一路公交车，去了哪里的火车站、办公楼、银行和商店，他说了什么，跟谁见了面，其描述行为都应该受到单纯视察原则的评价。而执法机关在公共场所的监控与这样的描述行为是类似的，同样应该受到单纯视察原则的评价。而且，执法机关实施监控是为了发现可能需要执法人员执行搜查或逮捕行动的不法行为或违法事件，或者为了收集犯罪证据，所以监控属于通常意义上的搜查。

如前文所言，空中监控类型的案件①的判决代表了这样一种观点：除非执法机构的观察行动披露了他人生活的私密细节，或者在观察过程中，执法人员实质性地破坏了他人为保密而设置的障碍物，否则执法机关以观察的形式对他人进行监控的行为是合理的。然而，这些案件的判决与另一种存在已久的观点是相互冲突的，后者认为除非在紧急情况下执法机关不得不进行搜查，否则其缺乏搜查令授权的搜查行为是不合理的。②由此看来，执法机关无差别地实施的街头监控不仅是一种搜查，还是对他人的不合理侵扰。因而，街头监控需要受到《美国联邦宪法第四修正案》的约束。

粗略地看，Knotts 与 Karo 两案提出的对监视技术运用范围的区分方法似乎与上述观点相悖，因为这两件案件中原告（执法机关）对被告个人活动的观察都是在公共场所进行的，不属于《美国联邦宪法第四修正案》意义上的搜查。③但是，我们可以将 Knotts 一案与普通的街头监控进行区分的关键是，在 Knotts 一案中，原告对被告的观察至少是出于较有针对性的怀疑——怀疑被告参与了非法活动以及怀疑安放了传呼机的油桶是用于毒品制造的。④尽管这样的怀疑还不一定构成“真正的紧急情况”，⑤ 但也为原告实施监视提供了一些正

① See Florida v. Riley, 488 U. S. 445 (1989); Dow Chemical Co. v. United States, 476 U. S. 227 (1986); California v. Ciraolo, 476 U. S. 207 (1986).

② See United States v. Boyd, 116 U. S. 616, 623 - 624 (1886); Katz v. United States, 389 U. S. 347, 357 (1967); nited States v. Karo, 468 U. S. 705, 717 - 818 (1983).

③ United States v. Knotts, 460 U. S. 276, 281 - 282 (1983).

④ United States v. Knotts, 460 U. S. 278 (1983).

⑤ Karo, 468 U. S. at 718.

当的理由。相反，普通的街头监控却不是出于执法机关的任何针对性怀疑。绝大多数情况下街头监控都是被用于观察群众的合法活动，只有极少数情况下街头监控会发现不法行为，这与没有针对性的搜查非常类似，而无针对性的搜查正是属于《美国联邦宪法第四修正案》的核心内容所禁止的行为。

不过，最重要的是，Knotts 和 Karo 两案的判决思想显示出对执法机构应用科技的行为进行合宪性审查时必须有定性标准。所以尽管上述两案的判决都认同，仅仅是使用技术手段来提高执法人员的感官能力这一情节不能证明执法当局的观察行为违宪，但两案的判决同时也表明不是执法机关使用的科技本身，而是他们使用科技的方式会涉及违宪性问题。因此某一设备的使用可能在一案中是合宪的，在另一案中却是违宪的。

审理 Knotts 一案的法官意识到了这个问题。除了反对将科技的进步看做产生违宪问题的源头，该案的法官还认为："被告的看法是一种泛化的观点。被告认为政府所寻求的控制所造成的结果就是执法部门可以对任何一位本国公民实行 24 小时监控，但司法部门对此却毫不知情或缺乏监督。然而我们认为，即使像被告所预料的这种拖网式执法行动最终会成为现实，我们目前仍有足够的时间去判断是否可以援引其他的美国联邦宪法原则来限制这种行为。"①

这一权威意见并没有表明联邦最高法院认为街头监控是违宪的，但反映出联邦最高法院拒绝立即处理 Knotts 一案中涉及的拖网式监控的问题，而将其留待日后探讨。

总而言之，我们不能将 Knotts 一案视为解决街头监控问题的模范。该案的判决既没有显示出美国联邦最高法院在将来是否会作出突破性的决定，认定不规范的街头监控构成《美国联邦宪法第四修正案》所定义的搜查，但也没有显示出美国联邦最高法院将会作出相反的判断。而联邦最高法院对 Knotts 一案设计的拖网式监控问题有所保留则反映出，至少美国联邦最高法院认为在公共场合进行大规模监视是否符合《美国联邦宪法第四修正案》的要求是值得怀疑的，以

---

① Knotts, 460 U. S. at 283 - 284.

后联邦最高法院或许还会对这种监视行动明确表示反对。

四、《美国联邦宪法第五修正案》和《美国联邦宪法第十四修正案》规定下的街头监控

（一）正当程序条款的适用范围和《美国联邦宪法第九修正案》

审理 Knotts 一案的法庭尽管拒绝设立有关拖网式监控（dragnet surveillance）的规则，但提到这种监控可能涉及“其他的美国联邦宪法原则”①。换言之，联邦最高法院为日后限制街头监控指引了新的方向：虽然《美国联邦宪法第四修正案》未必适用于公共领域因而难以限制街头监控，但街头监控仍然可能因为违反《美国联邦宪法第五修正案》和《美国联邦宪法第十四修正案》侵犯人们的隐私权而受到规制。

自由与隐私的概念紧密相连，因为在隐私的范围内，我们可以预料到自己有免受监视与管制的自由。曾有一位学者说过，隐私至少等于一种自由权益。②如果隐私与自由相一致的话，那么，剥夺某个人自由的手段就不仅仅指监禁或是类似的方法，还包括对其进行过度的监视与未经授权的侵扰。③

不允许政府未经法律的正当程序剥夺个人自由这一原则可以从《美国联邦宪法第五修正案》和《美国联邦宪法第十四修正案》中找到法律依据。④ 从《美国联邦宪法第五修正案》和《美国联邦宪法第十四修正案》的角度来看，街头监控的合宪性审查的关键在于确认其对个人隐私的剥夺是否符合正当程序条款的规定。

《美国联邦宪法第五修正案》和《美国联邦宪法第十四修正案》所规定的正当程序可以明显地分为两类：程序性的和实体性的。“程序性正当程序”一词是不言自明的，它要求在执法机关剥夺他人的

---

① Knotts, 460 U. S. at 283 – 284.

② Mark A. Racanelli, Note, Reversals: Privacy and the Rehnquist Court, 81 Geo. L. J. 470 (1992).

③ See Bolling v. Sharpe, 347 U. S. 497, 499 (1954).

④ U. S. Const. amend. V; U. S. Const. amend. XIV, 1.

生命、自由或财产前都必须举行对抗性听证。[①] 程序性正当程序的内容包括多个方面，其中，参与案件审理的司法人员必须做到：①把原告的指控告知被告；②允许被告与原告辩论；③允许被告质问原告的证人；④允许被告出示对自己有利的证据。[②]

相比之下，实体性正当程序的含义似乎更为晦涩难懂，因为“程序”一词与程序性法律相关，却与实体法关联不大。然而，实体性正当程序的基本要旨是政府对任何人的生命、自由或者财产的剥夺都必须与政府的合法目标有合理的关联性。[③]实体性正当程序还要求，在政府行为牵涉到美国联邦宪法所保障的个人基本权益的情况下，政府采取的手段必须受到严格限制。[④]

从正当程序条款来看，政府的高强度搜查所涉及的某些个人隐私权益已被确认为人们的基本权益。其中包括人们进行以下行为时拥有免受政府管制的权利：一是对孩子的抚养、教育[⑤]；二是生育[⑥]；三是避孕[⑦]；四是婚姻[⑧]。

尽管这些权利都没有在《美国联邦宪法》中列出，我们却可以在具有《美国联邦宪法》效力的法律条文中找到这些权利的两个法律依据。

这些权利的第一个法律依据是《美国联邦宪法第九修正案》中未列举的权利。该修正案规定，某些并未在《美国联邦宪法》中特别提及的权利也可以受到《美国联邦宪法》的保护，做出这种规定的条文当中包括正当程序条款。[⑨]在审理 Griswold v. Connecticut[⑩] 和

---

① Mathews v. Eldridge, 424 U. S. 319, 333 (1976).

② See Shaughnessy v. United States ex rel. Mezei, 345 U. S. 206, 225 - 226 (1953).

③ See Williamson v. Lee Optical, 348 U. S. 438 (1955); John Harrison, Substantive Due Process and the Constitutional Text, 83 Va. L. Rev. 493, 500 - 501 (1997).

④ See Roe v. Wade, 410 U. S. 113, 155 (1973); Griswold v. Connecticut, 381 U. S. 479, 485 (1965).

⑤ See Meyer v. Nebraska, 262 U. S. 390 (1923).

⑥ See Skinner v. Oklahoma, 316 U. S. 535 (1942).

⑦ See Griswold, 381 U. S. at 479; Eisenstadt v. Baird, 405 U. S. 438 (1972).

⑧ See Loving v. Virginia, 388 U. S. 1 (1967).

⑨ U. S. Const. amend. IX.

⑩ Griswold v. Connecticut, 381 U. S. 479, 485 (1965).

Roe v. Wade[1]两件案件的过程中，法官认为《美国联邦宪法第九修正案》有力支持了宪法未列举的隐私权益同样受到宪法保障这一理论。[2] Goldberg 法官对 Griswold 一案的判决表示同意，他特别强调在适用正当程序条款保护隐私权的过程中《美国联邦宪法第九修正案》所扮演的角色："《美国联邦宪法第九修正案》的内容与其订立的历史表明，《美国联邦宪法》的立法者相信还有其他未在宪法中列举的基本权利保护人们免受政府的干涉，这些权利与之前订立的八个《美国联邦宪法修正案》中特别提到的那些基本权利是同等重要的……如果有人认为像婚姻隐私权那么基本而且深植于我们社会价值观中的某种权利，因为没有在前八个《美国联邦宪法修正案》中被提及就不受宪法保护，那么，这个人就是在忽视《美国联邦宪法第九修正案》并企图使其失效。"[3]

基于上述理由，本文作者认为虽然《美国联邦宪法》没有明确提出隐私权的概念，但《美国联邦宪法第九修正案》通过正当程序条款将其纳入了《美国联邦宪法》的保护范围内。

这些权利的第二个法律依据与第一个关系紧密，包含在"自由"这种权利之中。Harlan 法官对 Poe v. Ullman 一案[4]的判决表示异议时提到："正当程序条款所保护的自由是独特的，其有效范围不会在《美国联邦宪法》的其他内容中找到，也不会受到其他条文限制。这种'自由'不是一系列明确独立的概念，如获得财产的权利、言论自由、出版自由、信仰自由；免受不合理搜查和拘留的权利等等。这种'自由'是一种理性的连续统一体，广义地说，它包括免受政府横征暴敛、苛捐杂税的权利以及免受政府对个人行动的盲目拘束的自由，而且它还认为国家对人们的某些权益进行仔细审查时，需要对其行为的正当性进行说明，任何合理的、人性化的司法判决都一定会认同这样的观点。"[5]

---

① Roe v. Wade, 410 U. S. 113, 155 (1973).

② See Roe, 410 U. S. at 153; Griswold, 381 U. S. at 484.

③ Griswold, 381 U. S. at 487 - 491.

④ 367 U. S. 497 (1961).

⑤ 367 U. S. 543 (1961).

Roe v. Wade 一案[①]的主审法官也表达了相似的观点，他们认为生育隐私这种基本权利“隐含在有序的自由中”。[②] 因此，我们可以认为，隐私权不仅是《美国联邦宪法第九修正案》特别规定的权利，还是包含在个人自由的权利范围内的一种权益，但目前法律界对这种权益的界定仍然比较模糊。

基于法官们的这种共识，联邦最高法院已经公开承认了被正当程序条款所保护的、却未在《美国联邦宪法》中列举的某些隐私权益的合法性，其中包括与生育相关的那些隐私权益被作为个人的基本权利。[③]

总而言之，隐私不仅是政府的搜查行动中牵涉的权益，而且是正当程序条款所保护的自由权益。

（二）正当程序对街头监控的规制

毫无疑问，街头监控会影响人们的隐私，[④]因为它揭示了个人行为的独特模式、个人的社会关系以及无数日常交易和会见客人的细节，尤其是因为街头监控本身揭示了个人生活的细节，比如与孩子、配偶或爱人的交流或者个人的行动，没有严格规范的街头监控对个人自由的践踏至少是值得探讨的。

有一种假说认为拖网式监控对个人自由的剥夺已经严重违背了 Griswold 一案及同类型案件判决所反映的正当程序条款的规定。这种假说遭到强烈的反对，反对者将街头监控与 Meyer，Skinner，Griswold，Loving，Roe 和 Baird 等个人自由权益受到政府侵犯的案件[⑤]作

---

① 410 U. S. at 152.

② 410 U. S. at 152; Palko vs. Connecticut, 302 U. S. 319, 325 (1937).

③ John Harrison, Substantive Due Process and the Constitutional Text, 83 Va. L. Rev. 493, 500 - 501 (1997).

④ Jennifer Mulhern Granholm, Video Surveillance on Public Streets: The Constitutionality of Invisible Citizen Searches, 64 U. Det. L. Rev. 659 (1987).

⑤ See Meyer v. Nebraska, 262 U. S. 390 (1923); Skinner v. Oklahoma, 316 U. S. 535 (1942); Griswold v. Connecticut, 381 U. S. 479 (1965); Loving v. Virginia, 388 U. S. 1 (1967); Roe v. Wade, 410 U. S. 113 (1973); Eisenstadt v. Baird, 405 U. S. 438 (1972).

比较。一方面，反对者认为尽管在这些案件中，法院将政府对于某些特定行为的管制宣告为无效，但是街头监控牵涉的仅仅是消极的观察而不是积极的管制措施，所以街头监控对个人自由的限制并没有该假说认为的那么严重。另一方面，他们还认为上述案件都与生育、家庭关系和孩子抚养问题有关，而街头监控几乎没有牵涉到私密的家庭生活，所以总体而言拖网式监控对个人生活的侵扰性要更为轻微。然而，本文作者认为反对者的这两个观点都有可能不成立，主要理由有以下两个：

其一，虽然街头监控是消极的观察而不是积极的管制措施，但是，如果依据正当程序条款进行分析，制定行为规范或管制措施与实施监视这两种手段有一定的相似性。在 Meyer，Skinner 和 Roe ①几个案件中，联邦最高法院使用了“干涉”一词来指代政府违背正当程序原则制定行为规范的活动,② 而监视通常也是一种干涉，与制定行为规范相似，监视同样可能违背正当程序原则。而且没有迹象显示联邦最高法院认为只有行为规范需要受到正当程序的约束，因此，通过正当程序原则对监视活动进行制约是合理合法的。而且，监视与行为规范的相似性还在于，不仅是行为规范，监视也可以改变个人的行为。③监控的基本目的不是为了侦查，而是为了阻止。④它与明确的规范一样都是对被监视者实施的一种控制。如果人们感觉到他人在不停地观察自己，他们就会渐渐改变自己的生活方式，包括与人相处的方式、出入的场所、穿着打扮甚至使用的手势。⑤ 政府的监管具有强制性，它应该受到正当程序原则的限制是可以通过论证得出的，在

① See Meyer v. Nebraska, 262 U. S. 390 (1923); Skinner v. Oklahoma, 316 U. S. 535 (1942); Roe v. Wade, 410 U. S. 113 (1973).

② Meyer, 262 U. S. at 402; Skinner, 316 U. S. at 544; Roe, 410 U. S. at 163.

③ Christopher S. Milligan, Note, Facial Recognition Technology, Video Surveillance, and Privacy, 9 S. Cal. Interdisc. L. J. 327 (1999).

④ Christopher S. Milligan, Note, Facial Recognition Technology, Video Surveillance, and Privacy, 9 S. Cal. Interdisc. L. J. 323 (1999).

⑤ Bradley W. Foster, Warrantless Aerial Surveillance and the Right to Privacy: The Flight of the Fourth Amendment, 56 J. Air L. & Com. 754 (1991).

Griswold，Roe 和 Baird 三案[①]中法官正是依据这一原则将政府对个人行为的限制宣布为无效。

尽管拖网式监控通常发生在公共场合，但这种监控仍然能够揭露有关家庭生活和生育的私密细节。例如，摄像头可以捕捉到以下镜头：父母在孩子面前争吵或者责骂孩子，一对情侣走进汽车旅馆，一位女士走向做流产手术的医院等等。在卧房外面进行的活动的隐秘性与 Griswold，Roe 和 Baird 三案[②]涉及的夫妻间活动的私密性是可以媲美的，这些活动的秘密性正如个人尊严一样是人们拥有的根本性权利。

其二，更重要的是，联邦最高法院在上述案例中并没有认定只有婚姻关系内的隐私才受到正当程序条款的保护。这些案例的判决所保护的对象不仅是生育行为，还有其他涉及个人隐私的行为。联邦最高法院认为受法律保护的隐私权益与个人尊严相关。[③] 不受限制的监视行为剥夺了被监视者的尊严，因为它有可能记录个人平常生活中的尴尬细节，或者文化和社会风俗公认的私人生活细节。

减少犯罪毫无疑问是政府最重要的、合法的行政目标之一。然而，通过拖网式监控来达成这一目标是否合理值得探讨。有证据证明，在实施了监控的地方犯罪率会下降，但一些学者认为这些证据是具有误导性的，或者不够说服力的。[④] 而最重要的是，政府为打击街头犯罪而实施无限制监控是一种非常广泛笼统、缺乏针对性的措施，很可能导致付出过高的代价只实现了一个不大的目标。这样的监控捕捉的影像大部分来自合法的活动，而且记录的是个人活动的私密细节。通过这种没有必要性的、侵扰式的活动，政府只是达到征服普通的、守法公民的目的，并不能有效遏制犯罪。

---

① See Griswold v. Connecticut, 381 U. S. 479 (1965); Roe v. Wade, 410 U. S. 113 (1973); Eisenstadt v. Baird, 405 U. S. 438 (1972).

② See Griswold v. Connecticut, 381 U. S. 479 (1965); Roe v. Wade, 410 U. S. 113 (1973); Eisenstadt v. Baird, 405 U. S. 438 (1972).

③ Roe, 410 U. S. at 152 - 153.

④ Christopher S. Milligan, Note, Facial Recognition Technology, Video Surveillance, and Privacy, 9 S. Cal. Interdisc. L. J. 330 (1999).

虽然拖网式监控或许可以在诊所门前制止“犯罪”，打消妇女们使用诊所流产手术服务的念头。但是，不受限制的监控缺少严格的外部规范，非常容易违反正当程序原则，而且这样的监控是否符合正当程序原则最基本的要求也是值得我们怀疑的。

我们几乎可以肯定地说，免受过度监视和信息搜集困扰的自由是正当程序条款所保护的个人自由权益，而拖网式监控正是侵扰了这种权益。不过这种个人权益究竟会在多大程度上受到政府的侵扰，取决于在未来街头监控对个人生活的侵扰程度。而目前对监控行为的监管缺位以及监视器材的低廉便捷预示着在将来这种手段的使用可能会变得更为频繁①，甚至明显变得更具有侵入性。如果这种预测变为现实，那么，即使现在联邦最高法院不愿意承认不受限制的监控违背了正当程序原则，将来也会发现这个事实。

五、限制街头监控的措施

本文作者并不是建议政府完全放弃使用街头监控，而是认为既然不受管制的监控的确与《美国联邦宪法第四修正案》以及正当程序条款相冲突，则对其进行适当限制是必要的，只有这样才可以使得政府的监控行为与《美国联邦宪法》的要求相符。为了达到这一目标，政府不仅需要对街头监控的实施方式进行监管，还需要对街头监控所收集到的信息的储存和使用进行限制。

信息的储存和使用对于保证街头监控的合宪性是至关重要的，如果这些方面没有得到控制，摄像记录可以被怀有各种目的的个人和机构所使用，而且使用时间不受限制，那么，即使街头监控的实施方式已经受到制约，街头监控这种执法手段仍然会违反《美国联邦宪法第四修正案》以及正当程序条款。这是因为，一方面，不受控制地储存和使用这些信息的行为类似于大范围的搜查，但这种“搜查”并不具备《美国联邦宪法第四修正案》所要求的、政府的搜查行为必须具备的规范要件；另一方面，规范这些信息的储存和使用对于维

① The Honorable Bob Barr, A Tyrant's Toolbox: Technology and Privacy in America, 26 J. Legis. 72 (2000).

护正当程序相当重要，因为个人信息被他人公开利用的范围越大，个人自由受到的侵害就越严重，只有限制他人对信息的使用才可以使街头监控符合正当程序条款的要求。①

本文作者认为，可以采取以下几种措施对街头监控进行规范。

首先，正如佐治亚州国会议员 Bob Barr 的建议，法律应该至少要求政府机构向公众公布街头监控摄像头安装的大致区域。② 公布摄像头的所在地，等于告诉潜在的违法者他们的违法行为将会被拍摄下来，这种措施除了减少监控对人们生活的侵扰，还可能在实际上帮助实现政府遏制犯罪的目标。

其次，法律还应该明确要求有关机构在一定的时间之后删除录像资料，除非这些资料记录了非法活动的影像，或者有关机构得到地方法官的准许，才可以延迟对资料的删除。这些限制通过约束执法机关对监控手段的使用，将监控对人们的侵扰降低至遏制犯罪所必需的程度，使得监控更为符合正当程序条款的规定。③ 与此同时，延迟删除影像资料需要获得司法许可的制度可以解决政府的监控行为违反《美国联邦宪法第四修正案》这个问题。因为地方法官签发的许可证类似搜查令，上面写明了保留影像资料的目的和期限，从而避免了相关机构滥用权力保留影像资料。④

再次，监控摄像头和摄像系统应该分布在有限的区域内，这些区域应该是典型的犯罪高发区、人流密集地或者受恐怖袭击可能性高的地方。除非执法机关有搜查证的授权或者在紧急情况下出于某些特定的怀疑，否则，街头监控的摄像头不允许跟踪个人或者车辆。所有上述措施可以将监控的侵扰限制在必要的空间范围内，以达到正当程序条款的要求。

最后，法律还必须规定，政府只有在具备明确的、《美国联邦宪

---

① See Roe, 410 U. S. at 155; Griswold v. Connecticut, 381 U. S. 479, 485 (1965).

② The Honorable Bob Barr, A Tyrant's Toolbox: Technology and Privacy in America, 26 J. Legis. 83 (2000).

③ See Roe, 410 U. S. at 155; Griswold, 381 U. S. at 485.

④ See U. S. Const. amend. IV; United States v. Boyd, 116 U. S. 616 (1986); Katz v. United States, 389 U. S. 347, 357 (1967).

法》所认可的侵扰事由的情况下才可以实施监控，否则，政府的监控行为难以符合《美国联邦宪法第四修正案》的规定。一位学者曾经提议建立录像监控方案制度，该制度的内容包括：①规定摄像头只能够按照法律许可的录像监控方案来安装；②监控方案中应该具体说明监控观察的区域、原因、目标、期限，企图遏制的违法行为和收集的信息；③在监控方案通过之前，政府必须就该方案举行公开听证会，如果该方案在测试期内无法达到其所追求的目标，有关人员必须重新评估甚至驳回该方案，并要求政府拆除已经安装的摄像头。[①]上述整个综合性规范体系类似于搜查令制度，主要为了解决不受限制的监控可能违反《美国联邦宪法第四修正案》的问题。尽管《美国联邦宪法第四修正案》允许司法机关依据合理理由签发搜查令，授权执法机构进行搜查，但是搜查令必须“清楚地描述需要搜查的地点以及需要扣留的人或物”，[②] 同样的，监控方案也必须体现监控的必要性，并且清晰明确地说明想要遏制的违法行为或者要搜集的信息。

总而言之，为了限制街头监控的侵扰性，需要制定一些额外的限制。这其中最重要的是规范摄像记录的储存方式和公众对这些记录的使用方式。无论如何，决不允许联邦政府和州政府将这些个人活动的记录或者个人的照片用于商业用途，更不允许包括媒体在内的私营公司接触到这些信息。

美国联邦最高法院曾经暗示为了防止政府侵犯《美国联邦宪法》所保护的个人隐私权，需要限制政府公开个人信息，这个暗示体现在 Whalen v. Roe 一案中。[③]该案显示出一个事实，那就是在美国所有使用处方药物的病人的姓名和住址数据都会依据州法律集中储存在电脑数据库里。在该案中，纽约州卫生局和立法者采取了大量的措施保护这些数据免受外来接触。具体而言，这些措施包括：①在储存设备外围设立铁丝网和警报系统；②相关机构人员无论何时读取数据库里的记录，都必须保证储存数据的电脑是离线的，从而防止外部的电脑人

---

① Jennifer Mulhern Granholm, Video Surveillance on Public Streets: The Constitutionality of Invisible Citizen Searches, 64 U. Det. L. Rev. 711 (1987).

② U. S. Const. amend. IV.

③ Whalen v. Roe, 429 U. S. 589 (1977).

侵；③在相关法律法规中明文禁止公开病人的信息；④在数据储存了五年后，将所有同一批次的数据一同销毁。[①] 在该案的判决中，法院认为个人秘密是基本的隐私权益，通过合法手段保护秘密不被公开足以减少政府行为对个人的侵扰，保持成文法的合宪性。[②]

由此看来，我们必须对政府监控记录中信息的获取和披露进行限制。

尽管上述限制街头监控的措施实施的具体机制是值得讨论的，但本文作者认为这些措施可以使得缺乏搜查令许可或授权的政府执法行为对普通人的日常生活造成侵扰的可能性大幅度降低。由于政府越来越普遍地使用监控手段，限制监控的问题将很可能吸引来自法律实务界、司法界和立法界社团的关注，所以上述建议可能最终会以某种形式被采纳和实现。只要认识到对街头监控进行监管的必要性，社会就肯定会采用可预见的有效手段对其进行规范。

六、反恐战争中的监控

2001 年 9 月 11 日发生在世贸中心和五角大楼的恐怖袭击（以下简称 9·11），开启了国际恐怖主义的新篇章，也给美国的隐私保护机制带来了毁灭性的冲击。这两轮袭击造成的最为深层次的结果不在于法律因其而改变，而在于我们整个社会对于《美国联邦宪法》所保护的隐私权益的看法也随之改变。为了防止未来的灾难和生命的消逝，执法部门加大了彻查强度，而美国公众毫无意外地对此显示出了配合的姿态，由此看出，外部压力可以多么的强大，足以迫使一个民主社会削减公民的自由。

9·11 后，美国社会最为意味深长的改变是《美利坚合众国爱国者法》（以下简称《爱国者法》）的颁布。[③] 这部法律被迅速地通过，

---

① Whalen v. Roe, 429 U. S. 591 – 594 (1977).

② Whalen, 429 U. S. at 600 – 602.

③ Uniting and Strengthening America by Providing Appropriate Tools Required to Intercept and Obstruct Terrorism Act of 2001, Pub. L. No. 107 – 156, 115 Stat. 272 (2001).

受到两党压倒性的支持①，极大地提升了政府实施监控以及对口头交流、电子交流及电话进行窃听的权力。②

《爱国者法》的内容包括修改已有的规范监控行为的法律法规：①授权政府可以依据1968年通过的《犯罪控制和街道安全法》的第三章对个人实施窃听；②扩大政府实施流动监控的权力，在《外国情报监视法》允许政府实施流动监控的条文中增加了一条规定——当“窃听对象的行动将阻挠对特定人物的确认”时，允许政府实施流动监控以追踪窃听对象的行动；③把允许政府延迟告知窃听对象其将被搜查或拘留的权力赋予法院；④授权政府监视电子邮件和其他网上交流方式。《爱国者法》的总体生效期限是2005年12月31日，但是其中的某些例外条文不受期限的约束。③虽然《爱国者法》主要涉及政府对个人交流的窃听和防止洗钱两个方面，而不是针对公众场合的监控，该法仍然标志着政府侵犯法律所保护的隐私权益的行动已经升级。④

周围的环境的确总是强迫政府作出艰难的抉择。在这个世界里，数以千计的人们可能在一次袭击中丧生，稍微加强监控力度恐怕是合适的，为了保护人们的生命安全牺牲一定程度的个人隐私也是合理正当的。然而，随着时间推移，《爱国者法》会如何冲击个人的日常生活是不清晰的，而且由于美国人至今仍然笼罩在恐怖分子的大屠杀阴影下，所以在2005年12月31日之后将会依旧有效的那些法律条文给人们的隐私权状态所带来的改变，是将会被根除还是会异变成其他的形式继续存在，也是不确定的。

有一种看法认为，《爱国者法》以自由换取安全，是一种被公众认同的做法，但持有这种看法的人会受到一个有关人士反复强调的警

---

① Bruce Moyer, Congress Approves New Tools Against Terrorism, 48 - Dec. Fed. Law 12, 12 (2001).

② Mark G. Young, What Big Eyes and Ears You Have: A New Regime for Covert Governmental Surveillance, 70 Fordham L. Rev. 1017, 1064 (2001).

③ U. S. A. Patriot Act 201 - 224.

④ John Caher, NY Legislature Enacts Anti - Terrorism Laws, New York L. J., Sept. 18, 2001, at 1.

告所困扰：9·11不是缺乏监控造成的，而是由于目前人类智慧的局限性而无法避免的。[①]摄像头和电脑只是消极地记录和储存图像，不会去查明图像的含义。监控器材的高技术精度和数量的增多不能满足分析线索、评估风险的需要，更无法在执法机关与某些预防未来袭击必不可缺的人物进行交流时发挥作用。《爱国者法》实施的后果是对监控的过度强调，可能会造成政府忽视了发展反恐行动中其他急需进行的事务，比如训练安全保障人员、聘请语言学家、翻译、反恐专家以及与国外盟友的交流等。因此，爱国者法最显著的副作用可能是既削弱了普通公民的隐私权益又不能保护他们免受恐怖袭击。

如果反恐措施最终造成了政府在公共场所实施拖网式监控，那么，除非联邦最高法院推翻 Dow Chemical 公司一案及其同类型案件的判决，否则在几年内人们将不再可能拥有《美国联邦宪法第四修正案》所保护的、合法的隐私权利期待。而且，即使在某个时候恐怖主义的威胁停止了，法律仍然会允许政府出于另外一些、其自认为在反恐战争时期人们已经习以为常的目的，继续实施拖网式监控。同时，即便这样的监控构成了正当程序条款所禁止的、对个人自由的剥夺，它仍然会被法律允许，因为在许多人的心中，为了具有压倒性重大意义的反恐目标，采用任何手段都不过分。

总而言之，2001年9月11日的恐怖袭击使得合法的隐私权益和公共场合监控之间的关系变得更为不确定。在恐怖袭击的后果逐渐显现的同时，我们很可能看到法院和立法者倾向于支持政府削减人们的隐私权益，执法机构采用普遍监控也会受到更为广泛的、更多人的支持。尽管让人感到安慰的是，恐怖袭击没能消灭《美国联邦宪法》及其对隐私权的最低程度保障，但美国法律目前也在变动，我们难以准确预计《美国联邦宪法第四修正案》和正当程序条款从此以后将如何评价公共场合实施的拖网式监控。

---

① Mark G. Young, What Big Eyes and Ears You Have: A New Regime for Covert Governmental Surveillance, 70 Fordham L. Rev. 1104 - 1105 (2001).

七、结语

无差别监视在一个以个人自治和个人独立为基础建立的社会中是无立足之地的。尽管我们不能否认它在一定程度上有利于街头安全，但为了换取这种安全，人们付出的代价是隐私带给人们的保护被剥夺，而没有违法嫌疑的人们的私人生活受到侵扰。为了寻找违法活动的迹象，政府实施拖网式监控监视个人日常活动的行为构成了联邦宪法《美国联邦宪法第四修正案》定义的不合理搜查，而该修正案的核心目的正是保护人们的私人生活免受政府的过度干涉。同时，过度的监控缩减了个人自由的范围，将个人自由的关键部分——自治、匿名和独立都一一删减了。

因此，在执法部门越来越多地使用街头监控的同时，我们应该在州和联邦层面建立安全保障机制，这样我们就可以将未经授权的政府行为对无辜清白者生活的侵扰降到最低程度。而且，通过建立完善的机制，政府完全可以做到既实现执法目标又不侵犯《美国联邦宪法》所保障的个人权利。

隐私侵权：北达科他州拒绝承认隐私侵权行为的可诉性

迈克尔·S. 劳姆[①] 著 蔡雅智[②] 译

目 次

一、Hougum v. Valley Memorial Homes[③] 一案的案情

在该案中，原告 Hougum v. 是被告老年疗养院 Valley Memorial Homes（以下简称 VMH）一名牧师。1994 年 12 月 16 日，Hougum 来到大福克斯一家名为 Sears 的商店，并使用了该商店的公共洗手间。该洗手间是由三个用金属板间隔的小隔间组成的，每个小隔间都有一扇可上锁的门，分隔小隔间的金属板并不接地，因此，从外面可以看到小隔间内人的脚和大腿胫骨。此外，中间小隔间的金属板和门之间还有一个接近 1.5 英尺宽的洞。Hougum 走进了中间那个隔间。据他后来的描述，进去之后他“决定开始手淫”。当时 Sears 商场一名正在值班的雇员 Shane Moran 就在 Hougum 旁边的小隔间里，当 Moran 伸手去取卫生纸时，他从金属板和门之间的小洞看到了旁边隔间内的动静，在粗略地观察了一会后，他确定旁边隔间内的人在手淫，Moran 随即离开洗手间并报了警，警察到达后认定 Moran 所目睹的行为

---

① 迈克尔·S. 劳姆（Michael S. Raum），美国北达科他州 Fango 事务所律师。

② 蔡雅智，中山大学法学院助教。

③ 1998 N·D. 24，574N·W. 2d 814.

属于扰乱社会秩序的行为，Moran 报警是行使了公民的权利，随后警察以扰乱社会秩序为由逮捕了 Hougum。

在了解了 Hougum 在 Sears 商店的所作所为之后，Hougum 的雇主即 VMH 的代表开始与 Hougum 接触，向他了解发生在 Sears 商店的事，与其讨论他在 VMH 的工作问题。VMH 的代表十分关心发生在 Sears 商店的事会影响他作为牧师与其信徒之间的关系，还担心他是否能够继续履行其牧师的职责。到了 1994 年 12 月之后，VMH 决定让 Hougum 停职反省，而他也同意停职反省。到了 1995 年 1 月 19 日，VMH 正式决定开除 Hougum。根据 Hougum 的陈述，VMH 的一名经理告诉他，VMH 之所以开除他，完全是因为他在 Sears 商店的所作所为。1994 年 12 月 20 日，在大福克斯市政法庭上，检察院指控 Hougum 的行为扰乱了社会秩序，Hougum 自行作了有罪辩护，媒体报道了该案的相关信息。1995 年 6 月 6 日，Hougum 聘请了律师，否认了他之前所作的有罪辩护。法院也驳回了检察院的指控。随后，Hougum 依据侵权法复述中关于"侵扰他人安宁"的相关规定向法院提起诉讼，主张 Sears 商场和 Moran 侵犯了他的隐私权，有意或无意地造成了他的精神痛苦。同时，Hougum 以 VMH 违反了北达科他州人权法、非法开除雇佣契约、违反契约以及故意和过失施加精神痛苦为由提起诉讼，要求法官责令 VMH 对其承担赔偿责任。Sears 和 Moran 向法院申请即决审判，审理法院支持了被告的相关主张，Hougum 随即向北达科他州最高法院提起上诉，北达科他州高等法院受理了该案，并一致做出维持原法院的判决，北达科他州最高法院认为，任何一个理性人都不可能由被告的行为就可以推定被告故意使用了令人高度反感的方式侵扰了他人的安宁。此外，北达科他州的最高法院驳回了 Hougum 对 VMH 的诉讼请求，认为 VMH 不对 Hougum 承担赔偿责任。

二、公共场所隐私侵权的法律背景

与其他侵权法不同的是，隐私侵权的概念不是从英国普通法中发展而来的。隐私侵权是由 Warren 和 Brandeis 在 1890 年的《哈佛法律评论》中提出的概念。他们认为，法律一开始仅为他人身体遭受的损害提供救济，但随着社会的发展，法律也应该为"他人精神……

感觉以及智力”[①] 遭受的损害提供救济。为了适应这一理论的发展，法律为他人的损害提供救济的范围变得难以界定。以他人身体侵权为例，法律对他人身体遭受损害的救济范围将包括因惧怕遭受损害而产生的损害。Warren 和 Brandeis 认为在财产法领域也有类似的发展，例如，对包括知识产权在内的无形财产，法律在认可对有形财产的保护后，也在一定程度上给予无形财产以保护。两位作者认为这一理论的进展是不可避免的。他们假定，该理论的下一步发展应该是法律对隐私权的认可。因为在当今社会，总是有过分热心的媒体未经他人授权就私自公开他人的相片或故事。所以，在这种喧嚣的社会背景下，生活的安宁和隐私就显得愈加重要。但是，人们对媒体越界披露社会丑闻的兴趣似乎超越了对隐私权的尊重和关注。Warren 和 Brandeis 认为，我们对人性弱点的放纵和对更大价值的社会事务的忽视最终造成了这一社会现象。

Warren 和 Brandeis 理论的依据是两个案件的判决，这两个案件的判决建立在对隐私权默示认可的基础上。在第一个案件中，法官根据知识产权的相关规定对各种出版物给予法律保护。在第二个案件中，法官认可的法律保护范围较前一个案件要有所扩大，是根据受托人违反默示合同义务而给予委托人以法律保护。Warren 和 Brandeis 认为，这两个案件的判决实际上都是在默认隐私权的基础上作出的。对于第一个案件，他们认为，知识产权保护的客体范围只限于个人的智力成果，在该案中，法官依据知识产权法对个人出版作品的权利给予法律保护，这一权利也成了 Warren 和 Brandeis 关注的焦点，是否出版作品显然是作者的一项专有权利，不属于严格意义上的知识产权，因为出版权利并不是知识产权保护的客体，所以两位作者认为该案通过知识产权法保护的这一权利应属于隐私权保护的客体。对于第二个案件，法官颁发禁令以保护原告的作品出版权，该禁令的依据是双方当事人之间存在的默示合同和原告与出版原告作品者之间的信赖关系。对此，Warren 和 Brandeis 认为，首先，法官的这种做法实际上宣告了公众道德观、个人正义观和审判便捷性对该判决结果的需

---

① This recognition of new legal rights, the authors argued, had gradually come to encompass a broadening of the scope of the rights.

求。其次，虽然合同理论可以为一些案件提供解决方法，但是在运用合同理论解决案件时“法官往往很难就此打住”。在该案中，法官的判决认可了原告作品出版权属于其个人隐私权，而隐私权作为“一项不可侵犯的个人权利”就是通过合同法获得保护的。最后，不管是损害赔偿还是颁发禁令都是隐私权遭受侵犯后获得救济的手段。

Warren 和 Brandeis 提出的上述理论在实务界引起了迥然不同的反应，有的法官赞同他们的观点，认为隐私侵权是一种可诉的侵权行为，而持反对意见的也不在少数。例如，在密歇根高等法院审理的 Atkinson v. John E, Doherty & Co. 一案[①]中，法官就没有采纳 Warren 和 Brandeis 的观点。在该案中，被告作为一名香烟生产商，在未经许可的情况下就给自己的香烟取了与一位著名律师、政治家相同的名字——Col. John Atkinson。随后，这位著名律师的遗孀向法院申请颁发禁止香烟销售的禁令，并主张被告侵犯了律师的名誉权和隐私权。但是，法院并未支持其关于隐私侵权的主张。与该案类似的是，在纽约州的 Robberson v. Rochester Folding Box Co. 一案[②]中，被告未经原告授权许可就擅自在面粉广告中使用了原告的相片。原告据此请求法院禁止被告广告的传播以及要求被告对其损害进行赔偿。考虑到没有先例可循和对诉讼泛滥的担忧，法官拒绝依据隐私侵权给予原告救济。和上述 Atkinson 一案类似的是，该案法官也不认同 Warren 和 Brandeis 的观点，此外，法官还不同意先前依据默示隐私权所作出的判决。这引起了极大的争议，一年以后，纽约州立法机关就通过了一项法律，规定以“广告目的或商业目的”，在未经他人授权许可的情况下就擅自使用他人姓名和肖像的行为构成轻微犯罪以及侵权。

赞同 Warren 和 Brandeis 观点的是 1905 年佐治亚最高法院审理的 Pavesich v. New England Life Ins. Co. 一案，[③] 该案原告的情况与 Robberson 一案原告的情况相似，但在该案中，法官支持了原告的主张，禁止被告在未经原告授权的情况下将其照片用于广告用途。法官的判决理由一部分基于自然法理论，一部分基于对不合理搜索的宪法性保

① 80 N. W. 285 (Mich. 1899).

② 64 N. E. 442 (N. Y. 1902).

③ 50 S. E. 68 (Ga. 1905).

护的类推适用。因而，这一判例成为了首个承认隐私权的判例。

佐治亚州和纽约州与密歇根州截然不同的判决导致了其他法院在审理类似案件时产生了更大的分歧，直到1960年Prosser教授在《加利福尼亚大学法律评论》上发表了影响现代美国隐私侵权责任制度的文章《隐私权》后，隐私侵权法才得到了进一步的发展。在这篇文章中，Prosser教授对收集的27件有关隐私侵权方面的案件进行归纳总结，认为隐私侵权不是一种单独的侵权行为，而是一种复合的侵权行为，它包括四种隐私侵权行为：①侵扰他人居所安宁和安静，或者侵入他人私人事务；②公开披露他人的私人事实；③丑化他人形象；④擅自使用他人姓名或肖像。此外，Prosser教授还界定了隐私权的范围，隐私权的抗辩事由，他人对于侵权行为的同意以及任何使书面诽谤或口头诽谤的公开行为具有正当性的免责特权。《美国侵权法复述（第二版）》完全采取了Prosser教授关于隐私侵权行为的四分法理论。根据Prosser教授的理论，《美国侵权法复述（第二版）》强调了隐私侵权中的绝对免责特权和相对免责特权，并明确这些免责特权在书面诽谤或口头诽谤的公开行为中的适用。此外，《美国侵权法复述（第二版）》还规定了只有活着的，隐私遭受侵犯的个人才有资格提起隐私侵权诉讼。

现在，美国许多州的判例法都采取了Prosser教授的四分法理论，将隐私侵权责任制度分为四种，但是，并非所有州的判例法都采取这样的理论，某些州的判例法认可了Prosser教授分类中的几种形式但也没有拒绝承认另外几种形式。某些州的判例法则仅仅认可Prosser教授分类中的第一、第二种形式而拒绝承认第三、第四种形式，即公开披露他人的私人事实和丑化他人形象。在制定法方面，某些州的制定法也承认了Prosser教授四分法分类中的某些形式。例如，纽约州和弗吉尼亚州的制定法承认了公开披露他人私人事实这一形式，内布拉斯加州和罗德岛的制定法则承认了Porsser教授四分法分类中的四种形式，威斯康星州的制定法承认了除丑化他人形象这一形式外的其他三种形式，佛罗里达州、俄克拉荷马州和犹他州的制定法仅承认了公开披露他人事实这一形式，但其判例法承认了其他三种形式。此外，马萨诸塞州和华盛顿拒绝承认Prosser教授的简单分类法。马萨诸塞州的制定法规定法律保护的隐私侵权行为类型是不合理的侵扰侵权行为，华盛顿的制定法也仅保护秘密录音行为所侵犯的隐私权，虽然法官在审判中会提及 Prosser 教授四分法理论的四种隐私侵权，但从来不适用于判决中。而北达科他州和怀俄明州则无论是判例法还是制定法都未承认 Prosser 教授四分法分类中的任何一种隐私侵权行为形式。

1998 年 7 月在明尼苏达州法院对 Lake v. Wal - Mart Stores, Inc. 一案[①]作出判决之前，该州的法律与北达科他州和怀俄明州一样，并没有隐私侵权这一概念。在该案中，原告将她们度假的相片胶卷送给 Wal - Mart 冲洗，随后 Wal - Mart 告知原告其中一部分胶卷因为存在问题而未能冲洗出来，原告发现在未能冲洗的胶卷里包括了她们在洗浴时的全裸影像，而 Wal - Mart 的雇员事实上已经将这些胶卷冲洗出来并复制传播了这些相片。原告据此起诉，主张 Wal - Mart 雇员的行为实际上构成了《美国侵权法复述（第二版)》中的四种隐私侵权行为，但这四种隐私侵权行为类型在明尼苏达州的法律中从未得到认可。因此，审理法院适用即决审判支持了被告的相关主张，二审法院维持了一审法院的判决，原告继而向明尼苏达最高法院提起了上诉。最高法院法官认识到美国司法制度对法律发展的促进作用，在审理该案时简单地讨论了隐私侵权制度发展的历史，主张明尼苏达州应该承认《美国侵权法复述（第二版)》中规定的隐私侵权行为，但是法院拒绝说明这么做的好处，仅说明该案原告的诉讼请求应在即决审判中得到支持。随后法官将该案发回一审法院重审。

北达科他州也是在 1970 年的 Volk v. Auto - Dine Corp. 一案[②]中才首次提到隐私侵权这一概念。在该案中，原告起诉被告擅自使用原告姓名的行为侵犯了其隐私权，声称被告因广告目的而使用其姓名时并未取得她的同意。但法院在审理过程中发现被告在使用原告姓名时实际上已经获得了原告的同意。因此，法院再去讨论北达科他州是否认可隐私权这一概念已没有意义，因为原告的证据并不足以支撑其诉讼请求。在 11 年后的 City of Grand Forks v. Grand Forks Herald, Inc.

① 582 N. W. 2d 231 (Minn. 1998).
② 177 N. W. 2d 525 (N. D. 1970).

一案[1]中，该州法院再次提到了隐私侵权这个概念，这本不是一个侵权之诉，在该案中，法官要求原告允许被告检查前公安局长的个人档案，原告于是主张被告的检查行为是在未经公安局长同意的情况下对其个人隐私的侵犯，但法官驳回了原告的请求，认为不存在“信息隐私权”这一概念，法官随后在判决书的脚注中说明，北达科他州不承认隐私侵权行为是可诉的侵权行为。一年后，在 American Mutual Life Insurance Co. v. Jordan 一案[2]中，法院处理隐私侵权诉讼请求的方式更加直接。在该案中，原告主张被告在未经同意的情况下，擅自在其公司证书中使用原告姓名的行为侵犯了原告的隐私权。法官驳回了原告这一诉讼请求，依据是在北达科他州并不存在隐私权的概念。上诉审时，北达科他州最高法院维持了原审法院的判决，因为原告事实上已经同意了被告使用其姓名，所以，退一步来说，就算该州存在隐私权这一概念，也不存在被告侵犯原告隐私权的事实，原告的诉讼请求依然不成立。在 Nelson v. J. C. Penney Co., Inc. 一案[3]中，第八巡回上诉法院重申了北达科他州法院的立场。在该案中，原告主张他的雇主打开他上锁抽屉的行为侵犯了他的隐私权。法官驳回原告的诉求，因为法官认为，北达科他州从未认可隐私侵权是可诉的侵权行为。为了证明其判决的正当性，法官还列举了该州其他驳回隐私侵权诉讼的判决。法官在其判决书中写道：“由众多法官在判决中表明的态度可以看出，隐私侵权成为可诉侵权行为的可能性并不大。”这一预言在后来被证明是正确的。因为北达科他州最高法院在审理 Hougum v. Valley Memorial Homes 一案[4]时，法官再次否认了隐私侵权行为的可诉性。

三、对 Hougum v. Valley Memorial Homes 一案的评析

在 Hougum 一案中，法官对隐私侵权之诉作了极其详尽的阐述。审理该案的法官得出了全体一致的判决。Neumann 法官在判决书中通

① 307 N. W. 2d 572 (N. D. 1981).
② 315 N. W. 2d 290 (N. D. 1982).
③ 70 F. 3d 962 (8th Cir. 1995).
④ 1998 N. D. 24, 574 N. W. 2d 812.

篇使用了《美国侵权法复述（第二版）》中的侵扰他人安宁这一概念。法官的分析基于北达科他州存在隐私权概念这一假设的基础上。根据《美国侵权法复述（第二版）》的规定，侵扰他人安宁的行为应包括三个构成要件：①被告有侵扰他人安宁的故意；②被告侵扰行为所指向的对象必须具有私密性；③被告的侵扰行为必须是让一个理性人感到受冒犯或十分反感的。在该案判决书中，法官还阐述了“分析侵扰他人安宁两个首要考虑的因素：一是被告侵扰他人居所安宁的方式；二是被告侵扰他人居所安宁以及获取他人隐私信息的目的”①。这两个因素并不会取代上述三个构成要件成为判断行为人的行为是否属于侵扰他人安宁行为的标准，而仅作为该案法官评价该案的工具。这两个要素是法官从 Keeton 和 Prosser 教授的侵权法著作中总结得出的，本案原告和被告在诉讼中也都作了相关引用。但是，这两个因素在其他案件的审判中从未被明确提及。即便如此，法官还是一再强调这两个因素，并以此构建其分析该案的框架。法官在开始分析时就指出，包括公共洗手间在内的公共场所的隐私侵权行为通常都是事先计划的，通过特定设施或秘密观察手段完成的。法官随后对四个此类案件作了简单论述，每一个案件都证明了法官的主张。虽然法官没有明确引用，但侵扰的方式和目的这两个因素在分析案件过程中都发挥了重要作用。

法官讨论的第一个案件是 Harkey v. Abate 一案，② 在该案中，原告主张作为溜冰场所有人的被告在溜冰场洗手间的天花板上安装可视设施的行为侵扰了他人的安宁。但法院并未支持原告的主张。该判决随后被密歇根上诉法院撤销。在讨论该案时，法官认为密歇根法院的判决承认了在公共洗手间这一公共场所，原告享有一定的隐私权，并且其隐私权被被告所侵犯。而密歇根法院作出该判决的理由是被告安装窥视设施的行为是让一个理性人感到高度反感的行为，因而该行为侵犯了原告的隐私权。此外，法官还指出，该案被告使用的隐私侵权方式也表明了其具有主观上的故意，且目的是非法的。

① Prosser and Keeton on the Law of Torts, 117, at 856 (5th ed. 1984).

② 346 N. W. 2d 74 (Mich. Ct. App. 1993).

法官讨论的第二个案件是 Elmore v. Atlantic Zayre, Inc. 一案，[①] 在该案中，原告在被告商店的洗手间进行同性恋性行为时，被商店员工发现并被警察逮捕，随后以鸡奸罪被起诉。该案原告主张被告行为侵扰了他的居所安宁，但法院直接进入即决审判否决了原告的主张，且佐治亚上诉法院维持了原审法院的判决。佐治亚法院与密歇根法院的观点是一样的，即在公共洗手间这一公共场所内，个人享有一定的隐私权。而佐治亚法院判决与密歇根法院判决不一样是因为佐治亚法院主张个人在公共场所所享有的隐私权是相对的。法官在分析该案时认为，佐治亚法院的判决说明了商店利益的价值高于个人隐私利益的价值。此外，商店发现原告同性恋性行为的方式和目的是合法的。

法官讨论的第三个案件是 Lewis v. Dayton Hudson Corp. 一案，[②] 在该案中原告起诉被告，主张被告雇员监视他在试衣间试衣服的行为侵犯了他的隐私权。该试衣间内有关于商店监视规则的温馨提示。密歇根上诉法院维持了原审法院支持被告主张的判决，该院认为个人隐私权并没有商业利益等其他权利重要。法官在分析该案时还指出有两个因素使得被告行为具有一定的合理性：其一，商店试衣间内的温馨提示降低了原告对其隐私利益的合理期待；其二，监视试衣间的商店雇员与原告性别相同，这也使得被告的监视行为并非令人高度反感，不可接受。因此，出于商业利益考虑的监视行为目的是合法的，且商店的监视方式也是合理的。

法官讨论的最后一个案件是 Kjerstad v. Ravellette Publications, Inc. [③]一案，关于这个案件法官的分析相对较少。在该案中，被告在一个毗邻洗手间的空房里偷窥女性雇员，原告因此起诉被告侵犯其隐私权。审理该案的法院将被告行为是否侵犯原告隐私权的问题提交陪审团表决。法官在分析该案时指出，该案被告行为的目的是非法的，且其行为的方式也是令人高度反感的。

在对以上案件作了简单的评析后，法官总结这类在公共洗手间发生的隐私侵权案件并得出两点结论：其一，此类案件都承认在公共洗

---

① 341 S. E. 2d 905 (Ga. Ct. App. 1986).

② 339 N. W. 2d 857 (Mich. Ct. App. 1983).

③ 517 N. W. 2d 419 (S. D. 1994).

手间这一公共场所，个人享有一定的隐私利益，但其隐私利益是相对的；其二，可以适用上文提到的两个评价因素来判断行为人的行为是否构成隐私侵权，即侵扰的方式和目的，以及该侵扰的方式和目的是否让一个理性人感觉受到冒犯或者十分反感。

将侵扰的方式和目的这两个因素用于分析 Hougum 一案时，一方面，法官考虑到商场雇员的侵扰方式。法官指出，至今为止并没有确切的证据表明商场洗手间的隔间与门之间的小洞是被告 Moran 和 Sears 所钻；相反，却有证据证明 Sears 商场曾经用金属板覆盖该小洞，后来这块小金属板被不知名的其他人挪开了。此外，Moran 还证明了他在进入洗手间时，以为洗手间内空无一人，看到 Hougum 的行为也是在他弯腰取厕纸时无意瞄到的。但是，Hougum 不这么认为，他认为 Moran 是故意的，却不能提出相关证据以支持其主张，反驳 Moran 的主张。法官认为，被告的观察行为持续的时间和范围有限，被告也没有进行录像，且未被其他人所见，可以看出被告为此行为并没有主观上的故意，所以，该案被告侵扰的方式并非不合理或者使人感觉受到冒犯或十分反感。另一方面，法官也考虑了商场雇员实施侵扰的目的。法官认为，Moran 短暂的一瞥实则属于其工作职责，作为 Sears 商场的员工，Moran 有义务去留意旁边隔间的动静，因为这也可能是他人在破坏公物或者行窃，而发现原告 Hougum 的行为实属偶然，并且 Hougum 也没有举证说明被告的侵扰目的是非法的，所以，被告的侵扰目的应当是合法的，法院即决判决的结果应当是恰当的。

综观法官对该案的分析，主要围绕侵扰的方式和目的这两个因素展开，没有明确涉及侵权法复述中的侵扰他人安宁行为所包括的三个构成要件：①被告有侵扰他人居所安宁的故意；②被告侵扰行为所指向的对象必须具有私密性；③被告的侵扰行为必须是让一个理性人感到受冒犯或十分反感的。但是，侵扰的方式和目的也暗含了三个构成要件的内容。首先，两个因素中侵扰的方式与三个构成要件中的第一个要件相对应，在 Hougum 一案中，被告侵扰的方式并不会使一个理性人感觉受到了冒犯，且根据 Moran 的陈述，他的侵扰行为是没有事先计划，非故意的。因此，被告并没有侵扰他人的主观故意，该案被告的行为不满足第一个构成要件。其次，法官在分析时也提及了第二个构成要件，即被告侵扰行为所指向的对象必须具有私密性。在法官评析的前三个案件中，审理法院虽然承认了个人在公共洗手间享有一定的隐私权，但是也明确了这一隐私权的相对性，因为在它与其他权利或利益发生冲突时，法院选择了保护其他的权利或利益。而在 Hougum 一案中，获得法官优先保护的利益是公共洗手间的安全，这也是 Moran 行为具有正当性的原因。因此，构成要件中的第二个要件就落空了，在公共洗手间这一公共场所，原告享有相对的隐私权，但这一权利在该案中并不能排除被告行为的正当性。最后，三个构成要件中的第三个要件是，被告的侵扰行为必须是让一个理性人感到受冒犯或十分反感的。在 Hougum 一案中，被告的侵扰行为并非通过秘密方式或设备完成，且被告声称其行为没有主观故意，而原告又没有证据推翻被告的供述。因此，该案被告的行为没有满足第三个构成要件。

综上所述，法官通过多种途径分析 Hougum 一案，包括适用《美国侵权法复述（第二版）》中规定的侵扰侵权的三个构成要件，但是，法官分析的重点依然围绕着侵扰的方式和目的这两个因素。在其他案件中这两个因素从未被提及，在审判时，各州都优先适用本州法律。该案的原告在诉讼中也仅围绕侵权法复述中规定的三个构成要件讨论，被告虽有引用侵扰的方式和目的两个因素，但在诉讼过程中也未提及。最终法院认定，即便北达科他州认可了隐私侵权的可诉性，Hougum 仍然因无法证明其居所安宁遭到了被告的侵犯而败诉。

四、Hougum v. Valley Memorial Homes 一案所产生的影响

北达科他州最高法院审理的 Hougum 一案的判决结果与先例保持了一致。因此，该判决并未宣告新的法律或改变现存规则。尽管如此，法官对此案所作的评析仍预示北达科他州未来有承认隐私侵权行为可诉的可能性。因为这是法院第一次对侵扰侵权案件做了详尽的分析，也是法院第一次适用侵权法复述的规则对案件进行评析。此外，这一判决结果也说明了除非有证据充分的隐私侵权案件发生，否则，北达科他州最高法院不会承认隐私侵权的可诉性。可以说 Hougum 一案是至今为止北达科他州最高法院关于隐私侵权案件所做的最详尽的

论述，在这之前，法院对隐私侵权案件的讨论从未超过五个段落，这可能也是因为在该院受理的隐私侵权案件中，Hougum 一案具备的构成要件是最齐全的，在先前的 Volk 和 American Mutual Life Insurance Company 两个案件中，虽然这两个案件也是隐私侵权之诉，但缺乏隐私侵权行为的构成要件。因此，北达科他州最高法院也无需对这两个案件中的隐私侵权问题做全面的分析。

Hougum 一案的判决结果在很大程度上取决于 Hougum 无法证实 Moran 的观察是出于故意的，如果在以前，法官基于这一事实便可很快得出结论，但是法官对该案做了详细的分析。显而易见，相较于之前案件的处理方式，法官对 Hougum 一案原告的隐私是否被侵犯以及侵犯的后果都给予了很大的关注。这也是北达科他州最高法院第一次适用《美国侵权法复述（第二版）》的规则解决关于隐私侵权的案件，因为该案的原告就是依据《美国侵权法复述（第二版）》提起的诉讼。虽然北达科他州并未承认隐私侵权的概念，但是原告依据复述提起诉讼的做法并不奇怪，因为美国的大多数州都已经承认了普通法上隐私侵权的概念，并且都是通过适用《美国侵权法复述（第二版）》的规则解决隐私侵权的案件，所以，通过 Hougum 一案，北达科他州将成为适用《美国侵权法复述（第二版）》规则解决隐私侵权案件的"大多数州"之一。这一判决似乎预示着，在未来，《美国侵权法复述（第二版）》将成为北达科他州审理隐私侵权案件适用的规则。

在 Hougum 一案的判决中，法官主要依据侵扰的方式和目的这两个侵扰侵权因素对该案进行评析。如果说适用侵权法复述规则分析该案是因为原告是依据《美国侵权法复述（第二版）》的相关规则起诉的，那么，法官依据的这两个因素就既无双方当事人的诉求，也无任何先例可遵循，并且法官在适用这两个因素时也未说明其适用的原因。因此，未来北达科他州法院在解决隐私侵权案件时是否还会适用这两个因素我们无从得知。

北达科他州是否会承认隐私侵权这一概念仍是一个未知的问题。不过如果北达科他州最后承认隐私侵权的话，那么，明尼苏达州的经验倒是可以借鉴。1975 年明尼苏达州法院在受理隐私侵权案件时的立场与北达科他州一样，认为承认隐私权概念与否并不重要，因为原告并没有充足的证据证明被告的行为侵犯了他的隐私权，上述法院往往是直接拒绝原告的诉求，理由是明尼苏达州最高法院并未承认隐私侵权的概念。在 Lake 一案中，明尼苏达州法院将先前的判决都视为“专家意见”而非必须遵循的先例，认为该案是明尼苏达州审理的第一个关于隐私侵权的案件，从而依据该案的事实做出了与以往不同的判决，承认了隐私侵权这一概念。北达科他州也可效仿明尼苏达州的做法，将先前的判决仅视为专家意见，在审理原告有充足证据证明被告确有隐私侵权行为存在的案件时承认隐私侵权这一概念。显然，Hougum 一案并不足以让北达科他州法院承认隐私侵权的概念。

五、结语

在 Hougum 一案中，北达科他州最高法院通过适用被广泛接受的《美国侵权法复述（第二版）》的规则，第一次对隐私侵权作了全面的分析。但是，因为原告未能提供充足有效的证据证明其隐私遭受了侵犯，所以，法院依然拒绝承认隐私侵权行为的可诉性。因此，当法院受理证据充足的隐私侵权案件时，是否会承认隐私侵权这一概念仍待探讨。

第五编　新闻媒体的侵扰侵权

当前文化背景之下他人隐私权的法律保护：新闻媒体的采访自由权和他人隐私权之间的关系

罗德尼·A. 斯莫拉[1] 著　王梓棋[2] 译

目　次

一、导论

本文在当代广泛讨论隐私权的大潮流背景下，探讨了隐私权和新闻采访权之间的关系。我们身处在一个有趣的时代里，在我们身边隐私似乎随时分崩离析。本文仅就当前公众关心的隐私议题中一个相对狭窄的分支领域进行讨论——主要关于媒体议题方面，诸如是否应该通过法律来管制“狗仔队”的行为，以及媒体是否应对侵扰性信息

---

① 罗德尼·A. 斯莫拉（Rodney A. Smolla），任职于美国里士满大学 T. C. 威廉姆斯法学院，乔治艾伦赠款专聘教授。

② 王梓棋，中山大学法学院助教。

收集技术和公开他人私人事务的行为负责。关于这些问题的一个基本前提是，在这些问题上我们的未来法律和公共政策，势必将会受到更广泛的隐私方面文化运动的影响。本文试图在这些广泛的隐私争议的范围中来定位新闻自由。

尽管本文的标题使用了“采访新闻的权利[①]”等字眼，但本文实际讨论的大部分问题超过了我们传统称为“新闻采访”的范围，至少包括了主流出版社的出版等行为。个人和组织在对其他个人或组织的私人信息进行收集或散布时所采取的五花八门的入侵方式，就如同现代社会一样纷繁庞杂。并且似乎无论我们是否实施了得到信息的侵入行为，最终我们都进行了信息传播的行为。甚至有时看起来，好像每个人都在侵犯他人的隐私。

本文以研究大浪潮下的文化氛围为开端，主张媒体以及其他新闻收集者侵犯隐私正是这种广泛讨论隐私大背景下的产物。在简短地列出一项复兴隐私权议程可能需要的构成要素目录之后，本文仅在法律和政治等领域内研究对“狗仔队”行为的管制建议，加强新闻采访自由下的隐私法律保护，以及复兴对公开他人私人事务的侵权法保护。

二、侵扰他人安宁的隐私侵权所面临的文化背景

当前的文化背景是在缩小隐私利益范围的同时也在限制媒体自由。这对提倡保护隐私权者而言，意味着这是一个最坏的时代也是一个最好的时代。说是对保护隐私最坏的时代，是因为其实我们似乎很少拥有它。一份关于现代隐私状况的报告中提到了如下几项令人不安的趋势。

（1）我们身处在一个“狗仔队”和小报充斥的文化中。现代大众文化似乎往往倒向失控，我们仿佛都成为了汤姆·乌尔夫小说里全都着魔失控的角色，我们的生活从里到外翻转了，变成了无聊下流偷

---

① 译者把标题简洁译为“新闻自由”。

窥狂们所乐道的一个名副其实腐朽败坏的娱乐公园。[1]

（2）公共和私人生活之间的泾渭分明的界线已经消失。如果说曾经存在一个文化观点，认为他人的生活包括公共和私人方面，所以哪怕是众星捧月的名人或是位高权重的政府官员都有权掩藏自己的私人生活，那么，这种理解早就随风而逝了。性、不忠以及关于两者的谎言不再仅仅是道德调整范围的内容，它们是有新闻价值的。

（3）普通百姓的生活往往是大众文化的娱乐和新闻的焦点。无论是在大众文化还是精英文化中，对普通人的写照一直都是报道的重点。诸多对普通人悲剧或成功事迹的报道早已遍地都是，而这些事项过去被法律认为属于“私人事务”范围。一个家庭因遭遇火灾而痛不欲生或是因博得头彩而兴奋异常一直被视作有价值的新闻。然而当下，对普通民众的新闻报道似乎对私人生活的渗透程度更强，数量更大了。“电视真人秀”节目，诸如杰瑞·斯普林格的电视脱口秀，甚至一系列开始强调“公众关注”的主流新闻报道，这一切都使得公众和私人事务之间明显的分界线开始瓦解。

（4）新技术的发展使得我们的隐私生活以前所未有的方式被渗透。普遍共识是，纯粹现代技术力量已经渗透到了我们曾经认为是极其私密的领域内。过去被认为是间谍电影中的高科技新奇玩意儿现在早已普及至一些高档邮购客户了：一副眼镜里可以暗藏照相机，传声器远可打探至穿墙过户、近可捕捉卧室风吹草动；而内有玄机的电话则能让人人成为装备精良的琳达·特里普斯。在国会正式立法前，名人们不断抱怨他们无休止地应付所有狂热的媒体、“狗仔队”以及蝇头小报已经使得他们苦不堪言，这在很大程度上是缘于这些侵犯隐私者已经对这一切驾轻就熟。[2]

（5）我们被监视所包围。如果说新技术增加了对隐私领域的渗

① See Tom Wolfe, The Bonfire of the Vanities (1987).

② See Protection from Personal Intrusion Act and Privacy Protection Act of 1998: Hearings on H. R. 2448 and H. R. 3224 Before the Comm. on the Judiciary, 105th Cong. (1998) (testimony of Michael J. Fox).

透，那么，在某种程度上他们同样可被理解为是扩张了监视的范围。我们一举一动无形之中都增加了“曝光率”。我们日常的交易来往记录也被记录储存在数据银行中——我们信用卡或借记卡使用率、出入地点记录、电话通讯记录以及短信邮件来往。①

（6）网络隐私面临着一个日益增长的威胁。随着网络成为大部分美国人日常生活和商务往来的一项社交工具，公众对网络隐私的关注也日益增长。在网络隐私的这一问题上，网络服务提供商、软件制造商、网络隐私倡导者和顾客之间的战争已吹响号角。②

（7）新闻媒体和执法机构之间形成合作关系。无论这种关系是否真实存在，还仅仅只是想象而已，目前公众开始逐渐达成一种共识，这就是媒体和执法机构通常是处于同一战线的。随着日益频繁采访，记者甚至仿佛开始扮演着警察的角色：和线人交换信息，甚至亲自参与调查、扣押和逮捕过程。③ 电视真人秀里，记者随着真正的警务人员，带着真正的令状，坐真正的警车和到达真正的犯罪嫌疑人家里。在这之中，记者的角色令人疑惑：调查、扣押或逮捕在过去被认为是一件私人的事件，而在现代，这一切竟然都在电视上上演。④

（8）使用“羞辱”作为社会控制和刑事处罚的一种形式正在逐渐成为一种趋势。除了媒体和执法之间的合作越来越多外，开始逐渐使用“羞辱”作为刑事惩罚的一种正式形式和社会控制的非正式形式。“羞辱”，即利用公众的嘲讽或贬损来惩罚不法行为，却时常侵犯他人隐私权。例如，一些州开始在网站上公开被告的性犯罪记

---

① See Vega - Rodriguez v. Puerto Rico Tel. Co., 110 F. 3d 174, 184 (1st Cir. 1997) (dismissing invasion of privacy claim arising from employers surveillance of employees in work areas).

② See, e. g., Robert O'Harrow Jr. and Elizabeth Corcoran, Intel Drops Plans to Activate Chip IDs, Wash. Post, Jan. 26, 1999, at E1.

③ See David G. Savage, Reach for the Sky... and Smile, A. B. A. J., Feb. 1999, at 30.

④ These times may have come to an end. The Supreme Court recently held that such media "ride - alongs" violate the Fourth Amendment. See Wilson v. Layne, 119 S. Ct. 1692, 1695 (1999); Hanlon v. Berger, 119 S. Ct. 1706, 1706 (1999).

录[①]等。

（9）对于在很多私人自治事项上给予法律保护是一件矛盾的事情，诸如生殖、性行为或者帮助自杀等。社会给予这些私人自治事项的法律保护普遍陷入一种矛盾状态。目前，宪法在这些问题上好像有些“踟蹰不前”。[②] 这种承诺对私人自治事务进行“实质性”保护的踌躇选择看起来和本文主旨，即隐私权和新闻媒体之间紧张关系的争论，是毫无关联的或者说是仅微弱相关的。不过，笔者认为这种联系是存在的：因为大部分倾向于减弱对“信息隐私”保护的这些文化思潮，同时也反对对“实质性”隐私进行任何强有力的保护。

三、当前文化背景之下对他人隐私权保护的各种主张

这或许是对保护隐私最坏的时代，因为我们似乎很少拥有它。但这也许是对隐私保护最好的时代，因为公众逐步意识到隐私权正在消亡的事实，从而产生了一种文化反潮流。这是一种改变现状的渴望。随着新的隐私保护法不断发展，今天我们的公共议题可能在紧缩隐私权的同时也主张对媒体或相关隐私侵权者的管制等，其中一些有现实作用的主张包括以下几类：

（1）限制“狗仔队”的行为。例如，加利福尼亚州已经立法[③]并向联邦层级提出立法建议[④]，限制“狗仔队”滥用权利无限制侵犯公民隐私。虽然当前的这些建议主张是十分温和的，几乎只触及其

---

① See Metro in Brief, Wash. Post, Jan. 6, 1999, at B3.

② Reproductive freedom enjoys modest constitutional protection. See Planned Parenthood v. Casey, 505 U. S. 833, 834, 874 (1992).

③ See Cal. Civ. Code 1708. 8 (West 1998). California's new anti – paparazzi law is discussed in greater detail infra text accompanying notes 37 – 46.

④ Prior to his untimely death Representative Sonny Bono introduced a criminal harassment bill, the Protection from Personal Intrusion Act, that would have made it a federal crime to persistently follow or chase someone to obtain an image. See H. R. 2448, 105th Cong. (1997). A similar proposal entitled the Privacy Protection Act of 1998 was introduced by Congressman Elton Gallegly. See H. R. 3224, 105th Cong. (1998). None of the federal bills were enacted. These proposals are discussed in greater detail infra text accompanying notes.

"狗仔"[①] 形式的侵犯行为，不过其他的建议也主张扩大现行刑法和侵权法对隐私权的保护范围。[②]

（2）复兴对公开他人私人事务的侵权法。隐私侵权的一种典型方式就是公开他人私人事务。[③] 然而，这种侵权却往往更多存在于"书中"而非现实中。现实中提起诉讼的原告往往败诉，因为被公开的事实即使能被认作"私人的"，也会被认定是有新闻价值的而受到《美国联邦宪法第一修正案》的保护。[④] 因此，加大对隐私法律保护最直接的策略即是《美国联邦宪法第一修正案》和侵权法条文，使其能涵盖各种类型的侵权。除此之外则可立法确认交易隐私领域内信息的行为违法，下文将讨论这些可能对新闻采访进行限制的新办法。

（3）建立对新闻采访的法律限制。应对媒体侵犯隐私权的方法之一，是立新法对新闻采访技术进行限制，或者重构现有法律对其的限制。而这项策略涵盖内容范围太广，我们可将其细分为以下若干个组成部分，包括以下方面：

第一，排除或限制记者的特权。如今记者过量使用机密来源来获得新闻材料。记者对这些机密源的承诺多半依法院的司法裁判和具体状况而得到保护，这种保护是基于法院对《美国联邦宪法第一修正案》、国防保护法以及州普通法下广泛"记者特权"的认同。所以，减少隐私侵权的对策之一是削减或严格限定这一特权，因为一旦记者做出的这些保证不再受到法律保护了，那么记者获得私人信息的这些

① Author's Note: to the best of my knowledge, "paparazzitic" is not a word.

② Conventional criminal and tort doctrines do provide some protection against the paparazzi and the tabloids that form the market for their wares.

③ See Diaz v. Oakland Tribune, Inc., 188 Cal. Rptr. 762, 765, 775 (1983).

④ See Florida Star v. B. J. F., 491 U. S. 524, 527, 529 (1989) (holding unconstitutional an attempt to hold a newspaper liable for identifying name of rape victim inadvertently released in a police document). See generally Geoff Dendy, The Newsworthiness Defense to the Public Disclosure Tort, 85 Ky. L. J. 147, 148 (1997) ("But the general case is that many courts provide media with the extraordinarily broad newsworthiness defense, leaving the public disclosure tort effectively impotent."); Diane L. Zimmerman, Requiem for a Heavyweight: A Farewell to Warren and Brandeis's Privacy Tort, 68 Cornell L. Rev. 291, 351 (1983).

来源将会因曝光而枯竭。

第二，扩大隐私侵权产生的责任。近年来对媒体提出的诉讼案件层出不穷，这些案件都依据各种各样侵权诉由，如侵扰侵权、侵入侵权、殴打、威胁、欺诈抑或诱使别人违反合同等等。这些针对媒体侵略性技术手段的依据，逐渐被法院认可，从而达到减少这些技术的使用率的效果，增加对公众隐私的保护。侵扰侵权，如同一个普通法或成文法上的诉由一样，在隐私保护的改革探索领域里扮演了极其重要的角色。

第三，立法确认交易隐私信息违法。《美国联邦宪法第一修正案》的一个既有原则是，媒体公开他人真实信息的前提条件是这种信息是合法获得的。① 对一项事实的散布或公开很少可能被视为是私人的（并因此而被保护，除非是在一个全新版本的侵权法下），而一般都会被《美国联邦宪法第一修正案》的标准保护，只要这项事实是被寻求传播和散布的人“合法获得的”。因此，媒体仍可公开因行为人故意或疏忽大意而泄露的私人事务，即使泄露信息的人已经违反了他所承担的法律责任。但是如果这样的信息被认定为“隐私违禁品”，那么法律可禁止由此“下行”的信息传播行为，就像法律确认持有或交易毒品或是接收赃物等违禁品违法一样。

第四，打破媒体和执法机构之间的合作关系。如果说今天的隐私保护面临的一个威胁是媒体和执法机构间合作关系的存在，那么打破这种连结自然是改革探索的方法之一。举例来说，可以禁止警察在执行搜查或逮捕任务时带记者同往。联邦最高法院最近判决，媒体的这种“随行纪实”行为违反了《美国联邦宪法第四修正案》，法院的这种判决可行之有效地抑制这种行为。

---

① One of the core principles of modern First Amendment jurisprudence is that absent the need to vindicate a governmental interest of the highest order, the press is entitled to examine and publish truthful material that falls into its hands, even though that material may be legally classified, confidential, or under judicial seal. This principle has been consistently applied by the Supreme Court. For example, the Court has refused to permit civil liability against the media for the accurate revelation of the identity of rape victims lawfully obtained through public records, even if the records were released by mistake. See Florida Star v. B. J. F., 491 U. S. 524, 526 – 529 (1989).

第五，减少网络数据库里因侵权而得到的信息的使用。这不是一项仅仅针对媒体的主张，而是可能影响到政府机构和各种私人商业数据服务商的建议。如果网络私人信息不再囤积起来，不再这么容易获得，那么，隐私保护是可以得到增强的。

第六，关掉监视器。应对社会上日益普及、无处不在的监视，最直接有效的办法就是要求关掉一些监视器。在多数情况下，监视器被有权限的私人商业公司或公共部门所使用，放置于其自身的一些公共大楼中或是其他的公共场所中。为防止私人零售商在其经营场所中私自摄像，或者雇主对其雇员进行录像监视，需要立法缩小雇主所有权范围来保护雇员的隐私权。

四、当前文化背景之下对他人隐私权保护的正当方式

本文上面所列出的建议（包括许多未列出但富有创造性的建议），涉及政策和法律问题的范围很广，其中大多数本文中提及的建议，都是这次研讨会所详细讨论的部分。在试图把命题从广泛争论的大背景里提取出来落在新闻收集上后，现将研究重点仅集中在下列处理信息收集的建议上：扼制“狗仔队”的行为，扩大使用侵扰性新闻采访技术的法律责任以类推适用侵扰侵权；恢复公开他人私人事务侵权。

（一）扼制“狗仔队”的行为

往深处说，“狗仔队”并不得人心。无论法医鉴定的真相到底是什么，舆论都会一直认为，“狗仔队”要为戴安娜王妃的死亡承担一部分责任。酒精、鲁莽驾驶、未系安全带等因素结合起来可能才最接近真相；但“狗仔队”自始至终都在事故现场，人们将永远不会原谅他们。戴安娜是王妃却也同时成了名人中的殉道者。“狗仔队”都做了些什么，他们带走了什么？对于有些人来说，“狗仔队”毁掉了戴安娜王妃，他们也应当被毁灭。

各党派对“狗仔队”“有所动作”的政治念头是强烈的，由于不是针对《美国联邦宪法第一修正案》，也不会招致什么实质性反对意见。所以，当美国国会举行关于反“狗仔队”的联邦立法可行性的听证会时，我们看到一群平时星光熠熠被媒体追堵的名人，其中就包

括和保罗·赖泽煽情性地向富有同情心的听众讲述了他们痛苦不堪的“被曝光”烦恼经历。

即便如此，“狗仔队”在收集新闻图像过程中的行径都被理解，而无论这些照片是多么臭名昭著还是惊鸿一瞥，到目前为止仍受《美国联邦宪法第一修正案》的保护——最起码，他们在公共场合拍照而没有从事任何其他单独引起刑事或侵权责任的行为。而仅仅在公共场所对公众人物拍照并不能产生刑事或侵权法责任。

对反“狗仔队”法意义最为深远的立法莫过于加利福尼亚的新法①，这是在美国影视演员协会推波助澜下的产物。这部法律禁止行为人为获得他人正在进行的“个人或家庭性质的行为中”的肖像而实施实质性侵扰——如果行为人的行为“达到令一个理性人高度反感的程度”且用于商事目的时。更重要的是，加利福尼亚州的新法以“推定侵犯隐私”的理论指导追究责任，规定禁止通过使用高科技侵权，这些技术使得侵犯隐私易如反掌，如果没有这些技术行为人就不得不通过非法入侵来侵犯隐私。该法把“个人或家庭性质”行为界定为包括个人私生活、亲密关系等其他私人事项，但是排除了个人违法行为。并把“用于商业目的”认定为任何基于“价格期望、收入获得以及其他考虑”而为的行为。

加利福尼亚州的法律规定了补偿性损害赔偿、三倍损害赔偿、惩罚性损害赔偿、没收因传播信息所获得的收益和对将来可能产生侵权的衡平救济等法律责任。该法在打压八卦报刊的同时没有漏掉对“狗仔队”的限制，规定了任何实行领导、教唆或招致侵犯隐私的行为都将承担侵权责任，无论是否存在雇佣关系，行为人都将承担惩罚性的损害赔偿责任。但在其仅有明确表示限制的条款里，加利福尼亚州法却并没有把“狗仔队”所拍照片规定为“隐私违禁品”，而只是警示：如公开仅是因侵权而获得的事实并不足以构成违法，哪怕这种公开行为本身构成侵犯公开他人私人事务。

即使加利福尼亚州的新法和它向联邦层级提出的建议在细节上有所差异，但基本上都将一种行为认定为犯罪，即任何为了商事目的而倒卖这些图片的行为——如果在这过程中，拍照人将肖像权人置于一

① Cal. Civ. Code 1708. 8 (West 1998).

种可能产生严重身体伤害或死亡的危险中。

1998 年，加利福尼亚州参议员 Dianne Feinstein 和参议院司法委员会主席 Orrin Hatch 提出一项议案，同样得到了美国影视演员协会的热情支持。这项议案认为联邦政府应该把为了商事目的的图片或录像而持续跟踪和追逐他人的行为规定为犯罪，如果这种行为“能使一个理性人产生对身体遭受损害的恐惧”。法案规定，对从事这种行为的人处 1 年以下有期徒刑，造成严重身体伤害后果的，处 5 年以上有期徒刑，致人死亡的处 20 年以上有期徒刑或无期徒刑。遵循加利福尼亚州的法律模式，该法案同样禁止以“狗仔队”手段窃得他人隐私，包括以实质性入侵和推定侵入的方式。

这些反“狗仔队”行为的主张有三个基本特性：其一，仅仅选出一种人来规制，即属于典型“狗仔队”的行为，当然其中也很可能涵盖一定“主流”的新闻工作；其二，对身体伤害及对这种伤害的恐惧进行保护；其三，根据推定侵入侵权的理论，追求通过扼制高科技拍照、录像等手段来达到保护隐私的目的。

笔者将主要分析这些试图规制某种特定类型行为人的主张所涉及的宪法和政治问题。这些主张是从两方面来限缩规制范围的：一方面是动机，另一方面是方式。加利福尼亚州法和这些各种各样的联邦主张仅禁止试图为商业目的而获得照片或摄录的行为。当然反过来，也只有在持续盯梢、跟踪下或是以非法入侵和推定侵入方式侵扰，这些行为才被认定是违法的。

在一定程度上，这些法律针对传统的“狗仔队”，其实违反了《美国联邦宪法第一修正案》的原则：禁止给予某种特定类型的演讲者或者媒体差别对待。[①] 众议院提出的这项法案限制了行为人的责任，如果行为人事实上进行了拍照或摄录行为，并出于经济利益考虑而“出售或转让”了这些材料。而且该法仅规定了拍照者的责任——该法明确将拍照人的雇主排除在外，包括拍照人是一个承揽人或是一个专门从事这一行业的团体机构（比如八卦周刊）的情况。

---

① See Ladeu v. City of Gilleo, 512 U. S. 43, 55 (1994); Minneapolis Star & Tribune Co. v. Minnesota Comm' r of Review, 460 U. S. 575, 590 (1993); Grosjean v. American Press Co., 297 U. S. 233, 250 (1936).

我们可以想象七个不同的拍照者给一位名人照相或摄影，他们每个人所从事的行为都可能被界定为法律禁止的行为，比如持续不断地盯梢和跟踪，又或者照相和摄影使用的器械可能构成侵扰侵权和推定侵权的技术手段。

（1）第一位拍照者是该名人的超级狂热粉丝，特别希望可以得到这些照片或录像作为他（她）的私人收藏纪念，但没有出售或者散播这些照片的意图。

（2）第二位拍照者是一名动物权利协会组织的成员，坚信这个名人长期以来有虐待动物的行为。这名摄像师希望得到记录他虐待行为的照片或录像。但他不指望出售这些资料，而想要将其捐献给动物权利协会，将其作为该协会的出版物传播给公众，以提高公众对动物遭受虐待的关注意识。

（3）第三位拍照者则是一名私家侦探，被该名人的配偶雇佣，试图来找到其涉嫌不忠行为的证据。该名人的配偶已为调查服务付费，无需再为这样的照片或录像单独付费，因此行为人并没有明显的因经济利益考虑而出售或转让这些图像的意图。这些图片将由私家侦探交给他的客户，将其用来使出轨一方认错，或者作为离婚诉讼的证据。

（4）第四位拍照者是一个为主流电视新闻节目工作的记者。这名拍照的记者是电视台付薪员工。他获取的相片或录像将被电视台使用，作为虐待动物的商业电视新闻节目的一部分。

（5）第五位拍照者是有薪“狗仔队”记者，为出版业或广播报业工作，他获取的这些图片或者录像用来作为国家询问报之类的印刷品的发行，或如“新闻内幕”类广播新闻的传播。这些媒体都是商业企业，依靠出版或广播这些新闻而营利。但是，因为拍照人是这些企业的付薪雇员，所以拍照人也没有任何因经济利益而要从事“出售或转让”行为的念头。

（6）第六位拍照者是一个自由撰稿记者，正在写一篇关于虐待动物的报道。这名记者为了商业收益而想要把这些照片和录像出售给一个严肃、主流、非八卦小报的报纸、杂志或者电视新闻节目。

（7）最后一位拍照者是一个传统的“狗仔队”成员，试图获得这些名人的图片和录像，以卖给一些八卦小报和广播来获得经济利益。

根据加利福尼亚州法律，只有头两位照相者，即狂热粉丝和动物权利拥护者，是和侵权责任无关的。剩下的拍照者从事的行为或多或少是为了获得经济利益。然而，至少按照目前起草的联邦法律提案，这几个拍照者中只有最后一位应该承担反"狗仔队"法项下的法律责任。第一位拍照者（那个超级粉丝）和第二位拍照者（动物权利保护者）因为没有任何"商业目的"所以不在法律规制的范围内。第三位拍照者（私家侦探）的调查服务本身就是付费的，作为服务的一部分，他将这些资料转移给他的客户，如仅就这点而言，他的行为是为了经济利益而进行。他是一个承揽人。问题是转让这些资料作为所有调查服务的一个部分，其到底是否属于法律规制的行为范围。第四位和第五位拍照者在"交易事务"中处于相同的位置，两者都是机构雇员，两者所属的单位都意图使用这些材料来出版或制成电视节目来获利。而这部法律明确豁免了雇佣这些拍照员工的雇主责任。又因为拍照者没有实实在在"出售或转让"的行为，所以拍照者也被排除在法律规制范围外。

所以，我们现在只用研究第六位和第七位拍照者，即自由撰稿记者和典型的"狗仔队"成员，他们二者都是承揽人。如果这是由加利福尼亚州法律和联邦法律提案得到的正确推论，那么，他们是很容易被各种理由而推翻的。

从最宽泛的角度讲，这些法律范围只涉及传播和表达行为，仅基于此，它们就构成对基于言论自由内容的管制，从而是对《美国联邦宪法第一修正案》的侵犯。即使其中一个联邦法案强调了，事实上没有捕捉到照片或者照片事实上没有出售不足以构成抗辩，一项条款仍明确排除了因相机滑落而未拍到照片或是以某种理由未能完成出售行为的责任。该法仅规定了因获利目的而从事获取和出售照片行为有责。这些提案并未禁止单独的侵害行为，认为单独"跟踪和监督"行为或"非法入侵"和"推定入侵"手段而并不构成侵权。这些侵害行为需要以获得图片录像为目的，从而可以出售或转让这些资料以获得经济利益。转让这些照片和录像是一种传播行为。所以该法禁止仅为了传播目的而进行的行为。这么来说，这种立法在内容上是不全面的，因为它没有规制仅在"偶然"场合影响言论的"行为"。

反"狗仔队"法是典型的限制言论（自由）内容的法律，因为它包含了一个必要构成要件，即行为人出售或转让这些信息材料的意图。作为限制言论（自由）内容的法律，他们是被推定违宪的。其中最大的冲突在于该法与被称为“山姆的儿子”一案中确立的规则相违背，该案全称是西蒙舒斯特尔公司诉美国州际犯罪受害人同盟案，[1] 在该案中法院推翻了纽约州法，因为该法试图没收犯罪行为人的版税，如果这些人为获利而向媒体，比如书商或者电影出版商出售他们的犯罪经历。虽然一般法若规定没收行为人犯罪所得收益是不违宪的，但若其单单规定没收这种只是来源于传播行为的所得，则其构成违宪。

事实上，反“狗仔队”法的提议者试图缩小他们对“狗仔队”的管制范围，是在搬起石头砸自己的脚。而且两只脚无一幸免，使得这些提案没有立足之据。一方面，正如前文所述，这些提案与《美国联邦宪法第一修正案》禁止基于言论内容的歧视的严格原则相冲突。另一方面，这一立法还对且仅对某种特定类型的拍照者进行规制。这两点也使得改革支持者丧失了他们本可以使用的最佳策略，即媒体并不因《美国联邦宪法第一修正案》对新闻自由的保护而享有免除一般法律规制的特权。例如，在 In Cohen v. Cowles Media Co. 一案[2]中，最高法院拒绝了媒体援引《美国联邦宪法第一修正案》下保护新闻自由原则作为抗辩，认为在记者违反对消息来源的保密承诺时，禁止反言的规则仍应适用。法院判决道“适用一般法没有违反《美国联邦宪法第一修正案》，因为它们的执行对于媒体收集和报道新闻能力并无多大的影响”。同样的，在涉及有关新闻出版税案件时，媒体试图寻求平等保护条款的保护——认为新闻出版业有义务缴纳适用于所有商业机构的一般税负，但反对单独对新闻出版业征税或对任何媒体的税收歧视待遇。[3] 媒体并不豁免于一般法律规制，这是隐私权捍卫者在他们的“兵工厂”里最有力的武器了，然而，这并

① See Simon & Schuster, Inc. v. New York State Crime Victims Bd., 502 U. S. 105, 115 (1991) ("A statute is presumptively inconsistent with the First Amendment if it imposes a financial burden on speakers because of the content of their speech.").

② 501 U. S. 663 (1991).

③ See, e. g., Minneapolis Star & Tribune Co. v. Minnesota Comm'r of Revenue, 460 U. S. 575, 590 (1983); Grosjean v. American Press Co., 297 U. S. 233, 250 (1936). The same principle has been applied by the Court in the religion context. See Jimmy Swaggart Ministries v. Board of Equalization, 493 U. S. 378, 389-391 (1990).

不足以阻止反“狗仔队”的立法，因为这种立法显然不是一般性法律规范。

反“狗仔队”法案的另一项先天不足是其对媒体的差别对待，对收集新闻的行为进行了不同的处罚，对一些行为的自由表达持有不同态度的警告，这违反了《美国联邦宪法第一修正案》蕴含的平等原则。在以上给出的例子中，五位拍照者——动物权利保护者、“主流”记者、“小报”记者以及两个自由撰稿的拍照者——从事了相同的拍照行为，并且都有通过获得和散布这些照片而传播的意图。但只有没有利益动机的动物权利保护者免除了法律责任。更有甚者，根据联邦法律提案的规定，雇佣关系的性质排除了领薪拍照者的责任却只追究自由撰稿记者的责任。《美国联邦宪法第一修正案》的传统原则是绝对不会赞同对不同自由言论者进行这种形式的歧视的。

比如，《美国联邦宪法第一修正案》一般不能忍受对特定媒体或特定形式、种类的言论表达的歧视。不仅如此，仅因为当事人为经济利益而从事传播行为并不能剥夺传播者本来享有宪法保护的权利。传播人的利益动机并不能就这样取消了《美国联邦宪法第一修正案》赋予其的言论自由和新闻自由保护的资格。

自由撰稿记者和“狗仔队”获得的照片和视频录像决非“商业言论”——“商业言论”有时受到低于别的类型言论的宪法保护。“商业言论”并不是简单为了利益的言论。在 In Virginia State Board of Pharmacy v. Virginia Citizens Consumer Council, Inc. 一案[①]中，最高法院宣布了“言论不会因为有资金投入而失去《美国联邦宪法第一修正案》的保护，就像付费广告或别种形式一样”。法院进一步阐释道，“言论自由是受到保护的，即使这种言论是因利润而‘出售’得到的”。如果没有确立这项规则，那么，任何书、报纸、电视节目的内容只要通过广告销售或者赞誉的都将构成商业言论。商业言论是这样一种建议交易的言论——基本上，广告属于商业言论，同样在宪法广泛的保护范围内。

（二）加大对侵扰性信息收集的责任

如果说对“狗仔队”进行规制的立法是违宪的，多半是由于它

---

① 425 U. S. 748 (1976).

们单独针对了典型“狗仔队”行为；问题是，如果法律并没有单就言论者的种类或某种特定形式的表达以差别对待，那么，其是否构成违宪。设想一下，例如一部法律规定上述七种拍照人信息收集的行为都是违法的。这样一部法律相较狭隘的反“狗仔队”立法而言，实际上加大了对隐私的保护，并且可以刺激对新闻收集和表达行为的一个更广范围的警示。

这样一种扩张可以通过简单去掉反“狗仔队”立法中反“狗仔队”行为部分而达到。或者，可以通过扩大普通法中侵扰侵权范围来完成。无论立法还是扩大普通法“侵扰”一词概念范围，都涉及同样的政治关注和宪法性问题。所以，我们将其放在同一个篮子里来讨论。主流媒体、公益媒体或者“狗仔队”在新闻收集行为中因侵权法律适用而产生了错综复杂的政治和法律问题，无论从哪一方面来说其复杂性都是卓绝的。典型的侵扰侵权类型包含三个要素，原告必须证明：①行为人有侵扰的故意；②行为人侵扰了他人居所或者其他私人场所的安宁；③行为人实施的侵扰行为是让一个“一般理性人高度反感”的行为。还未涉及《美国联邦宪法第一修正案》，这三个侵权法概念本身就已形成了非常混乱交错的局面。这三个要素的侧重点都不同：“私人场所”要素的概念偏向于原告，相反“侵扰”则更关注被告的行为，至少是更关注被告的行为和原告“私人场所”之间的关联。作为第三个构成要件，“反感”似乎也是一种混合，掺杂着对被告行为引起的厌恶程度的评价和原告对其安宁被侵扰的感知程度。

笼罩在这些侵权问题背后的是《美国联邦宪法第一修正案》。因为侵扰侵权虽然在表面上是因被告从事传播行为而引发的损害赔偿诉讼，但有人认为，倘若允许司法机关在《美国联邦宪法第一修正案》的严格约束下来拓展侵扰侵权概念，那么无论是在什么侵扰侵权案件之中，宪法规定的言论和出版自由都形同虚设。然而，媒体经常在其新闻采访过程中产生侵扰侵权，包括公益组织在意图滥用其获得的权力时，或者个人发表异议意见或进行“检举揭发”行为时都极易产生侵扰侵权。如果说《美国联邦宪法第一修正案》留给新闻采访行为什么护身符的话，那么，就是侵权法原则要受到宪法标准的限制，如同宪法在诽谤或其他隐私领域对适用侵权的限制一样。

侵扰侵权仅是为了保护当事人的身体利益，那么，它并无太多存在必要。个人人身和自由利益已经由刑法和侵权行为法所保护。为满足对人身利益一些附带性权益保护的必要，威胁这种侵权类型，也将保护范围扩大到了包括对身体损害恐惧的领域。同样的，私人物理空间和财产权益也被诸如侵入侵权、非法强占或动产侵害等法律所保护。

如果恰恰相反，将侵扰侵权设计为纯粹保护精神性利益的法律，它同样也会变得无足轻重。因为如果侵扰纯粹是“侵扰安宁”的行为，即保护他人的心里安静、精神平和不受侵害，那么只要使当事人精神遭受痛苦就能构成这种侵权。那么就侵权法体系结构而言，产生了一个问题，侵扰他人安宁的隐私侵权的构成要件是什么？是按照普通法形式还是将其改造为隐私领域系统立法的一部分？这类侵权法的确立可以树立怎样的社会效应和价值？

一个案件要被认定为侵扰侵权，首先要符合“安宁”这一要件。借用从《美国联邦宪法第四修正案》对搜查和扣押的限制概念，在判断一个案件是否属于侵扰侵权时，法院通常会在原告声称其隐私安宁被侵犯时，询问其是否有“合理隐私权益期望”。但是，对于什么构成“合理”的期望，这一命题本身就是一个社会概念，这使得如何衡量原告的期望合理与否的论断不可避免地变得更细小和微妙。因此，隐私法领域的“安宁”成为一个涉及物理空间、私人和职业关系、个人亲密行为、精神安宁甚至个人罪过等的混合概念。

从某种程度上来说，安宁是一个“空间”概念，于是一个首要的争议点是，原告宣称被告所侵扰的物理空间的性质究竟是公共场所还是私人场所。法院一般判决，如在公众场合给人拍照并不构成侵扰侵权。

和这些场所相对的地点，比如住所，我们的法律传统一般视其为“私人”性质的。住所的私人神圣性就如同一个“城堡”一般，这是一个以宪法和普通法保护为护城河构筑起来的隐私堡垒，兼具传奇色彩和浓厚的历史感。[①] 正如威廉·皮特在国会大厦前的一次演讲中宣扬的那样，国家公权力止于公民家门口，表明了公权和私权之间明确严格的界限，再强大的公权力也需让位于个人基本隐私权利："即使是最穷的人，在他的小屋里也敢于对抗国王的权威。屋子可能很破旧，屋顶可能摇摇欲坠；风可以吹进这所房子，雨可以打进这所房子，但是国王不能踏进这所房子，他的千军万马也不敢跨过这间破房子的门槛。"这项传统也是《美国联邦宪法第四修正案》产生的背景，它赋予人民的"人身、住所、文件和财产"免受不合理的搜查和扣押的权利。[②]

对家的渴望，最初被概念化为仅是对抗政府公权力的一种壁垒，逐渐演变成一个更广泛的概念：家被视为一个人私人事务自治和隐私的必需处，一个逃离纷繁庞杂残酷世界的落脚点。杰罗姆·弗兰克法官这么说道：如果说一个人还可以拥有一方属于他自己的天地，这就是他的房子；让他能从大千世界抽身而退，同时确信宪法可以保证他们这种不被侵扰的自由。这仍是一大片完整的自由——值得保护其不受任何侵犯。一个健全、文明、开化的现代社会应该提供这样的一方绿洲，这是逃离公众视线的庇护所，是隔绝外物的世外桃源，是可随心所欲的王国、是不容任何侵犯的乐土，这就是他的城堡。[③]

家宛若城堡的完整、不可侵犯性经过所谓的"随行纪实"案件而确立。在该案中，媒体和警察一起在原告的住所执行搜查或逮捕行为，于是，原告向法院主张其民事权利被侵犯。低级法院对这些案件中分立出几种不同的判决意见，故美国联邦最高法院授权审查。[④] 在

---

① See Semayne's Case, 77 Eng. Rep. 194, 195 (K. B. 1604) ("The house of every one is to him as his castle and fortress..."); William Cuddihy & B. Carmon Hardy, A Man's House Was Not His Castle: Origins of the Fourth Amendment to the United States Constitution, 37 Wm. & Mary Q. 371, 400 (1980).

② U. S. Const. amend. IV (emphasis added); see also Silverman v. United States, 365 U. S. 505, 511 (1961).

③ United States v. On Lee, 193 F. 2d 306, 315 – 316 (2d Cir. 1951) (Frank, J., dissenting).

④ See Wilson v. Layne, 141 F. 3d 111 (4th Cir.) (en banc), cert. granted, 119 S. Ct. 443 (1998); Berger v. Hanlon, 129 F. 3d 505 (9th Cir. 1997), cert. granted, 119 S. Ct. 443 (1998).

判决媒体这种“随行纪实”行为违反了《美国联邦宪法第四修正案》时，美国联邦最高法院引用了关于住所是一人自治城堡的经典判词——“《美国联邦宪法第四修正案》形象而具体演绎了千百年来对住所隐私尊重和保护的原则。”

还有一些别的物理空间也被认作是典型的私人性质的。这些空间通常呈现私人性质，既因为这些空间自身的属性，也因为在此空间内从事的行为的性质。例如，病房就通常会被认定为私人场所的地方。在病房内的病人在某种意义上是个临时居住人。但更重要的是这种发生在病房中医治行为的私人隐秘性。①

如果推定说，对侵扰侵权主张的保护在侵权发生在公共场合时最薄弱，而发生在私人领域最强烈，那么自然还存在不是这么容易分类的场合。病房可能被推定为是私人性质的，那救护车呢？救援直升机呢？救护车或直升机的门是关闭的还是敞开的对其是否构成私人领域要紧么？在处理救护车或直升机是否属于私人场所这一问题时，我们的社会直觉更倾向于分析当时发生的行为的性质，而非这些空间或工具的自然属性。在加利福尼亚州近期的一些案件中，针对这一问题法院判决到，在救援直升机中，如果一个新闻记者将一名事故受害者与医疗救助人员的对话拍摄、录音下来，那么，可以认定新闻记者的行为为侵扰侵权。②

如果说安宁也是一个关系概念，似乎有些悖于常理。诽谤是一个典型侵犯“关系”的侵权类型，这种侵权是确立来防止对“名誉”损害，即对一个人的个人、社会、家族以及商业关系的损害。隐私侵权一般不被认为是侵犯“关系”的侵权。隐私侵权和名誉侵权的区别在于，诽谤是由行为人侵害“个人财产”（如名誉等）的行为造成的外部损害，而隐私则关乎内部，强调行为人所侵害的对象是他人心里的安宁与平静。③

事实上，这种区分更多的只是一种纸上谈兵的论调而非现实状

① See Green v. Chicago Tribune Co., 675 N. E. 2d 249, 255 - 256 (Ill. App. Ct. 1996); Barber v. Time, Inc., 159 S. W. 2d 291, 295 (Mo. 1942).

② See Shulman v. Group W Prods., Inc., 955 P. 2d 469, 474 (Cal. 1998).

③ See Rodney Smolla, Law of Defamation 1. 06 [1] (1986 & Supp. 1998).

况，甚至可以说纸上谈兵都略有牵强。例如，在一个诽谤案中，原告只需表面证明他遭受了名誉损害之后，他通常能够获得精神损害赔偿。[①] 在一些司法实践中，这种规则甚至也被抛弃，诽谤诉讼的原告根本无需证明其名誉受到的损害，就能获得精神损害赔偿。[②]

与此相反，起码在某些情况下，侵扰侵权似乎试图不仅保护个人心里的安宁平静，而且保护个人和特定关系之间的神圣不可侵犯性。因此在侵扰侵权的适用上有时候表现为对“关系”的侵权——这种侵权着重于被告是否以某种方式侵犯了原告和他人之间私人、亲密的关系。所以，窃听律师和其客户的谈话，或是教徒对牧师的忏悔比偷听驯兽师和猴子的对话更可能被视为是侵扰侵权。

关于侵扰侵权一个争论不休的命题是，进入一个企业或商业场所是否足以构成隐私侵权行为。当前最受关注的侵扰侵权类型就是这种涉及商业内容的案件。[③] 在 Food Lion, Inc. v. Capital Cities/ABC, Inc. 一案[④]中，超市连锁商 Food Lion 向法院起诉，控告 ABC 公司以诈欺、非法侵入手段进行采访，同时也主张 ABC 公司两名卧底记者混入 Food Lion 公司，使用隐藏式摄像机记录了 Food Lion 公司违反健康和卫生标准生产食物的行为违反受雇人的忠诚义务并构成非法侵入，请求损害赔偿。1996 年 12 月 20 日，北卡罗来纳州格林斯博罗的一个陪审团认定 ABC 公司构成欺诈、非法入侵和违反受雇人忠诚义务，判定其给予 Food Lion 公司 1400 美元补偿性损害赔偿金，这大致相当于在这两个意图刺探情报的记者所在的肉品处理部门所雇佣员工的成本花费。一个月以后，陪审团做出 ABC 公司要给付 550 万美元惩罚性赔偿金的决定（随后被主审法院削减）。在本案中，争论重点并不在于 ABC 公司报道的真实性，而在于 ABC 公司记者的新闻采访的方式，尤其是其隐瞒身份和欺诈的行为。联邦第四巡回上诉法院

---

① See, e. g., Little Rock Newspapers v. Dodrill, 660 S. W. 2d 936, 935 – 937 (Ark. 1983).

② See Time Inc. v. Firestone, 424 U. S. 448, 459 (1976).

③ In Sanders v. ABC, Inc., 978 P. 2d 67 (Cal. 1999), the California Supreme Court dealt with the question of whether a journalist is liable for an intrusion tort because the journalist introduced electronic surveillance inside a business premises.

④ 887 F. Supp. 811 (M. D. N. C. 1995).

采取部分维持和部分撤销的方式，撤销对被告构成欺诈行为的认定，但维持了被告违背对 Food Lion 公司应尽的忠诚义务以及构成非法入侵的判决。上诉法院同时判决，《美国联邦宪法第一修正案》所规定的媒体免责特权不能免除被告所承担的普通法上的侵权责任。即使上诉法院维持了除大幅削减惩罚赔偿外大部分判决，但因被告仅需承担一个名义上 2 美元的损害赔偿，这对于 ABC 公司而言已经是一个胜利了。

安宁至少也有部分“私密”的概念，这就强调了在侵扰发生时原告行为的性质。法院试图来界定这些行为是如何“个人”、“私密”或者说“私人”的。我们习惯于将性行为、爱情、身体健康或者医疗程序等视作是高度私人的事项。据此，侵权责任法更倾向于把这类行为认定在个人隐私范围内。宪法提供的隐私权益保护，上述这些，都是对私密事项的保护。

同样，安宁也有部分可能属于精神性概念，其边界和范围并没有仅限于物理空间、个人关系、或者私密和心理安宁哪个范围内。他人的独处权在某种程度上是保护了选择独自待着的自由：他人或为沉思、冥想、祷告而独处；他人或为恢复、休憩、复原而独处；他人或就仅因沉默而独处。

他人对独处权简单的渴望似乎仍是关注的焦点，在最著名的侵扰侵权之一 Galella v. Onassis 案[①]中，原告 Donald Galella 是一个“狗仔队”记者，她持续不断地跟踪并对杰奎琳·肯尼迪·奥纳西斯（美国前总统肯尼迪的遗孀）和她的孩子约翰和卡罗琳拍照。此案的法院建立了对“狗仔队”行为的规则。有证据显示原告为拍摄被告的小孩踩单车的照片，当该小孩从家中骑车到中央公园时，擅自进入该小孩正踩单车的道路，导致负责保安的有关人员对该小孩的安全表示关注；原告还曾进入被告小孩打网球的地方并打断其打球行为；原告擅自闯入被告的小孩所在的私人学校；有时在被告游泳时，原告将船舶开到离被告游泳的地方非常接近的地方 。此外，原告还不断贿赂公寓、酒店、夜总会的服务员，让他们提供有关被告活动的信息。他甚至像一个家仆一样“忠心耿耿”。

---

① 487 F. 2d 986 (2d Cir. 1973).

初审法院判定这种行为侵权并且颁布禁止令，上诉法院在形式上进行小范围修正后维持了此种判决。法院判令原告至少与被告一家保持25英尺的距离，以防止原告接近被告一家，以防止原告实施任何打断他们“在公共场合、通道中活动”的行为，以防止原告实施任何可能会将他们的生命和安全置于危险境地的行为，以及实施任何可能会骚扰到他们或使他们惊恐慌乱的行为。但在这些禁止令之外，原告对 Onassis 太太和她的小孩仍有跟踪、拍照并出售或出版这些照片的权利。

事实上，原告本身的行为会影响诉讼请求。在本案中，传统形式的原则，如比较过失原则或风险自愿承担原则这类典型侵权法概念，甚至包括衡平法原则里的“净手原则”，在裁量侵扰侵权是否可以成立时都有合理的运用。原告的行为可能殊途同归。可能最开始，法院要衡量原告自身的行为是否可以提起侵扰他人安宁之诉。随着思索的深入，问题就演变成评价原告的这种行为在特定情况下是否可视为是正当的。

原告可实行最简单的行为大概就是原告为保护其自身安宁隐私的预先行为了。原告这种行为的运作有几分类似伞形概念——涵盖了我们在决定原告是否有权实行保护他（她）自身隐私的行为时所有应当衡量的因素。你侵犯的隐私和你享有的隐私在什么程度上可以达到平衡？面对陌生人窥探欲而没有谨慎地拉下窗帘（相对窗帘一直拉得严实行为可能更不易得到隐私保护）。原告的不当行为可能会对其自身提起侵扰诉讼的可行性产生影响。一个原告在从事侵扰行为时可能就丧失了他同时被侵扰而得到侵权法保护的资格。

“侵扰”意味着什么？当然不仅是“儿人随行或是媒体拥围”。侵权法已经有保护个人隐私和身体健康的条款，殴打和威胁、侵扰侵权一并规定在故意伤害一章中。法律是否有必要再规定一种殴打、威胁或侵扰侵权行为外“侵扰隐私的行为”的救济？如果我们对此问题的直觉回答是“是的”，那么，我们必须极其谨慎地分析“侵扰”的含义和性质。分析再次从物理定位着手：在哪种情况下可以认定产生了“侵扰”，是根据所谓的行为人在实行侵扰意图时所处的位置么？比如，被告当时是否处于一个公共场所还是私人场所重要么？

对原告的侵害是否属于“侵扰”还需考虑另一个要素，即社会对被告行为的“反感”程度感知。“反感”是侵权法的一个普遍存在概念。它可能是一个常用术语，但是其含义可能并不明确。侵权法一直试图用某些方法来界定什么是“令人反感的”行为。因为“反感”的构成是典型的社会概念，是受文化风俗、礼节和道德的影响的。在试图界定时，法院和注释者都不可避免地陷入陈词滥调、含糊不清以及主观臆断。

在涉及新闻采访的问题时，我们可以试图打破这个概念，就像拍照人打破相机一样，将其分解为若干组成部分。

值得注意的是，我们对任何侵扰行为反感的感知由两部分构成：被告行为方式和对原告因这种行为被侵扰强度的判断。因此，反感是一种混合术语，因其综合了原、被告双方的行为。在特定案件中，我们对原告安宁的感觉越共鸣，我们越趋向于判定被告的干预行为是令人高度反感的。但从分析角度说，在决定侵扰侵权是否构成时，如果我们认定原告所处的位置是一个恒量而认为被告的行为是一个变量，那么，在判断行为人的侵扰行为是不是让人高度反感的行为时，到底要考虑哪些因素呢？

第一个要考虑的因素是“方式”。被告是怎样侵扰原告安宁的？是公然还是秘密的？动机是明显的还是隐秘的？有趣的是，司法判决都未讨论这两个问题。有些判决看起来似乎将隐藏式相机看做被告行为让人反感的一个特征，大概是由于这些案件中涉及大量欺诈行为。另一些法院则认为，某些情况下隐藏式相机比别的方式侵扰性更小，因为它没有直接打断、干扰到原告正从事的行为。

第二个要考虑的因素是行为人的“手段”。行为人是仅仅用他们的眼睛和耳朵实施侵扰行为呢，还是使用诸如高性能远距相机、夜视望远镜、远程精密窃听器等现代科技设备呢？这种依靠精密技术设备的侵扰要达到何种程度才能构成“令人高度反感”的呢？

第三个要考虑的因素是行为人的动机。在什么情况下侵权法要关注被告实施侵扰的原因？为公益而侵扰比因私人利益而侵扰更值得保护么？我们应如何衡量那个动物权利捍卫者秘密录拍了名人虐待动物行为的动机呢，他曝光这种虐待行为是为引起公众监督还是试图挑起刑事指控？这种动机和从事相同录像行为而将其虐待行为在电视节目中播出的动机相较而言呢？如果侵扰者是出于个人敌意或私人恩怨呢？在侵扰行为中是否存在追求商业利益的动机重要么？如果仅是为了商业利益而为的侵扰行为（如一系列商业间谍活动），比因改革工业而为的侵扰更让人反感么，比告密而言呢？我们应该关注这些信息的性质么？揭露色情不良癖好和不道德的行为同查获犯罪或权力滥用的行为一样重要么？我们如何判定混合动机的案件呢，因为大部分人的行为动机都是混合的。如果“狗仔队”侵扰而获得一张震惊世人的照片，照片显示总统犯轻罪并参与了一项重罪，他将这照片卖给出价最高的人，只因得到了高额报酬他就不应受到保护吗？

第四个因素是“定影”。行为人是仅侵扰还是还有一些别的记录行为呢，即用照相、摄像或录音的方式将原告的行为“定影”下来。侵扰侵权在这里又一次遇到了它的“表亲”构成要素，即其他的一些法律依据，它们的形式要素包含如复制、出版、占有等行为。这些侵权数量惊人且多种多样；例如，毁损、诽谤、丑化他人形象的隐私侵权，公开他人私人事项、擅自使用他人姓名和肖像，侵犯他人出版权、版权、商标权和商业秘密法（根据普通法和成文法的要求，该事项需是被“出版”、“占用”或“复制”的）。侵扰侵权和这些诉因的区别在哪儿？或者说“定影”对侵扰他人安宁的隐私侵权的构成要件有什么作用？如果它有作用，那么，“定影”行为是否单独违反了其他民法或刑法？对侵扰的构成又有何影响？

接下来是宪法领域的探讨。首先要研究的就是这是个什么类型的问题，是否属于宪法——一个可以被解释的宪法的范围。我们现在正在处理的问题完全就是个侵权法问题还是部分属于《美国联邦宪法第一修正案》言论自由？如果《美国联邦宪法第一修正案》是发挥作用的，那么，其作用是直接的么？宪法是对公权力直接施加了严格限制，使原告在受到新闻采访的侵扰侵权时有救济可能？还是只是间接且表面的作用，在“价值”的性质层面综合这些因素，包括侵权法要素来衡量。

如果把《美国联邦宪法第一修正案》作为政治和法律问题中一个真正的“表演家”，那么，在这场演出中它应该采用哪种表现方式呢？这属于宪法《美国联邦宪法第一修正案》当中的“出版自由”

么？这一条款是对新闻采访程序的一种特殊保护，一个几乎是为特别保护媒体承担的特殊社会职能和履行监督职责所“建构”的概念。① 如果这是《美国联邦宪法第一修正案》的驱动引擎，那么，对于定义“媒体”或者什么可被视为“记者”的要求是什么？对所有的“媒体”都一视同仁么？还是应该区别对待高端新闻报业和八卦蝇头小报？如果《美国联邦宪法第一修正案》赋予新闻采访的特权被借口用来从事某些侵扰行为，这是否会成为《纽约时报》案的名义②下的另一项特权？一些我们通常不会认为属于“媒体”的组织，比如善待动物组织、绿色和平组织等，这些组织也从事对思想意识和宗教信仰信息收集的行为，但并不是为了传统意义上“新闻传播”的目的，我们将如何规制公益集团行为？

如果《美国联邦宪法第一修正案》扮演一个直接、实质且核心的角色，那么，这种角色的作用是否直接限制了侵扰诉讼的引起？还是以更温和适中的姿态，只涉及诉讼的后背部分：即对原告援引的救济途径进行一定限制。

以上列出的这一长串的问题大多来自于当前的政治和法律争论。并非对以上问题一一给出答案，也并非对这些细微差别有什么深刻见解，笔者只是试图提出一些广泛可试的建议作为对未来这一法律领域探索发展的一种指导。

《美国联邦宪法第一修正案》应该被理解为不得对行为人在他人处于公共场合时获取信息行为苛以责任，倘若这种行为没有造成身体伤害或者伤害的实时危险。如果造成伤害或伤害危险，行为人毫无疑问应当承担责任，任何属于《美国联邦宪法第一修正案》或非的主张都不能豁免这种行为责任。

---

① See William J. Brennan, Jr., Address at the Dedication of the S. I. Newhouse Center for Law and Justice (Oct. 17, 1979), in 32 Rutgers L. Rev. 173, 177 (1979).

② See New York Times Co. v. United States, 403 U. S. 713, 717 (1971) (reinforcing the heavy First Amendment presumption against prior restraints in a case involving publication by The New York Times and The Washington Post of the "Pentagon Papers"); New York Times Co. v. Sullivan, 376 U. S. 254, 284 (1964) (creating First Amendment actual malice privilege in defamation actions brought by public officials).

然而，当缺少物质性伤害的威胁时，在新闻采访行为的侵扰侵权的适用上，应建立一套明确规则防止对公共场合侵扰他人行为的责任追究。因此，无论在公共场合以多么恼人的方式“追逐”或“跟踪”，单纯地跟随行为而没有产生任何物质性损害或危险，那这种以收集信息为目的的跟踪行为是不会被认定为侵权的。这应该成为规则，即使侵扰侵权被归为一种“普遍适用的法律”。

“普遍适用的法律”不能简单被引用来作为抵御《美国联邦宪法第一修正案》原则的护身符。首先，《美国联邦宪法第一修正案》必须对新闻采访行为提供一些普遍保护，且保护强度要足够对抗一般法。如果他人在公共场合被行为侵扰了，如果没有物质性损害或这种损害的危险，那么，《美国联邦宪法第一修正案》将阻却侵扰侵权的适用。

如果有些州本来着手要立法对隐私权进行积极保护，给予隐私权以“侵权优先”的保护，认定任何未经当事人同意而在公共或私人场所对其拍照的行为都是违法的，现在都被《美国联邦宪法第一修正案》所推翻了。这样一种“侵权优先”的保护，是侵扰和占用概念的交叉，会有效地将传统上被视为是公共领域的范畴过渡为私人性财产。一个人在公共领域内的物理存在，和他人眼中、镜头内的影像，在传统中不被认作一个私有财产。现在法律将其归为私有财产，并且在某种意义上说，这部法律是有普遍适用性的。但是，这也是一部违反言论和表达自由的法律，它将在人类事务中所有新闻和历史的所有权都给予了参与的人们。

如果说精确界定该法的具体哪一条款违反宪法似乎有些棘手，确是因为从来没有制定过这样一部“侵权优先”的法律。《美国联邦宪法第一修正案》的坚定拥趸者从既有规则出发：人们有权传播合法获得的信息。而侵权优先的捍卫者辩称道，无论这一原则提供的哪种保护都是在过去的法律规定下，而现在行为人失去了这一保护，因为现在的法律将获得新闻的行为认定是违法的，且这种法律有普遍适用性。但是，这种主张是没有说服力的。如果有说服力，那么，在一个开放的社会中，只要简单地通过颁布法律就可以骤然终结另一个法律。这样一部“侵权优先”的法律，对传播信息行为全面禁止的规定毫无疑问地违反了《美国联邦宪法第一修正案》，而无论其能否被归为一部有“普遍适用性”或“内容中立”的法律。因为它越界“太多”了。

著名的亚伯拉罕·扎普鲁德，用家用相机捕捉了刺杀总统肯尼迪的图像资料并制作成短片，他是否对该短片拥有合法绝对的版权；别人是否可根据版权法的例外“合理使用”原则复制他捕捉到的图像；这些短片是否享有《美国联邦宪法第一修正案》下对公众事项的言论自由保护，这是一个有待商榷的问题。但是，设想一下，那些短片中所有出现过的图像——总统肯尼迪、德克萨斯州州长约翰·康奈利、贴身保镖、警务人员甚至路过的群众——都被理解为对他们的物质性图像有财产性利益。这种法律不仅愚蠢，而且它是违宪的。

如果不是有意外事件和事故的发生，公众和私人在公共领域遭受严重的损害，事情的结果不会有改观。记者为摄影、拍照或记录在公共场合抢占有利位置，这是他们公然可以不顾他人隐私利益而收集图片和新闻的地方。当记者拍摄枪击后倒在血泊中的人或因火灾而面目全非的人时，可以说这些照片是倒胃口甚至是没有人性的，但是这些图片确实是有新闻价值的，是否传播它们的决定应该留给记者的人性来判断。

对言论自由利益的保护不能仅因为受害人躺在担架中或是在救护车、直升机中等悲惨状况就失衡了。只要记者没有通过非法入侵方式去窥探敞开着门后的事实或透明车窗下的真相，在公共场所收集新闻的权利就值得呐喊，而无论原告的隐私权利是否可能被无辜牵连。

当原告不是处于公共场所中，情况就复杂多了。假使是原告的一个雇员或代理人获得了这些摄影图像和记录，当其为了公众利益背叛雇主向公众披露信息时，作为一种举报行为，《美国联邦宪法第一修正案》应该预先排除雇员或代理人的责任，并同时排除收到举报信息的新闻组织或其他组织的责任。因此，在 Food Lion 案中，ABC 公司如果不是将自己的雇员派遣深入 Food Lion 公司内部，而是说服 Food Lion 公司的雇员携带隐藏式相机拍录，那么，ABC 公司和 Food Lion 公司的雇员都不用承担责任。倘若情况是一个政府机构，那么雇员说出或传出该机构的不良行为，其享受宪法保护的权利可能就要受到限制，《美国联邦宪法第一修正案》只保护雇员讨论公众关注话题的权利。[①] 同样情况下，私人公司的雇员至少应当享有平行于《美国联邦宪法第一修正案》的权利。如果雇主起诉雇员侵扰侵权、欺诈、违反忠实义务或违反忠诚和秘密协议，那么，国家行为原则应当足够灵活使得这些侵权法或合同法的规则符合《美国联邦宪法第一修正案》的限制。正如《纽约时报》诉沙利文案[②]及相关案件确立的，侵权法调整诽谤案和侵犯隐私权的一般规则要受到宪法规制，正如 Shelley v. Kramer 一案[③]和 Barrows v. Jackson 一案[④]中，合同法及财产法的一般规则也受到宪法种族限制性规定的约束。所以，当私人企业雇主试图追究雇员为披露他们在公众问题上不良行径而从事信息传播行为的责任时，宪法《美国联邦宪法第一修正案》应该限制州法院提供给私人雇主的救济。

当然，在 Food Lion 案中，ABC 公司事实上使用的是他自己的员工。在这种情况下，原告在私人场所中，被告或者被告的代理人可公然进入该场所，那么，《美国联邦宪法第一修正案》的免责特权应当保护在这种情况下获得的录像和图片，即使这种记录或摄像是暗中进行的。当从事的新闻传播行为涉及公众关注的议题时，这种免责特权应权衡原告利益和被告利益。这意味着追究调查记者这种暗中调查、秘密记录方式的责任，也就是 Food Lion 案中发生的行为是不允许的。在 Food Lion 一案中，ABC 公司员工被聘请至 Food Lion 超市，记录的也仅仅是他们用肉眼就能看到的行为。确实，Food Lion 公司被欺诈了，因为如果他们知道 ABC 公司员工的身份是不会聘请他们的，或者说 Food Lion 公司要知道他们的行为会被拍录下来是不会聘请他们的。但是，Food Lion 公司的利益并不值得特别保护。ABC 公司员工当时是在 Food Lion 公司的食品准备部门，这并不构成对机密关系的侵扰侵权。这不是侵扰一个场所的安宁与平静。这也不是对私密活动

① See Waters v. Churchill, 511 U. S. 661, 668, 675 (1994); Rankin v. McPherson, 483 U. S. 378, 384 (1987); Connick v. Myers, 461 U. S. 138, 142 (1983); Mount Healthy City Sch. Dist. Bd. of Educ. v. Doyle, 429 U. S. 274, 284 (1977); Pickering v. Board of Educ., 391 U. S. 563, 568 (1968).

② 376 U. S. 254 (1964).

③ 334 U. S. 1 (1948).

④ 346 U. S. 249 (1953).

的侵扰。如果说有什么非法入侵或欺诈行为，那么，就是他们使用的技术手段。但也未直接构成什么明显损害。ABC 公司的动机，也与商业利润恰恰相反，是值得鼓励的。ABC 公司根据“新闻合理缘由”从事调查，这是基于 Food Lion 公司内部匿名人士的关于他们公司食品准备工作举报信息而进行的行为。这个案件中涉及的事项是公众最为关心的话题。唯一可以记录他们行为的方式就是使用隐蔽式摄像头。在这种情况下，《美国联邦宪法第一修正案》应当被理解为完全排除行为人的不利责任，或者说是限制 ABC 公司的损害赔偿责任。把这种责任限于因技术侵权或欺诈行为而直接导致的经济损害，而不包括任何惩罚性赔偿金或因其传播信息而引发的经济损害赔偿金。

更复杂的问题发生在行为人通过“推定入侵”方式来侵扰时：被告是在一个公共场所，原告是在一个“私人场所”，这时原告存在合理的隐私期待，而被告使用高科技技术设备获得了这些原本不通过非法侵入他人不动产就不能获得的图片或录像。在这种情形下，也应该存在宪法保护，但在追究被告任何责任前，我们可通过要求原告从事一些合理行为来保护他或她自己的隐私。因此，原告如在他或她的卧房内进行的私密活动，而没有拉下窗帘，也可能得不到救济，即使这些图片影像是用高性能远距镜头拍摄的。

从物理角度来说，如果他们拉下了窗帘，他们通常会得到足够的保护。起码在当前，科技还不能穿透墙壁和窗帘。科技可能可以透过墙或窗户而窃听到，但是，要开发可以穿透实体而看到的技术恐怕还要一段时间。想象一下，原告在一个相当隐秘的空间进行活动，如果要对其进行隐私保护需要衡量具体情况下的各种因素。为了论证，我们以被告律师最坏的梦魇举例说明：设想原告在她自己的家中，和她的配偶同时也是她的内科医生在做爱后躺在床上，开始进行关于生殖问题的私密讨论。如果记者使用某种精密技术设备穿透房屋的墙壁而获得了这一切行为和谈话的录音，这当然毫无疑问地构成侵扰侵权。

谈到随行纪实案件，最高法院判定这种“随行纪实”违反了《美国联邦宪法第四修正案》而未涉及《美国联邦宪法第一修正案》问题或是媒体参与这种随行纪实的活动时承担侵权责任的可能性。在法院裁定这行为构成对《美国联邦宪法第四修正案》的违反后，这些随行纪实行为可能即将终结，起码媒体不再参与执法机关的执行行为。先撇开第四修正案原则不谈，其实这种行为也是媒体长期以来就想要停止和结束的。我担心如果媒体和警察走得太近，会对《美国联邦宪法第一修正案》造成不良影响。从媒体角度来说，打破了最初和执法机关之间的合作关系比当前任何一个案件都意义重大。记者特权的坚定捍卫者一直以来都强调宪法不应允许执法人员将“依托媒体”作为法律执行的一种方式。记者们同样也主张，随着这种结伴的成功，反对搜寻新闻室和签发传票等行为成为记者为新闻报道而收集的材料。最后，记者们坚持出版和发布这些来自于警察、司法记录以及司法官员的材料，即使他们知道可能事实上他们并没有这项权利。记者并不是法院的官员，他们根本就不是官员。

然而，更多的记者表现得像他们是执法机关的一个构成部分，越是这样，他们诉求的力量就越弱。因此，媒体自身应该对随行纪实行为十分慎重。随行纪实带来的问题是将媒体置于靠近与政府联合的危险位置。当一个新闻组织和一个执法机关真正订立合同来规制他们在随行纪实中的关系时，这种相互关系以正式形式确立了。从政治和宪法角度考虑，这是媒体的一次冒险，因其割裂了媒体多年的努力向政府争取到的相对独立的自治权。

随行纪实的好处，当然是使记者可以作为法律执行过程点点滴滴的见证人、直播人和第一手资料人。在随行纪实中同样也能收集到有新闻价值和令人注目的素材。如果我要给媒体建议，最起码我会建议他们区分公共场所的随行纪实，如警车巡查居民社区，和真正执行某种任务的随行，尤其是对住宅的搜查。在公共场所随行纪实中，记者只是简单加入警察，并与他们一道参与工作流程，巡查街道和马路这些本来就是公共场所的地方。只要没有明确或间接危害到记者独立性，那么，记者仍有权报道警察负面新闻的自由，在这种情况下，记者可能发现随行纪实对新闻采访带来的有利方面要大于其所创造的合作关系的成本花费。

从行业道德角度看，媒体应该停止和执法人员随行去执行任务的行为。现在，媒体已经不能从一个本来就是公共场所的地方得到什么特别有价值的新闻素材，也不能简单从政府官员的角度（物质性或者精神性方面）来报道公共话题。在执行令状的情形时，若执行的地点是私人住所，如果没有警察许可媒体则不能到达该场所。这就进一步推动了“捆绑”关系。事实上，在应对其自身因随行纪实而提起的民事诉状中，被诉政府官员也将媒体的有效援助作为抗辩理由之一。唯有媒体某种程度上被理解为执法人员的援助时，警察才能主张媒体的出席同执行任务的作用一样重要。这对媒体来说是尴尬的，且将其独立性置于危险中。

虽然如此，笔者并不认为媒体应该对其参与的随行纪实行为承担法律责任。记者随警察进入他人住所来见证或记录一次逮捕行动，是在警察的邀请和认可下进行的。就记者而言，这足以使私人住所转化为无责区域。我不认同警察授权记者进入的行为或者说警察确有宪法性权力来给予这项授权，但是他们这样做了，这是警察的问题，而非记者的问题。警察应该独自为违反宪法而承担责任。陪同记者并未转化为一个公权者。事实上，将媒体视为政府机构不仅违反了根植于《美国联邦宪法第四修正案》传统下的媒体的独立性概念，而且也是对新闻工作道德规范的违反。

媒体可能对其采访有免责特权，不过这并不意味着其应该随行纪实，因上述理由，媒体自己成为自己最大的敌人。为了这些行业道德和理性原因，为了《美国联邦宪法第一修正案》的长期健康发展，这种合作关系应当终止。

（三）恢复公开他人私人事务侵权

联系创立“侵权优先”的新法的可能性，限制各种各样的信息收集手段最可行的办法当属赋予公开他人私人事务侵权以新生命。

丑化他人形象，是当虚假信息被公开造成原告损失时最普遍的救济方式。然而，当原告发现其“幕后”行为被隐蔽的相机所捕捉时，诽谤主张并非原告首选，因为主张这些资料所显示事项为“虚假”是很困难的，因为庭上所有人都可以通过屏幕看到你的行为。这些视觉影像一般都是“真实的”，至少从外观上表现为是真实的。于是这种情况下对原告而言，只能主张这些图像是被编辑、加工、有选择性被截取了，或是被告精心制作成这番模样来误导大家。缺少合理的支撑，仅主张图片是被扭曲成这样而事实并非如此，诽谤主张一般都会落空。

原告也可能援引公开他人私人事务来获得救济。因为即使信息是真实的，公开这些无关他人紧要的私人事项也是侵权行为。按照法律现在所持观点，这并不是对原告方面的积极侵权，因为普通法和《美国联邦宪法第一修正案》都保护有新闻价值事项的信息传播。

原告当然可能主张，根据定义，侵权法仅适用于“私人”事项，而任何私人事项都应被认为是没有新闻价值的。然而，到目前为止该种主张没有成功，因为法院清楚地认识到，一项“事务”可能是“私人”的同时又是“有新闻价值的”，并可因此享有《美国联邦宪法第一修正案》的保护。性行为方面的事务一般被认为是私人的。但是谈及性骚扰问题时，倘若政府官员利用职位上的权力而迫使其下属对其性侵犯行为进行默许，这将被视为有新闻价值的。

侵犯私人事务的论证困难在于，不能适用任何客观评价标准来衡量新闻价值。媒体自身似乎想挑战《美国联邦宪法第一修正案》的这一难题。克林顿和莱温斯基的性丑闻提供了一项解释说明。一方面，性丑闻违反了一项底线原则，即双方之间极其私密的行为是没有新闻价值的。根据民意调查的结果显示，大部分民众选择坚决支持总统，无论其行为多么恶劣。这似乎向大多数美国民众传递了一个信息：总统的不忠行为与其是否适合总统职位和职务表现无关。甚至检控官也一再强调他们并非因为其性丑闻而提出检控，而是因为总统在试图掩盖这一事件时提供虚假供词和妨碍司法公正的行为。因此，似乎两方面都认同，性行为仅是一项无关公众的私人事项。

克林顿或者莱温斯基是能以公开他人私人事务为由对披露这一丑闻的新闻媒体的诉讼的。有些美国民众认为，克林顿的性行为兼具公众和私人性质。一旦这个真相落入新闻媒体之手，《美国联邦宪法第一修正案》认为，应优先保护行业道德和记者的新闻本能，而非法官或陪审团的调查分析。

当原告不是一个公众人物时，问题可能更复杂。在此处做一些和诽谤的对比或许能帮助我们更好地分析。在一开始值得关注的问题是，至少在理论上，诽谤原则似乎给公开私人事务侵权提供了生存土壤，即使事务涉及政府官员或公众人物时。在诽谤法中，有一项实质原则要求，即诽谤言论需是和政府官员的职务行为或职务表现密切相关的言论。对于公众人物则要求限于特定领域，要求诽谤言论的内容必须和原告作为特定领域公众人物的活动领域相关。因此，当法院判决所诉的诽谤言论不是特定领域范围内的言论时，即认为其不具有相关性。法院判决任何和原告所从事领域内公众议题无关的诽谤言论可被视为是一种申诉，而这种诽谤言论，至少对原告而言，不是特别值得《美国联邦宪法第一修正案》保护的议题。或许，这种相似的“关联”需要我们在以后的案件中根据具体情况和公开事项的内容逐一适用。

这种理论，看似合理实则经不起推敲。这首先有一个令人费解的概念分类，即“全方位的”公众人物和“特定领域内”公众人物。例如，迈克尔·乔丹或者麦当娜，则被认定是全方位的公众人物。这似乎是对相关性的否认，更甚是对诽谤原则的让步，因为对这种类型的名人原告而言，几乎是没有什么私人生活的。

此外，诽谤案的诉讼前提是，假定所做的陈述是虚假的、不符合事实的。因此，我们现在研究的其实并非是对私人事实的传播，而是对虚假信息的传播。有些观点认为，这种虚假信息传播除非在涉及公众话题时才能得到宪法保护。《纽约时报》诉沙利文案及一系列相关案件所确立的规则，是给予广泛讨论公众事务赖以生存的呼吸空间，而当所做虚假陈述和公众事务并无关系时，主张其不享有言论自由的特别保护至少在理论上是行得通的。

然而，在实践中，如果只有极少涉及政府官员的案件，那么，被判定言论和政府官员的职责无关，而排除《纽约时报》案规则下的保护。有一些涉及政府雇员的案件，认为这些涉案雇员层级太低而不适用《纽约时报》规则，在这些案件中，判决并没有将政府雇员视为政府官员的原因是，雇员的公共职责和诽谤言论之间明显无关。虽然这样的案件很少，但绝不意味着“涉及政府官员”案件和现代诽谤的一般实践脱钩。

诽谤案件似乎明确区分公共和私人事务以区别对待。即使这样，如何以过错标准将诽谤案件和私人事务侵权区分开来仍然是困难的。在公开他人私人事务侵权中，虚假陈述并不是一项构成要件，也就是说散播明知是或疏忽的认为是虚假言论，抑或过失对言论真实性未审查都是无关紧要的。在隐私案件中，我们可以从“善意”方面来量化过错，即当原告是公众人物时，被告是否主观相信被公开事项是有新闻价值的；当原告并是非公众人物时，被公开的事项客观上是否属于有新闻价值的来衡量。

因此，在公众人物和政府官员的案件中，我们要考虑被告的主观状态，判断被告是否主观认为被公开的事项是具有新闻价值的。除非我们有证据表明被告主观上不认为该事项是具有新闻价值而擅自公开来羞辱原告或使原告感到尴尬。当然，我们可以驳回起诉。这项原则大致类似于诽谤法中“不实陈述”的概念。如果这些被公开的事项不是行为人发自内心认为有新闻价值的，那么，就产生了一个问题，即言论表达自由的一般豁免是否存在。设想一下，比如，《纽约时报》一群评论家因为私人恩怨而恶意地对一名百老汇制片人制作出品的新剧大肆诋毁贬低，导致该剧夭折，事实上这部新剧是精彩卓绝的。在这些情况下就可以主张丧失了言论自由的一般豁免。

在非公众人物的案件中，如果一般理性人都认为该事务是没有新闻价值的，那么，被告将承担公开他人私人事务的侵权责任。

出于一些原因，我并不认同上述过错规则，因为这些规则试图照搬当前诽谤诉讼案件中的规则，将其移植于隐私诉讼案件中。这些标准从理论上来看可能是合理平衡的，但是在实践中我认为其不能充分保护《美国联邦宪法第一修正案》所体现的价值。如果未来《美国联邦宪法第一修正案》原则真的能够沿着这些规则的轨迹演变发展，那么，隐私权的拥护者无疑会感到欣喜。如要扩大公开他人私人事务规则使其可适用于非公众人物，这种演变仍路漫而修远。公开普通人的事务，尤其是那些他们自己非自愿而被卷入媒体报道之中的情况，让人深感同情，一般陪审团会倾向于认定公开这种他人私人事务行为是不合理的，从而是可诉的。

隐私权的卫道士当然可能主张，最起码对公众人物来说，这样的规则完全能把私人事务侵权逼入绝路，因为被告总能以他们主观相信这些事项是有新闻价值而作抗辩，仅是这种利己证词就能让他们免责。

例如，在这起 Eastwood v. National Enquirer, Inc. 案件[①]中，《国家询问报》上刊登了一篇克林特·伊斯特伍德（美国电影导演及演员）的“人物专访”，而伊斯特伍德却否认接受过专访。于是，原告

---

① 123 F. 3d 1249 (9th Cir. 1997).

伊斯特伍德对《国家询问报》提起诉讼。事实上,《国家询问报》是从伦敦一家报业引用这篇访问并以其自己的名义刊登出来的伊斯特伍德否认接受过这两家当中的任何一家报商的访问。该案法院判决被告符合实际恶意标准，判词写道“我们试图通过审查编辑的行为来理解他们的动机”。当记者不经意间误导公众时他们可能并无实际恶意，但法院推论后认为，陪审团可以推理得知《国家询问报》的编辑知道或者应当知道他们的报道可能会产生误导。

这种分析对诽谤而言是适用的，因为我们研究的是虚假陈述。但这在隐私案件中是行不通的，因为在隐私诉讼中被公开的事项是真实的。被告对于事务是否具有新闻价值的主观判断和关于事项真实性怀疑的主观调查是不同的。想要判处被告承担责任的理论前提是，被告必须认为他们的报道不是真正有新闻价值的，而这一标准太过严格，留给保护编辑独立判断所需太少的呼吸空间。不可否认，在非公众人物的案件中双方利益更均衡。倘若擅自公开他人私人事务的报道大量落在非公众人物案件上：媒体披露这些人私人生活的事务而显然没有什么独立新闻价值，那么，树立对非公众人物原则性保护的判例或许更具说服力一些。但是媒体尚没有形成这样一种放肆报道的趋势。恰恰相反，似乎在普通人隐私案件中，被报道事项的一般新闻价值是明显的。伤害通常是包含在一些私密的细节中或一些极其痛苦或极端凄惨的视觉图像中。而且，对这类案件适用过失标准会带来较过多的弊端，尤其当在公开或报道的公共利益问题上涉及“普通人物”时，会削弱行为人的责任。如果所有侵权都采用对于非公众人物的标准，那么应至少有一个证明责任，证明被告从事公开行为时主观上认为该事项是没有新闻价值的。

五、结语

从某种程度上来说，隐私权原告享有的权利是其行为的产物。新闻媒体享有的言论和出版自由权利不可避免地仍受到约束和责任程度的限制，因为自由不是无限制的。

针对公众普遍感觉隐私权正濒临消亡的担忧，势必会产生一些法律改革呼吁，旨在紧缩独处权以重建一些现代社会的平衡感。公众对新闻采访中的隐私权益的关注不亚于公众对其他领域内广泛隐私侵权的关注。新闻媒体，尤其是主流媒体，要敏锐地意识到这种日益增长的担忧。就目前来说，《美国联邦宪法第一修正案》原则和绝大多数最有意义的隐私改革背道而驰。但是，《美国联邦宪法第一修正案》的原则是一直在演进的，和所有法律一样，它会随着社会发展不断变化。

美国侵权法上的新闻媒体侵扰侵权制度
——Shulman v. Group W Production 一案评析

宋志斌[1] 蔡雅智[2]

目 次

一、Shulman v. Group W Production 一案[3]的案情简介

1990 年 6 月 24 日，原告 Ruth 和 Wayne Shulman（两人系母子关系）与另外两名家庭成员在驾驶车辆至州际公路的沿河路段时，原告驾驶的车辆驶出既定车道并沿着路堤滑落至公路的排水沟渠中，车体上下颠倒，Ruth 和 Wayne 被困在车里，并且 Ruth 伤势较重；救援人员必须使用一种叫做“救生颚”的装置才能将二人救出。Mercy 航空公司随即派遣了一架直升飞机参与救援，除了飞行员外，随机同行的还有一名医生、护士 Laura Carnahan 和被告公司的雇员——录影师 Joel Cooke。在救援现场，护士 Carnahan 通过无线扩音器与被困在车里的 Ruth 和 Wayne 进行交流，Cooke 则使用录像设备将救援的全过程拍摄下来。之后，被告将其录影师拍摄的内容剪辑成一段接近 9 分钟长的视频资料，其中还加入了叙述性的话外音，随后于 1990 年 9

---

① 宋志斌，广东南方福瑞德律师事务所专职律师、副主任、高级合伙人。
② 蔡雅智，中山大学法学院助教。
③ （1998）18 Cal. 4th 200, 228 ; 74 Cal. Rptr. 2d 843, 955 P. 2d 469.

月29日通过其电视媒体播放了该视频资料。

在该视频资料的开头，Mercy航空公司的直升飞机正在飞往事故现场的路上，解说员介绍事故大致情况，通过视频还可以隐约听见飞行员与地面救援工作人员联系以确定降落地点的声音。在直升机安全着陆后，解说员还继续介绍："四名伤者虽然已经被地面救护车接走，但仍有两名伤者被困在发生车祸的汽车内。"（其实这段叙述是错误的，因为整辆车上总共只有四个人）随后，视频中还可以看见护士Carnahan与多个救援工作人员交流事故情况的场景，其中一名消防工作人员告诉Carnahan，他们将使用软管向这一区域浇水，以防止因事故损坏的车辆引发火灾。在该段视频资料中，镜头仅仅扫过Wayne，并未听到他的声音，而Ruth则出现了好几次，画面中有时呈现的是她的肢体或躯干，有时是戴着氧气面罩的脸，并且还可以听到她说话的声音。Carnahan称呼她"Ruth"，但是并没有提及她的姓氏。当Ruth还被困在汽车内时，Carnahan询问Ruth的年龄，Ruth回答道："我年纪很大了。"在Ruth被解救出汽车的过程中，Ruth曾两次质疑她是否在做梦，第一次她问的是Carnahan，当Carnahan告知她救援人员将通过直升飞机将她送往医院时，她还对Carnahan说："你是在戏弄我吗?"第二次则是她自言自语地说道："这太可怕了，我是不是在做梦?"此外，Ruth还不停地询问发生了什么事以及与她同车的其他家庭成员都去了哪里，即便救援人员已经多次答复了她这是一场交通事故，她的其他家庭成员都已经被很好地安顿后。当Ruth被抬上担架时，她还说："我只想去死。"Carnahan则不停地安慰她说："一切都会好的。"但Ruth依然不断地重复着："我只想去死，我不想经历这一切。"随着Ruth和Wayne被送入直升飞机，解说员在一旁补充道："飞机起飞后，Carnahan和另一名医生将随时更新两位伤者的重要信息并与在罗马琳达等候治疗的外伤的团队建立联系。"紧接着，镜头切换到Carnahan，此时，她正在使用无线话筒向地面医院传送Ruth双腿不能活动和失去知觉等重要信息。画面只在Ruth戴有氧气面罩的脸上停留了几秒钟，在这过程中并未出现Wayne的身影，也听不到他的声音。直升飞机顺利降落在医院的顶楼，当飞机门打开，Ruth正要被抬出来时，她说："我的背部受伤了。"Carnahan则回复道；"正如你所说的，你的背部确实受伤了。"

“可是我感觉并不严重。” Ruth 又说，“你可能真的不觉得严重吧。” Carnahan 继续回应她。随后，该段视频还记录了 Ruth 从直升机中被抬出来并运至医院的片段，解说员最后还说道：“医院会对所有的伤者进行检查，如果有需要的话医院还将为他们实施紧急手术，感谢参与此次救援工作的 Mercy 航空公司的员工、消防人员、医生和警察，正是因为他们，伤者的生命才得以获救。” 在视频的末尾，一段收场白出现在屏幕上，即“Ruth 的后背受到了严重的伤害，必须在医院治疗几个月，而其余的伤者都很快地康复了”。

这场交通事故造成了 Ruth 下身麻痹。当 Cooke 录制的视频资料播出时，Wayne 打电话到 Ruth 的病房让她打开电视机，因为“第四频道正在播放关于我们这次交通事故的视频”。不一会儿后，几个医院的工作人员进入 Ruth 的病房都跟她提到了正在播放的这次交通事故的视频。Ruth 感到十分震惊，她觉得她的隐私权遭到了侵犯，因为她并不知道她获救的过程被别人录制了下来，并且她也并未同意别人以这样的方式拍摄或播出其遭遇交通事故的情况。Ruth 看完该视频资料后的第一印象就是：“我在不间断地说着什么，也记起了我所说的话，这些话让人听起来感觉并不愉快。” 作为证言被问及哪一部分视频资料涉及隐私时，Ruth 解释道：“我认为视频中全部的场景都具有高度的隐私性质，特别是我的膝盖露出车外的画面看了令人毛骨悚然。在我状态不佳的情况下，我所想及所说的都不适合在公众面前展示。”

于是，Ruth 和 Wayne 向法院起诉该视频的制作者，[①] 认为被告的两个行为都构成了对其隐私权的侵犯：其一，被告未经其同意就录制救援过程的行为构成了侵扰他人安宁的隐私侵权行为；其二，被告未经原告同意就播放有关原告的视频资料的行为构成了公开他人私人事务的隐私侵权行为。被告则辩称，他们的行为应该受到《美国联邦宪法第一修正案》的保护，因为他们所播出的视频内容是具有新闻价值的。原告也承认，在这起交通事故发生后，被告制作的视频播出前，圣布那的诺地区的报纸已经对这起事故的发生和救援过程进行了

---

① Mercy 航空公司、Warner Brothers 公司和 KNBC 电视台都被起诉并列为共同被告，但在原审法院和上诉法院审理的过程中被剔除了。

简短的报道，并且 Mercy 航空公司派遣直升飞机参与救援工作是在获得当地政府授权许可的情况下进行的。不可争辩的事实是，这起交通事故发生在公共公路上，并由政府提供了紧急救援和医疗服务，因此，这起交通事故应属于关涉公共利益的公共事务。一审法院支持了被告的相关主张，并认为，从法律的角度来看，该视频资料确实具有新闻价值，因而被告的行为应该受到《美国联邦宪法第一修正案》的保护。

上诉法院推翻了一审法院的判决并将该案发回一审法院重审。上诉法院认为，在事故现场，原告不享有合理的隐私期待利益，因为该事故发生地点在公共公路旁，根据视频资料显示，当时路边站满了前来围观的群众，原告的一举一动都可以被在事故现场的群众看到，因而原告对其举止和话语并不享有合理的隐私期待利益。但法院认为，在直升飞机内，原告享有合理的隐私期待利益，因为这时直升飞机应被视为救护车，而救护车则是一个具有隐私性质的空间，因为这一观点已经在 Noble v. Sears 一案①中得到了确认。

最后，该案上诉至加利福尼亚最高法院。该院认为，从法律层面上看，被告制作的视频资料是具有新闻价值的，因而这不能成为被告承担隐私侵权责任的依据，原告关于被告实施了公开他人私人事务的隐私侵权行为的主张不能成立。而对于原告关于被告实施了侵扰他人安宁的隐私侵权行为的主张，法院认为，在未经原告同意的情况下，被告探听原告与护士 Carnahan 对话的行为侵扰了原告的安宁，该行为构成侵扰他人安宁的隐私侵权行为。

二、法院对 Shulman v. Group W Production 一案的判决

在该案中，原告的诉求涉及两种类型的隐私侵权，但鉴于本文讨论的是美国侵权法上新闻媒体侵扰侵权制度，因而笔者在介绍法院对该案的判决时，只截取了它关于侵扰他人安宁的隐私侵权这一部分的内容。具体判决内容如下文所述：

在 Prosser 教授认定的四种隐私侵权当中，侵扰他人安宁的隐私

① 109 Cal. Rptr. 269, 73A. L. R. 3d 1164.

侵权或行为是最典型的隐私侵权行为。该种隐私侵权包括行为人在没有经过他人同意的情况下侵入他人家中、医院病房或者其他法律认可的具有隐私性质的地方，包括行为人在没有权利的情况下实施的感官方面的侵扰行为，诸如偷录、偷听、偷拍或者通过相机刺探的行为。[①] 在侵扰侵权案件中，隐私侵权行为被视为对个人尊严的冒犯。"个人享有自由和尊严的本质是个人享有独处的权利，如果一个人可以随意进入他人家中，可以随意探听他人的谈话及随意窥视他人具有私密性质的家庭事务的话，那么，他人的人格尊严将受到严重的削弱。事实上，这种侵扰行为是一种专制的武器。"[②]

在司法实践中，公开他人私人事务的隐私侵权比侵扰他人安宁的隐私侵权得到更多的重视，并且这两种类型的隐私侵权行为也没有明显的界限。而加利福尼亚在这方面具有指导意义的案件是 Miller v. National Broadcasting Co. 一案，[③] 在该案中，被告拍摄了原告进行紧急医疗工作的过程，据此，法院受理了原告根据《美国侵权法复述（第二版）》中的隐私侵权类型提起的诉讼，即"行为人故意侵入他人具有隐私性质的住所或者居所，故意侵入他人具有隐私性质的事务，应当就其隐私侵害行为对他人承担侵权责任，如果行为人实施的侵入行为是一个有理性的人高度反感的行为，且无论行为人实施的侵入行为是物质的还是非物质的行为"。[④]

根据 Miller 一案的判决和《美国侵权法复述（第二版）》的规定，我们认为，侵扰他人安宁的隐私侵权行为应当具备两个构成要件：①侵扰的事项应当是具有私人性质的事项；②行为人的侵扰行为应当是一个有理性的人高度反感的行为。因而，在本案中，我们首先要确定的是，被告是否"以物质或非物质行为，故意侵入了原告的住所或居所"，即被告是否侵扰了 Wayne 或 Ruth 具有私人性质的住所和谈话。"如果被告在公共场所拍摄的录像中有原告的出现，或者当原告走在公共的公路上时，被告观察原告甚至拍摄原告，被告都无

---

① See Rest. 2d Tort, §652B, com. b., pp. 378 – 379.

② Bloustein, Privacy as an Aspect of Human Dignity: An Answer to Dean Prosser (1964) 39N. Y. U. L. Rev. 962, 973 – 974.

③ 187 Cal. App. 3d 1463 (Miller).

④ 187 Cal. App. 3d at p. 1482.

需为此行为承担相应的隐私侵权责任……”① 所以，若想证明被告的行为属于可诉的侵扰侵权行为，原告必须证明被告明确知悉其实施行为的空间具有物理上或感官上的隐私性，或者证明被告在未经原告同意的情况下获得了原告的隐私数据。因为只有原告在客观上对居所、住所、谈话内容或数据资料享有合理的隐私期待利益时，侵权法才能为原告提供相应的保护。

（一）侵扰的事项应当是具有私人性质的事项

在本案中，摄影师 Cooke 仅仅出现在事故现场拍摄事故救援经过的行为，不能被认定为是对原告具有隐私性质的居所的物理性或感官性的侵扰。原告对事故发生的现场不享有所有权，因而原告对此也没有相应的隐私期待利益，无权拒绝媒体工作人员对事故现场进行拍摄或报道，因为媒体工作人员参与报道事故的发生和救援的过程决不会是不正常或不受期待的。但是，可从被告行为的两个方面进行考量，其行为存在是否属于侵扰原告安宁的隐私侵权行为的可证性。第一个方面是，原告在被视为救护车的直升飞机内是否享有合理的隐私期待利益，虽然记者报道和拍摄事故现场情况的行为是可接受的，但无论是根据法律规定还是习俗约定，在未经患者同意的情况下，媒体工作人员都无权进入救护车或医院病房内对正在接受治疗的患者进行报道或拍摄。在直升飞机内，除了两名伤者和 Cooke 外，剩下的其余三人都是 Mercy 航空公司的工作人员。正如上诉法院所认为的那样，“无论是根据社会惯例还是习俗，任何社会成员或媒体代表都不能搭乘装载陌生伤者的救护车或充当护理人员的角色照顾陌生伤者。”第二个方面是，Ruth 对她与护士 Carnahan 和其他医疗救援人员在事故现场的谈话，以及 Carnahan 向医院传达的有关 Ruth 的健康信息都享有一定程度的隐私权。Cooke 仅仅出现在事故现场并且在未受协助的情况下听到上述对话的行为并没有构成对原告隐私权的侵犯，但是，原告对被告给 Carnahan 配备扩音器等设备使得在事故现场的谈话音量扩大从而被录制下来的谈话内容享有合理的隐私期待利益。上诉法院在审理本案时主张，原告在事故发生现场不享有合理的隐私期待利益，

---

① （1990）220 Cal. App. 3d 146，162 - 163.

因为只要是当时在场的人都可以清楚地看到现场的情况，听到救援人员之间的交谈。但是，在直升飞机内以及在事故现场的特定情况下，原告对其对话享有合理的隐私期待利益。正如上诉法院所阐述的那样，通过被告制作的视频资料可以发现，事故发生现场并不在车流量很大的公路上，而是距离地方高速公路几米远的沟渠里，因而原告从车中被解救出来以及接受治疗的场景并非能够被从这条公路上经过的人们所看见。此外，从公路上经过的人也就更不可能听到 Ruth 和 Carnahan 或者其他救援人员之间的对话。而 Ruth 是否对其与 Carnahan 或其他救援人员之间的对话享有隐私期待利益，以及这种隐私期待利益是否合理则需要交由陪审团裁决。我们认为，根据现存的保护通讯自由的法律规则的规定，Ruth 对其与 Carnahan 或其他救援人员之间的对话享有合理的隐私期待利益。病人在治疗的过程中（包括在急诊过程中），病人对其与医疗服务提供者之间的谈话享有合理的隐私期待利益。此外，加利福尼亚的隐私侵权法还禁止行为人在未经病人同意的情况下录制有关病人的任何“具有私密性质的谈话”。

根据《加利福尼亚刑法典》第 632 条的规定，一段具有隐私性质的谈话不属于一项可证明的特权，该条款包括：“任何一段在特定环境下的谈话都可以被合理地解释为谈话当事方希望其谈话仅限于在当事方之间进行，而排除在公共聚集的地方进行谈话……或者在其他当事方有理由认为其谈话内容会被他人听到或录制的环境下进行。”正如我们在 Ribas 一案中阐明的那样，隐私权法在法律上承认了他人对行为人在未经授权的情况下窃听或者录制其具有隐私性质的对话享有合理的隐私期待利益：“当参与隐私性质对话的一方有遭受他方背叛的风险时，实质性地区分将存在于第二手重复该谈话内容与同步传播该谈话至未参与谈话的另一方之间，无论未参与谈话的另一方是一个人还是一个设备……这一类秘密监听的行为否认了谈话方对其谈话享有隐私权的重要一面，即控制其谈话同步传播的性质和范围。”

当然，本案原告 Ruth 若要证明其主张成立，她无需证明被告行为是法定的违法行为，而只需证明其对相关的对话享有客观上合理的隐私期待利益，即 Ruth 在被解救出汽车和在直升飞机内的环境是否已经合理地向被告或者他的员工 Cooke 传达了她不希望她与 Carnahan 或者其他救援人员之间的对话被其他人听到或录制的信息。如上所述，我们无从证实，除了 Cooke 之外，在场的每个人是否仅仅只是一个观众，并且未参与任何救援活动，也无从证实在场的人员中，有谁能够听到 Ruth 和 Carnahan 之间通过扩音器进行的对话。根据相关法律规定，我们不能说，Cooke 并没有察觉他录制已经严重受伤的 Ruth 和护士 Carnahan 之间对话的行为构成了对他人具有隐私性质的对话的侵扰。

（二）行为人的侵扰行为应当是令一个有理性的人高度反感的行为

侵扰他人安宁的隐私侵权行为的第二个构成要件是行为人的侵扰行为应当是令一个有理性的人高度反感的行为。在 Miller 一案中，审理该案的法院认为，判断行为人的侵扰行为是否令一个有理性的人高度反感的行为需要充分考虑侵扰行为的多个方面，包括侵扰的程度、侵扰的背景以及行为人实施该行为时的“动机和目的”。据此，法院总结得出，在该案中，在未经患者或患者妻子同意的情况下，被告对患者急救过程进行拍摄的行为对一个有理性的人而言，是对其隐私权的一种漠视。因此，法院主张，被告的行为是令一个有理性的人高度反感的行为。我们认同 Miller 一案中法院从多方面考量行为人侵扰行为的做法，因为行为人实施该行为的动机和正当理由都与该行为的反感度密切相关。而当行为人是为了获取新闻材料而实施侵扰行为的新闻媒体工作者时，其行为的动机或正当理由就变得更加重要。随后我们将重点讨论的问题是，即便新闻媒体工作人员实施的侵权行为或涉及刑事犯罪的行为是出于收集新闻这一目的的需要，《美国联邦宪法第一修正案》也不能作为其免责的依据。《美国联邦宪法第一修正案》为新闻媒体工作者提供宪法性法律保护极大地影响着新闻报道的高效和完全这一社会公共利益，这一利益也是使侵权法上令人高度反感的侵权行为正当化的抗辩事由。如果拒绝承认新闻媒体工作者在收集新闻信息时享有对抗适用一般法律的特权，那么，正如美国联邦最高法院认为的那样，“不对新闻工作者搜集信息的行为提供相应的法律保护，新闻媒体的言论自由将被剥夺”。因此，在判断新闻工作者被诉的侵扰他人安宁的隐私侵权行为是否令一个有理性的人高度反感因而可诉时，法院必须考虑该侵扰行为被收集新闻信息这一合法动机正当化的范围。当收集信息的目的是为了骚扰、敲诈勒索他人或满足自己好奇心的需求时，这种收集信息的行为将是令一个有理性的人高度反感的行为；而当收集信息的目的是为了对有社会价值或政治性的故事进行报道时，这种行为对一个有理性的人而言也许就不那么令人反感。例如，“债权人对债务人实施持续性的监视行为将构成对债务人民事利益的侵犯，而如果这种持续性的监视行为是新闻媒体工作者为了挖掘有公共利益价值的信息而实施的话，那么，该行为将不构成对他人民事利益的侵犯。”① 但是，仅仅凭借行为人出于搜集故事的需要这一目的因素并不能使行为人实施的令一个有理性的人高度反感的侵扰行为正当化。行为人的行为是否是一个有理性的人反感的行为还取决于其调查他人信息所采用的方法。举例而言，行为人以询问的方式获得他人私密信息的行为通常不会构成对他人隐私权的侵犯，相反，如果行为人采用侵入他人住宅或者窃听他人电话的方式侵犯了法律赋予他人物质上或感官上的隐私权时，即便行为人实施该行为是出于获取受到社会广泛关注的，极其具有新闻价值的故事的需要，其行为也将被视为是令一个有理性的人高度反感的，因而被排除在《美国联邦宪法第一修正案》的保护范围外。在上述例子中，行为人通常都会通过摄影或者电子记录设备获取信息，而诸如隐秘摄像机、微型无线装置和定向传声器等设备都是强而有力的搜集信息的工具，但是使用这些工具来搜集新闻信息对他人的隐私权构成了严重的威胁。对此，加利福尼亚州的侵权法也没有提供一个明确的标准，因此，行为人搜集信息所采用的方式是否令一个有理性的人高度反感还需要法院在具体案件中根据确定的案件事实做出判断。

综上所述，我们相信陪审团将会发现被告录制 Ruth 与 Carnahan 之间的对话以及拍摄直升飞机内急救情况的行为也是令一个有理性的人高度反感的行为。从侵扰行为的深度这一方面考量，对于一个公平的陪审团而言，被告为医疗救援工作人员配置扩音器以窃取其与伤者之间具有隐私性质的对话的行为是令一个有理性的人高度反感的行为。在当时的环境下，被告可以并且应当预见到，伤者不可能知道她

---

① Hill, Defamation and Privacy Under the First Amendment (1976) 76 Colum. L. Rev. 1205, 1284.

所说的话已经被录制下来，而被告也没有合适的时机询问伤者是否同意其录制。但是，考虑到伤者的“弱点和混乱”，被告也可能辩称，当伤者被救援人员从发生事故的车辆内解救出来时，他们最先担忧的事情应该是电视媒体可能已经将其与医疗工作人员的对话录制了下来，并用以教育或娱乐电视观众。对此，一个公平的陪审团仍然会认为进入或搭乘载有两名伤者的救护车——无论是地面的还是空中的，都将构成严重的侵扰侵权。此外，对于伤者而言，尤其是本案中的伤者，他们所处的环境决定了他们很难细致地观察到与他们一起搭乘救护车的人，更不用说同意还是拒绝某些人的出现了。因而陪审团有理由相信，出于对他人人格尊严的基本尊重，伤者在被送往医院的途中应该只有照顾他们的人陪同，而排除其他试图窥视他们隐私的其他人或相机的存在。因此，根据法律的规定，被告搜集有用的材料以制作具有潜在新闻价值的故事这一动机，并不能免除他们因实施侵扰侵权行为而应该承担的普通法上的侵权责任。据此，陪审团得出的结论应该是，视频资料的制作者希望其视频可以通过记录救援现场真实的景象和声音来向观众传达事故的“感觉”，这一动机并不能使其为 Carnahan 配备扩音器以及在救援直升机内录制的行为正当化。尽管被告的动机目的并没有那么邪恶或不怀好意，但是他的行为因缺乏对原告感情的考虑和尊重原告的隐私权而表现得令一个有理性的人高度反感。[①] 在本案中，作为一个公平的陪审团将会发现，被告为一个参与急救的护士配备扩音器并在未经伤者同意的情况下，用以录制她与一名伤势严重的伤者之间的对话，这一行为对伤者隐私权的不敬和令一个有理性的人高度反感的程度较 Miller 一案有过之而无不及。

至于《美国联邦宪法第一修正案》对新闻媒体言论自由的保护这一问题，已有判例法提供了对新闻媒体言论不保护的先例，即新闻媒体在进行搜集新闻信息时不享有从一般可适用的法律中豁免，从而不承担相应法律责任的特权。“显而易见的是，《美国联邦宪法第一修正案》不可能免除每一个根据民事法律或刑事法律加诸于媒体工作人员的责任。”《加利福尼亚州刑法典》第 632 条作为普遍适用的法律，它们可以适用于任何一种性质和任何一类主体的隐私调查活

---

① Miller v. National Broadcasting Co, 187Cal. App. 3d at p. 1484.

动，并且，相对于其他行为人而言，法律不会对新联媒体这一类行为人强加更多的限制。法律服务于没有争议的实质性公共利益，允许每个人保留一定范围的物质上和感官上的隐私权。因此，仅仅凭借新闻媒体工作人员这一身份，并不能使行为人在违反《加利福尼亚州刑法典》第632条禁止窃听的规定，或者实施侵权法上的侵扰他人私人住所、谈话或信息的行为时享有宪法上的特权从而免于承担相应的法律责任。

在Miller一案中，法院默认了在某些情况下，普遍适用的法律会强加于新闻搜集工作人员一些“不许可的负担”。[①] 而这一强加于新闻媒体工作人员的负担将可能“对公共新闻的传播造成显著的束缚”，继而阻碍了新闻媒体的言论自由。[②] 但是，无论是在一般的情况下还是在本案的情况下，都不存在《加利福尼亚州刑法典》第632条或侵扰侵权法的规定给新闻媒体工作人员强加了上述负担的结论。记者获取新闻信息也并不总是通过使用秘密装置录制他人隐私性质对话的方式完成。具体而言，并没有证据显示被告对本案交通事故和医疗救援活动的报道是建立在秘密录制伤者与医疗工作人员之间的对话或秘密拍摄救护车内的情况这一基础之上。因此，如果存在“《美国联邦宪法第一修正案》未给予新闻媒体工作者通过特殊方式获取公众无法获取的信息的权利”的例外规则的话，那么，这一例外规则将不适用于本案。

由上述讨论可知，美国联邦宪法对新闻媒体工作者搜集新闻的行为提供宪法性保护的程度要远小于对其公开真实性新闻材料这一行为的保护。因此，新闻媒体工作者为搜集具有新闻价值的信息材料而实施的行为若侵犯了他人的隐私权，新闻媒体工作者则需要承担相应的隐私侵权责任而不受《美国联邦宪法第一修正案》的豁免保护。《美国联邦宪法第一修正案》对新闻媒体工作者搜集新闻和公开新闻这两种行为提供差异性法律保护的原因很简单，即与公开他人私人事务的隐私侵权不同的是，侵扰他人安宁的隐私侵权并非依据新闻出版物的内容来确定出版者的隐私侵权责任。如前所述，行为人公开他人私

① Miller v. National Broadcasting Co, 187Cal. App. 3d at p. 1493.

② Branzburg v. Hayes, 408U. S. at pp. 693, 681.

人事务的内容具有新闻价值是行为人无需承担隐私侵权责任的绝对豁免事由，但是，当问题涉及的不是新闻媒体工作者公开或传播他人私人事务的权利，而是为了获得可出版的新闻材料侵扰他人独处空间或谈话的权利时，该新闻材料是否具有新闻价值并不能成为行为人免于承担隐私侵权责任的抗辩事由。至少，只有新闻媒体工作者在获取新闻信息过程中未使用“不可或缺的工具”[①] 时，《美国联邦宪法第一修正案》才可能豁免将给新闻媒体工作者带来“搜集新闻信息时不许可负担”的隐私侵权责任。对此，被告主张，相关的法律规则应该为新闻媒体的调查活动提供更多的保护。他们认为，当行为人是出于搜集新闻信息的需要而实施了侵扰他人安宁的隐私侵权行为时，该行为只要满足以下两个条件就应当受到法律的保护：其一，实施该行为所搜集的新闻信息关涉法定的公共利益；其二，该行为本身是合法的，即行为人没有以欺骗或擅自闯入等方式实施该行为。但是，无论是侵权法还是宪法性先例和政策都不支持行为人享有如此广泛的特权。在 Miller，Dietemann 和 Wolfson v. Lewis 等案中，新闻报道者和摄影师行为的目的都是为了追求具有新闻价值的信息材料，但法院仍然认为他们的行为构成了对原告隐私权的侵犯，因为这些行为是一个有理性的人高度反感的行为，而并非因为被告的行为本身触犯了侵权法的相关规定或构成了其他犯罪。根据宪法性政策的相关规定，我们认为，侵扰他人安宁的隐私侵权责任对新闻媒体言论自由的影响要小于公开他人私人事务的隐私侵权责任对新闻媒体言论自由的影响。鉴于此，一位资深的评论员也主张：“侵扰他人安宁的隐私侵权并不存在适用《美国联邦宪法第一修正案》的困难，因为这一类型的隐私侵权行为并不涉及言论或其他表达方式。”[②] 但这种一概而论的观点可能并未获得广泛的认同。例如，根据某些责任法的规定，记者仅仅就一些问题向有关组织或个人提问而并未将他们的答复公开的行为属于侵扰他人安宁的隐私侵权行为，而这种规定被认为是对新闻媒体言

---

① Dietemann v. Time, Inc, 449F. 2d at p. 249.

② Nimmer, The Right to Speak from Times to Time: First Amendment Theory Applied to Libel and Misapplied to Privacy (1968), 56 Cal. L. Rev. at p. 957.

论自由的限制。但是，并没有宪法性先例或原则允许记者仅仅为了寻找适合公开或播报的新闻信息就可以以客观上令一个有理性的人高度反感的方式侵扰他人的私人空间、谈话或事物。

（三）结论

综上所述，基于宪法上的原因，我们对本案原告提起的侵扰他人安宁的隐私侵权诉讼和公开他人私人事务的隐私侵权诉讼分别进行分析并据此得出了不同的结论。对于侵扰他人安宁的隐私侵权诉讼，与新闻媒体在公开真实的、具有新闻价值的信息时享有广泛特权不同的是，新闻媒体并不享有为了搜寻新闻信息而违反一般可适用的法律规范的宪法性特权。即便新闻媒体获取新闻信息的行为本身并未触犯侵权法或构成犯罪，但其侵扰私人场所、谈话或者事务的行为是令一个有理性的人高度反感的行为。为了获取有价值的新闻材料这一抗辩理由只有在侵权法或其他法律强加于新闻媒体严苛的不许可负担时才能适用，但显然本案的情况并不满足这一条件。简而言之，本案被告以搜集新闻信息的名义侵入不合适的空间实施非法监视的行为构成对原告隐私权的侵犯。因此，我们认为，原告关于被告实施了公开他人私人事务的隐私侵权行为的主张不能成立，但被告的行为构成了侵扰他人安宁的隐私侵权，故而我们支持原告主张被告实施了侵扰他人安宁的隐私侵权行为因而侵犯了原告隐私权的诉讼请求。

三、对美国 Shulman v. Group W Production 一案的评析

（一）美国侵权法上新闻媒体侵扰侵权制度简况

根据《美国侵权法复述（第二版）》的规定，“行为人故意侵入他人具有隐私性质的住所或居所，故意侵入他人具有隐私性质的事务，应当就其隐私侵害行为对他人承担侵权责任，如果行为人实施的侵入行为是一个有理性的人高度反感的行为，且无论行为人实施的侵入行为是物质的还是非物质的行为。”随后，《美国侵权法复述（第二版）》更进一步指出：“侵扰隐私侵权行为应该是指……无论是否

在机械的帮助下，被告都实施了监视或监听原告隐私事务的行为，例如通过望远镜窥视原告住所内的场景或窃听原告的电话线。"[①] 最初，没有新闻媒体介入的侵扰隐私侵权行为包括了广泛的令一个有理性的人高度反感的行为。早在侵权行为获得普遍承认之前，美国法院在 De May v. Roberts 一案[②]中就对侵扰他人安宁的隐私侵权行为做出了解释，在该案中，法院判决被告应就其假扮医生助理进入原告分娩产房的行为给予原告一定的损害赔偿。此后，在类似的案件中，法院都采取了与 De May 一案在保护个人隐私权方面相一致的立场。具体而言，诸如债权人给债务人的家里或工作单位拨打骚扰电话、行为人偷窥女性使用快餐店洗手间的场景，以及在未经他人同意的情况下对他人的血液进行 HIV 病毒检测等行为都属于对他人隐私权的侵犯，并因此需要承担相应的隐私侵权责任。如今，美国大多数州都承认了侵扰他人安宁的隐私侵权这一隐私侵权类型。但是，当新闻媒体作为侵扰隐私侵权案件的被告方时，原告鲜少能够通过侵权法获得法律上的救济。有数据显示，在 1986 年至 1996 年间，此类侵扰侵权案件被告胜诉的比例高达 90% 。而造成被告高胜诉率的原因也许是因为侵扰他人安宁的隐私侵权范围如此之广，以至于原告往往以大量的其他侵权法理论作为支撑以期能有其中一种理论获得法院的认可。但原告其实忽略了侵扰他人安宁的隐私侵权与其他类型的隐私侵权不同之处的是，此类隐私侵权只适合通过强调被告搜集新闻信息的行为满足了令一个有理性的人高度反感这一构成要件，从而排除《美国联邦宪法第一修正案》的适用来证明被告行为实质上构成了侵扰他人安宁的隐私侵权行为。因为法院在认定被告行为是否构成侵扰他人安宁的隐私侵权行为时，通常更多地考虑被告搜集新闻信息的方法而非其公开该信息的行为。而从随后的司法发展来看，侵扰他人安宁的隐私侵权类型在涉及新闻媒体的隐私侵权案件中已经获得普遍的承认。

---

① Restatement (Second) of Torts § 652B (1965).

② 9 N. W. 146 (Mich. 1881).

（二）新闻媒体侵扰侵权制度在 Shulman 一案中的适用

审理本案的加利福尼亚州最高法院认为，被告行为是否构成侵扰他人安宁的隐私侵权从而应当承担相应的隐私侵权责任，适用《美国侵权法复述（第二版）》中规定的侵扰他人安宁的隐私侵权行为应当具备的两个构成要件：①侵扰的事项应当是具有私人性质的事项；②行为人的侵扰行为应当是令一个有理性的人高度反感的行为。此外，在分析被告行为是否满足这两个构成要件前，还需证明的一点是，原告对被告行为所侵扰的场所、谈话或数据资料必须享有客观上合理的隐私期待利益。

1. 对被告行为是否满足侵扰他人安宁的隐私侵权行为的第一个构成要件的分析

在分析被告行为是否满足侵扰他人安宁的隐私侵权行为的第一个构成要件，即侵扰的事项应当是具有私人性质的事项时，加利福尼亚州最高法院认为，原告对事故发生的现场并不享有合理的隐私期待利益，因为在任何事故发生现场通常都会有记录和报道事故发生情况的记者和摄影师的出现。但是法院主张，原告在用于救援的直升飞机内享有客观上合理的隐私期待利益，因为被告作为媒体工作人员，其在未经原告同意的情况下是不得进入具有救护车或医院病房性质的直升飞机内的。

2. 对被告行为是否满足侵扰他人安宁的隐私侵权行为的第二个构成要件的分析

在分析被告行为是否满足侵扰他人安宁的隐私侵权行为的第二个构成要件，即行为人的侵扰行为应当是令一个有理性的人高度反感的行为时，加利福尼亚州最高法院认为，包括行为人的动机和正当理由在内的实施侵权行为的背景都是影响行为人的侵扰行为是否令一个有理性的人高度反感的重要因素。而在考察作为新闻媒体的被告实施侵扰行为的目的是为了搜集具有新闻价值的信息这一正当理由时，法院主张，《美国联邦宪法第一修正案》并不对被告为了搜集新闻信息而实施的侵权行为或犯罪行为提供豁免保护，从而免除被告应当承担的侵权责任或其他刑事法律责任。为了得出上述结论，法院首先指出，当行为人出于骚扰、敲诈勒索或满足自己好奇心等不受社会观念保护的目的而搜集他人信息的行为是令一个有理性的人高度反感的行为，但是，当行为人是以记者身份搜集对社会或政治具有重要价值的信息时，其行为也许不会令一个有理性的人高度反感。接着，法院进一步指出，虽然记者搜集新闻信息的行为也许不会令一个有理性的人高度反感，但是如果该记者搜集的新闻信息即没有社会价值又没有政治价值的话，那么其搜集新闻信息的行为仍将是一个有理性的人高度反感的行为。最后，法院将此分析过程带入本案进行考量后得出的结论是，被告录制原告与救援人员之间的谈话以及拍摄原告在直升飞机内的情况的行为是令一个有理性的人高度反感的行为。

（三）Shulman 一案的影响

从案件的分析过程和判决结果可知，加利福尼亚州最高法院在平衡个人隐私权和《美国联邦宪法第一修正案》赋予新闻媒体的出版言论自由权时，更倾向于保护个人的隐私权。在新闻媒体享有无可辩驳的传播新闻信息的权利这一背景下，法院的立场无疑是迈开了法律保护个人隐私空间的重要一步。此外，在本案中，法院主张被告的行为侵犯了原告的个人尊严，在一定程度上也许削弱了被告作为新闻媒体传播新闻信息的言论自由权，但这一受损的利益在另一方面得到了补偿，即确保了医患关系的稳定性，患者在向医生披露个人健康信息时可不必担心其谈话内容会被秘密地录制。而除了上述的积极影响外，本案的判决也有一定的局限性，即未能给名人的隐私利益提供恰当的法律保护。因为法院认为原告作为一名普通民众，其本身并不自愿或乐意卷入涉及公共利益的具有新闻价值的事件中，并在此假定的基础上作出判决。但名人通常都会主动置身于镁光灯下，因而他们应当可以合理地预见到其在公共场合的行为会被新闻媒体曝光。可见，对于名人而言，法院主张保护个人隐私权的假定前提并不存在，当类似案件的原告是名人时，法院将难以为其隐私权提供相应的法律保护。

第六编　监所狱警的侵扰侵权

异性囚犯的隐私权与狱警的平等就业机会

约翰·德怀特·英格拉姆[①] 著　蔡雅智[②] 译

目　次

一、导论

暂且不论监狱里关押的囚犯的性别，监狱狱警平等的就业机会与囚犯的隐私权之间本身就存在着不可避免的冲突。美国1964年制定的《民权法》第7章规定，禁止雇主基于性别对雇员实施歧视。与此同时，《美国联邦宪法第四修正案》保证"任何公民的人身……不受无理搜查"。[③] 对于狱警而言，他们依据《民权法》第7章的规定所享有的权利受到法定抗辩事由——实际职业资格的限制，即"雇主给予歧视待遇完全是出于职业本身正常运作的需要……例如必须雇

---

① 约翰·德怀特·英格拉姆（John Dwight Ingram），美国约翰·马歇尔法学院教授。

② 蔡雅智，中山大学法学院助教。

③ U. S. Const. amend. IV.

佣特定性别的演员或者模特的情形。”①对于囚犯而言，他们对无论是根据《民权法》还是根据《美国联邦宪法第四修正案》的规定所享有的权利都是绝对的、毋庸置疑的。然而，一些法官却主张囚犯不应该享有隐私权，换言之，当他们受到监禁时，他们就不再享有隐私权或者隐私期待利益。即便没有完全否定囚犯隐私权的法官也一致认为，囚犯所享有的隐私权应该是非常有限的。

为了使狱警能够充分地享有平等就业机会的利益，无论男女狱警都应该有资格从事监狱内任何职位的工作，甚至包括对异性囚犯进行严密的监督（如监视牢房、澡房和厕所内的裸体囚犯）和身体接触（如轻拍和身体搜查）。但是，许多囚犯认为，由异性狱警进行的监督和搜查行为侵犯了他们的隐私权。对此，法院也在努力地寻找一个合理的、可接受的做法，以平衡狱警平等就业权与囚犯隐私权之间的利益冲突，然而在一些具体的问题上，法院之间依然存在大量的争议，特别是在监视裸体囚犯、轻拍、脱衣和身体搜查等方面。

二、囚犯的权利

（一）一般权利

如上所述，囚犯对于狱警的监视和身体接触保留一定程度的自由。但是，囚犯享有的权利必须与法定要求和监狱当局的利益相平衡，包括维持监狱员工和囚犯的安全以及改造囚犯的目的。法院一致认为，监视和搜查囚犯能够有效地防止囚犯携带或私藏武器、毒品和其他禁运品。但是对于多大程度上的监视和搜查是必要的，以及异性狱警是否可以参与监视和搜查这两个问题却存在不同的意见。由于监狱雇佣程序基于一个合理的基础之上，因此大多数法院与监狱官员对上述两个问题的观点也截然不同。其中，有些法院认为，改造囚犯这一目的只有通过同性狱警的监视和搜查才能更好地实现。例如，在Torres v. Wisconsin Department of Health & Social Services 一案②中，法院支持了监狱负责人关于女性狱警管理女性囚犯、对囚犯改过自新有

---

① 42 U. S. C. 2000e - 2 (e) (1999).

② 859 F. 2d 1523, 1524 (7th Cir. 1988).

促进作用的主张。在该案判决书中，持反对意见的 Cudahy 法官则认为，根据联邦地方法院提供的证据显示："囚犯居住小区内的男性户主对囚犯最终能否适应外界社会有重要的作用。" 此外，Easterbrook 法官在其异议部分进一步阐述道："改造囚犯作为监禁的正当理由几乎已经从美国监狱管理学中销声匿迹了。" 另一些法院则取消了禁止女性狱警管理男性牢房的监狱政策。在 Griffin v. Michigan Department of Corrections 一案[①]中，法院认为，男性并不能作为狱警这一职业的实际职业资格，并且法院还认为，"女性狱警合理地出现在男性牢房中有利于创造一个更加正常的社会环境和为囚犯提供一个更加良好的改造氛围。"[②]

（二）对已决犯和未决犯适用不同的规则

在某些具体案件中，法院认为对已决犯和未决犯应该适用不同的标准。正如 Wolfish v. Levi 一案[③]的法官在其判决书中阐明的：众所周知，英美刑法学理论基础的前提是一个人在未经依法确定其有罪前，应假定其无罪这一基本原则足以充分说明我们对未决犯的立场。据此，若仅对受监禁的未决犯适用《美国联邦宪法第八修正案》规定的不得施加残酷和非正常惩罚的现行标准显然是不够的。我们必须一再地强调法定诉讼程序无可争辩的基础是：对未决犯应适用那些监禁本身固有的或被监狱管理部门证明是必要的"限制和剥夺性条件"。此外，根据《美国联邦宪法第八修正案》的规定，监狱应当为已决犯提供以下服务，即合适的食物、衣物、住所、卫生设备、医疗服务以及保障个人安全，但这些服务也并非无所不包、应有尽有的。随后，第二巡回法院在审理该案时认为，对未决犯和已决犯的不同要求恰好可以解释关于双人间牢房和禁止监视此种牢房囚犯的问题。最终，该案上诉到了美国联邦最高法院，但法院在讨论双人间牢房时并未涉及未决犯和已决犯适用规则是否不同的问题，因为法院认为纽约的监狱环境不会让未决犯遭受过度的煎熬。此外，法院还认为监狱的

---

① 654 F. Supp. 690, 692 (E. D. Mich. 1982).

② See Griffin, 654 F. Supp. at704.

③ 573 F. 2d 118 (2d Cir. 1978) at 124 (citations omitted).

监视程序是为了确保监狱的安全和效率，因此没有必要在监视方面给予已决犯和未决犯区别对待。换言之，尽管存在对未决犯和已决犯适用不同程序的基础，但是如果一旦这些程序涉及监狱安全问题时，监狱当局就有权决定对未决犯和已决犯适用同样的程序规则。为此，美国联邦最高法院还引用了其在 Dufrin v. Spreen 一案[①]判决书中的说明："当下并没有根据足以证明，未决犯的安全风险系数低于已决犯，实际上，在特定的环境下，未决犯对监狱安全的威胁要远大于已决犯。"

（三）囚犯权利的法律渊源

囚犯们总是企图通过主张他们受《美国联邦宪法第一修正案》、《美国联邦宪法第四修正案》和《美国联邦宪法第八修正案》的保护，从而从艰苦的牢狱生活中解放出来。正如前文所述，首先，囚犯可以根据《美国联邦宪法第四修正案》赋予的权利主张禁止或限制狱警一定的身体接触和监视行为，特别是对异性狱警的禁止和限制。其次，囚犯可以根据《美国联邦宪法第八修正案》的规定主张，监狱施行"残酷和非正常的惩罚"程序有辱其人格。最后，囚犯还可以根据《美国联邦宪法第一修正案》的规定主张监狱的相关措施阻碍了他们的宗教信仰自由。例如，遵循"羞怯这一基本的基督教教义"的规定，信奉基督教的囚犯在洗澡或者使用洗手间时不能受女性狱警监视。在很大程度上，《美国联邦宪法第一修正案》和《美国联邦宪法第四修正案》赋予囚犯的权利有所重合，因此，下文将不再对这两个修正案做分别讨论。

1.《美国联邦宪法第四修正案》

探讨《美国联邦宪法第四修正案》在确定囚犯权利中扮演何种角色的最佳方式就是了解监狱里不同程度的侵犯他人隐私权的行为，即在牢房、洗澡间等场所随意地观察裸体囚犯，定期地、未声明地观察裸体囚犯，通过轻拍方式搜查囚犯身体，视觉搜查囚犯身体间隙以及通过直接的身体接触搜查囚犯身体间隙。

---

① 712 F. 2d 1084, 1088 (6th Cir. 1983).

正如法院在 Levoy v. Mills 一案[①]中阐述的，“《美国联邦宪法第四修正案》确立的原则中‘严重侵犯的严重必须是法院考察行为人行为的原因’。”为了加强人们对这一问题的意识，在 Turner v. Safley 一案[②]中，美国联邦最高法院对监狱的相关程序和规则作了一番详细的回顾。随后，法院又在 Timm v. Gunter 一案[③]中重申，“当一项监狱规则侵犯了囚犯的宪法性权利时，如果这项规则涉及法定的监狱管理利益，那么，这项监狱规则就是有效的。”一般而言，判断一项监狱规则是否合理有效通常要考察以下四个因素：其一，该项规则与政府利益之间必须存在必然的联系；其二，该项规则确定的权利可通过多种途径得到实现；其三，该项规则的适用对狱警、囚犯和监狱资源的影响；其四，该项规则必须具有通过多种方式适用的可行性。

原则上，法院通常都支持同性狱警监视或搜查囚犯的行为，因为这对确保监狱的安全和正常运作必不可少。但是，当监视或搜查行为是由异性狱警实施时，法院的态度就会有所不同，此时，法院更倾向于认定异性狱警监视或搜查的行为构成了对囚犯隐私权不合理的侵犯。

（1）监视。如果监狱狱警是出于确保监狱安全、监狱有效使用、狱警值班安排和狱警平等就业的需要而监视囚犯的话，那么，法院通常会认为，异性狱警这种偶然的、不定期的监视行为并没有侵犯囚犯的隐私权。此外，在某些具体案件中，法院还会提出各种既不影响监狱安全或运行效率又能确保囚犯个人隐私权不受侵犯的可行方案，例如，“允许囚犯在指定的时间内遮盖其牢房的窗户，以及用合适的板块分隔浴室和厕所的空间。”[④] 当然，这些方案同样用于保护囚犯隐私权不受同性狱警的侵犯，因为在确定囚犯隐私权是否遭受侵犯时一般不考虑狱警的性别。但是，通常法院在审理此类案件时提到的“隐私”这一概念在绝大多数人看来仅仅包括囚犯被异性狱警的监视行为侵犯隐私权的情况。我们几乎不曾听闻有法院认定同性狱警监视

---

① 788 F. 2d 1437 (10th Cir. 1986).

② 482 U. S. 78 (1987)).

③ 917 F. 2d 1093, 1099 (8th Cir. 1990).

④ Karoline E. Jackson, The Legitimacy of Cross - Gender Searches and Surveillance in Prisons: Defining an Appropriate and Uniform Review, 73 Ind. L. J. 959, 993 (1998).

裸体囚犯的行为侵犯了囚犯隐私权的案件。

法院对待狱警无意的、偶然的、事先声明的以及因紧急情况需要而实施监视行为和狱警经常的、近距离的以及出于狱警义务需要而实施监视行为的态度有着天壤之别。具体而言，当狱警无意地监视囚犯时，大多数法院会要求囚犯自己做好防范掩护措施。当狱警的监视是出于其职责需要时，法院会给予狱警行为较大范围的容忍。但不同法院做法也不甚一致，某些法院会要求囚犯在不威胁监狱安全的情况下自己做好防范掩护的措施，某些法院则认为监狱不应该雇佣异性狱警从事近距离且经常性监视裸体囚犯的工作。但也有些法院主张平等就业机会要求所有狱警都应该有资格从事监狱内的所有工作。再者，异性狱警监视裸体囚犯的行为也并非是“本质上令人高度反感的”。

（2）搜查。法院通常都会赞成监狱程序中允许或要求异性狱警采用手或轻拍的方式搜查囚犯身体的做法，特别是当狱警是女性而囚犯是男性时。在 Smith v. Fairman 一案[①]中，法院认为，在女性狱警对男性囚犯实施搜查时，只要其搜查范围不涉及男性囚犯的生殖器官，则该搜查行为就不构成对男性囚犯隐私权的侵犯。此外，在 Timm v. Gunter 一案[②]中，法院进一步支持女性狱警在对男性囚犯实施搜查时享有与男性狱警一样权限的监狱政策，即女性狱警也可以对男性囚犯生殖器官和肛门等隐私部位进行搜查。法院认为，这些监狱政策的设置有一定的合理性，理由如下：首先，所有的狱警应该都已“通过训练从而具备了以专业方式实施搜查的能力”；其次，“触碰到被搜查者的生殖器官和肛门等隐私部位通常是无意且时间较短的”；最后，任何其他可供选择的监狱政策都会对监狱的安全和狱警平等的就业机会造成巨大的影响。

随着法院对监狱狱警平等就业机会愈加重视，许多法院不可避免地更加倾向于认可现存的监狱政策，即异性狱警在其职责范围内监视裸体囚犯的行为不构成对囚犯隐私权的侵犯。但是，自从身体搜查被大多数人认为是一种非常严重的侵犯他人隐私权的行为后，大多数大监狱也没有实行由异性狱警对囚犯进行身体搜查的政策，并且异性狱

---

① 678 F. 2d 52, 55 (7th Cir. 1982).

② 917 F. 2d 1093, 1101 (8th Cir. 1990).

警监视囚犯的情况也鲜见。由于越来越多的狱警坚持主张他们享有平等就业的机会，监狱当局将逐渐在雇佣狱警时忽略狱警性别的因素。此外，监狱当局也将消除不同性别的狱警在监视和搜查囚犯方面的差别。而在许多实践操作中，除了赋予不同性别狱警相同权限以外，别无其他合理可行的途径可以在确保监狱安全的同时充分调动监狱职员积极性以提高监狱运行的效率。

2.《美国联邦宪法第八修正案》

囚犯经常主张狱警的监视和搜查行为，特别是异性狱警的监视和搜查行为构成了“残酷和非正常的惩罚”行为，因而违反了《美国联邦宪法第八修正案》的规定。但是，经过长期适用的监狱规则现已被广泛地接受，即任何以专业方式实施的合理的、不可避免的搜查都不构成“残酷和非正常的惩罚”行为。正如法院在 Jackson v. Werner 一案①中阐述的，“根据相应的惩罚机制，作为一个囚犯应当预见到一些剥夺其权利或对其造成不便的措施是必要的，并且搜查囚犯这一制度设计的目的就是为了确保囚犯和监狱的安全。”即便如此，依然还有不少的男性囚犯挑战允许女性狱警对其进行搜身这一监狱政策。对此，法院也承认对于大多数人而言，搜查其身体是对其人格的一种侮辱，由异性进行的搜身更是如此在上述 Smith 一案中，法院定义的“搜身”（即搜查范围不涉及异性囚犯的生殖器官）这一行为显然与《美国联邦宪法第八修正案》禁止的残酷的、非正常的惩罚行为相接近。在司法实践中，至少有一个法院主张男性狱警对女性囚犯实施的随意的、非紧急的搜查行为侵犯了《美国联邦宪法第八修正案》赋予囚犯的权利。在 Jordan v. Gardner 一案②中，法院认为由异性狱警进行的搜查行为对囚犯造成了无正当理由的“精神痛苦”，因此该行为构成了《美国联邦宪法第八修正案》所禁止的“残酷的和非正常的惩罚”行为。法院的这一判决结果很大程度上是受监狱管理现状的影响，因为有数据显示，该监狱 85% 的囚犯都声称其受到了男性狱警的身体虐待和性虐待，因此，由男性狱警实施的搜查行为有极大可能会使囚犯遭受严重的心理伤害和精神痛苦，即便这些搜查

① 394 F. Supp. 805, 806 (W. D. Pa. 1975).

② 986 F. 2d 1521, 1525 - 1526 (9th Cir. 1993).

行为是适当的。

上述的案件有些超出了《美国联邦宪法第八修正案》的调整范围，有些则涵盖在《美国联邦宪法第八修正案》的调整范围内。本文将在第五部分对此问题做进一步的论述，即排除男性狱警搜查囚犯的规定可能并不适用于那些未曾因此类搜查行为造成心理伤害和精神痛苦的囚犯，此外，排除异性狱警搜查囚犯的规定也应该适用于那些曾经因女性狱警的搜查行为造成心理伤害和精神痛苦的男性囚犯。

3. 囚犯对从狱警的监视和搜查行为中解脱出来的渴望

长久以来，法院都认可“人们希望自己的裸体形象不被陌生人所见，尤其是异性陌生人”① 的观点。法院在许多案件的判决书中都指出：“存在一个普遍的假设，即‘关于裸体的禁忌在异性中比在同性中更为严重’，这似乎可以推定所有与此相关的演员们都属于异性恋。”② 但到目前为止，似乎没有一个案件反对同性狱警对具有同性恋倾向的囚犯实施搜查。反之，由异性狱警对具有同性恋倾向的囚犯实施搜查是否会获得法院的支持呢？事实上，在任意案件中，无论狱警的性别与囚犯的性别是相同或是相反，对于许多囚犯而言，狱警实施的监视和搜查行为都是对他们人格的一种侮辱。

三、狱警平等的就业机会

（一）美国《民权法》第7章

因为监狱中的男性囚犯远远多于女性囚犯，所以在许多州的监狱中只有一两间的女性牢房。而如果女性狱警仅能管理女性囚犯，那么，监狱能够提供给女性的工作职位将少之又少，并且这些职位几乎都距离女性狱警的住所很远。同样，对于男性狱警而言，专门关押女性囚犯的监狱也不会给他们提供任何工作机会。基于美国1964年制定的《民权法》第7章关于禁止雇主对雇员实施性别歧视的规定，不管男性狱警还是女性狱警都主张他们在管理监狱事务方面应该具有同等权限。

---

① York v. Story, 324 F. 2d 450, 455 (9th Cir. 1963)).

② Canedy v. Boardman, 16 F. 3d 183, 185 n. 1 (7th Cir. 1994).

在早期的法院判决中，有些法院在衡量狱警平等的就业机会和囚犯隐私权时会倾向于保护囚犯的隐私权，或者至少给予囚犯隐私权与狱警平等的就业机会和监狱安全和效率同等的重视。在1980年的Hudson v. Goodlander一案①中，法院认为，女性狱警监视男性囚犯使用厕所、更衣和洗澡的行为侵犯了囚犯的隐私权。尽管法院承认这一判决可能会阻碍女性狱警的就业，给男性狱警带来“不合比例的繁重的任务”，但法院仍然坚持囚犯的隐私权要比狱警平等的就业机会重要。随后，在1981年的Bowling v. Enomoto一案②中，法院作出了更加不利于监狱的判决，因为法院主张囚犯“受到限制的隐私权包括在监狱运行正常的情况下，囚犯享有不受异性狱警无限制地监视其生殖器官等隐私部位和其他身体部位的权利”。因此，监狱当局应当提供相应的程序在给予囚犯较高水平的隐私权的同时确保监狱的安全。与此同时，法院也强调监狱应最大化给女性狱警平等的就业机会，但显然这一最大化要受到保护囚犯隐私权的限制。

与过去不同的是，现在大多数的法院都认可异性狱警出于偶然和无意的观察囚犯的必要性，特别是女性狱警观察男性囚犯的情况。而如果法院持相佐意见，那么，狱警平等的就业机会将受到极大的限制，特别是对女性狱警而言。因此，有些法院更希望在保护狱警平等就业机会的同时能够加强监狱对囚犯隐私权的保护，如在洗澡间设置半透明的屏障以及在指定的简短时间内允许囚犯掩盖牢房窗户。而一些法院则进一步允许异性狱警无限制地监视囚犯。正如在Kent v. Johnson一案③中，Krupansky法官在该案判决书的反对意见中说明，狱警对囚犯的监视不属于《美国联邦宪法第四修正案》中的“搜查”，并且，在任何一个案件中，囚犯都不应该享有任何合理期待的隐私权。而在Johnson v. Phelan一案④中，法院虽然没有完全否认囚犯的隐私权，但法院依然主张囚犯的隐私权应该为监狱的效率和安全利益以及狱警平等的就业机会让步。同时，法院认为“法官必须尊

① 494 F. Supp. 890, 891, 893 (D. Md. 1980).
② 514 F. Supp. 201 (N. D. Cal. 1981).
③ 821 F. 2d 1220, 1228 (6th Cir. 1987).
④ 69 F. 3d 144, 147 (7th Cir. 1995).

重监狱管理者对此作出的艰难选择”，并且，“除非女性狱警离开监狱进入办公室工作，否则，她们必须监视裸体囚犯的活动”。此外，法院还指出：“存在多种排列组合方式可以将狱警和囚犯以性别、性取向或者其他标准归类，并允许某一类囚犯仅可以被对应的一类狱警监视，将监视行为对囚犯造成的不快最小化。”

在异性狱警搜查囚犯方面，特别是女性狱警搜查男性囚犯方面，越来越多的法院已经认可狱警用手或轻拍方式搜查囚犯身体的行为是监狱的例行程序。在 Smith v. Fairman 一案①中，法院除了主张女性狱警不涉及男性囚犯生殖器官的搜查没有侵犯该囚犯隐私权外，法院还认为监狱当局应该避免在雇佣和分派任务时的性别歧视，并且“必须最大程度地充分利用女性狱警”。而有些法院不但认可狱警监视和搜查的行为，还主张女性狱警可以搜查男性囚犯的生殖器官和肛门等隐私部位。在 Grummett v. Rushen 一案②中，法院指出女性狱警是以专业的方式实施搜查行为，因而在搜查过程中并不会与囚犯身体有过密的接触。“如果限制女性狱警从事搜查工作，那么，监狱的工作计划将要作出大量变动，这将危及监狱安全和女性狱警平等的就业机会。”但是，如果角色互换，由男性狱警监视或搜查女性囚犯，法院和监狱当局的态度也将有所转变。

在 Madyun v. Franzen 一案③中，法院认为，根据伊利诺伊州的监狱规则，只有女性狱警才能搜查女性囚犯。一名男性囚犯据此主张他也应该享有与女性囚犯同等的隐私权保护，即不受女性狱警的搜查。法院驳回了该名男性囚犯的主张，理由如下：区别对待是为了保护更大价值的利益，即女性平等就业的机会，女性狱警应该发挥作用，除非她们可以从事确保监狱安全的全部工作。相反，如果男性狱警不能搜查女性囚犯，那么，他们将失去从事狱警这一职业的工作机会。在 Torres v. Wisconsin Department of Health and Social Services 一案④中，法院支持了女性监狱中只能由女性狱警执行女性牢房内工作的监狱规

---

① 678 F. 2d 52 (7th Cir. 1982).

② 779 F. 2d 491, 495 (9th Cir. 1985).

③ 704 F. 2d 954, 961 (7th Cir. 1983).

④ 859 F. 2d 1523 (7th Cir. 1988).

则。根据这一监狱规则，本来属于“CO3”一级的男性狱警被重新分配到“CO2”一级[①]，虽然收入没有减少，但是职位级别有所降低。而监狱方面则主张，在这种情况下，性别就是从事这一工作的实际职业资格。法院对此作了如下阐述：我们承认基于性别给予不同的工作待遇恰好可以解释男性与女性之间存在着天然的差异，因此，我们必须严格执行既定规则的要求以确保我们对这些差异的包容不被人为地扩大。例如“我们文化意识导致的倾向”。随后，法院继续强调该案并非狱警平等就业的利益与囚犯隐私利益之间的简单冲突。根据威斯康星州立法机关授权的旨意，囚犯的改过自新是该州监狱系统的总体目标，而监狱负责人主张仅有女性狱警管理女性囚犯牢房的做法可以促进囚犯改过自新。也许 Torres 一案作为先例的价值是非常有限的，因为该案的论证过程大部分是建立在囚犯改过自新这一辩护理由的基础上，并且法官还明确指出，如果该案的利益冲突仅在狱警平等的就业机会和囚犯的隐私权之间，那么，该案的判决结果也许会不同。正如前文所述，该案所涉及的另一重大利益是监狱系统致力追求的现实目标，即囚犯的改过自新。在该案判决书的反对意见部分，Cudahy 法官认为，通过女性狱警管理女性囚犯的规则来实现囚犯改过自新的价值理念将会受到严峻的挑战，并且，根据联邦地方法院提供的数据显示，囚犯居住小区内的男性户主对囚犯最终能否适应外界社会有重要的作用。监狱负责人认为，通过女性狱警管理女性囚犯并没有对促进囚犯改过自新有任何作用。

与上述案件观点不同的是，在 Forts v. Ward 一案[②]中，法院认为，监狱因为考虑到狱警可以从牢房窗户观察到牢房内的景象这一情况，禁止男性狱警夜间在女性监狱巡查的政策违反了《民权法》第 7 章的规定。法院还指出，监狱的这种做法不仅否定了男性狱警平等的就业机会，而且还损害了女性狱警平等的就业机会，因为这将使更愿意值白天班的女性狱警别无选择地值夜班。此外，法院还要求监狱必须为囚犯提供相应的隐私权保护措施，如在洗澡间设置半透明的屏障，在指定的简短时间内允许囚犯掩盖牢房窗户以及为囚犯提供合适

① “CO” stands for “Correction Officer”; grade 3 is above grade 2.

② 621 F. 2d 1210 (2d Cir. 1980).

的睡衣。

（二）狱警的危险

出于对狱警安全的考虑，是一个解释监狱为什么不雇佣与该监狱囚犯性别相反的狱警以及不给这些狱警安排可以近距离接触囚犯的工作的理由。到目前为止，这一情形只发生在男性监狱的女性狱警身上，并且似乎没有任何改变的征兆。

在早期的 Dothard v. Rawlinson 一案①中，法院支持了监狱当局以男性作为狱警职业的实际职业资格的政策。因为该监狱几乎每天都发生暴力事件，监狱的每间牢房都配备了狱警，但是狱警人员始终不足，并且该监狱的囚犯大部分都是因为性犯罪而被关押的。在如此“危险的氛围”中，法院认为女性狱警可能会受到囚犯的攻击。因此，狱警具备“突出的女性特质也许会直接削弱她保护监狱安全的能力”。审理该案的 Marshall 法官和 Brennan 法官在判决书的反对意见中对大多数法官支持男性作为监狱狱警职业的实际资格的主张表示强烈的反对，他们认为“实际职业资格必须是出于单位本身正常运作的需要”。但是，该案的监狱并非“正常运作”的监狱。监狱的安全隐患是其与生俱来的，与狱警的性别并无关系。如果男性狱警无法解决监狱的安全问题，那么，女性狱警也不会使情况变得更糟。如果存在囚犯攻击狱警的可能，那么，监狱的救济措施也将是迅速的。两位法官继而指出得到大多数法官支持的监狱当局实施的政策的真正基础在于他们害怕“女性狱警可能会遭受性侵犯，女性是具有诱惑性的对象”。但 Dothard 一案对女性狱警的就业机会并没有造成多大的影响，这也不足为奇，因为类似该案中“暴力猖獗”和“氛围危险”的监狱并不多见。所以，不管有多少监狱官员如何千方百计地排挤女性狱警，他们都无法基于监狱“氛围危险”这一理由主张其必须这么做。而在今天，如果监狱再设置类似的雇佣狱警的条件，那么这将视为对宪法的公然违反，也将在随后囚犯起诉监狱，主张监狱环境让人无法容忍时作为不利于监狱的证明材料。

---

① 433 U. S. 321, 336 n. 23 (1977).

更具代表性的是 Gunther v. Iowa State Men's Reformatory 一案①，审理该案的法院认为，关押男性囚犯的监狱拒绝提升女性狱警的级别至 CO2（该级别的工作要求狱警近距离接触囚犯）的做法违反了《民权法》第 7 章的规定，并且这也不符合实际职业资格的要求。根据法院的观点，该案监狱并没有说明其有能力重新安排狱警的工作任务以保护男性囚犯的隐私安全，而且这种新的工作安排还有可能造成"监狱管理的困境"。此外，法院还认为与 Dothard 一案具有"危险氛围"的监狱环境不同是，该案监狱环境"虽然没有玫瑰花园……但是也没有类似 Doheard 一案的监狱那样阴森可怕的环境"。因此，女性狱警在合适地调整工作任务后应该有资格提升至 CO2 这一级别。与该案类似的是，在 Griffin v. Michigan Department of Corrections 一案②中，监狱当局拒绝提升女性狱警是因为女性狱警不被允许在监狱的牢房内工作。法院认为，男性这一性别并不构成从事这一工作的实际职业资格。任何遭受性侵犯的危险和"对监狱规则的潜在影响，都无法成为排除《民权法》第 7 章相关条款的根据"。对于囚犯的隐私权而言，受到监视是出于确保监狱安全的需要，并且被异性狱警监视并不是"实质上令人高度反感的"。而反对该观点的辩论依据则是已被《民权法》第 7 章所明确禁止的"陈规的性别特征"，即"这项工作对于女性而言过于危险或者不合意……"事实上，女性已充分了解这类工作的风险和负担，是否从事这类工作是她们的选择。

在 Bagley v. Watson 一案③中，女性狱警在关押男性囚犯的监狱中近距离接触囚犯将面临没有保证的危险这一观点被一位专家目击证人（心理专家）在其书面证词中驳斥。该专家目击证人指出，自从女性狱警在关押男性囚犯的监狱中工作，"我们发现男性囚犯被压抑的性冲动并没有以意欲强奸或征服女性狱警的方式表露出来。"并且"女性狱警可以为监狱带来一种新的、柔和的因素……以温和的方式减少监狱内暴力事件的发生"。因此"人们曾经一度害怕女性狱警在关押男性囚犯的监狱出现会引起囚犯无节制的热情……现在可以明确

---

① 612 F. 2d 1079, 1086 - 1187 (8th Cir. 1980).

② 654 F. Supp. 690 (E. D. Mich. 1982).

③ 579 F. Supp. 1099 (D. Or. 1983).

的是，实际上，女性狱警舒缓男性囚犯对立紧张气氛的效果大于她们引起的囚犯的热情”。

（三）囚犯的危险

正如我们想象的那样，人们对囚犯安全的担忧几乎全部都集中在男性狱警管理女性囚犯的情况。在这种情形下，自然会存在男性狱警对女性囚犯实施性侵犯或性虐待的可能，但这种可能性并非不会发生在女性狱警管理男性囚犯的情况中。人们产生这种联想毫无疑问是受到长期以来形成的对男女关系固定思维模式的影响，以及在各种案件中，只有女性囚犯主张男性狱警的存在对她们的人身安全构成了威胁。这里顺便提及一下，在讨论关于囚犯安全问题时，大多数参与讨论者都支持女性狱警从事与男性囚犯有近距离接触的工作，包括对男性囚犯进行身体搜查。而且似乎已被广泛认可的一个观点是，男性囚犯也害怕遭受男性狱警的攻击，特别是男性狱警搜查他们的身体会让他们感觉受到了侮辱和同性性侵犯。因此，如果由女性狱警来搜查男性囚犯，就可以消除男性囚犯的上述担忧。

在前文所述的 Jordan v. Gardner 一案[①]中，法院对异性狱警管理囚犯对囚犯产生的潜在危险和危害作出了合理的阐释。当前，越来越多的人支持女性狱警对男性囚犯实施监视和搜身，但仍然有很多人抵触男性狱警对女性囚犯实施上述行为。在该案中，法院主张男性狱警随意的、非紧急的、不容怀疑的搜查女性囚犯的行为侵犯了《美国联邦宪法第八修正案》赋予囚犯的相关权利。因为法院认为异性狱警搜查囚犯身体会造成囚犯的“精神痛苦”。另外，有数据显示，该监狱 85% 的囚犯都声称其受到了男性狱警实施的身体虐待和性虐待，据此，法院指出男性和女性在身体上、感情上和心理上的不同造成了女性，特别是受到过虐待的女性囚犯在面对男性狱警的搜查时会与男性囚犯在面对女性狱警搜查时的反应有所不同。因此，这种由男性狱警进行的搜查有极大可能会对女性囚犯造成巨大的伤害，即便这种搜查行为是适当的。法院还将该案与 Grummett v. Rushen 一案区别开来，在 Grummett 一案中，法院主张女性狱警可以以轻拍的方式搜查

① 986 F. 2d 1521 (9th Cir. 1993)).

男性囚犯的身体，搜查范围包括男性囚犯的肛门等隐私部位。法院认为这些搜查并没有过度地侵犯囚犯的隐私权，因为在搜查过程的中，“女性狱警并不会与囚犯身体有过密的接触”，并且“女性狱警是以专业的方式实施搜查行为的”。审理 Jordan 一案的法官认为，Grummett 一案所支持的搜查行为可能只会对男性囚犯带来短暂的不愉快，并不会给他们带来任何心理上的创伤。此外，因为男性狱警搜查女性囚犯有极大可能会对女性囚犯造成巨大的伤害，所以法院认为与此利益相冲突的其他利益都应该作出让步。这样一来，不仅男性狱警平等就业的机会被否定，而且女性狱警的工作负担也将加重，因为她们的午餐时间或者其他活动时间有可能会经常被与男性狱警换班和搜查囚犯所占用。但是，正如 Trott 法官在判决书的反对意见部分所阐述的，大多数法官赞成的这一监狱规则有可能给监狱安全带来负面的影响。若要高效地管理监狱，狱警对囚犯的搜查应该是不可预测的，所有的狱警必须在任何时间都能够完成对囚犯的搜查任务。而如果囚犯们事先知道他们将不被男性狱警搜查，那么，他们很可能会利用这一规定为自己牟利。

长期以来，人们对监狱安全和狱警平等就业机会两者之间的利益孰轻孰重这一问题一直争论不休，并且还将继续争论下去，其中包括了对女性狱警搜查男性囚犯的争论。因此，男性和女性在遭受异性身体上的接触时，在心理、情感和身体方面有不同的反应是否真实和应被广泛认可也是有待解决的问题。

四、隐私和羞怯

（一）狱警的性别仅影响囚犯的羞怯心理，不影响囚犯的隐私权

同性狱警监视和搜查囚犯的行为与异性狱警监视和搜查囚犯的行为对该囚犯隐私权的侵犯程度其实是差不多的，因为侵犯囚犯隐私权的正是监视和搜查行为本身，即囚犯所排斥的披露和身体接触。在监狱中，囚犯的任何活动都会被狱警或其他囚犯看见，他们没有“一个真正的个人独处空间”。

囚犯反对受监视和搜查的真正理由是他们的羞怯心理，即长期存

在的社会传统观念认为，除非男女之间存在特殊的关系使他们认为被对方看见或触碰是可以接受的，否则，当一个人被异性看到其裸露的身体或触碰其身体的某一部位将被视为是不恰当，甚至是不道德的。而囚犯隐私权和羞怯心理的区别是在 Kent v. Johnson 一案中得以明晰的。该案原告主张他享有《美国联邦宪法第四修正案》中规定的隐私权，此外，他还享有《美国联邦宪法第一修正案》所规定的相关权利，即作为一名信奉基督教的教徒，根据基督教羞怯这一基本教义的规定，他不应受到女性狱警没有限制的监视。而囚犯这种羞怯利益所依赖的信念是，"当所有强制性的监视或巡视裸体囚犯的行为牵涉到隐私权时，人们普遍认为由异性狱警实施的监视或巡视裸体囚犯的行为构成了对囚犯隐私权的严重侵犯。"①

（二）社会上普遍存在的性别隔离

虽然更多的法院倾向于在狱警平等的就业机会和囚犯的隐私权和羞怯心理之间选择保护狱警平等的就业机会，但是，这种取舍在其他社会环境下并没有被接受。在美国，洗澡间和储物间普遍存在性别隔离的现象，据报道的几个少数案件中，法院认为这种性别隔离不仅包括了洗澡间和储物间的使用者，还包括为他们提供服务的侍者。在 Brooks v. ACF Industries 一案②中，一名女性管理员被其所在的管理部门调离职位，理由是该管理职位的工作包括了清洗男性洗澡间。法院认为不管是在清洗洗澡间时将该洗澡间关闭还是在有人使用该洗澡间时请女性管理员离开都是非常不切实际的，因为总是有上百名男性在持续不断地使用该洗澡间。据此，法院主张"女性管理员在完成其清洗男性洗澡间工作的过程中有可能会侵犯男性使用者法定的隐私权"，因此，男性这一性别是从事这项工作的实际职业资格。与该案类似的是，在 Norwood v. Dale Maintenance System, Inc. 一案③中，法院采纳了与上述案件相似的理由认定性别是从事厕所管理员工作的实际职业资格，并主张异性管理员很可能会侵犯厕所使用者的隐私权。

由此可见，在洗澡间和储物间的环境中，法院在雇员平等的就业

---

① Canedy v. Boardman, 16 F. 3d 183, 185 (7th Cir. 1994).

② 537 F. Supp. 1122 (S. D. W. Va. 1982).

③ 590 F. Supp. 1410 (N. D. Ill. 1984).

机会和使用者的隐私权和羞怯心理之间更倾向于保护使用者的隐私权和羞怯心理。但如果法院认为，雇员平等的就业机会显得更加重要，正如在监狱或其他环境中，法院就会坚持雇主可以通过在这些工作场所中配置合理的设施以保护使用者的隐私权而非区别对待男女雇员。以厕所为例，我们可以为厕所配备站位和蹲位的设施，这样一来，如果男性以恰当的姿势使用厕所，除非有人站在他的前方，否则将不会看到他生殖器官等隐私部位。同样的，在洗澡间或更衣室内，我们可以通过使用隔间、帷幔或其他遮蔽物来保护使用者羞怯的心理，或者使用者可以用浴巾或毛巾等物遮盖其不愿意被别人看到的身体部位。

在美国，人们对两性之间羞怯心理的期待和重视远大于其他国家。比如，在日本和其他亚洲国家，公共澡堂是司空见惯的，而在欧洲，特别是东欧，在洗澡间或储物间看见异性服务人员也不足为奇。在他们眼中，这些现象似乎是理所当然的。我们对待隐私权和人们羞怯心理的态度很大程度上取决于我们这个社会的道德观念。在既定的社会制度下，不同性别的人对待羞怯心理的态度也不一样。并且，我们的态度在过去的时间内都在不断地变化，这种变化还可能在未来一直持续下去。因此，若想更好地理解关于隐私权和羞怯心理的争论，必须将这一争论放至当前的社会态度和道德观念背景下加以考察。

五、出路

法院越来越倾向于允许异性狱警监视裸体囚犯，特别是女性狱警监视男性囚犯的情形。虽然法院承认囚犯享有一定的宪法性权利，但是法院依然主张囚犯的这些宪法性权利应该让位于监狱管理安全和效率的需要，以及狱警平等的就业机会。如果社会存在为所有狱警提供尽可能多的就业机会的迫切需要，那么，我们就必须找到一种在不危及狱警和囚犯安全情况下的实现方式。此外，我们应该更乐意接受的是，在监狱这一环境中，社会大众对羞怯心理的态度越来越开明。

（一）职业行为

在 Bagley v. Watson 一案[①]中，法院指出："当人们被告知并且相信别人对观察自己没有兴趣时，他们就会失去一定的自我意识，这时

① 579 F. Supp. 1099, 1102 (D. Or. 1983).

候，在另一个人出现时，他们尴尬羞怯的心理会有所减轻。以护士和医生为例，因为人们相信护士和医生对观察自己的身体并无兴趣，所以当护士和医生在病房出现时，他们很少会感到尴尬或羞怯”。而医生、护士和物理治疗师通常都与接受其检查和治疗的患者性别相反。当然，总会有一些患者可能更希望接受同性医疗专家的医疗服务，但很少有患者会拒绝异性医疗专家提供的医疗服务。运动员受异性教练的训练和运动员在储物间内接受异性记者采访的情形更是多见。后一种情形则是70年代备受争议的话题，关于此话题的主流观点认为运动员的储物间应该平等地向所有的记者开放。代表这一态度的典型案例是 Ludtke v. Kuhn 一案[①]，在该案中，一名女性记者被拒绝进入运动员的储物间，法院认为被告的做法是对平等保护的否决，因为许多关于棒球的新闻几乎都是从俱乐部会所采集而来的。并且运动员使用的洗澡间和厕所都有相应的设施将记者隔离在外，这些简单的方式已经足以为运动员的隐私权和羞怯心理提供充分的保护。

包括监狱在内的任何涉及雇员性别影响其工作的关键因素是雇员实施的观察和触碰行为必须是以专业方式进行的。在过去，我们已经制定了一套合适的职业行为标准适用于医生这一职业，尽管偶尔还会有滥用的情况出现。此外，社会还坚持对教练和记者也制定一套平等的职业行为准则。因此，在监狱中，男女狱警也都必须通过一定的专业训练，以便他们在处理不同性别的囚犯问题时能以专业方式解决，并且狱警的行为应受到恰当的监管，必要时应受监狱规则的约束。

（二）狱警和监狱的安全

法院常常对女性狱警近距离接触男性囚犯所面临的安全问题表示担忧，这一担忧似乎主要基于女性身体力量上的弱势和受男性囚犯性侵犯潜在可能的考虑。当然，近几年有关狱警平等就业问题的案件已经清楚地阐释了，认为女性在力量上弱于男性并不足以说明性别因素能够成为一项实际职业资格。事实上，一些女性要比男性强壮且有力量。至于女性狱警受男性囚犯性侵犯这一潜在可能性，毫无疑问是建立在长期固定化思维模式的基础上，即男性囚犯都具有“男子气

① 461 F. Supp. 86 (S. D. N. Y. 1978).

概”，而所有的女性在具有男子气概的男性囚犯面前都是脆弱且不堪一击的。但是，狱警的安全问题并不仅仅与囚犯和狱警的性别有关，狱警对囚犯的控制主要还是受监狱环境、狱警的法律权限以及囚犯袭警所受刑罚的威慑力的影响。

（三）囚犯的心理问题

有些法院仍然拒绝认可允许男性狱警过密地触碰女性囚犯的监狱程序。持此立场的首个案件是 Jordan v. Gardner 一案①，在该案中，法院发现大多数的女性囚犯都曾在监狱中遭受过男性的性虐待和身体虐待，因此由男性狱警对这些女性囚犯实施搜查则很可能会对她们造成严重的心理伤害和精神痛苦，即便这些行为是以适当的方式进行的。此外，法院还发现监狱的搜查政策存在造成囚犯“精神痛苦”从而侵犯《美国联邦宪法第八修正案》赋予囚犯相关权利的可能性。当然，如前文所述，并非所有的女性囚犯都曾遭受男性的身体虐待或性虐待，也并非所有女性囚犯在被男性狱警搜查时会遭受心理创伤。相反的，男性狱警在尊重女性囚犯的羞怯心理和尊严的基础上与女性囚犯的接触也许对女性囚犯的改过自新有积极作用。而女性狱警搜查男性囚犯也有可能对男性囚犯造成心理上的痛苦，对个别囚犯特别是同性恋囚犯而言，被同性狱警搜查也会使他们遭受心理上的痛苦。

解决上述造成囚犯心理伤害这一问题的合适做法并非否认狱警平等的就业机会。为了很好地应对这一问题，首先，在执行监狱政策时，我们要确定哪些囚犯更容易遭受心理伤害；其次，在合理的范围内，尽可能减少对这些囚犯的身体接触；最后，应该为这些囚犯提供相关的建议以帮助他们克服对与异性接触的恐惧，这样他们在今后重返社会时才能更好地适应社会和与异性交流相处。

六、结语

我们的目标应该是使所有狱警无论男女都能在任何监狱的任何职位从事任何工作。我坚信在未来的某个时间，司法和社会将认可我的这一观点。但正如这篇文章所阐述的，我们还有很长的一段路要走。

---

① 986 F. 2d 1521 (9th Cir. 1993).

法院越来越认可狱警平等就业机会的重要性，特别是女性狱警的平等就业机会。实际上，法院已经要求监狱对其政策和程序作出相应修改，以平衡监狱安全的需要、囚犯的隐私权和羞怯心理以及囚犯免受心理伤害和精神痛苦三者之间的利益。

问题的关键在于狱警行为的专业性，包括他们对待囚犯的态度和对囚犯实施的具体行为。囚犯毫无疑问必须接受医疗人员的查看和触碰，包括异性的医疗人员。但大多数囚犯对这些医疗人员的性别却没有要求。如果狱警在完成包括监视和搜查囚犯这些工作任务时，能够以客观且专业的方式进行的话，那么，相信随着时间的推移，狱警和囚犯也可相处得像医生和囚犯那样的关系。

性与监视：性别、隐私和监狱中的权力性化现象

特丽莎·A. 米勒[①] 著　骆俊菲[②] 译

目　次

在监狱中，狱警对囚犯实施的监视是一种权力，而这种权力具有性化的特征，性与监视因而具有非常密切的联系。许多刑罚学学者如 Bentham 和 Foucault 对目视监视囚犯行为的内在规范力量进行研究并将其理论化，但是很少有学者对监狱内权力的性化现象以及监视行为和性行为之间的关系进行研究。本文主要分析监狱里的搜查行为尤其是跨性别搜查行为的合宪性问题，指出美国各联邦法院缺乏对于性与监视之间的复杂关系的考量。

本文主要分五个部分对以上问题进行分析。第一部分概述了监狱中发生的性行为现象和狱警对囚犯实施监视的情况。第二部分对囚犯中盛行性侵犯行为的亚文化进行了详细的描述，笔者认为正是这种亚文化的盛行引起了有关监狱内跨性别搜查行为的问题；对目前监狱管理者既不承认监狱内存在权力分配现象，又在实际上通过制定监狱内规范跨性别搜查行为的各种规定参与了监狱权力分配的这一状况进行了说明。第三部分列举了涉及跨性别搜查行为的案件的当事人所依据

---

① 特丽莎·A. 米勒（Teresa A. Miller），美国纽约州立大学水牛城分校法学院副教授。
② 骆俊菲，中山大学法学院助教。

的各种相关法律法规，回顾了涉及监狱看守人员侵犯囚犯隐私权的先前案例，并阐述笔者对于受到监狱监管规范所关注的监狱内性行为问题的看法；指出目前各法官和监狱的管理者依据宪法所制定的有关监狱内跨性别搜查行为的法律法规较为混乱，这尤其体现为处在接触岗位上的女性狱警对男性囚犯实施目视监视行为的时候缺乏相应法律法规的明确指引。第四部分分析了 Johnson v. Phelan 一案，[①] 该案涉及监狱内的目视监视行为，是少数几个引起人们关注监狱内实际生活情况的案件之一；分析了 Ruchard Posner 法官的观点，笔者对 Posner 法官的部分观点表示认同，认为在涉及跨性别搜查行为的案件中判断狱警的这类行为是否侵犯囚犯隐私权的标准存在缺陷，但是，Posner 法官的另一个观点——将法律法规的不足归咎于政府吸纳女性工作人员到监所内任职，笔者对此并不赞成。本文的结语部分提出法官们需要对囚犯关于隐私侵权的诉讼请求进行重新审视，突破学界传统对性与权力之间关系的偏见，从一个全新的角度对相关问题进行审查。

一、监狱中发生的性行为现象与狱警对囚犯实施监视的情况

笔者通过研究发现，法官在审理相关案件的过程中没有正视监狱内的性行为现象和囚犯权利问题的现实状况，由于在监狱中性与权力之间关系复杂而且存在通过性暴力实现的监狱权力的性化问题，所以有关跨性别搜查行为的法律法规存在不合理的地方。法官常常带着主观的性别角色偏见来审查原告根据宪法所提出的隐私侵权诉讼请求而忽略了实际情况，常常因此误以为相关的法律法规是完美无缺的。在这之前，笔者将为读者提供一个简洁的背景介绍，这个介绍主要根据两类材料来说明为什么监狱中发生的性行为现象和监视行为所引起的隐私侵权等相关问题难以解决，这两类材料包括：①一位囚犯的自传；[②] ②最近一些人权组织对于美国监狱内人权状况的调查报告。[③]

---

① Johnson v. Phelan, 69 F. 3d 144 (7th Cir. 1995).

② See Huey Newton, Revolutionary Suicide (1973).

③ See Human Rights Watch , All Too Familiar: Sexual Abuse of Women in U. S. State Prisons (1996).

在《革命性自杀》一书中，作者 Huey Newton 是一位黑豹党人，他以自传的形式记述了自己在加利福尼亚州一所最高安全级别的监狱入狱后所观察到的关于权利、性和监视等现象的实际情况。他在书中有以下一段描述："当我刚刚踏入这个地方（位于圣路易斯奥比斯波市的加利福利亚州男子监狱）的时候，我不认识这里的任何一个人。之后，我试图接触其他囚犯，但是我发现这一群大部分时间都为获得下一次性接触而活的人对政治的敏感性。对于他们而言，性就是一切。这些人被监所所利用和控制，他们对于性的渴望被曲解成伪性欲，以达到消磨他们对于尊严和自由的渴望。监所是这一切的推动者，囚犯被迫沉迷于性当中，爱情、脆弱和温柔被扭曲成权力、竞争和控制力。"

Newton 还在书中描写了囚犯如何不被察觉地在狱警的眼皮底下进行约会甚至发生性接触。他写道："如果监狱内一片风平浪静的话，狱警很愿意将他们的目光投向其他地方而不是囚犯身上，但是任何一名囚犯实施任何政治性举动，都会招致他们快速的镇压。镇压措施多种多样，如狱警只要威胁该囚犯，一旦他轻举妄动，他们就会将他送往其他监狱，以便使他与其'爱人'（其他男性囚犯）分离，就足以达到威慑囚犯的效果。事实上，许多狱警本身就是同性恋者，在我淋浴的时候，经常会有狱警在过道上站着跟我聊天，但他不是看我的脸而是盯着我的阴茎说话，'嗨，Newton，你现在怎么样啊？要不要来点乐啊，Newton？'我总是嘲笑他们。"

Newton 认为，加利福尼亚州监狱引进夫妻探访安排的举措，被自由主义者称为监狱管理的一大进步，这种制度仍然不能消除狱警们通过控制囚犯的性接触以实现权力管理的现象。他在书中说道："对囚犯实施强迫和控制的现象仍然存在，甚至更严重，因为狱警可以像禁止囚犯接触他的男性伴侣一样，禁止囚犯接触他的妻子，而囚犯不可能轻易找到另一名女性来满足自己的生理需求，囚犯为了自己的'性福'只能服从于狱警的管理。这就是监狱，一个将个人欲望用来对付他自己的地方。"

Newton 的叙述证明了监狱内存在权力性化的现象。首先，他描述了一个被自己的性欲所束缚的男性囚犯群体，性欲之所以构成对囚犯的束缚，是因为监所将禁止实时性行为作为惩罚手段，惩罚不听从狱警管理的囚犯，监狱利用囚犯生理需求得不到满足的空虚来控制囚犯。Newton 因而抱怨，这群只为下一次性接触而活的人缺乏政治敏感性，这从侧面证明监狱管理规范和看守人员所创造的性依赖心理能够有效地降低囚犯的威胁性。其次，Newton 描述狱警面对其阴茎聊天而非面对他的脸聊天——将一个男人的整体弱化为他的生殖器官进行嘲弄的现象，说明了监狱存在权力性化现象。最后，Newton 的描述还说明了监视行为中蕴涵某种固有的强制力。根据他的描述，狱警可以睁一只眼闭一只眼，宽恕囚犯实施的某些违反监狱管理规范的行为；但是狱警也可以为了镇压囚犯而忽视囚犯对于性接触的生理需要“直到一切风平浪静”为止，因为狱警有权力将情侣分开囚禁，因此他们可以利用囚犯的性依赖心理磨灭其意志。

囚犯的性渴望，尽管被监狱环境所扭曲和控制，但仍然是人性的基本组成部分，因而控制囚犯性欲的措施，不可避免地涉及《美国联邦宪法第四修正案》在监狱中的实施。在相关案件中，法官首先假设各种搜查行为对个人尊严产生的影响大小，进而确定囚犯可以享有的隐私权范围。他们的假设在判决书的司法意见部分得到清楚体现，法官在撰写司法意见时，一般都会考虑由异性狱警对囚犯的身体进行搜查的制度合宪与否。但是，搜查行为中性接触所扮演的角色是什么，联邦法院的法官对这一问题的回答可谓“种类繁多”。这种情况反映出，法官对于性与权力对异性狱警和囚犯之间的关系所产生的影响有不同看法。有的法官认为，无论是女性狱警还是女性囚犯，作为女性，她们在性接触方面都具有易受伤害的特质。①许多法官认为，即使在监狱和看守所中性行为和性别角色具有易变性，生物性别、性取向和社会性别都是永恒不变的个人特征。② 基于这种看法，许多法官还提出，只有当狱警和囚犯分别为生物异性（男性和女性）、狱警触犯社会约定俗成的禁忌并经常观察异性囚犯的行为时，才会造成对囚犯个人隐私权的侵犯，但笔者认为这种假设是谬误的。Canedy v. Boardman ③ 一案的判决就批驳了这种观点。而且，由于法官将生物

---

① See, e. g., Dothard v. Rawlinson, 433 U. S. 321 (1979).

② See, e. g., Canedy v. Boardman, 16 F. 3d 183 (9th Cir. 1963).

③ 16 F. 3d 183 (7th Cir. 1994).

性别、性取向和社会性别作为静止不变的个人特征，所以即使狱警的搜查行为具有高度侵犯性（highly invasive），如果实施搜查行为的狱警和囚犯不是互为异性的话，法官通常不会在涉及狱警搜查行为的案件中支持原告的隐私侵权诉讼请求。① 而且总体而言，法官倾向于相信男性狱警对女性囚犯实施侵犯性搜查行为时，性别的差异可能对被搜查囚犯产生不良影响。②

我们经常能够发现，男性狱警对女性囚犯实施搜查却演变为前者对后者实施性暴力的现象。最近，两个具有巨大影响力的国际组织——国际特赦组织和人权观察组织都发表了报告，谴责美国监狱中实行跨性别搜查制度。他们的理由是狱警在实施跨性别搜查时可以不受约束地接近女性囚犯，这给被搜查囚犯带来危险。人权观察组织在其报告《耳熟能详：美国国家监狱中性虐待女性囚犯现象》③ 中指出，调查人员发现有证据证明，在美国的监狱中存在男性看守人员强奸女性囚犯的现象，强奸的方式包括阴道性交、肛交和口交；另外，一些男性狱警不仅使用或者威胁使用暴力来强迫女性囚犯与其发生性关系，甚至利用他们的“一切权力向女性囚犯提供或者禁止女性囚犯获得某些物品或者特权，或者以强迫女性囚犯与其发生性关系、奖励与其发生性关系的女性囚犯”。该报告强烈谴责美国监狱的跨性别搜查制度，指出男性看守人员除了与女性囚犯发生性关系之外，还“利用强制搜身或者搜查房间的机会抚摸女性囚犯的胸部、臀部和阴道部位，并且在浴室等场所对裸体的女性囚犯实施不当的观察行为”。因此，人权观察组织建议美国政府对监所制定有关政策或规定以制止“异性看守人员对囚犯实施不当的目视监视行为”。

此外，在国际特赦组织 1999 年发表的报告《怀璧其罪：狱中女囚人权受侵害情况调查报告》④ 中，国际特赦组织批评美国各州监狱和联邦监狱的管理都没有依照国际标准实行由女性狱警监控女性囚犯

① See Cameron v. Hendricks, 942 F. Supp. 499 (D. Kan. 1996).

② See Kent v. Johnson, 821 F. 2d 1220 (6th Cir. 1986).

③ See Human Rights Watch , All Too Familiar: Sexual Abuse of Women in U.S. State Prisons (1996).

④ Amnesty International, "Not Part of My Sentence," Violations of the Human Rights of Women in Custody, AMR 51/01/99, Mar. 1999, at 39.

的管理制度，甚至完全忽视该标准。该报告指出：“与国际标准相反的是，美国的监狱和看守所雇佣男性来看守女性囚犯，而且这些机构针对男性工作人员制定的职务规范相当少。这样就造成了尽管在女性囚犯看来，男性看守人员对女性囚犯实施的许多接触和观察行为是令人惊讶甚至令人感到羞辱的，但是法律却允许他们实施这些行为。”

许多人在听闻男性狱警搜查女性囚犯的身体以及监视裸体女性囚犯时，总是不由自主地联想起某些男性狱警对女性囚犯实施的不当性接触行为以及强奸犯罪。然而，狱警对男性囚犯实施的搜查行为与性暴力之间的联系却没有得到足够的关注。学者之所以普遍对女性囚犯的生存状况表示关注，却没有多少学者研究男性囚犯的情况①，原因主要有以下几个：首先，社会普遍假设异性恋才是正常的社会现象，在男子监狱中女性看守人员占看守人员总体的比例相当低，因而人们不会对男性囚犯生存状况感到担忧；②其次，一般人都会认为在性接触过程中，男性更具有攻击性，而女性则更容易受到伤害；再次，人们能够清楚地认识到狱警实施性暴力属于玩忽职守的行为，但是对于男性囚犯而言，遭受性暴力的最大危险来自于其他囚犯，人们却常常忽略囚犯当中发生性暴力的情况也属于狱警玩忽职守、监管不力的结果；最后，女性囚犯获得公众的同情要比男性囚犯获得的同情更多。因为上述种种原因，公众对于发生在男性囚犯身上的搜查行为及其结果的兴趣要明显少于他们对女性囚犯情况的兴趣。

尽管大部分人都会赞成监狱有权力对违反管理规定的囚犯实施惩罚，但是并非所有法官都同意这种观点，有的法官认为由异性狱警对裸体的囚犯实施目视监视的做法已经超出了正当惩罚手段的范围，成为一种非人化的手段，既不合法也不符合道德要求。笔者认为，监狱管理措施包括搜查制度会对以下三种利益造成影响：①囚犯的隐私权；②监禁机构的安全；③女性的权利。

多年来，监狱管理的相关法律法规以及政策逐渐发生改变，使得如何平衡这三种利益成为一道难题：首先，法官开始削减囚犯的合法

---

① See Women Prisoners: A Forgotten Population (Beverly R. Fletcher, et al. eds., 1993).

② Gary Craig, A Huge Problem in Men Guarding Women, Democrat &Chron, Aug. 17, 1996, at Al.

权利范围；其次，司法机关对于惩罚囚犯所持有的态度越发严厉；最后，由于1964年颁布的《民权法》第七编①要求保护女性公民享有与男性公民平等的、不受歧视的就业权，有人倡议赋予监所内的女性工作人员以平等就业权。第一种改变使得囚犯所提出的诉讼请求更难找到宪法上的依据，于是囚犯提供的某些诉讼理由，尽管在过去被法官所支持，现在却可能被法官所驳回，被当做囚犯监禁生涯中所必须面对的正常困难。第二种改变造成狱中各类别囚犯之间的界限变得模糊不清，原本监所会根据囚犯的不同类型，包括等待审判的犯罪嫌疑人、轻罪罪犯、重罪罪犯以及罪行轻微等待被驱除出境的罪犯，采取区别对待手段，现在这些手段也发生了一定程度的融合。第三种改变——增加监所内女性的就业机会，鼓励法官和其他相关人员将囚犯的隐私权与狱警的就业权置于对立的地位来看待，这种变化使得法官在进行司法推理的时候面临二选一的局面。《美国联邦宪法第八修正案》所规定的判断狱警是否失职致使囚犯受到其他囚犯攻击的判断标准，与判断狱警是否对囚犯使用了过度暴力的判断标准相比，前者比后者更为宽松。② 由于法官担忧监狱安全，他们通常会将狱警的法定就业权置于囚犯受宪法所保护的隐私权之上。《革命性自杀》和两个国际人权组织的报告对美国监所管理制度的职责，突出体现了目前有关狱中跨性别搜查的法律规范体系混乱。

监狱是一个性与性别相混淆的地方，在研究涉及监狱内跨性别搜查行为的案件时，法官应当在深入在了解监狱内性别、裸体、性和暴力之间的关系的基础上，依据相关法律法规进行分析。有的法官强调法律允许的搜查行为与法律不允许的搜查行为之间的区别是，他人是否被异性陌生人（行为人）观察到自己的裸体或者部分裸体，这种区分标准很粗糙。在其他日常情况下，以这种区别作为行为人是否侵犯他人隐私权的判断标准也许是合适的，然而，在涉及监狱内的搜查行为的案件中，法官应当重新进行审视这个区分标准的合理性。

任何人在讨论监狱中跨性别搜查行为的合宪性时，都必须认识到

① 2 U. S. C. §2000e, et. seq. (1994). Title VII of the Civil Rights Act of 1964.

② See, e. g., Farmer v. Brennan, 511 U. S. 825 (1994); Hudson v. MacMillian, 503 U. S. 1 (1992).

监狱中的权力分配及其性化问题的重要性。监狱中性攻击行为泛滥的背景渗透在狱中搜查行为的实施过程中。无论是高安全级别的男子监狱还是城市内安全级别较低的男子监狱都具有这些特征：性别歧视者充斥其间，监狱亚文化与男性尊严紧密相连，权力大小按照囚犯抵抗性侵犯加害人的能力强弱来分配。这些特征表现在多个方面。首先，为了强调囚犯在狱中处于屈服地位，狱警会采取贬损囚犯男性尊严的方式来与囚犯接触。例如，狱警通常使用贬低男性尊严的称谓来称呼囚犯，如“小姑娘”、“娘娘腔”、“阴道”和“婊子”。这些轻蔑的称谓强调了囚犯在狱中没有权力的现实，给他们打上了缺乏男性尊严的烙印。其次，在极少数情况下，囚犯会通过性暴力取得比狱警更强的权力。例如，在监狱骚乱中，囚犯通常会对狱警实施性侵犯，攻击狱警。[①] 最后，在男性囚犯当中，囚犯按照性行为过程中各人所扮演的角色排列社会地位（这些性行为可能是经双方同意而实施的，也可能是一方通过强迫、征服对方而实施的）。

这些涉及性接触的行为经常发生在囚犯生活区内的浴室、洗手间以及更衣室里，由于《民权法》第七编等法律法规倡导摒除性别歧视，保护女性的平等就业权，女性狱警才得以进入这些区域履行职务。男性囚犯中并不愿意通过性关系来建立和维持的“社会等级制度”暴露在女性狱警的眼前，因为在他们看来这相当于向“外人”展示囚犯的等级制度。

即便囚犯常常将《美国联邦宪法第四修正案》中关于保护个人隐私权的规定作为依据，攻击监狱内接触性岗位上女性狱警任职制度，但是这些法律规定并非包治百病的灵丹。狱警对裸体囚犯实施跨性别观察行为发生在性暴力的氛围内，要解决由此引发的纠纷不能仅仅依据《美国联邦宪法第四修正案》。虽然有关隐私权的法律法规使法官可以更细致入微地分析囚犯的个体情况，而不是按性别把囚犯看做一个模糊的整体，但是搜查行为还涉及到监狱安全的保障（在男子监狱当中搜查行为尤其重要），如果法官仅仅依据有关隐私权的法律规定来审理案件，可能对监狱安全的保护造成不利影响。这是一个

---

① See Rachel Larris, Univ. Washington: Amnesty International Urges Criminalization of Prison Rape, Wash Daily (Feb. 9, 1999).

两难的局面：一方面，浴室是非常危险的地方，如果要保护囚犯在淋浴和如厕过程中的个人隐私，需要禁止看守人员对他们进行监视，这很可能会使狱警对这些危机四伏的地方失去控制；另一方面，如果法官完全无视囚犯在这些场所内的隐私权，正如著名的美国联邦第七巡回法院的 Posner 法官所说，那么法院可能会促成监所将囚犯非人化、甚至是将囚犯当作动物一样对待的结果。①

无论囚犯享有的有限隐私权范围目前是在扩大还是在缩小，联邦法院都必须从更切合实际的角度来处理监狱中权力性化的问题。如果法官着力推动男子监狱增加女性工作人员在接触性岗位上的就业机会，也就意味着法官主张对男子监狱中占有主导地位的同性社交现象、性别歧视主义和通过性行为来确定男性尊严大小的亚文化进行改变，那么，法官必须直面男子监狱中盛行的性侵犯现象。反之，如果法官扩大囚犯享有的隐私权的保护范围，限制男子监狱中接触性岗位上的女性狱警对囚犯实施跨性别目视监视的职权，那么法官必须同时认识到这种做法可能无形中支持了监狱亚文化的流行，支持囚犯性行为来确定男性尊严大小，从而鼓励了性暴力现象的发生。如果法官不能认识到以上问题，一边奉行人道主义为囚犯争取更多的隐私权利，一边却让那些屈服于性暴力的囚犯“自己解决问题”，那么法官的做法无疑是自相矛盾，因为无视监狱性暴力现象的判决根本不能称得上符合人道主义。

二、监狱生活的现实情况

（一）男性囚犯群体内部的权力分配标准——男性尊严等级制度

男性尊严受到男性囚犯的高度重视，对于大部分服刑期长的男性囚犯来说，监禁不仅意味着自由的失去，还会伴随着男性自尊心的丧失。目前在美国监狱中，非洲裔美国人和西班牙裔美国人占了囚犯的大多数，囚犯做出的任何彰显男性特质的举动都不为监狱看守人员所乐见；而且囚犯一旦实施了这些举动，看守人员会以其行为违反监狱

---

① See Johnson v. Phelan, 69 F. 3d 144, 151 (7th Cir. 1995).

的管理规定为理由对行为实施者进行惩罚。[①]在监狱之外的社会里，可以影响男性权力排位的行为包括：支配、攻击、对抗、独立、自主和与女性进行性接触等等，但是在监狱这样的监所内，囚犯被禁止实施任何这类行为。而且，狱警和囚犯之间突兀的地位差别对囚犯的男性尊严带来直接冲击。正如一位研究男性囚犯心理的学者所说："除了缺少与异性接触所带来的威胁以外，囚犯的男性尊严受到多方面的限制，包括自主性和独立性的丧失、被迫屈服于权威、无法获得物质资料等，所有限制都直接冲击囚犯作为一名'男人'的个人尊严的核心。"[②]

在强制监禁的世界里，一切都被简单化，这与外面的世界有着强烈的对比，[③] 囚犯于是自行发展出较为松散的等级制度，重新建立自己的男性尊严并依此分配群体内部的权力。[④] 几位监狱社会学家曾经对这种制度进行研究并且发表过几篇相关论文。男性囚犯中出现的基本等级分类是性支配者与性服从者。[⑤] 社会学家们为这种特殊的等级制度及其核心价值——男性尊严的产生提出了多种多样的解释。其中，Chodorow 认为，男性尊严的形成原因在于，男性被迫与母亲分离的创伤性后果使男性产生了抗拒女性和企图压制女性的角色定位。[⑥]因此，他将男性尊严作为与女性自我意识反面心理进行定义。[⑦] Platek 则认为男性尊严等级制度的产生的原因是，尽管囚犯屈服于监

---

① See Stephen Donaldson, A Million Jockers, Punks and Queens: Sex among American Male Prisoners and its Implications for Concepts of Sexual Orientation (1993) (visited July 17, 1998) <http: //www. igc. apc. org/spr/docs/prison – sex – lec – ture. html>.

② Carolyn Newton, Gender Theories and Prison Sociology: Using Theories of Masculinities to Interpret the Sociology of Prisons for Men, 33 How. J. Crim. Just. 193, 197 (1994).

③ See Gresham M. Sykes, Society of Captives: A Study of A Maximum Security 70 (Princeton Univ. Press 1971) (1958).

④ Kevin Wright, The Violent and the Victimized in the Male Prison, in Prison Violence in America 104 (Michael C. Braswell, et al., eds. 2d ed. 1994).

⑤ See, e. g., Richard A. Cloward, Social Science Research Council Social Control in the Prison, in Theoretical Studies in Social Organization of He Prison (Richard A. Cloward, et al. eds. 1960).

⑥ See Nancy J. Chodorow, The Reproduction of Mothering: Psychonaltysis & The sociology of Gender (1978).

⑦ See C. Newton, supra note 32t 198.

所这个奉行极权主义（totalitarian disciplinary）的机构，但是他们仍然希望找回自我尊严，因此，必定会以激烈的方式行动表明自己的态度，而男性尊严等级制度正好满足了囚犯的需要。①不过，Segal 却主张，由于囚犯大多数来自工薪阶层，他们在生活中面临的艰辛与象征着权力的男性典范形象之间存在巨大落差，因而引发囚犯形成更具有攻击性的男性尊严心理。②而 Newton 不仅赞成 Segal 的看法，还对这种观点进行了扩展。Newton 认为，囚犯急于为自己塑造一个坚强的、极具男子气概的典范人物形象，他们面临的心理压力及对女性的憎恶，在监狱这个男性尊严被长期压抑的地方，得到了极大增强。Newton 说道："由于男性囚犯仍然并非彻底丧失了精神支柱，他们便寻求新手段来应对监禁生活对于其男性尊严的剥夺。显然，囚犯采取的'新手段'其实历史悠久，但却足以帮助他们适应新的生活，使他们在自我男性尊严受到严重威胁的情况下仍然能够保持自己的男性地位。"

监狱中以男性尊严为上的氛围衍生出具有等级制度的囚犯群体亚文化，在这种等级制度当中，男性尊严的高低是以囚犯抵抗性侵犯的能力大小为依据来划分的，这种现象在青少年看守所、大城市内监狱以及最高安全级别的监狱内中尤其突出。囚犯群体的男性尊严等级制度由三个等级组成：男人、女王和娈童。

一个囚犯在等级制度中处于支配地位还是被支配地位同时决定了他的社会地位以及性行为过程中所扮演的角色。③ 被认为是"男人"的囚犯在等级制度中地位最高，拥有最高的权威和权力。"男人"控制狱中的所有其他囚犯，建立自己的价值制度和囚犯内部活动规则。④他们是监狱当中的政治领导人、黑帮成员以及狱中毒品交易、性交易、以收保护费为名进行敲诈勒索和违禁品走私等各种违法犯罪

① See M. Platek, Prison Subculture In Poland, 18 INr'L J. OF SOC. OF LAW 459, 469 (1990).

② See Lynne Segal, Slow Motion: Changing Masculinities, Changing Men (1990).

③ See Donald Tucker, A Punk's Song: View from the Inside, in Homosexuality and Government, Politics and Prisons (Wayne Dynes & Stephen Donaldson eds., 1982).

④ See also Robert W. Dumond, T he Sexual Assault of Male Inmates in Incarcerated Set - tings, 20 INT'L J. of Soc. of Law 135, 139 (1992).

活动的组织者。

“女王”是地位仅次于“男人”的一个小阶层，一般来说，人数不会超过囚犯总人数的百分之一至百分之二，他们寻求或者被安排扮演性行为过程中一般由女性扮演的被动角色。他们通常被冠以女性化的称谓或代号。他们自愿扮演被动角色使他们成为很受欢迎的性伴侣。“女王”是“男人”的陪衬物。但无论怎么受欢迎，“女王”在囚犯的经济活动中不享有任何权利，这与监狱亚文化中的性别歧视主义相一致。

在等级制度最底层的是“变童”或“婊子”。“变童”是被迫在性行为中充当被动角色的男性囚犯，他们通常是被某个或者某些囚犯通过强奸（如轮奸）或威胁实施强奸的手段所强迫，才会成为该角色的扮演者。其他囚犯将变童当做奴隶来对待，他们会通过卖淫、抵债或者用于交换其他利益等方式“买卖”与变童发生性关系的机会。

“女王”和“变童”在许多方面受到的待遇相似。比如两种人都没有任何男性特权，沦为“男人”的奴隶，不得担任领导者的角色，还是性交易的对象。但是，“变童”在囚犯的权力阶梯上的地位更低一些，因为他们背负着“堕落者”的耻辱，无法反抗其他囚犯的性侵犯，而“女王”却因为自愿屈服于其他囚犯的性侵犯无须背负耻辱。

因为囚犯等级制度中的地位是通过性暴力征服其他囚犯来获得的，①而且任何一名囚犯都可以因为一次屈服而丧失原有地位，所以“男人”必须不断地通过在性行为上征服其他囚犯来展示自己的男子气概。那些不能时时精力充沛地展示自己的男子气概的囚犯其地位很有可能受到挑战。因此，囚犯如果想要减少地位降低的风险，最好的办法就是积极地侵害其他囚犯。

囚犯那份随时变动的男性尊严使他们不得不实施性攻击行为。“男人”的人数远远超过“女王”的人数，这是一种不平衡的状态。绝大部分的“变童”“无论是根据他们的性倾向还是过去的生活历史来看，都是异性恋者”，因此，“变童”从异性恋向同性恋转变可以使囚犯内部趋于平衡的状态。但 Donaldson 同时在书中说道：“‘女

① See Lee H. Bowker, Prison Victimization (1980).

王'和'娈童'的人数很少，几乎不能满足其他囚犯的需求……这种供求不平衡是我们理解男性囚犯内部无休无止进行竞争的社会动力学现象的关键，因为这些囚犯总是处于随时可能'失去男性尊严'的危险之中"，因此每一名囚犯都必须争取在性行为上征服其他囚犯来达到维持男性尊严的效果。

男性囚犯的等级制度是建立在类似于厌女症这样会改变个人性行为和性倾向的心理基础之上的。没有足够能力反抗而被迫扮演"女性"角色或者性行为中的被动角色的男性囚犯不仅会受到其他囚犯的中伤，被冠以女性化的代号，而且经常沦为处于支配地位的男性囚犯的性奴隶。这种现象是严格区别于一般男同性恋者群体的内部关系的。①

（二）狱警对男性囚犯权力分配等级制度的参与

1. 建立在权威等级制度基础上的男性狱警和男性囚犯的关系

狱警和囚犯之间按照严格的权威等级制度系统来分配权力。这个权威等级制度帮助狱警在更少引起冲突的前提下，更高效率地监控囚犯。一般而言，在安全等级越高的监狱里，这种权威等级制度就越严格。②由于囚犯的数量远远超过狱警的人数，权威等级制度可以提高狱警的控制力，帮助狱警对大量被强制监禁在狭小空间内、有暴力倾向的囚犯实施控制。当今社会正进入一个监狱扩张和监狱管理政策越发强硬的时代，权威等级制度成为了监所必不可少的组成部分。③

目前，在美国的监狱内部已经出现了性别整合的迹象，狱警内部的亚文化与男性囚犯内部的同性恋文化具有相通之处。狱警和囚犯主要来自于工薪阶层，因此工薪阶层的男性尊严文化盛行于两个群体中，成为极具男子气概的典范人物仍然是两个群体共同追求的目标。男性尊严是他们极为推崇的个人价值。如果狱警当中有人对囚犯表现出怯懦，这会对所有其他狱警的人身安全造成威胁，其他狱警会讽刺

① R. W. Connell, Gender and Power: Society, The Person and Sexual Politics, 215 (1987).
② Wayne Wooden & Jay Parker, Men Behind Bars: Sexual Exploitation In Prison 23 (1982).
③ See Lynn Etra Zimmer, Women Guarding Men 25 (1986).

这样懦弱的狱警，甚至以“小姑娘”和“男同性恋者”等词来称呼他们。

整个狱警群体的活动都透露出他们对囚犯态度强硬。他们在与囚犯对话时会使用粗俗的语言，在传达命令时会大声地吼叫，这些都是维持两个群体之间社会交往距离的基本手段。狱警的独裁主义思想可能与狱警处于监狱管理的官僚体制最底层有关。他们距离决策制定者的距离最为遥远，也最缺乏影响上层决定的能力，却要执行监狱里的每一条规则，并服从每一位更高级别的决策者。尽管在许多情形下，囚犯和狱警等监所管理人员可以发展出相对亲切友好的关系，但是狱警对囚犯的支配地位仍然是不可动摇的。

2. 狱警对囚犯进行控制的表现：言辞与行为的性化

男性狱警内部的亚文化强调男子气概和公开地展现男性尊严。在监狱的危险环境里，夸大男性尊严可以减少狱警表现出怯懦的机会，从而降低狱警受到囚犯伤害的可能性。一名狱警表现出怯懦可能影响狱内大部分其他狱警的人身安全。所以，所有狱警都面临着巨大的压力，不得不依循公开表现男性尊严的行为标准来实施自己的行为。

狱警控制囚犯的权威常常是性化的，这主要体现在男性狱警和男性囚犯的相处过程中。首先，男性狱警常常使用带有性别角色含义的语言对男性囚犯明嘲暗讽，强调男性囚犯缺乏权力和男性尊严，同时表现狱警的权威。男性狱警通常使用“小姑娘”、“男同性恋者”和“阴道”等称谓称呼男性囚犯。其次，男性狱警和男性囚犯两者之间发生不当性关系的现象并不罕见。虽然二者通常会遵守约定俗成的保密协议，将这种关系隐藏于黑暗之中，但偶尔被曝光在所难免。①最后，虽然很少有学者研究狱警在阻止或者协助囚犯之间的性侵犯行为过程中所扮演的角色，但从 Donaldson 的经验可以看出，尽管囚犯之间的性侵犯或性暴力等行径无一例外违反了美国任何一个州的监狱管理规定，但是实际上狱警不仅参与了，甚至常常鼓励囚犯之间建立按照强奸能力强弱进行排位的等级制度。

狱警和监狱的管理者为了将囚犯中的情侣安置在同一间囚室里，

---

① See Donatello Lorch, Prisoner's Cry of Rape is Heard; Judge Rules a Man was Assaulted by a Suffolk Official, N. Y. Times, Oct. 9, 1996, at BI.

可能会有意识地批准囚犯调动囚室的申请，尤其是如果这种调动可以有助于维持囚犯的内部秩序、使囚犯发生斗殴的可能性最小化，管理者更容易批准囚犯的申请。但是同时，狱警可以借助拒绝囚犯调动囚室的申请来惩罚在男性尊严等级制度中处于支配地位的囚犯，或者将这种手段用于稳定该囚犯的地位以免秩序混乱；而且，狱警可能为了防止某一名尚未有性伴侣的这类型囚犯破坏监狱秩序，而鼓励他强奸另一名地位更低的囚犯。狱警认为一旦该囚犯有了固定的性伴侣就会安定下来，他制造麻烦的机会就会减少。更甚者，狱警可能为了获取回报、破坏某一名具有领袖魅力的囚犯获得领导地位的机会或者惩罚某一名令人讨厌的囚犯而协助某些囚犯在狱内实施强奸行为。[①] 至少有一篇相关的研究报告指出，对同性性行为容忍度较高的狱警不仅会通过不执行相关禁止性规定，为囚犯之间自愿实施的同性性行为提供协助（因为狱警认为管理囚犯的性行为不属于他们的职责），这些狱警还会以没有发现囚犯有实施暴力的表面迹象（如挥舞刀子或刀柄的行为）而对某些囚犯强迫另一些囚犯与其发生性关系的行为视而不见。

（三）威胁男性尊严的监狱内部搜查行为

在男性形象被夸大的监狱环境中，狱警除了通过性化的语言和行为，还通过对囚犯实施搜查来加强自己的权威。由于狱警可以在任何时候，无需做出事前通知即可对囚犯实施触摸搜查（tactile search），尤其是由于狱警可以很轻易地利用自由裁量权组织恶意搜查，或者仅仅为了报复某名囚犯而对其实施搜查，因而囚犯普遍认为，狱警的搜查行为构成对他们个人尊严的侵犯。因此，在许多男性囚犯心目中，由女性狱警实施搜查的制度比由男性狱警实施搜查的制度更为恶劣，前者是监狱为了强调男性囚犯毫无权力和贬损他们的男性尊严而设立的。

---

① See Jerry Bier & Matthew G. Kreamer, 5 Corcoran Guards Indicted; This case Follows Indictments Against Eight Other Prison Guards in February, Fresno Bee, Oct. 9, 1998, at Al.

（四）在处理女性狱警目视监视裸体男性囚犯问题上，法院忽视了男子监狱内权力分配性化现象的影响

监狱管理人员很清楚触摸搜查很容易引起囚犯的暴力行为，因为在充满着征服欲的监狱环境中，多余的身体接触被囚犯视为极端的威胁，无论这种接触是来自于狱警还是其他囚犯。因此，虽然监狱的管理者享有法定权力可以在非紧急情况下实施跨性别的触摸搜查行为，但是他们很少这么做。在监狱里，男子气概或者男性尊严被定义为反抗“女性化”和在性行为过程中不屈服于施暴者的一种能力，而男性对女性的支配力也被监狱的性别歧视氛围所夸大，如果男性囚犯被迫受到女性狱警的目视监视，他们的男性尊严会受到极大威胁。男性尊严是众多囚犯的最高人生价值，来自女性的监视因而被视为对囚犯尊严的贬损。对于许多男性囚犯而言，女性狱警的出现使他们联想起入狱前世俗的、富有男性自尊的生活方式，[①]但是在大部分涉及跨性别监视行为的案件判决的司法意见部分，法官常常忽略女性狱警的目视监视对于男性囚犯的羞耻心和性倾向的影响。

即使法官在判决书里以及学者在他们的论文中都对监狱中性与权力的关系表示关注，他们中的绝大部分只关注男性狱警对女性囚犯所实施的性接触行为。[②] 他们的观点不仅反映出了性别歧视——在性关系中男性处于支配地位而女性处于被支配地位，还反映出他们误以为狱警和囚犯发生性关系的现象只可能存在于异性狱警和囚犯之间的偏见。这种偏见一直没有得到纠正，直到最近才有媒体报道，有的囚犯在监狱中被其他囚犯或者狱警实施性侵犯的现象是存在的。[③] 正如 Dothard v. Rawlinson[④] 一案所显示的那样，即使当女性是当权者——男子监狱中可以直接接触囚犯的狱警——的时候，人们最为担心的仍然是女性狱警的脆弱，而男性囚犯受到伤害的可能仍然被忽视。

---

① See generally Zimmer, supra note 54, at 151 – 153.

② See e. g. Ann Scott Tyson, Sexual Abuse Rises as More Women Do Time, Christian Sci. Monitor, Dec. 9, 1996, at 1.

③ See Greg Burton, Prison Rapes Covered Up, Inmates Charge, Salt Lake Trib., Nov. 9, 1997, at B1.

④ 433 U. S. 321 (1977).

三、有关跨性别搜查行为法律法规的发展及其缺陷

在过去，人们总认为女性生理性别的固有属性是脆弱，如果女性担任看守人员她们的人身安全就会受到威胁，所以女性不合适担任这种男性化的危险工作。因此在很长一段时间内监狱管理者都拒绝让女性担任男子监狱看守人员。然而在过去的30年间，女性进入监狱这种传统上由男性控制的场所参与工作有了新的法律依据——有关防止性别歧视和保障就业平等权的联邦立法。但同时，某些男性囚犯和男性看守人员却通过法律途径对此提出质疑：允许女性狱警对男性囚犯实施搜查行为以及目视监控囚犯生活区的制度可能违宪。①

在有关案件中，司法意见对于以上质疑的回应在很大程度上以《美国联邦宪法第四修正案》关于合理搜查和合理逮捕的规定为依据，有的法官将狱警的搜查行为划分为法律允许的搜查行为和法律不允许的搜查行为，这种方法非常实用，因为隐私权是没有性别之分的。划分法律允许的搜查行为的范围相当于限制了执法人员的搜查权，并创造了一个保护囚犯个人隐私权的范围。但是，由于近年来囚犯所享有的权利范围有所缩减，囚犯的隐私权所受到的保护也随之减少，构成不合理搜查的法定标准同时也在稳定地提高。有的法官甚至将囚犯享有的隐私权保护范围缩减至《美国联邦宪法第八修正案》的规定范围内，使《美国联邦宪法第四修正案》对于狱警搜查权的限制实际上形同虚设。②

由于囚犯隐私权的减少，法官更加关注女性狱警看守男性囚犯的制度所涉及的道德问题和监狱的人力资源配置合理性问题。因此，为许多人所认同的禁忌——被陌生异性看见自己的裸体，就成为法官分析案情时的一个基本依据。但是，这种仅仅强调生物性别的保守标准在今天的高安全级别男子监狱当中是不可靠的。原因有以下两点：一方面，这种观点忽视了狱警和囚犯的性倾向的重要性，而监狱是一个性行为现象复杂多变的场所，狱警和囚犯的性倾向会对搜查行为产生影响。另一方面，这种观点忽视了囚犯群体内部权力性化的男性尊严

---

① See Jocelyn Pollock, Sex And Supervision: Guarding Male And Female Inmates 8 (1986).

② See Hudson v. Palmer, 468 U. S. 517 (1984).

等级制度对于囚犯看待狱警搜查行为的心态所产生的影响，却将囚犯权利受侵犯的问题归咎于女性狱警看守男性囚犯的制度。总而言之，法院将性别、性、性取向三个问题相混淆，使有关跨性别搜查行为的法律规定一片混乱。

本文的这一部分主要探讨有关跨性别搜查行为的法律规定的不足，从囚犯隐私权的削减以及各联邦法院在相关案例中判决不一致这两个问题出发，继而讨论性别、性和性取向这三个问题是怎么被混淆的。笔者提出，法院片面强调针对男女狱警搜查行为的规范必须具有对等性是不妥当的，而且相关法律法规缺乏对较高安全级别男子监狱中的男性尊严等级制度进行考察，这种种因素使得法官很难根据宪法判断在什么时候和在什么情况下，法律和政策可以允许女性狱警对男性囚犯实施搜查。

（一）美国联邦最高法院对囚犯隐私权保护范围的缩小

在过去的20年，美国联邦最高法院通过几个案例的判决缩小了囚犯隐私权的保护范围。从过去的相关法律法规来看，囚犯一旦被监禁，其享有的宪法权利就要受到限制，尤其是当囚犯的宪法权利与刑罚目的相冲突的时候，刑罚目的将优先于囚犯的宪法权利得到保护。[①]但是法院也一直坚持，囚犯并非自踏入牢房的一刻起就丧失宪法所赋予他（她）的所有权利。[②] 监禁对于囚犯的宪法权利产生的影响仅仅是限制这些权利而不是完全阻止囚犯行使其宪法权利。但是在过去的10年间，《美国联邦宪法第四修正案》所赋予囚犯的权利几乎成为一纸空文。囚犯想要维护自己的宪法权利无疑需要打一场硬仗，因为在现行的刑罚系统中，保护监狱的安全是最高的刑罚目标，狱警高度依赖搜查手段来排除一切违禁武器和毒品，以保障监狱的安全。因此，狱警对囚犯实施搜查尽管有合法依据，却侵犯了《美国联邦宪法第四修正案》赋予囚犯的权利，这种行为已经不仅仅对囚犯的权利构成限制，而是成为囚犯行使宪法权利的阻碍。

① See Turner v. Safley, 482 U. S. 78, 84 - 85 (1987).
② See Wolff v. McDonnell, 418 U. S. 538 (1974).

法院削减《美国联邦宪法第四修正案》赋予囚犯的隐私权始于20世纪70年代末，但是早在20世纪60年代刑事程序法中的一个重大改变就已经预示着囚犯隐私权将会减少。Katz v. United States一案①的判决不再将行为人是否侵犯他人的住所作为判断行为人是否侵犯他人隐私权的判断标准，还扩大了犯罪嫌疑人的隐私权保护范围。但讽刺的是，Katz一案的判决所确立的客观判断标准却被用于设立更严格的隐私权法律法规。Katz一案判决认为，只有在政府的搜查行为侵犯了他人享有的“受宪法保护的合理隐私期待”时，政府的搜查行为才构成违反《美国联邦宪法第四修正案》的行为。在Katz一案中，FBI的特工将一个电子录音设备放置在被告打电话的公共电话亭外偷录被告的谈话，被告于是提起诉讼，控告政府的行为违反了《美国联邦宪法第四修正案》,被告主张政府通过违法的偷录行为所获得证据不应当被采纳。审理该案的法官支持了原告Katz的主张,理由是政府没有在实施窃听行为前提出合法理由获得地方治安官的授权。

在Katz一案之前，法官首先以行为人是否物理性侵入他人受宪法保护的私人场所为依据，判断行为人是否侵犯了他人的隐私权；法官之后再根据行为人是否侵犯了他人的隐私权，判断行为人的行为是否违反了《美国联邦宪法第四修正案》。但Katz一案摆脱了这种判断标准。Katz一案强调隐私权应当是附属于人的权利而不是附属于地点的权利。Harlan法官对该案的判决表示同意，他提出在判断政府的行为是否侵犯了他人隐私权的过程中有两个因素必须考虑：首先，他人必须明确表示了他的主观隐私期待；其次，他的隐私期待必须被社会所认可，即社会公众认为他的期待是具有“合理性”的期待。Katz一案的判决扩大了隐私权保护的范围，将无形物如电话对话纳入保护范围内，但是在随后的一系列案件中，该案提出的关于隐私期待“合理性”的判断标准却被用于限制《美国联邦宪法第四修正案》有关隐私权的规定的适用范围。于是，Katz一案将判断个人隐私权是否受到政府侵犯的标准，从以政府是否侵入他人的私人场所或者侵扰他人的私人活动为标准，变为以社会是否认可他人的隐私期待为标准，而

① 389 U. S. 347 (1967).

后者是一种外部评价标准。[①]

Katz 一案产生的影响极大，甚至连监狱的基层管理人员都可以感受到这种影响。由于 Katz 一案提出的观点，美国联邦最高法院重新审查了隐私权的保护范围，并将囚犯隐私权的保护范围进行减缩，所以只有当政府实施了最具有侵犯性的搜查行为时，其行为才会被法院视为构成侵犯囚犯隐私权的行为。美国联邦最高法院主要在三个关键性案件中表达了以上观点：Bell v. Wolfish 一案[②]，Hudson v. Palmer 一案[③]和 Turner v. Safley 一案[④]。Hudson 一案涉及狱警对监狱囚室的搜查，该案按照 Katz 一案及其后一系列案件的判决，将《美国联邦宪法第四修正案》的适用范围进行了缩减。在 Bell 一案和 Turner 一案中，囚犯依据宪法对监狱管理规范提出质疑，两案的判决都提高了确定监狱管理人员的行为是否违反宪法的判断标准。尽管这些案件当中没有一个案件的判决特别提到法律是否允许狱警实施跨性别搜查行为，但是对于原被告双方关于跨性别搜查行为规定的主张，三个案件都进行了详细分析。下文将对这三个案件进行逐一探讨。

1. Bell v. Wolfish 一案

在沃伦法庭时代，囚犯所享有的权利有所增加，监狱的管理者不能再借法律的名义滥用职权损害囚犯的权利，但是，Bell 一案标志着这个时代的终结。法院为了阻止在 20 世纪五六十年代出现的监狱惨剧和监狱看守人员滥用职权的现象蔓延，要求监狱看守人员必须提出合法的理由，甚至需要证明其搜查行为至少符合一个法定的刑罚目标才可以实施搜查行为。但 Bell 一案判决减少了对监狱看守人员实施搜查的行为限制。

在 Bell 一案中，原告是一名等待审判的犯罪嫌疑人，他被关押在纽约市联邦短期看守所。原告主张，被告看守所规定看守人员在每次实施触摸搜查后再对原告实施目视体腔搜查是违反相关法律规定的，因为看守人员的目视体腔搜查行为已经超过了维护看守人员人身

---

① See, g., Oliver v. United States, 466 U. S. 170 (1984); United States v. Place, 462 U. S. 696 (1983).

② 441 U. S. 520 (1979).

③ 468 U. S. 517 (1984).

④ 482 U. S. 78 (1987).

安全这一合法利益的必要限度，因此看守人员的目视体腔搜查行为构成了不当的和不合理的搜查行为，违反了《美国联邦宪法第四修正案》。该案被告看守所的管理者不能证明目视体腔搜查可以有效地防止犯罪嫌疑人携带违禁品，但是，美国联邦最高法院仍然认为看守人员的目视体腔搜查行为是合法的，因为看守人员的人身安全这一法定利益应当优先于原告有限的个人隐私权受到保护。美国联邦最高法院没有具体说明在看守所内《美国联邦宪法第四修正案》的适用范围，但是该院认为，只要看守所制定的有关搜查行为的管理规范与政府的刑罚目的有合理关联性，看守人员的搜查行为就不构成明显地违反《美国联邦宪法第四修正案》的搜查行为。审理该案的法官 Rehnquist 对该案判决表示赞成，他批评某些联邦法院对于监狱管理制度中某些并非全错或者全对的做法进行事后批评，充当“事后诸葛亮”，而且他认同某些不属于美国政府司法部决策层的公职人员（如在一线工作的狱警）的一些具体做法没有明显违反美国联邦宪法。Bell 一案的判决得到了许多下级联邦法院的遵循，这表明许多法官认为在囚犯踏入监狱的大门之时，《美国联邦宪法第四修正案》赋予他们的隐私权中的大部分就已经被剥夺，不再受到法律的保护了。①

2. Hudson v. Palmer 一案

在 Bell 一案判决五年后，在 Hudson v. Palmer 一案②中，美国联邦最高法院再次面临《美国联邦宪法第四修正案》在监狱的适用问题。在该案中，原告 Palmer 是一名弗吉尼亚州监狱的囚犯。原告诉称，被告监狱的狱警没有经过事前通知，任意地搜查了原告的囚室（这种具有任意性的、未经事前通知就进行的囚室搜查被称为“彻底搜查”），并且在没有证据的情况下发出公告指控原告违反监狱管理规范，还毁坏了一些并非违禁品的私人物品，侵犯了原告的隐私权。但是法院认为，囚犯对其囚室所享有的所谓个人隐私权与“‘监禁’的基本含义”以及“监所设立的目的”是相冲突的，因此，囚犯对其囚室不享有任何隐私权。因而在该案的判决书中美国联邦最高法院暗示，《美国联邦宪法第四修正案》不适用于监狱囚室的范围内。美

① See Alan Hyde, Bodies Of Law 163 (1997).

② 468 U. S. 517 (1984).

国联邦最高法院首席大法官 Burger 在判决书中指出："我们认为，社会大众不会认同囚犯对于自己的囚室享有任何合法的主观隐私期待，所以，《美国联邦宪法第四修正案》关于禁止不合理搜查的法律规定不适用于监狱囚室。这是因为囚犯对于自己的囚室所享有的隐私权与监禁的基本含义以及监所设立的目的之间具有不可调和的矛盾。"

审理 Bell 一案的上诉法院判决意见认为，囚犯是可以享有有限的个人隐私权的，但是审理 Hudson 一案的美国联邦最高法院法官则认为，囚犯的权利完全不能享受《美国联邦宪法第四修正案》的保护。笔者认为，美国联邦最高法院的这种观点是对法律的误读，因为从这种观点来看，既然《美国联邦宪法第四修正案》不适用于囚室，那么，即使狱警实施的搜查行为仅仅是为了骚扰囚犯，囚犯也难以找到法律依据来质疑狱警的搜查行为的合理性。在 Hudson 一案的判决书中，美国联邦最高法院认为囚犯应当依据《美国联邦宪法第八修正案》、各州的侵权法以及普通法提出相关诉讼请求。

审理 Hudson 一案的法官认为，由于所有囚犯过去所实施的犯罪以及暴力行为的反社会性很高，因此必须赋予狱警进入囚室不受限制的权力以保证监狱的安全，这种以偏概全的观点使囚犯的所有隐私权形同虚设。[①]但是，审理该案的部分法官不同意该案判决，他们认为，该案判决将狱警所实施的"一切"行为都是合理行为的这种假设作为推理前提是不合理的。[②]在 Hudson 一案中，美国联邦最高法院开创先河规定，囚犯对监狱中任何一处场所以及监狱生活中任何一个方面都不得享有受《美国联邦宪法第四修正案》所保护的隐私权，法院的理由是"《美国联邦宪法第四修正案》已经过时，不能适应封闭式监狱对囚犯实施持续监视以确保监狱安全和狱中秩序的要求"。

Hudson 一案无条件排除《美国联邦宪法第四修正案》在涉及监狱囚室搜查行为的案件中的适用，O'connor 法官对此表示赞成。他认为，在被逮捕或者判刑后，被监禁的囚犯就会丧失所有《美国联邦宪法第四修正案》所赋予的隐私权和个人生活各方各面的权益。在 Hudson 一案的判决书中，O'connor 法官虽然引用了两个案例，但

① Johnson v. Phelan, 69 F. 3d 144, 146 (7th Cir. 1995).

② See Jordan v. Gardner, 986 F. 2d 1521 (9th Cir. 1993) (en banc).

是并没有对案例逐个进行具体分析，而是直接得出以上概括性结论。而且他还认为，涉及狱警对囚室的搜查和收集物证行为的案件无需根据具体案情分析，只要作为一个类型的案件使用相似判决即可。在Hudson一案判决之前，法官一般认为由于囚犯受到监禁是必要的，因此应当限制囚犯的权利，但是究竟要对囚犯的权利实施多少限制应当根据案情具体分析，O' connor法官的这种概括性论断明显背离了以上观点。

Hudson一案遗漏了一个问题并没有解决，那就是囚犯的身体本身是否同样不受《美国联邦宪法第四修正案》的保护。在一个涉及狱警对囚犯实施身体搜查行为的案件中，美国联邦第七巡回法院的法官意见不一，但是在该案的判决中，法院认为根据Hudson一案的判决，囚犯对于自己的身体不享有受到《美国联邦宪法第四修正案》保护的隐私权。法院先前在判决书中提到，审理该案的法官认为："审理Bell一案的法官在司法意见部分而非正式判决部分中提出，囚犯享有《美国联邦宪法第四修正案》所赋予的部分隐私权"。但是，五年后在Hudson v. Palmer一案中，美国联邦最高法院却认为，囚犯完全不享有《美国联邦宪法第四修正案》所赋予的隐私权，并且指出囚犯不享有隐私权是有罪判决中所包含的最为肯定的一项内容。"狱警控制囚犯生活的时间和地点，囚犯不享有任何独处或保持个人秘密的权利，他们的看守者有权利监视和规范囚犯生活的每一个方面。"

除了认定囚犯对于自己的身体不享有《美国联邦宪法第四修正案》所赋予的隐私权外，美国联邦第七巡回法院还认为，只有当狱警对囚犯实施的跨性别搜查行为违反了《美国联邦宪法第八修正案》时，囚犯请求法院认定狱警实施的跨性别搜查行为侵犯其权利的诉讼请求才可能得到法官的支持。但是，《美国联邦宪法第八修正案》对于非法搜查行为的认定标准比《美国联邦宪法第四修正案》的认定标准更高。换言之，囚犯要承担举证责任证明狱警的搜查行为对其造成了不必要的和不合理的肉体痛苦。通过分析各个相关案件，笔者只在一个联邦法院审理的案件中发现该法院依据《美国联邦宪法第八修正案》认定被告的跨性别搜查行为违法，而且该案中原告是一名女性囚犯。

3. Turner v. Safley 一案

审理 Turner 一案的法院尽管没有适用《美国联邦宪法第四修正案》分析案情，但是对于有关囚犯的隐私权的范围做出了严格限定。在 Turner 一案中，原告是多名囚犯，他们控告被告监狱制定的监管制度限制了囚犯结婚的权利和与其他囚犯通讯的权利。最终，美国联邦最高法院以五比四的投票结果判决，被告监狱可以保留原有的囚犯通讯规范，但是必须取消有关囚犯婚姻的管理规范。在 Turner 一案的判决中，美国联邦最高法院提出，应当以行为的合理性为标准来判断什么样的行为构成侵犯囚犯的宪法权利的行为。在 Turner 一案判决之前，各个法院曾经提出不同的判断标准处理涉及囚犯控告监狱管理规范，以及涉及狱警实施这些规范的过程中侵犯囚犯的宪法权利的案件。

O' connor 法官在 Turner 一案的判决中综合了一系列涉及美国联邦宪法第四修正案的案例所提出的判断标准，总结出一个单一的标准，可以适用于所有有关囚犯宪法权利受侵犯的案件：如果限制囚犯宪法权利的监狱管理规范是与合法的刑罚利益具有合理关联性的话，这些管理规范是合法有效的。法官认为，设立合理性标准是非常必要的，因为这个标准既可以使囚犯服从于监狱管理者的管理“以防止监狱安全受到威胁”，又给他们“采取创新方法处理棘手的监狱管理问题”留有余地。确定监狱管理规范的合理性需要考虑的几个相关因素包括：①规范中是否包含合法的政府利益；②监狱管理规范与其所维护的政府利益之间是否有合理有效的联系；③是否存在有效实现囚犯权利的其他方法；④调和狱警的权利、囚犯的权利和监狱资源三者之间的关系可能给狱警和囚犯双方所造成的影响；⑤是否缺乏任何其他明显更易于操作的方法。

囚犯对其身体所享有多种权利，而 O' connor 法官的这种综合性判断标准对涉及囚犯身体隐私权受侵犯的案件影响最大。在 Turner 一案判决后，无论狱警在任何时候以维护监狱安全为理由实施限制囚犯隐私权的行为，其行为都会被认为是合理的。又因为监视与保障监狱安全密切相关，所以狱警实施的一般监视和搜查行为都可以被视为合理的行为。只有当狱警的搜查行为是非常令人愤怒、毫无正当性和嗜虐的，而且该行为的目的仅仅是为了对囚犯造成损害的时候，该行为才构成违反《美国联邦宪法第四修正案》的不合理搜查行为。因此，构成不合理搜查行为的判断标准实际上已经接近《美国联邦宪法第八修正案》关于认定“残酷的和非常规的惩罚手段”的严格判断标准。[1] 但是不同意该案判决的法官指出，Turner 一案在支持限制囚犯宪法权利的监狱管理制度的同时，降低了对看守人员的要求，根据该案判决，看守人员实施搜查行为时无需非常充分的法律依据，即可对囚犯的身体实施搜查。与 Hudson 一案相类似的是，Turner 一案的判决只从单一的利益角度（是否有利于保护监狱的安全）考虑囚犯的诉讼请求，这是一种退步。这种看法没有根据具体案情分析某些监狱管理规范对于囚犯的限制是否具有必要性，而仅仅将所有涉及囚犯宪法权利的案件归为一类案件看待，并将囚犯看做一个不存在个性的危险群体，并因此断定法院必须对其宪法权利的范围进行细致划分。

自从 1987 年 Turner 一案判决以来，该案已经成为了涉及跨性别搜查行为的案件范例，法院一般以其判决作为依据审理类似案件。由于 Turner 一案将监狱内部的安全作为首要保护利益，要求囚犯必须服从监狱看守人员的管理，因此，该案并不鼓励法院在考虑跨性别搜查问题时对可能存在的狱警恐吓囚犯与其发生性行为的现象有过多的顾虑。因为 Tuner 一案的判决很注重防止联邦法官对监狱看守人员的判断进行事后评判，该案忽略了一个重要问题，那就是尽管按照规定监狱的看守人员有职责维护监狱的安全；但是，当面对不同性别或不同“性别角色”的囚犯时，监狱规范的实施是应当有所区别的。事实上，看守人员常常善意或恶意地参与到分配男性囚犯内部权力的性恐吓和性暴力活动当中。目前，法院在审查应当允许还是禁止某些跨性别搜查行为的问题时，却不得不全盘接受监狱管理人员给出的实施该跨性别搜查行为的理由，即只要根据监狱管理人员的判断，实施跨性别搜查行为有助于有效实现监狱的刑法目标包括维护监狱安全、令囚犯服从管理、剥夺囚犯的某些法定权利、改造囚犯甚至有效利用看守人员的人力资源等等，法官就会认可监狱看守人员所实施的跨性别搜查行为具有合理性、合法性。

---

① See generally Whitley v. Albers, 475 U. S. 312 (1986).

总而言之，Katz 一案的判决提出，只有当社会公众认为刑事被告人的隐私期待是“合理的”隐私期待时，刑事被告人才可以在其隐私期待的范围内享有隐私权。Bell 一案将 Katz 一案的分析结论应用于监狱环境当中，Bell 一案的判决认定，囚犯可以享有有限的隐私权，但是只要监狱看守人员提供合理的理由并采取合理的方式就可以对囚犯实施搜查，换言之监狱的看守人员实际上拥有不受限制的自由裁量权，可以对囚犯实施具有高度侵犯性的搜查行为，哪怕这种搜查行为会侵犯囚犯的隐私权，该搜查行为仍然是合法有效的。Hudson 一案认定，《美国联邦宪法第四修正案》不适用于监狱囚室范围内，因为社会公众不可能认同囚犯对其囚室享有合理的隐私期待。但是，Hudson 一案的判决没有就囚犯对其身体是否享有隐私权（无论他出于囚室内还是囚室外）的问题作出回答。而审理 Turner 一案的法官则为如何认定看守人员实施的某行为是否构成侵犯囚犯的基本宪法权利的行为提供了一个以该行为的合理性为基础的判断标准，该标准要求，只要看守人员限制囚犯权利的行为与政府的某些利益有最低限度的联系，而这种联系足以证明看守人员实施该行为具有合理性，则看守人员实施该行为并不构成对囚犯的宪法权利的侵犯；不过，也由此看出，该标准要求法院高度信赖看守人员所提供的行为依据或理由。

Bell，Hudson 和 Turner 三个案判决的共同点在于审理这些案件的法官都认为，根据《美国联邦宪法第四修正案》的规定，即使是具有高度侵犯性的搜查行为也可能被法律所允许。在过去的 20 年里，联邦法院按照 Katz 一案、Hudson 一案和 Bell 一案的判决，缩小了囚犯隐私权的保护范围，并将 Turner 一案提出的判断看守人员的行为是否侵犯囚犯的基本宪法权利的判断标准应用于一系列涉及狱警对囚犯身体实施搜查的案件中。上述标准赋予了监狱看守人员极大的自由裁量权，使他们可以自行决定是否对囚犯实施常规搜查、随机搜查、毫无依据且具有高度侵犯性的搜查等行为，而且按照这一标准这些行为并不构成违反美国联邦宪法的行为。然而，美国联邦第七巡回法院在最近一个案件的判决中提到：“高度依赖看守人员对于监狱管理的看法会使得法官难以想起根据《美国联邦宪法第四修正案》，在许多个案中，狱警对囚犯实施的光身搜查（strip search）（很可能具有高度的侵犯性）已经构成了不合理搜查行为。”[①]虽然法官可以从该搜查行为有益于维护监狱安全的角度解释这种搜查行为的合理性，以证明该行为不违反《美国联邦宪法第四修正案》，但是，这种合理性标准无法将一小部分狱警为了骚扰囚犯而实施的搜查行为排除出合理搜查行为的范围之外。

下级的联邦法院都统一按照 Turner 一案确定的合理性标准来审理有关囚犯质疑狱警搜查权的案件，狱警实施的许多对囚犯身体具有高度侵犯性的搜查行为，以及在没有怀疑被搜查囚犯是否实施了违反规定的行为的情况下实施的搜查行为，都被联邦法院认定为合法行为。按照法律规定，监狱的看守人员有权在没有怀疑被搜查囚犯是否实施了违规行为的情况下检验囚犯的体液，但是，美国联邦第四和第九巡回法院以及众多地区法院都认为为了进行基因检测而强制检验囚犯的血液不构成违反《美国联邦宪法第四修正案》的行为。与这种观点类似的是，美国联邦第十和第十一巡回法院认定，未经囚犯的同意抽取囚犯血液进行艾滋病测试同样是法律所允许的行为。

目前，囚犯无法依据《美国联邦宪法第四修正案》控告狱警任意的、毫无合理怀疑的情况下对囚犯实施的体腔实施搜查行为。自从 Bell 一案、Hudson 一案和 Turner 一案判决后，至少五个联邦上诉法院认定光身搜查和体腔搜查两种行为符合宪法规定。美国联邦第二、第五、第七和第十巡回法院也认为，由于看守人员对于搜查行为的合适与否具有专业判断水平和丰富的职业经验，因此狱警对囚犯实施的常规的体腔搜查和光身搜查符合宪法规定。

当监狱看守人员认为狱中存在潜在的或事实上的破坏行为或者骚动，因而而有必要提高安全保障水平时，他们有更大的权力实施具有高度侵犯性的搜查行为。例如，在 Elliott v. Lynn 一案[②]中，被告是原告所在监狱的狱警，在被告对原告实施的一次目视体腔搜查过程中，其他囚犯、狱警甚至非必要在场的人员如媒体代表都在场观看了原告被检查的全过程，而这次目视体腔搜查还只是作为全监狱彻底搜查中的一部分进行展现。原告于是提起诉讼控告被告在不适当的地点

---

① Peckham v. Wisconsin Dep't of Corrections, 141 F. 3d 694 (7th Cir. 1998).

② 38 F. 3d 188 (5th Cir. 1994).

采取不当的搜查方式，侵犯了《美国联邦宪法第四修正案》赋予他的隐私权。审理该案的美国联邦第五巡回法院认为，由于在监狱中发生谋杀、自杀、刺伤和割伤的现象越来越频繁，应当赋予监狱的看守人员在管理监狱过程中“有较大的变通空间和要求囚犯服从管理的权力”，因此，被告的行为不构成违反《美国联邦宪法第四修正案》的不合理搜查行为。

由于囚犯享有的隐私权范围的缩减，只有很少一部分具有高度侵犯性的搜查行为会被视为构成违反《美国联邦宪法第四修正案》的不合理搜查行为，其中包括实施方式不专业的、不卫生的搜查行为，[1] 以及滥用职权的或者仅仅为了骚扰囚犯而实施的具有高度侵犯性的搜查行为。[2] 如果监狱看守人员实施这些搜查行为仅仅是为了骚扰囚犯或者对囚犯造成不合理的、不必要的痛楚或损害的话，那么，他们的行为既违反了《美国联邦宪法第四修正案》关于禁止不合理搜查行为的规定，也违反了《美国联邦宪法第八修正案》关于禁止酷刑和非常规惩罚的规定。

（二）美国联邦最高法院对于跨性别搜查行为缺乏指引

在涉及狱警对囚犯实施搜查行为的案件中，如果囚犯质疑狱警搜查权的理由是狱警是异性的话，那么，这类型案件应当如何处理，美国联邦最高法院并没有给予下级联邦法院任何指导意见。上文提到由美国联邦最高法院审理的三个重大案件的判决，尽管扩大了监狱看守人员对囚犯实施搜查的权力范围，但是却没有对狱警和囚犯的性别差异问题的法律意义加以考虑。在 Katz 一案、Bell 一案和 Hudson 一案中，作为争议焦点的搜查行为都不是跨性别搜查行为。而且，美国联邦最高法院也没有在判决书的正文或者司法意见中提及性别的重要性。

即使有机会处理跨性别搜查行为的合宪性问题，美国联邦最高法院仍然拒绝就该问题作出回应。笔者在至少四个案件当中发现，美国联邦最高法院拒绝签发令状调取卷宗重新审视下级联邦法院对这个问

---

① See Bonitz v. Fair, 804 F. 2d 164 (1st Cir. 1986).

② See Watson v. Jones, 980 F. 2d 1165 (8th Cir. 1992).

题的看法。

只有在 Dothard v. Rawlison 一案①的判决中，美国联邦法院才讨论了在跨性别搜查过程中出现的性接触现象和强迫行为，不过该案争议的焦点是女性在监狱中的就业权而不是囚犯的隐私权。在探讨监狱限制女性在男子监狱中接触岗位上任职的规定的合宪性问题时，美国联邦最高法院关注的是女性狱警容易遭受性伤害的特点，却没有意识到也没有讨论男性囚犯也可能容易遭受性伤害的问题。

在 Dothard 一案中，原告是一名 22 岁攻读矫正心理学的大学毕业生，Dianne Rawlinson。原告在向阿拉巴马州监狱管理委员会应聘狱警这一职位的时候遭到了拒绝。原告于是提出起诉，控告该管理委员会制定的狱警任职条件中有关身高和体重的限制以及阿拉巴马州监狱管理规范第 204 条规定——在最高安全级别的男子监狱内禁止女性在接触性岗位上任职的规定违反《美国联邦宪法》。

在 Dothard 一案的终审判决中，美国联邦最高法院责令阿拉巴马州监狱管理委员会按照一审地区法院的判决取消狱警任职条件中有关身高和体重的限制，但美国联邦最高法院认为，尽管拉巴马州监狱管理规范第 204 条规定涉嫌歧视女性，该规定使阿拉巴马州 75% 的狱警职位不对女性开放，但是因为该条规定是善意的职业资格规范，因此该条规定没有违反《民权法》第七编关于禁止性别歧视的规定。美国联邦最高法院认为，为了防止囚犯针对女性狱警的性暴力行为的发生，阿拉巴马州州立监狱限制女性任职狱警是合理的。审理该案的 Stewart 法官在判决书中写道："在这个案件中，我们需要考虑的，不仅是处于最高安全级别的男子监狱内接触性岗位上的女性狱警所需要衡量和接受的职业风险，还有其他更多的问题。矫正咨询师（狱警的一种）的存在是为了维护监狱的安全。阿拉巴马州州立监狱是一所最高安全级别的男子监狱，这所监狱不同于阿拉巴马州所管理的一般类型监狱，如果由女性来履行维护这所监狱的安全的职责，她的工作能力会由于她的女性性别而大打折扣。事实上，我们认为如果曾经对女性实施过性侵犯或类似罪行的囚犯一旦在监狱中接触到女性工作人员，他们很可能会受到刺激而再次实施这种犯罪；而且由于所有囚

① See Dothard v. Rawlinson, 433 U. S. 321 (1979).

犯长期处于无法接触异性的环境中，其他囚犯也可能会因为女性狱警的性别而袭击她们。”

从上文Dothard一案判决书的片段来看，审理该案的法官没有像许多其他法官那样在审理涉及跨性别搜查行为的案件中，忽视生理性别与暴力犯罪之间的联系，相反的，Dothard一案的判决书突出分析了这种联系，如果不仔细分析，该案法官的见解似乎非常深刻。的确，由联邦法院审理的涉及异性狱警监控囚犯的多个案件中，Dothard一案是第一个探讨了性别与暴力的关系的案件。然而，我们深入分析之后就会发现，Stewart法官上述关于性暴力的论述充满了对女性的偏见。他认为女性是容易受到性伤害的，而男性则一定是两性中占支配地位的一方，他完全没有考虑到原告的地位是监狱管理机制的上层人物还是下层人物对其自身处境的影响。Stewart法官暗示被剥夺了性自由的囚犯会仅仅因为女性狱警“是女性”而攻击她们，仿佛物理性的接近女性狱警就会引发囚犯的攻击行为。他只关注女性狱警容易受到性伤害的可能性，却忽视了男性囚犯也可能受到他们的“狱友”的强暴或者成为狱警（包括女性狱警）的不当性行为的受害者。即使女性狱警拥有州法律所赋予的实质性权力，Dothard一案仍然片面强调女性易受性伤害的观点，这是对女性的一种歧视。因为一方面，这种观点忽略了在男子监狱中，男性对男性实施性侵犯是男子监狱所特有的普遍现象；另一方面，这种观点也忽略了狱警的标记和制服本身所内涵的力量——暗示囚犯服从于狱警的权力。

Dothard一案一直以来备受批评的一个缺陷就在于，该案前所未有地提出拉巴马州监狱管理规范第204条规定虽然涉嫌歧视女性，却因为其具有善意而成为不受有关禁止性别歧视的法律法规所限制的例外情形，但是，这个例外难以普遍适用于其他同类型案件中。因为以此类推，有关部门同样可以因为善意的保护囚犯的隐私权限制女性担任狱警的就业权。然而正如一位学者所说，美国联邦最高法院不会愿意而以扩大囚犯的权利范围作为交换，以证明阿拉巴马州监狱管理规范第204条规定的合理性。[①]而且，美国联邦最高法院在与Dothard一

① Female Guardsin Men's Prisons, in James B. Jacobs, New Perspectives On Prisons And Imprisonment (1983).

案同年判决的 Bell 一案中，对囚犯隐私权的削减力度非常大，因此也就不难理解为什么美国联邦最高法院宁愿根据有关禁止就业性别歧视的法律来判决 Dothard 一案，也不愿意按照有关隐私权的法律法规来判决该案。

但无论如何，Dothard 一案至少证明了有关跨性别搜查行为的法律法规的一个重大缺陷。在该案中，美国联邦最高法院在探讨监狱的性与权力问题时非常关注女性狱警容易受到性伤害的特质，这种关注对其后案件影响深远。在 Dothard 一案后出现的一系列关于跨性别搜查行为的案件中，法官们都非常注重实施搜查行为的狱警与被搜查囚犯的性别差异，但是，美国联邦最高法院忽视了男性囚犯同样容易受到来自狱警和其他囚犯的性侵犯伤害。

（三）美国联邦法律对于监狱内部跨性别搜查行为规定的混乱

多年以来，关于跨性别搜查行为的合宪性问题仍然没有定论。在各个联邦法院审理囚犯控告实施跨性别搜查行为的监狱看守人员的案件时，许多被告提出他们拥有附条件豁免权（qualified immunity），法院因而发现关于跨性别搜查行为合宪性的判决目前处于混乱状态。附条件豁免权属于肯定性抗辩，如果政府官员有合理的理由相信自己实施的行为没有侵犯法律明文规定赋予他人的权利，那么，主张附条件豁免权可以保护政府官员免于承担民事赔偿责任。美国联邦第九和第十一巡回法院都在相关案件的判决中认同，对囚犯实施跨性别搜查行为的监狱看守人员拥有附条件豁免权。

在 1997 年，美国联邦第九巡回法院审理了 Somers v. Thurman 一案①，在该案中，原告 Keith Somers 是一名囚犯，他认为被告监狱安排女性狱警在他洗澡时对其进行监视和目视体腔搜查侵犯了他的隐私权。但是，美国联邦第九巡回法院认为法律并没有明文规定他有权利拒绝接受跨性别搜查。该院推翻了 Somers 一案的一审判决，认定被告的搜查行为并没有侵犯原告的权利。在判决中，审理该案的法官写道："无论是在过去还是今天，美国联邦最高法院都没有对于跨性别

① See Somers v. Thurman, 109 F. 3d 614 (9th Cir. 1997).

搜查行为的合宪性作出肯定的结论。”① 审理 Hudson 一案的法官 Trotter 对 Hudson 一案的判决意见表示异议，他认为该案的判决意见没有清楚说明囚犯在面对身体搜查时，是否可以依据《美国联邦宪法第四修正案》的规定获得法律的保护免受狱警的侵犯，还是只能够援引《美国联邦宪法第八修正案》来保护自己的权利，因而该案对囚犯隐私权问题的分析含糊不清。在 Fortner v. Thomas 一案②中，原告要求被告（一名监狱看守人员）对其做出金钱赔偿。美国联邦第十一巡回法院认为一审地区法院的裁定有效，被告提出的附条件豁免权抗辩成立，驳回原告的起诉。但是，美国联邦第十一巡回法院也认为，无论是美国联邦最高法院还是该法院本身都没有承认囚犯对其身体享有隐私权。类似的案例如 Csizmadia v. Fauver 一案③，同样涉及备受争议的跨性别搜查行为。审理 Csizmadia 一案的某新泽西州地区法院认为联邦法院审理的这类型案件的判决混乱，达到“造成迥然不同甚至完全相反的判决结果”的程度，从而使得该案判决前的法律没有禁止监狱制定允许女性狱警在囚室范围巡逻（在这样的工作环境中，她们可能会看见正在洗浴、如厕或换衣服的裸体男性囚犯）的监狱管理规范。美国联邦最高法院频繁地认定狱警享有附条件豁免权从而使他们免于就其跨性别搜查行为对囚犯承担民事赔偿责任的现象说明，在分析狱警对囚犯实施的搜查行为是否侵犯了囚犯的隐私权这一问题时，美国联邦最高法院没有明确指引法官注意狱警和囚犯之间性别差异问题的重要性。

一直以来普通法因为缺乏统一性、连贯性以及规范架构混乱而备受批评。尽管在 Hudson 一案中，法官并没有明确说明囚犯在囚室外的监狱范围是否享有隐私权，但是，美国联邦最高法院在该案、Bell 一案和 Turner 一案中都明确地缩减了囚犯隐私权的保护范围。然而，美国联邦最高法院却没有就跨性别搜查行为对囚犯隐私权的影响这一问题为下级联邦法院提供指引。虽然美国联邦最高法院在上述案件中本可以提供一些审理这类型案件应当遵循的标准或者大概的规则，但

① 468 U. S. 517 (1984).

② 983 F. 2d 1024, 1030, 1032 (lth Cir. 1993).

③ 746 F. Supp. 483 (D. N. J. 1990).

是该院没有做到这一点。这就导致了，虽然联邦法院每年审理大量涉及跨性别搜查行为侵犯囚犯个人隐私权的案件，但是，这些案件的判决不仅缺乏统一性，而且没有一个判决可以依照美国联邦宪法提出一个清晰的审判标准。

涉及跨性别搜查行为的纠纷一般分为两种类型，这两种类型案件都存在权利相冲突的问题。第一种案件比较常见，在这种案件中，监狱管理当局推行“中性”管理规范，允许女性狱警和男性狱警一样，可以实施各种类型的搜查，其中包括具有高度侵犯性的裸体搜查和体腔搜查，以及侵犯性较低的搜身以及目视监视囚犯如厕等，而囚犯则起诉监狱管理当局，认为这种“中性”政策侵犯了囚犯的个人隐私权。在第二种案件中，狱警为了维护自己的平等就业权，控告监狱管理当局制定的只适合“特定性别（gender specific）”的招聘规范限制了狱警在接触性岗位上任职的机会。[①]在后一种类型案件中，提起诉讼的原告不仅是女性狱警还包括男性狱警，他们的诉讼请求一般是要求取消监狱管理者根据性别制定的职位和职责规定，这些限制性规定当中既有针对男性狱警的限制，也有针对女性狱警的限制，包括轮班制度、异性狱警执行职务时的场所限制、关于限制某些跨性别搜查行为的规定，以及对异性囚犯实施特定的搜查行为前，狱警必须获得被搜查囚犯的同意的规定等等。

在过去，法院判决这上述两类案件的主要做法是按照 Bell 一案的判决从利益平衡的角度入手，协调囚犯的隐私权与狱警的就业权，但是，现在当案中争议的监狱管理规范是为了维护监狱内部安全或者提供平等就业权而制定的时候，法院却更倾向仅仅压缩囚犯的隐私权甚至驳回囚犯有关隐私侵权的诉讼请求以维护狱警和监狱的利益。然而，在许多方面，法院对于这类型案件的判决仍然有不统一之处，各个法院处理的方法可谓五花八门。

跨性别搜查行为的侵犯性大小值得法官们探讨，但不是判断搜查行为合宪与否的决定性因素。联邦法院的法官看起来不太愿意支持异性狱警实施或者同性别狱警在有异性狱警在场的情况下对囚犯实施跨性别搜查。如果案中被告狱警所实施的搜查行为具有高度侵犯性，涉

---

① See Forts v. Ward, 621 F. 2d 1210, 1214 (2d Cir. 1980).

及狱警用手对囚犯的乳房、生殖器和肛门区域的接触的话，法官们就更不愿意认同狱警这种搜查行为的合宪性。但是，美国并没有完全禁止狱警对囚犯实施具有高度侵犯性的跨性别搜查行为。某些法院允许在有异性狱警在场的情况下，由同性别狱警对囚犯实施光身搜查，尤其是在监狱安全受到威胁时。所以，尽管某些法院支持监狱看守人员对囚犯实施具有高度侵犯性的跨性别搜查行为，但是其他的法院则认为搜查行为的侵犯性越强，由异性狱警实施搜查对囚犯隐私权的侵犯就会越严重。

在法官的眼中，狱警观察裸体的异性囚犯的频率大小与狱警是否故意观察裸体异性囚犯这两个问题具有非常重要的法律意义。有的法院认为，如果异性狱警经常性或定期地观察身体部分裸露甚至是完全裸露的囚犯进行个人的私密活动，如淋浴、如厕、换衣服、被搜查或者正接受医疗检查等，那么，该狱警的行为就侵犯了囚犯的隐私权。但是，持上述观点的法院认为，如果异性狱警对裸体囚犯实施搜查或者如果同性别狱警在有异性狱警在场的情况下，对裸体囚犯实施搜查仅仅是偶然发生的情况的话，那么，狱警的搜查行为不构成侵犯囚犯隐私权的行为。

另外一些法院则持相反态度，认为狱警即使对囚犯实施频繁的、定期的跨性别搜查行为，该行为仍然是符合宪法规定的。①美国联邦第七巡回法院认为，无论《美国联邦宪法修正案》、《美国联邦宪法第四修正案》、《美国联邦宪法第八修正案》还是《美国联邦宪法第十四修正案》都不可以作为法院限制女性狱警频繁地、故意地在男性囚犯淋浴、如厕和换衣服的时候观察裸体男性囚犯的依据。②该法院的理由是，女性狱警享有与男性狱警平等的就业权，对于女性狱警而言，频繁地、有意地观察裸体的男性囚犯是她们的职责所在。

某些法院处理这类型案件的焦点与上述法院不同，它们的焦点集中在狱警可以观察到囚犯的裸体的程度大小是否受到限制。在 Bowling v. Enimoto 一案③中，原告被囚禁在只有男性囚犯的索来达市监狱

① See Bagley v. Watson, 579 F. Supp. 1099 (D. Or. 1983).

② See Johnson v. Phelan, 69 F. 3d 144 (7th Cir. 1995).

③ 514 F. Supp. 201 (N. D. Cal. 1981).

的保护性囚室，他的囚室长10英尺、宽6英尺，囚室有一道门，门上有一扇长8.5英寸、宽5.5英寸的窗口，外面的人可以透过窗口看到整间囚室，包括洗手间和床。原告主张，被告监狱安排女性狱警看守他的囚室侵犯了他的隐私权。由于被告监狱规定禁止囚犯“在任何时候出于任何目的”遮蔽窗口，所以狱警可以持续地对囚室内的情况进行监视。审理该案的一审地区法院驳回了原告请求法院禁止被告安排女性狱警看守保护性囚室的诉讼请求，但是法院认为，在非紧急情况下，囚犯有权利“拒绝异性狱警对其生殖器和如厕的过程实施不受限制的监视”。

Forts v. Ward一案[①]的判决与Bowling一案相似。在Forts一案中，原告是囚禁女性囚犯的贝德福德希尔斯监狱的女性囚犯，原告诉称被告监狱安排男性狱警进入可观察到身体半裸或全裸的女性囚犯的区域执行任务，使得狱警可以观察女性囚犯淋浴、如厕、在监狱诊所里接受治疗或者在囚室里睡觉的情形，原告认为，监狱的这些安排侵犯了她们的隐私权。在该案的判决中，尽管美国联邦第二巡回法院拒绝禁止被告监狱安排男性狱警晚上到囚室区域巡逻，但是法院支持了原告的部分诉讼请求，要求监狱在洗浴的区域安装半透明玻璃窗以阻隔外面狱警的视线，并要求被告监狱制定管理规范允许囚犯在如厕和换衣服的时候遮挡囚室的窗口。

有的法官认为，当狱警需要在异性囚犯的生活区巡逻时，美国联邦第二巡回法院上述判决是合理的，法院要求监狱管理当局对监狱管理规范所做的调整符合《美国联邦宪法第四修正案》的要求。在实际操作中，监狱会允许囚犯在如厕和换衣服时使用特定的挡板以暂时阻挡狱警的视线。但是，有的法官则认为这样的措施完全没必要。[②]

还有一些法院认为，即使狱警只是偶然看见异性囚犯的裸体，其行为也已经构成了违反《美国联邦宪法第四修正案》的行为。例如Hayes v. Marriott一案[③]，在该案中，原告是一名男性囚犯，被告是原

---

① 621 F. 2d 1210 (2d Cir. 1980).

② See Johnson v. Pennsylvania Bureau of Corrections, 661 F. Supp. 425, 433 (W. D. Pa. 1987).

③ See Hayes v. Marriott, 70 F. 3d 1144, 1147－1148 (10th Cir. 1996).

告所在监狱的众多狱警。原告诉称，被告曾经在“有超过 100 人包括女性秘书和案件负责人在场的场合下”对原告实施体腔搜查，原告于是控告被告侵犯原告的隐私权。法院认为被告的行为尽管只实施了一次但是已经构成充分的起诉理由，于是拒绝了被告提出适用简易审判程序的申请。

（四）跨性别搜查行为规定的混乱主要集中在异性狱警对于裸体囚犯的目视监视问题上

联邦法院对于涉及跨性别搜查行为的案件判决混乱，法官的意见分歧最集中体现在涉及异性狱警实施侵犯性较低、不涉及肢体接触的搜查行为的案件中，尤其是对与目视监视行为是否侵犯囚犯权利的问题，各法官看法分歧最大。涉及这类型搜查行为的案件尽管数量较多，但是，这些案件的判决是涉及跨性别搜查行为案件中判决统一性最弱的。对于极端的搜查行为——囚犯必须举高双手由狱警接触其身体所实施的接触搜查，法官的看法较为统一。联邦法院认为，狱警在搜查过程中故意接触囚犯的生殖器、乳房和肛门区域的行为违反了《美国联邦宪法第四修正案》。尽管自 Hudson 一案后，囚犯隐私权的保护范围有所缩减，但是，狱警用手接触囚犯的生殖器、肛门和乳房的行为毫无疑问违反了《美国联邦宪法第四修正案》。

既然如此，那么为什么法院对于狱警实施具有较高侵犯性的跨性别搜查行为的意见更统一呢？其中，部分原因是接触搜查会引起一系列其他实际问题。大部分州的监所会主动制定规范禁止狱警在实施跨性别搜查行为过程中接触囚犯的肛门和生殖器区域，这是符合国家最高利益的规定。但是，跨性别搜查权很容易被狱警滥用，因此需要制定行政规范限制跨性别搜查行为以减少监狱中发生的狱警对囚犯实施性骚扰或其他不当性接触行为的现象。笔者认为，即使由同性别的狱警实施具有侵犯性的搜查行为都可能引起囚犯的敌意甚至做出攻击狱警的行为，所以安排异性狱警在气氛紧张、情势易变的监狱环境中实施具有侵犯性的搜查行为只会增加囚犯的不满。

大部分州为了合法地解决这个问题，便采取了制定管理规范禁止狱警在实施接触搜查时触碰囚犯的性器官和排泄器官的手段。而且，从很久以前开始法院就已经认为行为人未经他人同意接触他人的性器官和生殖器官是一种高度侵犯他人隐私权的侵权行为。肛门、生殖器和胸部等部位一直被视为个人身体“隐私的最后堡垒”。[①] 因此，行为人故意接触他人的这些部位的行为是被法律所禁止的，但行为人如果仅仅是偶然的接触他人的这些部位，其行为尽管是违法的，但在某些特定情况下也是法律所允许的。

引起最多的诉讼纠纷而且有关判决意见最为混乱的一种搜查方式，却是对囚犯的接触最少的、甚至有人认为是侵犯性最轻微的搜查方式——目视监视。分析异性狱警对囚犯实施目视监视行为的合宪性问题较为复杂，因为这个问题除了涉及《美国联邦宪法第四修正案》赋予囚犯的权利，还牵涉到其他宪法问题。首先，监狱将实施监视行为的岗位限制在接触性岗位上，这种规定对于女性狱警的就业机会有负面影响。因为狱警的主要工作都是在接触性岗位上进行的，将女性排除在接触岗位之外实际上是将女性狱警归类为男子监狱工作中的次要角色，这是一种性别平等权倒退数十年的表现。监狱的管理者期望负责安全保障工作的人员安排灵活性最大化，又希望自己因为制定具有性别歧视性质的制度而承担法律责任的可能性最小化，所以，保障狱警的就业权对于他们而言是头等大事。于是，监狱管理者都不愿意主动对跨性别搜查行为制定限制性规范。由于以上原因，减少安排女性狱警在可以观察到男性囚犯的生活区工作的机会对于女性狱警地位产生的影响，比限制男性狱警实施侵扰性搜身行为对男性狱警地位的影响更为严重。

监视是刑罚的基础，是监狱最常用、最直接的搜查手段之一。囚犯对于狱警监视囚犯的权力的质疑实际上就是对徒刑的基本程序的质疑。Michel Foucault 曾经对美国十七十八世纪引入以监视为基础的监禁形容为一种对监禁技术的革新，这种监禁手段通过使监狱看守人员控制囚犯的能力的“应用更轻松、更快速、更有效，手段更轻巧”，从而提高了看守人员对囚犯控制的实际应用效果，[②]因为监视手段无需依赖暴力就可以单独实现对囚犯的约束，囚犯还可以通过自我批评

---

① Smith v. Fairman, 678 F. 2d 52, 55 (7th Cir. 1982).

② Michel Foucault, Discipline And Punish: The Birth Of The Prison 123 - 126, 209 (Alan Sheridan trans., Vintage Books, 2d ed. 1995) (1978).

参与到约束自己行为的过程中。Foucault 曾经说过："一个置身于他人视线中的人，如果他明明知道自己正受到他人的观察但是并没有提出异议，那么，他就是自己承担了约束自己的责任；他使得各种规范在他身上自发发生作用；他将一种权力关系铭刻在他自己心中，而他自己同时扮演这个权力关系的双方——他成为了他自己的管理者，这种权力关系代表着永远的胜利，而权力关系的双方没有任何的冲突而且这种永恒的胜利是在决定之初就绝对确定的了。"[①]

作为现代刑罚系统的中心，狱警监视囚犯的权力是确定无疑的，尽管狱警对囚犯实施肉体虐待的历史早已结束，但是由异性狱警对囚犯实施非接触性搜查仍然对监狱系统建立的基础提出了巨大挑战。虽然监狱的管理者、狱警和囚犯都认识到看起来更为温和的目视搜查的重要性，但是法院对于这种搜查行为的看法不太一致。

（五）美国联邦法院法官对跨性别监视行为的接受程度因其对于性别的重视程度而异

在分析是否应当允许狱警对囚犯实施跨性别搜查行为这个问题时，联邦法官对于性别差异的重要性看法各有不同。例如，在 Canell v. Armenikis 一案[②]中，俄勒冈州地区法院认为，实施搜查行为的狱警的性别与其搜查行为是毫无关系的。在该案中，原告是一群男性囚犯，被告是原告所在监狱，被告在原告的生活区安排了女性狱警值班，这些女性狱警在执勤时能够看见原告裸体和如厕的情景，原告于是提起了诉讼。由于原告从涉及性暗示的角度提出诉讼请求。法院认为，案争议的焦点与 Dothad 一案[③]相似——不仅仅是判断案件事实能否支持狱警搜查行为的正当性，而是狱警的性别对于狱警履行职务的意义有多大，这也是美国联邦第九巡回法院在类似案件中首要考虑的问题。[④] 审理 Canell 一案的地区法院认为，判断宪法是否禁止女性狱警目视监控赤裸的男性囚犯的问题与判断宪法是否禁止男性狱警目视

---

① Michel Foucault, Discipline And Punish: The Birth Of The Prison 202 – 203 (Alan Sheridan trans., Vintage Books, 2d ed. 1995) (1978).

② 840 F. Supp. 783 (D. Or. 1993).

③ Dothard v. Rawlinson, 433 U.S. 321 (1977).

④ See Canell, 840 F. Supp. at 784.

监控裸体男性囚犯的问题本质相同，关键在于狱警的这种监控行为是否适当。该院还认为，只要狱警有足够的正当理由对囚犯实施搜查行为，并且其搜查行为的实施方式是专业的，那么实施搜查行为的狱警的性别与其行为适当与否的问题是没有关系的。

Timm v. Gunter一案[①]的案情与Canell一案相似，但在Timm一案中，资深法官Bright对于判决的异议提醒我们，在审理类似案件时不要忽略了男性与女性之间的差别。在Timm一案中，一审地区法院签发命令要求内布拉斯加州监狱修改管理规范和制度安排，以使得在女性狱警对男性囚犯实施搜身或者目视监视时囚犯的个人隐私权能够得到更好的保护；但是，美国联邦第八巡回法院推翻了一审法院的判决。美国联邦第八巡回法院的理由是，由女性狱警对男性囚犯实施搜身和目视监视的理由与由男性狱警对男性囚犯实施搜查的理由是完全一致的，前者并没有侵犯男性囚犯的隐私权。但是，资深巡回法院法官Bright对美国联邦第八巡回法院的判决表示不同意，他的意见更符合后女性主义，他认为平等对待男性和女性不等于要求法院忽视两性之间的差别，而Timmy一案的判决为了使男性狱警和女性狱警获得平等的就业机会，却剥夺了囚犯的隐私权。

（六）要求男女性狱警都遵循对等的规范实施搜查行为，使部分法官忽视了审视在监狱中威胁众多男性囚犯人身安全的男性尊严等级制度

有关跨性别搜查行为的法律法规在近年有了不少发展，但这些发展当中有一个方面尤其干扰法官判断，那就是某些法官坚持规范男子监狱中跨性别搜查行为的法律法规必须与规范女子监狱中跨性别搜查行为的法律法规相一致。但是，这些法官忽略了男子监狱与女子监狱在权力的性化方面有着重要区别。

某些法官相信，男子监狱和女子监狱对于跨性别搜查行为的规定必须对等才符合美国联邦宪法的要求。例如，内布拉斯加州监狱系统为了保护女性囚犯的隐私权严格限制内布拉斯加州女子监狱在接触性岗位上聘请男性狱警任职。资深联邦法官Bright在Timm一案中对判

---

① 917 F. 2d 1093, 1103 (8th Cir. 1990) (Bright, J., dissenting).

决表示异议，他指出监狱为了保护女性囚犯的隐私权而完全禁止狱警和囚犯之间的跨性别接触，但是却没有在男子监狱中执行对等的规则以保护男性囚犯的隐私权，这种做法是不公平的并将男性囚犯置于与女性囚犯不平等的地位上。

法官要求男子监狱和女子监狱对搜查行为制定对等的规范存在根本性问题，即法官忽视了男子监狱和女子监狱都存在的一种特殊现象——权力与性的关系复杂，就像法官要求给予白人和黑人相同的法律保护一样，某些深层问题被忽视了。实际上，男性囚犯和女性囚犯一样容易受到性伤害，而且二者受伤害的程度和形式是有所不同的。此外，男子监狱和女子监狱当中权力的性化现象也是不完全相同的。例如，狱警对囚犯实施性暴力的现象在女子监狱中发生的频率比男子监狱多，而囚犯对囚犯实施性暴力的现象在男子监狱中发生的频率比女子监狱多。法官之所以坚持对男性狱警和女性狱警的跨性别搜查行为制定对等的法律法规，是因为他们完全没有意识到，对于非自愿的私密身体接触和在异性面前展现裸体这两种经历，男性和女性的感受是有差异的。一位学者在评论监狱对男性囚犯与女性囚犯适用同样的搜查规范时提出，这种规范使女性囚犯相对男性囚犯处于实质性的优势地位。①

但是，法官和学者们也可能错误地走向另一个极端，以为男性囚犯和女性囚犯经历跨性别搜查时的体会是完全不同的。例如，Lisa Krim 认为，法院应当根据《美国联邦宪法第八修正案》采取不对等标准，用于判断当被搜查对象是一名“有理性的女性”，狱警实施的非裸体跨性别搜查行为的法律法规首要保护的权利是什么。② Krim 承认权力与性行为的相互作用对狱警和囚犯的社会关系造成影响，从而导致危险的增加，但是她认为应当将女性囚犯和男性囚犯区别对待，因为女性囚犯需要特殊保护以免受到男性狱警的不当性接触行为的损害。Krim 尤其关注容易受到性暴力伤害的女性囚犯，却认为男性囚

① See Karoline E. Jackson, The Legitimacy of Cross－GenderSearches and Surveillance in Prison: Defining an Appropriateand Uniform Review, 73 IND. L. J. 959, 971－974 (1998).

② See Lisa Krim, A Reasonable Woman's Version of Cruel And Unusual Punishment: Cross－Gender, Clothed－Body Searches Of Women Prisoners, 6 S. Cal. Rev. l. &Women's Stud. 85, 89, 116－118 (1995).

犯在面临同样情况时不容易受到伤害，她指出："女性狱警对男性囚犯实施跨性别搜查行为不能证明女性狱警对男性囚犯进行性虐待的危险真实存在。"①她不赞成因为可能发生跨性别的性虐待而限制跨性别搜查行为。可是，Krim 只注意到有的女性囚犯在入狱前有被性虐待的过往，却忽视了有的男性囚犯在入狱前也曾经遭受性虐待，而且对男性囚犯实施性虐待的通常是其他男性，而且在入狱后，男性囚犯遭受到来自其他囚犯的性虐待的可能性更大于女性囚犯遭受到来自男性狱警的性虐待的可能性。

美国监狱里充满竞争、人满为患的现实，要求法官在处理监狱中的性别问题以及跨性别搜查行为问题时必须深思熟虑。法官的判决对狱警如何实施搜查以及囚犯如何看待搜查行为产生影响。然而，几乎所有联邦法院都忽视了相关案件中原告对被告的指控某些性接触行为的事实，反而一味地强调维护监狱安全以及监所运作目标的重要性。事实上，在原告指责监狱管理当局制定的跨性别搜查行为规范不当的诉讼中，原告的控诉都说明了他们在监狱中遭受到的性挫折和恐吓。法官依据《美国联邦宪法》进行分析，必须将原告提出的诉讼请求的背景包括监狱内权力的性化现象以及性暴力现象纳入考虑范围内，而不能仅仅作出形式上的逻辑推理而实质上却只是按照监狱管理者的判断依葫芦画瓢得出结论。

女性狱警会对男性囚犯实施搜查的背景与男性狱警对女性囚犯实施搜查的背景不同：在男子监狱中，盛行充满暴力倾向的、以严格的等级制度为基础的亚文化，在这里，性行为中的地位（主动或者被动）决定了男性囚犯的社会地位，处于"被动地位"或者"女性地位"（这二者在男性监狱中是等同的词语）的囚犯会处于严重不利的地位。在女子监狱中，男性狱警常常会利用自己的职权获得与女性囚犯发生性行为的机会，同时，女性囚犯也通过这种机会获得某些特权或者帮助以减轻监禁生活给她们带来的痛苦。如果法官慎重对待《美国联邦宪法》赋予个人的权利，他们就必须冲破僵化的规范所营

① See Lisa Krim, A Reasonable Woman's Version of Cruel And Unusual Punishment: Cross-Gender, Clothed-Body Searches Of Women Prisoners, 6 S. Cal. Rev. l. &Women's Stud. 108 (1995).

造的牢笼，深入细致地探寻监狱的权力是如何发生性化现象的，只有这样他们才能够为解决囚犯的个人隐私权与狱警的就业权之间的冲突寻找到公平合理的解决方案。

四、Johnson v. Phelan 一案

Johnson v. Phelan 一案[①]表面上看似乎与过去的同类型案例没有区别，同样是在阐释关于跨性别搜查行为的法律法规时忽视了这些法规本身存在的自相矛盾的地方。该案的判决书就像抄袭 Bell 一案、Hudson 一案和 Turner 一案等先例的判决书一样。但是，审理 Phelan 一案的首席大法官 Richard Posner 对判决提出的异议却引人注目，Posner 法官是第一位对 Hudson 一案的判决提出异议的法官，他谴责了其他法官在审理有关跨性别搜查行为的案件时没有考虑监狱生活的现实情况。Posner 法官在 Phelan 一案判决书中谨慎地探讨了跨性别搜查行为可能引起的法律问题和道德问题，呼吁其他法官注意美国联邦宪法赋予囚犯的权利的重要性。[②]

在是否允许监狱安排女性狱警到接触性岗位（包括可观察到淋浴中的囚犯裸体的岗位以及洗手间附近区域）任职这个问题上，审理 Phelan 一案的各位法官意见分为两派，而且完全对立。占大多数的法官的意见在分析囚犯隐私权和狱警就业权的冲突问题时，虽然注重细节，但是空洞无物；相比之下，持反对意见的法官对美国联邦宪法的阐释则充分结合了监狱生活中牵涉到性别问题的现实状况。Posner 法官甚至认为该案判决对隐私权和性别的法律分析已经到达完全脱离监狱生活现实的程度。尽管 Posner 法官是在他关于“激进女权主义者”的长篇大论话语中探讨监狱生活现实的（包括权力性化的一个方面——性侵犯现象），但这并不妨碍他的观点为创立新的相关规范提供理论基础。

某些法官在分析跨性别搜查行为涉及的隐私侵权问题时采用的传统分析方法缺乏长远目光，本文的这一部分集中讨论了 Posner 法官对这种传统分析方法的批判。下文首先会简略介绍 Johnson 一案的一

---

① 69 F. 3d 144 (7th Cir. 1995).

② See Phelan, 69 F. 3d at 151 (Posner, C. J., concurring and dissenting).

审判决，然后详细阐述美国联邦第七巡回法院法官对于本案的两种意见并将两种意见进行对比，最后指出 Posner 法官的观点非常重要，其观点很可能为其他法官从一个新的、统一的角度分析监狱里发生的跨性别搜查行为的合宪性提供基础。

（一）地区法院对于原告的隐私侵权主张的快速处理

Phelan 一案的原告 Albert Johnson 是库克县监狱（Cook County Jail）的囚犯，他在服刑期间控告伊利诺伊州库克县的政府官员侵犯了《美国联邦宪法》赋予他的隐私权。原告诉称，库克县监狱的女性狱警曾经在他沐浴的时候观察他，在他在库克县刑事法院出庭当天，还有女性狱警曾经透过拘留人员浴室的透明隔墙观察他如厕。案中的五名被告均向法院申请驳回原告的诉讼请求。一审地区法院在仔细考虑原告的每一个隐私侵权指控后裁定，驳回原告针对五名被告的个人行为或职务行为提出的所有诉讼请求，但是这份未经报道、名不见经传的判决书中司法意见部分非常简略。

在 Phelan 一案的一审判决书中，地区法院用四个短小精悍的段落，对原告控诉监狱跨性别监视规范侵犯了其个人隐私权的主张做出了分析和处理。Alesia 法官尝试协调相互冲突的三种权利：①囚犯的隐私权；②监狱管理者极其重要的利益——维护监狱内部安全，尤其是在囚犯之间暴力袭击很容易发生的浴室区域必须维护监狱内部安全；③女性狱警在监所中的平等就业权。经过分析后，他的结论是，狱警的就业权和监狱的安全应当优先于原告的隐私权受到法律的保护。

Alesia 法官驳回了原告的隐私侵权诉讼请求，他的理由是，囚犯的隐私权保护范围在入狱后受到限制，而被告狱警对原告的观察仅仅是偶尔发生的，并非狱警有意为之。Alesia 法官沿用了 Bell 一案的做法对囚犯隐私权进行严格限制，他还引用了 Hudson 一案的判决（正如 Posner 法官在本案的上诉审判决书中所引用的那样）认为囚犯仍然对自己的身体保留有某种程度的隐私权，在他的观点里囚犯的隐私权是可以与监禁制度相协调的。在判决书的结论部分 Alesia 法官指出，根据法律原告 Johnson 不可以就其所提出的诉讼请求获得侵权损害赔偿，因此驳回了原告 Johnson 的起诉，并且原告不得就同样的诉由再次提起诉讼。

Johnson 不服一审判决，提起上诉，他上诉的理由是，一审法院对于发生在库克县监狱浴室里的狱警目视监视现象看法过于片面。首席大法官 Richard Posner、联邦法院法官 Frank EasterBrook 和 Wilbur Pell 受理了 Johnson 的上诉。尽管 Posner 法官和 EasterBrook 法官并称经济法学派的泰斗，而且同为一本广为流传的反垄断法案例集的作者，两人对于本案的看法却大相径庭。

（二）EasterBrook 法官的看法与美国联邦第七巡回法院在 Canedy v. Boardman 一案①的判决相左

EasterBrook 法官在 Phelan 一案上诉审的判决书中措辞强硬，他严厉批评 Hudson 一案的判决抹杀了《美国联邦宪法第四修正案》对囚犯的权利保障。他的观点非常极端，这主要体现在两个方面：①EasterBrook 法官认为《美国联邦宪法第八修正案》的“禁止残酷和非常规惩罚条款”是唯一一条赋予囚犯在非自愿的情况下拒绝向异性狱警暴露身体的权利的宪法条文，他的这个观点与其他法官对于 Hudson 一案判决的最为保守的理解都是相距甚远的；②EasterBrook 法官对于狱警对囚犯实施目视监控行为可能侵犯的囚犯隐私权的狭隘理解，与美国联邦第七巡回法院在 Canedy v. Boardman 一案的判决截然相反。Canedy 一案是美国联邦第七巡回法院在美国联邦最高法院审结 Hudson 一案后，审理的首个涉及跨性别搜查行为的案件。

审理 Canedy 一案的法官认为，异性狱警对裸体囚犯频繁地、故意地实施目视监控的行为侵犯了囚犯的隐私权。在该案中，原告是威斯康星州哥伦比亚监狱的一名男性囚犯，原告诉称，在监狱中多个场合包括淋浴、上洗手间、换衣服以及睡觉时自己赤身裸体的模样都受到女狱警定期地监视，而且，女性狱警对他实施裸体搜查的行为对其人格尊严造成了侮辱，使他感到很尴尬。Canedy 一案的判决明确指出，异性狱警对囚犯的生活区实行频繁地、故意地目视监控的行为违反了美国联邦宪法。但是，仅仅在九个月后，美国联邦第七巡回法院在 Phelan 一案的判决却完全推翻了在 Canedy 一案中的判断。

---

① 16 F. 3d 183 (7th Cir. 1994).

Canedy 一案的判决提出审查跨性别搜查行为合宪性的一个基本原则是必须根据具体案情具体分析，而不能笼统地将涉及跨行为搜查行为的案件当做同一类别案件作相同的处理，不过 Cudahy 在该案的判决书中也提出，该案解决男性囚犯的权利和女性狱警的权利相冲突问题的方案不仅适用于该案，而且可以普遍适用于其他同类型案件，这是因为“审理该案的压倒性多数法官拒绝将涉及跨性别搜查行为的案件作为一类型案件使用同类型解决方案，他们希望对相互冲突的权利作出合理的协调并平衡各方利益”。

Canedy 一案的判决在更容易被接受的搜查行为（如对裸体囚犯不可避免地或者偶然地观察）与更难以接受的搜查行为（即定期地、故意地对囚犯使用的浴室、洗手间和更衣室进行监视）之间划分出了明确的界限，这与该案提出的根据具体案件具体分析的审查原则是相一致的。Cudahy 法官为了支持自己的观点，引用了接近 20 个联邦法院审判的案例以及一篇法律评论文章。他在明确指出更容易被接受的搜查行为与更难以被接受的搜查行为之间的区别的同时，批评了那种认为搜查行为的接触程度大小决定了该行为对宪法赋予囚犯的隐私权的侵犯程度有多高的观点。但 Cudahy 法官的这种观点却正是 Canedy 一案判决中令 EasterBrook 法官最难以接受的一个部分。

上文曾经提到，Foucaul 认为脱离肉体（disembodied）的监视比接触性的搜身行为对囚犯具有更强的侵扰性、威胁性并带来更强的法律效果，然而 EasterBrook 法官对此完全不认同。在一份短小的令状中，EasterBrook 法官将 Canedy 一案提出的要对涉及跨性别搜查行为案件按照具体案情具体分析的审查原则归类为法官意见。他认为，“狱警从远处静静地对囚犯进行观察的行为所具有的侵扰性远远小于接触性搜查行为，而且后者对囚犯引起‘不必要、不合理的痛楚’的可能性远远高于前者。Canedy 一案的判决如此轻率地以为故意实施的目视观察行为仿佛人的心跳一般，是自然而不可避免的现象，但是这种观点只能是法官的个人意见，如果我们对这种观点再仔细分析就会发现，它根本不能看做是法官的判决依据。”①

① Johnson v. Phelan, 69 F. 3d 144, 146 (7th Cir. 1995).

（三）EasterBrook 法官认为，在男性囚犯可以自由行动的淋浴时间和上洗手间的时间内对其进行目视监视是必须的，符合宪法规定的安全措施

EasterBrook 法官在 Phelan 一案上诉审中支持了一审法院的裁定，驳回原告的起诉，认定库克县监狱的女性狱警在原告淋浴时观察原告裸体的行为没有侵犯原告的隐私权。EasterBrook 法官主要分三点进行论证，最终得出结论认定异性狱警对囚犯的生活区实施跨性别监视行为没有违反《美国联邦宪法》。

首先，EasterBrook 法官认为，《美国联邦宪法第四修正案》妨碍狱警对囚犯实施目视监控，他的理由包括：①Bell 一案曾经劝诫其他法官避免用自己的判断代替监狱管理者的判断；②Hudson 一案指出《美国联邦宪法第四修正案》不再适用于囚犯；③Canedy 一案的原告所提出的"隐私权"实际上不是指《美国联邦宪法第四修正案》赋予原告的权利，而是指《美国联邦宪法第八修正案》赋予原告的权利，而且《美国联邦宪法第八修正案》对原告提出的隐私侵权诉讼请求的支持甚微。EasterBrook 法官在判决书中写道："因此，我们最好理解 Canedy 一案中所指的'隐私权'一词的内涵以及其他相似案例援引《美国联邦宪法第八修正案》中有关禁止残酷的和非常规惩罚的规定的理由。"EasterBrook 法官强调，Bell 一案不仅允许狱警频繁地、故意对裸体的囚犯实施监控，而且要求狱警这么做。他断言，从 Bell 一案和 Wolfish 一案的判决可以看出，对于可以自由活动的囚犯实施监视是维护监狱安全的首要措施，有学者认为，他的这一说法不过是妄想。EasterBrook 法官写道："无论囚犯是否穿着衣服，狱警都必须对他们保持持续的警惕。对浴室、囚室甚至监狱里的任何地方保持警惕就意味着狱警必须盯着裸体的囚犯进行监视。"

其次，EasterBrook 法官指出，《美国联邦宪法第五修正案》同样不适用于囚犯，认为该宪法修正案的正当程序条款对于狱警对囚犯实

施监控是一种障碍，他提出这一观点的依据是 Turner v. Safely 一案[①]的判决。Turner 一案树立了一个审理任何涉及侵犯囚犯的宪法权利的案件都应当遵循的统一审查标准。根据 Turner 一案的判决，审查监狱管理规范的合宪性的标准是看这一规范是否与法定的刑事惩罚目标具有合理关联性。Turner 一案引发学者们探讨女性狱警目视监控裸体男性囚犯所维护的监所利益究竟是什么，而 EasterBrook 法官认为，这种监视行为所维护的利益主要有两种：①1964 年颁布的《人权法案》第七编所规定的，监狱管理者必须向女性提供与男性平等的就业机会的义务；②使囚犯服从监狱管理人员的决定。因此 EasterBrook 法官认为，法院应当支持库克县监狱安排女性狱警在可以经常性地、有意地观察到裸体男性囚犯的区域任职的安排。

最后，EasterBrook 法官指出狱警在囚犯淋浴时对囚犯进行监视的行为没有违反《美国联邦宪法第八修正案》。这一论断给 EasterBrook 法官的缩减囚犯权利论画上了一个句号。EasterBrook 法官提出这一观点的理由是，只有在狱警故意造成囚犯遭受“不必要和不合理的痛苦”时，狱警的行为才构成违反《美国联邦宪法第八修正案》中关于禁止残酷和非常规惩罚的规定的行为；但是只要狱警的监控行为符合某些监狱管理的目标，如有效利用看守人员的人力资源和防止对女性狱警造成性别歧视等，则这种监控行为就不构成违反《美国联邦宪法第八修正案》的行为。EasterBrook 法官在阐述这种观点时写道：“狱警对囚犯实施监控是否有必要呢？我认为很有必要，原因有两个：其一，这样能够充分利用看守人员的人力资源；其二，对囚犯实施跨性别监视后，监狱就不再需要将性别作为招聘看守人员的其中一个条件，也因此监狱的管理规范违反《人权法案》第七编和公平保护条款的可能性得以大大减少。”[②]

《美国联邦宪法第八修正案》关于判断搜查人员是否给囚犯“造成痛苦”的标准极端宽泛，因为该标准很大程度上以囚犯的主观痛

① See Human Rights Watch , All Too Familiar: Sexual Abuse of Women in U. S. State Prisons (1996).

② 482 U. S. 78, 89 (1987).

楚感受为准。例如，在 Jordan v. Gardner 一案①中，华盛顿女子监狱对女性囚犯实施跨性别搜查的制度受到了囚犯的质疑，受理此案的美国联邦第九巡回法院认为，只要当狱警要求女性囚犯举高双手服从跨性别搜查时，被搜查的女性囚犯因此在主观上感觉到了痛苦，那么，狱警的搜查行为就违反了《美国联邦宪法第八修正案》的规定，达到给囚犯"造成了痛苦"的程度。EasterBrook 法官对于其他法官认为跨性别监视行为本身是残酷和非常规的惩罚手段这种观点提出了反对意见，这主要体现在两方面：其一，他认为狱警对囚犯实施跨性别目视观察行为本身是合理合法的；其二，他认为 Phelan 一案的原告之所以提出起诉，不是因为他反对搜查行为本身，而是因为他反对安排异性看守人员来执行这种搜查行为。

在 Phelan 一案判决书的末尾，EasterBrook 法官对自己的分析论证总结如下："我们究竟应当何去何从呢？《美国联邦宪法第四修正案》赋予公民的权利范围不包括监狱内囚犯的隐私权。即使我们目光投向其他美国联邦宪法修正案，得到的答案是一样的：《美国联邦宪法》赋予公民的权利范围不包括监狱内囚犯的隐私权。监狱对囚犯实施跨性别监视不是给囚犯增加毫无意义的负担。跨性别监视是协调相互冲突的各方利益的结果，这种监控措施符合 Turner 一案提出的合理性标准，而没有违反《美国联邦宪法第八修正案》关于禁止残酷和非常规惩罚的规定。由于原告 Johnson 没有主张狱警对他们实施跨性别监视是为了引起部分囚犯的尴尬，也没有主张狱警忽视原告对这种监控行为的敏感性，他只是认为自己所获得的幸福感太少。综上所述，我们认为，一审地区法院的判断是正确的，原告不能就其诉讼请求获得救济。"

EasterBrook 法官关于跨性别监视行为的分析比大多数法官都更富有智慧，但是，他的看法仍然反映出有关跨性别搜查行为的大量法律法规存在相互矛盾的问题。例如，EasterBrook 法官只分析了其中一种类型的跨性别监视——女性监视男性的问题，却忽略了之前许多案例以及学者从宪法的角度进行分析的另一种跨性别监视——男性监视女

① 986 F. 2d 1521 (9th Cir. 1993).

性的问题。也因为如此，EasterBrook 法官回避了是否应当对男女狱警制定对等的搜查行为规范的问题。又例如，EasterBrook 法官认识到，狱警和囚犯的生理性别仅仅是判断监狱安排狱警执勤制度是否合理的标准之一，其他标准还包括狱警和囚犯两者的性取向问题。然而，他似乎过于草率下定结论。在 EasterBrook 法官的眼里，只有当狱警的行为引起了囚犯不必要、不合理的痛苦时，该行为才构成违反《美国联邦宪法第八修正案》的行为。他对于 Hudson 一案的理解比审理 Canedy 一案的法官更为狭隘，却比后者更重视 Hudson 一案的判决。EasterBrook 法官轻率地将囚犯集体反对跨性别监视的呼声当做会给监狱管理增加负担的某些囚犯的个人偏好，认为监狱管理者有权利无视囚犯的有关要求。

（四）Posner 法官对囚犯隐私权和女性狱警的聘任相冲突问题——联系监狱环境特点的分析

EasterBrook 法官赞成将涉及囚犯隐私权的诉讼作为一类案件同等处理。但是，首席大法官 Posner 则持完全相反的观点，他强调根据个案具体情形来分析囚犯要求法院保护自己的宪法权利的诉讼请求是非常重要的。Posner 法官认为，《美国联邦宪法第八修正案》就像罗夏克墨迹测验，它说明了司法所看重的价值很大程度上由法官个人的价值观和道德观所决定。Posner 法官的看法的优点在于联系实际和宪法的规定，对涉及跨性别搜查行为的案件进行分析，这体现在：①Posner 法官拒绝单纯听取监狱管理者的看法，他认为应当联系囚犯的实际状况和监狱环境的特点进行分析；②他注意到关于跨性别搜查行为的法律法规本身存在矛盾和混乱；③他认为，如果法官认定狱警观察异性裸体囚犯的行为没有构成对囚犯隐私权的侵犯，那么，就等于强迫一个裸体者将自己暴露在陌生的异性的视线当中。许多法官陷于抽象地平衡囚犯隐私权和狱警就业权的怪圈之中，却没有公正地协调隐私权、性别、权力的性化和暴力之间的关系对平衡这两种权利的影响，而 Posner 法官的观点跳出了这个怪圈。

1. 对片面泛化囚犯特点的观点的驳斥

Posner 法官的基本理念是，囚犯同其他公民一样有权得到基本的宪法保障，他们不是一群抽象的法律主体，《人权法》对他们的保护不是遥不可及的。Posner 法官关注监狱生活的现实情形以及跨性别监视行为是否符合道德标准的问题，他的观点道出了跨性别监视可能涉及的人性问题：“有人认为囚犯是一个另类的种群，他们是一群害虫，没有权利享受人格尊严带来的荣耀，不值得别人的尊重。如果真是这样的话，那么有关监狱侮辱囚犯人格尊严、虐待囚犯的争议就不会出现。如果真是这样的话，没有人会反对将囚犯作为实验对象，比如将他们作为性别角色能否改变的社会学实验对象也不会有人反对。如果真是这样的话，裸体的男性囚犯在女性狱警面前游行或者裸体的女性囚犯在男性狱警面前游行根本不会让人困扰，就像在犬舍内实行‘跨性别监视’一样没有人会对此提出异议。然而，我并不这样看待全美国的 1500 万名囚犯。”

自从呼吁保障囚犯权利以来，Phelan 一案的判决是法官在审判过程中泛化囚犯特征的一份“代表作”。但在这份判决书里，Posner 法官提醒人们，囚犯不是一个独立群体，有的人认为囚犯不应当得到人道对待的观点将会产生危险。他写道：“有许多监禁在监狱和看守所的人，包括本案原告，都还没有被宣判有罪。他们仅仅是受到刑事起诉，仍在等待审判。他们当中的一部分人可能确实是无罪的。而有罪的那部分人当中，有的人可能只是违反了一些关于个人行为规范的法律法规；有的人所犯的罪行没有受害人而且与合法行为异常相似、难以区分（例如赌博）；有的人只是犯下了影响范围极小的金融犯罪，有的人只是违反了一些行政法规（如保护迁徙鸟类的法规）等，他们当中的一些人甚至根本没有犯罪意图……”

EasterBrook 法官提出法律应当允许监狱对囚犯实行跨性别监视，因为没有任何美国联邦宪法条文禁止这种行为。针对 EasterBrook 法官的这种看法，Posner 法官立即指出跨性别监视行为可能威胁的囚犯权益的重要性并且要求为这些囚犯的权益提供保护。Posner 法官在判决书中写道：“也许有人被认为监狱和看守所囚禁的人是一群废物，认为他们不配拥有任何东西，除了获得民众的报复和毫无物质享受可言的强制徒刑。但在武断地下此结论之前，我们应当对这些人有更切合实际的认识。我们不应当将我们与他们之间的距离夸大，尽管我们是一群守法的、值得他人尊重的公民，而他们是被关押在监狱和看守所的囚犯，但是这种夸大会令我们很轻易地否定他们所应当享有的受人道待遇的权利。”

因此，对于审理 Phelan 一案的大部分法官认为监狱允许女性狱警对身处生活区的男性实施目视监视的规定没有违反宪法的观点，Posner 法官表示了强烈的反对。

2. 对混乱的跨性别搜查行为规定的批评

Posner 法官批评有的法院在判断监狱搜查规定的合宪性时，将隐私权的多重含义混为一谈。他认为日常生活中使用的“隐私权”一词与隐私权的法律概念在内涵上有很大的差别，于是他在判决书中罗列了“隐私权”的几种含义，其中包括生育自主权、隐私权、保密权。《美国联邦宪法第四修正案》的隐私权是保护公民免受政府的不合理搜查和逮捕。实际上，囚犯提出的许多诉讼请求涉及隐私侵权行为，而部分法院也对原告的这些诉讼请求给予了不同程度的支持。Posner 法官指出，这些案件中原告所依据的法律法规，包括《美国联邦宪法第四修正案》、《美国联邦宪法第八修正案》、《人权法》的条款，以及这些案件的判决所依据的法律法规，存在许多混乱和重叠的内容。Posner 法官提出，只要依据《美国联邦宪法第八修正案》的规定对所有涉及狱警对囚犯实施的监视行为的案件进行判决，就可以结束这种混乱的局面，但是 Posner 法官担心，如果法官匆忙缩减囚犯所享有的宪法权利的范围会使得某些保护人权的基本原则逐渐消失，他的这种担忧正指出了有关隐私权的法律法规的发展混乱可能引发的危机。

有关跨性别搜查行为的法律法规较为混乱，这个问题表现在两个方面。

首先，防止针对狱警的性别歧视以及保护《美国联邦宪法》赋予囚犯的隐私权这两个问题之间如何协调，法律上缺乏清晰指引，Posner 法官的观点引起了其他法官和学者对于这个问题的关注。事实上，尽管美国联邦法院提出限制囚犯隐私权的两个主要理由——为了维护监狱安全以及保护狱警的平等就业权，但是在平衡囚犯的权利和监狱的权利的过程中，上述两个理由究竟有多大的说服力，各个法院的看法不一。有的法院根据 Dothard 一案的判决认为，由于保护女性狱警的平等就业权可能给监狱安全带来威胁，因此维护监狱安全比保护女性狱警的平等就业权更为重要。然而，自从 Bell 一案和 Hudson 一案判决后，形势发生改变。Bell 一案强调维护监狱安全，Hudson 一案则大幅度减小了囚犯享有的隐私权范围，允许同性别狱警对囚犯实施搜查的监狱制度被认为有利于维护监狱安全利益。而在 Turner 一案后，形势又发生了变化。法院更为看重狱警的平等就业权，认为这种权利符合监所的合法利益。法院还认为，在涉及监狱规定侵犯囚犯隐私权的案件中，只要监狱的规定与监所的合法利益有关联，在一般情况下，法官会驳回囚犯的隐私侵权诉讼请求。

其次，法官们认为，只有异性狱警对囚犯实施的目视监视行为才可能侵犯囚犯的权利，尽管这种看法很少在判决书中写明，但是在法官当中却普遍存在。有许多例子可以证明，同性别的狱警通过盯梢是可以对囚犯造成性恐吓的，然而在社会普遍认为异性恋才是正常行为的情况下，这种现象难以得到重视。同性别狱警监视裸体囚犯的现象在相关案件中不被重视是不妥当的，因为在监狱这种缺乏异性的环境当中，以异性恋为正常行为的这种臆断是行不通的。而且，这种看法使得法官在审理涉及异性狱警通过盯梢对囚犯实施性恐吓或者在监狱外的工作环境当中行为人通过盯梢对他人实施性恐吓的案件时，忽视同性别的行为人也可以对他人实施性恐吓的问题。没有法官认为同性恋男性狱警监视裸体男性囚犯或者同性恋女性狱警监视裸体女性囚犯的行为违反了《美国联邦宪法第四修正案》，那么，异性狱警监视裸体囚犯的行为又是否合法呢？Posner 法官在 Phelan 一案的判决中提醒我们，目前除了以性别为判断标准之外，法院还没有提出一个更具有实质意义的、更清晰的标准来判断跨性别搜查行为合宪与否。

EasterBrook 法官也认识到以性别作为判断跨性别搜查行为的合宪性的标准存在不足之处，他认为："我们可以按照性别、性取向和许许多多其他可能的标准来将狱警和囚犯划分为不同类别，然后根据不同情况安排不同类别的狱警监视对应类别的囚犯以使得不愉快的情况发生的几率最小。"此外，根据目前的法律，囚犯之间互相实施带有性暗示的盯梢行为不构成隐私侵权行为。这意味着，即使法律限制囚犯相互实施盯梢行为也只是减少了囚犯违反《人权法案》第七编规定的可能性，却不是为了保护囚犯的隐私权。

EasterBrook 法官提出在解决囚犯隐私权和狱警的就业权之间的冲突时应当遵从监狱管理者的判断，但这一观点同样遭到 Posner 法官的反驳。EasterBrook 法官坚持遵从监狱管理者的判断，从而避免了探讨是否要对男女性狱警制定对等的规范措施这个问题。正如上文所言，有的联邦法院法官认为允许女性狱警对男性囚犯实施搜查是合理的，相反，由男性狱警对女性囚犯实施搜查则是应当禁止的。EasterBrook 法官认为，异性狱警对囚犯实施搜查是否合理完全取决于监狱管理者的判断，他实际上是在暗示，法院应当遵从与监狱管理者的判断来解决如何充分利用两性狱警以达到监狱管理目标。然而，Posner 法官指出，事实上是女性而不是男性正寻求在监所内的工作机会。监狱管理者很少因为提高男性狱警的就业机会而面临压力。因此，如果法院遵从监狱管理者的判断的话，女性狱警在接触性岗位和很可能观察到裸体男性囚犯的岗位任职的愿望将会得到法院的支持，但是这却不利于保护男性囚犯对其身体所享有的隐私权。

3. 迫使裸体囚犯屈服于陌生异性狱警监视的力量及其道德上的可谴责性

Posner 法官认为，被陌生异性看见自己的裸体是一般人都认同的禁忌："裸体在美国仍然被许多人认为是禁忌。这不是一种假正经的心态。人们会认为被陌生人看见自己的裸体是一种禁忌，但是不认为被有亲密关系的人看见自己的裸体是一种禁忌。尤其是当看见自己裸体的陌生人是异性时，这种禁忌被触犯的感觉会更为强烈。"Posner 法官认为，人们对跨性别的盯梢行为反感可以追溯到古代的宗教规范，他认为比起监狱管理者的判断，这种禁忌观念具有更高的道德权威。他还认为，这种由异性实施的无形的盯梢行为包含有一种性暗示的力量，而之前的案例中法官关于跨性别搜查行为的分析中忽略了这种力量。

Posner 法官实际上批评了有关跨性别搜查行为的法律法规，也谴责了联邦法院对这些搜查行为的合宪性进行审查时没有结合美国监狱内部生活的真实情况的做法。然而，Posner 法官自己所具有的偏见也让他的分析如碧玉蒙尘。笔者认为，Posner 法官的观点主要有三个缺陷：①Posner 法官所认定的裸体禁忌实际上不是普遍存在的，而是因人而异的，有的人并不把被陌生人看见自己的裸体看做禁忌；②Posner 法官将有的法院允许女性狱警对男性囚犯实施跨性别搜查却禁止男性狱警对女性囚犯实施跨性别搜查行为的判决归咎为某些法官的“极端女权主义”思想；③Posner 法官将监狱里所有人员的性别简化为男性。下文将会对这三个缺陷逐一进行分析。

首先，Posner 法官认为，裸体禁忌是一种根植于文化中的规范，这个规范足以推翻任何允许行为人观察无亲密关系异性他人的裸体的法律法规。他断言，裸体禁忌在异性之间最为强烈，这与假正经的心态截然不同。但是，笔者认为，Posner 法官的这一自然法观点是徒有其表的。EasterBrook 法官指出，在美国，一些被大众所接受的活动，如由异性的医生或护士实施医疗检查、男女混浴、桑拿和一些宪法所保护的需要裸体进行的活动都与 Posner 法官提出的裸体禁忌相抵触。在办公场所内进行裸聊以作消遣及举办无女伴舞会等活动越来越流行，这些现象都让人怀疑裸体禁忌是否真的存在。厌恶在异性陌生人面前赤身裸体（Posner 法官自己也承认有这种感觉）的现象似乎在虔诚的教徒当中更为普遍，但在美国“道德观多样化”的社会中，其他人似乎并没有这种感觉。然而，裸体禁忌是 Posner 法官观点提出的基础，他正是在这个基础上提倡保护基本人权（如给予囚犯人道待遇）以及直接反对某些自由女权主义者所提出的给予女性平等的工作机会的要求，他批评这些女权主义者将这种要求用作瓦解父系社会的工具。Posner 法官认为道德禁忌构成了两性之间的界限，这种界限是“真实存在的”，不受“激进女权主义者”的活动所干扰，他指责这些女权主义者在争取女性的平等就业权的同时使囚犯的性别模糊化。

其次，Posner 法官将监所的工作人员因为性别差异而引发的问题简单化，他不仅认为男性囚犯享有拒绝在有女性狱警出现的场合裸体的权利，甚至支持监狱管理者禁止女性出现在男子监狱的任何区域内。他在判决书中写道：“现实的情况是，犯罪是‘有性别的’，而且犯罪的性别是男性……绝大部分的囚犯都是男性，而这些囚犯所侵害的受害者绝大部分也是男性。绝大部分的警察和监狱看守人员都是男性。这些都是监所和刑罚执行过程中无可避免的现实。”总之，Posner 法官认为监狱具有不可改变的性别特征。许多女性司法人员和女性刑罚学者都对这种观点进行了有力的批驳。实际上，在历史上很长一段时间里，女性囚犯的处境都比男性囚犯的处境更为艰难，Posner 法官却忽视了这个事实。[①]而且，他还忽略了另一个重要事实，那就是女性囚犯人数的增长速度已经超过了男性囚犯的增长速度。

最后，Posner 法官把男性囚犯遭遇不人道待遇的现象归咎于女权主义运动给监狱当中的女性狱警提供了平等的就业机会。事实上，决定囚犯生活质量的权力掌握在监狱管理者和立法者的手中，女权主义者没有改变囚犯待遇的权力。Posner 法官在分析跨性别搜查行为可能引起的权力性化的问题时，同样间接地责备女性反抗工作单位给她们施加的压力。他批评女权主义者支持女性在非传统工作岗位上获得平等就业权，转移了法官的注意力，使法官忽视了一个重要现象——监狱管理者参与了监狱内助长性侵犯行为的男性尊严等级制度的构建。这种男性尊严等级制度起着在狱警群体中、囚犯群体中甚至两个群体之间分配权力的作用。

Posner 法官将囚犯隐私权的缩减以及囚犯因此遭受的羞辱，归咎于那些希望在被男性所掌控的岗位上寻求工作机会的女性。然而，这些女性和那些支持她们争取平等机业就会的女权主义者并没有能力造成男子监狱中的性别歧视现象，也不可能催生鼓励性侵犯行为的男性尊严等级制度。现实生活中，在高安全级别男子监狱和看守所里，有的男性狱警对女性狱警感到反感，甚至对只在狱警中占少数的女性狱警做出不友好的举动。监狱管理者比起女权主义者有更大的权力影响女性狱警的工作环境（这也同样会影响到在这种环境下受监禁的某些脆弱的男性囚犯）。正如笔者在文章开头所言，狱警能够控制男子监狱中充满性侵犯行为的环境并令其为自己所用。

综上所述，Posner 法官对有关跨性别搜查行为的法律法规的批评由于他自己的偏见受到了制约。他把矛头指向了争取在非传统工作岗

① See Nicole H. Rafter, Partial Justice: Women, Prisons&Social Control (2nd ed. 1990).

位——狱警岗位上工作的女权运动，因而也就不能够跳出道德禁忌的框架去深入探讨在跨性别搜查行为法律法规底层的性别、性行为和性取向等问题。

五、结语

本文主要说明了狱警对囚犯实施跨性别搜查行为所引起的各种问题，其中包括这种行为可能侵犯《美国联邦宪法》赋予囚犯的隐私权的问题。这些问题的解决到目前为止仍然没有定论，这说明法官理解和运用性行为、性别和性取向等概念的方式已经落后，并不适用于监狱环境。跨性别搜查行为同样引起人们思考女性看守人员在男子监狱中所扮演的角色以及男子监狱中实施的跨性别搜查措施是否合法。女性看守男性与男性看守女性这两种制度的性质是不同的。如果我们深入分析男子监狱当中发生跨性别搜查行为时的监狱背景就会发现，将女性引入一个充满暴力的、男性化的刑罚环境中会造成潜在的紧张气氛。分析跨性别搜查行为的合理性，必须注意到监狱当中的权力性化现象、监狱当中充满暴力和性侵犯行为的环境，以及狱警通过运用或不运用自己的搜查权以维持这种环境的现象。